文章旷代雄

司马迁与《史记》研究

陕西省司马迁研究会 / 编

李宜蓬 史继东 / 主编

陕西新华出版
陕西人民出版社

图书在版编目（CIP）数据

文章旷代雄：司马迁与《史记》研究 / 李宜蓬，史继东主编. -- 西安：陕西人民出版社，2024. -- ISBN 978-7-224-15433-7

Ⅰ. K204.2-53

中国国家版本馆 CIP 数据核字第 20249ZH190 号

责任编辑：王　凌　张　现
封面设计：杨亚强

文章旷代雄
——司马迁与《史记》研究
WENZHANG KUANGDAI XIONG
SIMAQIAN YU SHIJI YANJIU

编　　者	陕西省司马迁研究会
主　　编	李宜蓬　史继东
出版发行	陕西人民出版社
	（西安市北大街 147 号　邮编：710003）
印　　刷	中煤地西安地图制印有限公司
开　　本	787 毫米×1092 毫米　1/16
印　　张	40.75
字　　数	630 千字
版　　次	2024 年 9 月第 1 版
印　　次	2024 年 9 月第 1 次印刷
书　　号	ISBN 978-7-224-15433-7
定　　价	98.00 元

如有印装质量问题，请与本社联系调换。电话 029-87205094

文章旷代雄 司马迁与《史记》研究 编委会

顾问 袁仲一

主编 李宜蓬　史继东

编委 张新科　徐卫民　程世和　凌朝栋
　　　　田　静　梁建邦　梁中效　马　来
　　　　高益荣　刘炜评　杜　敏　曹　强
　　　　王长顺　王晓鹃　刘银昌　程永庄
　　　　程建虎　王晓红

代序一

甘晖（陕西省社科联主席）

习近平总书记在党的二十大上指出，要"以铸牢中华民族共同体意识为主线，坚定不移走中国特色解决民族问题的正确道路"。《史记》不仅为历史研究提供了丰富的文化资源，为验证古史提供了可靠的人文坐标系，还为中华民族命运共同体的建设提供了宝贵的资源。《史记》里确认"中国人"有共同的祖先，各个族群共同创造了中华民族灿烂的历史文化和文明。这一具有悠久历史传统的中华民族的"多元一体"共同体意识，已经渗透到海内外每个中国人的血液里，成为中华民族文化基因库的一部分。我们要在党的二十大精神指引下，深入挖掘蕴藏在《史记》里的中华民族共同体的宝藏资源，进一步铸牢中华民族共同体意识，为中华民族的伟大复兴凝聚更为广泛的共识与力量。

"汉中开汉业"。汉中是西汉王朝的发祥地，是"丝绸之路"凿空者张骞的出生地，是建功立业的两汉三国英雄金戈铁马之地。陕西省司马迁研究会成立三十周年暨《史记》与汉中历史文化研讨会选择在汉中召开，不仅有天时人和之盛，更有地利之特。希望陕西省的司马迁研究者能秉承司马迁"究天人之际，通古今之变，成一家之言"的学术精神，为《史记》研究贡献更多的精品力作。

陕西省司马迁研究会成立于 1992 年，是经陕西省社科联批准成立并担任业务主管单位、在陕西省民政厅备案登记的省级学术性社会团体。三十年来，研究会组织省内外司马迁研究和教学力量，承担了几十项国家级及省部级有关司马迁与《史记》研究的项目，陆续出版了"十三五"国家重点图书、国家出版基金项目《〈史记〉研究集成·十二本纪》，整理出版了《〈史记〉文学研究典籍丛刊》（第一辑）（第二辑）（第三辑）、《〈史记〉选本丛书》、《司马迁与华夏文化丛书》、《司马迁与〈史记〉论集》、《宋本〈史记〉注译》和《司马迁与〈史记〉研究年鉴》等大型著作，产出了一批代表陕西省司马迁及《史记》研究领域的最新成果，推动了陕西省以及全国的司马迁《史记》研究的发展。研究会十余年来坚持举办年会暨学术研讨会，面向国内外开展《史记》研究学术交流活动，建立了一支以关中为中心，辐射陕南陕北的梯队合理的研究队伍，推动形成了在全国影响颇大的司马迁与《史记》研究高地。

张新科会长上任以来，研究会的各项工作在原有基础上更加深入，在促进陕西省《史记》教学、研究、出版和培训等方面成绩斐然，曾荣获"2014—2015年度重大学术·科普活动组织奖"，2016年以来更是连续4次被评为考核优秀单位。对陕西省司马迁研究会为继承和发扬司马迁精神，弘扬中华优秀传统文化，繁荣我省哲学社会科学研究事业所做出的积极贡献，我们表示衷心的感谢！

社科学术社团是服务科学决策、推进国家治理体系和治理能力现代化的重要支撑，是构建中国特色哲学社会科学的重要力量。作为陕西省委、省政府联系广大社科工作者的桥梁纽带和省级社科类社会组织的业务主管单位，在扶持社会组织方面，陕西省社科联每年都会对社会组织举办的学术活动、科普活动择优予以资助。本次会议就是陕西省社科界2022年度50场学术活动资助项目之一。

此外，陕西省社科联还支持社会组织申报陕西哲学社会科学研究专项，为社会组织开展理论研究搭建平台；所推荐的"六个一批""千人计划""特支计划"和"三秦学者"创新团队等社科人才，也都从社会组织中产生。这些措施的目的，就是为了进一步体现出省级社科类社会组织的权威性，增强省级社科类社会组织的凝聚力和向心力，不断激发省级社科类社会组织的自身发展活力。

陕西省社科联的这些平台都是为省级学会、研究会搭建的，希望大家积极申报，把平台的作用充分利用起来，在构建哲学社会科学"三大体系"中贡献陕西智慧与力量。

感谢陕西省司马迁研究会和陕西理工大学的各位领导、各位老师长期以来对省社科联工作的大力支持。我们将继续提升服务的能力和水平，真诚与大家携手推进陕西省哲学社会科学事业不断繁荣发展。

2022年12月8日

代序二

张新科（陕西省司马迁研究会会长，陕西师范大学文学院教授）

陕西省司马迁研究会成立于1992年，在前任会长袁仲一先生、吕培成先生带领下，在一大批老中青会员的共同努力下，在全国学者的大力支持下，陕西省司马迁研究会取得了丰硕的成果，事业蒸蒸日上。2015年新一届理事会成立以来，所有成员不忘初心，继续推进司马迁研究会的工作，并且取得新的成就。

三十年来，研究会在司马迁与《史记》的普及宣传、科学研究、组织建设，以及学科建设等方面都取得了显著成绩，多次得到陕西省社科联的表彰。出版的标志性成果有：《〈史记〉研究集成·十二本纪》（12卷）、《司马迁与华夏文化丛书》（23种）、《〈史记〉文学研究典籍丛刊》（20种）、《司马迁与〈史记〉论集》（共15辑）、《〈史记〉选本丛书》（15种）、《司马迁与〈史记〉研究年鉴》（15种）、《宋本〈史记〉注译》（10册）、全注全译本《史记》（9册），等等；承担国家社科基金重大项目"中外《史记》文学研究资料整理与研究"和一般项目"《史记》与民族精神""《史记》选本研究""《史记》文学经典的建构过程及其意义"等以及省部级各类项目；另外还参与了司马迁《史记》博物馆，韩城市每年的清明节祭祀司马迁活动，渭南师范学院成立的司马迁与《史记》研究院和建设的中国司马迁研究网，陕西师范大学、渭南师范学院学报开设的《史记》研究专栏，陕西师范大学与中华书局古联公司合作开发的《史记》研究数据库的筹办等等。研究会出成果的同时，也出人才，会员撰写和发表了大量著作和论文；许多年轻学者加入研究会，给研究会注入了新鲜血液，已在学界崭露头角。陕西师范大学、渭南师范学院等高校还把《史记》作为特色学科予以支持，韩城市把司马迁与《史记》的普及宣传、文物保护等作为地方文化建设亮丽的品牌予以支持。这些各方面的成果足以说明我们的研究会充满生机，充满活力。

三十年的历史发展很不寻常，可谓风雨兼程，砥砺奋进。我前不久撰写的《我与陕西省司马迁研究会》一文，较为详细地勾勒了研究会三十年的历史和取得的骄人成就。此文在中国艺术研究院主办的《传记文学》杂志 2022 年第 11 期上刊发，引起各方关注。可以说，三十而立，研究会三十年的历史已经正式载入史册。

各位同仁，各位朋友，三十年的历史已经成为过去，后面还有很长的路需要我们继续前行，继续努力，我们的口号是：继往开来，再创辉煌。踏上新征程，奋进新时代！

刚刚结束不久的中国共产党第二十次全国代表大会，为我们国家未来发展规划好了战略目标和宏伟蓝图，也给我们指明了前进的方向。党的二十大报告指出："中华优秀传统文化源远流长、博大精深，是中华文明的智慧结晶，其中蕴含的天下为公、民为邦本、为政以德、革故鼎新、任人唯贤、天人合一、自强不息、厚德载物、讲信修睦、亲仁善邻等，是中国人民在长期生产生活中积累的宇宙观、天下观、社会观、道德观的重要体现，同科学社会主义价值观主张具有高度契合性。"报告强调：要"坚持创造性转化、创新性发展，以社会主义核心价值观为引领，发展社会主义先进文化，弘扬革命文化，传承中华优秀传统文化。"可以看出，中华优秀传统文化在整个中华文化发展中占有十分重要的地位。《史记》作为中华优秀传统文化的经典，对中华民族精神塑造起了重要作用，许多思想对今天的治国理政具有重要的借鉴意义，需要我们很好地宣传，深入地研究，挖掘其蕴含的多方面价值，为当代新文化建设贡献我们的力量。

2022 年学术年会在历史文化底蕴深厚的汉中召开，我们要很好地利用这个机会，从《史记》文本研究出发，探讨一些前沿性的问题，特别是要在学习党的二十大报告精神的基础上，探讨《史记》的当代价值，探讨优秀传统文化如何创造性转化、创新性发展的问题，探讨《史记》与汉水文化的关系问题。汉水文化特色鲜明，并对中国传统文化做出了重要贡献。《诗经》《楚辞》中就有描写汉水的诗句。汉水流域也是汉民族的兴隆之地。汉族、汉朝、汉人、汉字、汉学等等这些称谓，都源自汉江，这一系列"汉"之根就扎在汉水文化之中。这在全国乃至世界的江河中恐怕都是罕见的。《史记》中许多历史事件如刘邦兴汉、韩信拜将等就发生在这里；历史人物如开辟"丝绸之路"的张骞就出生在汉中城固县；历史古迹如古汉台、拜将台、张良庙等都坐落在此处，这些都是今天我们研究《史记》非常宝贵的资料。我们研究《史记》，也需要面向现实，为当代文化建设服务，使我们的研究更接地气，更有魅力，更有生命力。

未来，研究会面临许多新的任务，在此我主要强调以下几点：

第一，认真学习党的二十大报告。我们要认清国家的重大战略方针和发展方向，把握国家文化发展的基本思想，把学习党的二十大精神和自己的工作结合起来，把司马迁研究与党的二十大对文化发展的要求结合起来，把优秀传统文化发展与当代文化建设结合起来，坚定文化自信，理论联系实际，攻坚克难，取得实效，为繁荣文化、繁荣学术做出成就。

第二，持续推进研究会成立三十年纪念的后续工作。今年由于客观原因，有些工作受到影响，会后想办法弥补：一是出版本次会议论文集，提交论文的老师同学在会后修改和完善论文，秘书处及时收回，早日出版。二是出版研究会三十年纪念文集，收录有关纪念文章和大家创作的诗词、单位和个人的贺信、研究会会员的成果目录，以及省内司马迁研究机构介绍等等。三是给陕西理工大学赠书，如刚刚出版的全注全译本《史记》等。

第三，积极筹备明年的学术会议。明年研究会年会的接力棒传到了渭南。渭南师范学院已经多次举办国际国内《史记》相关会议，是《史记》研究的重镇。他们组织全校力量，在司马迁与《史记》研究方面取得了可喜成绩，如成立司马迁研究院，创办司马迁与《史记》研究年鉴，建设中国《史记》研究网，学报开设司马迁与《史记》研究栏目，出版《〈史记〉选本丛书》《〈史记〉研究论著集成》等著作，还负责运行我们研究会的公众号。这一系列的成绩，为我们的研究会增光、增色。我代表研究会对他们主动承担明年会议表示衷心感谢。明年的会议是承上启下的会议，既代表研究会将在三十年发展道路基础上继续前行，也是研究会新征程的开始。期望全体会员积极准备，以丰富多样的成果参加会议。

第四，持续加强组织建设。研究会的队伍要不断壮大，希望各位会员能够积极地做介绍人。只要是对司马迁研究、对宣传司马迁有兴趣的人都可以参加，这一点希望我们在座的每一位会员，尤其是理事，要"理事"，要操心，多吸纳新会员，壮大我们的研究队伍。本次会议有 30 多位硕士、博士提交论文，这是令人高兴的事情。同时，秘书处要做好组织协调工作，加强与国内外有关学术机构和学者的广泛联系，使我们的研究会更富有活力，富有凝聚力，富有生命力，富有影响力。

第五，提前准备大型国际会议。2025 年，是司马迁诞辰 2170 年，我们要举办大型的学术会议，纪念世界文化名人司马迁，推动司马迁与《史记》研究的国际化！从现在算起，也只剩两年多的时间。我们要积极行动起来，聚集各方力量，开拓新领域，发现新课题，继续深化传统课题，并且用多样化的形式宣传、普及司马迁与《史记》，还要做好司马故里的司马迁《史记》博物馆建设、文物保护工作以及乡土教材的挖掘工作。

陕西省司马迁研究会要不断扩大在省内的影响力，应在空间上形成纵横交错的格局。东西线：从韩城出发，到渭南，然后西安、咸阳，最后到宝鸡，这条线已经成熟了。在这条线上，还可以再扩展，比如杨凌是周王朝的发祥地，是我国农业示范区。《史记》中有许多关于农业的内容，值得挖掘。西北农林科技大学就在这里，我们要加强与他们的联络。南北线：以西安为中心，南北发展，这条线也初步形成。北边的延安大学已经开过学术会议，再拓展的话就是榆林和铜川。往南就是汉中，陕西理工大学已开过两次会议。陕南这条线可再往安康延伸。还有商洛，商洛学院也曾主办过研究会的年会。可以说，纵横交错的空间结构已经基本上形成。当然，这只是我们的一个小目标，更远大的目标，是要向全国进军，向世界进军，这就需要用研究成果说话。期望大家团结一致，踏上新征途，奋进新时代。拿出我们的底气和勇气，不断推进研究会的事业向前发展！

2022 年 12 月 9 日

目　录

◎《史记》历史研究

从《五帝本纪》与《秦始皇本纪》看早期中国君权的演进　薛小林　003

从"息国"到"息县"：周代息国历史考述　黄巧萍　017

《史记》与《左传》所记春秋时期士人的流动概况　李淑芳　030

天道人本：长平之战"遗其小者二百四十人"发微
　　——基于《史记》创作宗旨与史迁人文观　罗　有　036

天道观念与司马迁笔下的滇国命运
　　——《史记·西南夷列传》"滇小邑，最宠焉"解诂　黎镜明　051

论司马迁奉使西南的意义　张　检　068

司马迁对古代水战记载的完善以及对当今的启示　李小成　085

◎《史记》思想文化研究

论《史记》思想意蕴的"抵梧"及其成因　霍建波　107

从地域文化看司马迁人格塑造　胡喻文　120

《史记》中的边疆民族关系构建与民族共同体意识　　刘　爽　　133

《史记》列传的编撰思想刍议　　屈小宁　余志海　　148

《天官书》文本的编撰思想　　韦正春　　163

《史记·列传》对"人"的审美与价值指向　　何悦玲　　177

论《史记》的舆论意识及其书写价值　　赵子璇　　198

司马迁的水利思想初探　　程永庄　　215

明清《史记》评点的史学批评
　　——以司马迁的"才学识"为中心　　李宜蓬　　234

◎《史记》文献研究

《史记·礼书》和《史记·乐书》来源问题论衡　　梁玉田　　251

《史记·淮阴侯列传》校读札记　　张寅潇　　263

李孟鲁《汉书·艺文志》"省《太史公》四篇"考论　　雷炳锋　　272

六朝钞本《史记》的版本及校勘价值　　郑新煜　　289

景祐《史记》刻工考略　　柳心茹　　300

汲古阁本《史记索隐》的版面特点　　王璐　赵望秦　　307

竹添井井《评注历代古文钞》抄袭高嵣《读书丛钞》考论
　　　　　　　　　　　　　　　　　　　王豪　　316

《史记新证》引文考
　　——以十二本纪为例　　郭瑶洁　　336

| 台湾《史记》选本编撰出版概况 | 凌朝栋 | 349 |

◎《史记》文学研究

司马迁对《左传》文学思想的阐释与接受	史继东	365
史学传统与中国古代历史题材小说创作	雷 勇	380
茅坤《史记抄》文学评点的精神向度发微	王晓红	394
从明代选本看《史记》文章元典地位的确立	刘彦青	412
《史记》自然灾害书写研究	路美玲	427
《史记》世家破体论	张媚东	439
《史记》中歌谣的赋、比、兴特征	张 萍	453
《史记》虚词的情感魅力	魏耕原	464
《史记》"笑"论	韩团结	479

◎《史记》人物形象研究

汉代史传中的褒姒形象述论	梁中效	493
从秦穆公的悲剧到秦国的悲剧		
——以《秦本纪》载《黄鸟》叙事的矛盾为中心	曹 阳	508
卫青、霍去病新论		
——以元光五年至元狩六年时代精神为背景	黄 力　程世和	529

003

西汉佞幸人物的多维审视　　　　　　　　　　　　张建伟　李昕花　551

◎《史记》传播研究

从"泗水捞鼎"文图关系看《史记》早期绘本的形成　　刘向斌　李玉香　575
副文本与《史记评林》的传播　　　　　　　　　　　　　　李月辰　591
论中华优秀传统文化的时代意义的生成
　　——以清代《史记》阐释为例　　　　　　　　　　　王晓玲　603
钱锺书《管锥编·史记会注考证五十八则》管窥　　　　　王晓鹃　612
古典史传作品文学经典建构的理论性言说
　　——评张新科先生新著《〈史记〉文学经典的建构之路》
　　　　　　　　　　　　　　　　　　　　　　　　　　王长顺　621

后　记　　　　　　　　　　　　　　　　　　　　　　　李宜蓬　635

《史记》历史研究

与西方传统海洋强国长期发展海洋战略不同,中国是传统的陆权国家,而今中国在充分认识海洋竞争、博弈的基础上,基于对当前世界格局的思考,将努力建设海洋强国作为发展目标。

从《五帝本纪》与《秦始皇本纪》看早期中国君权的演进

薛小林

《史记》通过十二本纪对黄帝至汉武帝的三千年政治史提纲挈领。从酋邦时代到秦汉时期，早期中国的政治体制与君主的权力形态发生质变，一方面是政治体从分权走向集权，在中央权力的支配下凝聚成高度统一的政治共同体。另一方面，君主的权力从有限迈向专制，实现对被统治者的高度人身支配与思想管控，这一剧烈的政治变革被称为"周秦之变"。《五帝本纪》和《秦始皇本纪》在十二本纪中具有特别的地位，前者对早期共主—诸侯的政治类型做了典范塑造，夏商周政体各有演进，但总体仍处在共主—诸侯的类型之中。后者对皇帝的诞生、皇权的运作与强化等做了全面阐释，政治权力自此进入皇帝专制的阶段。比较《五帝本纪》与《秦始皇本纪》，可以清晰勾勒出早期中国政治权力的演进路径，把握君主权力强化的轨迹线索，有助于周秦之变研究的深入。[①]

[①] 对于早期中国权力演进的研究，增渊龙夫全面研究了在氏族制共同体解体、封建制崩溃的背景下，君主摆脱束缚、官僚组织发展、庶民被个别人身支配，构成了新型的君臣民政治形态，见参氏著《中国古代的社会与国家》，吕静译，上海：上海古籍出版社2017年版；赵锡元、赵玉宝注意到了早期中国君主权力演进的线索，对从氏族到国家的权力演进过程做了系统研究，见参氏著《从三皇五帝到秦皇汉武——中国古代专制君主形成的过程》，《史学集刊》1991年第4期；乔健对从先秦到秦汉的政治倾向由"重礼义"到"尚功利"的演变，以及由此导致的君主权力绝对化做了深入的研究，见参氏著《从"重礼义"到"尚功利"——中国君主专制体制形成的一条重要线索》，《社会科学战线》2007年第4期。

一、《五帝本纪》中的"共主—诸侯"政治形态

司马迁以《五帝本纪》作为写作的开端,一方面遭到"不记三皇"[1]的指摘,司马贞还为之补《三皇本纪》;另一方面又遭到"不量力"的批评,欧阳修认为孔子尚且只述尧舜,司马迁在孔子后五百岁,何以能更上溯至黄帝![2]司马迁自言学者们"犹考信于六艺"[3],却为何突破尧舜上溯到黄帝呢?《五帝本纪》的"太史公曰"并没有论议本篇的旨趣,而是反复强调材料的考证问题,似乎是预料到将会遭遇诘难,特于此处做出解释。首先,司马迁指出虽然百家所言黄帝多不雅驯,但在孔子所传的《五帝德》和《帝系姓》中有其记载,并非荒诞不经之伦,且与《左氏春秋》与《国语》中的相关记录可相互发明,经过文献的比较考证可见"其所表见皆不虚"[4];其次,司马迁实地搜寻古史逸闻时,各地长老"皆各往往称黄帝、尧、舜之处"[5],通过田野采访获得的五帝逸闻旧事"总之不离古文者近是"[6],与文献材料能够相互印证,实现了二重证据的论证;[7]最后,虽然有关五帝的传说多不雅驯,但"学者多称五帝"的现象本身就意味着必须正视"五帝"的历史意义,《尚书》独载尧舜可能是因为"《书》缺有间矣"[8],受限于文献留存的状况。司马迁宣称要通过仔细的考辨,采纳各类记载中"尤雅者",以谨慎的文献考辨作为《五帝本纪》的史料原则。"雅驯""尤雅"并非指文辞典雅,而是内容符合"历史理性",摒弃荒诞怪异。五帝时代"尚

---

[1]〔南朝宋〕范晔:《后汉书》卷五九《张衡传》李贤注引《张衡集》"史迁独载五帝,不记三皇,今宜并录",北京:中华书局1964年版,第1940页。

[2]〔宋〕欧阳修:《欧阳修集》卷四一《帝王世次图序》,北京:中华书局2001年版,第592页。

[3]〔汉〕司马迁:《史记》卷六一《伯夷列传》,北京:中华书局1982年版,第2121页。

[4]〔汉〕司马迁:《史记》卷一《五帝本纪》,北京:中华书局1982年版,第46页。

[5]〔汉〕司马迁:《史记》卷一《五帝本纪》,北京:中华书局1982年版,第46页。

[6]〔汉〕司马迁:《史记》卷一《五帝本纪》,北京:中华书局1982年版,第46页。

[7] 王晖认为《五帝本纪》是具有现代意义的学术研究成果,最早实践了历史学多重互证的史学研究方法。见参氏著《〈五帝本纪〉得与失:论司马迁的上古观》,《史学史研究》2020年第2期。

[8]〔汉〕司马迁:《史记》卷一《五帝本纪》,北京:中华书局1982年版,第46页。

矣",司马迁只能从各类传说传闻甚至是神话中,剥离其中虚妄神异的内容,选择多种史源材料能够相互印证发明的符合历史常理常识常情的部分,论次成此篇。

司马迁创作《五帝本纪》,固然是采用了不同时期的历史事实综合而成,也包括一些思想家们的政治设计,[1]但总体而言司马迁对五帝时代与他自己所处的秦汉时代的区别是有深刻自觉的,仍可通过《五帝本纪》透视他对上古时代政治形态的历史性认识。在《五帝本纪》中,黄帝、颛顼、帝喾约占总篇幅的四分之一,对颛顼、帝喾只有世系与德行的泛泛记述,主要叙述的是黄帝。尧、舜部分占据了四分之三以上的篇幅,其中尧的部分又有四分之三以上是有关挑选、考察并禅让予舜的内容。可以说《五帝本纪》的核心人物是黄帝与舜,如果说五帝构成一个时代,黄帝作为开端、舜作为结束,都具有特殊的意义。

《五帝本纪》中从"神农氏世衰"到"代神农氏,是为黄帝",记载了天下共主转移的惊心动魄过程。原本的天下共主神农氏"世衰",无法维持天下的秩序,"诸侯相侵伐,暴虐百姓,而神农氏弗能征"[2]。在"共主—诸侯"秩序有效运作时,诸侯之间发生纷争时需要共主来仲裁,不能自行以武力来解决,如果有诸侯破坏秩序,天子就要以武力惩治破坏秩序的诸侯,以恢复秩序。神农氏的衰落表现在武力的衰落上,诸侯不再寻求共主的仲裁而是凭借武力自行其是,共主无可奈何听之任之,"共主—诸侯"的天下秩序处于瓦解边缘。这个时候黄帝出场,"乃习用干戈,以征不享"[3]。轩辕黄帝原本是神农共主天下秩序中的诸侯,此时强化武力,征伐"不享"者,即对不朝贡神农的诸侯用兵,扮演了神农氏共主地位维护者的角色。轩辕的努力起到一定效果,诸侯咸来宾从。虽然诸侯来宾从共主神农,但轩辕在这一过程中毫无疑问提升了自身的实力与威望,这很容易令我们联想到春秋时期的霸主政治,齐桓晋文的口号是"尊王",尊王是他们武力征伐正当性的来源。早在上古时代,轩辕已经打着"尊神农"的旗号扩张影响力,成为了霸主。

天下秩序并未就此恢复,接着出场的两个角色是蚩尤与炎帝。"蚩尤最为

---

[1] 许兆昌:《〈史记·五帝本纪〉中黄帝形象的知识考古》,《史学集刊》2012年第5期。
[2] 〔汉〕司马迁:《史记》卷一《五帝本纪》,北京:中华书局1982年版,第3页。
[3] 〔汉〕司马迁:《史记》卷一《五帝本纪》,北京:中华书局1982年版,第3页。

暴",是违命诸侯中力量最强的;炎帝"欲侵陵诸侯",显然《五帝本纪》中的炎帝并非神农氏,从"侵陵诸侯"的叙述中隐约暗示其地位与一般诸侯不同,在炎帝的侵陵下"诸侯咸归轩辕",那么,炎帝应该是一位与轩辕争夺霸主地位、乃至争夺下一任共主地位的角色。轩辕"修德振兵","德"与"兵"是成为共主的必备要素,但"德"往往虚化,"兵"在早期权力争夺中才是关键因素。黄帝在进一步加强了军事力量之后,与炎帝战于阪泉,与蚩尤战于涿鹿,维护了神农氏为共主的天下秩序,但其实这一秩序是霸主秩序,神农只是旗号,轩辕占据实质领袖位置。后来"诸侯咸尊轩辕为天子,代神农氏,是为黄帝"[1],实现了名实合一,完成共主地位的转移。

  从这一转移过程中,我们可以抽象出"共主—诸侯"政治模式的两个运作原则:在天子一方面要修"德"与"兵",以优势武力为后盾解决诸侯间的纷争,做出公平的仲裁,不能"侵陵诸侯",要尊重诸侯的利益;在诸侯一方面要"用帝命",享天子,若与其他诸侯有纷争则应寻求共主的仲裁,不能以武力手段自行解决。司马迁通过从神农至黄帝的共主地位转移过程的重述,构造了早期中国文明始端"共主—诸侯"的理想政治模式,天子对诸侯只有有限的权力,各诸侯在其国或部族内部依照旧俗传统自行治理,权力是分散的、有限的,《五帝本纪》呈现了政治权力的分散性与有限性,权力并不能支配所有领域。黄帝维系统治的方式进一步强化了这一特征,为了维护共主秩序,当有新的不服从者出现时,黄帝"从而征之,平者去之"[2],所谓"平者去之",就是不顺从的诸侯被打败,承诺臣服,共主就班师回朝,不会有更多的惩治。黄帝通过巡狩,加强了与四方诸侯的政治关系,但巡狩的形式是共主往来迁徙,到处颠簸,诸侯为主而共主反为客。黄帝"置左右大监,监于万国"[3],官僚机构还在萌芽初期,共主与诸侯的政治联系相当疏阔。

---

[1] 〔汉〕司马迁:《史记》卷一《五帝本纪》,北京:中华书局1982年版,第3页。
[2] 〔汉〕司马迁:《史记》卷一《五帝本纪》,北京:中华书局1982年版,第3页。
[3] 〔汉〕司马迁:《史记》卷一《五帝本纪》,北京:中华书局1982年版,第6页。

二、五帝世系与尧舜禅让

司马迁在《五帝本纪》中构造了五帝之间的血缘联系，在其他篇章中也建构了黄帝与夏商周始祖的血缘关系。这当然不是一种"历史真实"，司马迁采纳的是战国至汉初各种力量汇聚而成的对古史系统重构的结果。上古时代的部落与方国的分布地图一定是满天星斗式的，族属是多元的。随着历史演进，在一些区域内形成了规模较大的部落联盟或酋邦型政体，流传着各自的始祖英雄事迹，成为各个集团的政治象征和凝聚纽带。当两个或多个部落联盟或酋邦交往交融程度更深，汇成更大的政治体时，就会建构他们英雄祖先之间的"血缘"关系，以为现实的政治结合提供历史依据。①徐旭生根据古史传说，将盘庚以前的众多部落方国分为华夏、东夷、苗蛮三大集团。华夏集团在黄河中游，主要由黄帝亚集团和炎帝亚集团构成，此外还有高阳氏、有虞氏、商人集团，这些集团与东夷有较多的交流与混融；还有祝融集团，与南方的苗蛮关系密切。②这些亚集团都流传着自己始祖英雄的传说，随着相互之间交流交往越来越密切，英雄始祖之间的关系也逐渐建构起来。夏是活动在黄河中上游的部族，商人是东方部族，周人是西方部族，夏商周时期迭为共主，商灭夏、周灭商，并不是灭掉了夏部族或商部族，只是取其共主地位而代之，夏部族、商部族从共主退回诸侯，仍然处在新的天下秩序之中。③在这种战争与和平的频繁交往之下，华夏族群的融合与认同一直蕴积发展，原本互不相识的"始祖"们开始密切互动，建构了"亲密"的血缘与合作关系。这一建构的加速与完成期是在春秋战国时期。春秋时期，由于周王室的衰微引发了华夏的生存危机，南夷与北狄交，中国不绝若缕，在此局势下，诸国的群体自觉意识成长，"诸夏""族类"观念发展，"非我

---

① 王明珂：《羌在汉藏之间》，台北：联经出版事业股份有限公司 2003 年版，第 233—237 页。
② 徐旭生：《中国古史的传说时代》，北京：文物出版社 1985 年版，第 37—39 页。
③ 关于夏商周三者之间的关系，张光直、林沄已有深入的研究。张光直：《中国青铜时代》，北京：三联书店 2013 年版；林沄：《商史三题》，台北：历史语言研究所 2016 年版。

族类，其心必异"①已经成为春秋流行的观念，管仲言于齐桓公曰："戎狄豺狼，不可厌也。诸夏亲昵，不可弃也"②，诸夏作为一个族类的观念，在春秋时期得到了充分的发展。③于是，纳入诸夏集团里的各个亚集团，他们的英雄祖先"渐渐归到一条线上，有了先后君臣关系"④。

黄帝成为诸夏族类的始祖，在这条线上占据最核心的位置。为什么是黄帝成为始祖？这大概由两重推动力共同完成。首先，正如沈长云先生指出的，黄帝其实是姬姓集团的始祖，《国语》载"黄帝以姬水成，炎帝以姜水成。成而异德，故黄帝为姬，炎帝为姜"⑤。姬水应该与姜水相近，皆在岐山之下。黄帝二十五子中得姓的十二姓，也都是分布在西方的部族。⑥春秋时期的诸夏，其实是周文化圈的中原诸国，所以在族类观念形成中，将周祖始祖黄帝推上了核心位置。其次是战国时期田齐的造祖运动。田氏篡齐后，将始祖攀附到黄帝，显示自己的出身并不比姜齐逊色。齐威王所造之镦上镌刻铭文为："其惟因齐扬皇考，绍緟高祖黄帝，迩嗣桓文"。齐威王、齐宣王打造的稷下学宫成为战国时期的天下学术中心，延揽天下学士，稷下先生虽然奉行"不治而议论"，但在田齐王室的资助下，黄帝之学成为显学，"百家言黄帝"的局面在此时形成。⑦在田齐政治目的的推动下，黄帝更为流行，黄帝作为中华民族始祖的地位愈加巩固。这一运动在汉初继续发展，司马迁的《五帝本纪》为之画上句号。

尧舜的禅让，一方面具有思想史的意义，尧舜禅让是儒家塑造的政治神话，反复确认了选贤与能与民心向背的政治准则。虽然司马迁有时候也沉溺到关于

---

① 杨伯峻：《春秋左传注》，北京：中华书局 2009 年版，第 818 页。
② 杨伯峻：《春秋左传注》，北京：中华书局 2009 年版，第 256 页。
③ 颜世安：《"诸夏"聚合与春秋思想史》，《南京大学学报》2003 年第 5 期；王钧林：《黄帝与华夏民族的抟铸与形成》，《华夏文化》2016 年第 3 期。
④ 顾颉刚：《答刘胡两先生书》，《古史辨》第一册，上海：上海古籍出版社 1982 年版，第 99 页。
⑤ 徐元诰撰：《国语集解》，北京：中华书局 2002 年版，第 337 页。
⑥ 沈长云：《论黄帝作为华夏民族祖先地位的确立》，《天津社会科学》1995 年第 2 期。
⑦ 陈丽桂：《汉代道家思想》，北京：中华书局 2015 年版，第 27—28 页。

舜的家庭的不合理的细节中，甚至会出现"文本失控"现象，[1]但总的来说太史公的主要目的是塑造舜的非凡忠孝品德与理政才能，寄寓了贤能政治与道德政治的理想，"尧舜所代表的理想化政治形象和精神，却成为最真切的中国精神而得到世世代代的传承"[2]。另一方面具有反映历史真实的意义，可从中探析酋邦时代共主地位转移的模式，最高统治权位的传承与转移，是早期中国政治史的重要课题。历来学界大多相信尧舜禅让含有部分历史真实性：首先，尧舜禅让发生在公元前第三纪后半期，气候进入龙山降温期，逐渐寒冷干燥。陶唐氏的活动区域不断南移，"龙山时代的气候变化一度导致了北方气候敏感区农业文化的南退，迫使北方地区的农业民族重新调整对生存空间的占有和利用"[3]，黄河中游"相互作用圈"内的交流交往更加频繁。在这一背景下，天下共主的重要性和必要性更为突出起来。其次，尧舜禹皆是各自酋邦的首领，能够担任共主的，必然是各实力酋邦的首领。舜是有虞氏的部族首领，活动在雷泽历山一带。《五帝本纪》追述舜的家世，说穷蝉之后至舜皆微末，为庶人。这一说法可能是墨家的创造，墨家的尚贤主张，"列德而尚贤，虽在农与工肆之人，有能则举之"[4]。所以墨家倾向于在尧舜禅让故事中，将舜设定为庶人。再次，在各酋邦内部已经实行统治权在统治家族内世袭。尧并不是把陶唐氏首领之职禅让给舜，只是禅让了共主之位，舜禅让给禹也是如此。尧的儿子丹朱、舜的儿子商均，虽无缘共主之位，但丹朱继承了陶唐氏的统治权，商均继承了有虞氏的统治权。禹禅让天下共主给伯益，但被启篡夺，所以启既继承了夏后氏的统治权，又篡夺了共主的权力，实质上实现了夏后氏统治权与天下共主之位的同时世袭。以后不再有禅让，共主之位的转移以武力完成，汤伐桀、武伐纣是也。在商的天下和周的天下，夏人和商人之国仍然存在，并在统治家族内世袭传承。最后，共

---

[1] 程苏东：《失控的文本与失语的文学批评——以〈史记〉及其研究史为例》，《中国社会科学》2017年第1期。

[2] 叶舒宪：《尧舜禅让：儒家政治神话的历史建构》，《民族艺术》2016年第2期。

[3] 钱耀鹏：《尧舜禅让的时代契机与历史真实——中国古代国家形成与发展的重要线索》，《社会科学战线》2000年第5期。

[4] 〔清〕孙怡让：《墨子间诂》，北京：中华书局2001年版，第46页。

主通过禅让的方式转移，是一种和平的协商制度。人类文明早期的历史是充满战争暴力的历史，而早期中国文明在尧舜时代能实现共主地位的和平转移，可从两个方面来分析。首先，在共同的环境与生存压力下，内部团结与协作的要求占据优先位置。例如在水患压力下，鲧治水失败，尧因此杀了鲧，并没有引发夏后氏的反叛，尧接着任命鲧的儿子禹继续治水。在水患的压力下，整体的利益具有了优先性，战争方式因内耗太大而被压抑，和平协商的方式占据主流。其次，是因为共主的"权力诱惑"是有限的。韩非子认为禅让没有什么了不起的，"夫古之让天子者，是去监门之养而离臣虏之劳也，故传天下而不足多也"①。也就是说，如果共主意味着无尽的权势与享受，就很难和平地将权位交出来。在天下的生存危机之下，此时的共主承担了更多的责任和压力，需要有奉献的精神，这种精神成为后世儒家刻画尧舜道德品格的基础。同时，从黄帝以来奠定的共主—诸侯的政治格局一直延续，共主的权力较为有限，并不能有效支配同盟内的成员，在尧舜时期，相较于获得的利益而言，共主需要付出更多，所以共主权位的"权力诱惑"并不大，并不值得为之开启战端。但是，随着在协调各方面资源和力量应对危机的过程中，共主的权力逐渐扩大加强，以至于慢慢变得有利可图。当共主权位的"权力诱惑"达到一定程度，那么禅让的转移模式就会终结，到禹禅让给伯益时，启就篡夺了共主之位，并凭借武力打败了伯益。此后的历史，虽然共主—诸侯的政治模式没有变，但共主的转移方式，却进入到武力争竞的模式了。

三、从刻石与焚书看皇帝权力的意识形态化建设

《秦始皇本纪》是《史记》中篇幅最长的一篇，重心部分是统一六国后秦的帝国建设。在周秦之变的过程中，社会结构的根本性变化是氏族的解体以及贵族的消弭，君主从宗室及封建贵族的制约中解脱出来，权力从非绝对化走向绝对化，到秦王政统一天下自号为皇帝时，皇权的诞生亦水到渠成。始皇帝君臣在"议帝号"时有意识地强调了皇帝与五帝的差别，"昔者五帝地方千里，其外

---

① 〔清〕王先慎：《韩非子集解》，北京：中华书局1998年版，第444页。

侯服夷服，诸侯或朝或否，天子不能制"，而今日的皇帝"平定天下，海内为郡县，法令由一统"，比较下认定今日皇帝的权力是"自上古以来未尝有，五帝所不及"①。在刻石中也说到"古之帝者，地不过千里，诸侯各守其封域，或朝或否"②，这种权力的有限性在专制皇面前显得颇为逊色。秦始皇建构的新政治模式通过官僚制度、郡县制度和户籍制度将权力直接贯彻到庶民头上，实现了个别人身支配。③春秋战国以来启动的君权强化过程到秦始皇手中到达了登峰造极，司马迁写作《秦始皇本纪》对皇权的程度与范围做了系统考察，对秦帝国在宫殿、道路、制度、律令、疆域、宗教等方面的建设都一一列述，但篇幅最重的，是关于意识形态建设的方面。意识形态的建设需要从两方面来做工作，一方面是宣扬秦皇与秦政的伟大与永恒，刻石承担了这些功能；另一方面是对异议的消灭，焚书是也。刻石与焚书，共同构成了秦帝国意识形态工作的一体两面。

秦始皇所立刻石共七封，《秦始皇本纪》录下了其中的六封。通观所有刻石文辞，某些子题以相近的表达方式反复出现，构成对秦帝国统治理念的表达与宣传。本文整体考察七封刻石，④从皇帝、臣僚和百姓三个方面来分析刻石为各个角色赋予的功能与意义。

对于皇帝，刻石的内容可分为"刻石契机的叙述""皇帝制法""统治力无所不包""完美统治秩序的建立"等四个子题。

首先，每封刻石各有具体语境，皇帝对特定名山的巡行触发了刻石的契机。泰山叙述为"亲巡远方黎民，登兹泰山，周览东极"；琅琊为"东抚东土，以省士卒。事已大毕，乃临于海"；之罘为"皇帝东游，巡登之罘，临照于海"；之罘东观为"皇帝春游，览省远方。逮于海隅，遂登之罘，昭临朝阳"；碣石为节录后半部分，此子题常出现在刻石前半部分，故未见；会稽为"亲巡天下，周

---

① 〔汉〕司马迁：《史记》卷六《秦始皇本纪》，北京：中华书局1982年版，第236页。
② 〔汉〕司马迁：《史记》卷六《秦始皇本纪》，北京：中华书局1982年版，第246页。
③ 〔日〕西嶋定生通过对二十等爵制的研究，提出了秦汉国家确立的"个别人身支配"的统治结构。见参氏著《中国古代帝国的形成与结构——二十等爵制研究》，北京：中华书局2004年版，第441—446页。
④ 本部分所引用的刻石，六封出自《秦始皇本纪》，峄山刻石司马迁未录，历代都有著录，参容庚《秦始皇石刻考》，《燕京学报》第17期，第165页。后面引用不再一一出注。

览远方,遂登会稽";峄山为"亲巡远方,登于峄山"。对具体契机的叙述,将皇帝的巡行、名山的祭祀与刻石联系在一起,将刻石行为置于一系列皇权建设序列之中,刻石在众多具体性的叙事中获得了普遍性。

第二,刻石内容都涉及"皇帝制法"。泰山的表达是"皇帝临位,作制明法"。皇帝制作"制度"、彰明"法令","制"和"法"是帝国制度和律令法度。"法"作为无差别统御天下的硬性规程,与皇帝构成直接的生成关系,来源于皇帝的意志。琅琊表述为"皇帝作始,端平法度,万物之纪",皇帝所开创新纪元的最核心的特质是法度作为万事万物的纲纪准则。之罘表达为"大圣作治,建定法度,显箸纲纪"。之罘东观表达为"圣法初兴"。碣石中未有此子题,但此刻石是节选,起头"遂兴师旅"显得突兀,应该还有前文。会稽表达为"秦圣临国,始定刑名,显陈旧章。初平法式,审别职任,以立恒常"。审别职任体现了官僚体制的设官分职与循名责实的特征,而法的恒常与帝国的永恒互相彰显。

第三,皇帝的统治力贯彻于"皇帝之土"的每一个角落,呈现无所不包的覆盖力。泰山表述为"初并天下,罔不宾服",之罘表述为"宇县之中,承顺圣意""威燀旁达,莫不宾服";之罘东观为"经理宇内";会稽为"六合之中";琅琊刻石对"皇帝之土"的表达特别详细,有"日月所照,舟舆所载""六合之内,皇帝之土""人迹所至,无不臣者"。皇帝之土就是四极之中、六合之内,日月所照、人迹所至就是皇权所至。琅琊刻石对皇帝之土有较为具体的范围指涉,"西涉流沙,南尽北户,东有东海,北过大夏",但各方位的叙述并不是确实的地名,而是文明范围的象征,之外的蛮荒之地并不是皇帝不能统治,而是没有需要和必要。

最后,在皇帝圣法的统治之下,天下达到了最完美有序的状态,泰山称之为"治道运行,诸产得宜,皆有法式""训经宣达,远近毕理,咸承圣治""贵贱分明、男女礼顺,慎遵职事"。治道是治理天下最根本的大道,其实就是指皇帝的法,"治道运行"就是皇帝的"法"得到贯彻执行,则所有的事务、所有的领域、所有的层面都会得到最有序和有效的治理,一切都处在最完美最理想的状态中。琅琊的表达为"日月所照,舟舆所载,皆终其命,莫不得意""远迩辟隐,专务肃庄。端直敦忠,事业有常""莫不受德,各安其宇";之罘东观的表述较为详细典型,称"作立大义,昭设备器,咸有旗章","黔首改化,远迩同度,临古绝尤";碣石为"地势既定,黎庶无繇,天下咸抚""男乐其畴,女修其业,事各有序";会稽为"皇帝并宇,兼听万事,远近毕清""皆遵度轨,和安敦勉,莫不顺令"。这些文辞都指向完美理想秩序的达成。

群臣的作用,是对皇帝法令的贯彻执行与对皇帝功德的倾心歌颂。皇帝制法明法,而法的贯彻需要官吏的恪尽职守,官吏们必须展现铁一般的执行力,"臣下脩饬","脩饬"是指臣下执行皇帝所制之法的勤勉彻底的状态。"方伯分职,诸治经易",这里的方伯并非古之诸侯,而是朝廷各部门各地方的官吏们,他们各有"分职",对各自的职分进行有规范的和平稳的治理。之罘东观"职臣遵分,各知所行,事无嫌疑",群臣各有所职,所以称为"职臣",官僚系统中的每一官职都有其"职分",不能不任职,也不能逾越职分。秦制的彻底的制度主义,事无巨细,囊括毫末,官员们要"遵守职分",职分明晰,各知所行,绝对没有暧昧不清、推诿扯皮的情况。刻石中群臣的另一个作用,就是扮演皇帝圣德的情不自禁的颂扬者。峄山表述为"群臣诵略,刻此乐石,以著经纪";泰山为"从臣思迹,本原事业,祗颂功德";琅琊为"群臣相与诵皇帝功德,刻于金石,以为表经";之罘为"群臣诵功,请刻于石";之罘东观为"群臣嘉德,祗诵圣烈,请刻之罘";碣石为"群臣诵烈,请刻此石,垂著仪矩";会稽为"从臣诵烈,请刻此石,光垂休铭"。也就是说,刻石中的皇帝功德绝不是皇帝的自吹自擂,而是群臣面对皇帝如此空前绝后的圣德而情不自禁的请求刻立,不如此则成为历史之罪人矣。

刻石中的第三个角色是百姓。峄山刻石强调了在皇帝"壹家天下"之下,不再有兵燹之灾,"黔首康定,利泽长久";泰山中,看到皇帝"亲巡远方黎民",夙兴夜寐为百姓"建设长利",百姓"咸承圣志",对皇帝的"圣志"心悦诚服;琅琊说皇帝"忧恤黔首,朝夕不懈""上农除末,黔首是富"。在皇帝的恩泽之下,"黔首安宁,不用兵革。六亲相保,终无寇贼",感受到了皇帝的伟大,百姓们"欢欣奉教",主动积极心甘情愿地遵奉皇帝一切的教诲和要求。之罘营造了六国君主贪戾无厌、虐杀不已的形象,"皇帝哀众",对天下苍生的悲惨痛心不已,于是"烹灭彊暴,振救黔首";碣石刻画了在皇帝统治下"庶心咸服""黎庶无繇""男乐其畴,女修其业"的一派理想景象;会稽载"黔首脩絜,人乐同则,嘉保太平",在皇帝统治之下,百姓进入太平盛世。

秦廷君臣经常贬低上古五帝，称扬皇帝统治是"自上古以来未尝有，五帝所不及""自上古不及陛下威德"。掌控了绝对权力的帝王都可以虚妄地宣称自己的统治是"空前"的，却不一定能自信地宣称"绝后"。但在秦刻石中，一个突出的理念就是制度法令已经完美，人间能够实现的最好秩序业已实现，不存在任何可以改进的空间，历史到此已经终结。泰山刻石表达为："大义休明，垂于后世，顺承勿革"。大义是指绝对的真理，最完美的统治法则，大义已经被完全发现、展现并运行，当今的秩序是在先进思想和完美治道的指导下建立的，已经最为完美，堪为万世楷模，后世要完全照做，不能有一丝一毫的改变。任何改变都是倒退，都是对完美的破坏。刻石明确要求"施于后嗣""化及无穷"，要求后世继承者"遵奉遗诏，永承重戒"。之罘刻石表达为"普施明法，经纬天下，永为仪则"。之罘东观为"常职既定，后嗣循业，长承圣治"。碣石刻石最后说要"垂著仪矩"，要作为后代万世的典范规矩。会稽要求"后敬奉法，常治无极，舆舟不倾"。现在建立的秩序是"常治"，"常"这里是永恒之意，所以"常治无极"，敬奉则舆舟不倾，否则人仰马翻。

刻石均是对帝国统治的正面讴歌，意识形态建设的另一面是禁绝诽谤，这一点通过焚书完成。统一之初，秦廷曾有过封建与郡县的讨论，官僚集团考虑到地方风俗与行政合理性，建议在偏远的燕、齐、荆实行分封，李斯从皇权统治的角度，认为封建就是分散出去了土地与人口的统治权，就会产生与中央不一致的"异议"，将会削弱皇权，"天下无异议，则安宁之术也"[1]，秦始皇对此心领神会，决定厉行郡县制。到秦始皇三十四年，淳于越再提封建与郡县之议，认为应为"师古"行封建，"事不师古而能长久者，非所闻也"[2]，言下之意就是郡县制将导致政权败亡。李斯对此做出回击，对抗"师古"的理论武器是"时变"，"五帝不相复，三代不相袭，各以治，非其相反，时变异也"[3]。商鞅在劝说秦孝公变法时，就已经宣称"治世不一道，便国不必法古"[4]，这是"变古的

---

[1]〔汉〕司马迁：《史记》卷六《秦始皇本纪》，北京：中华书局1982年版，第239页。
[2]〔汉〕司马迁：《史记》卷六《秦始皇本纪》，北京：中华书局1982年版，第254页。
[3]〔汉〕司马迁：《史记》卷六《秦始皇本纪》，北京：中华书局1982年版，第254页。
[4] 蒋礼鸿：《商君书锥指》，北京：中华书局1986年版，第5页。

历史观"。韩非认为时代是变化的,"上古竞于道德,中世逐于智谋,当今争于气力"①,所以"圣人不期修古,不法常可,论世之事,因为之备"②。"因时备变"是法家的重要主张,法家的眼光朝向的是"今",这与先秦大多数思想家"托古""师古"的思维方式不同。先秦诸子思想皆"务为治者也",他们论说其政治理想曾经在古代实现过,现在若能再次得到贯彻,一定能再建理想盛世。各家都依托一个"古",儒家言尧舜、墨家言大禹、道家托于黄帝。并不是说有一个真实的统一的"古",而是各家皆有"古",古是诸子理想政治图景在历史上的映射。李斯所言的"今"是秦朝以法家理论为指导建构的国家政教制度。那么,"古"与"今"的矛盾,其实就是诸子百家政治思想与法家政治理念之间的冲突,或者说是诸子政治理想与秦帝国政治现实之间的矛盾。

秦帝国建立后并未立即进行大规模的思想控制,战国时期思想自由的遗风大致延续,诸子各服膺家派政治理想,收徒传道,各是其是,必然将秦帝国的政治现实与家派政治理念进行比较和评判,李斯批评诸子生徒"人善其所私学,以非上之所建立","人闻令下,则各以其学议之,入则心非,出则巷议"③。思想理念的冲突是根本的冲突,倾向于"古"的诸子与着眼于"今"的法家在价值判断与取向上大异其趣,所以学古者必然非今,当时诸子之间仍然以批评当政为荣誉之事,"夸主以为名,异取以为高"④,对秦政意识形态的贯彻造成很大阻扰。李斯乘淳于越非议郡县体制的机会,将问题上升到"古"与"今"冲突的层面,从此之后,以古非今就成为重罪,秦帝国的政教体制是不可有异议的,于是发动了一场禁绝诸子思想的运动。在理想的秦政体制下,皇帝"别黑白而定一尊"⑤,什么是对的,什么是错的,所有的价值判断都以皇帝的判断为标准,皇帝所建立的法令不仅是管控帝国的强制体系,也是最高的价值判断标准,是

---

① 〔清〕王先慎:《韩非子集解》,北京:中华书局1998年版,第445页。
② 〔清〕王先慎:《韩非子集解》,北京:中华书局1998年版,第442页。
③ 〔汉〕司马迁:《史记》卷六《秦始皇本纪》,北京:中华书局1982年版,第255页。
④ 〔汉〕司马迁:《史记》卷六《秦始皇本纪》,北京:中华书局1982年版,第255页。
⑤ 〔汉〕司马迁:《史记》卷六《秦始皇本纪》,北京:中华书局1982年版,第255页。

绝对的真理。帝国之下的百姓只有两条出路,"百姓当家则力农工"①,从事农业与手工业的生产。士人呢？战国以来的士人是跟从各家各派的宗师学习,各有服膺,百家争鸣。现在禁绝诸子之学,但仍然给士人留下一条生路,"士则学习法令辟禁"②,帝国的运转需要律令与文书行政,仍然需要一批能够书写文书和熟悉法令的人员,士人学习之后自然是进入到帝国政务体系充当官吏。于是,帝国的体制,就由皇帝—官僚—农工百姓构成,当然,有战争需要时,农工就会征召为战士。

焚书令所烧的诗书百家语,都是蕴含政治价值观念的书籍,而工具性的医药种树占卜之书,对帝国统治理念不会造成冲击,就不在焚烧之列。也就是说,焚书摧毁的是逸出帝国体制之外的价值判断,消灭了诸子思想,就是消灭了独立价值判断,自然就不会产生对帝国政教体制的非议,配合刻石中的伟大表述,帝国的意识形态建设工程就大致完成了。

皇帝的统治,不仅通过皇帝制度、官僚制度、编户制度、律令体制建构,也需要通过刻石与焚书完成思想层面的控制。大规模的思想控制在皇帝制度建立伊始就开始了,《秦始皇本纪》通过对刻石与焚书的详细记载将这一点显露无疑。我们对读《五帝本纪》与《秦始皇本纪》,将会对早期中国君权发展的线索,以及君权在周秦之际的剧烈与深刻演变有进一步清晰深入的理解。

（薛小林,男,湖北钟祥人。历史学博士,兰州大学历史文化学院副教授）

---

① 〔汉〕司马迁：《史记》卷六《秦始皇本纪》,北京：中华书局1982年版,第255页。
② 〔汉〕司马迁：《史记》卷六《秦始皇本纪》,北京：中华书局1982年版,第255页。

从"息国"到"息县"：周代息国历史考述

黄巧萍

一、从西周金文看息国的建立

周代的息国位于淮河北岸，是周王朝对南土国族所构建的汉淮防线中重要的一环，其立国在传世典籍中无明确记载，但通过对青铜器铭文中"有息""息伯"等词的分析，可获得一些有价值的线索。

西周早期的徵作父乙簋中有"有息"一词，①铭文曰："公使徵事有息，用作父乙宝尊彝。"②其中"徵"是人名，铭文大意是周王室的某公派遣徵去有息处理事情，徵完成任务后可能受到公的赏赐，于是做了这件父乙簋，以示纪念。

铭文中的"有息"指的是息国，如文献中的"夏"又称为"有夏"，《尚书·汤誓》："有夏多罪，天命殛之。……汤既胜夏……。"③此外，在毛公鼎上有"保我有周"一词，可见"周"亦可称为"有周"。综合而言，"有息"指息国应该是没问题的，息国在西周早期就已经存在了。周代的息国是姬姓诸侯国，这在传世文献中有明确记载，如《世本·姓氏篇》："息国，姬姓。"④此外《左传》记载了君子批评息国讨伐郑国是"不亲亲"的行为，杜预注："郑、息同姓

---

① 中国社会科学院考古研究所编：《殷周金文集成释文（第三卷）》，香港：香港中文大学出版社 2001 年版，第 180 页。

② 本文引用的铭文或简牍释文均采用宽式。

③〔汉〕孔安国传，〔唐〕孔颖达正义：《尚书正义》，北京：中华书局 1980 年版，第 160 页。

④ 又见于〔汉〕许慎：《说文解字》卷六下，"郎"字条："郎，姬姓之国，在淮北"，北京：中华书局 1963 年版，第 134 页。

之国"。①郑国的建立者郑桓公是周宣王之弟友,《史记·郑世家》:"郑桓公友者,周厉王少子而宣王庶弟也。"②

"息伯"见于息伯卣(缺盖)和息伯卣盖,两器并不相配,但铭文相同,应是同一套礼器的不同器物。这是西周早期时器。其铭文曰:"唯王八月,息伯赐贝于姜,用作父乙宝尊彝。"③大意是息伯受到了姜的赏赐,被赐予了贝,于是做了这套青铜器礼器,以示纪念。

关于"伯"字的解释,有学者认为是爵称,指息国最早被封为伯爵,后来随着地位的提高而升为"侯爵",④但在《左传》及新出的清华简《系年》中不见"息伯"的称呼,只见"息侯"。因而也有研究者比较谨慎,认为"疑似爵称"。⑤虽暂时无法确定"伯"是爵称还是行辈,但带有"息伯"青铜器的出现,也说明了至少在西周早期,姬姓息国已经存在。

综合而言,周代姬姓息国在西周早期就已经建立。除了上述的三件息国青铜器外,还有鄎子鼎,其铭文:"鄎子蒉夷为其行器,其永寿用之。"⑥"鄎"字从息从邑,与《说文》记载相同:"鄎,姬姓之国,在淮北。"⑦"鄎"即"息",多"邑"旁,只是为了强调其为地名的缘故。其器形制未见,徐少华认为"从铭文风格看,约为两周之际或春秋初期所作。"⑧据台湾学者林圣杰的研究,"西周晚期至春秋'某子某'之'子'应释为美称。"⑨林先生梳理了大量的殷周金文中

---

① 〔晋〕杜预:《春秋经传集解》,上海:上海古籍出版社1990年版,第62页。

② 〔汉〕司马迁:《史记》,北京:中华书局1982年版,第1757页。

③ 中国社会科学院考古研究所编:《殷周金文集成释文》(第四卷),香港:香港中文大学出版社2001年版,第143页。

④ 详可参徐少华:《息国铜器及其历史地理分析》,《江汉考古》1992年第2期;闫孟莲:《息国历史与地理论考》,《信阳师范学院学报(哲学社会科学版)》2010年第1期。

⑤ 孙振兴:《西周金文中的伯与伯爵研究》,石家庄:河北师范大学硕士学位论文,2012年,第32—34页。

⑥ 于省吾:《上周金文录遗》,北京:中华书局2009年版,第90页。

⑦ 〔汉〕许慎:《说文解字》,北京:中华书局1963年版,第134页。

⑧ 徐少华:《息国铜器及其历史地理分析》,《江汉考古》1992年第2期,第59页。

⑨ 林圣杰:《殷周金文人物自称名号中的"子"》,《中国文字(新三十二辑)》,台北:艺文印书馆2006年版,第134页。

的"某子某"词例,有理有据,其论可从。"郳子葛夷"中的"子"不是爵称,而是美称,"葛夷"是其名。

另据考古发掘可知,商代时也存在着一个息方国。在河南省罗山县天湖村、后李村等地曾发现一批晚商时期的墓葬,出土了数量众多的青铜器,其中不少带有"息"字,①结合甲骨文中"息妇""息伯"等记载,可知此地应是商代息族的氏族墓地,族姓尚不明确。有学者研究认为,周王朝消灭了商代的息方国,在原地附近建立了姬姓诸侯国,同时沿袭了"息"的国名,是为姬姓息国。②

二、相异文本语境下的"息妫过蔡"

西周时期的息国因资料的缺乏,其历史不甚明了。现有文献记载的均是春秋时期的息国历史:公元前714年的息侯伐郑、公元前684年的息妫过蔡以及公元前683年的楚文王灭息。其中"息妫过蔡"事件影响深远,牵涉其中的息国、蔡国先后被楚国所灭,周王朝在汉淮地区构建的防线逐步被瓦解。

鉴于"息妫过蔡"事件的深远影响,不少传世典籍及清华简《系年》均有记载,现将有关记载记录如下:

> 《左传·庄公十年》:蔡哀侯娶于陈,息侯亦娶焉。息妫将归,过蔡。蔡侯曰:"吾姨也。"止而见之,弗宾。息侯闻之怒,使谓楚文王曰:"伐我,吾求救于蔡而伐之。"楚子从之。秋,九月,楚败蔡师于

---

① 详可参信阳地区文管会、罗山县文化馆:《河南罗山县蟒张商代墓地第一次发掘简报》,《考古》1981年第2期;信阳地区文管会、罗山县文化馆:《罗山县蟒张后李商周墓地第二次发掘简报》,《中原文物》1981年第4期;河南省信阳地区文管会、河南省罗山县文化馆:《罗山天湖商周墓地》,《考古学报》1986年第2期;信阳地区文管会、罗山县文化馆:《罗山蟒张后李商周墓地第三次发掘简报》,《中原文物》1988年第1期;李伯谦、郑杰祥:《后李商代墓葬族属试析》,《中原文物》1981年第4期。

② 详可参李伯谦、郑杰祥:《后李商代墓葬族属试析》,《中原文物》1981年第4期;范毓周:《息器、妇息与息国》,《郑州大学学报(哲学社会科学版)》1986年第4期;徐少华:《息国铜器及其历史地理分析》,《江汉考古》1992年第2期;田成方、陈鑫远:《息器与周代息国、楚息县》,《出土文献》(第十五辑),上海:中西书局2019年版,第71页。

莘，以蔡侯献舞归。①

《史记·管蔡世家》：哀侯十一年，初，哀侯娶陈，息侯亦娶陈。息夫人将归，过蔡，蔡侯不敬。息侯怒，请楚文王："来伐我，我求救于蔡，蔡必来，楚因击之，可以有功。"楚文王从之，俘蔡哀侯以归。②

清华简《系年》第五章：蔡哀侯娶妻于陈，息侯亦娶妻于陈，是息妫。息妫将归于息，过蔡，蔡哀侯止之，曰："以同生之故，必入。"息妫乃入于蔡，蔡哀侯妻之。息侯弗顺，乃使人于楚文王曰："君来伐我，我将求救于蔡，君焉败之。"王起师伐息，息侯求救于蔡，蔡哀侯帅师以救息，文王败之于莘，获哀侯以归。③

对比可知，这三个文本的记载不同之处有两点：第一，蔡哀侯止息妫的理由；第二，蔡哀侯对息妫的行为。

蔡哀侯止息妫的理由，《左传》记载是"吾姨也"；清华简《系年》记载是"以同生之故"。

先秦时期的"姨"指的是妻子的姐妹，《尔雅·释亲》："妻之姐妹同出为姨。"④关于"同出"的解释，郭璞在《尔雅·释亲》"女子同出，谓先生为姒，后生为娣"的注释中认为是"俱嫁事一夫"。⑤而孔颖达为《诗经》作疏时引孙炎的解释为："同出，俱已嫁也。"⑥相比之下，孙炎的解释更合理。《诗·卫风·硕人》在描述庄姜身份时是这样写的："齐侯之子，卫侯之妻，东宫之妹，邢侯之姨，谭公维私。"⑦卫侯之妻是邢侯之姨，说明卫侯和邢侯均娶了齐国之女，两人是姐

---

① 杨伯峻：《春秋左传注》（修订版），北京：中华书局1990年版，第184页。
② 〔汉〕司马迁：《史记》，北京：中华书局1982年版，第1566页。
③ 李学勤：《清华大学藏战国竹简（贰）》，上海：中西书局2011年版，第147页。
④ 〔晋〕郭璞注，〔宋〕邢昺疏：《尔雅注疏》，北京：中华书局1980年版，第2593页。
⑤ 〔晋〕郭璞注，〔宋〕邢昺疏：《尔雅注疏》，北京：中华书局1980年版，第2593页。
⑥ 〔汉〕毛亨传，〔汉〕郑玄笺，〔唐〕孔颖达疏：《毛诗正义》，北京：中华书局1980年版，第322页。
⑦ 〔汉〕毛亨传，〔汉〕郑玄笺，〔唐〕孔颖达疏：《毛诗正义》，北京：中华书局1980年版，第322页。

妹，但所嫁的人不同。

《系年》整理者把"生"通作"姓"，认为息和蔡都是姬姓国，故蔡哀侯曰"以同姓之故。"①也有研究者认为"同姓"指的是息妫与蔡侯之妻同姓。②《左传·庄公十年》："蔡哀侯娶于陈，息侯亦娶焉"，③据此可知后一种观点比较合理。但"生"不一定通作"姓"，也可作"出"。《管子·轻重戊》："钻燧生火"，戴望校正："预览火部二引作'出'"，④说明"生"也可作"出"，"同生"即"同出"。如《国语·晋语四》："同出九人，唯重耳在"，韦昭注"同出"为"同父"。⑤"以同生（出）之故"，即息妫与蔡哀侯之妻是同出一父的姐妹。

蔡哀侯之妻和息妫均来自陈国，正因为是"同生（出）之故"，加之"俱已嫁"，所以蔡哀侯称息妫为"吾姨"。⑥另外，罗云环指出："'以姓之故必入'句中存在'之故'二字，这是原作者的叙述语气；'吾姨也'是蔡哀侯的语气，具有纪实性，二者不可混为一谈。"⑦罗先生的看法是正确的。

综上所述，《左传》和清华简《系年》所记载蔡哀侯止息妫的理由是一致的，只是由于作者不同，文字表述有所不同。

"息妫过蔡"事件中争议最大的在于蔡哀侯对息妫的所作所为，《左传》记载是"止而见之，弗宾"，《史记》记载是"不敬"，《系年》记载是"妻之"。

关于《系年》中"妻之"的解释，详可参李松儒《清华简〈系年〉集

---

① 李学勤：《清华大学藏战国竹简（贰）》上海：中西书局2011年版，第148页。

② 华东师范大学中文系战国简读书小组：《读〈清华大学藏战国竹简（贰）·系年〉书后（二）》，简帛网，（2011—12—30）[2022—08—28]，http：//www.bsm.org.cn/show_article.php? id=1611；又见于子居：《清华简〈系年〉5—7章解析，孔子2000网"清华大学简帛研究"专栏，（2012—03—14）[2022—08—28]，http：//www.confucius2000.com/admin/list.asp? id=5238。

③ 杨伯峻：《春秋左传注》（修订版），北京：中华书局1990年版，第184页。

④〔清〕戴望：《诸子集成·管子校正》（第五册），北京：中华书局2006年版，第424页。

⑤ 徐元诰撰，王叔民、沈长云点校：《国语集解》，北京：中华书局2002年版，第330页。

⑥ 把"生"通作"出"的观点也见于成富磊、李若晖：《失德而后礼——清华简〈系年〉"蔡哀侯娶妻于陈"章考论》（《复旦学报（社会科学版）》，2017年第4期）第46页的注释⑦，但与本人的论述有所不同。

⑦ 苏建洲、吴雯雯、赖怡璇：《清华二〈系年〉集解》，台北：万卷楼图书股份有限公司2013年版，第276页。

释》。①其中有学者认为"'妻'有污辱义，……'妻之'是极端的'弗宾''不敬'。"②也有学者认为"'妻之'只是'妻'名词作动词而已，本身无褒贬意义，所谓'侮辱'是随文释义，无有其他。"③

其实"妻"在这里可通作"微"。妻是清母脂部字；微是明母微部字，二字的韵部相近，且在郭店楚墓竹简《老子》（甲本）中就有把"微"写作"妻"的现象："道亘（恒）无名，朴唯（虽）妻（微），天地弗敢臣。"④说明"妻"与"微"可通假互用。"微"在这里是压抑，减少的意思。《礼记·檀弓下》："礼有微情者"。孔颖达疏："微，杀也，言贤者丧亲，必致灭性，故制使三日而食，哭踊有数，以杀其内情。"⑤

"蔡哀侯妻（微）之"，是指蔡侯没有按照应有的礼仪来接待息妫及其随从。息妫过蔡，属于聘礼中的"过邦"，在《仪礼·聘礼》卷十九中有"过邦"礼仪的详细记载，对双方的各种行为都有很具体的规定。⑥

《系年》的"妻（微）之"，可以与《左传》的"弗宾"相对应起来。《左传》里除了记载蔡哀侯对息妫"弗宾"外，还记载了"凡伯弗宾"，《左传·隐公七年》："初，戎朝于周，发币于公卿，凡伯弗宾。"杨伯峻注："公卿受币后，……应设宴招待，并回致财币。凡伯为周室世卿，戎致送礼物，而竟不回执，是不以贵宾之礼待戎，故曰'弗宾'。弗宾者，不以贵宾待之也。"⑦赵生群《〈左传〉志疑》训"宾"为"敬"，"弗宾"即不敬。⑧陈英杰《再说〈左传〉之"弗宾"》通过对西周金文中"宾"用例分析，认为"'宾'是

---

① 李松儒：《清华简〈系年〉集释》，上海：中西书局2015年版，第112—113页。
② 陈伟：《读清华简〈系年〉札记》，《江汉考古》2013年第3期，第118页。
③ 鸤鸠：《小小问题发一帖》，（2011—12—23）[2022—08—28]，简帛网，http：//www.bsm.org.cn/bbs/read.php? tid=2868。
④ 白于蓝编著：《简帛古书通假字大系》，福州：福建人民出版社2017年版，第512页。
⑤〔汉〕郑玄注，〔唐〕孔颖达正义：《礼记正义》，北京：中华书局1980年版，第1304页。
⑥〔汉〕郑玄注，〔唐〕贾公彦疏：《仪礼注疏》，北京：中华书局1980年版，第1048页。
⑦ 杨伯峻：《春秋左传注》（修订版），北京：中华书局1990年版，第55—56页。
⑧ 赵生群：《〈左传〉志疑》，《中国典籍与文化》2005年第2期，第52页。

一种礼仪，即'宾'礼，金文中的'宾'用于东道主一方……'宾'字的意思，动词用法相当于'回赠'，名词用法相当于'回赠的物品'，'回赠'只是宾礼的仪式之一。""回过头来看'弗宾'一句，它（指代'宾'字，引者注）的意思无疑应该是'回赠'。"①

按，陈先生的意见可从。《仪礼·聘礼》中明确规定所过之国同意"过邦"的请求并接受礼物后，对过邦的使者及随从均要有所回赠："饔之以其礼，上宾大牢，积唯刍禾，介皆有饔。"②

《系年》的"妻（微）之"和《史记》的"不敬"，都是表达出蔡哀侯对息妫过蔡时不够重视的态度，而《左传》的"弗宾"则是具体的表现，即蔡哀侯没有按照应有的礼仪对息妫及其随从回赠礼物。

有些学者从息侯得知事件后的激烈报复行为推测，认为息侯不可能仅仅因为蔡哀侯"弗宾"或"不敬"就以国相斗，赞同"妻之"是一种据实而书，即蔡哀侯污辱了息妫。③

其实，早在公元前716年，凡伯就因为对戎族有"弗宾"的行为，出使鲁国后，在返回周室的路上被戎族人所讨伐，并被俘虏了。《左传·隐公七年》："初，戎朝于周，发币于公卿，凡伯弗宾。冬，王使凡伯来聘，还，戎伐之于楚丘以归。"④可见，"弗宾"在当时是很严重的失礼行为，甚至连戎族都会因此讨伐弗宾之人。

传世文献中对息国的记载不多，仅保存的几条中就有息国行事冲动的事例，如在公元前712年，息国仅仅因为跟郑国有言语上的不合，居然发兵讨伐郑国。《左传·隐公十一年》："郑、息有违言，息侯伐郑，郑伯与战于竟，息师大败而还。"⑤所以才有"君子"对息国作出严厉的批评："君子是以知

---

① 陈英杰：《再说〈左传〉之"弗宾"》，《中国典籍与文化》2006年第1期，第46页、第34页。

② 〔汉〕郑玄注，〔唐〕贾公彦疏：《仪礼注疏》，北京：中华书局1980年版，第1048页。

③ 苏建洲、吴雯雯、赖怡璇：《清华二〈系年〉集解》，台北：万卷楼图书股份有限公司2013年版，第276—277页。

④ 杨伯峻：《春秋左传注》（修订版），北京：中华书局1990年版，第54—55页。

⑤ 杨伯峻：《春秋左传注》（修订版），北京：中华书局1990年版，第78页。

息之不将亡也：不度德，不量力，不亲亲，不徵词，不察有罪。犯五不韪，而以伐人，其丧师也，不亦宜乎？"①

因此，息侯完全有可能因为蔡哀侯对息妫"弗宾"的行为进行激烈的报复。之所以没有直接出兵讨伐，原因可能有两个：第一，在伐郑之战时，息国被郑国打得大败，国力可能还没有恢复。第二，可能受到舆论的压力，如上文提及的君子批评。息国与蔡国都是姬姓诸侯国，之前讨伐同姓的郑国，被批评是"犯五不韪"的严重失德行为。

此外，息妫被俘至楚国后，从她的话语中也可以推测出"妻之"并不是一种据实所书。楚文王灭息后，俘虏了息妫，息妫为其生下了两个儿子，其中一子日后更成为楚国国君。但她以"未言"来表达自己的不满，"楚子问之，对曰：'吾一妇人，而事二夫，纵弗能死，其又奚言？'"。②在《左传》中，息妫也被称为"文夫人"，③"事二夫"显然指的是息侯和楚文王。

三、从息国到楚国息县

"息妫过蔡"事件引发的后果是息国和蔡国先后被楚国所灭。而息国灭亡的时间在传世文献中没有明确的记载，前贤徐旭生曾作过推论："考楚的灭息是因为蔡哀侯败于莘怀恨，那么，应该在庄公十年九月以后。到庄公十四年秋天息妫已经生了两个孩子，那么，灭息当在庄公十年冬至十二年间。"④徐先生的推论是可信的。庄公十年冬至十二年间，即公元前684年至前682年。结合清华简《系年》的记载，"文王败之于莘，获哀侯以归……明岁，起师伐息，克之，杀息侯，取息妫以归，是生堵敖及成王。"⑤楚文王败蔡哀侯于莘是庄公十年（公元前684年）的事，因此"息国的灭亡是在蔡哀侯被俘后的第二年亦即公元前

---

① 杨伯峻：《春秋左传注》（修订版），北京：中华书局1990年版，第78页。
② 杨伯峻：《春秋左传注》（修订版），北京：中华书局1990年版，第198—199页。
③ 杨伯峻：《春秋左传注》（修订版），北京：中华书局1990年版，第241页。
④ 徐旭生：《中国古史的传说时代》，北京：文物出版社1985年版，第176页。
⑤ 李学勤：《清华大学藏战国竹简（贰）》，上海：中西书局2011年版，第147页。

683年。"①

而据《左传》和清华简《系年》记载，息国被灭是因为蔡哀侯在楚文王面前进行了挑拨。蔡哀侯因"息妫过蔡"事件激怒息侯，息侯用计引楚国打败蔡哀侯，哀侯本人也成了俘虏。为报仇，蔡哀侯故意在楚文王面前极力赞誉息妫的美貌，引楚文王灭息。

> 《左传·庄公十四年》：蔡哀侯为莘故，绳息妫以语楚子。楚子如息，以食入享，遂灭息，以息妫归，生堵敖及成王焉。②
>
> 清华简《系年》第五章：文王为客于息，蔡侯与从，息侯以文王饮酒，蔡侯知息侯之诱己也，亦告文王曰："息侯之妻甚美，君必命见之。"文王命见之，息侯辞，王固命见之。既见之，还，明岁，起师伐息，克之，杀息侯，取息妫以归，是生堵敖及成王。③

息国灭亡的直接原因是蔡哀侯的挑拨，而根本原因则是楚国的向北扩张，北进中原的战略部署。早在楚文王之父楚武王在世时，楚国便有了这样的决心，《史记·楚世家》记载楚武王曾向周天子挑衅："我有敝甲，欲以观中国之政，请王室尊吾号。"④"欲以观中国之政"表明了楚国有北进中原的野心，在"请尊号"的要求遭到拒绝后，楚武王更是擅自尊号为"王"。面对楚国的向北扩张，中原大国也开始感受到了危险，《左传·桓公二年》："蔡侯、郑伯会于邓，始惧楚也。"⑤楚文王即位后继续执行既定的战略方针，于是在《吕氏春秋·长攻》中关于楚国灭息的记载就变成了以楚文王为主导："楚王欲取息与蔡，乃先佯善蔡侯，而与之谋曰：'吾欲得息，奈何？'蔡侯曰：'息夫人，吾妻之姨也。吾请为飨息侯与其妻者，而与王俱，因而袭之。'楚王曰：'诺。'于是与蔡侯以飨礼

---

① 程薇：《清华简〈系年〉与息妫事迹》，《文史知识》2012年第2期，第4页。
② 杨伯峻：《春秋左传注》（修订版），北京：中华书局1990年版，第198—199页。
③ 李学勤：《清华大学藏战国竹简（贰）》，上海：中西书局2011年版，第147页。
④〔汉〕司马迁：《史记》，北京：中华书局1982年版，第1695页。
⑤ 杨伯峻：《春秋左传注》（修订版），北京：中华书局1990年版，第90页。

入于息,因与俱,遂取息。"①在《吕氏春秋》的表述中,除了主导方不同外,其余的信息均一致,如"楚文王和蔡哀侯以飨礼入息","文王见息妫","飨礼之后灭息",因此其记载应该是可信的,只是在表述时以楚国北进中原的角度为出发点。

于是,在楚国执行北进中原的战略方针的情势下,在蔡哀侯的推波助澜中,息国被楚国所灭。被灭后的息国成为了楚的息县,《左传·哀公十七年》:"彭仲爽,申俘也,文王以为令尹,实县申、息。"②楚文王以彭仲爽为令尹,在征服的申、息两地实行县制。

但也有学者认为楚国在息地设县的同时,并没有亡其国,绝其宗祀,而是降为楚国的附庸。③最主要的依据是郳子行盆的出土,1975年在湖北随州涢阳发现了青铜器约九件,郳子行盆是其中一件。④如上文所说,"郳子"即"息子","行"是息子的名,此盆属于息器是毫无疑问的。

其年代,有学者定为春秋中期偏晚,⑤有的认为是春秋晚期。⑥而息国在春秋早期就已经被楚国所灭,郳子行盆的年代虽有争议,但确是在楚国灭息之战以后才铸造的。故此,有学者认为息国并没有亡国,而是降为楚国的附庸。此说值得商榷,理由如下:

郳子行盆能否成为息国没有被灭国的证据,关键在于对"子"的理解。闫孟莲认为"郳子"的"子"为爵称,但也清楚"春秋文献中息君皆为'息侯',不见称为'息子'者",于是他提出一个解释:"楚灭息后,息国故土为楚所有,但

---

① 陈奇猷:《吕氏春秋校释》,上海:学林出版社1984年版,第791—792页。
② 杨伯峻:《春秋左传注》(修订版),北京:中华书局1990年版,第1708页。
③ 详可参闫孟莲:《息国历史与地理论考》,《信阳师范学院学报(哲学社会科学版)》,2010年第1期,第95页;田成方、陈鑫远:《息器与周代息国、楚息县》,《出土文献(第十五辑)》,上海:中西书局2019年版,第69—85页。
④ 程欣人:《随县涢阳出土楚、曾、息青铜器》,《江汉考古》1980年第1期,第97页。
⑤ 田成方、陈鑫远:《息器与周代息国、楚息县》,《出土文献(第十五辑)》,上海:中西书局2019年版。
⑥ 中国社会科学院考古研究所编:《殷周金文集成释文》(第六卷),香港:香港中文大学出版社2001年版,第189页。

楚人并没有灭绝其族人，而是将其迁入楚境安置。当时楚人被周王室封为子爵，所以作为楚附庸之国的息君不敢沿用故有的侯爵，而自称为'子'……"①"郞子行"与上文提及的"郞子萛夷"词例一样，其中的"子"字当为美称，而不是爵称。

田成方结合传世文献和出土青铜器铭文的记载，认为"楚系附庸国贵族称'某子'或'某子某'常见。""或可能存在两个原因：一是这些国家仆从楚人、'失位降爵'（《左传》文公十年杜注）；二是类似周人爵制，楚系附庸内部有自身的等级划分。"②这一说法有一定的道理，但不应生搬硬套，否则就会陷入"默证"的错误逻辑中。③上文已经说明，"郞子行"中的"子"不是爵称，而是美称，故不能作为"失位降爵"或"楚系附庸有自身内部的等级划分"的证据。

此外，学界也注意到，楚国息县中的"息"通常写作"塞"或"賽"，金文中有人名"塞公"，于豪亮最早读作"息公"，④检之后出的楚简帛上博简九和清华简，当中的"息"均写作"賽"，如《灵王逐申》中"灵王既立，申息不憗"中的"息"写作"賽"，⑤《系年》中"息侯"亦写作"賽侯"，⑥可知于先生的释读实为卓见，"塞公"即"息公"。

除了塞公器外，还有带地名"塞"字的青铜器，⑦其年代均是春秋中、晚期，这些青铜器应该与楚国的息公或息县有关。对比可知，楚国息县中的"息"字

---

① 闫孟莲：《息国历史与地理论考》，《信阳师范学院学报（哲学社会科学版）》2010年第1期，第95页。

② 田成方：《东周时期楚国宗族研究》，北京：科学出版社2016年版，第186—190页。

③ 详可参张淑一：《出土文献研究中的"默证"问题》，《人文杂志》2022年第4期，第15—22页。

④ 于豪亮：《论息国和樊国的铜器》，《江汉考古》1980年第2期，第7—8页。

⑤ 陈佩芬：《灵王逐申》，马承源：《上海博物馆藏战国楚竹书（九）》，上海：上海古籍出版社2012年版，第158页。

⑥ 杨伯峻：《春秋左传注》（修订版），北京：中华书局1990年版，第147页。

⑦ 详可参湖北省博物馆：《湖北枝江百里洲发现春秋铜器》，《文物》1972年第3期，第65—68页；刘彬徽：《楚系青铜器研究》，武汉：湖北教育出版社1995年版，第62—63页、第293页；吴镇烽编著：《商周青铜器铭文暨图像集成》，上海：上海古籍出版社2012年版，第136页、第145页。

与息国金文有明显的区别,而春秋中晚期的郡子行盆中的"郡"字沿用了"息"字,表明器主是姬姓息国的遗民。而楚"塞(息)公"不一定是原息国的贵族,如《左传》记载的"息公子边"是出自楚国贵族屈氏。①

息国遗民在郡子行盆把故国名称标注在青铜器上,只是表达一种对故国的追念之情。类似情况还见于黄国,黄国于春秋中期的公元前648年被楚国所灭,而近年来陆续出现了一些春秋晚期的"黄子某"青铜器,如"黄子娄"诸器、"黄子戍"诸器等,②其制作者也应该是黄国遗民。③据《左传》记载,黄国被灭的理由是"不归楚贡""不共楚职",④这恰恰说明黄国虽然受到楚国扩张的威胁,⑤但并没有沦为楚国的附庸。黄国还积极寻求东方大国的庇护,《春秋经·僖公二年》:"秋九月,齐侯、宋公、江人、黄人盟于贯。"⑥既然黄国能与其他诸侯国会盟,说明其不是附庸,而是独立的诸侯国。⑦

综上所述,息国被楚国所灭后,并没有降为楚国的附庸,而是成为楚国的一个县,归楚王管辖,楚王在原有的基础上结合申县的军事力量,组建了著名的"申息之师"。

楚息县的县公称为"息公",有学者根据传世文献和青铜器铭文的记载,论

---

① 杨伯峻:《春秋左传注》(修订版),北京:中华书局1990年版,第434页。

② 详可参吴镇烽编著:《商周青铜器铭文暨图像集成续编》,上海:上海古籍出版社2016年版,第105页、第235页、第237页、第240页、第248页、第251页、第266页、第292页、第337页、第341页;吴镇烽编:《商周青铜器铭文暨图像集成三编》,上海:上海古籍出版社2020年版,第355页;曹锦炎:《黄子鼎与鄎子鼎——兼谈黄国与鄎国的地望问题》,《披沙拣金:新出青铜器铭文论集》,杭州:浙江人民美术出版社2019年版,第146—152页。

③ 黄巧萍:《"春秋西黄说"辨误》,《中国社会科学报》2022年05月11日,第10版。

④ 杨伯峻:《春秋左传注》(修订版),北京:中华书局1990年版,第339—340页。

⑤《左传·庄公十九年》:"(十八年冬,巴人伐楚)十九年春,楚子御之,大败于津,还,鬻拳弗纳,败黄师于踖陵。"《左传》:"黄人不归楚贡。冬,楚人伐黄。"

⑥ 杨伯峻:《春秋左传注》(修订版),北京:中华书局1990年版,第280页。

⑦ 据陈伟对春秋时期附庸研究后,归纳其特点,其中一条是"无独立出席诸侯间盟会的资格",见于《春秋时期的附庸》,《武汉大学学报(哲学社会科学版)》1996年第2期。

述了息公的人选及序列。①但其中个别人选仍存在着争议，如楚屈子赤目簠中记载的"屈子赤目"，赵逵夫认为即《左传》中的"息公子朱"，②而徐少华重新分析了该器的年代，提出器主"更可能是息公子朱之次子、申公屈巫臣之弟、屈荡之兄。"③可见，有关楚息县的研究还有进一步深化的空间。

（黄巧萍，女，广东新会人。历史学博士，陕西省社会科学院古籍整理研究所助理研究员）

---

① 田成方、陈鑫远：《息器与周代息国、楚息县》，《出土文献（第十五辑）》，上海：中西书局 2019 年版，第 82—85 页。

② 赵逵夫：《楚屈子赤角考》，《江汉考古》1982 年第 1 期，第 46—48 页。

③ 徐少华、姚练：《楚屈子赤目簠年代与作器者小识》，《江汉考古》2020 年第 4 期，第 67—71 页。

《史记》与《左传》所记春秋时期士人的流动概况

李淑芳

春秋时期士人的流动，是指一部分士人从原有的家族中走出来，分散在社会的各个角落。士不再单纯地作为贵族的最低级稳定地存在于家族之中，而是由于家族的分化乃至解体，许多士人无族可依。或有幸为贤君所用，世仕于诸侯国而形成自己的世家大族，如管仲、鲍叔牙等，更有甚者家族壮大而瓜分公室并自立国家，如韩、赵、魏三家；或沦为国人甚至流入鄙野，地位与民接近；更多的士人则再次投入私家，或由于惯性的作用依附于卿大夫，或起而凌驾于私家之上。无论其地位上升或者下降，与先前相比都表现出一定的流动性。然而，这种流动又是相对的，与战国时期"士无定主"的局面有本质的不同。《史记》与《左传》中记载了春秋时期关于士人的流动情况，士人流动的概况可以从三个方面进行论述：

一、诸侯之士

春秋时期出现他族士人直接为诸侯国君服务的现象，如《史记·秦本纪》云："缪王（周穆王）以赵城封造父，造父族由此为赵氏。"[1]《史记·魏世家》云："魏之先，毕公高之后也。毕公高与周同姓。武王之伐纣，而高封于毕，于是为毕姓。其后绝封，为庶人或在中国，或在夷狄。其苗裔曰毕万，事晋献公。"[2]《左传》中也有相应的记载，闵公元年载："晋侯作二军，公将上军，大子申生

---

[1]〔汉〕司马迁：《史记》，北京：中华书局2015年版，第29页。

[2]〔汉〕司马迁：《史记》，北京：中华书局2015年版，第301页。

将下军。赵夙御戎，毕万为右，以灭耿、灭霍、灭魏。还，为大子城曲沃，赐赵夙耿，赐毕万魏，以为大夫。"①可见赵夙与毕万的始祖都曾为周天子所封，可以肯定他们是拥有贵族血统的，但后来由于家族的没落而流落他国，又因战功被封为大夫，其身份原先为士无疑。

关于诸侯用士的情况，举春秋霸主们的例子最能说明问题。齐桓公是春秋时期的第一个霸主，他也是春秋时期最早破格用士的国君。《史记·管晏列传》："管仲夷吾者，颍上人也。少时常与鲍叔牙游，鲍叔知其贤。"正义引：韦昭云："夷吾，姬姓之后，管严之子敬仲也。"②而《战国策·秦策》又说他因贫困而隐于南阳。从关于管仲零碎的记载中，我们大概可以推知：其祖为周之同姓，在周初当受封于周天子，后因种种变故造成家族的衰败而流落他国。他既是贵族却又无族可依，则其原先身份至多是个士。曾与管仲同游之鲍叔牙亦是这种情况，《国语·齐语》中记载齐桓公自莒回到齐国，便令鲍叔为宰相。韦昭在注中提出，鲍叔，是姒姓的后代，他的父亲为鲍叔敬叔牙。③从这个记载可以看出鲍叔牙不属齐国同宗，其原先的身份应与管仲相差无几。另外，在《韩非子·难一》中还记载了一个桓公求士的故事："齐桓公时，有处士曰小臣稷，桓公三往而弗得见，桓公曰'吾闻布衣之士不轻爵禄，无以易万乘之主；万乘之主不好仁义，亦无以下布衣之士。'于是五往乃得见之"④（此事亦载于《韩诗外传》及《新序》）当然，这段话明显带有战国时期士人以春秋霸主礼贤下士而成就霸业为例，来抬高身价的倾向，但是，我们也不能否认，春秋时期确有诸侯国君起用士人的情况。

再如晋文公，他是继齐桓公而称霸的第二个春秋霸主，《史记·晋世家》记载晋文公"自少好士，年十七，有贤士五人：曰赵衰；狐偃咎犯，文公舅也；贾佗；先轸；魏武子。"⑤这些人多数出身低微却有才能。狐偃是太子申生的戎御

---

① 杨伯峻：《春秋左传注》，北京：中华书局2000年版，第258页。
② 〔汉〕司马迁：《史记》，北京：中华书局2015年版，第392页。
③ 徐元诰：《国语集解》，北京：中华书局2002年版，第215页。
④ 高华平、王奇洲、张三夕译注：《韩非子》，北京：中华书局2011年版，第540页。
⑤ 〔汉〕司马迁：《史记》，北京：中华书局2015年版，第246页。

狐突的庶子，地位不高。《国语·晋语四》中记载赵衰原先也不过是个士。

又据《史记·李斯列传》载秦穆公求士："西取由余于戎，东得百里奚于宛，迎蹇叔于宋，来丕豹、公孙支于晋。此五子者，不产于秦，而穆公用之，并国二十，遂霸西戎。"①其中由余是逃亡西戎的晋人；百里奚是虞国的大夫，后晋灭虞，以其为秦穆夫人媵于秦；丕豹是晋大夫丕郑之子，见疑于晋献公而奔晋。可见秦穆公所用之臣，其先大都为他国之贵族，其身份则至少为士。

当然，春秋时期，由于宗法制度，等级制度尚存，诸侯破格用士的情况实属罕见。大部分士还是依附于卿大夫之家。然而，由于士人的流动，卿大夫家族中的士人成分亦发生了一定的变化。

二、卿大夫家族之士

贵族最低级之士来源于卿大夫之疏族子弟，依附于卿大夫之家族并承担一定的职守。进入春秋以后，大多数士人依然供职于卿大夫之家。但是，与西周社会相比，卿大夫家族中除了原有的宗法之士外，还出现了一大批外族之士。如《国语·周语下》："晋孙谈之子周适周，事单襄公"②；《左传·成公十七年》："鲍国去鲍氏而来为施孝叔臣"③；《定公九年》："鲁阳虎奔晋，适赵氏。"④这里的"孙周""鲍国""阳虎"都离开了原来的家族甚至国家而投入别国的卿大夫之家族。又如《国语·晋八》："栾怀子之出，执政使栾氏之臣勿从，从栾氏者大戮施。栾氏之臣辛俞行，吏执之，献诸公。公曰：'国有大令，何故犯之？'对曰：'臣顺之也，岂敢犯之？执政曰：无从栾氏而从君。是明令必从君也，臣闻之曰：三世事家，君之；再世以下，主之。事君以死，事主以勤，君之明令也，自臣之祖，以无大援于晋国，世隶于栾氏，于今三世矣，臣故不敢不君。……'"⑤

---

① 〔汉〕司马迁：《史记》，北京：中华书局 2015 年版，第 522 页。
② 杨伯峻：《春秋左传注》，北京：中华书局 1981 年版，第 898 页。
③ 杨伯峻：《春秋左传注》，北京：中华书局 1981 年版，第 1573 页。
④ 杨伯峻：《春秋左传注》，北京：中华书局 1981 年版，第 1573 页。
⑤ 徐元诰：《国语集解》，北京：中华书局 2002 年版，第 421—422 页。

可见，辛俞原先亦非栾氏之家臣，而是由于其家"无大援于晋国"，才"世隶于栾氏"的。另外，如《左传·哀公十四年》：宋司马皇野"命其徒攻桓氏，其父兄故臣曰：'不可'，其新臣曰：'从吾君之命'。"①新臣与故臣并提，表明春秋时期的卿大夫家族已经不是一个纯粹的血缘团体，除了有西周以来的宗法之士外，还包括一些他族士人。

另外，在春秋时期的金文资料中，也常将"父兄"与"诸士"分别作为家族宴享的对象。如春秋晚期的《子璋钟》："隹正十月初吉丁亥，群孙析子子璋，择其吉金，自作仓钟。用匽以喜，用乐父兄诸士。"②《沇儿钟》"隹正月初吉丁亥，余王庚之淑子沇儿择其吉金，自作龢钟。……吾以匽以喜，以乐嘉宾，及我父兄庶士。"③可见，"父兄"与"诸士"在春秋时期已有明显的区分，诸士不再包含于家族血统之内，这同样表明卿大夫家族之中存在着一批他族之士。关于这一点，在《侯马盟书》中亦有反映。1965年12月，考古工作者在山西省侯马市东郊发掘出了大量写有朱文的玉片和石片，经学者们研究，认定这是春秋到战国时代某段历史时期的盟书，主盟者为晋国卿大夫（普遍的观点是：主盟者即晋国之卿大夫赵简子鞅）。其内容大体分六类：宗盟类、委质类、纳室类、诅咒类、卜筮类、其他类。其中数量最多的是第一类和第二类：第一类以"（人名）敢不湓其腹心以事其宗"开头，参盟者绝大多数为赵姓，应属于赵世宗族；第二类以"（人名）自质于君所"开头，参盟者应不属于赵氏宗族，而是以"委质"的形式把自己抵押给某个主人，表示一生永不背叛的意思。④则，在赵氏宗族中通过"委质"的程序得到认可而存在于家族中的参盟人，应该是脱离了自己的家族而流入他族的士人。因此，我们更加可以肯定有一部分士人已经脱离了自己的家族，而入他族为臣。

---

① 杨伯峻：《春秋左传注》，北京：中华书局1981年版，第1687页。
② 郭沫若：《郭沫若全集·考古编（第八卷）两周金文辞大系图录考释》，北京：科学出版社2002年版，第384页。
③ 郭沫若：《郭沫若全集·考古编（第八卷）两周金文辞大系图录考释》，北京：科学出版社2002年版，第344页。
④ 山西省文物工作委员会编辑部：《侯马盟书》，北京：文物出版社1976年版。

三、国人中的士

　　国人是春秋时期比较重要的一个阶层，《左传》中有许多关于国人的记载。徐复观就曾对《左传》一书中的相关记载进行过研究，得出："国人与统治贵族之间，可能保有氏族社会下来的疏远血统；也可能有一部分是由没落的宗法贵族而来。但决非当时宗法贵族直接结构中的一部分。"①其证相当有说服力，简引之如下：《文公七年》：宋"昭公将去群公子……穆、襄之族率国人以攻公，杀公孙固、公孙郑于公宫。六卿和公室。"②其中"穆、襄之族"和"国人"二而非一。《成公十三年》：曹宣公随晋侯伐秦，卒于师，"曹人使公子负刍守，使公子欣时逆曹伯之丧。秋，负刍杀其太子而自立……冬，葬曹宣公。既葬，子臧（《杜注》：子臧，公子欣时）将亡，国人皆将从之。成公（《杜注》：成公，负刍）乃惧，告罪，且请焉，乃反而致其邑。"③将从子臧出亡的国人，若是子臧的族人，便不会使曹成公惧而告罪。《襄公二十七年》：庆封"使卢蒲嫳率甲以攻崔氏……弗克，使国人助之，遂灭崔氏。"④卢蒲嫳所率的甲，及助他的国人，也是二而非一。《定公十三年》："冬十一月，荀跞、韩不信、魏曼多奉公以伐范氏、中行氏，弗克。二子……遂伐公，国人助公，二子败。"⑤荀跞等三人奉晋公以攻范氏、中行氏而不克，这是国人没有参加的战争。等到范氏、中行氏伐晋公而激起国人"助公"，故得以击败范氏、中行氏。由此亦可证明国人不是宗法贵族结构中的一部分。⑥除此以外，《定公六年》载："阳虎又盟公及三桓于周社，盟国人于亳社，诅于五父之衢。"杨伯峻注："周社自是鲁之国社，以其为周公后也。鲁因商奄之地，并因其遗民，故立亳社。"⑦可见国人与宗法贵族的差距

---

① 徐复观：《两汉思想史》，上海：华东师范大学出版社2014年版，第38页。
② 杨伯峻：《春秋左传注》，北京：中华书局1981年版，第556—558页。
③ 杨伯峻：《春秋左传注》，北京：中华书局1981年版，第867页。
④ 杨伯峻：《春秋左传注》，北京：中华书局1981年版，第1137页。
⑤ 杨伯峻：《春秋左传注》，北京：中华书局1981年版，第1591页。
⑥ 徐复观：《两汉思想史》，上海：华东师范大学出版社2014年版，第38页。
⑦ 杨伯峻：《春秋左传注》，北京：中华书局1981年版，第155页。

之大。

因此，国人在春秋时期不属于宗法家族，与卿、大夫、士没有宗法关系。而作为宗法贵族之组成部分的士当然也与国人截然有别。士虽不属于国人，在春秋时期却有大量的士混入国人中，这是由国人在春秋时期的特殊地位所决定的：国人在春秋时期是相当重要的一个阶层，且不属于任何一个卿大夫之家族，也不是诸侯国君的直接臣子。国人中有很多政治文化修养较高之人，对国家大事常有评论，国中有何大事都要由国人以定可否，国人甚至还能决定诸侯君主及其执政者的命运。这与春秋时期诸侯国之间的争霸战争及国内家族之间争权夺利的斗争有关。而斗争的结果就是血缘关系的松弛以及人口的流动，甚至各国的卿大夫也在流动的范围之内，但是他们流入国人阶层的可能性要比处于贵族最低级身份之士流入国人阶层的可能性小得多。他们往往可以奔于他邦，重新入仕，受邑立家，加入异姓大夫的行列中。如鲁叔孙侨如奔齐，齐灵公"使立于高、国之间"，又奔卫，"亦间于卿"。齐"桓公之子七人，为七大夫于楚"①。晋国更是因为国内公族势力的衰弱而重用异姓之能。因此，卿大夫之等级在动乱中依然可凭借其较高的身份与地位重仕于他国。而对于人口众多，地位又不高的士人来说，这条路就不那么容易走了。除了另投他族之外，也就不得不流入国人阶层。

分析士人在春秋时期的流动原因，大约有以下三种：一是春秋时期奴隶制度的崩溃，人身依附关系的削弱，使人们获得了一定程度上的人格独立，为人才流动提供了必要的前提；二是为了在争霸战争中获胜，各诸侯国都招贤纳能，纷纷改革本国的选官制度，促使士人奔赴在实现自己的理想抱负的道路上；三是诸侯国内部争权夺利激烈，很多失势的贵族和士大夫四处出逃，这是士人流动的被动因素。

春秋时期的士人流动推动了各国经济的发展，也促进了思想的解放和学术的繁荣，加速了封建制度的到来。

（李淑芳，女，陕西渭南人。历史学硕士，渭南师范学院人文学院副教授）

---

① 杨伯峻：《春秋左传注》，北京：中华书局1981年版，第442页。

天道人本：长平之战"遗其小者二百四十人"发微
——基于《史记》创作宗旨与史迁人文观

罗 有

长平之战，是秦统一进程中的关键战役。秦军"诛屠四十余万之众，尽之于长平之下，流血成川，沸声若雷，遂入围邯郸，使秦有帝业"①，学界对此役关注颇多，相关的研究成果主要形成了三个专题：第一，长平之战的历史地理学考察；②第二，长平之战战略战术与胜败因素的军事史分析；③第三，长平之战历时长短、坑杀人数载录的历史文献学辨正。④前两个专题的研究具有较为扎

---

① 〔汉〕司马迁：《史记》卷79《范睢蔡泽列传》，北京：中华书局2014年版，第2938页。

② 谢鸿喜、靳生禾通过实地考察，运用考古数据，从历史军事地理视角对长平之战进行了系统研究。（参见《长平之战》，太原：山西人民出版社2001年版）；此后，代剑磊《从政治地理解释秦赵长平之战的时空进程》[延边大学学报》（社会科学版）2020年第1期]；许倩雅、王尚义《文献视野下长平之战的区域地理分析》[《山西大同大学学报》（社会科学版）2021年第2期]，又分别从政治地理和区域地理的视角对长平之战进行了专门解析。

③ 长平之战的战略战术分析，可参见侯英梅、温耀刚：《评长平之战中赵括的启用及赵国的决策得失》，《河北建筑科技学院学报》（社科版）2006年第1期；陈文峰：《长平之战赵国换将的重新考虑》，《军事历史》2012年第6期；叶晓斌、吕超：《长平之战中主要将领战法策略分析》，《军事史林》2021年第9期。长平之战的胜败因素分析，可参见武铁城、郭孟良：《长平之战赵国失败原因辨析》，《山西师大学报》（社会科学版）1987年第3期；李民、王健、胡海燕：《纵横战争与长平、邯郸两役的成败》，《历史教学》1988年第4期；林聪舜：《赵国接收上党导致长平之战惨败之说的检讨》，《信阳师范学院学报》（哲学社会科学版）2014年第1期；吴名岗：《平原君"利令智昏"导致长平之战及其惨败》，《渭南师范学院学报》2018年第6期。

④ 张景贤与杨宽就长平之战历时长短进行了论战，前者的《长平之战时间考辨》（《历史教学》1982年第9期）与《长平之战时间再辨》（《历史教学》1983年第11期）对史学界长平之战历时三年的传统说法进行了考辨；后者的《关于长平之战的时间》（《历史教学》1983年第3期）与《再谈长平之战的时间》（《历史教学》1983年第11期）则佐以《吕氏春秋》对该观点进

实的文献学、考古学依据，内容全面，争议较少。相较而言，第三个专题在研究方法上大多注重文本考据，对作者司马迁所处的文化背景与创作视角鲜有关注；在研究内容上，又对"〔秦〕遗其小者二百四十人归赵"的记载有所忽视。

《史记》文本所录精确"数字"往往颇具疑点，其背后所反映出的秦汉历史背景与文化观念有着丰富的学术探讨空间。如，王子今曾对《史记》所载有关秦史三个历史事件中同时出现的"四十六日"，进行了全面而深刻的文化学解读。①本文基于对《史记》"究天人之际，通古今之变，成一家之言"②的创作宗旨与史迁人文观的把握，运用"二重证据法""史迁笔法"，阐发《白起王翦列传》长平之战"遗其小者二百四十人"蕴含的历史文化信息，不当之处，敬请诸方家批评指正。

一、长平之战的"归赵"降卒："遗其小者二百四十人"辨正

（一）《史记》文本语境中的"小者"含义辨析

长平之战是战国时期秦赵双方在长平（今山西高平西北）展开的大规模决战，最终，秦将白起指挥下的秦军歼灭赵军主力，并坑杀了"四十万"降卒。《史记·白起王翦列传》记载：

> 至九月，赵卒不得食四十六日，皆内阴相杀食。来攻秦垒，欲出。为四队，四五复之，不能出。其将军赵括出锐卒自搏战，秦军射杀赵括。括军败，卒四十万人降武安君。武安君计曰："前秦已拔上党，上

行了辩驳。这场论战之后，学界又对秦军坑杀赵军四十万之数产生了质疑，如，张箭《战国长平之战赵降卒被秦坑杀数新探》（《齐鲁学刊》2006年第4期）则论述双方在长期战争中都已经死伤过半，因此最终赵军被俘人数应只有十四万余，《史记》中四十万的记述或是传抄讹误所致。张广志《有关秦赵长平之战的几个问题》（《邯郸学院学报》2016年第2期）也从赵国的总人数、参战人数、战损消耗并结合考古数据否认了赵降卒被坑四十万之说。

① 王子今：《〈史记〉时间寓言试解读：神秘的"四十六日"》，《人文杂志》2008年第2期。
② 〔汉〕班固：《汉书》卷62《司马迁传》，北京：中华书局1962年版，第2735页。

党民不乐为秦而归赵。赵卒反覆，非尽杀之，恐为乱。"乃挟诈而尽坑杀之，遗其小者二百四十人归赵。前后斩首虏四十五万人，赵人大震。①

依司马迁所言，白起并未将降卒赶尽杀绝，而是"遗其小者二百四十人归赵"。胡三省认为，"小者"意指"小弱"。②释放"小者"的具体原因，文献未载，学界却大抵采信此事并广泛征引。传统认知中，"小者"即"年幼"，③以对应《史记》中的"小者"形象。这似乎更加符合避杀"小弱"的传统道德与秦国宣扬兵威的战争理念，故"遗其小者二百四十人"的真实性极少受到质疑。④

然而，《史记》中的"小者"含义似乎另有所指。据统计，《史记》"小者"一词共复现 20 处。⑤除去"遗其小者"，只 1 处表年龄、体型，即"两虎果斗，大者伤，小者死"。⑥此乃借助动物的自然属性暗喻韩、魏两国关系，含有国力

---

① 〔汉〕司马迁：《史记》卷 73《白起王翦列传》，北京：中华书局 2014 年版，第 2835—2836 页。

② 司马光著，胡三省音注：《资治通鉴》卷五《周纪五》，北京：中华书局 1956 年版，第 170 页。

③ 宋史学家司马光《资治通鉴》卷五《周纪五》有"武安君曰：'秦已拔上党，上党民不乐为秦而归赵。赵卒反复，非尽杀之，恐为乱。'乃挟诈而尽坑杀之，遗其小者二百四十人归赵"（第 170 页）的载录。杨宽《战国史》（上海：上海人民出版社 2019 年版，第 447 页）记述："最后赵括亲自带兵搏战，被秦军射死。于是赵军大败，全军四十万人全都被俘。白起仅仅释放二百四十个年幼战俘，竟把四十多万人全部活埋了。"林剑鸣《秦史稿》（北京：中国人民大学出版社 2009 年版，第 212 页）说："赵国军队瓦解，四十万人向白起投降。投降后，白起竟命令将这些降卒全部活埋，只留下幼小的二百四十人归赵，以便让他们去宣扬秦的'声威'。"鹤间和幸《始皇帝遗产》（桂林，广西师范大学出版社 2014 年版，第 31 页）亦提到："赵军败降，白起设计活埋了俘虏，仅将二百四十名儿童遣返赵国。"

④ 学界目前尚无对"遗其小者二百四十人"一说的正面质疑，但部分史著在记述长平之战时，并未采纳"二百四十人"一说。如，范文澜的《中国通史》（北京：人民出版社 2004 年版，第 227 页）说："赵军失主将，投降秦军，凡四十余万人。白起怕赵兵寻机会反抗，把四十余万人一起在长平坑死。"又如，吕思勉的《中国通史》（上海：华东师范大学出版社 2015 年版，第 24 页）曰："秦大败赵兵于长平，坑降卒四十万，遂取上党，北定太原。"

⑤ 统计信息来源于中华书局 2014 版《史记》，因所涉内容较多，为节约篇幅，故不作详录。

⑥ 〔汉〕司马迁：《史记》卷 70《张仪列传》，北京：中华书局 2014 年版，第 2795 页。

大小的隐义。另外 18 处"小者"均为"人事"，社会属性含义明显，如：

> 子贡曰："文武之道未坠于地，在人。贤者识其大者，不贤者识其小者，莫不有文武之道。"
>
> 〔高皇帝〕复使使持节具告以诏商状，曰："田横来，大者王，小者乃侯耳；不来，且举兵加诛焉。"
>
> 郡中豪猾相连坐千余家。〔王温舒〕上书请，大者至族，小者乃死，家尽没入偿臧。①

余下 15 处均与以上意同，不再赘引。从文本学角度来看，《史记》多数语境中的"小者"，词义均呈现出统一的社会属性。长平之战的"小者"词义，应和上述诸例一致，而非自然人生理特征的描述。

结合出土文献与相关研究可知，"小"出现的文书语境确有社会身份的含义。秦汉时期存在两类（自然与社会）"小""大"身份：第一类是"身高 6 尺年 15 岁"以下者称"小"；第二类是年 15 岁以上的"未傅"者称"小"（小未傅、小男子）。②秦"发年十五以上悉诣长平"的士卒，③即董说《七国考》引刘向《别录》所言之"小子军"应该是 15 岁以上的"未傅"男子。④看来，两类标准造成了后人对史迁"小者"用词的误解。秦汉人对"小"的两种身份标准的认识无疑是清晰的，并未混用。第一类标准是描述自然人的具体特征，往往体现在当时日常琐碎的民事、刑事简牍文书记录中；传世的正史则主要记载宏观的重大历史事件，这也是《史记》20 处"小者"均只能体现出第二类标准，即社会身份的原因。遗憾的是，正史与简牍文书内容性质的差异，过去未被学者纳入"小者"一词的考察范畴。

---

① 〔汉〕司马迁：《史记》卷 67《仲尼弟子列传》，第 2669 页；卷 94《田儋列传》，第 3212 页；卷 122《酷吏列传》，第 3820 页。
② 凌文超：《秦汉时期两类"小""大"身份说》，《社会科学战线》2019 年第 12 期。
③ 〔汉〕司马迁：《史记》卷 73《白起王翦列传》，北京：中华书局 2014 年版，第 2834 页。
④ 董说：《七国考》，北京：中华书局 1956 年版，第 296 页。

赵卒"小者",并非以往学者认为的儿童、小弱、年幼者,而是与秦"小子军"一样,临时编入正规军的"年十五"以上"未傅"者,不涉及"年十五"以下的少年儿童(第一类"小")。这应当是战时由于傅籍兵力不足,用"未傅"者补充兵源的特殊手段。①从人口构成与作战常识来看,15—17岁(一说18岁)的"未傅"男子,②绝不止240人,而是赵国成"军"建制的作战单位,人数相当可观。秦人受降后,该群体当为无差别屠杀的对象,"遗其小者"且"二百四十人"之举不免生疑。在此基础上,《史记》"遗其小者二百四十人"的记述需予进一步辨正。

(二)传世文献仅"一家之言"难以立据

明人顾炎武曰:"史家之文,例无重出。若不得已而重出,则当斟酌彼此,有详有略,斯谓之简。"③虽然司马迁在《史记》文本中描写重要历史人物、事件时,经常使用"史迁笔法"。但长平之战相关记述却在各篇章中重叠反复地出

---

① 长平之战的规模在古代军事史上是极其罕见的,秦"发年十五以上悉诣长平"是偶然事件还是确定制度,尚且存在争议。实际上,秦昭襄王此次征役,也是合围赵军后,缺乏兵力"遮绝赵救及粮食"的无奈之举。王子今认为"小子军"是秦史曾经发生的一种特殊兵役形式,反映了秦统治下的未成年人被迫付出的历史牺牲。(参见《秦"小子军"考异》,《人文杂志》2009年第5期)这种意见是比较客观的,也表明了即便是特殊的战争情境,秦的未成年兵源仍在"年十五以上",那么粮尽援绝的赵卒年龄似乎也不可能突破这个下限。

② 秦代庶民年17岁傅籍是学界的主流意见。(参见中华书局编辑部编:《云梦秦简研究》,北京:中华书局1981年版,第7页、第3页、第91—92页、第152页)孙闻博据此结合"小子军"记载与徒隶身份转变的简文,指出:"秦及汉初或存在以'傅'划分大、小的方式,'小'(或言广义一面)包括15岁以上的未傅籍群体。"(孙闻博:《秦及汉初"徭"的内涵与组织管理——兼论"月为更卒"的性质》,《中国经济史研究》2015年第5期)这与上文凌文超的结论是基本一致的,不过二人在秦傅籍年龄的界定上存在分歧,孙说的理论基础是以17岁傅籍为标准,而凌说则结合岳麓秦简"典、老占数小男子年未盈十八岁"简文认为秦始傅年龄应当是18岁,并进一步划分出了"大""小"的自然与社会属性。本文相信的主要是二人的结论部分,傅籍年龄的上限问题不影响本文考据,谨在此予以说明。

③ 顾炎武著,黄汝成集释,栾保群、吕宗力标点:《日知录集释》,上海:上海古籍出版社2014年版,575页。

现了 14 次，实属史迁文本载录之罕见。①在 14 处文献记载中，甚至还存在"尽杀之""皆坑之"等抵牾记述。②"遗其小者二百四十人归赵"仅录于《白起王翦列传》，是为孤证。不仅如此，此说的史源学依据也无从考证，比如，成书早于《史记》的战国诸子典籍均未有"遗其小者二百四十人"的明文。秦相吕不韦主持，从秦人视角编写的《吕氏春秋》对长平之战释放"小者"一事只字未提。③再如，现存的两汉其他著作，均未采"遗其小者二百四十人"一说。④又如，迄今为止出土的战国秦汉简牍资料中，也暂未得见合于此说的重要证据。长平之战"遗其小者二百四十人归赵"似乎只是司马迁的"一家之言"，不能视为史实定论。

（三）长平之战遗址出土遗骸特征献疑

1995 年 10 月下旬至 12 月上旬，考古专家组对高平市永录 1 号尸骨坑进行了抢救性发掘，这也是长平之战遗址的首次正式考古发掘。据发掘简报披露，坑内出土遗骸均为男性，在 62 例可鉴定（年龄）的个体观察统计结果中，有 3 例在 20 岁以下，⑤与前文所论"年十五"以上的"未傅者"（"小者"）存在年龄交集的可能。而 32 例可推算（身高）的个体最低测值为 161.2 厘米，低于秦汉时期黄河流域和以北地区成年男性（18 岁）的平均身高（166—168 厘米），⑥或是"小者"生理尚未完全成熟的反映。数据表明，秦军屠杀赵卒"小者"的可能性存在。另外，尸骨坑出土的遗骸存在颅骨，基本可以推定秦人坑杀赵卒并未尽

---

① 〔汉〕司马迁：《史记》卷 5《秦本纪》，第 268 页；卷 15《六国年表》，第 897 页；卷 34《燕召公世家》，第 1886 页；卷 43《赵世家》，第 2199 页；卷 45《韩世家》，第 2273 页；卷 46《田敬仲完世家》，第 2304 页；卷 73《白起王翦列传》，第 2835—2836 页；卷 76《平原君虞卿列传》，第 2882 页；卷 77《魏公子列传》，第 2891 页；卷 78《春申君列传》，第 2907 页；卷 79《范睢蔡泽列传》，第 2932 页；卷 81《廉颇蔺相如列传》，第 2966 页；卷 83《鲁仲连邹阳列传》，第 2982 页；卷 130《太史公自序》，第 3990 页。
② 〔汉〕司马迁：《史记》卷 5《秦本纪》，第 268 页；卷 43《赵世家》，第 2199 页。
③ 吕不韦著，毕沅、徐小蛮标点：《吕氏春秋》，上海：上海古籍出版社 2014 年版，第 436 页。
④ 如贾谊《过秦论》，刘歆《西京杂记》，班固《汉书》《东观汉记》等。
⑤ 石金鸣、宋建忠：《长平之战遗址永录 1 号尸骨坑发掘简报》，《文物》1996 年第 6 期。
⑥ 彭卫：《秦汉人身高考察》，《文史哲》2015 年第 6 期。

数斩首,这也意味着赵卒的首级无法作为授爵凭证。在这种情况下,秦统帅部所核准的歼敌数字必须翔实准确,以作为全军论功行赏的依据。然而,《史记》大多将歼敌数模糊为"四十余万",反而对遣送人数"二百四十人"准确载录,似乎悖于常理。

(四)秦、赵视角下的"小者"生存困境

《鲁仲连邹阳列传》载鲁仲连游说新垣衍曰:"彼秦者,弃礼义而上首功之国也,权使其士,虏使其民。"《集解》引谯周语曰:"秦用卫鞅计,制爵二十等,以战获首级者计而受爵。是以秦人每战胜,老弱妇人皆死,计功赏至万数。天下谓之'上首功之国',皆以恶之也。"[①]由于杀敌人数与授爵紧密联系,而爵位又能使秦人获得相应社会地位和经济利益,[②]因此,在巨大的利益驱使下,秦军难免出现斩杀"老弱妇人"的残暴举动,又怎会对充作正规兵源的15岁以上"小者"("未傅"者)网开一面?《项羽本纪》说项羽久攻外黄而不下,及其"已降,项王怒,悉令男子年十五以上诣城东,欲坑之",[③]或体现战国至秦末,胜者屠城杀降的年龄标准。"遗其小者"不仅会损害将士的切身利益,更对日后推进兼并战争不利,是秦统帅部难以选择的下策。

赵军被围"至九月,赵卒不得食四十六日,皆内阴相杀食",在这种绝境下,赵军"小者"必然是青壮士兵首先"杀食"的对象,在战乱、天灾等因素的影响下,历代正史文献中往往能够看到"易子而食,析骨而炊"的人间惨剧。所以二

[①] 〔汉〕司马迁:《史记》卷83《鲁仲连邹阳列传》,北京:中华书局2014年版,第2983—2984页。

[②] 商君之法曰:"斩一首者爵一级,欲为官者为五十石之官;斩二首者爵二级,欲为官者为百石之官。"(韩非著,陈奇猷校注:《韩非子新校注》,上海:上海古籍出版社2000年版,第963页)可见,官爵之迁与斩首之功相称也,正如卜宪群言:"商鞅变法后建立的赐爵制强调'不官无爵',显示出官爵合一的特征。"(《秦汉二十等赐爵制与官僚制》,《文史知识》2000年第1期)即使秦国没有如此多的官职可以提供给有爵之人,但有爵之人能获取的经济利益亦不容忽视,即"能得甲首一者,赏爵一级,益田一顷,益宅九亩"。(商鞅著,石磊译注:《商君书》,北京:中华书局2009年版,第165页)

[③] 〔汉〕司马迁:《史记》卷7《项羽本纪》,北京:中华书局2014年版,第417页。

百四十名"小者"能够侥幸存活,并在战后得到秦军赦免的情况是难以想象的。

合以上诸端,"遗其小者二百四十人"的文献记述,不应视为历史"实录"。但是,文本信息毕竟是作者思想意识的反映,朱熹曾评论"班固作《汉书》,不合要添改《史记》字,行文有不识当时意思处"。[1]班固及后人史著对"二百十四人"的删减处理,或许出自对历史真实的唯一性追求,然而太史公的"当时意思处",却应作进一步探讨。

二、"二百四十人"的文化隐寓:"究天人之际"视角的"秦并天下"的趋势

前文认为《白起王翦列传》"遗其小者二百四十人"并非可信之史,但也不能看作司马迁有意编造史料而混淆视听。除《白起王翦列传》外,史迁对长平之战的降卒处置另有载录,《秦本纪》与《赵世家》中分别记事为"尽杀之""皆坑之",《六国年表》则进一步将坑杀数字确定为"四十五万"。[2]上述说法在信疑之间已有论断,陈梦家在对比研究后指出:"《史记·赵世家》记三晋事较详而少误";[3]晁福林则进一步考证,太史公记述战国史事多据《秦记》,此书虽"不载日月,其文略不具",但所记史事大致不误,故《秦本纪》与《六国年表》的真实性不可轻易否定。[4]从史源学角度分析,司马迁很可能是将长平之战较为可信的原始材料,实录于《秦本纪》《赵世家》《六国年表》中,而在侧重描写人物的《白起王翦列传》中,长平之战的相关表述则另有超越史实的用意。这种叙事特点,或许暗含了更深层次的文化背景。

(一)"二百四十"与"四十六"——"太白"星象运转与秦史寓言

依前文所引"赵卒不得食四十六日"也出现在《白起王翦列传》中,似乎值

---

[1] 朱熹著,黎靖德编:《朱子语类》,武汉:崇文书局2014年版,第2434页。
[2] 〔汉〕司马迁:《史记》卷15《六国年表》,北京:中华书局2014年版,第897页。
[3] 陈梦家:《六国纪年》,北京:中华书局2005年版,第65页。
[4] 晁福林:《春秋战国史丛考》,苏州,苏州大学出版社2015年版,第155页。

得注意，因为"四十六日""二百四十人"两个数字本来都是难以精确，却"精确"出现在了《史记》同篇目、段落的长平之战描述中。王子今曾结合《项羽本纪》《秦始皇本纪》中的"宋义四十六日"与"子婴四十六日"，指出："'四十六日'是显示'天道'确定的规律性季候转换的时段，是盛衰转换的过程，也是生死转换的过程。"①然而，在秦史传说中，我们还能看到"秦"与"太白""二百四十日""四十六日"均存在寓言关联，《太平广记》卷五九"梁玉清"条（出《独异志》）载：

> 《东方朔内传》云：秦并六国，太白星窃织女侍儿梁玉清、卫承庄逃入卫城少仙洞，四十六日不出。天帝怒，命五岳搜捕焉。太白归位，卫承庄逃焉。梁玉清有子名休。玉清谪于北斗下常春。其子乃配于河伯，骖乘行雨。子休每至少仙洞，耻其母淫奔之所，辄回驭。故此地常少雨焉。②

这一故事以"秦并六国"为背景，实际上暗示了秦史与"太白""四十六日"之间存在的特殊关联。最为关键的是，"二百四十日"这一数字也与秦史关系密切。据《史记·天官书》记载："察日行以处位太白。……太白失行，以其舍命国。其出行十八舍二百四十日而入。入东方，伏行十一舍百三十日。其入西方，伏行三舍十六日而出。当出不出，当入不入，是谓失舍，不有破军，必有国君之篡。"③成书略早的《淮南子·天文》也有与"二百四十日"有关的"太白"星象寓言，条列如下：

> 太白元始以正月建寅，与荧惑晨出东方，二百四十日而入，入百二十日而夕出西方，二百四十日而入，入三十五日而复出东方……当出而不出，未当入而入，天下偃兵；当入而不入，当出而不出，天下兴兵。④

---

① 王子今：《〈史记〉时间寓言试解读：神秘的"四十六日"》，《人文杂志》2008年第2期。
② 李昉等编：《太平广记》，上海：上海古籍出版社1990年版，第1043—296页。
③〔汉〕司马迁：《史记》卷27《天官书》，北京：中华书局2014年版，第1577页。
④ 刘安等编，陈广忠译注：《淮南子》，北京：中华书局2012年版，第116页。

"二百四十"出行日代表了太白（金星）的会合周期与战争的关联。在当时人的天体观念中，太白主兵事和杀伐，称"天之将军"，人间"大司马位谨候此"，位置正当西方，对应"秦之疆也"，①足以体现"太白"与秦人之间存在的密切关联。

（二）《吴问》残简——"秦赵共祖"与"晋国归焉"的历史逻辑

无独有偶，1972 年出土的银雀山竹简中的九枚《吴问》残简中再现了与"二百四十"有关的"上古"寓言，略陈如下：

> 吴王问孙子曰："六将军分守晋国之地，孰先亡？孰固成？"孙子曰："范氏、中行是（氏）先亡。""孰为之次？""智是（氏）为次""孰为之次？""韩、巍（魏）为次。赵毋失其故法，晋国归焉。"吴王曰："其说可得闻乎？"孙子曰："可。范、中行是（氏）制田，以八十步为婉（畹），以百六十步为畛，而伍税之。其□田陕（狭），置士多。伍税之，公家富。公家富，置士多，主乔（骄）臣奢，冀功数战，故曰先【亡】。……公家富。置士多，主乔（骄）臣奢，冀功数战，故为范、中行是（氏）次。韩、巍（魏）置田，以百步为婉（畹），二百步为畛，而伍税【之】。其□田陕（狭），其置士多。伍税之，公家富。公家富，置士多，主乔（骄）臣奢，冀功数战，故为智是（氏）次。赵是（氏）制田，以百廿步为婉（畹），以二百卌步为畛，公无税焉。公家贫，其置士少，主金（敛）臣收，以御富民。故曰固国，晋国归焉。"吴王曰："善！王者之道，□□厚爱其民者也。"②

上述对话，是吴王询问孙子对晋国未来政治走向的看法，而孙子的关键性论据是各家田亩面积的大小，最终落实到"二百卌步"。有研究者经过严谨考辨，

---

① 〔汉〕司马迁：《史记》卷 83《鲁仲连邹阳列传》，第 2994 页；卷 27《天官书》，第 1582 页、第 1603 页。

② 银雀山汉墓竹简整理小组：《银雀山汉墓竹简（壹）》，北京：文物出版社 1985 年版，第 30 页。

论证了《吴问》实际上是一件战国末年才出现的赝品。他指出,《吴问》想要传达的历史逻辑,是各国田亩面积的大小决定天下的归属。赵国曰"固国,晋国归焉"的潜台词是秦国率先推行"宽一步,长二百四十步"为"亩"的土地制度,所以秦国称"固国,天下归焉",从而为"天下归秦"的趋势张目。①在"赵氏之先与秦共祖"的祖源背景下②,战国末年,尤其是长平之战后,的确可能出现利用"晋国归赵"寓示秦国将统一天下的舆论导向,"二百四十步""二百四十人"似乎暗示了与"太白"出行"二百四十日"的天人关系。

综上,"二百四十"或许是当时人普遍认可的天人文化寓言,并很可能曾被用于指代秦史的战争走向与统一趋势。《史记》中关于长平之战"遗其小者二百四十人"的数字记述,未见其他可考的史料佐证,本为"一家之言",却似乎揭示了太史公将"究天人之际"的创作宗旨融入了《白起王翦列传》的文本撰写之中。这种思想来源于董仲舒关于天人关系的理论,司马迁推求天与人之间的微妙联系,进一步发展了天人关系之下人的主观能动作用,为天人关系中的人注入了积极的因素,最终将"二百四十人"与"遗其小者"的人本倾向巧妙缀合。

三、"遗其小者"的人本倾向:"通古今之变"与"长平杀降"的历史反思

顾炎武评曰:"古人作史,有不待论断而于序事之中即见其指者,惟太史公能之。"③既然"二百四十人"很可能是代表天人视角下对"秦并天下"的某种寓言,那么司马迁"补作""遗其小者"的真正"指"意就要做进一步思考。

长平之战中白起"杀降"一事,司马迁在《史记》的多篇章中予以重复叙述,这种"迭见"笔法传递出三个方面的信息:第一,长平之战对战国时期的历史发展进程具有十分重要的影响,不容忽视;第二,战国乃至秦汉社会对长

---

① 郝进军:《银雀山〈吴问〉考辨》,《四川文物》2010 年第 1 期。
②〔汉〕司马迁:《史记》卷 43《赵世家》,北京:中华书局 2014 年版,第 2147 页。
③ 顾炎武著,黄汝成集释,栾保群、吕宗力标点:《日知录集释》,上海:上海古籍出版社 2014 年版,第 562 页。

平"杀降"事件有较普遍的关注和深刻的感受;第三,这种笔法表达了司马迁内心对这一历史悲剧的特殊重视。基于以上信息,我们在分析《白起王翦列传》中长平之战相关文句时,就要注意具体表述的区分,其中一些是战国历史的叙述和归纳,而另一些则属于"史迁笔法",是当时文化背景下,太史公对先秦史料的认知与见解。

(一)秦汉主流地域文化的"古今之变"

司马迁成长在武帝时代,正值汉文化发展的鼎盛时期,虽然其中尚且存留着一些先秦的地域文化气息,但秦汉之际的文化主流,毕竟发生了巨大的"古今之变"。赵翼称"盖秦、汉间为天地一大变局"。[1]秦文化显然表现出"外倾"的色彩,具有明显的功利、实用、轻仁义的特征。[2]这使得秦人在兼并战争中能够取得更大的优势,最终吞并六国,统一天下。但是,在统一之后,秦朝依然奉行这种文化倾向,使得刑罚酷烈,徭役繁重,最终造成社会动荡与帝国的覆灭。

汉帝国的建立,开创了文化新气象,它是春秋战国时期"百家争鸣"得到总结的直接产物,具有"博大兼容"的特点。[3]多元的汉文化是培养司马迁文化观的丰沃土壤,李长之先生指出,汉文化承接了齐、楚文化元素,楚文化最大的特质就是浪漫主义;齐文化中的黄、老之学又是汉初的统治思想。二者构成了司马迁人格与风格的精神文化内核,而这个时代共同的情调,都留在了太史公的不朽著作《史记》之中。[4]

(二)"杀降不详"——司马迁的人文关怀与战争反思

长平之战发生在列强兼并、纷争不断的战国时代,所谓"海内争于战功""务在强兵并敌"。[5]秦人"实用""功利"的文化特征使其在战国兼并战争中"追亡逐北",以至"伏尸百万,流血漂橹"。所以,武安君白起"诛屠四十余万之众,

---

[1] 赵翼著,曹光甫校点:《廿二史札记》,上海:上海古籍出版社2011年版,第31页。
[2] 林剑鸣:《从秦人价值观看秦文化的特点》,《历史研究》1987年第3期。
[3] 周天游:《论汉代文化的基本特征》,《社会科学战线》2007年第2期。
[4] 李长之:《司马迁之人格与风格》,北京:商务印书馆2011年版,第7—24页。
[5] 〔汉〕司马迁:《史记》卷15《六国年表》,北京:中华书局2014年版,第835页。

尽之于长平之下,流血成川,沸声若雷"的惨剧,正是秦文化价值观主导下的结果。这种与汉文化"浪漫主义人文关怀"截然相悖的秦人作风,自然不被司马迁接受、认可。《史记》多有批评"杀降"行为的文字:

> 秦王子婴素车白马,系颈以组,封皇帝玺、符、节,降轵道旁。诸将或言诛秦王。沛公曰:"始怀王遣我,固以能宽容;且人已服降,又杀之,不祥。"①
>
> 广尝与望气王朔燕语,曰:"自汉击匈奴而广未尝不在其中,而诸部校尉以下,才能不及中人,然以击胡军功取侯者数十人,而广不为后人,然无尺寸之功以得封邑者,何也?岂吾相不当侯邪?且固命也?"朔曰:"将军自念,岂尝有所恨乎?"广曰:"吾尝为陇西守,羌尝反,吾诱而降,降者八百余人,吾诈而同日杀之。至今大恨独此耳。"朔曰:"祸莫大于杀已降,此乃将军所以不得侯者也。"②

汉高祖刘邦是汉文化的开拓者,而司马迁对于李广也是深表同情和赞许的。有研究者分析,刘邦的态度既体现出"宽容",也表明了"处理战争中胜与降之合理方式的先进意识"。"人已服降,又杀之,不祥"的理念,是正当、开明的。刘邦的这种主张,"体现出当时人们生命意识的觉醒",而司马迁记录王朔"祸莫大于杀已降"的言论,其实也是对杀降的政治和军事文化的判断和表态。③"望气"二字代表了王朔的天文学术专业,"祸莫大于杀已降"反映出汉代人文化意识下对"杀降"行为的认识,这与白起长平"杀降"、项羽新安"杀降"后的不得善终,或许有密切关系。

在司马迁对长平"杀降"持批判态度的基调下,《白起王翦列传》"遗其小者二百四十人"的记述也就不难理解了。一方面,从《货殖列传》来看,司马迁对不同的地域文化及其相互关系,有着较为清晰的认知。④秦人在长平之战的

---

① 〔汉〕司马迁:《史记》卷8《高祖本纪》,北京:中华书局2014年版,第459页。
② 〔汉〕司马迁:《史记》卷109《李将军列传》,北京:中华书局2014年版,第3473—3474页。
③ 王子今:《生命意识的觉醒——〈史记〉对长平"杀降的批判"》,《月读》2021年第1期。
④ 陶礼天:《司马迁的地域文化观——读〈货殖列传〉》,《中国文化研究》1995年第1期。

坑杀是功利、残酷的现实主义描写，"遗其小者二百四十人"处于"杀降"的对立面，带给人一种超越现实的生命希望，本质上反映了司马迁的文化倾向。因此，我们并不能将"遗其小者二百四十人"简单地理解为秦国在宣扬兵威，实行战争恫吓。

另一方面，司马迁的先祖司马靳曾追随白起亲历长平杀降，他追述道：

> 自司马氏去周适晋，分散，或在卫，或在赵，或在秦。……在秦者名错，与张仪争论，于是惠王使错将伐蜀，遂拔，因而守之。错孙靳，事武安君白起。而少梁更名曰夏阳。靳与武安君坑赵长平军，还而与之俱赐死杜邮，葬于华池。①

司马靳既是"坑赵长平军"的主要参与者，也是秦文化价值观的坚定奉行者，又是最终与白起"俱赐死杜邮"的悲剧牺牲者。所以司马迁对这一段特殊而深刻的历史记忆，存在多个层面较为复杂矛盾的心理：第一，司马迁认识到秦帝国在"实用""功利"的文化观主导下，走向兴盛统一的必然趋势；第二，司马迁又难以认同秦帝国统一进程中的残酷屠杀手段，要表达对长平"杀降"行为的历史反思；第三，由于先祖的深度参与和历史悲剧，司马迁既要奉行"春秋为尊者讳，为亲者讳，为贤者讳"②的避讳传统，又要表达他在"积善之家必有余庆，积不善之家必有余殃"的道家心理驱使下，为自己深受"李陵之祸"而追溯司马家根源的自我辩护。

括而言之，在文化认识、创作倾向、避讳、反思等多重因素的作用下，司马迁最终在秦将白起的个人传记中"作"出了"遗其小者"记述。《白起王翦列传》末，武安君白起"引剑将自刭，曰：'我何罪于天而至此哉？'良久曰：'我固当死！长平之战，赵卒降者数十万人，我诈而尽坑之，是足以死'"③这是白起

---

① 〔汉〕司马迁：《史记》卷130《太史公自序》，北京：中华书局2014年版，第3990页。
② 公羊高撰，何休解诂，徐彦疏：《春秋公羊传注疏》，上海：上海古籍出版社2013年版，第350页。
③ 〔汉〕司马迁：《史记》卷73《白起王翦列传》，北京：中华书局2014年版，第2838页。

的临终反思，也是史迁借其口对先祖司马靳当时心境的衬托。"遗其小者"与"杀降"行为的批判对立，表达了司马迁对名将、先祖人生悲剧的惋惜，是其尊重个体生命的情感寄托，应当视为立训后世的反战哀思。

四、结语

综上所述，《白起王翦列传》"遗其小者二百四十人"的文字，不应视为"实录"，长平之战的降卒处置当遵从《秦本纪》与《赵世家》中"尽杀之""皆坑之"的载录。"遗其小者二百四十人"的记述应是史迁"一家之言"。

司马迁继承并发展了董仲舒关于天人关系的理论，将"太白"星象运转中的"二百四十日"与长平之战中的"二百四十人"相结合，寓指长平战争走向与秦并天下的趋势。而在秦汉之际，主流文化观发生"古今之变"的背景下，司马迁又进一步推求"天人之际"的微妙联系，为天人关系中的人注入了积极的因素，巧妙的将"二百四十人"与"遗其小者"的人本倾向相缀合。司马迁有意将"遗其小者"置于先祖司马靳长平"杀降"行为的对立面，既是在"积善之家必有余庆，积不善之家必有余殃"的道家心理驱使下，对司马家悲剧根源的追溯，也是在汉初"博大兼容"的文化影响下，对"实用功利"价值观指导下的秦人残酷战争手段的批判与反思。

这种天人文化研究视角，对于我们追溯"失落"的历史记忆，理解上古时期的文化现象，进而树立中华民族的文化自信不无裨益。

【原载于《渭南师范学院学报》2023年第3期】

本文系辽宁省经济社会发展研究课题：古代教令与地方治理研究（2023LSLYTKT-005）；辽宁省教育厅高校基本科研项目：秦汉简牍所见刑徒群体研究（LJKMR20221517）；渤海大学硕士研究生创新基金项目：《史记》与司马迁"特殊笔法"研究（YJC2021-008）阶段性成果。

（罗有，男，四川江油人，西北大学历史文化学院博士研究生）

天道观念与司马迁笔下的滇国命运
——《史记·西南夷列传》"滇小邑,最宠焉"解诂

黎镜明

汉武开边西南夷,在地理层面表现为以巴蜀为基地,从盆地底部向四周高海拔地区的扩张[1];在政区层面表现为诸夷盘结之地列郡置县的趋向;在文化心理层面最典型的表现则是原本不知"汉孰与我大"[2]的滇国成为华夏熟知的楚人余胤,华夏则借助"庄蹻"这一"英雄祖先""驯化"了滇人"真实的过去"。[3]自王明珂先生以"英雄徙边记"截断众流,有关庄蹻生平、王滇时间、入滇路线等旨在厘清史实的讨论[4]顿失依凭、遽尔沉寂。总体而言,除了少数基于考古材料探索楚—滇文化关系的实证研究[5],主流研究视角从"历史真实"到"历史书

---

[1] 胡鸿:《秦汉帝国扩张的制约因素与突破口》,《中国社会科学》2014年第11期,第193页。

[2] 〔汉〕司马迁:《史记》卷116《西南夷列传》,北京:中华书局1982年版,第2996页。

[3] 王明珂:《英雄祖先与弟兄民族:根基历史的文本与情境》,北京:中华书局2009年版,第47—87页、第119—123页。

[4] 参见〔日〕白鸟芳郎:《西南シナ少数民族の一考察》,《和田博士古稀记念东洋史论丛》,东京:讲谈社1961年版,第525—536页;马曜:《庄蹻起义和开滇的历史功绩》,《思想战线》1975年第1期,第51—60页;方国瑜:《从秦楚争霸看庄蹻开滇》,《思想战线》1975年第5期,第64—66页;徐中舒:《试论岷山庄王与滇王庄蹻的关系》,《思想战线》1977年第4期,第75—82页;尤中:《中国西南的古代民族》,昆明:云南人民出版社1980年版;汪宁生:《滇楚关系初探》,《民族研究》1983年第1期;尤中:《古滇国、夜郎考》,《史学史研究》1989年第1期,第50—59页;张增祺:《滇国与滇文化》,昆明:云南美术出版社1997年版等。

[5] 参见云南省文物考古研究所、昆明市博物馆、官渡区博物馆编:《昆明羊甫头墓地》(卷三),北京:科学出版社2005年版;云南省文物考古研究所、美国密歇根大学人类学系:《云南滇池地区聚落遗址2008年调查简报》,《考古》2012年第1期,第23—33页;李昆声、陈果:《中国云南与越南的青铜文明》,北京:社会科学文献出版社2013年版;张合荣:《夜郎文明的考古学观察——滇东黔西先秦至两汉时期遗存研究》,北京:科学出版社2014年版;陈伯桢等:《从空间分析看昆明羊甫头墓地的社会结构》,《考古人类学刊》81期,台北:国立台湾大学人类学系2014年版,第173—203页等。

写"的转向是明显的。①对本文写作而言,王明珂的研究实属孤明先发,但或许由于王氏关注点更多是将"庄蹻王滇"视作边疆史书写中的模式化情节,致力于揭示华夏不同方向英雄徙边的文本结构,未遑论及司马迁对"滇人祖先"楚国"世德"的反复强调和"滇小邑,最宠焉"的特殊命运。考虑到《史记》"一家之言"的性质,笔者拟从司马迁天道观念的角度对相关问题提出自己的看法。

一、积善余庆:《史记》对先秦诸侯世家命运的解读

因果报应历经佛家的系统化整理和演绎而成为佛教思想的核心内容之一,也因佛教传播而广泛流行。但作为一种对自然"天意"和社会规范的朴素认知,远在佛教入华之前,这一概念已经扎根于先秦甚至更早华夏人群的心灵世界。②《周易》"积善之家必有余庆,积恶之家必有余殃"③,《尚书》"作善降之百祥,作不善降之百殃"④等表述及《左传》对魏颗"结草"传说的采信可以为证。汉去先秦未远,政治及社会各方面仍为先秦流风遗绪所及⑤,史官"拾遗补艺"的

---

① 参见冯丁丁:《国内古滇国研究综述》,《思想战线》2009年第52期(增刊),第71—73页;杨继顺、韩雨颖、郭小楠:《近四十年来国内庄蹻研究评述》,《咸阳师范学院学报》2015年第5期,第81—84页等。

② 参见郭沫若:《先秦天道观之进展》,《青铜时代》,上海:新文艺1951年版,第1—65页;许倬云:《先秦诸子对天的观念》,载氏著《求古编》,台北:联经出版公司1982年版,第423—452页;曲柄睿:《天命、天道与道论: 先秦天人关系理论的形成与发展》,《史学理论研究》2021年第4期,第40—60页等。

③ 〔清〕阮元校刻:《十三经注疏 清嘉庆刊本·一 周易正义·卷第一·坤》,北京:中华书局2009年版,第33页。

④ 〔清〕阮元校刻:《十三经注疏 清嘉庆刊本·二 尚书正义·卷第八·伊训》,北京:中华书局2009年版,第345页。

⑤ 如经济方面,《汉书·食货志上》载"时民近战国,皆背本趋末";社会文化方面,汉初"以武犯禁"的游侠与战国权贵养士之间的承继关系;政治方面,李开元先生将郡国并行的汉初称为"后战国时代"等,参见〔汉〕班固:《汉书》卷24上《食货志上》,北京:中华书局1962年版,第1128页;李开元:《汉帝国的建立与刘邦集团:军功受益阶层研究》,北京:生活·读书·新知三联书店2000年版,第135—139页等。

职业特质势必使得司马氏父子对先秦世风有高出时辈的认识。①有学者将司马迁的天道观归纳为两面四点：两面为伦理与道德，四点则分别是：第一，祖上显赫则后辈得荫；第二，后辈扬名，因祖上积德（此伦理体现）；第三，为善逢祥；第四，为恶遭殃（此道德体现）。②此论言之成理但或有简单化的嫌疑，事实上，司马迁关于"天道"与"阴德"的心态时常是矛盾的，钱锺书即指出：

> （司马迁）勿信'天道'，却又主张"阴德"，说理固难自圆；而触事感怀，乍彼乍此，亦彼亦此，浑置矛盾于不顾，又人之常情恒态耳。③
>
> 然马迁既不信天道，而复持阴德报应之说，既视天梦梦，而又复以为冥冥之中尚有纲维主张在；圆枘方凿，自语相违。盖析理固疑天道之为无，而慰情宁信阴鸷之可有，东食西宿，取熊兼鱼，殆人心两歧之常欤。故疑无天者，犹每私冀其或有，而信有天者，则常窃怨其若无。④

碍于人心的幽昧难知，我们似乎无法简单对司马迁对"天道"与"阴德"作信或不信的简单定性，对司马迁的信仰"浓度"也更无法作出精确的定量统计⑤，但无论如何，通过《史记》屡见的"天道无亲，常与善人""余甚惑焉，倘所谓天道，是邪非邪？"等表达，我们知道天道观念是司马迁《史记》撰述中最浓厚的思想底色之一，对天道的质疑是其理性的一面，"意在警世"，对天道

---

① 关于战国文化对《史记》撰述的影响，胡宝国先生论之已详，参见胡宝国：《汉唐间史学的发展》第一章《〈史记〉与战国文化传统》，北京：商务印书馆2003年版，第1—19页。

② 参见李家海：《汉初巫风与〈史记〉书写》，南京：南京大学硕士学位论文，2011年，第41页。

③ 钱锺书：《管锥编》（一）上册"史记会注考证·十九·陈丞相世家"，北京：生活·读书·三联书店2001年版，第567—568页。

④ 钱锺书：《管锥编》（一）上册"史记会注考证·二二·伯夷列传"，北京：生活·读书·三联书店2001年版，第574—579页。

⑤ 蒲慕州认为"司马迁写《日者列传》，也多少相信卜筮有其功效。所以有些知识分子虽然批评巫卜，但并不是采取一种完全的无神论的立场"，其说似也可深化我们对司马迁天道观的理解。参见蒲慕州：《汉代知识分子与民间信仰》，载氏著《追寻一己之福——中国古代的信仰世界》，上海：上海古籍出版社2007年版，第209页。

的强调是其感性的一面,"意在抒怀"。①据此,我们或许可以说《史记》是司马迁个人天道观念支配下产生的历史文本。

"天道"中有关道德的部分主要体现在当事者个人善恶对其命运的影响方面,其宗旨在作为《史记》列传首传、同时也被视作七十列传叙录的《伯夷叔齐列传》中有过明确的揭示②,关于伦理,则将"善恶有报"落实在以血缘凝结的祖先与后嗣之间,体现在《史记》文本上,则以"按世家之为义者,岂不以开国承家,世代相续"③的《世家》诸篇最为明显。

关于《世家》著述缘起,司马迁在《太史公自序》有过明确的说明:"二十八宿环北辰,三十辐共一毂,运行无穷,辅拂股肱之臣配焉,忠信行道,以奉主上,作三十世家。"④《世家》前十六篇依次记载了周初至春秋战国的著名诸侯,陈其泰以为其原因在于此类诸侯往往享国数纪,且对历史进程起过巨大作用。⑤司马迁在相关诸篇中以大量篇幅对祖先"世德"和世家兴衰间的关系做过解读,为免累赘,兹以表格形式展示如下:

《史记》有关先秦诸侯世家"世德"的记载

序号	正文	出处	备注
1	召公奭可谓仁矣！甘棠且思之,况其人乎？燕(北)〔外〕迫蛮貉,内措齐、晋,崎岖强国之间,最为弱小,几灭者数矣。然社稷血食者八九百岁,于姬姓独后亡,岂非召公之烈邪！	《史记》卷34《燕召公世家》,第1561页。	太史公曰

---

① 参见王兆贵:《司马迁之问》,《光明日报》2021年12月3日,第16版。此外,徐复观认为"历史运行,有的并非用行为的因果关系能加以解释,而形成为人类理性照射所不及的幽暗面,即是史公之所谓天。"并言"这可以称为历史中的偶然性",可备一说。参见徐复观《论〈史记〉》,载氏著《两汉思想史》(第三册),上海:华东师范大学出版社2001年版,第195—203页。

② 逯耀东:《抑郁与超越——司马迁与汉武帝时代》,北京:生活·读书·新知三联书店2008年版,第351页。

③〔唐〕刘知几:《史通》卷二《世家》,上海:上海古籍出版社1978年版,第42页。

④〔汉〕司马迁:《史记》卷130《太史公自序》,北京:中华书局1982年版,第3319页。

⑤ 陈其泰:《〈史记〉"世家"历史编纂成就析论——"应另换一副眼光读之"》,《文史哲》2015年第6期,第102—111页。

续表

序号	正文	出处	备注
2	陈，颛顼之族。陈氏得政于齐，乃卒亡。自幕至于瞽瞍，无违命。舜重之以明德。至于遂，世世守之。及胡公，周赐之姓，使祀虞帝。且及胡公，周赐之姓，使祀虞帝。且盛德之后，必百世祀。虞之世末也，其在齐乎？	《史记》卷36《陈杞世家》，第1581页。	晋平公与太史赵问对
3	舜之德可谓至矣！禅位于夏，而后世血食者历三代。及楚灭陈，而田常得政于齐，卒为建国，百世不绝，苗裔兹兹，有土者不乏焉。至禹，于周则杞，微甚，不足数也。楚惠王灭杞，其后越王勾践兴。	《史记》卷36《陈杞世家》，第1586页。	太史公曰
4	公曰："周衰，何国兴者？"对曰："齐、秦、晋、楚乎？夫齐，姜姓，伯夷之后也，伯夷佐尧典礼。秦，嬴姓，伯翳之后也，伯翳佐舜怀柔百物。及楚之先，皆尝有功于天下。而周武王克纣后，成王封叔虞于唐，其地阻险，以此有德与周衰并，亦必兴矣。"	《史记》卷42《郑世家》，第1757页。	郑桓公与太史伯问对
5	韩厥之感晋景公，绍赵孤之子武，以成程婴、公孙杵臼之义，此天下之阴德也。韩氏之功，于晋未覩其大者也。然与赵、魏终为诸侯十余世，宜乎哉！	《史记》卷45《韩世家》，第1878页。	太史公曰
6	是为观国之光，利用宾于王。此其代陈有国乎？不在此而在异国乎？非此其身也，在其子孙。若在异国，必姜姓。姜姓，四岳之后。物莫能两大，陈衰，此其昌乎？	《史记》卷46《田敬仲完世家》，第1879页。	陈厉公与周太史问对
7	禹之功大矣，渐九川，定九州，至于今诸夏义安。及苗裔勾践，苦身焦思，终灭强吴，北观兵中国，以尊周室，号称霸王。勾践可不谓贤哉！盖有禹之遗烈焉。范蠡三迁皆有荣名，名垂后世。臣主若此，欲毋显得乎！	《史记》卷41《越王勾践世家》，第1756页。	太史公曰

详审表中引文，则司马迁对先秦诸侯世家"世德"的推崇溢于言表。文中所见蒙祖德荫庇的诸侯有陈、杞、燕、韩、齐、秦、晋、楚等，代表性可谓广泛。需要指出的是，所有引文评价的发生场景无外乎两类：一是司马迁转引的前辈太史观点，二是太史公本人的夫子自道。前者是客观的历史记述，后者则是主

观的历史认知，两种表述的高度一致似乎表明：世家源于世德迄先秦至汉代是一种一以贯之的普遍认识。

尤需注意的是，司马迁并未将此种认识的适用对象局限于先秦诸夏国度，而是力图以此涵盖更广阔的周边"蛮夷"历史，上表所见"其后越王勾践兴""太伯可谓至德矣""勾践可不谓贤哉！盖有禹之遗烈焉"诸语即为明证，《史记·东越列传》更进一步以"太史公曰"的方式明确此点：

> 越虽蛮夷，其先岂尝有大功德于民哉，何其久也历数代常为君王，勾践一称伯。然余善至大逆，灭国迁众，其先苗裔繇王居股等犹尚封为万户侯，由此知越世世为公侯矣。盖禹之余烈也。①

吴、越在族群和地域上常被视作华夏边缘，而华夏祖先竟能泽被至彼。越在汉世既能因"禹之余烈"而世世公侯，则在司马迁看来，楚人所建之滇所以能苟全于"汉诛西南夷，国多灭矣"的兵燹，自然是因为"楚之先岂有天禄哉"②。

二、"楚最无罪"：先秦楚国在司马迁眼中的特殊地位

通过上节的论述，我们初步将滇国在汉时较长时间的存续镶嵌进了一个合理的解释框架，然而更复杂的问题在于：尽管楚与先秦其他诸夏世家同有世德，滇与汉时东越同属"蛮夷"，但揆诸时间，"秦灭诸侯，唯楚苗裔尚有滇王"③，衡诸地域，"国多灭矣，唯滇复为宠王"。若要彻底证成"世德"说的解释思路，一个无法回避的诘问是：（至少在司马迁眼中）相较其他先秦世家，楚之"世德"有何绝于等伦之处？笔者以为，此种历史认识应是"楚最无罪"的历史记忆被

---

① 〔汉〕司马迁：《史记》卷114《东越列传》，北京：中华书局1982年版，第2984页。
② 〔汉〕司马迁：《史记》卷116《西南夷列传》，北京：中华书局1982年版，第2997页。
③ 〔汉〕司马迁：《史记》卷116《西南夷列传》，北京：中华书局1982年版，第2997页。当然，《史记》中也有诸如"王侯将相宁有种乎"等与世家世德相反的表述，但诚如李家海所言，此类口号不具有广泛代表性，特殊情况下的口号和日常生活中的认识存在界限，应当区别开来。参见李家海：《汉初巫风与〈史记〉书写》，南京：南京大学硕士学位论文，2011年，第47页。

"汉因楚兴"的政治现实催化、形塑的结果。

关于"楚最无罪",《史记·项羽本纪》载:

> (范增)往说项梁曰:"陈胜败固当。夫秦灭六国,楚最无罪。自怀王入秦不反,楚人怜之至今,故楚南公曰'楚虽三户,亡秦必楚'也。今陈胜首事,不立楚后而自立,其势不长。今君起江东,楚蜂午之将皆争附君者,以君世世楚将,为能复立楚之后也。"①

《楚世家》中与此相关的表述为"顷襄王三年,怀王卒于秦,秦归其丧于楚。楚人皆怜之,如悲亲戚。诸侯由是不直秦。"②《屈原列传》则曰"屈平既嫉之,虽放流,眷顾楚国,系心怀王,不忘欲反"。③

据此,怀王入秦不返是塑造"楚最无罪"悲情形象的一个关键因素。绎上述引文,其间可深究者有三:(1)怀王之厄激起了楚人广泛的共情;(2)楚人对怀王之厄的记忆极为牢固,以至楚人"怜之至今",而项梁反秦必求怀王孙于民间,"立以为楚怀王,从民所望也";(3)即使关东诸侯矛盾丛脞,怀王客死关中也一度"为天下笑"④,但"天下"对此事也表现出大体一致的态度即"不直秦"。⑤

有关何以怀王入秦而"楚最无罪",司马迁没有给予明确说明,后世吕祖谦所谓"秦灭六国,皆以兵伐而取之,虽无道行之,犹自干戈相持,胜负已分。唯楚最无罪,独以重币诱怀王而杀之"⑥的解释似乎未达一间,盖怀王入秦前后秦

---

① 〔汉〕司马迁:《史记》卷7《项羽本纪》,北京:中华书局1982年版,第300页。
② 〔汉〕司马迁:《史记》卷40《楚世家》,北京:中华书局1982年版,第1729页。
③ 〔汉〕司马迁:《史记》卷84《屈原贾生列传》,北京:中华书局1982年版,第2485页。
④ 〔汉〕司马迁:《史记》卷84《屈原贾生列传》,北京:中华书局1982年版,第2485页。
⑤ 战国秦汉时有"不直罪",《睡虎地秦简·法律答问》云"罪当重而端轻之,当轻而端重之,是谓之不直。"《史记·五帝本纪》云"于是轩辕乃习用干戈,以征不享",下引《索隐》解释为"以征诸侯之不直者"(第4页);《史记·高祖功臣侯者年表》云"元鼎二年,侯青翟坐为丞相与长史朱买臣等逮御史大夫汤不直,国除"(第908页)等。笼统的说,战国秦汉时期的"直"有"标准"之意,"不直秦"应可理解为"秦的做法为诸侯所不齿"。
⑥ 黄灵庚、吴战垒主编:《吕祖谦全集》第七册《左氏传说》卷一一,杭州:浙江古籍出版社2008年版,第135—136页。

楚间也曾大动干戈,且怀王实为客死而非见杀。明儒何孟春则进一步解释道:

> 然六国之灭,言者以楚最无罪,岂齐晋诸君不足惜亡,若怀王之为民痛念耶？怀王过听轻行,固秦所诱弄,齐晋所递笑者。而民特怜之,不怀王故矣。田氏代,韩、赵、魏分,齐晋非夫旧脉。惟楚由颛顼溯鬻熊,而迨怀王,其统未之奸也。齐之田,晋之韩、赵、魏,国皆不义。嬴秦续吕得天下,重无复仁义焉。义之名,楚可丁耳。虽在春秋必将。楚与六国之灭,所以楚最无罪,而民特怜之,此其亡秦必楚与。①

何氏以为,相较田氏代齐、三家分晋、"嬴秦续吕",战国之中惟楚自颛顼而至怀王,其王统未经篡易,故而"义之名,楚可丁耳",然而其中可议者有二:首先是"嬴秦续吕"系诬枉之辞,可不置论；其次,燕与秦楚等同属战国七雄,"然社稷血食者八九百岁,于姬姓独后亡"②,于王统之"义"未曾有缺,何氏详楚略燕,不知何意？

笔者管见所及,关于此问题,迄今最具说服力的解释来自李开元先生。李氏敏锐留意到秦楚之间世代不绝的特殊关系:首先,秦楚长期被其余诸夏视同蛮夷；其次,秦楚间的联姻结盟长达400年、多达21代,楚系外戚在秦国长期占据津要,怀王或也因此轻信秦人。"想来,也正是因为这种关系,才会有'秦灭六国,楚最无罪''楚虽三户,亡秦灭楚'的说法"。③李开元的研究引导我们注意到:尽管身处"敌侔争权,盖为战国"④的时代,诸侯间的尔虞我诈已为常态,但秦楚既为传统盟国和世代姻亲,此次秦对楚国的彻底背叛仍是冒天下之大不韪,是对此前诸夏秩序和邦交规则的彻底践踏,也因此造成了"秦楚绝"和"诸侯不直秦"两个结果。

---

① 〔明〕何孟春:《余冬序录》卷一《内篇第一》,载《四库全书存目丛书》编纂委员会编:《四库全书存目丛书》第101册,济南:齐鲁书社1997年版,第563页。
② 〔汉〕司马迁:《史记·燕召公世家》,北京:中华书局1982年版,第1561页。
③ 李开元:《秦崩:从秦始皇到刘邦》,台北:联经出版社公司2010年版,第51—59页。
④ 〔汉〕刘向撰,何建章注释:《战国策注释》,北京:中华书局1990年版,第1356页。

《史记》历史研究

必须说明的是，由于"史料的欠缺和认识的限制，诸多断裂历史之间的缺环，我们至今尚不能连接"，①李氏的分析停留在推测层面，同时"楚最无罪"的说法是司马迁借楚人范增之口道出，《史记》仅此一见，因此我们在服膺李氏卓识的同时，必须将这一孤例推回到时势、情理等交织而成的情境中，庶几可以获得更贴近历史的认识。

如所周知，"楚最无罪"是楚国旧贵族在楚地为号召楚遗民反秦而作的情感动员，或许能够视作多数楚人的主体性表达，但似乎无法证明这一口号属于"天下"的共识：

首先，作为楚人的情感投射，"楚最无罪"无可厚非，但作为历史事实，"楚最无罪"未必属实。《楚世家》载"三十五年，楚伐随。随曰：'我无罪。'楚曰：'我蛮夷也。'"②可见其有伐无罪的"前科"，至于背盟，"尔无我虞，我无尔诈"一语即诞生于楚宋盟约③，即便在怀王入秦事件中，楚人也曾因短视而绝齐，故此虽然诸侯"不直秦"但楚也"为天下笑"。楚人背约的记录斑斑可考，很难相信遭楚背弃的齐国等会怜其"无罪"。

其次，六国同遭亡国之厄，各自有其"痛史"，衡诸常理，恐怕各自都存有"我最无罪"的情感和记忆，似无需"借他楚人生平，作我一生眼泪"。从田儋"诸侯皆反秦自立，齐，古之建国，儋，田氏，当王"④，周市"今天下共畔秦，其义必立魏王后乃可"⑤等表述及此后的历史发展可知，六国遗民实际各有私心，并非全部热衷"复楚"。

再次，即便在楚遗民内部，"楚最无罪"也未必能代表全部楚人的态度。鲁西奇即曾指出江陵地区虽曾是楚国腹心地区，但经历秦国南郡半世纪的稳定统治，在楚亡之后并未表现出强烈的楚国认同，在反秦战争中的表现也却远不如

---

① 李开元：《秦崩：从秦始皇到刘邦》，台北：联经出版社公司2010年版，第51—59页。
② 〔汉〕司马迁：《史记》卷40《楚世家》，北京：中华书局1982年版，第1695页。
③ 〔清〕阮元校刻：《十三经注疏 清嘉庆刊本·七 春秋左传正义·卷第二十四·十五年》，北京：中华书局2009年版，第4097页。
④ 〔汉〕司马迁：《史记》卷94《田儋列传》，北京：中华书局1982年版，第2643页。
⑤ 〔汉〕司马迁：《史记》卷90《魏豹彭越列传》，北京：中华书局1982年版，第2589页。

长江中下游的东国、吴、越等地积极。①而《史记》中所谓"王楚之地，方二千里，莫不响应，家自为怒，人自为斗，各报其怨而攻其仇，县杀其令丞，郡杀其守尉"②似亦表明：统一的"张楚"旗号实际是由众多未必全然一致的情绪和诉求汇聚而成的。

最后，如果说以上讨论多属"理证"，石刻材料则能提供更坚实的证据。《诅楚文》石刻出土于北宋，其主要内容为秦王向上天诅咒楚国败亡并祈求秦国获胜，关于其成文年代，学界主流的看法是在秦惠文王—楚怀王时期③，应属允当。其中以较大篇幅向"大沈厥湫"痛陈楚人对秦楚"世盟"的背叛，其文曰：

> 昔我先君穆公及楚成王是戮力同心，两邦以壹，绊以婚姻，衿以斋盟。曰：叶万子孙，毋相为不利。亲卬大沈厥湫而质焉。④

其中又有"外之则冒改厥心，不畏皇天上帝及大沈厥湫之光烈威神，而兼倍十八世之诅盟"，"敢数楚王熊相之倍盟犯诅"诸语。无论诅文所言系指怀王十一年（前318）、十七年（前312）抑或这一时期楚国的其他对秦军事行动，秦国的态度有两点是明确的：一是强调秦楚间的世代亲盟关系，二是"背盟"的责任在于楚国。当然，此处秦楚孰是孰非不是我们关心的问题，应当引起进一步思考的是：《诅楚文》作为告祭神灵、动员国人同时也作为外交辞令晓谕诸国的

---

① 鲁西奇：《楚秦汉之际的"楚人"》，《早期中国史研究》第8卷第1期，台北：早期中国史研究会2016年版，第1—56页。

②〔汉〕司马迁：《史记》卷89《张耳陈余列传》，北京：中华书局1982年版，第2573页。

③ 郭沫若主张《诅楚文》作于秦惠文王更元十三年、楚怀王十七年（前312），姜亮夫认为在楚怀王二十三年（前307），陈伟认为其属楚怀王世，杨宽认为其是秦惠文王时代的作品，田余庆先生认为其内容反映了公元前299年怀王入秦前后紧张的秦楚关系。分见郭沫若《诅楚文考释》，《石鼓文研究》，北京：科学出版社1982年版；姜亮夫：《秦诅楚文研究》，《楚辞学论文集》，上海：上海古籍出版社1984年版；陈伟：《〈诅楚文〉时代新证》，《江汉考古》1988年第3期，第56—68页；杨宽：《秦〈诅楚文〉所表演的"诅"的巫术》，《文学遗产》1995年第5期，第28—37页；田余庆：《说张楚——关于"亡秦必楚"问题的探讨》，《历史研究》1989年第2期，第136页。

④ 此处录文从杨宽先生，参见杨宽：《秦〈诅楚文〉所表演的"诅"的巫术》，《文学遗产》1995年第5期，第28—37页。

文本，确定了秦国官方的基调，也极有可能是秦国修史最重要的基础材料，不难想见：倘使秦祚长远，"楚最有罪"应该会成为正史中的标准表述，也会是包括楚地民众在内的统一华夏国家的"天下共识"，毕竟从《睡虎地秦简》所见黑夫和鲸的家书来看，仅仅被秦统治五十年后，一个楚地家庭已经能够以"新秦人"自居并投入清剿六国"余孽"的帝国事业了。①

综上可知，在秦灭六国的时代巨变中，不同国度、一国内部不同区域乃至每个更小的生命个体都有着不同的历史记忆。"楚最有罪""楚最无罪"乃至六国各自的"我最无罪"版本应当一度并存，构成对历史的"多声部"表达。最终，"楚最无罪"在多种记忆的竞争中胜出，其他记忆被摒弃或遗忘，秦末纷繁复杂的历史线索也被归并成"亡秦必楚"的单线叙事。②毋庸赘言，"楚最无罪"记忆的幸存当然与"汉出于楚""汉继楚兴"的现实政治有关③，司马迁生活在受"楚最无罪"历史记忆规范的社会现实中，也因此创造出"唯楚苗裔尚有滇王"的历史。④

三、"制造庄蹻"：司马迁笔下的滇国英雄祖先

前已论及，在以"世德"解释"世家"命运时，司马迁并未以华夏自限，而是将滇、越一并纳入华夏熟知的历史，分别视之为先秦楚国和越国的余胤。关

---

① 参见徐畅：《一个楚地家庭与秦始皇大一统》，《文史知识》2022年第2期，第5—15页。

② 罗新指出"从历史学的角度说，历史是共同体的想象获得合法性的重要途径，因此讲述历史的权力是共同体政治权力的一部分，被讲述的历史理应服务于共同体当前的政治利益，那些不能服务于当前利益的历史论述就退出中心，要么永远消失，要么隐藏起来等待发掘。"罗新：《民族起源的想像与再想像——以嘎仙洞的两次发现为例》，《文史》2021年第3期，第9—10页。

③ 相关研究参见田余庆：《说张楚——关于"亡秦必楚"问题的探讨》，《历史研究》1989年第2期，第134—150页。后收于氏著《秦汉魏晋史探微》，北京：中华书局2004年版，第1—29页；又见靳腾飞：《秦汉之际"楚"地位的变迁——出土文献与〈史记〉〈汉书〉的对比考察》，《楚学论丛》第四辑，武汉：湖北人民出版社2015年版；张梦晗：《败亡与重生："亡秦必楚"的历史探究》，北京：中国社会科学院研究生院博士学位论文，2018年等。

④ 相关研究参见王明珂：《历史与神话：一些认知性探讨》，《西北民族研究》2021年第3期，第44—54页。

于此点,班固《南夷两粤朝鲜传》论赞部分旨趣与"太史公曰"基本类同,只是将则滇、越并举做了更明晰的表述:

> 赞曰:楚、粤之先,历世有土。及周之衰,楚地方五千里,而勾践亦以粤伯。秦灭诸侯,唯楚尚有滇王。汉诛西南夷,独滇复宠。及东粤灭国迁众,繇王居股等犹为万户侯。①

结合前引其他史料可知,在汉代正史中,滇、越共享着一种类似的祖源叙事,越承"禹之余烈",其中"可不谓贤哉"的勾践是越人最重要的英雄祖先;无独有偶,庄蹻也是"榫卯"楚—滇历史的关键性人物符号。王明珂的研究表明:及至唐时南诏崛起,在正史、方志抑或南中大族谱牒等各种文类中,"庄蹻王滇"的记忆才几乎被诸葛亮征讨南中取代②,换言之,庄蹻长期内是追溯西南夷本地人群"华夏血缘"难以替代的英雄祖先,但在司马迁之前,文献中的庄蹻有着不同的面貌:

> 庄蹻为盗于境内而吏不能治。(《韩非子·喻老》)
> 唐蔑死于垂沙,庄蹻发于内,楚分为五。(《商君书·弱民》)
> 唐蔑死,庄蹻起,楚分而为三四(《荀子·议兵》)
> 唐子死,庄蹻走,楚分而为三四(《韩诗外传》)

研究者多已留意到先秦秦汉文献中关于庄蹻生平的异质性记载,由此引发的有关庄蹻姓名、身份、所处时代等的争议一度相当活跃③,然而就本节所系主旨来说,最有价值的疑问在于:以司马迁学问的博恰和《史记》对"天下放失旧文"的熟稔,似无可能对此类文献未曾寓目,"余读春秋古文,乃知中国之虞与

---

① 〔汉〕班固:《汉书》卷95《南夷两粤朝鲜传》,北京:中华书局1962年版,第3868页。
② 王明珂:《英雄祖先与弟兄民族:根基历史的文本与情境》,北京:中华书局2009年版,第123页。
③ 参见黄懿陆:《滇国史》第二章《滇国的建立》,昆明:云南人民出版社2004年版,第22—105页;周宏伟:《庄蹻入滇与庄豪入滇非一事辨》,《西南大学学报》(社会科学版),2019年第1期,第54—62页等。

荆蛮句吴兄弟也"①诸语可为侧证。事实上,《史记·游侠列传》明言"跖、蹻暴戾,其徒诵义无穷。"②据此,《西南夷列传》中庄蹻"由盗而将"的形象转变并非"司马迁无法解决的矛盾"③而是另有深意在焉,细言之,庄蹻盗贼的身份既然与"楚有世德"不符,但最终为何被塑造成"将军"而非其他英雄面貌呢?囿于史料不足,对相关细节的判断和解释,或许找不到确凿的证据,以下更多属于笔者个人的推论。

首先,详审滇国所处的人类生态情境,从环境上看"滇池,方三百里,旁平地,肥饶数千里";就生计而言"此皆魋结,耕田,有邑聚。"在政权组织形态上,"众多武器的出土,反映了滇国奴隶主们对外掠夺奴隶战争的频繁和对内实行武力镇压的重要,国家这个暴力机器已经铸成。内部的阶级分化已经非常明显。"④对生活在交通条件较为理想的低海拔区域、以农耕为主业、政治体发育程度较高的华夏人群而言,滇国在文明相似性上低于东北朝鲜和东南句吴而又高于西北"羌戎"。如果说"王子"(箕子、太伯)与"逃奴"(无戈爱剑)作为一种隐喻指向的是与华夏血缘的远近,则"将军"无疑是二者之间一种较为恰当的身份。

其次,《西南夷列传》首先将庄蹻系于"故楚庄王苗裔"可能与司马迁在楚国世系中特重庄王有关,此点从"重黎业之,吴回接之;殷之季世,粥子牒之。周用熊绎,熊渠是续。庄王之贤,乃复国陈;既赦郑伯,班师华元。怀王客死,兰咎屈原;好谀信谗,楚并于秦。嘉庄王之义,作楚世家第十"⑤等不难看出,然而此后又强调"始楚威王时,使将军庄蹻将兵循江上"。⑥比较庄王苗裔和威王将军,前者远而模糊、后者近而清晰。笔者以为,这一方面可能在先秦文献中,庄蹻多以盗贼面貌活跃于怀王、顷襄王时代,去威王较近(仅一世)而去

---

① 〔汉〕司马迁:《史记》卷31《吴太伯世家》,北京:中华书局1982年版,第1475页。
② 〔汉〕司马迁:《史记》卷124《游侠列传》,北京:中华书局1982年版,第3182页。
③ 黄懿陆:《滇国史》第二章《滇国的建立》,昆明:云南人民出版社2004年版,第81页。
④ 尤中:《先秦时期西南三国考略》,《思想战线》1993年第2期,第67—75页。
⑤ 〔汉〕司马迁:《史记》卷130《太史公自序》,北京:中华书局1982年版,第3310页。
⑥ 《后汉书》则记为楚顷襄王时将军庄豪,〔南朝宋〕范晔:《后汉书》卷86《南蛮西南夷列传》,北京:中华书局1973年版,第2845页。

庄王较远（十余世），系于威王之世较为合理；另一方面或许与前述"汉因楚兴"有关，毕竟汉代开国历程笼罩在楚的阴影里，若庄蹻贵为楚国王子，似乎会造成"（滇国）足反居上，（汉廷）首顾居下"的"倒植之势"。①

最后，与正史中东北、东南方向的"王子"英雄相比，庄蹻的徙边功绩明显逊色。史载"殷道衰，箕子去之朝鲜，教其民以礼义，田蚕织作"②，其地在汉世被置为朝鲜四郡，且"其人终不相盗，无门户之闭，妇人贞信，饮食以笾豆。"③"太伯之奔荆蛮，自号句吴。荆蛮义之，从而归之千余家"④，吴地广阔且在战国时即被华夏政权楚所统治，汉时成为华夏郡县，"其社会上层早已习于华夏文化。"⑤而"滇小邑""滇王者，其众数万人""以道不通故，各自以为一州主"，仅有平坝上的有限幅员，社会上层对华夏文化隔膜较深且僻处"君长以什数"的西南诸夷间，其自身的"王化"程度及对"蛮夷"的教化之功虽高于"逃奴"，但明显逊色于"王子"，武将庄蹻略定滇池而"以兵威定属楚"则明显更契合汉时的现实情境。

四、余论：作为司马迁历史错觉的"滇为宠王"

在《西南夷列传》中，司马迁先是在正文中写道"西南夷君长以百数，独夜郎、滇受王印。滇小邑，最宠焉"，后又以论赞的形式重申了"汉诛西南夷，国多灭矣，唯滇复为宠王"。关于此点，情感和认同方面的解释显然是肤浅的，毕竟揆诸汉史，诸刘间的同室操戈斑斑可考，文帝时所谓"一尺布，尚可缝；一斗粟，尚可舂。兄弟二人，不相容"⑥实际反映的是西汉多数时期的状况，血亲

---

① 〔汉〕贾谊撰，阎振益、钟夏校注：《新书校注》卷3《威不信》，北京：中华书局2000年版，第131页。

② 〔汉〕班固：《汉书》卷28下《地理志下》，北京：中华书局1962年版，第1658页。

③ 〔南朝宋〕范晔：《后汉书》卷85《东夷列传》，北京：中华书局1973年版，第2817页。

④ 〔汉〕司马迁：《史记》卷31《吴太伯世家》，北京：中华书局1982年版，第1445页。

⑤ 王明珂：《英雄祖先与弟兄民族：根基历史的文本与情境》，北京：中华书局2009年版，第86页。

⑥ 〔汉〕班固：《汉书》卷44《淮南衡山济北王传》，北京：中华书局1962年版，第2144页。

如此，汉、滇之间以"楚"为媒介的邈远关系自然更不足道，且从《汉书》对项羽、陈胜等历史人物的"降格"处理来看，"汉因楚兴"意识在汉初特重张楚法统之后曾遭遇过淡化和贬抑。故此，司马迁以"楚德"解释"滇宠"难免显得过于主观和迂阔。更重要的是，"滇为宠王"本身便需要被打上问号：司马迁此说建立在（截止元封二年，前109）西南诸夷中唯有滇与夜郎被汉封王以及滇免遭亡国之厄的前提下，然而后续的历史进程告诉我们：汉代西南夷中此后又有句町王，且滇王在举国降附不久即不见于史册，其国祚不久应可确定。①

关于滇王附汉后的真实处境，李东红比对"滇王之印"和《汉旧仪》"诸侯王印，黄金，橐驼纽，文曰'玺'，谓刻曰'某王之玺'"的记载等，指出滇国国君虽名义上称王，实际享受的仅是列侯的待遇。②栗原朋信在上世纪五十年代认为：西汉时期的"滇王"是兼有内、外臣两种性质的"中间王"，既受"益州郡太守"的管辖，还能"复长其民"③。然而新近于云南晋宁河泊所遗址发现的"滇国相印"④则表明：在滇国附汉后短暂的存续时间内，汉廷还曾于其国置"相"，而历经高惠文景间汉廷的持续"推恩"，武帝时诸侯王早已不能"自治民聘贤"⑤，结合其时中原地区"国相"对诸侯王的监督制衡等来看，滇王"自治民聘贤"的权力应当会受到国相的掣肘，所谓"复长其民"恐亦逐渐流于具文。

在史学史的脉络里，"《史记》既是大一统的政治局面下的产物，同时也是

---

① 段鼎周推测降汉后最多只存在了20年，黄懿陆则结合呈贡天子庙及晋宁石寨山所谓滇王墓等指出滇国存在约190年（前276—前86）。分见段鼎周：《古滇国始末小议》，《云南社会科学》1983年第4期，第90页；黄懿陆：《滇国史》，昆明：云南人民出版社2004年版，第142页等。

② 参见李东红、陈丽媛：《从"滇国三印"看西汉时期的西南边疆治理》，《中国边疆史地研究》2021年第3期，第14—23页。

③〔日〕栗原朋信：《关于金印"滇王之印"以及由〈魏志·扶余传〉所看到的"濊王之印"》，《古代学杂志》第8卷第1号，1959年。

④ 李东红、陈丽媛：《从"滇国三印"看西汉时期的西南边疆治理》，《中国边疆史地研究》2021年第3期，第14—23页。相关考古材料参见杨薇、蒋志龙、姚辉芸、杨新鹏、邢翔宇、乔豫、杨成洪：《云南晋宁河泊所和西王庙青铜时代贝丘遗址试掘简报》，《江汉考古》2019年第2期，第17—29页。

⑤〔汉〕班固：《汉书》卷51《邹阳传》，北京：中华书局1962年版，第2338页。

对战国文化的一次历史总结"①；仅就汉世而言，《史记》的"记述"固然文直事核、堪称实录，但作为私修史书，其"解释"难免充斥司马迁的个人旨趣，未必尽同流俗，或许也并不总是合于现实。班固对《史记》"又其是非颇谬于圣人，论大道则先黄老而后六经，序游侠则退处士而进奸雄，述货殖则崇势利而羞贱贫，此其所蔽也"②的批评以及《史记》"汉晋名贤未知见重"的遭遇可为注脚。我们在借助司马迁的眼睛审视汉史时，对其所带"滤镜"可能造成的失真需要格外注意。

如所周知，《史记》不同篇章对同一事件的记载常常兼存异说，对同类事件的解释则时常自语相违。前揭文献已见司马迁对世家世德的强调，但另一方面，《史记》有关秦灭六国的历史解释则曰"然卒并天下，非必险固便形势利也，盖若天所助焉"③"天方令秦平海内"④，既然诸侯多有世德而秦"先暴戾，后仁义"⑤"论秦之德义不如鲁卫之暴戾者"，则何以"天助暴秦"呢？这种对"天道"既笃信又困惑的心态在《史记》中所在多有，缘此，《史记》文本内部的此类龃龉，或可理解为司马迁眼中"应然"和"实然"之间的落差。⑥基于一种"理解之同情"，我们与其苛责司马迁未能洞悉"滇祚遽绝"的历史走势，不如说当司马迁在塑造一个"滇为宠王"的理想时，他笔下的历史"背叛"了他。

综此，在书写包括滇、越等汉代"蛮夷"政治体命运时，司马迁往往以一种"积善之家，必有余庆"的天道观念贯穿其中，"世德"的出现将先秦诸侯世家

---

① 胡宝国：《汉唐间史学的发展》，北京：商务印书馆2003年版，第230页。
② 〔汉〕班固：《汉书》卷62《司马迁传》，北京：中华书局1962年版，第2738页。
③ 〔汉〕司马迁：《史记》卷15《六国年表》，北京：中华书局1982年版，第685页。
④ 〔汉〕司马迁：《史记》卷44《魏世家》，北京：中华书局1982年版，第1864页。
⑤ 〔汉〕司马迁：《史记》卷15《六国年表》，北京：中华书局1982年版，第685页。
⑥ 钱锺书先生曾讨论过司马迁过于"天道"与"阴德"的矛盾心态，认为其"勿信'天道'（见下论《伯夷列传》），却又主张"阴德"，说理固难自圆；而触事感怀，乍彼乍此，亦彼亦此，浑置矛盾于不顾，又人之常情恒态耳。"《管锥编·史记会注考证》札记第十九则。《管锥编》第一册"史记会注考证·二二·伯夷列传"续论曰：然马迁既不信天道，而复持阴德报应之说（见前论《陈相国世家》），既视天梦梦，而又复以为冥冥之中尚有纲维主张在；圆枘方凿，自语相违。盖析理固疑天道之为无，而慰情宁信阴骘之可有，东食西宿，取熊兼鱼，殆人心两歧之常欤。

与汉世"蛮夷"诸国勾连起来，形成《史记》相关篇章一气灌注的特点。但也如同司马迁所笃信的"为善逢祥，为恶遭殃"每每被《项羽本纪》"踞高位者，非关有德"、《伯夷列传》"天之报施善人，其何如哉"①、《游侠列传》"侯之门仁义存"②乃至自己因李陵之祸而遭厄的残酷现实打破一般，我们理解司马迁"滇为宠王"背后的善意用心，但对这一解释昧于现实之处要有足够的清醒。从真实的历史进程来看，"滇为宠王"实际是一种历史错觉，滇国命运应当被置于汉廷开边西南夷的脉络中求解。③

（黎镜明，男，安徽六安人。民族学博士，西北大学文化遗产学院师资博士后）

---

① 〔汉〕司马迁：《史记》卷61《伯夷列传》，北京：中华书局1982年版，第2125页。
② 〔汉〕司马迁：《史记》卷124《游侠列传》，北京：中华书局1982年版，第3182页。
③ 郑君雷将云贵高原与江浙、岭南区域的国家化进程进行比较，将其称作百越融入"中华一体"的"羁縻类型"；安赋诗指出滇池地区在被汉朝征服之后大约一个世纪，墓葬情境（Funerary Contexts）实质上仍然以滇式为主，地方性特征明显的铜鼓和贮贝器意味着地方信仰传统的维持，进而指出羁縻"这种间接的统治，被认为是在边远地区扩张帝国领土最为有效和最低消耗的方式，反映了汉朝并无参与地方社会生活的愿望。"参见郑君雷：《百越融入"中华一体"的考古人类学考察》，《广西民族大学学报》（哲学社会科学版）2018年第2期，第2—9页；〔美〕安德诗著，赵德云译：《边疆和边界：汉帝国的南部边陲》，《南方民族考古》（第六辑），北京：科学出版社2010年版，第135—150页等。笔者个人以为滇地乃至西南夷区域在汉代开边进程中之所以在军事烈度和征服程度上相对低下，或许与下述几个方面有关：1. 西南夷区域在汉代边疆中的重要性相对较低；2. 西南夷总体所处山地环境、"瘴疠之气"及分散的组织结构使得部分"蛮夷"有条件依托"山险"对抗"王化"；3. 汉廷经营西南夷主要依巴蜀为资，一次性所能投入的人财物力相对有限；4. 汉廷内部的阻力等，由于无关本文宏旨，拟另文讨论，此处仅约略提及。

论司马迁奉使西南的意义

张 检

司马迁在《史记·太史公自序》中，自述其奉汉武帝之命出使西南，而后复命，看似是一场例行出使活动，但寥寥数语却有值得我们思考的空间。首先，这次奉使之行，正与他二十岁壮游天下的行迹一致；其次，"西征""南略"又是武帝经营汉帝国疆域的非常之举。两相结合，这次出使造就了一次偶然和必然的完美碰撞：如果没有司马迁本人欲观中国之大的浪漫之旅，也会有汉武帝开疆拓土的巡视之举；反之，即便没有汉武帝谋一域而为全局的决心，亦会有司马迁"爱奇"心的强烈驱使。由此我们可以得出这样一个结论：司马迁奉使西南的行动，是一次国家使命和个人追求的完美结合，并产生了积极的结果。于汉武帝而言，司马迁不负王命，完成了巡视任务；于司马迁而言，这成为他后来写作《西南夷列传》的宝贵阅历。因此，我们有必要对"奉使西征巴、蜀以南，南略邛、笮、昆明，还报命"[①]这一记载，进行深入探究。

一、奉使西南的动机和背景

司马迁回顾自己的成长经历，强调自己"年十岁则诵古文"。可见在其深厚家学渊源的熏陶，加之董仲舒、孔安国、伏生这类大儒的亲传引领下，司马迁已经具备了丰厚的知识储备和良好的学识素养，这成为他后来壮游天下的先决条件。紧接着，他极简括又极考究地列举了自己的壮游行迹：

[①]〔汉〕司马迁：《史记·太史公自序》，北京：中华书局1982年版，第3293页。本文所引《史记》内容，皆据此版本。

  二十而南游江、淮，上会稽，探禹穴，窥九疑，浮於沅、湘；北涉汶、泗，讲业齐、鲁之都，观孔子之遗风，乡射邹、峄；厄困鄱、薛、彭城，过梁、楚以归。于是迁仕为郎中，奉使西征巴、蜀以南，南略邛、笮、昆明，还报命。①

  从集中在《史记》"赞语"中涉及司马迁游历的情况来看，这次壮游，自然不是一次漫无目的的随性之游，而是带有强烈的使命和职责。作为父亲修史的得力助手，司马迁此次壮游，为他后来写作《史记》的相关篇章，积累了丰富的素材，掌握了很多一手资料，这是他年少时从书本里学习不到的知识。更重要的是，壮游天下的经历，成功锻造了司马迁成为一个文学家和史学家的良好品质，拓展了他的知识储备，加深了对原始素材的理解，更为他大一统中国观念的胸怀和卓越历史观的养成，埋下了智慧的种子。因而我们分析这次壮游经历，就司马迁个人而言，至少有三方面动机。

  1."网罗天下放失旧闻"的修史要求。在壮游之前，司马迁已经在"天下遗闻古事靡不毕集太史公"的群经坟典中，完成了对前代历史知识体系的建构，故而主观上"行万里路"的需求，成为他对现有知识体系进行质变跨越的必然选择。正如他自述"迁生龙门"一样，他的腹中之学，正需要进行一次"跃龙门"升华。因而，这次带有明确目的的壮游，正是为了助其父司马谈修史所进行的一次完整充分的实地考察，这些考察的作用和效果，便在《史记》的具体文本中得到了有效映证和反馈。

  司马迁"南游江、淮，上会稽，探禹穴，窥九疑"，故而在《五帝本纪》赞语中也提到："余尝西至空桐，北过涿鹿，东渐于海，南浮江淮矣，至长老皆各往往称黄帝、尧、舜之处，"②这里又补充说明，他的壮游足迹，并不局限于中国南方，而是遍布了汉帝国的山川湖岳。他将自己考察的第一站，选择在了大禹巡狩过的会稽，并进入了传说中的禹穴，试图探寻大禹的事迹。继而又上九

---

① 〔汉〕司马迁：《史记·太史公自序》，北京：中华书局1982年版，第3293页。
② 〔汉〕司马迁：《史记·五帝本纪》，北京：中华书局1982年版，第46页。

嶷山，在舜所葬之处搜采古文遗书。①紧接着他"浮於沅、湘"，所以有对屈原"想见其为人"的神往，并将同在长沙落魄的贾谊一起凭吊，使不同时空的文本具有了神奇的现实关联。他"讲业齐、鲁之都，观孔子之遗风"，故而在见到孔庙"车服礼器，诸生以时习礼其家"②的盛况时，内心难以抑制的激动和喷薄而出的情感，又超越了读其书想见其为人境界。随后，司马迁"厄困鄱、薛、彭城，过梁、楚以归"，对楚汉相争、吴楚之乱等影响汉朝从建立到稳定的重要历史战场，都进行了实地观摩。如果不是亲身游历、实地采访，恐怕我们很难看到项羽突围至乌江，在生命的最后时刻，与乌江亭长的慷慨绝命之言——仿佛司马迁正是那个壮烈时刻的见证者。

由此观之，司马迁对自己出游目的地的选择，带有明确的指向性和前瞻性。而作为修史的必要准备，他也在实地走访中，一次次映证着"古文"记载的真伪：

> 至长老皆各往往称黄帝、尧、舜之处，风教固殊焉，总之不离古文者近是。(《史记·五帝本纪》)

> 余读谍记，黄帝以来皆有年数。稽其历谱谍、终始五德之传，古文咸不同，乖异。(《史记·三代世表》)

> 学者多称七十子之徒，誉者或过其实，毁者或损其真，钧之未睹厥容貌，则论言弟子籍，出孔氏古文近是。(《史记·仲尼弟子列传》)

作为一个严谨的史学家，司马迁并未满足于前人所记和经典所尊，而是通过实地的勘察，尽可能去发掘被典籍遗漏的细枝末节，并在对耆老故旧的采访勘探中，获得了更多鲜活的历史资料，这是他立志撰写一部通史的先决条件和文本准备。因此，他在《伯夷列传》篇首便强调："夫学者载籍极博，尤考信于六艺。"③实地走访调查，并非不相信古人所载，而是以一种实证精神和严谨态度，抱以"尽见天下之书，然后无遗恨"④的决心，试图拨开历史的迷雾，最大程度

---

① 〔汉〕司马迁：《史记·太史公自序》司马贞索隐，北京：中华书局1982年版，第3294页。
② 〔汉〕司马迁：《史记·孔子世家》，北京：中华书局1982年版，第1947页。
③ 〔汉〕司马迁：《史记·伯夷列传》，北京：中华书局1982年版，第2121页。
④ 〔宋〕郑樵：《通志·总序》，北京：中华书局1987年版，第1页。

接近历史的真相,这是一个合格史家应有的品质。所以西南之行,是司马迁修史准备中,不可或缺的重要版图。

2."爱奇"心理的强烈驱使。司马迁爱奇的性格特点,早在汉代就被扬雄注意到:"子长多爱,爱奇也。"[1]司马迁不仅爱奇人奇事,更爱奇地奇风。可以想象,一个正值成年、洋溢着青春的朝气与热情的司马迁,即便没有父亲的职务之使,也会对祖国的大好河山报有一种天然的猎奇心理,有一种强烈的"一日看尽长安花"的渴望和期待。因此,他所谓"壮"游,就不仅仅是行迹上的无所阻碍,更是一种精神上的壮怀激烈和逍遥自在。

司马迁不仅是一个具有卓越识见的史学家,更是一个极富浪漫气质的文学家。他对国家疆域形势、风土人情的了解,"盖自古史书兵事地形之详,未有过此者"[2],由此体现出司马迁"胸中固有一天下之势,非后代书生之所能讥也"[3]的不同格调。从游历轨迹来看,司马迁不走寻常之路;从《史记》的最后成篇来看,司马迁不写平凡之人。司马迁笔下的一个个"奇士""奇才",无一不是从他在历史的角落缝隙中,逐渐丰富和完善起来的一个又一个有血有肉的鲜活个体。如果没有壮游天下、浪迹江湖的独特经历,或许我们很难看到《史记》传主身上闪耀的传奇色彩。

因此,研究者对司马迁"爱奇"这一性格特征,多从《史记》的具体书写中寻找明证。但从个人行动而言,壮游天下,不正是他为了满足自我好奇心理,所进行的一种情难自抑的选择吗?正是因为"爱奇",所以他能不顾跋山涉水的艰辛;能对不为人所关注的野史旧闻抱有浓厚兴趣;能耐心聆听长者对前尘往事的娓娓道来;能将金石文物、建筑图像、俚语俗谚等一切有生命无生命的材料,贪婪地收入自己史料的"麻袋"中。如果没有这份好奇心,自然不会有《史记》"网罗天下放失旧闻"这一完备面貌的呈现,也不会有虽"厄困鄱、薛、彭城",

---

[1] 汪荣宝撰,陈仲夫点校:《法言义疏》,北京:中华书局1987年版,第507页。
[2]〔清〕顾炎武撰,〔清〕黄汝成集释,栾保群校点:《日知录集释》,北京:中华书局2020年版,第1278页。
[3]〔清〕顾炎武撰,〔清〕黄汝成集释,栾保群校点:《日知录集释》,北京:中华书局2020年版,第1278页。

仍坚持前行,"过梁、楚"乃还的决心和毅力。

同时,比证史这一目的更有价值和意义的是,在巡历中,司马迁获得了对历史事件的重新建构和对社会生活的自我认知。如他《河渠书》赞语所言:

> 余南登庐山,观禹疏九江,遂至于会稽太湟,上姑苏,望五湖;东窥洛汭、大邳,迎河,行淮、泗、济、漯洛渠;西瞻蜀之岷山及离碓;北自龙门至于朔方。曰:甚哉,水之为利害也!余从负薪塞宣房,悲《瓠子》之诗而作《河渠书》。(《史记·河渠书》)

如果不是足迹踏遍汉帝国的江河湖海,如何能对大禹治水的功绩有更深刻的理解?更不会发出"甚哉,水之为利害也"这样的感叹。总之,正是典籍所载的激荡历史和风云人物,激发了司马迁壮游天下,南北奔走,踵武前人的强烈愿望。"他的少年时代,已经过得不寂寞了"①,但他的精神还不完整,还需要更广阔的空间,去填补长安城之外的空白。所以郑鹤声才认为:"史迁曾邀游大江南北,好跋涉远方,则其奉使之事,或出于迁之自荐亦未可知。"②

3. 武帝开疆拓土的使命之行。除了司马迁本人的自我需求外,汉武帝本人的动机同样是这次出使的重要背景。司马迁不满足于将自己的知识囿于书本之内,更不满足于将自己的脚步禁锢在长安城内。同样,雄才大略的汉武帝,也不安于恪守汉初几代明君积攒下来的成业,而是以苞括宇宙之心,筹划一个前所未有的疆域版图。

从这个意义来看,司马迁的壮游天下与汉武帝征伐南北,有精神上的契合之处——一个在身体和精神层面完成了对汉帝国疆域的巡视,一个在国家和社会层面实践了帝国的统摄。这样就能理解为什么司马迁的壮游之旅刚结束,就被武帝任为郎中。"于是迁仕为郎中"的表述中,"于是"带有一种顺理成章的逻辑指向,有意无意强调了司马迁任职郎中,不能简单的理解为是受父荫,而更大原因在于司马迁良好的学识积淀和他非凡的壮游经历恰为武帝所看重,自然

---

① 李长之:《司马迁之人格与风格》,北京:商务印书馆2011年版,第76页。
② 郑鹤声:《司马迁年谱》,北京:商务印书馆1933年版,第54页。

而然给予其官职，以备差遣。

司马迁固然爱奇赏才，纵观汉武帝一生，何尝不是惜才爱才之人。不论是汉武帝自己在《求贤诏》中"盖有非常之功，必待非常之人"①的积极召唤，还是班固评价"汉之得人，于兹为盛"②的壮观局面，都能看出汉武帝对各个方面人才的强烈需求和靠人才有所作为的宏愿。一个具有浪漫主义精神的君主和一个具有浓郁情感的诗人③，这两个人的相遇注定会擦出英雄相惜般的火花。所以，司马迁奉使西南，便在情理之中了。

《汉书·东方朔传》载："武帝既招英俊，程其器能，用之如不及。时方外事胡越，内兴制度，国家多事，自公孙弘以下至司马迁，皆奉使方外"④。因武帝"多欲"⑤，国家自然多事，那么他对人才的任用必然带有明确的指向性。任司马迁为郎中，于当时而言，与司马迁后来修《史记》并没有必然联系，而更多地在于汉武帝经略四方的现实需求。在司马迁西征南略之前，武帝已经多次派人出使西南，唐蒙、司马相如、公孙弘等人先后都曾前往西南诸国，宣示汉廷怀柔招降之意。或"喻以威德"⑥，或"以兵临滇"⑦，但这一过程显然并不顺利。因此能承担出使任务的，必然是经过武帝慎重审察之后的"英俊"之人。经营西南是非常之功，所使之人自然得是非常之人。

司马迁的个人才能，是受到汉武帝明确赏识的：

---

①〔汉〕班固撰，〔唐〕颜师古注：《汉书·武帝纪》，北京：中华书局1962年版，第197页。本文所引《汉书》内容，皆据此版本。

②〔汉〕班固撰，〔唐〕颜师古注：《汉书·公孙弘卜式兒宽传》，北京：中华书局1962年版，第2634页。

③ 李长之在《司马迁之人格与风格》一书中，盛赞司马迁为抒情诗人。

④〔汉〕班固撰，〔唐〕颜师古注：《汉书·东方朔传》，北京：中华书局1962年版，第2863页。

⑤〔汉〕司马迁：《史记·汲郑列传》，北京：中华书局1982年版，第3106页："天子方招文学儒者，上曰吾欲云云，黯对曰：'陛下内多欲而外施仁义，奈何欲效唐虞之治乎！'上默然，怒，变色而罢朝。公卿皆为黯惧。"

⑥〔汉〕司马迁：《史记·西南夷列传》，北京：中华书局1982年版，第2994页。

⑦〔汉〕司马迁：《史记·西南夷列传》，北京：中华书局1982年版，第2997页。

> 方今公孙丞相、兒大夫、董仲舒、夏侯始昌、司马相如、吾丘寿王、主父偃、朱买臣、严助、汲黯、胶仓、终军、严安、徐乐、司马迁之伦，皆辩知闳达，溢于文辞。①

由此可见，汉武帝对司马迁"辩知闳达，溢于文辞"的认可，是他被任为郎中，出使西南的重要原因。

总之，无论是太史公司马谈为完成自己修史任务，对其子实地考察的刻意安排，还是司马迁自我内在活力和好奇心的强烈释放，抑或是汉武帝雄心壮志亟待施展的使命抉择，司马迁西南之行看来已然势在必行了。对《史记》而言，出使西南在内的壮游经历，自然成为司马迁撰写《西南夷列传》等民族篇章，进而形成大一统历史观和兼容并包民族观的重要实践准备。但对司马迁个人而言，或许又预示着人生轨迹的另一种可能。

二、出使西南对司马迁另一种人生的预示

司马迁"旅行之成功，即史书之成功也"②。但他西南夷之行的影响和价值，不止体现在《史记》一书当中。

正当司马迁圆满完成出使任务，"还报命"后，其父司马谈"发愤且卒"，"子迁适使反，见父于河洛之间"③。父亲的突然病危，不仅打乱了司马迁侍从南北的节奏，更是在司马迁人生的后半程，起到了举足轻重的作用。父亲的临终遗言，成为笼罩司马迁继任太史令，完成《史记》修撰工作的强大动力。之所以称之为强大动力，是因为即便在遭受"李陵之祸"这样的重大变故时，这份遗命仍然具有强烈支配作用，甚至成为司马迁忍垢含冤，笔耕不辍的唯一精神支撑。

---

① 〔汉〕班固撰，〔唐〕颜师古注：《汉书·东方朔传》，北京：中华书局1962年版，第2863页。

② 郑鹤声：《司马迁年谱》，上海：商务印书馆1933年版，第42页。

③ 〔汉〕司马迁：《史记·太史公自序》，北京：中华书局1982年版，第3295页。

在这之前，司马迁或许可以继续作为近臣，在侍从汉武帝出入宫闱的日常中展现自己才华和抱负。但父亲突然离世，其临终时"今汉兴，海内一统，明主贤君忠臣死义之士，余为太史而弗论载，废天下之史文，余甚惧焉"①的痛心疾首，以及对司马迁"扬名于后世，以显父母"②的强烈期盼，不能不使司马迁暂时搁置意图在政治上有所建树的人生规划，转而继承父亲遗志，"悉论先人所次旧闻，弗敢阙"③。此后，一个由政坛上的郎中转变而成的太史公——一个以耻于"明圣盛德不载，灭功臣世家贤大夫之业不述，堕先人所言"④的史学家司马迁，应运而生。但他那从青年壮游时在内心就埋下的有所作为的种子，终于还是在"李陵之祸"时，忍不住伸展出来蜷缩已久的枝叶。这一次伸展，为他带来的身体和精神上的戕害，我们在《史记》全书和《报任安书》中，已经能够感同身受。

但回过头来想，如果没有史家直言敢谏的职责所在，恐怕"李陵之祸"于司马迁也是在所难免，无可回避。因为从骨子里，司马迁并未将自己的身份囿于太史令这一职使范围之内。通看《报任安书》全篇，我们能发现，父亲修史的遗命和完成《史记》的伟业是支持司马迁隐忍苟活的最大精神动力。但不代表司马迁从一开始就将继承父业，完成一部通变古今的史书，作为自己毕生事业和才华施展的唯一凭借。"余死，汝比为太史"对司马迁而言是父命难违的必然选择，但司马迁并不甘心因修史而偏废自己的其他才能，更何况《史记》这本书，在王国维看来"私家著述"⑤性质很突出，并不能完全说明是他任太史令之后的工作成果，而应理解为，"太史公不典掌书记，则不能条悉古今"⑥的必要条件。

他自己在书信中说到：

---

① 〔汉〕司马迁：《史记·太史公自序》，北京：中华书局1982年版，第3295页。
② 〔汉〕司马迁：《史记·太史公自序》，北京：中华书局1982年版，第3295页。
③ 〔汉〕司马迁：《史记·太史公自序》，北京：中华书局1982年版，第3295页。
④ 〔汉〕司马迁：《史记·太史公自序》，北京：中华书局1982年版，第3299页。
⑤ 王国维：《观堂集林》卷第十一《太史公行年考》，石家庄：河北教育出版社2001年版，第324页。
⑥ 〔汉〕桓谭撰，朱谦之校辑：《新辑本桓谭新论》，北京：中华书局2009年版，第2页。

> 仆少负不羁之才，长无乡曲之誉，主上幸以先人之故，使得奉薄技，出入周卫之中。仆以为戴盆何以望天，故绝宾客之知，忘室家之业，日夜思竭其不肖之材力，务一心营职，以求亲媚于主上。①

这段话虽有自轻自贱的成分，但"出入周卫之中"，"日夜思竭其不肖之材力，务一心营职"却也能看出司马迁甘心为圣主驱遣的人生愿景。因此在司马迁看到李陵兵败遭受满朝不公正审判时，他那于江湖山水间沾染的任侠之气，在御前召问中，"欲以广主上之意，塞睚眦之辞"②。可惜他既没能尽明圣意，拳拳之忠也未能被明主所晓，这种满腔赤忱与武帝逆鳞的错位和矛盾，终于使他和李陵一样，遭受了不公正的待遇。同样，如果不是惜司马迁之才，在处以极刑之后，汉武帝绝不可能还任其为中书令，"尊宠任职"③。

由此而言，如果没有父亲的突然病逝，司马迁或许也会继任太史令，但这个时间不会早早到来，以至于打乱了他任职郎中的原有人生轨迹，更切断了他由此而厕身内阁，发挥更大政治才能的机会可能。以司马谈之死为界，前后至少有两件事可以看出司马迁在政治方面的才能：一是出使西南夷，二是修订太初历。

司马谈卒于元封元年（前110）。在这之前，司马迁已有壮游天下的经历，也以郎中的身份，"奉使西征巴、蜀以南，南略邛、筰、昆明"，履行了皇家的使命。这次出使虽然司马迁所记甚略，但意义远不止表面只言片语所能涵盖，下文再论。司马谈死后，司马迁的仕宦生涯因守父丧暂时中断。父卒三年之后，司马迁继任太史令，开始对"史记石室金匮之书"做系统性缀集，这自然是他修撰《史记》的开端。但在太史令的职位上，司马迁又参与了一项关乎汉朝文化革新的重要事业——改订太初历。

据卫宏《汉旧仪》记载："太史令，凡岁将终，奏新年历；凡国祭祀丧娶之事，掌奏良日及时节禁忌"④，说明修订历法，本就属于太史令司马迁的分内之

---

① 〔汉〕班固撰，〔唐〕颜师古注：《汉书·司马迁传》，北京：中华书局1962年版，第2729页。
② 〔汉〕班固撰，〔唐〕颜师古注：《汉书·司马迁传》，北京：中华书局1962年版，第2730页。
③ 〔汉〕班固撰，〔唐〕颜师古注：《汉书·司马迁传》，北京：中华书局1962年版，第2725页。
④ 〔隋〕虞世南：《北堂书钞》卷五十五《设官部》，天津：天津古籍出版社1988年版，第206页。

职。"改正朔，易服色"是武帝一朝政治文化建设中一项重大事件。这一工作，包括兒宽、公孙卿、壶遂、唐都在内，前后参与者"凡二十余人"[①]。而司马迁自述"余与壶遂定律历"[②]，说明他更是作为其中重要成员和主动推进者，帮助汉武帝完成了汉朝自建立以来，对"受命改制"这一文化界和思想界的纷争，进行了历史性总结和正统性的确立。虽然这一历法的编订动机出于维护封建统治合法性的需要，但不论是对汉代当时文化界和思想界的影响，还是由此沿用至今的持续两千多年的以春正月为岁首的阴历系统，都能看出司马迁史学家和星历学家的突出能力以及卓越贡献——这是他为中国文化除《史记》之外，又一个不应被轻视的贡献。所以，王国维才有评价"此亦公之一大事业也"[③]。

班固评价司马迁"涉猎者广博，贯穿经传，驰骋古今，上下数千载间，斯以勤矣。"[④]勤勉不仅是司马迁修史的严谨态度，更是他在那个有所为的时代持有的一种积极进取的人生信条。故而刘向、扬雄等人"良史之材"的评价，不仅可以看做对其史学家身份的赞誉，何尝不能理解为对其丰富人生阅历，以及借助史学涵养展露出来的远见卓识和道技通融的非凡才能的肯定。

因此，我们有理由相信，即便没有太史令的身份，即便没有《史记》的流传，司马迁照样可以以其奋发有为的姿态，在那个人才辈出的风云年代谱写属于自己的人生华章。这一种可能，亦足以让他青史留名。更何况，我们不能忘了，《史记》的成功兼具史学与文学的双重价值。鲁迅评价"武帝时文人，赋莫若司马相如，文莫若司马迁"[⑤]，姑且不论《史记》，单从他的《报任安书》这样极富个性隐秘情感的书信之作和《悲士不遇赋》这类带有文学母题性质的赋作，也有"孤篇横绝，竟为大家"的气概。包括奉使西南和修订历法在内的这些成就，并不完全附着于太史令的身份和《史记》的光芒之上，而是具有彰显

[①] 〔汉〕班固撰，（唐）颜师古注：《汉书·律历志》，北京：中华书局1962年版，第975页。
[②] 〔汉〕司马迁：《史记·韩长孺列传》，北京：中华书局1982年版，第2865页。
[③] 王国维：《观堂集林》卷第十一《太史公行年考》，石家庄：河北教育出版社2001年版，第316页。
[④] 〔汉〕班固撰，（唐）颜师古注：《汉书·司马迁传》，北京：中华书局1962年版，第2737页。
[⑤] 鲁迅：《汉文学史纲要》，北京：人民文学出版社1973年版，第54页。

司马迁人生成就的独立价值。

三、司马迁使西南与张骞通西域之对照

既然司马迁的人生，有除过修史之外的另一种选择，那或许我们也可以回过头来对司马迁奉使西南的行为做更丰富的解读。前文已经提到，司马迁奉武帝诏令出使西南，是在任郎中以后。据《汉书·百官公卿表》记载："郎掌守门户，出充车骑，有议郎、中郎、侍郎、郎中，皆无员，多至千人。议郎、中郎秩比六百石，侍郎秩比四百石，郎中秩比三百石。"①可见无论从工作内容、人数还是俸禄来说，郎中都不是一个显要的官职和身份，更像是跟随皇帝出入宫闱的随身侍从。因兼有"出充车骑"的性质，所以，司马迁代表汉武帝出使西南夷，宣示汉廷旨意，也就无可厚非。就上文分析而言，在众多郎中中，汉武帝唯独选择司马迁担任这一要职，绝非随意安排，而是看重司马迁壮游天下的经历以及他"辩知闳达，溢于文辞"的才能。所以，这次出使活动，其重要性又远非"郎中"这个身份所能涵盖。诚如季镇淮所言："从武帝曾经派去过的唐蒙、司马相如等所负的重大使命看来，司马迁此时大概已经表现得很有才能，取得了武帝的信任，因而才能有此次西南之行。"②虽然关于这次出使活动，司马迁只有寥寥数笔一带而过，但其中蕴含的价值却大有可观。

首先，从汉武帝对西南地区的经营来看，司马迁的出使，不是唯一动作。祁庆富根据《史记·西南夷列传》，总结武帝一朝出使西南情况凡七次。③从最早的建元六年（前135）唐蒙以郎中将身份晓喻夜郎开始，到司马相如、公孙弘等人的先后出使，都能看出汉武帝在收拢西南一域问题上的用力之勤、用心之深。那么司马迁的这次出使，自然也担负着武帝的深切期望。

---

① 〔汉〕班固撰，〔唐〕颜师古注：《汉书·百官公卿表》，北京：中华书局1962年版，第727页。

② 季镇淮：《司马迁》，北京：北京出版社2011年版，第38页。

③ 祁庆富《司马迁奉使西南设郡考》（《中央民族学院学报》1981年第3期）一文，重在考证司马迁之行的时间，以此确定司马迁的出使，是在使臣记载不详的第六次，即元鼎六年。

其次，汉朝对西南地区的经略，并非一帆风顺。从建元六年唐蒙使夜郎开始到元封二年（前109）滇王举国降汉，前后历时26年，时间不可谓不长，这其中最大的阻碍当在于"道不通"。汉朝对西南夷的征伐，因为道路阻隔屏蔽，造成汉兵"罢饿离湿，死者甚众"①，且中间又因为专心与匈奴作战，无暇他顾，迫使汉武帝一度不得不暂时搁置对西南的经营。

另外，对西南夷的征伐，还遭到公孙弘等人的反对，他数次谏言汉武帝："以为罢敝中国以奉无用之地，愿罢之。"②可见在公孙弘眼中，并未将西南置于汉之大一统版图之中，而视为"中国"之外的"无用之地"。同样反对的还有严安，他说："今欲招南夷，朝夜郎，降羌僰，略濊州，建城邑，深入匈奴，燔其茏城，议者美之。此人臣之利也，非天下之长策也。"③对汉武帝的积极扩张行为也持消极态度。这些批评的声音，和司马迁评价汉武帝对匈奴作战"建功不深"④的论断是一致的。但相比较匈奴而言，汉武帝对西南的经略却也有区别。对匈奴作战，汉武帝苦于匈奴侵扰，不餍于"和亲"局面，而勤于用兵；对西南诸国，汉武帝凭借国威优势，先礼后兵，而乐于遣使。虽出于"人主病不广大"⑤的心理动机是一样的，但方法策略却有微妙差别。这恐怕也是司马迁在接到出使任务时，没有反对的原因。毕竟，不战而屈人之兵的努力，司马迁必定也是愿意尝试的。

武力征伐，无法使西南地区强行屈服。即便屈服，也容易离心反叛。正是在这些重重压力之下，司马迁踏上了他的西南之旅。"还报命"既说明他的任务圆满完成，也揭示此行满足了汉武帝的心意。因为从公孙弘出使匈奴的经历来看，如果不合上意，司马迁很有可能也会被贬黜。⑥根据祈庆富《司马迁奉使西南设

---

① 〔汉〕司马迁：《史记·西南夷列传》，北京：中华书局1982年版，第2995页。
② 〔汉〕司马迁：《史记·平津侯主父列传》，北京：中华书局1982年版，第2950页。
③ 〔汉〕司马迁：《史记·平津侯主父列传》，北京：中华书局1982年版，第2959页。
④ 〔汉〕司马迁：《史记·匈奴列传》，北京：中华书局1982年版，第2919页。
⑤ 〔汉〕班固撰，〔唐〕颜师古注：《汉书·公孙弘卜式兒宽传》，北京：中华书局1962年版，第2619页。
⑥ 〔汉〕司马迁：《史记·平津侯主父列传》，北京：中华书局1982年版，第2949页："使匈奴，还报，不合上意，上怒，以为不能，弘乃病免归。"

郡考》一文考证，正是在这一次出使之后，汉廷遂"定西南夷，以为武都、牂柯、越巂、沈黎、文山郡"①，得以在西南地区设郡置吏，②西南夷内属中国。

以上，是我们从《史记》《汉书》的文字记载中，显见的司马迁出使西南的背景和意义。在此基础上，本文更看重的是在这些文字背后，司马迁这一奉使活动所蕴含的更隐秘且更重要的价值。

在《西南夷列传》和《大宛列传》中，有一条内容大致相同的记载值得注意：

> 及元狩元年，博望侯张骞使大夏来，言居大夏时见蜀布、邛竹杖，使问所从来，曰"从东南身毒国，可数千里，得蜀贾人市"。或闻邛西可二千里有身毒国。骞因盛言大夏在汉西南，慕中国，患匈奴隔其道，诚通蜀，身毒国道便近，有利无害。于是天子乃令王然于、柏始昌、吕越人等，使间出西夷西，指求身毒国。至滇，滇王尝羌乃留，为求道西十余辈。岁余，皆闭昆明，莫能通身毒国。（《史记·西南夷列传》）

> 骞曰："臣在大夏时，见邛竹杖、蜀布。问曰：'安得此？'大夏国人曰：'吾贾人往市之身毒。身毒在大夏东南可数千里。其俗土著，大与大夏同，而卑湿暑热云。其人民乘象以战。其国临大水焉。'以骞度之，大夏去汉万二千里，居汉西南。今身毒国又居大夏东南数千里，有蜀物，此其去蜀不远矣。今使大夏，从羌中，险，羌人恶之；少北，则为匈奴所得；从蜀宜径，又无寇。"天子既闻大宛及大夏、安息之属皆大国，多奇物，土著，颇与中国同业，而兵弱，贵汉财物；其北有大月氏、康居之属，兵彊，可以赂遗设利朝也。且诚得而以义属之，则广地万里，重九译，致殊俗，威德遍於四海。天子欣然，以骞言为然，乃令骞因蜀犍为发间使，四道并出：出駹，出冉，出徙，出邛、僰，皆各行一二千里。其北方闭氐、筰，南方闭巂、昆明。昆明之属无君长，善寇盗，辄杀略汉使，终莫得通。然闻其西可千余里有乘象

---

① 〔汉〕班固撰，〔唐〕颜师古注：《汉书·武帝纪》，北京：中华书局1962年版，第188页。
② 张大可在"司马迁的民族一统思想"（《史记研究》，北京：商务印书馆2011年版，第452页）一章中也同意祈庆富这一观点，但对祈庆富推断的出使时间有所修正。

国,名曰滇越,而蜀贾奸出物者或至焉,於是汉以求大夏道始通滇国。初,汉欲通西南夷,费多,道不通,罢之。及张骞言可以通大夏,乃复事西南夷。(《史记·大宛列传》,第3166页。)

这两段记载,透露出以下几个信息:第一,张骞出使西域,在大夏时见到了蜀布、邛竹杖。这本是西南地区特有的产物,却出现在千里之外的西域,自然会引起张骞的注意。询问之后得知,这些东西是大夏人从邻国的蜀商手里买得。可见当时西南诸国和远在数千里之外的西域国家,已经有了民间往来。第二,大夏诸国"贵汉财物",慕与中国通,苦于匈奴绝北道,因而没有官方交流的渠道。第三,汉武帝对西域和西南域保有一贯兴趣,渴望"广地万里,重九译,致殊俗,威德遍於四海"。第四,张骞这番言辞,正表达了汉王朝和西域诸国这种双向交流的迫切心理,因此激发了汉武帝重燃事西南夷的兴趣和决心。由此可以断定,汉武帝对西南夷的经营,完全可以看成对通往西域之路的另一种探索。年轻的司马迁在听到这番陈词后,胸中必定也激荡起无数波澜,另一条壮烈的路线已经在脑海中筹划开来。

张骞出使西域,当是武帝一朝现实功效最显著、后世影响最深远的一次外交活动。他先后两次出使西域,打通了汉王朝与西域诸国的交流道路,为后来历代中原王朝与西域地区交流打开了方便之门。更重要的是,他凿空西域勇气和魄力,以及因此封博望侯的殊荣,又激发了更多有志于建功立业者一展宏图的信心。"自博望侯开外国道以尊贵,其后从吏卒皆争上书言外国奇怪利害,求使。"[1]这一效应是顺理成章的。但张骞初次通西域,"行时百余人,去十三岁,唯二人得还"[2]的巨大牺牲和艰辛程度,也自然让等闲之人和投机分子望而却步。那么司马迁出使西南,注定也不会像他二十壮游那般逍遥轻快。《大宛列传》载:

是时汉既灭越,而蜀、西南夷皆震,请吏入朝。于是置益州、越嶲、牂柯、沈黎、汶山郡,欲地接以前通大夏。乃遣使柏始昌、吕越

---

[1] 〔汉〕司马迁:《史记·大宛列传》,北京:中华书局1982年版,第3171页。
[2] 〔汉〕司马迁:《史记·大宛列传》,北京:中华书局1982年版,第3159页。

人等岁十馀辈,出此初郡抵大夏,皆复闭昆明,为所杀,夺币财,终莫能通至大夏焉。于是汉发三辅罪人,因巴蜀士数万人,遣两将军郭昌、卫广等往击昆明之遮汉使者,斩首虏数万人而去。其后遣使,昆明复为寇,竟莫能得通。而北道酒泉抵大夏,使者既多,而外国益厌汉币,不贵其物。(《史记·大宛列传》)

可见,司马迁这次出使,自然也有假道西南,以通西域的目的。只不过,西南夷的情况并不比张骞横穿匈奴腹地容易。这一过程中,昆明是最大的拦路虎,汉使"为所杀,夺币财",终于难通大夏。从时间线来看,张骞使大夏归来,是在元狩元年(前122)。元鼎六年(前110),武帝"定西南夷",随后司马迁出使西南。前文已述司马迁之行,最大的可能是设郡置吏,这当然是局限于现实情况所能做出的最大成绩,但在文化层面的影响,远不止于此。

首先,据司马迁自己的描述,"西征""南略"的用词,寓意深刻。征者,《易经·离卦》:"王用出征"[1];《孟子》:"征者,上伐下也"[2]。略者,《说文解字》:"经略土地也"[3];《左传·昭公七年》:"无宇曰:天子经略。諸侯正封,古之制也。"[4]可见"征""略"二字的主语,并不适用于一般人,而是天子专属。熟读典籍的司马迁,不可能不知道此二字的语用背景。那么他以"征""略"二字来述自己出使的经历,自然是有意选择,这背后有代汉武帝征伐四方、经略疆域的使命感和自豪感。因而他的奉使之行,就不能单纯视为一次例行巡视,必然受托于汉武帝的重要职责和任务。否则,也就无需强调"还报命"。

其次,司马迁虽然没有明言他此次出使的背景,也未详述他所使的具体任务和最后取得的成绩。但他在《西南夷列传》和《大宛列传》里反复申说的汉廷欲从西南开辟通西域的第二条道路的动机,却是昭然若揭的。两文以互见笔法,强调着汉武帝对西南经略不厌其烦的决心,也正好以互见法,填补了他在《太史公自序》中,对自己出使西南笔墨简括的空白。那么,我们完全有理由相信,

---

[1] 周振甫译注:《周易译注》,北京:中华书局2013年版,第113页。
[2] 杨伯峻译注:《孟子译注》,北京:中华书局1960年版,第300页。
[3] 〔汉〕许慎撰,〔宋〕徐铉校订:《说文解字》,北京:中华书局1963年版,第291页。
[4] 杨伯峻编著:《春秋左传注》,北京:中华书局2009年版,第1283页。

西南之行，不仅是汉武帝国家意志的体现，更是司马迁欲效仿张骞，于北境之外，在西南中国开凿一条直通西域的道路。虽然现实中他未能成功，但至少他尝试了，并在这一过程中领略了当地特殊的风土人情和山川地貌——这是他撰写《西南夷列传》不可或缺的经历。

最后，如果没有张骞使西域的成功，"爱奇"的司马迁也会有以壮游天下、观中国之大为抱负，探险西南的行动。同时汉武帝的广博之心，也令遣使西南势在必行。而正是有了司马迁的出使和汉武帝对西南经略不达目的誓不罢休的决心，更显得张骞以首当其冲的身份凿空西域之功难出其右。但这不代表司马迁的西南之行不足道哉，而是完全有必要和张骞出使西域相提并论。张骞建元中以郎应武帝招募出使西域之时，应该也正值青年，与后来二十壮游天下而后出使西南的司马迁年龄相仿。只不过张骞功成在前，司马迁仰慕在后，张骞的成功为少年司马迁确立了精神范式，这同样可理解为司马迁足迹遍布汉帝国广大疆域的一大心理动机。而西南夷，正是他借以窥探疆土之外更广阔天地的一个绝好窗口。值得庆幸的是，我们在《史记》中，看到了他观察的结果——那个内属于中原王朝，有着鲜明民族特色和异域风情的有机构成部分，正式进入中华民族的视野中，并丰富了"中国"这一词语的内涵和外延。

四、结语

司马迁史学的、文学的、政治的各种才能，凝结于《史记》一书；现实的、理想的人生选择的各种可能，汇聚于太史令一职。没有丰富的人生经历和独特的生命体验，就不会有《史记》的集大成之思和强劲生命力；没有《史记》的体大思精，就无法洞察司马迁于写史之外，可能取得的更多成就。太史令不是他的唯一选择，《史记》并不是他生命的唯一注脚。刘知己论"史才之难，其难甚矣"[1]，说明《史记》一书，凝结着司马氏父子两代人的智慧和才能，更何况司马迁并不满足于此。他在《与挚峻书》中，强调了："迁闻君子所贵乎道者三：

---

[1]〔唐〕刘知己著，〔清〕浦起龙通释，王煦华整理：《史通通释》，上海：上海古籍出版社2009年版，第231页。

太上立德，其次立言，其次立功。"①他渴望在道德、文章和功业方面都有所建树，也耻于"没世而文采不表于后"。所以，出使西南的行迹，在年轻的司马迁那里，预示着人生的无限可能和猜想，只不过，这些宏愿都因父亲的突然离世而车辙忽转，更因为"李陵之祸"的沉重打击不再显露。但那些可为知者道，难与俗人言的苦衷和私心，都在他对《西南夷列传》《大宛列传》的深情书写中，被一点点发觉。

（张检，男，甘肃宁县人，陕西师范大学中国古代文学专业博士研究生，西安财经大学文学院讲师）

---

①〔清〕严可均辑：《全汉文·卷二十六》，北京：中华书局1958年版，第273页。

司马迁对古代水战记载的完善以及对当今的启示

李小成

史书对战争的记载历来都是重笔，在《左传》中记录的260多年的春秋历史中，写到的大小战争就有400余次，主要以车战和步战为作战方式。至于水战是随着舟船的产生而出现的一种作战模式。其实舟船古已有之，《史记·夏本纪》："禹伤先人父鲧功之不成受诛，乃劳身焦思，居外十三年，过家门不敢入。……陆行乘车，水行乘船，泥行乘橇。"①甲骨文中就有"舟"字。《周易·系辞下》就有"刳木为舟，剡木为楫"的说法，说明商周时期就能制造舟船了。然舟与船有别，杨钊在《先秦时期舟暨水战》一文中说："两周金文不仅有'舟'字，而且还出现了'船'字，古代的舟和船是具有不同的含义的，舟是用于江河两岸的过渡工具，而船则是沿岸上下的航行工具。字的发展，表明了舟船的发展变化，这时舟船的数量显著增加，船具也日益完备，而且已有多人撑驾的大船，还出现了专门管理舟船的官吏，如'苍兕''舟牧'等，这一切表明造船事业有了很多发展，这时的航海事业也较前发达，我国人民已航行于江苏、浙江、山东沿海一带，成为我国东部海上的主人。"②舟船这一水上交通工具在历史上出现很早，后来也被用于战争。关注水战研究的专著有杨泓的《中国古代兵器论丛》[3]，其中的水军和战船篇均涉及到了中国古代的战船制造及其水战；台湾三军大学编著的《中国历代战争史》[4]也是如此。在论文方面，专论古代水军的有

---

① 〔汉〕司马迁：《史记》，北京：中华书局1959年版，第51页。
② 杨钊：《先秦时期舟暨水战》，《人文杂志》1998年第6期。
③ 杨泓：《中国古代兵器论丛》，北京：文物出版社1980年版。
④ 台湾三军大学：《中国历代战争史》，北京：军事译文出版社1983年版。

张墨的《试论中国古代海军的产生和最早的水战》[①]及《关于中国古代海军史几个问题的再思考》[②]，极有学术价值。也有从考古角度反映中国古代水军的，如刘弘、李克能的《楚国舟师略考》[③]，从考古出土文物方向分析古代水军情况。新近王子今的《汉代的"楼船"和"楼船军"》[④]一文，比较集中地考察了汉代水军建设与发展。而从战争角度研究《史记》的论著很多，但从水战这一思路去研究还嫌不够。所以关注《史记》中的水战问题还是一个比较有意义的话题，它对《史记》本身的研究以及对古代水军的战略和历史都能带来不同的认识。

一、水战的历史

古代的战争一般都是陆战，多以兵车出战，临潼秦始皇兵马俑出土的兵俑和铜车马就是实证。至于水战在古代的中原地区比较少，最早是《国语·吴语》记载到"舟战"。《庄子·逍遥游》中一则不龟手之药的寓言讲到古代的水战："宋人有善为不龟手之药者，世以洴澼絖为事。客闻之，请买其方百金。聚族而谋曰：'我世世为洴澼絖，不过数金，今一朝而鬻技百金，请与之。'客得之，以说吴王。越有难，吴王使之将，冬与越人水战，大败越人，裂地而封之。能不龟手，一也；或以封，或不免于洴澼絖，则所用之异也。"[⑤]我们先不考虑寓言内容的真实与否，它的确反映出在春秋晚期，吴越之间是经常发生水战的，在冬天作战，并且长时间接触水，人的手容易开裂，这势必会影响武器的掌握和舟船的驾驶，在这种情况下，不龟手之药成了制胜的一个秘密武器。从这则寓言中也不难看出，当时吴越军队里已经有专门的水军战力。

（一）古代水战概略

关于中国古代水战和水军，是春秋时期才见到记载的。春秋以前所发生的战

[①] 张墨：《试论中国古代海军的产生和最早的水战》，《史学月刊》1981年第4期。
[②] 张墨：《关于中国古代海军史几个问题的再思考》，《史学月刊》2002年第4期。
[③] 刘弘、李克能：《楚国舟师略考》，《江汉考古》1993年第4期。
[④] 王子今：《汉代的"楼船"和"楼船军"》，《文史知识》2022年第10期。
[⑤] 〔晋〕郭象注：《庄子》，上海：上海古籍出版社1989年版，第7页。

争，大都是在中原地区展开的，这里少有大的江河湖海，故而没有设立水军的必要。春秋时期，南方的吴国、越国、楚国和面临东海的齐国实力逐渐强大，进入中原争霸，并且他们之间也曾进行过多次战争，特殊的地理位置促使水战这种新的作战方式初登历史舞台。

1. 水军的形成和最早的水战

我国的南方有众多的江河湖泊，南北皆有漫长的海岸线，为舟船的产生与发展提供了必要条件。我们的先民早在几千年前就开始利用江河湖海来发展生产和运输。1977年，在浙江省余姚河姆渡遗址中出土的一支长16米、宽5.3米、厚1.5米的船桨即可佐证，与之同时出土的还有独木舟遗骸。说明在距今7000多年前的新石器时代，先民们已广泛使用舟船，舟船的载重和造船的数量也已具有一定规模。[1]又，谭玉华《余杭南湖出土木剑可能为木桨》一文认为："从器物形态演变规律分析，余杭南湖出土木器可能不是发掘者所认定的木剑，而是古人从事水上活动的木桨，是当时舟船技术进步的标志之一。"[2]由出土文物看，很早在今浙江一带就有舟船行于水上。

在古代战争史上，西周时期才有军队渡河的记载。关于夏商周的文献资料较少，但通过对甲骨文的释义和青铜铭文的考证，可获得关于三代疆域及战争的一些材料。同时，受生产力等条件的限制，三代更迭战争都只发生在内陆地区，无水战的需求。春秋时期政治形势发生了巨大的变化，各诸侯国的经济、政治、军事力量不断增强，彼此之间展开了剧烈的兼并和征战。春秋前期的强国如晋、齐等，他们地处内陆，陆军即可决定胜负，对于水军和水战没有迫切的需求，因而在春秋前期我国尚未出现水战。而春秋中后期，吴、越登上强国宝座，情况就发生了新变化。当时，吴国是一个日常不能离开舟楫的国家，越则是舟车楫马并有的诸侯国。特殊的地理位置以及攻防征战的需要，使得他们注意舟师的建设、水战武器的制作和江河湖泊战略战术的运用。

水军是伴随着水上作战需要而产生的，《左传·襄公二十四年》云："夏，楚

---

[1] 浙江省博物馆：《河姆渡遗址第一期考古发掘报告》，《考古学报》1987年第1期。
[2] 谭玉华：《余杭南湖出土木剑可能为木桨》，《东方博物》2015年第3期。

子为舟师以伐吴。"①这是所见古文献中最早记述的水战。《左传·哀公十年》亦云："徐承率舟师，将自海入齐，齐人败之，吴师乃还。""舟师"即水师，当时的情况是，吴国崛起，楚国为了保持自己的地位，避免吴国造成威胁，于是利用其地处吴国上游的有利位置，运用舟师多次进攻吴国。楚吴水战的发生，开创了我国战争史上的新局面。此后，吴、越水战等战争相继发生于几国之间，作战地点不仅是在江河之上，更有发展至海上。总之，发生于公元前549年的楚吴水战，应当为我国历史上最早的水战。

2. 战国时期及秦汉水战

吴、楚水战之后，吴、越水战继之而起。由于临海的特殊地理位置，所以最早的海上作战行动首先发生在这三国之间。《左传·哀公十年》载："徐承帅舟师，将自海入齐，齐人败之，吴师乃还。"②可见，吴国当时具有独立的水军，且水军已具备远程奔袭作战能力。《左传·昭公二十四年》记："楚子以舟师以略吴疆。"③看来楚国也有正式的舟师，并在楚国的对外战争中起了很大作用。越国训练的舟师海上作战能力强，已经能"习之于夷，夷，海也。"④除了水网发达的吴、越、楚等国，秦国为了横扫六合，统一天下，也十分重视水军建设，秦水军虽没有陆军那么庞大，但仍在一统天下中立下汗马功劳。

据载：秦的"舫船载卒，一船载五十人与三月之食"。⑤说明秦国有较大型的船只，在战争中还起到了运输装备粮草之用。公元前280年，秦昭王派司马错伐楚，秦楚之间展开了一场大规模水战。司马错率巴蜀水军十万多人马、一万余太白船、六百万斛米粮，沿涪水而下，攻占了黔中郡，从楚军手中夺得汉北、上庸之地。史料记载"司马错率巴蜀众十万，大舶船万艘，米六百万斛，浮江伐楚"⑥，"（秦）舫船载卒，一舫载五十人，与三月之粮，下水而浮，一日行三

---

① 李梦生：《左传译注》，上海：上海古籍出版社2004年版，第789页。
② 李梦生：《左传译注》，上海：上海古籍出版社2004年版，第1327页。
③ 李梦生：《左传译注》，上海：上海古籍出版社2004年版，第1140页。
④ 〔汉〕袁康：《越绝书》，北京：商务印书馆1985年版，第10页。
⑤ 〔汉〕司马迁：《史记》，北京：中华书局1959年版，第3379页。
⑥ 〔晋〕常璩：《华阳国志》，长春：时代文艺出版社2009年版，第26页。

百余里"①，其规模之大可见一斑。秦统一六国后，在原本水军的基础上，又收编了吴、楚、越等国的水军及舰船，使水军的规模有了更大发展，战斗力得到加强。这支水师在拓疆上同样发挥了巨大作用。

由上可知，古代水军自春秋战国起，至秦汉已具有一定规模，随着水军的独立和战略意义的加强，人们对水军渐为重视。按照术业有专攻的思想，汉代即按照不同地区自然条件和生活习性的不同来训练士兵，《汉官仪》载："平地用车骑，山阻用材官，水泉用楼船。"②西汉雄才大略的汉武帝对越用兵，《汉书·严助传》载："臣非有城郭邑里也，处溪谷之间，篁竹之中，习于水斗，便于用舟，地深昧而多水险，中国人不知其势阻而其地，虽百不当其一。"③又有"自汉初定以来七十二年，吴越人相攻击不可胜数也，然天子未尝举兵而入其地也。"④可知，汉代时水军规模很大并且具有独立作战的能力。同时，汉代水军的发展又在其他方面产生了积极影响，比如促进南方地区经济文化的发展，利于多民族国家进一步形成和巩固等等。

（二）古代水战分类

水战是中国古代战争的重要组成部分，纵观历史，水曾无数次与军事斗争结缘，以水代兵，以水为战的例子数不胜数。按照其作战方式和地点的区别，又可对其进行进一步的细分。这里按照作战地点的区别，又可分为在内陆江河湖泊作战的水战以及海战。

1. 引水灌城

引水灌城，即所谓"水攻"，是指在战争中引江河之水冲灌敌军的方法，这种水攻在古代战争中极为常见。如春秋时晋国智伯以汾水灌晋阳（今山西太原南）、三国时曹操以漳水灌邺城（今河北临漳）、五代后梁朱全忠以汴水灌宿州（今安徽宿县）等，都是著名的水战战例。历史上最早以水为兵的案例，源自战

---

① 〔汉〕司马迁：《史记》，北京：中华书局1959年版，第3379页。

② 〔南朝宋〕范晔：《后汉书》，北京：中华书局1965年版，第765页。

③ 〔汉〕班固：《汉书》，北京：中华书局1962年版，第2809页。

④ 〔宋〕司马光：《资治通鉴》，北京：中华书局1993年版，第515页。

国时期著名的秦国战将白起。公元前279年，秦昭襄王命令白起率军攻打楚国，进攻楚都郢都，然久攻不下，胜负难分。白起观察战场环境，发现距离郢都不远处的武安镇有一条蛮河，河水水势很大，川流不息。于是灵机一动，决定以水代兵，引水灌城，即令人开挖新渠，将蛮河之水引到郢都，结果水漫郢都，大败楚军，迫使楚国迁都他处。郦道元《水经注》就记载了这场水战的残酷场面："水溃城东北角，百姓随水流，死于城东者数十万。"[1]战后，人们把这条渠叫"战渠"。但是，这类水攻大多只是起一个辅助的作用，且不涉及独立的作战兵种和工具，因此并不纳入水军作战的范围，只是借助水为战争获胜创造优势。

2. 内陆水战

在战争史上，往往会有兵家必争之地，它们通常是涉及到战争胜败的险要地点，如关、塞、湖、河等等。江、河、湖等水体在战争中既可以是进攻的手段，又可以成为退守的防线，特别是在防守上具有十分重要的意义。史前时期，先民通常在聚落居住区外围挖掘人工壕沟，以起到防御外敌的作用，后世护城河的作用亦是如此。随着国家的产生，河流湖泊常常成为两军对垒争夺的战略要地。同时，水军之间的战斗也离不开水体这个载体。因此，古代许多著名的战争都发生在江河两岸或江湖水体之上，如三国时的赤壁之战、宋末银洲湖大决战、元末明初朱元璋与陈友谅之间的鄱阳湖水战等。

3. 海战

海战即发生在海面上的战争，我国最早在春秋末期就有渡海作战的记录。最早见于史书记载的海战是在吴国和齐国之间发生的，鲁哀公十年（公元前485年）吴王夫差率军北上攻齐，另派大夫"徐承帅舟师将自海入齐"[2]，在黄海与齐之水军进行了一场海战，这一战以吴的失利而告终。当时的生产力有限，战船为木板桨船，分为上下两层，下层水手划桨，上层士兵持兵器作战。此时期兵器全为冷兵器，除与陆军通用的刀剑弓弩外，还制造了一些射程更长，适合于水面作战的长斧、钩矛、钩距等专用兵器。由于战船全凭人力驱动，战船规模有限，故水战战法通常为接舷战和撞击战，此种状况一直延续到公元前2世

---

[1]〔北魏〕郦道元：《水经注》，北京：中华书局1991年版，第467页。

[2] 李梦生：《左传译注》，上海：上海古籍出版社2004年版，第1291页。

纪。这一时期为中国古代海军的形成时期。此后，航海技术和武器制造的不断发展，特别是指南针在航海上的应用和火药兵器的进步，推动了航海的发展并且深刻影响了海上作战的变革。根据船体、动力、装备等不同，又可将海军分成不同的发展阶段，中国古代海军大致可分为冷兵器时期的棹桨舰队（春秋至隋唐时期）、火器和冷兵器并用的帆船舰队时期（唐末至清咸丰年间）。

二、《史记》所载水战

《史记》所写战争很多，司马迁本着实录精神，在本纪、世家和列传中共记战争779场。从时间上来说，从最早黄帝之世的阪泉大战到最晚的汉与匈奴的燕然山之战。所写战争各式各样，但基本为陆战，所载水战不多，然意义非凡。

（一）《史记》所载水战

华阳水战，是赵、秦舟师发生在华阳（今河南新郑北20里黄河边上）附近黄河上的一场水战。《史记》在《秦本纪》《赵世家》《韩世家》《魏世家》《六国年表》几篇中都涉及到华阳之战，但各篇所载内容有一定出入。主要问题有三：一是华阳之战发生时间表述不一致。《秦本纪》记载此战发生于秦昭襄王三十三年（前274），《韩世家》记为韩厘王二十三年（前273），但《赵世家》记为赵惠文王二十五年（前274），因此在作战时间上有一定区别，但出入不大。二是韩与赵、魏之间的关系发生错乱。此战本由"赵人、魏人伐韩华阳"[①]而起，赵、魏是主力军，秦军是韩国请来的救兵。然在《秦本纪》注"华阳"后却多了一段"是时，韩、赵聚兵于华阳攻秦，即此矣"。[②]韩、赵为同盟关系，《魏世家》则云："秦破我及韩、赵，杀十五万人，走我将芒卯。"[③]赵、魏、秦几国之间的同盟关系和对战关系有记载上有差异。三是关于此战的经过和结局，表述亦不尽同。《秦本纪》云："客卿胡阳攻魏卷、蔡阳、长社，取之。击芒卯华阳，破

---

① 〔宋〕司马光：《资治通鉴》，北京：中华书局1993年版，第83页。
② 〔汉〕司马迁：《史记》，北京：中华书局1959年版，第213页。
③ 〔汉〕司马迁：《史记》，北京：中华书局1959年版，第1835页。

之，斩首十五万。"①未提赵国之事，而且秦军主将成了胡阳。《赵世家》却只说"与魏共击秦。秦将白起破我华阳，得一将军。"②没有具体的作战进程和死亡人数。《韩世家》中对秦国求助援兵的过程描写详细，对战争过程和结果却仅有一言："秦军八日而至，败赵、魏于华阳之下。"③《六国年表》载："白起击魏华阳军，芒卯走，得三晋将，斩首十五万。"④意为与前述《魏世家》所记相差无多。至于华阳水战，《资治通鉴》所载最为详细，"周赧王四十二年，赵人、魏人伐韩华阳。韩人告急于秦，秦王弗救。韩相国谓陈筮曰：'事急矣，愿公虽病为一宿之行。'陈筮如秦，见穰侯。穰侯曰：'事急乎，故使公来。'陈筮曰：'未急也。'穰侯怒曰：'何也？'陈筮曰：'彼韩急则将变而他从，以未急故复来耳。'穰侯曰：'请发兵矣。'乃与武安君及客卿胡阳救韩。八日而至，败魏军于华阳之下，走芒卯。虏三将，斩首十三万。武安君又与赵将贾偃战，沈（沉）其卒二万于河。魏段干子请割南阳予秦以和。"⑤关于《史记》与《资治通鉴》在此战记载上的出入与详略程度的差异，可能是由于作者所处年代的不同。司马迁之世经历焚书，史料有所欠缺，而千年之后的司马光，或许得见一些司马迁未曾见过的史料，正如我们能见到孔府壁中书和云梦睡虎地秦简，此为后人之大幸。

秦一统天下后，为保证国家统一，必须以强大的军备力量作为支撑，除了强悍有力的步骑兵，还需要适应水网密布的南方地区和保卫漫长海岸线的水军和战船。尤其是在秦统一岭南地区的作战之中，水军和战船更是必不可少。比如在广州市发现的一处规模巨大的秦汉造船工场的遗址，说明了秦军到达番禺之后，制造大量军用船只的史实。秦二世三年（前207），项羽与秦军主力决战于漳水之畔。先遣军两万为前锋，渡漳水，断秦运粮道，隔断秦将章邯、王离两军的联系。接着项羽亲率主力军队直至巨鹿。为鼓舞士气，表明战胜敌人的决

---

① 〔汉〕司马迁：《史记》，北京：中华书局1959年版，第213页。
② 〔汉〕司马迁：《史记》，北京：中华书局1959年版，第1779页。
③ 〔汉〕司马迁：《史记》，北京：中华书局1959年版，第1865页。
④ 〔汉〕司马迁：《史记》，北京：中华书局1959年版，第685页。
⑤ 〔宋〕司马光：《资治通鉴》，北京：中华书局1993年版，第61页。

心，项羽率军渡过漳水后，"皆沉船，破釜甑，烧庐舍，持三日粮，以示士卒必死，无一还心。"①不难看出在这次作战中，舟船参与其间，或许只起到了运送粮草的作用，又或许真有战船参与其间，项羽军队皆沉船破釜，这也是破釜沉舟一词的由来。在此次战役中，楚军将士在项羽的带领下，奋勇作战，秦军节节溃败。秦军在巨鹿失利后，章邯固守棘原，项羽军驻漳水之南，双方对峙。秦二世见秦军接连败北，派使者重责章邯，使他惊恐万分。项羽抓住战机，将秦军击于漳水之南，并断其退路，又亲率大军破秦军于漳水。走投无路的章邯只好在洹水之南率二十万秦军投降项羽。

汉武帝元鼎五年，《史记·南越列传》关于平定南越战事云："元鼎五年秋，卫尉路博德为伏波将军，出桂阳，下汇水；主爵都尉杨仆为楼船将军，出豫章，下横浦；故归义越侯二人为戈船、下厉将军，出零陵，或下离水，或抵苍梧；使驰义侯因巴蜀罪人，发夜郎兵，下牂柯江：咸会番禺。"②"六年冬，楼船将军将精卒先陷寻狭，破石门，得粤船粟，因推而前，挫粤锋，以粤数万人待伏波将军。伏波将军将罪人，道远后期，与楼船会乃有千余人，遂俱进。楼船居前，至番禺……"③以上记载表明，汉武帝在对南越用兵过程中，因地制宜地将主力部队定为楼船士，出豫章的主帅杨仆称楼船将军，出桂阳的主帅路博德称伏波将军，二者都以与水战相关名物命名，主要负责的亦是楼船部队的统帅。从作战进程看，杨仆军与路博德军同时出发，但杨仆军进展迅猛，在连破寻陿、石门之后，路博德的先头部队一千余人才姗姗来迟。另外其中"先陷寻陕，破石门，得越船粟，因推而前，挫越锋"一句，可以看作是水上追逐作战的战例，而所谓"得越船粟"，即此次战役的收获。

《史记·东越列传》："余善刻武帝玺自立，诈其民，为妄言。天子遣横海将军韩说出句章，浮海从东方往，楼船将军杨仆出武林。中尉王温舒出梅岭。越侯为戈船、下厉将军，出若邪，元封元年冬，咸入东越。东越素发兵距险，使徇北将军守武林，败楼船军数校尉，杀长吏。"④元鼎六年，东越王反叛，自号

---

① 〔汉〕司马迁：《史记》，北京：中华书局1959年版，第295页。
② 〔汉〕司马迁：《史记》，北京：中华书局1959年版，第2967页。
③ 〔汉〕司马迁：《史记》，北京：中华书局1959年版，第2967页。
④ 〔汉〕司马迁：《史记》，北京：中华书局1959年版，第2979页。

其将军为"吞汉将军",意图明确。汉兵分三路,经过几番曲折会战,最终在东越内部一些人的倒戈下,杀余善,取得胜利。其中派归降汉后受封为侯的两个南越人任戈船将军和下厉将军,此战地点为水网密布的东越,既涉及舟船,又设置有水战相关统帅官职,是《史记》中叙述明确的水上战役。

《史记·朝鲜列传》:"天子募罪人击朝鲜。其秋,遣楼船将军杨仆从齐浮渤海;兵五万人,左将军荀彘出辽东:讨右渠。"①此为中华书局本,"兵五万人"与"楼船将军杨仆从齐浮渤海"分断,可以理解为"兵五万人"是随"左将军荀彘出辽东"。有研究论著即云:"楼船将军杨仆率领楼船兵五万人"进攻朝鲜。②《汉书·朝鲜列传》中即为:"天子募罪人击朝鲜。其秋,遣楼船将军杨仆从齐浮勃海,兵五万,左将军荀彘出辽东,诛右渠。"③此处所言就成了杨仆所率领的,海上的军队有五万人,按照《后汉书》卷二四《马援传》"楼船大小二千余艘,战士二万余人"④的比例,可以看出五万余人的水军,其所需要的船只数量众多,那么杨仆北击朝鲜所率领的楼船军规模亦为宏大。

(二)《史记》所载水军训练

春秋时期,为在对外征伐中获胜,吴、越等国重视加强水军建设。伍子胥比照陆军的训练方法创伍子胥水战法来训练吴国水军,"令舡军之教比陵军之法,乃可用之。"⑤《史记·越世家》说,勾践有"习流二千"。所谓"习流",⑥就是

---

① 〔汉〕司马迁:《史记》,北京:中华书局1959年版,第2985页。
② 张炜、方堃:《中国海疆通史》,郑州:中州古籍出版社2003年版,第65页。
③ 〔汉〕班固:《汉书》,北京:中华书局1962年版,第3863页。
④ 〔南朝宋〕范晔:《后汉书》,北京:中华书局1965年版,第827页。
⑤ 〔宋〕李昉:《太平御览》,北京:中华书局1960年版,第1435页。
⑥ 南宋诗人孙因有诗《舟楫》曰:"越人生长泽国兮,其操舟也若神。有习流之二千兮,以沼吴而策勋。寻笠泽以潜涉兮,北渡淮而会盟。擅航乌之长技兮,水犀为之逡巡。浮海救东瓯兮,有握节之严助。治船习水战兮,荣长锦於买臣。渡浙江而誓众兮,会稽之内史。率水棹以拒战兮,凌江之将军。坐大船若山兮,公苗山阴之杰。汎波袭番禺兮,季高永兴之人。想万艘之竝进兮,纷青龙与赤雀。风帆儵忽千里兮,驾巨浪如飞云。今竞渡其遗俗兮,习便骏以捷疾。观者动心骇目兮,相杂袭如鱼鳞。客曰盛哉舟楫兮,他郡孰加於越。然而济或不同心兮,请置此而新其说。"

久经演习而熟悉水战的士兵，可见，越国水军经过了长期的专业训练并且数量不少。

《史记》记载了秦曾派尉屠睢将楼船士伐越的军事行动，可见在秦水军经过训练，有着强大的作战实力。至汉，尤其是汉武帝时期，出于对外征伐需要，汉军需要一支强悍的水军用于对越的军事行动，所以十分重视水军建制与训练。汉军曾经打造大的战舰，训练水卒，并且做好充分的水战后备工作，"今发兵浮海，直指泉山，陈舟列兵，席卷南行，可破灭也。诏买臣到郡，治楼船，备粮食、水战具，需诏书到，军与俱进。"①水军和陆军一样需要训练，并且由于载体的特殊性，训练难度更大要求更高。但汉初水军多是临时征调组成，故难以取得大的战果，通常是作为粮草运输或特殊战术的一部分使用，是辅助陆军取胜的手段，而且效果也不甚理想。《史记·高祖本纪》"项羽闻之，乃引兵去齐，从鲁出胡陵，至萧，与汉大战彭城灵璧东睢水上，大破汉军，多杀士卒，睢水为之不流"②，这里睢水上可理解为睢水边，并不是在水面之上作战，双方军队人数数十万，且项羽军多为骑兵作战，并不习于水战，不可能全部都是水军战力，所以应该是项羽追击敌军至睢水岸边，而汉军由于是遭突袭而没有事先准备，并没有习于水战的水军在此和相应的船队接应，最终在走投无路的情况下，大部被迫挤入水中。汉军开始有计划地训练水军不会晚于文帝时期，相关官职黄头郎的设立便是证据之一，《史记·佞幸列传》记载"邓通，蜀郡南安人也，以濯船为黄头郎"。③

汉武帝时期水师已颇具规模并形成定制，武帝雄才大略，同时心思缜密，他意识到出征前战备工作的重要性，体现出"工欲善其事，必先利其器"的思想。北征匈奴前他大量养马，在西北设太仆、牧师诸苑，官方养马约30万匹，而南征百越，他也必然知道舟船或水战战略的重要性。据《汉书》《史记》记载，汉武帝出于军事意义，曾命人两次对昆明池进行大规模挖掘。第一次是在元狩三年（前120），"天子欲伐之，越嶲昆明国有滇池，方三百里，故作昆明池以象之，

---

① 〔汉〕班固：《汉书》，北京：中华书局1962年版，第2971页。
② 〔汉〕司马迁：《史记》，北京：中华书局1959年版，第341页。
③ 〔汉〕司马迁：《史记》，北京：中华书局1959年版，第3191页。

以习水战，因名曰昆明池。"①《史记·平淮书》亦云："于是除千夫五大夫为吏，不欲者出马；故吏皆適令伐棘上林，作昆明池。"司马贞《索隐》引荀悦语："昆明子居滇河中，故习水战以伐之也。"②说明昆明池修建的原因是天子欲伐昆明国，其名字的由来也是与滇池一带昆明国有关。第二次修建是在元鼎元年（前116），《史记·平淮书》载："是时粤欲与汉用船战遂，乃大修昆明池，列馆环之。"③这次水战的对象由西南夷的昆明国变为了南越，司马贞《索隐》云："盖始穿昆明池，欲与滇王战，今乃大修之，将与南越吕嘉战逐，故作楼船，于是杨仆有将军之号。又下云'因南方楼船卒二十余万击南越也'，昆明池有豫章馆。豫章，地名，以言将出军于豫章也。"④《索隐》中不仅说明了昆明池习水战的目的，更细致的是，还涉及到武帝水军出征地点。武帝之后，昆明池很少再用于军事训练，更多成为了皇亲国戚游玩的场所。但是昆明池操练水军的意义非凡，它是武帝对水军训练重视程度的体现，第一次将水战训练搬进了国都内皇家园林之中，是对上林苑等古代皇家园林军事演习功能的进一步强化。后世文献提到昆明池大多都要与操练水师联系起来，且西汉创制的"昆明湖习水战"这一模式被后世传承下来。如曹操在邺城作玄武池训练水军；刘宋孝武帝在玄武池检阅水军，后直接将玄武湖更名为昆明池；清代乾隆皇帝也加以效仿。在中国四大古都当中，除洛阳外其他三个都有以"昆明"命名的湖泊，分别是西安昆明池、南京昆明池、北京昆明池，它们均与汉武帝有一定关系，承载着一代帝王的雄心，蕴藏着特殊的历史文化内涵。

三、楼船与楼船军队

楼船，是我国的一种大型战船，其名称最早可见于战国时期的越国，越有楼船军。古代楼船用途颇为广泛，如军事、运输、皇亲国戚游玩娱乐等等均涉

---

① 〔汉〕班固：《汉书》，北京：中华书局 1962 年版，第 178 页。
② 〔汉〕司马迁：《史记》，北京：中华书局 1959 年版，第 1428 页。
③ 〔汉〕司马迁：《史记》，北京：中华书局 1959 年版，第 1436 页。
④ 〔汉〕司马迁：《史记》，北京：中华书局 1959 年版，第 1436 页。

及到楼船。与楼船相对应设置有官职,秦朝及汉朝都有官衔为"楼船将军"的军事指挥官。《史记》中共提到"楼船"34次,共出现"楼船将军"14次,主要出现在《南越列传》《东越列传》《朝鲜列传》等篇目之中,由此可见,楼船之于战争和对外关系有重要意义。

（一）楼船的出现及形制

楼船具体的产生时间,一般认为是在秦,比如杨鸿的《中国古兵器论丛》就认为,秦汉楼船是在战国时期有上下两层甲板战船的基础上发展起来的。关于秦代战争的资料不多,涉及水战的更少,如果要用实证证明楼船具体出现时间,还有待于考古资料的进一步发掘。

正如王国维所提倡的"二重证据法",文献材料应与地下出土材料相互印证。楼,《说文解字》释曰："楼为重屋也。"[1]所以楼船从整体上来说应该是两层及以上,那么其高度也就不必多言。同时,因楼船较之于其他舟船的特殊高度,为整体结构的稳定,其下部也应相应扩大,可以想象楼船的规模十分宏大。除了文献外,关于战船形制方面的图像资料,最早可见的是1935年于河南省出土的战国早期的三件文物,其中最完整的是汲县山彪镇一号墓出土的两件水陆攻战纹铜鉴。[2]水陆攻战纹中所绘水军战船有双层甲板,船体分上下两层,下层为水手划桨层,上层为战士对攻层。此类战船的下层解决的是行船动力问题,古代没有机械动力,只能靠人划桨,但是如果桨手和战士同处一层必然影响作战效率,所以就出现了双层甲板战船的设计。

关于楼船的作用,《史记·平准书》中云："治楼船,高十余丈,旗帜加其上,甚壮。"[3]明确说明了楼船有十余丈高,我们可以推测在当时的情况下,只能以人力为驱动的木制桨船,如此高度,稳定性应该比较差,也不够灵活,不能适应战场上雷厉风行地行动,所以不适应直接参与正面战场作战。另外旗帜加其上,除了装饰以外,在战场上更有可能是用于指挥,因高见远,故旗帜应

---

[1]〔汉〕许慎：《说文解字》,北京：中华书局1989年版,第311页。
[2] 刘弘、李克能：《水陆攻战纹臆释》,《中原文物》1994年第5期。
[3]〔汉〕司马迁：《史记》,北京：中华书局1959年版,第1417页。

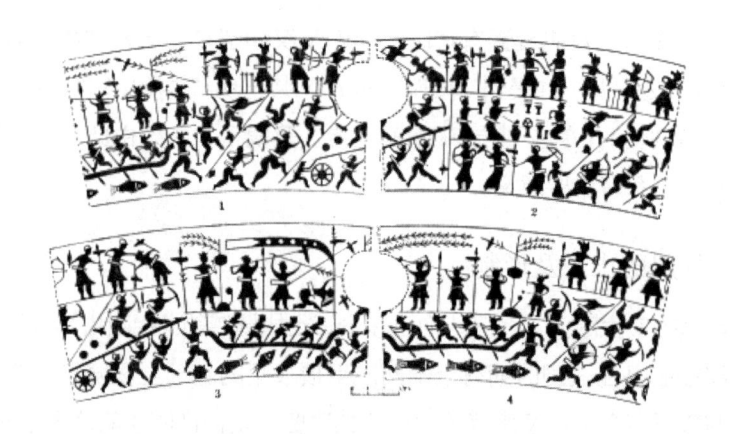

该是为了提供前方战场信息而设置。另外有《太平御览》卷七七零引《越绝书》："阖闾见子胥，敢问船运之备何如？对曰：船名大翼、小翼、突冒、楼舡、桥舡，今舡军之教比陵军之法乃可用之。大翼者，当陵军之车；小翼者当陵军之轻车；突冒者当陵军之衝车；楼舡者当陵军之行楼车也。"①在这一段文字中，伍子胥为了说明楼船作用，将其与楼车进行比较，而楼车这种古代战车，其主要作用就是瞭望、观察敌人城中情况，或者是战时整个战场形势的。即就楼车的作用在于获取战场信息，从而有利于指挥作战。《左传》亦言："（宣公十五年）登诸楼车，注车上望橹，所以窥望敌军兵法。"②既然以楼车比楼船，那足以说明当时的楼船与楼车的作用大体相似，应是用于了解水上战场形势，从而能更好地指挥作战，而不是主要用来冲锋陷阵的。

（二）楼船军与楼船将领

西汉建立之初，社会经济一片萧条，高祖及其继承者文帝、武帝吸取秦亡的经验教训，采取了一系列轻徭薄赋、与民休息的政策。及至武帝时，社会经济发展达到全盛时期，武帝时中央权力空前，除了对沿海地区的原有诸侯国实现了控制之外，又于元鼎六年（前111），灭南越，置南海、苍梧、珠崖、交阯、日南郡等，就区域划分来说，它们均属于沿海地区。元封三年（前108）灭朝鲜及

---

① 〔宋〕李昉：《太平御览》，上海：上海古籍出版社1987年版，第3413页。
② 李梦生：《左传译注》，上海：上海古籍出版社2004年版，第492页。

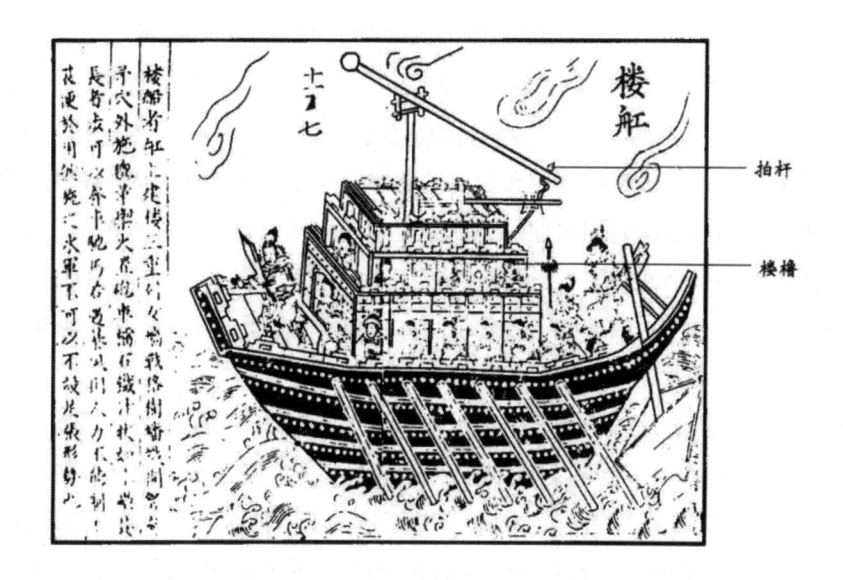

其附庸，置乐浪、真番、临屯、玄菟四郡。至此西汉直属郡国版图趋于极盛之时，汉帝国对于海岸的控制也至于空前全面、完整。汉武帝达成如此对沿海地区的成就，自然离不开强劲的水军战力及优秀的水军统帅。

1. 水军建制

古代水军发展始于春秋战国，而发展到秦汉时代已颇具规模，随着水军在征战中作用的加强，统治者亦必对其更加重视，亦逐步完善着对水军的规范化管理。从水军名称上看，春秋战国时期各国并没有统一，各诸侯国水军名称和建制各不相同。比如吴越称水军为"习流"，楚国称之为"舟师"。至秦统一后，书同文，车同轨，水军也几乎统一以楼船之名冠之，如"楼船士"或"楼船卒"。

大量的文献资料表明，汉代水军已有了定制。《汉书》："至武帝平百越，内增七校，外有楼船，皆岁时讲肆，修武备。"[1]说明在武帝统一越地区的战争中，水军已经完全独立出来。另外，"楼船军"大多驻扎在地方，可用"内增七校，外有楼船"证明，七校为步兵、越骑等七校尉，但水军是驻扎在外的独立部队，水军常年修武备，是一只成熟的作战力量。汉代水军建制的稳定还表现在水军

---

[1]〔汉〕班固：《汉书》，北京：中华书局1962年版，第1079页。

士兵的来源上。在汉代，水军士兵称呼大多为"楼船士""揖濯士"或"棹卒"等。罗义俊在《汉武帝军制改革述论》中说："汉制，……按兵种分有材官、骑士、楼船。……江淮以南，又多楼船即水兵。"[①]由于水战相比于陆战的特殊性，对士兵的身体素质和专业素养有更高的要求，多由水乡地区或者沿海地区的渔民、水家子弟充任，他们水性好，能适应长期水面上的生活。水军兵士的来源从年龄和空间两个方面来看，已经固定化了，这也是水军从步骑兵种独立出来的重要标志。我们常言"汉承秦制"，在水军的建制方面，汉也承袭了秦的做法。

2. 水军将领

不仅水军部队以楼船命名，水军将领亦如此，如"楼船将军""楼船校尉"等职。"楼船将军"多见于文献资料，《史记》一书中就在多个篇章中共有14次提及，但是《汉书·百官表》中并没有关于这一职位具体设置和俸禄的记载，其原因是楼船将军为临时设置，战争结束即废除，并不是国家常设官职，所以其仅仅散见于《史记》《汉书》诸文献中。统率楼船军作战的指挥官，临时派遣的水军将领除刚提到的楼船将军外，还有伏波将军、楼船校尉、戈船将军、横海将军等，从官职的名称即可清晰看出与水战有关。

在《史记》中提及楼船将军14次，所指均为西汉名将楼船将军杨仆。西汉初年，关东诸王屡次与朝廷抗争，地方豪强也企图乘机割据称霸，对西汉中央政权构成严重威胁。为加强中央集权，朝廷在中央常备军中，新增设七校尉、羽林军，还专设楼船军。汉武帝因杨仆战功赫赫，且熟悉关东地理环境和风土人情，任其为楼船将军，前往关东监督。《史记》《汉书》都记载了楼船将军杨仆平南越之乱这一重要的历史事件。杜甫有诗曰："卫青开幕府，杨仆将楼船。汉节梅花外，春城海水边。"[②]然太史公对他的评价是"楼船纵欲，怠傲失惑"[③]。平叛战争取得胜利后，杨仆还受命带兵参加了另外两次大的战争：元封元年杨仆与横海将军韩说、中尉王温舒合力剿灭东越；元封二年，杨仆受命率兵五万横渡渤海，与左将军荀彘共征朝鲜。

---

① 罗义俊：《汉武帝军制改革述论》，《军事历史研究》1987年第1期。
② 仇兆鳌：《杜诗详注》，北京：中华书局1997年版，第927—928页。
③〔汉〕司马迁：《史记》，北京：中华书局1959年版，第2967页。

关于伏波将军，《史记·南越列传》载："元鼎五年秋，卫尉路博德为伏波将军，出桂阳，下汇水主爵都尉杨仆为楼船将军，出豫章，下横浦……咸会番禺。"①在这次平南越的战争中，共分四路，三路归伏波将军节制。"将军路博德，平州人。以右北平太守从骠骑将军有功，为符离侯。骠骑死后，博德以卫尉为伏波将军，伐破南越"。②伏波将军路博德拜封前官位为卫尉，楼船将军杨仆为主爵都尉。"卫尉"在汉代属中两千石，而"主爵都尉"为两千石，相当于郡太守。即在这次战役中楼船将军官品是低于伏波将军的，这是二者之间的区别。今天伏波崇拜仍普遍地存在于湖南、广东和广西等地和沿海地区，这是该地区独特的文化现象，时至今日当有大型船只经过，这里依然会遵循从汉代开始流传下来的习俗，点一挂鞭炮，在响亮的炮声中向两千年前的英雄虔诚地致以崇高的敬意，同时祈求神明保佑行船平安。而民间崇拜的伏波将军其实有两位：一位是路德博，另一位是东汉光武帝初期的马援。桂林之伏波山③，即与汉将马援结缘。

至于"楼船校尉"一职，在文献中很难见到，这是因为它本来为临时设置且地位不高，属于较低层次的将领。但在《史记》中也能找到关于楼船校尉的一点线索，《史记·东越列传》："余善刻武帝玺自立，诈其民，为妄言。天子遣横海将军韩说出句章，浮海从东方往，楼船将军杨仆出武林……东越素发兵距险，使徇北将军守武林，败楼船军数校尉，杀长吏。"④其中提到"败楼船军数校尉"，亦即楼船校尉一职。据记载分析，该官职是一定低于利禄两千石的楼船将军的。在这次战役中，楼船将军、戈船、下厉将军当都归横海将军节制，也能看出几个官位之间的高低关系。

---

① 〔汉〕司马迁：《史记》，北京：中华书局1959年版，第2967页。
② 〔汉〕司马迁：《史记》，北京：中华书局1959年版，第2922页。
③ 伏波山：位于漓江边上，其山半伏于水面上，山水相接，似伏于水面上，又因东汉伏波将军马援南征交趾经此，还珠伏波而得名。唐时于山上建有伏波将军祠。
④ 〔汉〕司马迁：《史记》，北京：中华书局1959年版，第2979页。

四、走向深蓝

秦汉时期"天下"与"海内"并说的语言习惯,体现了政治文化意识中的海疆观,对海洋的关注,反映了当时社会海洋意识的觉醒。对于"海"的控制,是据有"天下"的一种象征。《墨子·非命下》云:"贵为天子,富有天下。"[1]贾谊《过秦论》亦言:"贵为天子,富有四海。"[2]中国封建社会历朝历代统治者,都不乏对水军的建设和对海洋的关注。以史为鉴,从古典文献中,我们认识古代水军的发展,从中汲取经验;着眼未来,在充分认识海洋竞争、博弈的基础上,基于对当前世界格局的思考,将努力建设海洋强国作为发展目标,走向深蓝。

(一)汉以后水战记载

三国时,孙吴经过长期的经营,曾建立了一支强大的水军,布置在长江一线。为了增强战斗能力,在侯官(今福建闽侯)设有规模宏大的造船厂用以生产大规模战船。同时,还在西陵(今湖北宜昌)等地建立了水军基地用以习水战法。这支水军训练有素,战斗力极强。在孙吴同魏、蜀两国所进行的几次大战中,都是依靠这支水军获得胜利。曹操在统一北方后,为扫平江南,创建了水军。后发起赤壁之战,在这场著名的战役中,曹军将"船舰首尾相接"[3],发明了连小舰为大舰的方法。这种方式有利于减小风浪颠簸,迅速运送大批兵马和物资过江,但同时也有自主性较弱,行动不便的缺点。

西晋司马氏为了灭吴,在益州训练水师达六七年之久,并制造了大量的舰船,"舟楫之盛,自古未有"。[4]晋灭吴之战,是我国历史上在长江流域进行的一次大规模的江河作战。

南北朝对峙时期,北朝战力更强,但是由于南朝江河湖泊星罗棋布,又曾先

---

[1]《墨子》,上海:上海古籍出版社1989年版,第128页。
[2] 贾谊:《贾谊集》,上海:上海人民出版社1976年版,第59页。
[3]〔晋〕陈寿等:《三国志》,北京:中华书局1959年版,第1259页。
[4]〔唐〕房玄龄等:《晋书》,北京:中华书局1974年版,第1205页。

后以黄河、淮河、长江为守卫的屏障，因而南朝的水军极为发达。南朝就是靠江河天险和强大的水军才得以生存。南朝各代出兵，大多以舟师为主，或必辅以舟师。如宋元嘉末与北魏大战，刘宋水军战船相接，达六七百里之远，可见其水师规模之强大。

宋金对峙时期，南宋为了阻挡金军南下，大力经营水师。岳飞、韩世忠率领的大军中都有大量的水师。绍兴末年，当金军大举攻宋时，南宋靠水师多次击败金军，保全自己。元末明初，在朱元璋兼并陈友谅之战中，爆发了中国历史上规模最大、历时最长的一场水上战争——鄱阳湖水战。另外，明代为了抗击倭寇的侵犯，还建造了大批舰船，集结民兵，建立了一支水军战队，而且此时的水军，配备了较多的火器，具有较强的战斗力，可以说这标志着中国历史上具有真正意义的海军诞生。清代为加强海防，划东三省、直隶、山东海域为北洋，江南、浙江、福建、广东、广西为南洋，同时在福建、浙江、天津等地建立了海防水师。

近代中国，西方列强靠船坚炮利打开了封闭的中国大门。在中华民族生死存亡之时，魏源等有识之士提出了"师夷长技以制夷"的口号。清政府逐渐从西方引进了一些洋枪洋炮，同时开始兴办近代军事工业，并且建立了一支近代海军。在李鸿章的主持下，北洋水师迅速发展壮大，成为清政府的主力舰队。但由于清政府的腐败无能，中日甲午海战，北洋海军全军覆灭，中国与日本签订了丧权辱国的《马关条约》，使中国进一步陷入了半殖民地境地。

（二）古代水战对当今社会的启示

古代水军的不断发展，产生了深远且多方面的影响，对中国的政治格局也有很大作用，大大拓展了中国的内河和海上航运，加强并密切了大陆和沿海岛屿特别是与台湾的联系，密切了和东南亚诸国的联系，也为中国以后的海防建设提供了很好的借鉴。

当今世界面临百年未有之大变局，南海局势的不断升温，国际局势暗流涌动。以美国为首的列强不断地在南海挑衅，搞所谓的自由航行，在我们的家门口宣示武力，时不时地闯入我国的领海，对此我们必须建设强大的海军。《中国的军事战略》白皮书中提及现阶段国家利益已经由陆地向海洋、太空扩展，这些都是国家安全防御的重要地带，与国家领海、领空、领土安全息息相关，海洋成为富国安邦的重要因素。因此，在新的形势下继续推进海军战略转型，于变局中开新局，是我国对于海军转型建设"新局"的认识进一步深入；同时，对于统筹推进中华民族伟大复兴的战略全局具有十分重要的理论意义和现实意义。二十一世纪是海洋的世纪，建设海洋强国是实现中国梦的迫切需要，也是建设世界强国的必由之路。

目前，海洋安全已成为一个热点话题，它已经超出国家主权边界，事关各国的利益。与西方传统海洋强国长期发展海洋战略不同，中国是传统的陆权国家，而今中国在充分认识海洋竞争、博弈的基础上，基于对当前世界格局的思考，将努力建设海洋强国作为发展目标。"向海而兴、背海而衰，不能制海、必为海制。"[1]这是近代屈辱史留给中华民族的血泪教训。韬光养晦后，推进海军战略转型，是依据时局对我国海军战略体系的系统优化，是实现中华民族伟大复兴的重要保障。面对强国、强军的新时代要求以及国家安全环境的变化，我们应不断提升开发海洋、维护海洋权益的实力。未来在中国共产党的带领下人民海军走向世界的航迹必将延伸得更远，国家利益与各国之间的友好往来也必将进一步加强。

（李小成，男，陕西华县人。文学博士，西安文理学院文学院教授）

---

[1] 刘赐贵：《国家海洋局局长刘赐贵谈建设海洋强国》，《国土资源》2012年第12期。

《史记》思想文化研究

在《史记》中，司马迁分别为道家的开创者老子和儒家的开创者孔子做了传，而二人的待遇却有着云泥之别。

论《史记》思想意蕴的"抵梧"及其成因

霍建波

班固在《汉书·司马迁传》赞中提到司马迁编撰《史记》的情形,有一段较为详细地描述。他说:"故司马迁据《左氏》《国语》,采《世本》《战国策》,述《楚汉春秋》,接其后事,讫于天汉。其言秦、汉,详矣。至于采经摭传,分散数家之事,甚多疏略,或有抵梧。亦其涉猎者广博,贯穿经传,驰骋古今,上下数千载间,斯以勤矣。"①既充分肯定了司马迁博采群书、勤奋著书的功绩,也指出了其有"疏略",甚至"抵梧"之处。颜师古注曰:"抵,触也。梧,相支柱不安也。"②"抵梧"即抵触、矛盾之意,有时也写作"抵牾"或"抵忤",意思是说司马迁的《史记》中有相互矛盾、不一致的地方。对于《史记》记事上的"抵梧",许勇强的《〈史记〉记事"抵梧"简析——兼及〈史记〉的"实录"问题》一文有所探析。该文把《史记》"抵梧"分为以下几种情况,即"信以传信,疑以传疑""微意存焉""整齐百家杂语"的"后遗症"、误书以及为了文学表达的需要而故意违背史实等,从而造成《史记》出现了多处"抵梧"。③然纵观该文,多是从微观视角入手展开探析的。而从宏观角度考察,从《史记》包含的思想意蕴倾向看,也存在诸多"抵梧"之处。下面试论析之。

---

① 〔汉〕班固:《汉书》,北京:中华书局1962年版,第2737页。
② 〔汉〕班固:《汉书》,北京:中华书局1962年版,第2738页。
③ 许勇强:《〈史记〉记事"抵梧"简析——兼及〈史记〉的"实录"问题》,《求索》2007年第5期,第162—164页。

一、《史记》思想意蕴的"抵梧"之处

如果我们把《史记》作为一个整体，通读整部著作，便会发现其除了细节处存在诸多"抵梧"外，在思想意蕴上，也有诸多矛盾甚至难以协调之处。如尊儒与崇道的冲突，尚义和重利的矛盾，以及对天命鬼神的信仰和质疑并存等，均是较为典型的体现。

（一）崇道与尊儒的冲突

司马迁在《老子韩非列传》中提到："世之学老子者则绌儒学，儒学亦绌老子。'道不同不相为谋'，岂谓是邪？"[1]意思是说，世上学习老子道家思想的人常常会贬斥儒家，学习儒家思想的人也常常会贬斥道家，这就是所谓"道不同不相为谋"的缘故。在这里，司马迁把儒家和道家对立起来，说明二者不能统一，难以协调。但有趣的是，在《史记》中，却有时崇道，有时尊儒，表现了一定程度上的冲突。

1. 崇道。班固《汉书·司马迁传》赞评价司马迁"是非颇谬于圣人，论大道则先黄老而后六经，序游侠则退处士而进奸雄，述货殖则崇势利而羞贱贫，此其所蔽也。"[2]班固之言明确指出并批判了司马迁政治思想的是非观与孔子等圣贤不同，是"先黄老而后六经"的，即把道家思想放在第一位，把儒家思想放在第二位或次要位置。对此，我们从《史记》最后一篇《太史公自序》中能够明确看到这一点。在《太史公自序》中，司马迁提到其父司马谈的一篇文章，后人一般将其命名为《论六家要旨》。在该文中，司马迁父子把先秦诸子分为六家，即六个流派，分别是阴阳家、儒家、墨家、名家、法家和道家。在这六家中，对于道家之外的其他五家，则是有肯定，也有否定。而对于道家思想，则几乎全是肯定性的评价。该文赞赏"道家使人精神专一，动合无形，赡足万物。其为术也，因阴阳之大顺，采儒墨之善，撮名法之要，与时迁移，应物变化，立俗

---

[1]〔汉〕司马迁：《史记》，北京：中华书局1982年版，第2143页。
[2]〔汉〕班固：《汉书》，北京：中华书局1962年版，第2737—2738页。

施事，无所不宜，指约而易操，事少而功多。"①而批判儒家说："儒者则不然。以为人主天下之仪表也，主倡而臣和，主先而臣随。如此则主劳而臣逸。至于大道之要，去健羡，绌聪明，释此而任术。夫神大用则竭，形大劳则敝。形神骚动，欲与天地长久，非所闻也。"②因为"儒者以六艺为法。六艺经传以千万数，累世不能通其学，当年不能究其礼，故曰儒者'博而寡要，劳而少功'。"③由《太史公自序》这篇被称为《史记》纲要性文章中可知，司马迁父子撰写《史记》的哲学主张和思想基调，应该是以道家思想为主体，兼及儒、墨、法等；而司马迁父子尊崇道家，把道家凌驾于其他思想流派之上的用心也不言自明。

2. 尊儒。但是当我们翻阅了《史记》正文，又会发现事实并不如此。在《史记》中，司马迁分别为道家的开创者老子和儒家的开创者孔子做了传，而二人的待遇却有着云泥之别。《史记》卷六十三《老子韩非列传》中虽有老子的传记，但却是把老子与庄子、申不害、韩非子组合在一起，实际上是一篇合传，并没有特意突出老子地位的意思。对老子褒扬的话语也没有多少，笔者以为主要有两处，一是称赞其为"隐君子"④，即隐士中的君子；二是评价说"而老子深远矣"⑤，即老子思想深邃悠远，或对后代影响深刻悠久。肯定的话语，仅此而已。与此相对应，儒家开创者孔子的待遇却高了不止一个层次。首先，司马迁把孔子列入了世家，设有《孔子世家》，单独为孔子作传。而世家是"记载有重要社会影响的诸侯王及显贵之家，也兼载少数对历史发展有重要影响的人物。"⑥能够进入世家的历史人物，其重要性本就比列传中的高了一个层次；其次，《孔子世家》是独传，即孔子个人配备一篇完整的传记；而《老子韩非列传》是合传，即几个人组合在一篇之中。最后，也是更为重要的是在《孔子世家》中，司马迁对孔子的推崇之情溢于言表：

---

①〔汉〕司马迁：《史记》，北京：中华书局1982年版，第3289页。
②〔汉〕司马迁：《史记》，北京：中华书局1982年版，第3289页。
③〔汉〕司马迁：《史记》，北京：中华书局1982年版，第3290页。
④〔汉〕司马迁：《史记》，北京：中华书局1982年版，第2142页。
⑤〔汉〕司马迁：《史记》，北京：中华书局1982年版，第2156页。
⑥袁世硕主编：《中国古代文学史》（第二版，上册），北京：高等教育出版社2018年版，第170页。

太史公曰：《诗》有之："高山仰止，景行行止。"虽不能至，然心向往之。余读孔氏书，想见其为人。适鲁，观仲尼庙堂车服礼器，诸生以时习礼其家，余祗回留之不能去云。天下君王至于贤人众矣，当时则荣，没则已焉。孔子布衣，传十余世，学者宗之。自天子王侯，中国言六艺者折中于夫子，可谓至圣矣！①

在这段话中，司马迁对孔子的敬仰之情如长江大河，奔腾咆哮，不能抑制。并赞誉其为"至圣"，即最崇高的圣人。最后，对于他们学派的后学，待遇也有差别。对于道家学派的后人，与老子同传；而对于儒家学派的后人，司马迁不仅单独撰写了一篇《仲尼弟子列传》，篇名以孔子之名来命名，而且还设有《儒林列传》。那在司马迁的心目中，孔子和老子谁高谁低？儒家和道家谁更值得尊崇？一目了然，不言而喻。这和《太史公自序》中尊崇道家，形成了鲜明的对比。对于司马迁思想中的儒、道冲突，吴文杰曾撰文论及，②可以参考，此不赘述。

（二）重利和尚义的矛盾

所谓利一般指"功利、物质利益"，义一般指"仁义道德"。③前者主要指的是物质财富、地位权势等，后者是符合仁义道德的言行，侧重于精神文化范畴。潘斌说："义、利是构成中国古代伦理思想最基本的一对范畴，是中国伦理思想史上讨论较多的问题之一，也是争论较激烈的问题之一。"④在司马迁心目中，义、利孰先孰后？笔者以为也是难以定论的。

1. 重利。前文提到，班固之言明确指出并批判了司马迁"崇势利而羞贱贫"的思想倾向。确实，如果仅仅阅读《货殖列传》，司马迁是明确把利放在义前、以利为核心的。该文首先指出人们获得利益、追求物质享受是一种普遍现象，很

---

① 〔汉〕司马迁：《史记》，北京：中华书局1982年版，第1947页。
② 吴文杰：《司马迁思想中的儒道冲突》，《阴山学刊》2020年第3期，第77—81页。
③ 潘斌主编：《中国传统文化概论》，北京：高等教育出版社2018年版，第61页。
④ 潘斌主编：《中国传统文化概论》，北京：高等教育出版社2018年版，第61页。

难改变,"至若《诗》《书》所述虞夏以来,耳目欲极声色之好,口欲穷刍豢之味,身安逸乐,而心夸矜势能之荣。俗之渐民久矣,虽户说以眇论,终不能化。"①并肯定了人们追求富有的合理性,认为这是人类天然的本性,是不应该违背的,即所谓"富者,人之情性,所不学而俱欲者也。"②还举了很多人的行为为例来说明这一道理。以此为基础,再来看司马迁思想中具备利为基础、义为附属、重利轻义的内容就不显得那么突兀了。详见下面一段话:

> 故曰:"仓廪实而知礼节,衣食足而知荣辱。"礼生于有而废于无。故君子富,好行其德;小人富,以适其力。渊深而鱼生之,山深而兽往之,人富而仁义附焉。富者得势益彰,失势则客无所之,以而不乐。夷狄益甚。谚曰:"千金之子,不死于市。"此非空言也。故曰:"天下熙熙,皆为利来;天下攘攘,皆为利往。"夫千乘之王,万家之侯,百室之君,尚犹患贫,而况匹夫编户之民乎!③

本段开头引用《管子·牧民》中话语稍作改动,表明"仓廪实""衣食足"是人们"知礼节""知荣辱"的基础条件,然后明确提出"礼生于有而废于无",意思是说"礼节是产生于富有之时,而消失于贫乏之时。"④重申了物质财富是礼节的前提条件,即物质财富是第一位的,礼节是第二位的,表明了利是第一位的,是基础,义是第二位的,是附属,也就是下文所说的"人富而仁义附焉",即"人富有了,仁义自然就归附"。⑤并断言道:"天下熙熙,皆为利来;天下攘攘,皆为利往。"利成为了人们熙熙攘攘参与各种社会活动的核心追求,义却被司马迁抛到了一边,其重利轻义思想表露无遗。在这里,司马迁的表述颇有点暗合马克思主义哲学中物质决定意识,即经济基础决定上层建筑的味道。

---

① 〔汉〕司马迁:《史记》,北京:中华书局1982年版,第3253页。

② 〔汉〕司马迁:《史记》,北京:中华书局1982年版,第3271页。

③ 〔汉〕司马迁:《史记》,北京:中华书局1982年版,第3255—3256页。

④ 白话史记编纂委员会:《白话史记》(第三册),台北:联经出版事业公司1979年版,第1725页。

⑤ 白话史记编纂委员会:《白话史记》(第三册),台北:联经出版事业公司1979年版,第1725页。

2. 尚义。如果离开《货殖列传》，再去浏览《史记》其它篇目时，则会发现司马迁又把义放在了第一位，利则成为了与之对立的、需要谨慎对待的次要方面。通读《史记》篇目，有论赞性质的"太史公曰"绝大多数都放在文末。但是也有一些例外，如在《孟子荀卿列传》中就提到了篇首，该传开篇就是"太史公曰"："余读孟子书，至梁惠王问'何以利吾国'，未尝不废书而叹也。曰：'嗟乎，利诚乱之始！夫子罕言利者，常防其原也。'故曰：'放于利而行，多怨。'自天子至于庶人，好利之弊何以异哉！"①例外就是强调，可见司马迁对"好利之弊"的重视程度，其"利诚乱之始"的论断更值得引起人们的高度重视；不能倡导"好利"，那与之对立的便是"崇义"了。有鉴于此，《史记》除了《货殖列传》之外的其它篇目中"最为鲜活、最能激愤而引人注目的精神，就是这种最具独立自主、崇尚功名，而且带有悲伤色彩的尚义精神"。②如《史记》七十列传第一篇《伯夷列传》中提及的人物，不管是传说时期的许由、卞随、务光，还是本传的传主伯夷、叔齐兄弟，都把个人的道德节操放在第一位，而对个人的地位、财富，甚至生命都视如草芥，说丢弃就丢弃，丝毫不觉得可惜。在《太史公自序》中，司马迁振聋发聩地指出了他创作《伯夷列传》的初衷是为了称赞"奔义"的伯夷叔齐兄弟，与争利者形成对比："末世争利，维彼奔义；让国饿死，天下称之。作《伯夷列传》第一。"③在《太史公自序》中，司马迁叙述自己创作《史记》的具体篇目时，二十多处提到"义"字，充分体现了其尚义、崇义的精神。对此，魏耕原先生做了精辟地解读和评价，他说："以上凡14义，有思义、扶义、行义、嘉义、慕义、奔义、厉义、明义、争义、达义、取义、廉义，以及某某之义，义不为，加上上文的死义、道义、礼义，一篇中多到24次，这些激切奔放凛冽满目的'义'，无不体现《史记》记述历史评判人物所闪耀的尚义精神。《自序》书终明义，是打开《史记》的一把钥匙，也是走进作者思想的巍峨肃然的大门。"④综上可知，义便是司马迁崇尚的第一精神元

---

① 〔汉〕司马迁：《史记》，北京：中华书局1982年版，第2343页。
② 魏耕原：《〈史记〉尚义精神论》，《渭南师范学院学报》2015年第7期，第13页。
③ 〔汉〕司马迁：《史记》，北京：中华书局1982年版，第3312页。
④ 魏耕原：《〈史记〉尚义精神论》，《渭南师范学院学报》2015年第7期，第14—15页。

素，也是我们解读《史记》的关键，但这也和《货殖列传》中重利的思想构成了难以协调的矛盾。

（三）对天命鬼神的信仰和质疑

在我国传统文化中，天是人类社会与自然界的最高主宰，它决定着人事活动的结果与命运，这就是所谓"天命"。人们对于天命的基本看法和观点，就是天命观。古人认为天是有意志的，它会通过鬼神等超现实的存在来赏善惩恶。鬼神是鬼与神的合称，分别指不同的生物存在。其中鬼是各种生物死亡之后所形成的，法力一般比神要小，一些鬼魂甚至惧怕人类等阳气充足的生物；神指各类神仙，是天生的或某些生物通过修炼而达到的具备某种神异法术的存在。人类的天命鬼神思想产生得很早，几乎和人类历史一样悠久，这和古代生产力落后与科学知识的极度匮乏密切相关。在人类开展社会活动、改造自然界的过程中，因为不能客观准确地解释一些自然、社会现象，便会对变化莫测的自然界感到畏惧，于是就产生了天命鬼神等迷信思想，古今中外各民族概莫能外。

1. 相信天命鬼神。司马迁所生活的西汉时期，也是我国古代天命鬼神等迷信思想盛行的时期。在《史记》中，"天命""鬼神"等词语以及其近义词汇如"天""天道""上帝""鬼""神""神灵"等出现频繁，使得《史记》充盈着浓郁的天命鬼神思想。尤其在"十二本纪"中，天命鬼神显示出无比强大甚至是决定性的力量，天命鬼神观念最为显著。如《五帝本纪》所载五帝均承天命而有神异表现，黄帝"生而神灵""有土德之瑞"；颛顼帝"依鬼神以制义""动静之物，大小之神，日月所照，莫不砥属"；帝喾"生而神灵，自言其名""明鬼神而敬事之"；帝尧"其仁如天，其知如神。就之如日，望之如云"，年老时"命舜摄行天子之政，以观天命"，舜帝"遂类于上帝，禋于六宗，望于山川，辩于群神"。《夏本纪》中大禹"薄衣食，致孝于鬼神"，并称赞舜帝"清意以昭待上帝命，天其重命用休"。《殷本纪》载商族始祖契是其母吞服玄鸟卵而生，汤因为葛伯"不能敬命"而讨伐之，征伐夏桀时说"予畏上帝，不敢不正。今夏多罪，天命殛之"。《周本纪》载周族始祖后稷是其母踩巨人脚印而生，抛弃多次而不死，其母"以为神，遂收养长之"。周武王在盟津大会诸侯，感叹大家"未知天命，未可也"，而放弃讨伐商纣，后因纣王"自绝于天"而出征。《秦本纪》

载秦族始祖大业也是其母吞服玄鸟卵而生，《秦始皇本纪》有预言"今年祖龙死"者"因忽不见"，秦始皇听后默然良久感叹说"山神固不过知一岁事也"等神秘叙事。《高祖本记》载刘邦出生乃是蛟龙盘旋于其母身上，并有人见其上空"常有龙"；后斩杀大蛇，有老妪哭诉其子被杀，接着"因忽不见"。最能表现天命思想的，是《高祖本记》的"太史公曰"中的司马迁的表述，认为汉朝"得天统矣"，即得到了天道循环的正统。此外，《史记》还常常通过叙述星宿天象变化的征兆以及梦境等来展示天命思想，通过祭祀与上帝鬼神沟通，通过卜筮等活动预示政治集团的吉凶祸福等，这些也都体现了一定的天命鬼神思想。

2. 质疑天命鬼神的存在。在《史记》行文过程中，笔者以为最能展示司马迁质疑天命鬼神思想的话语，当属《伯夷列传》记事之后的议论感慨。现抄录于下：

> 或曰："天道无亲，常与善人。"若伯夷、叔齐，可谓善人者非邪？积仁洁行如此而饿死！且七十子之徒，仲尼独荐颜渊为好学。然回也屡空，糟糠不厌，而卒蚤夭。天之报施善人，其何如哉？盗跖日杀不辜，肝人之肉，暴戾恣睢，聚党数千人横行天下，竟以寿终，是遵何德哉？此其尤大彰明较著者也。若至近世，操行不轨，专犯忌讳，而终身逸乐，富厚累世不绝。或择地而蹈之，时然后出言，行不由径，非公正不发愤，而遇祸灾者，不可胜数也。余甚惑焉，傥所谓天道，是邪非邪？①

在这段话中，司马迁首先引用《老子》第七十九章中所言，意即"天道是没有偏爱的，只是常常帮助好人。"②接着以伯夷、叔齐以及颜回为例，说明好人被饿死或早死，好人没有好报，而坏人的典型盗跖却寿终正寝。然后以近世之人为例，指出那些作奸犯科品行低下的人安逸享乐，还能传承几代而不绝，而品行高洁、公正无私之人却常常遭受到灾祸。最后指出，如果这就是所谓的"天

---

① 〔汉〕司马迁：《史记》，北京：中华书局1982年版，第2124—2125页。
② 白话史记编纂委员会：《白话史记》（第三册），台北：联经出版事业公司1979年版，第890页。

道","那么,天道到底是对呢?还是错呢?"①对天道表示了深深的困惑与怀疑。这样的上天,不但不能赏善惩恶,还助纣为虐,欺软怕硬,信之何益?

其他如《孝武本纪》的"太史公曰",细读也颇耐人寻味:"余从巡祭天地诸神名山川而封禅焉。入寿宫侍祠神语,究观方士祠官之言,于是退而论次自古以来用事于鬼神者,具见其表里。"②这段话与《封禅书》的"太史公曰"几乎完全一致,表面上看颇具天命鬼神观念,实际上现代学者结合两篇正文内容,从中读出了司马迁不迷信鬼神甚至批判汉武帝的意图。所谓"具见其表里",意即汉武帝的封禅祭祀活动,"表明上是敬事鬼神,策厉自己建大功,修至德以仰答天意,迎接瑞应,为兆民祈求无疆的休祐,骨子里却是想招致神仙,获取长生不死的方术。"③汉武帝"冀遇其真",但"自此之后,方士言神祠者弥众,然其效可睹矣。"④最后效果如何呢?汉武帝最后仍然免不了衰老生病而死去。故所谓的神仙长生之术,不过是骗人的把戏!再如《项羽本纪》"太史公曰"中,司马迁对项羽至死不悟,迷信天命,而不从人事上寻找自己失败的原因进行了尖锐地批判。而如《陈涉世家》叙述陈胜、吴广起义前所做的一系列宣传造势活动,明确了所谓天命鬼神不过是人们假借其名义而已,均对天命鬼神提出了质疑。与上文对比,司马迁对天命鬼神的态度也呈现出了一定的矛盾状态。

二、《史记》思想意蕴"抵牾"之处的成因

综上可知,《史记》在思想意蕴上存在着诸多"抵牾"之处,这正是笔者阅读《史记》时常常遇到的困惑。作为一部完整的史书,理论上应该是前后一致的,不能出现这样那样的"抵牾"。但《史记》既然客观上存在着这些思想意蕴

---

① 白话史记编纂委员会:《白话史记》(第三册),台北:联经出版事业公司1979年版,第891页。

②〔汉〕司马迁:《史记》,北京:中华书局1982年版,第486页。

③ 白话史记编纂委员会:《白话史记》(第三册),台北:联经出版事业公司1979年版,第417页。

④〔汉〕司马迁:《史记》,北京:中华书局1982年版,第1404页。

上的矛盾，也必然有其深刻的原因。下面，对此稍作分析。

（一）创作主体的复杂性

《史记》的创作主体较为复杂，其作者并非一人，而是由司马谈、司马迁父子共同完成的；且在司马迁去世之后不久，便已经缺失了十篇，后由褚少孙续补而成。故严格说起来，《史记》的作者有三人之多，差不多算是一部集体创作而完成的史书。且《史记》成书历时较久，仅司马迁撰写《史记》就花费了十余年，故《史记》创作主体的复杂性是其在思想意蕴上存在着诸多"抵牾"的一个重要原因。

司马迁在《太史公自序》中明确提到，其父司马谈在临终之际，郑重交待给自己撰写《史记》的任务："余死，汝必为太史；为太史，无忘吾所欲论著矣……自获麟以来四百有余岁，而诸侯相兼，史记放绝。今汉兴，海内一统，明主贤君忠臣死义之士，余为太史而弗论载，废天下之史文，余甚惧焉，汝其念哉！"[1]司马迁也痛哭流涕，毅然接下了这个繁重的任务，并说："小子不敏，请悉论先人所次旧闻，弗敢阙。"[2]通过父子二人的对话，可以看到，司马迁的父亲司马谈已经开始了搜集整理材料，并且撰写了《史记》若干部分的内容。唐代史学家司马贞明确说《史记》是司马迁父子共同的作品："《史记》者，汉太史司马迁父子之所述也。"[3]刘知己亦云："孝武之世，太史公司马谈欲错综古今，勒成一史，其意未就而卒。子迁乃述父遗志。"[4]综上可知，《史记》是司马迁父子共同的作品。司马谈成长并生活在汉初休养生息的时代，其时黄老思想盛行，他受时代影响，对道家思想颇为推崇。而司马迁从小师从多位儒学大师，兼收并蓄，且其时正值汉朝"罢黜百家，独尊儒术"策略逐步推进并形成之期，故对儒家思想更为服膺。正因为这样，司马谈撰写的《论六家要旨》及其它篇目

---

[1]〔汉〕司马迁：《史记》，北京：中华书局1982年版，第3295页。

[2]〔汉〕司马迁：《史记》，北京：中华书局1982年版，第3295页。

[3]〔唐〕司马贞：《史记索引序》；载〔汉〕司马迁：《史记》附录，北京：中华书局1982年版，第7页。

[4]〔唐〕刘知己：《史通·古今正史》；转引自张大可、丁德科主编：《史记论著集成》（第13卷），北京：商务印书馆，2015年版，第223页。

推崇道家，而司马迁完成的《史记》正文如《孔子世家》等篇中却更推尊儒学。同时，司马迁撰写《史记》历经十余年。在其人生的不同阶段，在面对不同的社会政治局面、经历不同的人生遭际中，司马迁前后的思想有所发展有所变化，也是非常正常的事。这些情况反映在《史记》中，其思想意蕴便会产生不一致之处，也是很自然的现象。

（二）创作对象的客观性

作为一部史书，尤其是我国历史上第一部纪传体通史，《史记》所书写的对象是多元的，纷繁芜杂的。同时，历史事件的发生、发展以及结局，历史人物的人生遭遇、人生命运、思想倾向等，都是客观存在的，不能随意更改的。尤其不同历史人物具有自身独特的经历和思想特征，他们相互之间存在差别和矛盾，也是相当正常的事情。当作者设身处地为他们撰写传记的时候，总会自觉或不自觉地表现出其独特的思想特征，这体现在《史记》的思想意蕴中，自然也会出现"抵牾"情形。

上文提及，《五帝本纪》以及《孝武本纪》中叙述了较多的天命鬼神思想，这主要是叙述对象的客观性造成的。五帝时期是中国历史的传说时代，很多事件都是口口相传而来的，在原始先民的眼中，五帝均是半人半神一样的存在，他们的故事自带天命鬼神等神秘元素，司马迁的记载不可能完全消除这些内容。而在《孝武本纪》中，司马迁虽然质疑了天命鬼神思想，但也不能不写汉武帝"巡祭天地诸神名山川而封禅"的活动。而经过先秦诸子的洗礼，不但迎来了中国人类思想史的第一次大解放，中国人类精神的第一次大觉醒，也标志着中国迈进了理性时代。而"理性文化是指以人为本的文化，是与具有浓厚宗教神学色彩的巫卜文化和宣扬天命观的礼乐文化相对而言的文化类型。"[1]而在西周末期与东周的春秋战国时代，"哲学家们对人类处境及宇宙本质的理性认识，导致了人的价值被发现和人的意义被认识，中国哲学冲破宗教神学的迷雾而步入理性文化时代。"[2]生活在西汉中期的司马迁，既是一个史学家，更是一个理性的哲

---

[1] 张群：《诸子时代与诸子文学》，济南：齐鲁书社2008年版，第17页。
[2] 张群：《诸子时代与诸子文学》，济南：齐鲁书社2008年版，第17页。

学家和思想家。他对很多哲学问题都有自己独立的认知和思考，如生命存在的价值意义、天命鬼神等。但与此同时，董仲舒的"天人感应"思想盛行，并得到了汉武帝的大力扶持。受到时代以及史官身份的双重影响，司马迁不可能与"天人感应"思潮完全划清界限，也不可能完全抛弃自己独立的思想，这体现在《史记》中，也会有意无意的产生一些"抵牾"。

（三）先秦思想文化的多元性

春秋战国是我国哲学思想奠基的时代，我国主要的学术流派，诸如儒家、道家、墨家、法家、阴阳家等，都形成和发展于这个时期。先秦时期，各种思想文化多元并存，尤其诸子各派别之间既相互关联，相互依存，更是相互独立，相互矛盾。如班固所言，诸子之间："皆起于王道既微，诸侯力政，时君世主，好恶殊方，是以九家之术蜂出并作，各引一端，崇其所善，以此驰说，取合诸侯。其言虽殊，辟犹水火，相灭亦相生也。仁之与义，敬之与和，相反而皆相成也。"[1]先秦诸子思想多元并存，且每家思想均有自己独特的视角，独特的立足点，由此形成了自己学派的独到之处。《史记》在载述其思想的时候，自然不会一概肯定或一概否定，由此在分析不同思想的时候，便会对该思想有所吸收，有所保留，从而形成了某种层面上的冲突或不一致。体现这种思想最典型的例证，便是《太史公自序》中所载《论六家要旨》一文。该文对先秦诸子中六家学派基本上都是有否定、有肯定的，否定其短处，肯定其优点。作为一个优秀的、博览群书的史官，司马迁对先秦各家思想都有较为充分的理解和认知，堪称一个兼容并蓄的杂家思想家。当这种杂家思想映射在《史记》中的时候，自然便会出现一些"抵牾"情形。

心理学上将人们很难正确认识自我、甚至无意识的拔高自我并产生一系列影响的心理现象，叫做"苏东坡效应"，这种心理现象来源于苏轼《题西林壁》一诗的名句"不识庐山真面目，只缘身在此山中"。"苏东坡效应"认为"由于人的思想往往不能全面地、精确地反映客观现实，这就常使人脑的模糊性和不确定性大于客观的模糊性；又因为人类还具有自己的伦理、道德、意识、情操，这

---

[1]〔汉〕班固：《汉书》，北京：中华书局1962年版，第1746页。

又使得人文领域的模糊性变得更为复杂。美国有位心理学家曾做过一个实验，证明了人们很难客观地认识自己，而更容易拔高自己。"[1]人们在评价自我时，常常会潜意识地拔高自己；在创作时，也会无意识地拔高自己所写内容的地位。司马迁在对不同的历史人物、历史事件进行记述的时候，应该也或多或少地存在着"苏东坡效应"吧。

（霍建波，男，山东东明人，文学博士，延安大学文学与传播院教授）

---

[1] 赵磊：《心理效应与思想工作》，上海：上海社会科学院出版社2018年版，第90页。

从地域文化看司马迁人格塑造

胡喻文

地缘政治与地理特征孕育出各具特色的地域文化,不同的地域文化对人格的塑造产生差异化影响。而青少年时期正是人格塑造的重要时间段,并将构成整个生命历程的底色,对后期为人行事产生深远延续的影响。于个人创作而言,前期的生活经历、人生体验与信息储备构成了创作人格的文化积淀,这种积淀是"接受、选择、过滤、淘汰等内在作用的结晶","既有广泛多样的信息融汇,又经过了高度的浓缩、溶化与陶冶的过程"①,这种熔铸人格的无形积淀很大程度上决定了后期的创作走向,进一步促使不同风格的作品产生。司马迁在《太史公自序》中有言:"迁生龙门,耕牧河山之阳。年十岁则诵古文。二十而南游江、淮,上会稽,探禹穴,窥九疑,浮于沅、湘;北涉汶、泗,讲业齐、鲁之都,观孔子之遗风,乡射邹、峄;厄困鄱、薛、彭城,过梁、楚以归。于是迁仕为郎中,奉使西征巴、蜀以南,南略邛、笮、昆明,还报命。"②记述了自己青少年时期的经历,而他的成长与壮游必然会对其人格塑造产生重大影响,故本文试从地域文化的视角出发,结合《史记》的撰写,考察司马迁早期人格塑造过程及塑造结果。

关于司马迁人格的研究,学界已有诸多探讨,就学术专著而言,以李长之的

---

① 李希贤、张皓:《潜创作论》,武汉:长江文艺出版社1988年版,第49页。
② 〔汉〕司马迁:《史记·太史公自序》,北京:中华书局2014年版,第10册,第3998—3999页。

《司马迁之人格与风格》①最具代表性,该书以"感情的批评主义"②的方式,立足于司马迁所处的时代文化与个人体验,系联了司马迁的人格与《史记》的文本语言。再有程世和的《司马迁精神人格论》③,以富有同理心与浪漫性的文字,刻画了司马迁伟大人格的凝聚过程。相关学术论文如高益荣的《试论司马迁的人格结构特质》④、杨波的《司马迁人格特征及成因的心理传记学研究》⑤、潘定武的《司马迁创作心理刍论》⑥,亦对相关问题作出了有益讨论与探索。先前学者丰富的研究成果是本文开展的基础。

一、三辅地区文化与司马迁人格底蕴的初步形成

司马迁出生地龙门⑦,在汉时属三辅地区。三辅地区主要包括京畿长安周围

---

① 李长之:《司马迁之人格与风格;道教徒的诗人李白及其痛苦》,北京:商务印书馆2011年版。温儒敏在《中国现代文学批评史》中评价此书:"其功夫是探寻把握作家的人格精神与创作风貌,阐释人格与风格的统一,领略作家独特的精神魅力及其在创作中的体现。"在第四章《司马迁之体验与创作(上)》中,作者勾画了司马迁前期的重要经历,对于其青年时期开始的壮游,主要着眼于司马迁在旅途中搜寻到的相关史料与设深处地体会历史人物时所产生的情感。并未侧重于这一经历对于司马迁人格的潜在塑造,及其对《史记》文本撰写产生的影响。

② 卜召林主编:《中国现代新文学批评研究》,济南:山东大学出版社,第358页。

③ 程世和:《司马迁精神人格论》,北京:商务印书馆2013年版。此书通过勾连司马迁所处时代背景与生平经历,考察其精神之动态变化,以其托生托言的《史记》为司马迁最终精神人格的凝聚。在第一章《生命的崛起》中,作者叙述了司马迁"壮游天下的伟大计划",这一部分主要侧重于司马迁在不同地域的情绪感染与精神状态,亦未重点关注地域对其人格形成的影响。

④ 高益荣:《试论司马迁的人格结构特质》,《吉林师范学院学报》1994年第4期。本篇论文通过分析司马迁的《史记》《报任安书》等一手文献资料以揭示其人格特质,并以李陵之祸为节点,将司马迁人格分为前后两个时期,指出其人格的转变与升华及人生价值的实现。

⑤ 杨波:《司马迁人格特征及成因的心理传记学研究》,《浙江师范大学学报》2002年第1期。本篇论文主要剖析司马迁的人格结构特点及成因,将其特征定位于四个维度,运用心理传记学分析方法,指出司马迁人格的形成是遗传因素与社会环境综合作用的结果。

⑥ 潘定武:《司马迁创作心理刍论》,《陕西师范大学学报(哲学社会科学版)》2005年第6期。本篇论文主要着眼于经李陵之祸后司马迁理性与激愤交变的复杂矛盾心理,同时考察了他在文化积淀影响下的创作心态,将《史记》定位于体现司马迁个人情怀的特殊心灵史诗。

⑦ 龙门:属左冯翊夏阳,在今陕西省韩城市芝川镇。

的京兆尹、左冯翊、右扶风和弘农四个地区，乃当时关中的核心地带①，司马迁主要成长环境即在此地。随着汉初政治渐趋稳定，三辅地区以京畿之利、政治之便，聚集了王公仕宦、世家大族、商贾富人、豪杰游侠等多种人群，其文化风俗各异，如"世家则好礼文，富人则商贾为利，豪杰则游侠通奸"，首先构成三辅地区"五方杂厝，风俗不纯"②的特点。这其中拥有权势财富或文化底蕴的人群颇具号召力，往往能揽集门客、聚徒讲学，进一步吸引汇聚各地文士前往，《后汉书·文苑列传》有："时三辅多士。"③亦可侧面证明当时三辅地区人才之繁盛。这促使了三辅地区文化活动的繁荣，继而使之成为汉时文化发展的核心地带。司马迁主要成长生活在这一具有丰厚文化底蕴的地区，这里的地域文化成为其人格塑造过程中的重要底色。

司马迁自幼受父亲司马谈的培养与指导，后《史记》的撰写更有承继父志的因素，可知司马谈对儿子的影响深远。故而司马迁初期的人格塑造，与其父的个人思想倾向及培养方式息息相关。司马谈身处西汉前期，汉早期君王在总结秦朝迅速灭亡的历史经验教训时，将李斯具有激进倾向的文化主张视为秦覆灭的重要原因之一。故西汉前期在政治上主张无为而治、休养生息，在文化上主张自然主义、兼收并蓄，相较于中后期尊崇儒学的文化政策，此时的文化氛围相较更为宽松自由，以"黄老之治"为主，兼采儒、法两家。三辅地区作为政治文化中心，受到的影响自然最为显著。这种兼收并蓄的文化政策与氛围，亦被主要生活在该地区的司马谈所接受与吸收，并在其总结秦汉学术流派的《论六家要旨》中体现出来。文中虽各自指出六家可取之处，但对阴阳、儒、法、墨、名五家都有所批判，以阴阳家"众忌惮，使人拘而多所畏"，儒家"博而寡要，劳而少功"，墨家"俭而难遵"，法家"严而少恩"，名家"使人俭而善失真"，对道家（即道德家）则持全盘肯定的态度④，显示出司马谈的个人思想倾

---

① 参见刘跃进：《秦汉文学地理与文人分布》，北京：中国社会科学出版社2012年版，第10页、第53页。
② 〔汉〕班固：《汉书·地理志》，北京：中华书局1962年版，第6册，第1642页。
③ 〔南朝宋〕范晔：《后汉书·文苑列传》，北京：中华书局1965年版，第9册，第2617页。
④ 〔汉〕司马迁：《史记·太史公自序》，北京：中华书局2014年版，第10册，第3993—3994页。

向——在开放包容中偏向于黄老道家。故而司马谈在教导培养司马迁时，自然也秉持着相似的文化取向对儿子进行塑造。

基于以上，司马迁应浸染于三辅地区的深厚文化底蕴中，在父亲司马谈营造的包容并蓄、自然无为的文化氛围下得以塑造成长。《报任安书》中司马迁有"仆少负不羁之行，长无乡曲之誉"①之言，以年少时未有出众才能，虽为自谦之语，亦可侧面体现出司马迁自幼并未受到过于严苛的教导，家庭文化氛围偏向宽容。但这并不意味着司马谈对司马迁的教育有所松懈，其出于家学源远流长的史官世家②，司马迁年十岁即能诵古文，定是其父多加关注与引导的结果。《史记索隐》云："案迁及事伏生，是学诵《古文尚书》。刘氏以为《左传》《国语》《系本》等书，是亦名古文也。"③《汉书·儒林传》亦有："司马迁亦从安国问故。"④目前对于司马迁师从何人尚有争议，所习具体书目亦不确切，但司马迁少年时期在父亲的引导下饱览群书是可以肯定的，并且以习经书与史书为主。这一方面构成司马迁撰写《史记》的原始知识储备，另一方面也在潜移默化中影响着少年司马迁。但更重要的是，这种大区域、小范围环境所共同营造出的文化氛围对司马迁自由不羁、包容广博的人格的塑造，故而他的思维比较开阔，对待差异接受度高。于《史记》之撰写，书中收录了一大批在传统道德上不够"完美"的人物：一边批评商鞅"天资刻薄"为人"少恩"⑤，一边肯定商鞅变法使秦国"道不拾遗，山无盗贼，家给十足"，令"秦人富彊"⑥；一边以为李斯"阿顺苟合，严威酷刑"，一边赞赏他"以辅始皇，卒成帝业"⑦；再如一边批评蒙恬"轻百姓力矣""阿意兴功"⑧，一边指出他

---

① 〔南朝梁〕萧统编、〔唐〕李善注：《文选·报任少卿书》，上海：上海古籍出版社2019年版，第5册，第1889页。

② 司马谈有言："余先周室之太史也，自上世尝显功名于虞夏，典天官事。"参见〔汉〕司马迁：《史记·太史公自序》，北京：中华书局2014年版，第10册，第4000页。

③ 〔汉〕司马迁：《史记·太史公自序》，北京：中华书局2014年版，第10册，第3999页。

④ 〔汉〕司马迁：《汉书·儒林传》，北京：中华书局2014年版，第11册，3607页。

⑤ 〔汉〕司马迁：《史记·商君列传》，北京：中华书局2014年版，第7册，第2718页。

⑥ 〔汉〕司马迁：《史记·商君列传》，北京：中华书局2014年版，第7册，第2712页。

⑦ 〔汉〕司马迁：《史记·李斯列传》，北京：中华书局2014年版，第8册，第3108页。

⑧ 〔汉〕司马迁：《史记·蒙恬列传》，北京：中华书局2014年版，第8册，第3118—3119页。

"为秦开地益众，北靡匈奴，据河为塞，因山为固，建榆中"①。进一步而言，司马迁对于不同群体的接受程度也颇高，以《游侠列传》为例，面对韩子以游侠阶层"以武犯禁"的讥讽，司马迁积极维护，为之鸣不平，"今游侠，其行虽不轨于正义，然其言必信，其行必果，已诺必诚，不爱其躯，赴士之厄困。既已存亡死生矣，而不矜其能，羞伐其德，盖亦有足多者焉"②，"而布衣之徒，设取予然诺，千里诵义，为死不顾世"③，指出游侠群体信守诺言、重义轻利等值得称道的珍贵品质。而后更讥刺拘泥之人"今拘学或抱咫尺之义，久孤于世"④，并对被贬低的布衣游侠表达同情之感："余悲世俗不察其意，而猥以朱家、郭解等，令与暴豪之徒同类而共笑之也。"⑤但在同时期稍后的《汉书·游侠传》中，班固则对这一群体基本持否定、批判的态度，不同于司马迁对郭解"更折节为俭，以德报怨，厚施而薄望"⑥的评价，班固指出："以匹夫之细，窃杀生之权，其罪已不容于诛矣。……惜乎不入于道德，苟放纵于末流，杀身亡宗，非不幸也。"⑦同时对于司马迁的肯定、包容态度表达出不满："其是非颇缪于圣人，论大道则先黄老而后六经，序游侠则退处士而进奸雄，述货殖则崇势利而羞贱贫，此其所蔽也。"⑧司马迁热情歌颂的游侠，正是班固所着力批判的。这种差异，一方面衬映出司马迁自由包容的价值取向，这使他更易接受一些在当时看来"非正统"的个人与群体；另一方面体现出二人内在人格的差异，这与他们成长的文化氛围差异有关，亦是形成"班马异同"的深层原因，此处不再赘述。

正如上文所述，三辅地区当时聚集了众多豪杰游侠，且司马迁对这一群体态

---

① 〔汉〕司马迁：《史记·太史公自序》，北京：中华书局2014年版，第10册，第4022页。
② 〔汉〕司马迁：《史记·游侠列传》，北京：中华书局2014年版，第10册，第3865页。
③ 〔汉〕司马迁：《史记·游侠列传》，北京：中华书局2014年版，第10册，第3867页。
④ 〔汉〕司马迁：《史记·游侠列传》，北京：中华书局2014年版，第10册，第3867页。
⑤ 〔汉〕司马迁：《史记·游侠列传》，北京：中华书局2014年版，第10册，第3868页。
⑥ 〔汉〕司马迁：《史记·游侠列传》，北京：中华书局2014年版，第10册，第3870页。
⑦ 〔汉〕司马迁：《汉书·游侠传》，北京：中华书局2014年版，第11册，第3699页。
⑧ 〔汉〕司马迁：《汉书·司马迁传》，北京：中华书局2014年版，第9册，第2737—2738页。

度多有赞许。游侠群体可溯源至战国士阶层，代表的是战国的士林文化，同时汉代前期承继战国诸侯贵族养士风气，淮南王、梁孝王、河间献王和吴王都以养士著称，一度造就了战国士文化的复兴与繁盛。司马迁对这一群体的包容，亦是其无形中被士林文化塑造影响的结果。除前已提及的《游侠列传》，《太史公自序》中亦表达了对于游侠的赞许态度："救人于厄，振人不赡，仁者有乎；不既信，不倍言，义者有取焉。作《游侠列传》第六十四。"①这种接纳态度在《报任安书》中同样有所体现，文中司马迁反复以士自居："仆闻之：修身者，智之符也；爱施者，仁之端也；取予者，义之表也；耻辱者，勇之决也；立名者，行之极也。士有此五者，然后可以托于世，列于君子之林矣。"②"夫中材之人，事有关于宦竖，莫不伤气，而况于慷慨之士乎！"③士林文化在塑造司马迁人格时，又带给他向往及时立功名、重义轻生的价值追求。宋人张耒《司马迁论》中指出："尚气好侠，有战国豪士之余风，故其为，叙用兵、气节、豪侠之事特详。"④这进一步使他更加注重内在人格的平等，而并不过分在乎外在条件的贵贱。反映于《史记》撰写，一方面其著述行为本身即有这一价值导向的影响；另一方面，则是书中所录之人同样主要以功名价值为导向，更重视人物的内在价值和其实现程度，而不过于考量富贵贫贱等外在条件，只要在特定的历史条件下建立功名，司马迁就为他们立传。故与《汉书》相比，《史记》更多为下层士林立传，如《刺客列传》《游侠列传》《滑稽列传》《龟策列传》，往往能在当时看来卑微低贱的人身上发现闪光点，有种人格平等的意味，这都与士林文化的影响塑造密不可分。

三辅地区与司马迁有着千丝万缕的联系，并帮助少年司马迁形成了人格中最基本与重要的兼容并包、自由平等的人格特质。

---

① 〔汉〕司马迁：《史记·太史公自序》，北京：中华书局2014年版，第10册，第4025页。
② 〔汉〕司马迁：《文选·报任少卿书》，北京：中华书局2014年版，第5册，第1888页。
③ 〔汉〕司马迁：《文选·报任少卿书》，北京：中华书局2014年版，第5册，第1889页。
④ 〔宋〕张耒：《张右史文集》，台北：台湾商务印书馆四部丛刊本1979年版，第49册，第442页。

二、游历各地与司马迁人格的再塑造

据《太史公自序》可知，司马迁自二十岁开始独自壮游，实地探访各处，感受不同的地域文化，这对他已形成基本格局的人格又进行了不同程度的再塑造。现据其自序，将他的游历行程分为三个文化氛围具有显著差异的区域——三楚地区、齐鲁地区和江南地区，分而述之。

（一）三楚地区文化与司马迁人格的持续发展

三楚地区，包括东楚、西楚及南楚地区①，文化上具备较高的一致性。据《汉书·地理志》："楚地，翼、轸之分野也。今之南郡、江夏、零陵、桂阳、武陵、长沙及汉中、汝南郡，尽楚分也。"②可大致了解汉代对于这一地区的地域划分。司马迁"浮于沅、湘"③"适长沙"④，在游历后期又至彭城⑤，深入楚地，切身体验该地文化。楚文化最具代表性的特点是神巫性与浪漫性，楚人好巫，故楚地多神巫传说，在这种浓郁的神巫氛围中，促生了充满热烈想象力、极富浪漫主义精神的文学作品，这之中又以屈原的作品为代表，"屈赋之奇，主要表现为丰富的幻想、想象，以及大量引用古代神话"⑥，鲜明体现出三楚地区文化孕育下的作品特色。而这种文化特质，潜移默化地影响着司马迁，带给他人格以浪漫好奇的特质，于《史记》撰写之影响，一方面是前人所

---

① 其具体地域划分，可参见刘跃进：《秦汉文学地理与文人分布》，北京：中国社会科学出版社2012年版，第84—101页。
② 〔汉〕班固：《汉书·地理志》，北京：中华书局1962年版，第6册，第1665页。
③ 〔汉〕司马迁：《史记·太史公自序》，北京：中华书局2014年版，第10册，第3998—3999页。
④ 〔汉〕司马迁：《史记·屈原贾生列传》，北京：中华书局2014年版，第8册，第3034页。
⑤ 彭城：属东楚，北扼齐鲁，为战国末年楚地。
⑥ 张新科：《〈史记〉与中国文学》，北京：商务印书馆2010年版，第230页。

论"爱奇"①倾向，刘勰于《文心雕龙·史传》中业已提出"爱奇反经之尤"②，主要体现于《史记》的好奇人奇才的选录标准与不符合传统经学的价值取向；另一方面则是浪漫主义与现实主义的结合，具体体现于神话与历史的结合，如《周本纪》："姜原出野，见巨人迹，心忻然说，欲践之，践之而身动如孕者。居期而生子。"③《高祖本纪》："高祖丰邑中阳里人，……其先刘媪尝息大泽之陂，梦与神遇。是时雷电晦冥，太公往视，则见蛟龙于其上，已而有身，遂产高祖。"④这类叙述，使得《史记》既具历史性，又因神话色彩而富有文学想象力。可以说，三楚文化的浸染，塑造了司马迁人格中的好奇与浪漫特质，并进一步促成了《史记》写作风格的形成。

除去屈原的作品，他本人亦作为楚文化精神人格的象征，对壮游期间实地考察的司马迁产生深刻影响。"余读《离骚》《天问》《招魂》《哀郢》，悲其志。适长沙，观屈原所自沉渊，未尝不垂涕，想见其为人"⑤，可见他对屈原作品及本人充满了认可与同情。而屈原因遭遇不幸，"发愤以抒情"⑥，找到了文学与情感之间的联结，这一精神或许在游历时期就已潜入司马迁的人格，激励他后期遭受挫折之后能发愤著述，《屈原贾生列传》中以《离骚》"盖自怨生也"⑦，《报任安书》有："屈原放逐，乃赋《离骚》……大底圣贤发愤之所为作也。"⑧足见其志。具体于《史记》撰写，书中辞章情采充满抒情性，与司马迁的个人取向

---

① 李长之的《司马迁之人格与风格》中指出："原来司马迁一生最大的特点是好奇——一种浪漫主义精神之最露骨的表现。""司马迁爱一切奇，而尤爱人中之奇。人中之奇，就是才。司马迁最爱才。司马迁常称他爱的才为奇士。"张新科的《〈史记〉与中国文学》亦有："'爱奇'就是'对特异性的历史人物的推崇与偏爱'。"包括建功立业，扬名后世的人；"隐忍就功名"的"烈丈夫"；想作为而不能的人物；游侠、刺客、商人、食客等下层人物。
② 周勋初：《文心雕龙解析》，南京：凤凰出版社2015年版，第257页。
③〔汉〕司马迁：《史记》卷四《周本纪》，北京：中华书局2014年版，第1册，第145页。
④〔汉〕司马迁：《史记·高祖本纪》，北京：中华书局2014年版，第2册，第435页。
⑤〔汉〕司马迁：《史记·屈原贾生列传》，北京：中华书局2014年版，第8册，第3034页。
⑥〔宋〕洪兴祖《楚辞补注》，北京：中华书局1983年版，第121页。
⑦〔汉〕司马迁：《史记·屈原贾生列传》，北京：中华书局2014年版，第8册，第3010页。
⑧〔南朝梁〕萧统编、〔唐〕李善注：《文选·报任少卿书》，上海：上海古籍出版社2019年版，第5册，第1897—1898页。

产生深刻连结,在《孔子世家》中明确表达对于孔子的敬仰,"《诗》有之:'高山仰止,景行行止。'虽不能至,然心向往之"①;在《酷吏列传》《平准书》中隐晦表达对于张汤的批评,"汤为人多诈,舞智以御人"②"是岁也,张汤死而民不思"③。虽与屈辞体裁不同,其内核精神却一脉相承,在作品中熔铸浓烈的个人情感,鲁迅称《史记》为"史家之绝唱,无韵之《离骚》",即发现了二者的相通性,也揭示了以屈原为代表的楚地文化对司马迁人格及创作的影响。同时屈原为人清高劲直,作品中亦具有强烈批判性,锋芒所指,上至君王,下至党人,慷慨陈词。司马迁上承屈原的为人行事,人格中多了刚毅无畏的特质,故能为李陵仗义执言,亦在《史记》中批判汉代帝王④、平庸官僚、酷吏小人,"具有强烈的战斗精神,实乃后代史书所不敢言"⑤。楚地文化对司马迁的影响是深刻且持久的,并进一步帮助塑造了《史记》浪漫、抒情及富有批判性的特点。

(二)齐鲁地区文化与司马迁人格的多面塑造

齐鲁地区,主要指战国、秦时的齐、鲁两国故地。据《汉书·地理志》,"东有甾川、东莱、琅邪、高密、胶东,南有泰山、城阳,北有千乘,清河以南,渤海之高乐、高城、重合、阳信,西有济南、平原,皆齐分也"⑥,"东至东海,南有泗水,至淮,得临淮之下相、睢陵、僮、取虑,皆鲁分也。"⑦因两地文化同源相近,故放在一起探讨。司马迁"北涉汶、泗,讲业齐、鲁之都,观孔子之遗风,乡射邹、峄;厄困鄱、薛、彭城"⑧,可见其曾前往齐鲁多地,并在此停

---

① 〔汉〕司马迁:《史记·孔子世家》,北京:中华书局2014年版,第6册,第2356页。
② 〔汉〕司马迁:《史记·酷吏列传》,北京:中华书局2014年版,第10册,第3811页。
③ 〔汉〕司马迁:《史记·平准书》,北京:中华书局2014年版,第4册,第1730页。
④ 司马迁敢于批判君王,一方面有屈原人格带给他的深刻影响。另一方面,可能还因司马迁在楚地实地了解到刘邦由布衣至帝王的过程,这一定程度上对司马迁的王道观产生了影响,使得帝王君主在他心中不再神圣不可侵犯,从而促进他对这类人物进行客观独立的评价,而非一味的歌颂。这是楚地文化综合塑造下的结果。
⑤ 张新科:《〈史记〉与中国文学》,北京:商务印书馆2010年版,第225页。
⑥ 〔汉〕班固:《汉书·地理志》,北京:中华书局1962年版,第6册,第1659页。
⑦ 〔汉〕班固:《汉书·地理志》,北京:中华书局1962年版,第6册,第1662页。
⑧ 〔汉〕司马迁:《史记·太史公自序》,北京:中华书局2014年版,第10册,第3999页。

留较久，后期又"从巡祭天地诸神名山川而封禅焉"①，随武帝封禅再一次前往齐鲁地区，故而司马迁受到齐鲁文化的影响颇大。齐鲁地区乃儒学发源地，文化以经学为代表②，刘跃进即指出："西汉儒学之兴，首倡于齐、鲁。"③《鲁诗》《齐诗》《穀梁春秋》《公羊春秋》《今文尚书》皆出于齐鲁。齐鲁经学以孔子为代表，司马迁自述曾实地观仰孔子遗风，《孔子世家》中亦有更详细的论述：

> 余读孔氏书，想见其为人。适鲁，观仲尼庙堂车服礼器，诸生以时习礼其家，余祗迴留之不能去云。……可谓至圣矣！④

可知司马迁本就因早年读书对孔子心生崇敬，"想见其为人"，前往鲁地考察孔子故地与遗风后，敬仰之感愈发强烈，并以之为"至圣"，足见孔子对早期司马迁人格影响之巨大。后《史记》中孔子是唯一以布衣身份进入世家体例的，又侧面体现出这一影响。对于孔子作《春秋》明王道之事，司马迁有："夫《春秋》，上明三王之道，下辨人事之纪，别嫌疑，明是非，定犹豫，善善恶恶，贤贤贱不孝，存亡国，继绝世，补敝起废，王道之大者也。"⑤除此，司马迁在《孔子世家》《儒林列传》《十二诸侯年表》中亦表达了对孔子作《春秋》的高度赞同。可见孔子的著述行为深刻影响了司马迁的著述观，后司马迁更将孔子作《春秋》与自己著《史记》连结起来，成为他著史的最终目的："先人有言：'自周公卒五百年而有孔子。孔子卒后至于今五百岁，有能绍明世，正《易传》，继《春秋》，本《诗》《书》《礼》《乐》之际？'意在斯乎！意在斯乎，小子何敢让焉！"⑥把《史记》的撰写定位于承继孔子《春秋》的王道文化传统。其中孔子以王道贬损现实政治的精神亦对司马迁产生了强烈感召，而后《史记》中体现

---

① 〔汉〕司马迁：《史记·封禅书》，北京：中华书局2014年版，第4册，第1685页。

② 此处从儒学大处着眼，故合而论之。具体而言，齐、鲁经学仍有差异，刘跃进指出："鲁学往往更加注重经学的本质，而齐学则擅长于对经学的阐释。"如就《尚书》而言，齐地尚今文，以《今文尚书》为重，鲁地则尚古文，以《古文尚书》为重。

③ 刘跃进：《秦汉文学地理与文人分布》，北京：中国社会科学出版社2012年版，第111页。

④ 〔汉〕司马迁：《史记·孔子世家》，北京：中华书局2014年版，第6册，第2356页。

⑤ 〔汉〕司马迁：《史记·太史公自序》，北京：中华书局2014年版，第10册，第4003页。

⑥ 〔汉〕司马迁：《史记·太史公自序》，北京：中华书局2014年版，第10册，第4002页。

的王道德治精神及美刺井然的现实批判精神都能看出孔子著述行为的潜在影响。可以说，齐鲁地区的儒家文化，加深了本就根植于青少年司马迁人格中的儒学特质，因崇敬孔子的"至圣"人格，实地观仰后，又进一步加强了这一塑造，促使他在行事与写作时都与之看齐，在这一时期将儒学内核深化于人格并贯穿始终。值得一提的是，齐学代表邹衍和董仲舒，可能亦在一定程度上对司马迁德治重民、天人感应的儒学思想产生了影响。

另一方面，齐地临海，占有渔盐之利，故历代重经济，工商业发展较快，"其俗宽缓豁达"①，这使该地文化中又有开放务实的一面，这一氛围促进了司马迁以更加开阔客观的态度看待经济利益与商贾富人。于其后期撰写而言，最直观的影响应该是《货殖列传》一篇，文中提到："千金之家比一都之君，巨万者乃与王者同乐。岂所谓'素封'者邪？非也？"指出富庶的"千金之家"是无官爵封邑而富比封君的人，又有："子贡结驷连骑，束帛之币以聘享诸侯，所至，国君无不分庭与之抗礼。夫使孔子名布扬于天下者，子贡先后之也。此所谓得执而益彰者乎？"②指出当时经商者虽无公认的社会地位，但实际上他们已经能够以其经济实力左右一些事情，司马迁以为孔子名扬天下，子贡的物质贡献不可忽视。对于自己十分尊崇的人格榜样，司马迁亦不避讳经济方面的因素，足见他对于商贾之人地位与贡献的认可与客观认识，体现出齐鲁文化另一方向的影响。

（三）江南地区文化与司马迁人格的再次丰富

江南地区，主要包括会稽、九江、丹阳、豫章、庐江、广陵等郡，据《汉书·地理志》："江南地广，或火耕水耨。民食鱼稻，以渔猎山伐为业，……饮食还给，不忧冻饿，亦亡千金之家。"③可知汉代江南地区相比于关中地区发展较慢，文化发展自然亦缓于核心地区，西汉时期还有"关东出相，关西出将""文学皆出山东"④等流行语可供佐证。故而江南地区缺乏来自北方正统的儒学氛围，

---

① 〔汉〕司马迁：《史记·货殖列传》，北京：中华书局 2014 年版，第 10 册，第 3963 页。
② 〔汉〕司马迁：《史记·货殖列传》，北京：中华书局 2014 年版，第 10 册，第 3982 页。
③ 〔汉〕班固：《汉书·地理志》，北京：中华书局 1962 年版，第 6 册，第 1666 页。
④ 刘跃进：《秦汉文学地理与文人分布》，北京：中国社会科学出版社 2012 年版，第 153 页。

与西汉中后期开始大力提倡的正统儒学保持着一定距离。而道家思想却在这一地区有着广泛影响,在这一文化背景下,江南文人更少有传统儒家尊卑思想的束缚,"在江南文化基因中,离经叛道的色彩比较浓郁"[1]。据司马迁自述,知其在江南地区游历主要偏向于史料的收集,"南游江、淮",考察韩信相关史料,"吾如淮阴,淮阴人为余言,韩信虽为布衣时,其志与众异。其母死,贫无以葬,然乃行营高敞地,令其旁可置万家。余视其母冢,良然"[2];"上会稽,探禹穴,窥九疑"[3],实地考察传说中禹的葬身之处。江南地区的文化带给司马迁人格方面的塑造与影响则不好加以揣测,但基于司马迁自幼在三辅地区受到的教育与形成的包容开放的个性,对这一地区不重尊卑、离经叛道的文化色彩定有所共鸣,并应在一定程度上进一步加强丰富了他人格中这一方面的特质。

历经三个主要的文化区域,青年司马迁结束了他的游历,回到长安(即三辅地区)。因为这次漫游属于司马迁个人行为,不带有任何官方使命,故而司马迁在实地搜集一手史料的同时,能深入浸染于当地文化,与不同人物产生情感上的共鸣,受到不同地域文化潜移默化的影响。已初步成形的人格在此基础上被再次塑造,最终构成了影响其一生的人格底色。至于后来司马迁迁仕为郎中,带着官方使命出使西南,最直接的影响就是《西南夷列传》,"司马迁这一次的收获,除在国家方面不言外,在文学上乃是《西南夷列传》那篇韵致的地理文之产生"[4]。之后司马迁亦随汉武帝至各地视察,这也为撰写《史记》提供了诸多史料。但这种宦游或者伴游性质的出行,一方面使司马迁带着官方使命的包袱,一方面其年纪已逐渐增长、见识已逐渐丰富,故对于司马迁人格塑造的影响已大不如其早期的个人游历。

---

[1] 刘跃进:《秦汉文学地理与文人分布》,北京:中国社会科学出版社2012年版,第157页。
[2] 〔汉〕司马迁:《史记·淮阴侯列传》,北京:中华书局2014年版,第8册,第3187页。
[3] 〔汉〕司马迁:《史记·太史公自序》,北京:中华书局2014年版,第10册,第3998页。
[4] 李长之:《司马迁之人格与风格;道教徒的诗人李白及其痛苦》,北京:商务印书馆2011年版,第84页。

三、结语

　　文化的塑造力量很大,这一过程是缓慢的、隐性的、无法拒绝的,但塑造结果又是深远的、显性的、自然而然的。它发生在每个人身上,却又因个人经历不同产生不尽相同的结果。尽管我们无法把握文化塑造人格的动态全过程,但我们仍可以通过勾连个人行迹,考察不同的区域文化,来把握这一塑造的趋向与结果。

　　青少年时期形成了影响司马迁一生的人格特质,在成长地三辅地区,司马迁浸染于浓厚的京畿文化氛围中,于父亲司马谈的教导下诵读经史,形成了包容广博、自由开放的人格初底色。后青年时期游历中国,随着深入各地对司马迁开放人格又产生不同方向的再塑造:三楚地区带来的浪漫好奇与刚直不阿的特质,以及内化于心中的发愤著书的志向;齐鲁地区浓重的儒学色彩与圣人孔子的强烈感召,以及不同于主流观点而客观看待经济利益的价值取向;江南地区又一次引起共鸣的离经叛道文化,都在潜移默化中促使司马迁形成了影响整个生命历程的人格。《史记》的书写亦深刻受到其人格的影响,体现出极具个人特色的特质,书中包含的思想倾向和价值判断正是司马迁早期在不同文化氛围中被综合塑造下的结果的显化。值得注意的是,一部伟大作品的产生必然是作者的个人才智与机遇、家学传承与使命,及其所处的社交网络、思想政治背景、地域文化等多重复合因素影响下呈现出的结果。本文的撰写并非以为司马迁人格的形成是地域文化这单一因素造成的,而是侧重于关照地域文化的角度,以期勾勒文化对于司马迁个人及其著述的塑造过程及结果影响,加强读者对地域文化之于作者人格及其作品重要性的认识。

　　　　　　　（胡喻文,女,江苏南京人,陕西师范大学文学院博士研究生）

《史记》中的边疆民族关系构建与民族共同体意识

刘 爽

《史记》中有六篇书写边疆民族历史的传记，即《匈奴列传》《大宛列传》《东越列传》《南越列传》《朝鲜列传》《西南夷列传》，构成了一部西汉边疆民族史，是了解西汉民族关系的重要文献。司马迁条理清晰地梳理了以上边疆民族的形成历史以及和西汉亦战亦和的民族关系，更重要的是其在看待边疆地区民族关系的问题上所提倡的互相尊重、和平共处的民族思想，对现今构建和谐共赢的民族关系具有重要的启示意义。

一、《史记》中边疆民族关系的构建

《史记》是第一部将边疆民族历史纳入中央王朝正史书写的历史文献，这开拓性的壮举既是时代需要又是司马迁个人大历史观的集中展现。六篇边疆民族传记构成了一部边疆民族史，是了解西汉与边疆民族关系的重要文献。在周边民族关系的构建中，西汉同匈奴的关系无疑是重中之重，从六篇传记的篇幅来看，匈奴列传也是篇幅最长且论述最为详细的一篇。根据《史记·匈奴列传》所载，西汉同匈奴的边疆民族关系构建呈现如下动态变化之势。

（一）西汉同匈奴民族关系的构建

和亲政策始于汉高祖刘邦。由于楚汉争霸疲于兵革，无暇顾及北方匈奴，匈奴便趁机得以发展，进入匈奴最强时期——冒顿单于时代。冒顿于公元前209年自立为单于，开始扩疆拓土。大破东胡王，西击走月氏，南并楼烦、白羊河南王，北服浑庾、屈射、丁灵、鬲昆、薪犁诸族，控弦之士达三十余万。公元前

200年，冒顿入侵马邑，韩王信投匈奴。汉高祖刘邦亲率大军攻打匈奴，曼丘臣等扶赵利为赵王，合韩王信及匈奴兵反击汉军。汉军被围于白登七日不得出，经私下交涉冒顿单于解围一角使高祖得还。因高祖征伐匈奴以失败告终，又值西汉初立，亟待休养生息发展生产力，高祖听从刘敬建议，自此后岁奉匈奴絮缯酒米食物各有数，并约为昆弟以和亲。

汉孝惠帝、吕太后时期，延续高祖和亲政策。公元前192年，匈奴日渐骄横。冒顿给吕太后书，妄言。据《史记索隐》案：

> 《汉书》云"高后时，冒顿寝骄，乃使使遗高后书曰：'孤愤之君，生于沮泽之中，长于平野牛马之域，数至边境，愿游中国。陛下独立，孤愤独居。两主不乐，无以自虞，愿以所有，易其所无。'"

信中充满对吕太后的侮辱和轻视，愤怒之余，面对匈奴这个强大的对手，吕太后只得隐忍不发。在诸将的劝说之下，对匈奴仍然采取和亲政策。

汉文帝时期仍然延续和亲政策。汉文帝四年（前176），匈奴灭月氏，定楼兰、乌孙及其旁二十六国。至此匈奴统一了北方的游牧民族，基本控制了西域，建立了一个东至朝鲜、西达中亚、北至贝加尔湖的大帝国。由于匈奴新破月氏，需要休养生息，连年战争毕竟损耗不小；另一方面同汉朝作战不能轻易攻破，耗时耗力，不利发展。而和亲政策利大于弊，冒顿单于主动上书孝文帝求和亲。这封书写得颇为自信，开头便言："天所立匈奴大单于敬问皇帝无恙。"①"天所立"三个字强调了自己政权的神圣地位，即由天所授，彰显了与汉朝天子同等的神权地位。接着解释了右贤王入居河南地，侵盗边塞小城、杀掠人民行为的原因：是汉使先冒犯了右贤王，而右贤王没有请示就出兵入侵边塞小城，这事他并不知情，将事件起因归结为汉使无礼在先。虽然冒顿单于在信中特意解释此事是想求和亲而做出的让步，但却没有认定自己为过错方。接下来他开始炫耀军功："以天之福，吏卒良，马强力，以夷灭月氏，尽斩杀降下之。定楼兰、乌孙、呼揭及其旁二十六国，皆以为匈奴。诸引弓之民，并为一家。北州已定，愿寝兵

---

①〔汉〕司马迁：《史记·匈奴列传》，北京：中华书局2014年版，第3501页。

休士卒养马，除前事，复故约，以安边民，以应始古，使少者得成其长，老者安其处，世世平乐。"①从这些军功当中可以看出，冒顿认为自己完全有和汉朝一战的实力，如果汉朝不愿意和亲，发动战争也不是不可能。但在最后，冒顿最终做出了让步："未得皇帝之志也，故使郎中系雩浅奉书请，献橐他一匹，骑马二匹，驾二驷。皇帝即不欲匈奴近塞，则且诏吏民远舍。使者至，即遣之。"②从这封给汉文帝的上书中，我们看到了冒顿单于态度发生的微妙变化。汉惠帝时期对吕太后的态度是相当轻慢且充满着挑衅意味；但此时却有所和缓，虽然整体态度依然强硬，但还是做出了一些让步。从此信中可看出汉匈双方在外交上此消彼长的动态变化之势。对于汉朝而言，即使拿到了北方的土地也无法长久居住，而和亲既能解决外患，又能免于战乱发展国力，故继续选择和亲政策。

公元前174年，即汉文帝六年，匈奴冒顿单于卒，子老上单于稽粥嗣位。汉文帝遣宗室女为单于阏氏，和公主一同前往的还有宦者中行说。司马迁很擅常通过几个重要人物来揭示事件始末。中行说在宫中是个并不起眼的人物，而司马迁却将他作为线索人物入史，通过他投靠匈奴对抗汉朝等一系列行为作为线索，揭示了汉匈双边关系的复杂性。中行说临行前说："必我行也，为汉患者。"怀着对汉朝的仇恨，他向老上单于提出了一系列不利于汉匈关系和平共处的建议。当单于耽于汉物之美时，他提醒单于不要迷恋汉物，否则就会尽归于汉。从这里能比较明显的看到单于已经被中原文化所吸引，正在走向对中原文化的认同道路上，却被中行说强行拦截；当汉朝天子用一寸之牍给单于书时，中行说却让单于用两寸之牍给天子回信，而印封均要大于汉朝尺寸。称谓比冒顿单于还要嚣张，称自己为"天地所生日月所置匈奴大单于"。这些由中行说所发起的挑衅行为，恶化了汉匈关系。在中行说的教唆下，公元前166年，匈奴老上单于率十四万骑，陷朝那、萧关，烧回中宫，连年侵犯汉地，而云中、辽东最甚。汉文帝致书匈奴求和，匈奴亦使人报聘，又和亲。虽然中行说作为背叛汉朝的典型人物对汉匈关系并没有起到促进的作用，故而饱受诟病。但从中行说和汉

---

① 〔汉〕司马迁：《史记·匈奴列传》，北京：中华书局2014年版，第3501页。
② 〔汉〕司马迁：《史记·匈奴列传》，北京：中华书局2014年版，第3501页。

使的辩论中可以看出，汉朝对匈奴的了解并不够深入。关于匈奴俗贱老、父子穹庐而卧等问题上中行说几番诘问得汉使哑口无言。从这一层面而言，是司马迁大历史观视角的体现。仅以汉朝为中心的历史书写并不能全面而广阔的反映当时的事实，中行说为匈奴辩护显然是站在匈奴的立场上来反观汉朝。两种视角相互观照，不仅反映出司马迁擅于驾驭宏大叙事的广阔视野，更体现出他对历史书写对象的平等对待，更彰显出其提倡互相尊重的民族观。

公元前152年，汉景帝五年，与前期西汉对匈奴政策相比，除了自高祖以来的基本政策和亲之外，汉景帝还对匈奴开通关市。这项政策从很大程度上加深了汉匈之间的交往，对营造和谐的民族关系起到了积极作用。同时，在对待归降的匈奴旧部时，汉景帝还采取封侯的政策来安抚降者，进一步扩大了中原对边疆的影响力。据《史记·孝景本纪》记载："中三年冬，罢诸侯御史中丞。春，匈奴王二人率其徒来降，皆封为列侯。"①《史记·韩信卢绾列传》："汉景帝中五年，汉故燕王卢绾子卢他之，以匈奴东胡王附汉，汉封之为亚谷侯。"②汉景帝时期构建了比较和谐的汉匈关系，边境只有较小的盗患，并无大寇。这与他采取和亲、遗财物、通关市、宽待降者等政策密切相关，经过60多年的休养生息，汉朝已经具备了强大的国力，为汉武帝构建新的边疆关系奠定了坚实的基础。

公元前140年，汉武帝即位。明和亲约束，厚遇，通关市，饶给之，延续了汉景帝的边疆政策。但与前代不同的是，武帝还实行了武力征伐和通使西域的政策。公元前133年，大行王恢计诱匈奴深入马邑，伏兵欲歼之，军臣单于发觉，急退，王恢下狱自杀。从此匈奴绝和亲，与中国决裂，岁岁入侵，此后拉开了武帝征伐匈奴的大幕。关于几次汉匈之间的战争情况对比见下表所示③：

---

① 〔汉〕司马迁：《史记·孝景本纪》，北京：中华书局2014年版，第445页。
② 〔汉〕司马迁：《史记·惠景间侯者年表第七》，北京：中华书局2014年版，第1005页。
③ 此表根据《史记·匈奴列传》，林幹《匈奴历史年表》，王子今《匈奴经营西域研究》书后附《秦汉西域历史大事年表》、刘坦《史记纪年考》编制。

	时间	汉将	派遣士兵	匈奴派遣士兵	结果
反击匈奴	公元前129年，汉遣四将军击胡	卫青—上谷	10,000骑	—	得胡虏700人
		公孙贺—云中	10,000骑		0人
		公孙敖—代郡	10,000骑		折7,000余人，汉囚，赎为庶人
		李广—雁门	10,000骑		被匈奴生擒，后亡归。汉囚，赎为庶人
	公元前128年，匈奴两万骑入汉	辽西太守	—	20,000骑	辽西太守被杀，略两千余人
		渔阳太守	—		败千余人
		韩安国	—		韩安国及千余骑被围，燕至救之
		卫青—雁门 李息—代郡	30,000骑		得首虏千人
河南之战	公元前127年卫青出云中至陇西，击胡之楼烦、白羊王于河南	卫青—陇西	—	—	得胡首虏数千，牛羊百余万，取河南地，筑朔方
	公元前126年，伊稚斜单于入代郡、雁门	代郡太守恭友	—	数万骑	杀代郡太守，略千余人。入雁门，杀略千余人
	公元前125年，入代郡、定襄、上郡	—	—	90,000骑	杀略数千人
	公元124年，汉出朔方高阙击胡	卫青为大将军六将军	100,000余人	—	得右贤王众男女15,000人，俾小王十余人
		代郡都尉朱英	—	10,000骑	杀朱英，略千余人
	公元前123年，汉出定襄击匈奴	卫青为大将军六将军	100,000万骑	—	得首虏9,000余级，汉亡两将军，折军3,000余骑。前将军赵信降匈奴

续表

	时间	汉将	派遣士兵	匈奴派遣士兵	结果
河西之战	公元前121年，春，出陇西击匈奴	霍去病（骠骑将军）	10,000骑	——	得胡首虏18,000余级，破得休屠王祭天金人
	夏，出陇西北地击匈奴	霍去病（骠骑将军）公孙敖（合骑侯）	——	——	得胡首虏30,000余人，俾小王以下70余人
	出右北平击左贤王	张骞（博望侯）李广	——	——	李广被围，折4,000人，亦杀胡4,000余人。后张骞至得脱。张骞和公孙敖赎为庶人
	秋，浑邪王同休屠王降汉	霍去病	——	——	浑邪王杀休屠王，并其众40,000人降汉。自此沿边一带，陇西、北地、上郡得安
	秋，匈奴入右北平、定襄	——	——	各数万骑	杀略千余人
漠北之战	公元前119年，汉出定襄、代击匈奴	卫青—定襄 霍去病—代	140,000骑		斩捕匈奴首虏19,000余级；霍去病同左贤王交战，的胡首虏70,000余级。霍去病封于狼居胥山，禅姑衍，临瀚海而还

从表中可看出，汉朝在公元前129年第一次由卫青夺得了对匈奴的胜利之后，经过五年势力相当的对抗，于公元前124年、公元前120年大举击胡，基本让匈奴无还手之力。尤其是公元前120年霍去病大败匈奴，封狼居胥山、禅姑衍，可以说是自秦始皇以来的第二次封禅。这意味着汉朝对边患问题得到较好解决，具有划时代的深远意义。到公元前120年，匈奴的势力已经开始衰退。至且鞮

后单于时，已经完全没有冒顿单于时期的霸气和嚣张，他甚至说："我儿子，安敢望汉天子！汉天子，我丈人行也。"从公元前129年开始，历时44年，汉朝的反匈奴之战取得了胜利。战争从根本上摧毁了匈奴赖以发动骚扰战争的军事实力，使匈奴再也无力对汉王朝构成巨大的军事威胁。战争中，匈奴被歼人数累计高达15万之多，已无力再与汉室相抗衡。匈奴失去水草丰盛、气候温和的河南—阴山和河西两大基地，远徙漠北苦寒之地，人畜锐减，开始走向衰落。

除了对匈奴进行军事上的打击之外，要想彻底打垮匈奴，争夺西域的经营权是不可避免的。当张骞"凿空"西域之后，汉朝逐渐从匈奴手中掌握了西域的经营权。不仅在军事上予以打击，在经济上也进一步削弱了匈奴的控制，从而重创匈奴，解决了边患问题。公元前138年，张骞应征出使西域，主要目的为联合大月氏抗击匈奴。但半路被匈奴截去，滞留近十年。期间，他到达了大宛、大月氏、大夏和康居等地，充分了解匈奴及西域诸国的地形、军事实力、生活习惯、文化风俗和地产风物。同时获得了西域诸国的爱戴。虽然张骞通过赂遗汉物来说服大宛送他返汉得以奏效，但在他好不容易到访大月氏时，大月氏却满足于自己的小康生活，没能说服大月氏同汉联合抗击匈奴。在颠沛流离了十三年后，张骞终于在公元前126年回归汉朝。张骞"凿空"西域，为汉军提供了极有价值的军事情报，同时还高瞻远瞩的为汉朝攻打匈奴制定军事方案。公元前124年的漠南之战，使汉朝进一步巩固了朔方要地，迫使匈奴主力退却漠北一带，远离汉境。并将匈奴左右两部切断，以便分而制之。这都与张骞"凿空"西域的努力密切相关。为了进一步解决匈奴问题，公元前118年，汉武帝重新启用失侯的张骞再次出使西域。此次出使的目的是要通好乌孙，来断匈奴右臂。张骞出使乌孙，巧妙利用了乌孙争夺王位的矛盾游说乌孙归汉，又带乌孙使者前往见识汉朝国力，乌孙王信服，日益重汉。此后与乌孙和亲，同乌孙建立了良好的关系，在后来的汉匈战争之中产生了重要作用。此外，张骞还遣使出使西域诸如大宛、康居、大月氏、大夏、安息等国，在之后的数年，西域诸国均与汉朝往来。公元前113年，张骞卒。此后出行西域的使者都打着博望侯的名号来博取当地人的信任，可见张骞的影响之大。"骞为人彊力，宽大信人，蛮夷爱之。"[①]作为出使西域

[①]〔汉〕司马迁：《史记·大宛列传》，北京：中华书局2014年版，第3836页。

的汉使,能十年持汉节并得到西域诸国的高度评价,足以说明张骞是一位文武双全、坚毅果敢的俊士,是能够彪炳青史的外交功臣。

武帝前期采取和亲、通关市等政策,后期采取武力攻击和文化交流政策来建构边疆民族关系,不仅解决了边患问题,同时跟西域诸国建立了良好的边疆民族关系。这样的边疆民族关系促进了中国与中亚、西亚各国人民的友好往来,扩大了中外交流。帮助解除了东北、西北各少数民族所受匈奴的威胁,送去了汉族先进的农业、手工业技术和文化成就,促进各族人民的通商和友好往来,推动了边疆少数民族的发展和民族间的融合,也使中国同中亚、西亚各国的经济文化交流比较通畅地开展起来。

(二)汉朝同西南夷、东越、南越及朝鲜的边疆关系构建

由于汉朝在构建同西南夷、东越、南越、朝鲜的边疆关系中情况较为类似且时间和事件均有交叉,为论述方便将四者放置一起讨论,四地大事件交叉时间见下表[①]:

时间	汉朝	西南夷	东越	南越	朝鲜
公元前135年	1. 汉武帝遣王恢出豫章、大农令韩安国出会稽,夹击闽越 2.派唐蒙通夜郎	汉在夜郎置犍为郡	闽越王弟馀善杀闽越王郢投汉。汉封丑为越繇王,继又封馀善为东越王(自此闽越变东越)	闽越攻打南越,南越求汉出兵。后遣太子赵婴齐入中国,充任汉武帝宿卫	
公元前112年	汉政府遣大将韩千秋进兵征讨南越	置牂柯郡		南越相吕嘉不乐归中国,杀樛太后及国王赵兴,立赵建德为王	

[①] 此表根据《史记·西南夷列传》《史记·东越列传》《史记·南越列传》《史记·朝鲜列传》,王云度《秦汉史编年》编制。

续表

时间	汉朝	西南夷	东越	南越	朝鲜
公元前111年	南越故地置南海、苍梧、交趾、合浦、郁林、九真、日南、珠、儋耳、象郡十郡	西南夷叛中国，汉中郎将郭昌平之，置越嶲、汶山、武都、沉黎郡。夜郎入朝	骆馀善叛中国，称武帝	汉伏波将军路博德攻南越，陷其京都番禺、执吕嘉、赵建德，南越亡	
公元前110年	楼船将军杨僕攻东越		东越王馀善为其下所杀，尽迁其民于江淮间，其地遂空		
公元前109年	1. 中郎将郭昌攻滇国 2. 楼船将军杨仆、左将军荀彘，进兵攻朝鲜	滇王降，置益州郡			朝鲜王卫右渠攻杀辽东郡都尉，汉天子乃募天下死罪击朝鲜
公元前108年	汉在朝鲜置乐浪、临屯、玄菟、真番等四郡				朝鲜斩其王卫右渠降汉

从表中可看出，汉朝对四地的经营主要在武帝时期。汉匈之间的拉锯战从高祖时期就遗留下来，武帝时终于有了足够的国力来抗击匈奴。对于四地的经营，虽然也显示了武帝一统天下的雄心，但同经营西域相比，并没有出动汉王朝的精锐军队，经常是征募恶少年、罪人等前往。而四地的军事力量毕竟也没有匈奴那么强大，因此汉王朝更倾向于用封王、送大量财物的政策进行安抚归顺并设置郡县，而不是武力征伐。

南夷夜郎作为军事要地是击破南越的关键，从夜郎顺流而下入南越比较通畅，但经蜀地进入南越却颇为困难。于是在公元前135年，时汉新破东越，汉通过财物安抚政策在夜郎置犍为郡，作为将来经营南越的军事要塞。之后由于对抗匈奴分身乏术，西南夷几次造反兴兵耗费又无功，公孙弘上书劝武帝放弃对西南夷的经营，武帝便放弃了西夷，但没有放弃南夷和夜郎。真正促使武帝打通西南夷的起因仍是为了抗击匈奴。张骞第一次出使西域时，在身毒国发现了蜀地的竹杖和细布。他认为如果能从蜀地出发经身毒进入大夏国，就能避免匈奴的阻击，开辟一条新的西域路线，不仅能带来经济贸易往来，更是沟通西域来制衡匈奴，因此通西南夷的建议被武帝采纳。武帝派王然于等人前往寻找身毒国，却被昆明国所阻，但夜郎和滇王的自大引起了武帝的注意。后来南越反，在汉朝调遣南夷的军队攻打南越时时却遭到南夷的反抗，汉朝发兵平南越，南越破后，及汉诛且兰、邛君，并杀筰侯，冉、駹皆振恐，请臣置吏。乃以邛都为越嶲郡，筰都为沈犁郡，冉、駹为汶山郡，广汉西白马为武都郡。后又降服滇王，设益州郡，赐滇王王印。自此，完成了对西南夷的经营。

同在公元前135年，闽越郢王攻打南越，南越向汉王朝请求出兵。武帝派遣王恢出豫章、大农令韩安国出会稽，夹击闽越。闽越王弟余善慑于汉朝军威，与大臣合谋诛杀王兄郢而降汉。汉后立余善为东越王，但余善却并未诚意归顺，伺机反扑。在公元前112年，南越相吕嘉不愿归汉，杀南越樛太后及王赵兴，立赵建德为王。武帝遣大将韩千秋进兵征讨南越。此时东越王余善自请出兵8000增援汉军，却迟迟不来还私下暗通南越。韩千秋破南越后请求顺势攻打东越，武帝没有同意。公元前111年，余善自立为武帝，汉朝出兵伐东越。后余善被其下所杀，东越亡。其民迁于江淮之间，融入汉民族当中。

汉朝对朝鲜的经营开始较早，"会孝惠、高后时天下初定，辽东太守即约满为外臣，保塞外蛮夷，无使盗边；诸蛮夷君长欲入见天子，勿得禁止。以闻，上许之，以故满得兵威财物侵降其旁小邑，真番、临屯皆来服属，方数千里。"①然而随着势力的增强，传至右渠时，已经不再朝见天子，周边的小国想要建立同汉朝的关系也被右渠阻断。在这种情况下，汉朝发兵攻朝鲜。公元前109年，遣楼船将军杨仆从齐浮渤海，兵五万人，左将军荀彘出辽东。公元108年，朝鲜斩其王右渠降汉。汉置乐浪、临屯、玄菟、真番等四郡。

对西南夷的经营主要出于军事和贸易目的，南越、东越、朝鲜都不同程度上

---

① 〔汉〕司马迁：《史记·朝鲜列传》，北京：中华书局2014年版，第3618页。

是由于各自王在归顺汉朝的情况下仍然伺机一家独大,而汉朝军队同这三地交火相对于同匈奴的战争损耗程度而言是比较低的。在《史记·匈奴列传》中我们能精确地看到司马迁所展示的双方伤亡情况数字,但在这四传中却未见明显伤亡数字。在可能劝服的情况下尽量不采取武力征服,这也是汉朝在经营这四地同经营匈奴的不同之处。

总体而言,汉朝在同边疆地域构建民族关系时,呈现动态变化之势。这与当时汉朝的国力和战略制定不同有着密切关系,出于不同的经营策略的考虑,在面对匈奴时于前期采取和亲、岁贡财物、通关市等政策,武帝时期采取武力征伐、设郡县并迁居流放人口居住、通西域等政策完成了对匈奴和西域的经营。对于东越、南越、西南夷、朝鲜则以劝服归顺为主,武力征伐为辅。汉代经过近70年的休养生息,于武帝时完成了对边疆民族地区关系的构建,在秦代大一统的基础上又扩大了影响范围,使中国融入诸多其他民族,促进了各族人民之间的文化交流,加深了各族人民的交往互动,使我国成为了一个统一的多民族国家,为之后各民族进一步融合奠定了基础。

二、《史记》中的民族共同体意识

汉代对于围绕在中原王朝周边的民族态度,从一味驱逐到期望互利共赢的思想转变,从"夷夏之辨"到理性了解并试图达到互通有无的局面,再到最终形成大一统形势的变化,在《史记》"边疆六传"中有着清晰地呈现。从中能够看到司马迁在看待同边疆民族关系问题上的诸多进步的民族思想,彰显出民族共同体意识。

(一)民族同宗——海纳百川的大国情怀

司马迁认为匈奴的起源和汉族一样,都属于华夏子孙。"匈奴,其先祖夏后氏之苗裔也,曰淳维。"[①]司马迁的时代还没有产生人类学,更无法用科学的手段来研究人种归属问题,然而他却得出了几千年后与人类学家相同的结论。在

[①] 〔汉〕司马迁:《史记·匈奴列传》,北京:中华书局2014年版,第3483页。

1995年于意大利佛罗伦萨召开的国际人类学与民族学联合会中期会议的执委会和常委会上，一致通过的《关于种族概念的声明》，其中第一点就是："生活在现今的所有人类属于单一人种，即智人（Homo sapiens），并拥有共同的血统。"我国学者韩康信、潘其风先生也有相似观点：

> 中国地处亚洲的东方，地域广阔，人口众多，又是多民族的国家。但是在近十亿人口中，除了少数边缘省区的一些少数民族之外，在人种上，绝大多数属于蒙古人种主干下的各种类型。地下出土的丰富的古人类学材料证明，中国又是蒙古人种发祥地的重要地区，中国的古代和现代文明就是在这种人种学背景下繁荣昌盛起来的。[1]

对于匈奴族的人种归属他也指出：

> 匈奴族的人种构成是多元的，活动于现今蒙古人民共和国境内和西伯利亚的匈奴族居民，在种系成分上主要为蒙古人种中的古西伯利亚类型，在略晚的时期又增加了某些欧罗巴人种的因素，而生活在我国境内南流黄河两岸的匈奴族及其先民的体质类型中，则主要包括有北亚蒙古人种和东亚蒙古人种的两种成分。[2]

对于西南夷、南越、东越、朝鲜四地的民族，司马迁均认为其都属于华夏民族。这里的华夏民族显然是人种学上的定义，而不是民族学的定义。从人种学上而言我们都属于蒙古人种。只是在民族学的划分上，根据文化、生活地域、语言等因素的不同，我们属于不同的民族。司马迁正是站在民族同宗的高度上，彰显着汉朝海纳百川的大国胸怀。这种大国胸怀的彰显，是秦始皇首创的大一统思想在汉朝的进一步发扬光大，也是汉朝国力增强前提下希望兼济天下的大国风范，这是建立和谐边疆民族关系的思想基础。只有怀着民族同宗思想的开放胸襟去包容和理解其他民族的文化，在处理和周边民族关系的问题上才能尽量

---

[1] 韩康信、潘其风：《古代中国人种成分研究》，《考古学报》1984年第4期，第245页。
[2] 潘其风：《从颅骨资料看匈奴族的人种》，《中国考古学研究》（二），北京：科学出版社1986年版，第192—301页。

去避免冲突和矛盾，从而建立和谐的边疆民族关系。

（二）互相尊重——友好交往的基本要求

不可否认的是，大一统思想影响着司马迁民族思想的形成，但如果我们仔细分析汉朝和匈奴之间的关系就能发现，司马迁不仅提倡民族同宗，还提倡在相互尊重的前提下进行交往。不同于先秦时期的"夷夏之辨"，而是将边疆民族政权作为客观描述的对象入正史。这主要体现在对匈奴、西南夷等边疆民族生活习性、性格特征等的客观描述中，面对边疆民族没有情感倾向、没有好坏之分，在封建社会实属难得。又如从他在《史记·大宛列传》中描述张骞在"凿空"西域所做出的贡献及通过西域诸国对张骞的一致认可，来侧面反映他对张骞秉持互相尊重的民族意识持赞成态度：

> 然张骞凿空，其后使者往往皆称博望侯，以为质于外国，外国由此信之。[①]

张骞深入了解了匈奴及西域诸多民族的生活习惯、宗教信仰、性格特征等，尽管从当时汉朝的外交目的来看，张骞并没有真正意义上完成任务，但他深入西域多国进行交流交往，从外交的角度而言无疑是非常成功的。正是因为张骞秉持着互相尊重的交往态度，本着构建和谐边疆民族关系的愿景，才能完成同西域诸国建立友好和谐的民族关系和贸易关系、加深文化交流这一伟大成就。这也是司马迁所提倡所认可的民族思想。而这种具有平等意识的思想跟武帝所倡导的大一统思想并不相背离，大一统是外在表现，互相尊重意识是内核。武帝是想纵横天下的帝王气象，司马迁是海纳百川的大国情怀。如此西汉的民族思想才是完整而统一的。

（三）和平共处——尊重生命的人文关怀

汉武帝在大一统思想的影响下，开疆拓土，完成了同周边民族地区的经营，初步构建了同边疆的民族关系。但长年出兵同匈奴作战，对南越、东越、西南

[①]〔汉〕司马迁：《史记·大宛列传》，北京：中华书局2014年版，第3847页。

夷、朝鲜等地出兵给汉朝的国力带来了较大的损耗，大量士兵在战争中死亡，加重了百姓的生活负担。太史公曰：

> 世俗之言匈奴者，患其徼一时之权，而务谄纳其说，以便偏指，不参彼己；将率席中国广大，气奋，人主因以决策，是以建功不深。尧虽贤，兴事业不成，得禹而九州宁。且欲兴圣统，唯在择任将相哉！唯在择任将相哉！①

司马迁对匈奴长年侵扰汉地边境的问题是痛恨的，对于武帝出兵抗击匈奴的侵扰是肯定的。但后期由于汉武帝好大喜功，一定要让匈奴臣服自己，又任用并不善于抗击匈奴的李广利作为将军，因此造成了战争的失败。公元前99年，贰师将军李广利率3万骑出酒泉，死伤十分之六七，突围返回，李陵被俘。公元前97年，李广利率骑兵六万、步兵七万出朔方击匈奴，强弩将军路博德率万余骑出居延，协同李广利作战；游击将军韩说率步兵三万，因杅将军公孙敖率骑兵万余、步兵三万分别出五原、雁门击匈奴。匈奴单于亲率十万骑迎战李广利于余吾水南，双方平手撤军。公元前90年，李广利率军七万出五原，御史大夫商丘成率军二万出西河；重河侯马通率四万骑出酒泉。汉军大败，李广利降匈奴。四场大战，汉朝3负1平，损失数十万，国内经济趋于崩溃，民怨沸腾，汉武帝无奈之下停止了对匈奴用兵，下诏罪己，发展生产，恢复国力。

司马迁并不反对武帝对匈奴出兵，但在没有充分了解对方和自己的实力的情况下，只是为了建立军功就发动战争，无疑是不可取的。这会带来无谓的伤亡，给百姓带来沉重的负担和伤痛，加深民怨。在六部边疆民族列传中，《匈奴列传》中对双方交战产生的伤亡数字记录是最多也是最精确的，几乎每一次都有伤亡记录。这些数字的背后便是一个个生命的消失。他们确实立下了赫赫战功，但这种战功背后却沾染着无数人的鲜血。因此，反对发动"不参彼己"的战争体现着司马迁对生命的尊重及对个体的人文关怀。

综上所述，通过汉代边疆民族关系的构建，可以发现《史记》中的民族列传

---

① 〔汉〕司马迁：《史记·匈奴列传》，北京：中华书局2014年版，第3526页。

体现着司马迁民族同宗、互相尊重、和平共处的民族思想,这不仅在当时为构建和谐的边疆民族关系起到了正面积极意义,即使在现今处理民族关系时也具有重要的参考意义。

(刘爽,女,天津人。文学博士,渭南师范学院人文学院讲师)

《史记》列传的编撰思想刍议

屈小宁　余志海

司马迁所编撰的《史记》，是中国文化史上兼通文史哲诸多领域的伟大著作，对中国形象的塑造发挥了积极的作用。《史记》之所以取得巨大的成功，不仅仅在其兼容五体的创造性的编撰体例上，也在其选材审慎、证据可靠、行文流畅、发语精当等与编纂思想相关的环节上。自《史记》问世以来，凡称为正史者，无一不以《史记》为范本。受其影响而成的"二十五史"等史学著作为我们呈现了一个完整的国家形象，形成了我们共同的民族记忆。正如郑樵在《通志·总序》里以"史官不能易其法，学者不能舍其书"来称赞之，可见其强大的生命力。司马迁"学究天人""文通古今""成一家言"的编撰目的；以人为纲，本纪、世家等五体互补的编撰体例；人以群分比类合传，事以类聚专题叙录的编撰方法等等的重要意义在于：充分考虑到历史的构成是由更大数量的不同人群所囊括的社会阶层，甚至是包括社会底层参与形成的一种共同的趋势。在关注经济发展与社会进步的同时，还要用历史和文化的叙事来强化民族和国家的认同。这充分体现了司马迁的大历史观和大编辑格局。司马迁以"太史公曰"的方式直接评述史实人物，对后世用"编者按"传达编辑思想的方法有着直接的影响。本文基于对《史记·列传》的文本考察，集中梳理"太史公曰"所表现出的编撰思想，以期对人物传记创作及编纂出版事业的发展和研究小有助益。

一、"世多存不书，少则书焉"的选材理念

司马迁在《太史公自序》（后文简称《自序》）中借用孔子所言"我欲载之

空言，不如见之于行事之深切著明也"①来表明自己并不想以春秋战国时期直接记录诸子言论的形式来著书立说，而是欲借助可记叙"行事"的史书来传递自己的思想观念。他借评论《春秋》"上明三王之道，下辨人事之纪，别嫌疑，明是非，定犹豫，善善恶恶，贤贤贱不肖，存亡国，继绝世，补敝起废，王道之大者也"②创造性地确立了"以人为中心"的纪传体编纂理念。在其网罗来的大量史料中，取舍裁剪之中就大有可思考的意义。如在《列传》中就为我们民族留下大批可歌可泣，"鲜活"的、有冲击力的人物形象。这固然与司马迁高超的语言驾驭能力分不开，更来源于其"通古今之变""述往思来"的编辑目的和要求。

《管晏列传》是管仲、晏婴的合传。二人虽隔百余年，但都是齐人、名相，又都为齐国作出了卓越的贡献。虽然"晏子俭矣，夷吾则奢"③，但通过"管鲍之交""解骖救贤""荐御者"等几则轶事片段表现人物的思想境界，在其行文的典型细节中，人物生动地走进了民族的文化长廊。我们读出了知己的情谊，读出了"严于律己"的修身自持，也读出了"齐桓以霸，景公以治"④的古今之变智慧；"知人荐贤，以身下之""因地制宜，助桓公以霸""节俭力行，三世显名于诸侯"的为臣之道和"知人善用"的为君之道。在"太史公曰"中"吾读管氏《牧民》《山高》《乘马》《轻重》《九府》，及《晏子春秋》，详哉其言之也。既见其著书，欲观其行事，故次其传。至其书，世多有之，是以不论，论其轶事。"⑤司马迁极力赞美管晏美德，并以"假令晏子而在，余虽为之执鞭，所忻慕焉"⑥的文字表达难遇"知己"的慨叹，这也使得《史记》饱含情感，打动后人。本传只"论其轶事"，对"世多有之"的二人言论著述略而不论，亦是应编纂体例之不同，以凸显"列传"的特征，形象鲜明由人而传史，将如何对待贤

---

① 〔汉〕司马迁：《史记》，北京：中华书局2014年版，第4003页。
② 〔汉〕司马迁：《史记》，北京：中华书局2014年版，第4003页。
③ 〔汉〕司马迁：《史记》，北京：中华书局2014年版，第4019页。
④ 〔汉〕司马迁：《史记》，北京：中华书局2014年版，第4019页。
⑤ 〔汉〕司马迁：《史记》，北京：中华书局2014年版，第2593页。
⑥ 〔汉〕司马迁：《史记》，北京：中华书局2014年版，第2600页。

才的问题、知人荐贤的主题表达的"深切著明"生动突出。

《司马穰苴列传》是"文能附众，武能威敌"的司马穰苴的单传。"太史公曰：余读《司马兵法》，闳阔深远，虽三代征伐，未能竟其义，如其文也，亦少褒矣。若夫穰苴，区区为小国行师，何暇及《司马兵法》之揖让乎？世既多司马兵法，以故不论，著穰苴之列传焉。"①重在写他诛杀齐景公宠臣庄贾以立威，严明军纪，与士卒同甘共苦以收不战而屈晋燕之师、收复失地的功效，鲜活勾勒出一代名将的鲜明形象。而因"世既多司马兵法，以故不论"，舍兵法而在略貌取神显示人物的个性特征中传递出治军的经验。不但是出于史家的客观评述，亦是太史公的善于剪裁，乃编纂之精审也。

《孙子吴起列传》是我国古代三位著名军事家的合传。作者着重写了孙武"吴宫教战"，孙膑以兵法"围魏救赵"、马陵道与庞涓智斗，以及吴起在魏、楚两国一展军事才能，使之富国强兵的事迹。全篇以兵法起，以兵法结，中间以兵法作骨贯穿始末。《自序》中言"非信廉仁勇不能传兵论剑，与道同符，内可以治身，外可以应变，君子比德焉。作《孙子吴起列传》第五。"②对于社会上所称道的《孙子》十三篇和吴起的《兵法》，因流传很广，所以不加论述，只评论他们生平行事，以凸显其军事才华，并慨叹孙膑、吴起有过人之智而不能自全的身世命运之悲，传达军事家"信廉仁勇"德行之重要的思想。如其在"太史公曰"中有言"世俗所称师旅，皆道孙子十三篇，吴起兵法，世多有，故弗论，论其行事所施设者。语曰：'能行之者未必能言，能言之者未必能行。'孙子筹策庞涓明矣，然不能蚤救患于被刑。吴起说武侯以形势不如德，然行之于楚，以刻暴少恩亡其躯。悲夫！"③

在《管晏列传》《司马穰苴列传》《孙子吴起列传》等篇后的"太史公曰"中，我们可以清楚地看出司马迁"世多存不书，少则书焉"的选材原则，略去传主"世多有之"的相关言论著作，而体现出较强的重"轶事""行事"以达到"深切著明"效果的选材编纂意识。

---

① 〔汉〕司马迁：《史记》，北京：中华书局2014年版，第2628页。
② 〔汉〕司马迁：《史记》，北京：中华书局2014年版，第4019—4020页。
③ 〔汉〕司马迁：《史记》，北京：中华书局2014年版，第2639页。

二、以"一家之言"而明事理的使命意识

司马迁在《自序》中概述了整部《史记》的创作宗旨:"网罗天下放失旧闻,王迹所兴,原始察终,见盛观衰……序略,以拾遗补艺,成一家之言。"①在《报任少卿书》中亦有大体一致的表述:"网罗天下放失旧闻,略考之行事,综其终始稽其成败兴坏之纪,亦欲以究天人之际,通古今之变,成一家之言。"②这是司马迁宏大的愿望,落实在其编纂的作品上,尤其"成一家之言"的追求,有追踪诸子的自觉。而且在《自序》中言里言外可见绍继孔子作春秋以立法则的使命感和身份觉醒的意识。所以,《史记》不仅是史学著作、文学著作,亦有哲学义理"子学"的一面。刘勰在《文心雕龙·诸子篇》中解释"诸子者"认为是"入道见志之书""博明万事为子,适辨一理为论"③,指出子学是指那些通过广博地阐述自己对宇宙和人生的"道"的深刻认识来表明自己思想观点的著作。只不过,司马迁《史记》"其'一家之言'乃借史的形式以发表耳。"④史家之编纂,明事实,显事理,正伪自现。

(一)明史家之事理:材料精审可靠以还原"真实"

《仲尼弟子列传》太史公曰:"学者多称七十子之徒,誉者或过其实,毁者或损其真,钧之未睹厥容貌,则论言弟子籍,出孔氏古文,近是。余以弟子名姓文字悉取《论语》弟子问,并次为篇,疑者阙焉。"⑤司马迁认为孔门弟子的生平事迹还是孔氏古文最接近真相,所以主要取材于《论语》,并参以《春秋左氏传》等古籍,将孔门弟子们的名字、姓氏、言行等情况,合编成文。"自子石已右三十五人,显有年名及受业闻见于书传。其四十有二人,无年及不见书传

---

① 〔汉〕司马迁:《史记》,北京:中华书局2014年版,第4027页。
② 严可均辑,任雪芳审订:《全汉文》,北京:商务印书馆1999年版,第269页。
③ 周振甫:《文心雕龙今译》,北京:中华书局1986年版,第155—162页。
④ 梁启超:《要籍解题及其读法》,长沙:岳麓书社2010年版,第21页。
⑤ 〔汉〕司马迁:《史记》,北京:中华书局2014年版,第2703页。

者纪于左"。①有几分史料说几分话,疑者阙如,详略随宜,以纠世人过誉过损之偏,尽量呈现孔门七十子的真实形象,在《孔子世家》之外以《仲尼弟子列传》传"孔氏述文,弟子兴业,咸为师傅,崇仁厉(通"励")义"②(《自序》)之盛况。

又如苏秦出身贫寒,却长于权谋机变,因游说合纵而扬名天下。但也多有传言附会不实、使其独蒙受恶名的情形。《苏秦列传》太史公曰:"苏秦兄弟三人,皆游说诸侯以显名,其术长于权变。而苏秦被反间以死,天下共笑之,讳学其术。然世言苏秦多异,异时事有类之者皆附之苏秦。夫苏秦起闾阎,连六国从亲,此其智有过人者。吾故列其行事,次其时序,毋令独蒙恶声焉。"③苏秦始以连横游说秦惠王,失败而归,转而刻苦研习《阴符》以合纵游说六国。针对不同对象,揣摩其心意,指陈其利害,使六国合纵缔约,使秦人闭函谷关达十五年。继而奔齐,为燕昭王反间,车裂而死。虽有些片段文笔夸张,近似小说家言,却也有助于战国纵横家典型形象的塑造。可见,司马迁为其立传,编列其事迹,以明其超乎常人才智的人生价值,以正世俗浅见,并通过其惭愧自伤、发奋自励、追名逐利、自矜自夸的形象,让我们去认知当时社会的炎凉世态和纵横家们的人生观、价值观,借以呈现战国风云变化的"历史事实"。

(二)明风俗之事理:为政者之好尚影响流俗。风俗移人,不可不畏

《孟尝君列传》太史公曰:"吾尝过薛,其俗闾里率多暴桀子弟,与邹、鲁殊。问其故,曰:'孟尝君招致天下任侠,奸人入薛中盖六万余家矣。'世之传孟尝君好客自喜,名不虚矣。"④战国末期,各诸侯国贵族为了维护统治地位,竭力网罗人才,以扩大自己的势力,养"士"之风盛行。司马迁以养"士"著称的"战国四公子"传记以呈现这一史实,最赞叹的是魏国的信陵君,如其《自序》所言"能以富贵下贫贱,贤能诎于不肖,唯信陵君为能行之"⑤,其传《魏公子列传》不独篇名直呼"公子",文中称"公子"竟有一百四十七次,所谓

---

① 〔汉〕司马迁:《史记》,北京:中华书局2014年版,第2695页。
② 〔汉〕司马迁:《史记》,北京:中华书局2014年版,第4020页。
③ 〔汉〕司马迁:《史记》,北京:中华书局2014年版,第2763页。
④ 〔汉〕司马迁:《史记》,北京:中华书局2014年版,第2872页。
⑤ 〔汉〕司马迁:《史记》,北京:中华书局2014年版,第4021页。

"无限唱叹,无限低徊"(《经史辨体》)①。茅坤说:"信陵君是太史公胸中得意人,故本传亦太史公得意文"(《史记钞》)②。而对其他三位各有褒贬,在其各自本传"太史公曰"中下了精准的判词:赵国的平原君"利令智昏"、楚国的春申君"当断不断反受其乱"、齐国的孟尝君"好客自喜,名不虚矣"。司马迁以"好客自喜"论孟尝君,真是颇为恰切,含蓄蕴藉。司马迁踏勘采访,实地考察民风民俗以证实之。薛邑民风至今凶暴,自不同于礼乐儒雅的邹、鲁。这与孟尝君尚力、营私、滥交的任侠作风脱不了干系。物以类聚,人以群分。宋王安石说"孟尝君特鸡鸣狗盗之雄耳"(《读〈孟尝君传〉》)③,明唐顺之说"赞其好客,美刺并显,太史公断之曰'自喜',盖斥其非公好云"(《精选批点史记》)④,清李晚芳更直接点明孟尝君好客"但营私耳"(《读史管见》)⑤,可谓的评。

风俗良善与否,治政者不可轻视。司马迁在《淮南衡山列传》中指出"淮南、衡山亲为骨肉,疆土千里,列为诸侯,不务遵蕃臣职以承辅天子,而专挟邪僻之计,谋为畔逆,仍父子再亡国,各不终其身,为天下笑","此非独王过也,亦其俗薄,臣下渐靡使然也。夫荆楚僄勇轻悍,好作乱,乃自古记之矣"⑥。本篇是淮南厉王刘长及其子刘安、刘赐的合传。淮南王、衡山王虽是天子骨肉至亲,却不遵守藩臣职责尽力辅助天子,反而图谋叛逆,致使国亡而不得尽享天年为天下人耻笑。这不只是他们的过错,也是当地习俗浇薄和居下位的臣子影响不良的结果。司马迁以此特殊的降"世家"为"列传"的处理来对刘长父子的叛逆之罪表示贬抑,同时亦是为执政者重视风俗移人的事理敲响警钟。

(三)明人生之事理:立意较然,不欺其志,名垂后世

《刺客列传》是春秋战国时代曹沫、专诸、豫让、聂政和荆轲等五位著名刺客的类传。司马迁以"公孙季功、董生与夏无且游,具知其事,为余道之"的

---

① 张大可辑评:《百家汇评本〈史记〉》,北京:商务印书馆2020年版,第56—562页。
② 张大可辑评:《百家汇评本〈史记〉》,北京:商务印书馆2020年版,第561页。
③ 张大可辑评:《百家汇评本〈史记〉》,北京:商务印书馆2020年版,第549页。
④ 张大可辑评:《百家汇评本〈史记〉》,北京:商务印书馆2020年版,第550页。
⑤ 张大可辑评:《百家汇评本〈史记〉》,北京:商务印书馆2020年版,第562页。
⑥〔汉〕司马迁:《史记》,北京:中华书局2014年版,第3763页。

信源就社会上有关荆轲及太子丹的过分与不实的流传予以拨正，评说"世言荆轲，其称太子丹之命，'天雨粟，马生角'也，太过。又言荆轲伤秦王，皆非也"，这些都是史家还原事实之本分。刺客非圣贤之道，用暗杀手段冒险活动，大多出于"士为知己者死"的报恩思想，是有其局限性的。五人的具体事迹并不相同，如专诸、豫让、聂政等为某些个人或集团利益而效命，以今观之不足为法；但曹沫劫齐桓公迫使退还鲁地，荆轲刺秦王，并非为个人报仇，而是扶弱拯危、不畏强暴、伸张正义置生死于度外的"侠义精神"又是值得肯定的。从其传赞"自曹沫至荆轲五人，此其义或成或不成，然其立意较然，不欺其志，名垂后世，岂妄也哉"①所言，一方面看到司马迁是站在他所在的那个时代并带着他特有的身世之感和爱憎来赞颂这种刚烈精神，一方面又可以读出司马迁不以成败论英雄、重"不欺其志"的人生志向与践行的思想观念。这可以说是太史公结撰此篇的编辑思想的体现，传达人生事理，引人深思、促人振奋。

（四）明为臣之事理：尽忠为国，及时谏争，举贤荐能

《李斯列传》中太史公曰："李斯以闾阎历诸侯，入事秦，因以瑕衅，以辅始皇，卒成帝业，斯为三公，可谓尊用矣。斯知六艺之归，不务明政以补主上之缺，持爵禄之重，阿顺苟合，严威酷刑，听高邪说，废嫡立庶。诸侯已畔，斯乃欲谏争，不亦末乎！人皆以斯极忠而被五刑死，察其本，乃与俗议之异。不然，斯之功且与周、召列矣。"②司马迁在《李斯列传》中既表现了李斯的才华、智慧和真知灼见，又揭示了其贪图禄位而阿顺苟合的性格特点；既写出他位列三公的显要，又责其"知六艺"之要旨却"不务明政以补主上之缺"，推行酷刑峻法，听信赵高邪说，废嫡子扶苏而立庶子胡亥。国家出现各地群起反叛的乱局和李斯自己"被五刑死"的结局，在司马迁看来与其助纣为虐、有失为臣之道相关。否则的话，李斯的功绩真的可以和周公姬旦、召公姬奭相提并论了。可见，司马迁对李斯的描写和评论是客观、公正的。而且也因为李斯与秦朝兴亡关系密切，故而也借《李斯列传》总结了秦国重用客卿、变法图强"二十余年，竟并天下"的成功

---

① 〔汉〕司马迁：《史记》，北京：中华书局2014年版，第3078—3079页。
② 〔汉〕司马迁：《史记》，北京：中华书局2014年版，第3108—3109页。

经验和为臣谏诤失时的教训,可谓明事理,为后之治国理政者立一法则。

司马迁在列传多篇文字中叙事或评论来彰显为臣尽忠为天下安的事理。比如因"徙强族,都关中,和约匈奴;明朝廷礼,次宗庙仪法"①(《自序》)而作的《刘敬叔孙通列传》。在"太史公曰"中引古语"千金之裘,非一狐之腋也;台榭之榱,非一木之枝也;三代之际,非一士之智也"以明帝王集众智成大业的治国智慧,并以"夫高祖起微细,定海内,谋计用兵,可谓尽之矣"②为证,进而高度肯定了刘敬、叔孙通以其才智、与时变化而贡献于万世之安的为臣之道。

司马迁认为,人臣应积极地荐贤,这样才能贤人辈出,甚而武将也有荐贤之责。在《卫将军骠骑列传》中,司马迁对卫青、霍去病为明哲保身而不招选择贤略有微词。此传太史公曰:"苏建语余曰:吾尝责大将军至尊重,而天下之贤大夫毋称焉,愿将军观古名将所招选择贤者,勉之哉。大将军谢曰:'自魏其、武安之厚宾客,天子常切齿。彼亲附士大夫,招贤绌不肖者,人主之柄也。人臣奉法遵职而已,何与招士!'骠骑亦放此意,其为将如此。"③此传亦是《史记》诸篇中"善叙事理"又"寓论断于叙事"的代表。结合本传叙事,见卫、霍二人"恰逢汉武帝欲大有作为却不愿授权柄于勋旧世家之时,凭借裙带关系,青云直上;又借全汉举国之力,以凋敝百姓为代价,在对匈奴的战争中屡建奇功,窃得大名。"④司马迁以叙事为主的方式揭示卫、霍真实面目,也委婉地表达了对汉武帝发动对匈奴战争的不满。论赞部分则夹叙夹议,指出卫、霍虽尊贵无比,却谨小慎微,不敢招纳贤士,对上和柔自媚,讥讽之意昭然。

三、发掘与展现非常人物的事迹及意义

司马迁有言"扶义俶傥,不令己失时,立功名于天下,作七十列传"⑤,可

---

① 〔汉〕司马迁:《史记》,北京:中华书局2014年版,第4023页。
② 〔汉〕司马迁:《史记》,北京:中华书局2014年版,第3301页。
③ 〔汉〕司马迁:《史记》,北京:中华书局2014年版,第3564页。
④ 沈意:《微言见大义 实录寓论断——〈史记·卫将军骠骑列传〉读后》,《集宁师范学院学报》,2019年第5期,第41页。
⑤ 〔汉〕司马迁:《史记》,北京:中华书局2014年版,第4027页。

见列传有着较明显的去取标准。除此之外，司马迁还较关注一些历史人物的非同寻常的经历或凸显非同寻常的人生价值。

（一）以"智"立功，扬名诸侯

《樗里子甘茂列传》太史公曰："樗里子以骨肉重，固其理，而秦人称其智，故颇采焉。甘茂起下蔡闾阎，显名诸侯，重强齐楚。甘罗年少，然出一奇计，声称后世。虽非笃行之君子，然亦战国之策士也。方秦之强时，天下尤趋谋诈哉。"①樗里子和甘茂在对韩、赵、魏、楚等东方各国用兵方面颇有功绩，"秦所以东攘雄诸侯，樗里、甘茂之策"。②樗里子是惠王兄弟"以骨肉重"，故秦王信而不疑。历任武王、昭王两代秦相，秦人称为"智囊"。明凌稚隆指出此篇"滑稽多智"为骨的特点，并引其父凌约言的话语评说"夫秦素猜忌而残忍之国也，非智囊何以周旋其间而结数主之心耶？此太史公意也。"（《史记评林》）③甘茂则是由楚入秦的"羁旅之臣""非常之士"，任为左丞相后，却得不到秦王的真正信任，小心提防，最后还是逃往齐国。传文中既反映了这种不合理的社会现象，也对当时秦国内部及与其他诸侯国之间错综复杂的矛盾作了详细记载。几位传主以"智"立政功而扬名诸侯，尤其是十二岁成为秦国上卿、有非同寻常人生经历的甘罗也被司马迁所关注附传其后。虽然迫使东方各国相互攻伐，有秦之强大的背景，甘罗也只是借势而为，而且无礼不信、非品行忠厚君子的策士行为有其特殊的时代环境，并不值得提倡；但是甘罗能洞察时局，利用矛盾，助使秦国轻而易举地占有东方城池以广其土，其年少慧敏仍然具有非凡性而被采入史录，也是战国时代"天下尤趋谋诈"客观环境的历史书写的重要编码符号。

（二）善用计谋，出奇制胜

《田单列传》是战国齐国将领田单的传记，篇幅不长，司马迁记录了"湣王既失临淄而奔莒，唯田单用即墨破走骑劫，遂存齐社稷"④的非凡经历。齐国曾

---

① 〔汉〕司马迁：《史记》，北京：中华书局2014年版，第2818页。
② 〔汉〕司马迁：《史记》，北京：中华书局2014年版，第4020页。
③ 张大可辑评：《百家汇评本〈史记〉》，北京：商务印书馆2020年版，第533页。
④ 〔汉〕司马迁：《史记》，北京：中华书局2014年版，第4021页。

经非常强大，齐潜王攻打燕、楚、秦等多国，并攻占宋国，扩充国土一千多里，但很快受到燕昭王联合赵、楚、韩、魏的五国大军重创。整个齐国被燕军占领，只有莒和即墨两城未被攻克。田单即受命于存亡的紧急关头，巧施反间计，使燕王换将，以骑劫代替了乐毅；借力对方，让燕军割下齐国降卒的鼻子，挖齐人的祖坟，激怒齐人以增士气；与士兵同甘共苦，修筑工事，编妻妾入军中，使内部团结一心，共击燕军；麻痹敌人，让老弱女子上城守卫；派遣使者约期投降，又重金贿赂燕将。最奇者是田单的"火牛阵"："牛尾炬火光明炫耀，燕军视之皆龙文，所触尽死伤。五千人因衔枚击之，而城中鼓噪从之，老弱皆击铜器为声，声动天地。"①司马迁以其如椽巨笔，描绘出撼人心魄的声画场景，恰如清人吴见思所言："田单是战国一奇人，火牛是战国一奇事，遂成太史公一篇奇文，其声色气势，如风车雨阵，拉杂而来，几令人弃书下席。"（《史记论文》）②田单处于齐国盛衰的关键时期，以非凡智慧、非同寻常的计谋，出奇制胜，破燕于即墨，乘势光复齐国而建立功勋。司马迁在"太史公曰"中言"兵以正合，以奇胜。善之者，出奇无穷。奇正还相生，如环之无端"③，可谓极高地赞许了田单的奇事奇谋的军事天才。司马迁也借此篇表现其用兵打仗要"慎择良将，以计取，以奇胜"（《史记新注题解》）④的兵略思想。从本传的选材布局、场面描写和人物刻画有类小说的写法看，也可以说是司马迁好奇的编撰心态的文本体现，而且赋予了作品独特的艺术气质。

（三）轻爵禄，乐肆志

《鲁仲连邹阳列传》太史公曰："鲁连其指意虽不合大义，然余多其在布衣之位，荡然肆志，不诎於诸侯，谈说于当世，折卿相之权。邹阳辞虽不逊，然其比物连类，有足悲者，亦可谓抗直不桡矣，吾是以附之列传焉。"⑤鲁仲连是

---

① 〔汉〕司马迁：《史记》，北京：中华书局2014年版，第2975页。
② 张大可辑评：《百家汇评本〈史记〉》，北京：商务印书馆2020年版，第594页。
③ 〔汉〕司马迁：《史记》，北京：中华书局2014年版，第2976页。
④ 张大可辑评：《百家汇评本〈史记〉》，北京：商务印书馆2020年版，第594页。
⑤ 〔汉〕司马迁：《史记》，北京：中华书局2014年版，第3003页。

"好奇伟俶傥之画策,而不肯仕宦任职,好持高节"①的名士形象,胸罗奇想,志节不凡,为人排除患难、解决纷乱而一无所取。邯郸解围,平原君欲封鲁仲连,"辞让者三,终不肯受"。遗燕将书而下聊城,欲爵鲁仲连,他却逃隐于海上。"荡然肆志,不诎於诸侯",豁达潇洒,卓异超群。司马迁在《自序》中言"能设诡说解患于围城,轻爵禄,乐肆志"②,正是着意于鲁仲连非同寻常的人生样态与价值观,记录下来传之后世。他飘然远举、不受羁绁、放浪形骸的性格,为后世所传诵。而附在这篇列传里的邹阳是西汉时人,狱中作《上梁孝王书》以自达。辞虽不逊,可是他历举史实、运用比喻、纵横议论,用铮铮铁骨和不卑不亢的高尚气节证明自己的侠骨和节操,确实有感人之处,亦可谓坦率耿直不屈了。司马迁以邹阳非同寻常的经历,以及他《上梁孝王书》中一个个面对死亡不盲从不苟合的光辉形象,雄辩地揭示了君王沉谄谀则危、任忠信则兴的道理,具有借鉴警示意义。

(四)薄生死,厚节义

《田儋列传》:"……田横之高节,宾客慕义而从横死,岂非至贤!余因而列焉。不无善画者,莫能图,何哉?"③本传是秦末和楚汉相争之际齐国田氏家族的一篇合传,所写的人物多、事件多,以齐国的兴衰成败作为主线统领全篇。人物虽多,但集中笔墨,重点突出了三个人物,即田儋、田荣和田横。汉朝统一天下的大势不可阻挡,田横面临或投降"大者王,小者乃侯"的高官厚禄、富贵如故或被"举兵加诛"死亡之路的选择。田横最终选择了死亡。更令人悲叹的是他的两个随从和五百部下,得知田横自杀而死之后,也慷慨自杀就义。受过宫刑,更反复思考过死生和人生的价值与意义的司马迁用浓墨重彩满怀同情地记录了田横及其随从五百壮士慕义赴死的壮举,亦非寻常人物所能为。这既表达了深重的历史遗憾,又体现了司马迁凸显主体尚节义的人生价值的编撰理念。

---

① 〔汉〕司马迁:《史记》,北京:中华书局 2014 年版,第 2981 页。
② 〔汉〕司马迁:《史记》,北京:中华书局 2014 年版,第 4021 页。
③ 〔汉〕司马迁:《史记》,北京:中华书局 2014 年版,第 3212 页。

四、重视德性与教化的价值依归

中华文化在商周之际,由神本转向人本,树立人文的价值依归,重视修身以德配天。周公制礼作乐,行文明教化,以成道德仁义的理想社会。如果把西方文化视为"智性文化",那么中国文化则可以称为"德性文化"①。春秋战国以来士大夫阶层也形成了以"三不朽"为终极人生价值追求的共识。《左传·襄公二十四年》曾记载:"'太上有立德,其次有立功,其次有立言',虽久不废。此之谓不朽。"②孔颖达注释:"立德,谓创制垂法,博施济众,圣德立于上代,惠泽被于无穷""立功,谓拯厄除难,功济于时""立言,谓言得其要,理足可传"。③但是稳定的中央集权和相对和平的外部环境的秦汉之时,要实现"立德"和"立功"的目标无疑更加艰巨,因此秦汉时期的士大夫阶层也更容易将目光投向"立言"的价值方向。但毕竟受重德文化的影响,所以在"立言"中也关注和凸显道德教化的功用和价值。

(一)言虽外殊,其合德一

鲁迅《汉文学史纲要》将"立言传世"的二司马并论"武帝时文人,赋莫若司马相如,文莫若司马迁,而一则寥寂,一则被刑。盖雄于文者,常桀骜不欲迎雄主之意,故遇合常不及凡文人。"④司马迁采用"以文传人"(章学诚《文史通义》)⑤的写法为司马相如做传,将其文和赋采录最多,"连篇累牍,不厌其繁,可谓倾服之至……驱相如之文以为己文,而不漏其痕迹,借相如之事为己写照,并为天下后世怀才不遇者写照,而不胜其悲叹"(李景星《史记评议》)⑥。司马

---

① 冯天瑜等:《中华文化史》,上海:上海人民出版社1990年版,第232页。
② 左丘明:《左传》,杜预集解,上海:上海古籍出版社1997年版,第1112页。
③ 杜预注,孔颖达正义:《十三经注疏整理委员会整理:〈春秋左传正义〉》,北京:北京大学出版社1999年版,第1003页。
④ 鲁迅:《汉文学史纲要·外一种》,上海:上海古籍出版社2005年版,第49页。
⑤ 见张大可辑评:《百家汇评本〈史记〉》,北京:商务印书馆2020年版,第803页。
⑥ 见张大可辑评:《百家汇评本〈史记〉》,北京:商务印书馆2020年版,第802页。

迁通过这些文赋，表现传主对汉武盛世显赫声威的感受：铺排夸饰宫室苑囿的华美和富饶，显示高度的物质文明，既有对大一统和中央集权的赞美，又主张戒奢持俭，防微杜渐，并婉谏超世成仙之谬，呈现出封建盛世之下知识分子的矛盾心情。司马迁对相如及其文赋的评价，既寓于相如的文章之中，也明于最后的论赞中。"太史公曰"："春秋推见至隐，易本隐之以显，大雅言王公大人而德逮黎庶，小雅讥小己之得失，其流及上。所以言虽外殊，其合德一也。相如虽多虚辞滥说，然其要归引之节俭，此与《诗》之讽谏何异。"①他肯定《子虚赋》《上林赋》虽然堆砌辞藻，而义理却归于倡言节俭、道德讽谏的作用，与《诗经》之旨并论，推崇之至。司马迁之重视道德教化作用的文学观念及其人臣借言以讽谏、有功于社稷的主张亦赖此传以呈现。

（二）神道设教，礼化天下

《史记·列传》中还有记日者和记卜筮活动的类传：《日者列传》《龟策列传》。此两篇是否史公手笔虽有争议，但借全体而传于后世，且仍然有司马迁精神的相一贯处，所以值得正视。日者是星占卜筮之人的统称。汉武帝迷信鬼神，日者云集太卜，国家大政及帝王起居都要借助日者占卜。司马迁作《日者》《龟策》两传当与占卜之盛的现实背景有关，撰文以褒贬，尚德以警示。张大可先生《史记散论二题》认为："《日者传》载占卜之人，《龟策传》载占卜之物。所以两传为表里之文，蝉联并编，不可分割。但两传内容，既未载连类相及的日者，亦未载卜策祝辞，而是借题发挥以明志，抨击时政，婉约而微，寄意深远。《日者》《龟策》两传与《伯夷列传》前后呼应，都是序事为论的论传。"②

司马迁在《日者列传》"太史公曰"中感慨古者卜人多不见载于史籍，而将司马季主"志而著之"③写入史册。其中原因，我们不难从传文中得到解释，"自古受命而王，王者之兴何尝不以卜筮决于天命哉"④，帝王受天命，卜筮以通天

---

① 〔汉〕司马迁：《史记》，北京：中华书局2014年版，第3722页。
② 张大可：《史记散论二题》，《宁夏大学学报（社会科学版）》，1984年第1期，第64页。
③ 〔汉〕司马迁：《史记》，北京：中华书局2014年版，第3913页。
④ 〔汉〕司马迁：《史记》，北京：中华书局2014年版，第3907页。

意，有神道设教之意。而且在司马迁看来"今夫卜者，必法天地，象四时，顺于仁义，分策定卦，旋式正棋，然后言天地之利害，事之成败。……且夫卜筮者，埽除设坐，正其冠带，然后乃言事，此有礼也。言而鬼神或以飨，忠臣以事其上，孝子以养其亲，慈父以畜其子，此有德者也。"①卜者效法天地，恭敬有礼以解说天地阴阳、人事成败，导惑教愚，"微见德顺以除群害，以明天性，助上养下，多其功利，不求尊誉"②，有礼有德，不求荣宠，是合乎仁义的君子。司马迁还借日者之论讥讽无才无德的尊官厚禄者，斥其"事私利，枉主法，猎农民；以官为威，以法为机，求利逆暴，譬无异于操白刃劫人者"③的丑恶面目。他以凤凰与鸱枭、兰芷与蒿萧、骐骥与罢驴等一系列鲜明的对比表达了对贤者与不肖者的爱憎褒贬，彰显了道德的高下。

《龟策列传》是专记卜筮活动的类传。《自序》曰："三王不同龟，四夷各异卜，然各以决吉凶。"④它指明了写作此篇的动机与缘由。在本传开篇就以"太史公曰"来明确卜筮的重要功用："自古圣王将建国受命，兴动事业，何尝不宝卜筮以助善！唐虞以上，不可记已。自三代之兴，各据祯祥。……王者决定诸疑，参以卜筮，断以蓍龟，不易之道也。"助善事业、参以决疑，自古之道。如其言"夫摱策定数，灼龟观兆，变化无穷，是以择贤而用占焉，可谓圣人重事者乎！……兆应信诚于内，而时人明察见之于外，可不谓两合者哉！君子谓夫轻卜筮，无神明者，悖；背人道，信祯祥者，鬼神不得其正。故书建稽疑，五谋而卜筮居其二，五占从其多，明有而不专之道也。"⑤篇中罗列三代祯祥，又杂引周公讨纣，晋文、晋献、楚灵之卜，以见卜筮吉凶无不信诚。司马迁在文中强调指出，龟兆能预示出内在的趋势，而人能看到外部的表现；君子认为那些轻视卜筮、不信神明的人是荒谬的，背弃人事或为人之道而一味迷信祥瑞的人，鬼神也得不到恰当的对待。解决疑难的正确方法，要参考五种见解，卜和

---

① 〔汉〕司马迁：《史记》，北京：中华书局2014年版，第3910—3911页。
② 〔汉〕司马迁：《史记》，北京：中华书局2014年版，第3912页。
③ 〔汉〕司马迁：《史记》，北京：中华书局2014年版，第3909页。
④ 〔汉〕司马迁：《史记》，北京：中华书局2014年版，第4026页。
⑤ 〔汉〕司马迁：《史记》，北京：中华书局2014年版，第3917—3919页。

筮为其中两种，五人分别占卜，应该信从多数人的判断，这是明白虽设卜官却不能专用专信的道理。司马迁在《日者列传》《龟策列传》中列举史实以明圣人重事"择贤而用占"，神道设教，礼化天下，神人并重，慎用卜筮而又重贤重德以敬顺的道理和智慧。

五、结语

司马迁的《史记》开创了以"人"为中心的"纪传体"叙事体式，极大地丰富了中国史学的编撰方式。列传较之本纪、世家对帝王、诸侯、世家等高层人物的载述而言，对文臣、武将、士大夫、刺客、游侠、星、相、医、卜等人物的书写，距离凡人更近，建构出人群更广更生动的中华文化群像图谱。综上而言，司马迁在《史记》列传中所表现出的编撰思想，主要体现在以下几个方面："世多存不书，少则书焉"的选材理念，重"轶事""行事"展现人物精神世界和才干能力，以实现列传以人传史的"深切著明"效果；以"一家之言"而明事理的使命意识，明史家之证伪、风俗之移人、人生不欺其志等哲理，促人思考；发掘非常人物的事迹及意义，展现以智立功名、出奇制胜、轻爵禄、慕义赴死等的非常经历，反映特殊的时代风云历史；重视德性与教化的价值依归，立言传世、讽谏合德，以达神道设教、礼化天下的功效。当然，关注其中"列传"部分也不宜忽视"本纪""世家"篇，毕竟《史记》是一部结构严谨的鸿篇巨制，能为后世撰著者、编辑家提供取之不尽的丰厚资源。

司马迁以"立功名于天下"而言明对人物的选择去取标准，又"寓论断于叙事"，对传主人生事迹的采录中体现其编撰的旨意，同时还以"太史公曰"的方式直接评述史实人物，这种手笔亦可视为后世"编者按"传达编辑思想方法的滥觞。

（屈小宁，女，陕西安康人，陕西师范大学新闻与传播学院教师；余志海，男，甘肃景泰人，陕西师范大学新闻与传播学院副教授）

《天官书》文本的编撰思想

韦正春

  《史记·天官书》是我国历史上流传下来的第一部天文学著作，开启了正史记载天文的传统。司马迁出身在一个史学世家，其先辈世代为史官，《史记·自序》中述其谱系为上古颛顼的"重黎氏"，后历经唐虞夏商，世为天官，"世序天地"，至周宣王时，王官失守，转为"司马氏"。司马迁面对先秦至汉众多的天文史料，需要有一套编撰思想对史料甄别和采遮，删繁就简，使之具备系统性，故《天官书》是其对先秦至汉天文学著作的高度总结。然而，《天官书》涉及天文历法，文字古奥，号称"天书"，研究者甚少，[①]尤其是涉及到《天官书》史料的裁剪、改笔、缀合，以及司马迁编撰学的思想等，都尚欠进一步的深入剖析与梳理，有的也没有涉及。司马迁在《天官书》的文本中已经言明其编撰的体例和思想，"仰则观象于天，俯则观法于地。天则有日月，地则有阴阳。天有五星，地有五行。天则有列宿，地则有州域。三光者，阴阳之精，气本在地，而圣人统理之。"[②]概而言之，其编撰思想有三：一是象天法地；二是五行学说；三是三才合一。下文试分述之。

一、象天法地

  司马迁的天官体系就象是现实社会中缩影，只不过是他把它从地下搬上了星

[①] 赵继宇：《〈史记·天官书〉研究论略》（《湖北社会科学》2011年第11期）一文对《天官书》的研究成果做了简要的概述。

[②]〔汉〕司马迁：《史记》，北京：中华书局2014年版，第1599页。

空。《索隐》："天文有五官，官者，星官也。星座有尊卑，若人之官曹列位，故曰天官"①即为人间社会的政权的模拟。"仰则观象于天"，如"车与象天"："轸之方也，以象地也。盖之圜也，以象天也。轮辐三十，以象日月也；盖弓二十有八，以象星也。"②"俯则观法于地"，如"服制象天"："剑之在左，青龙之象也；刀之在右，白虎之象也；钩之在前，赤鸟之象也；冠之在首，玄武之象也。四者人之盛饰也。"③这种取物连类的"类情"思维即是象天法地。《天官书》的星官体系是以五宫四象，二十八星宿为经，金、木、水、土、火为纬，经纬相革，形成以天极为中心，四方共主的星象体系，这种星象思想的形成是对先秦至汉星占学的高度总结。如在春秋时期，伍子胥在为吴王建都时"象天法地，造筑大城。"④范蠡在为夫差规划越都时"乃观天文，拟法于紫宫，筑作小城。"⑤司马迁撰写《天官书》的星宫思想很有可能来源于秦咸阳"象天设都"的空间模式，星象分野，象天法地，以中宫为中，东西南北四宫为卫，五宫星座垂直投影于都城各片功能区相应。

首先，以天极为中心，象征天帝寝居。《史记·秦始皇本纪》载："二十七年（前220），始皇巡陇西、北地，出鸡头山，过回中。焉作信宫渭南，已更命为极庙，象天极。自极庙道通郦山，作甘泉前殿。……为复道，自阿房渡渭，属之咸阳，以象天极阁道绝汉抵营室也。"⑥秦二世元年（前209年）尊为"帝者祖庙"。《索隐》云："为宫庙象天极，故曰极庙。《天官书》曰'中宫曰天极'是也。"⑦这里的天极即北辰，《春秋合诚图》云："北辰，其星五，在紫微中。"⑧紫宫即紫微，是后世被称之为"三垣"中的紫微垣。"信宫"本身就有中心之义。

---

① 〔汉〕司马迁：《史记》，北京：中华书局2014年版，第1539页。
② 李学勤主编：《十三经注疏·周易正义》，北京：北京大学出版社1999年版，第1094页。
③ 张世亮、钟肇鹏、周桂钿译注：《春秋繁露》，北京：中华书局2012年版，第171页。
④ 〔汉〕赵晔：《吴越春秋》卷4《阖闾内传》，南京：江苏古籍出版社1982年版，第25页。
⑤ 〔汉〕赵晔：《吴越春秋》卷8《勾践归国外传》，南京：江苏古籍出版社1982年版，第107页。
⑥ 〔汉〕司马迁：《史记》，北京：中华书局2014年版，第258页。
⑦ 〔汉〕司马迁：《史记》，北京：中华书局2014年版，第259页。
⑧ 〔汉〕司马迁：《史记》，北京：中华书局2014年版，第1599页。

《汉书·天文志》载："填星曰中央季夏土，信也，思心也。仁义礼智以信为主，貌言视听以心为正。"①《三辅黄图》载："（始皇）二十六年作信宫渭南，已而更信宫为极庙，象天极，自极道骊山。作甘泉前殿，筑甬道，自咸阳属之。始皇穷极奢侈，筑咸阳宫，因北陵营殿，端门四达，以则紫宫，象帝居，渭水贯都，以象天汉，横桥南渡，以法牵牛。"②信宫在渭南，咸阳宫在渭北，中间隔渭水，司马迁经过文本的裁剪与缀合，使得两个不同地域的时空并置。《天官书》云："中宫天极星，其一明者，太一常居也；旁三星三公，或曰子属。后句四星，末大星正妃，余三星后宫之属也。环之匡卫十二星，藩臣。皆曰紫宫。……后六星绝汉抵营室，曰阁道。"③司马迁把渭南的信宫和渭北的咸阳宫这两个不同地域的城市进行空间并置，以象天极，形成紫宫。紫宫是太一所居，与之对应的应是帝王寝宫，这样就形成了以天极为中心，三公、后句、四辅、正妃、藩臣拱卫的星相格局。以渭水比作天上的银河，从紫宫（中宫/咸阳/信宫）通过阁道（渭桥），渡过天汉（银河/渭水）到达营室。营室属北宫，是紫宫重要的别宫，《正义》云："营室七星，天子之宫，亦为玄宫，亦为清庙，主上公，亦天子离别馆也。"④营室又名"定"，《尔雅》云："营室谓之定。"郭璞云："定，正也。天下作宫室，皆以营室中为正也。"⑤秦始皇统一六国后，把战败的诸侯国贵族迁往咸阳，"秦每破诸侯，写放其宫室，作之咸阳北坡上，南临渭，自雍门以东至泾、渭，殿复道周阁相属。"⑥"写放其宫室"即效仿战败之国建成六宫，其位置在咸阳的"北坡上，南临渭"，"根据今天的地形来看，渭河以北的地区从西南向东北抬升，故六国宫室比较可能是位于咸阳宫的东北方向。"⑦北宫玄武，有虚宿和危宿，危主盖屋，《正义》云："盖屋二星，在危南，主天子所居宫室之官也。"又虚主哭泣之事，《正义》云："虚主死丧哭泣之事，又为邑居庙

---

① 〔汉〕班固撰，王先谦补注：《汉书补注》，上海：上海古籍出版社2021年版，第1826页。
② 何清谷撰：《三辅黄图校释》，北京：中华书局2005年版，第21—22页。
③ 〔汉〕司马迁：《史记》，北京：中华书局2014年版，第1599页。
④ 〔汉〕司马迁：《史记》，北京：中华书局2014年版，第1541页。
⑤ 〔汉〕司马迁：《史记》，北京：中华书局2014年版，第1563页。
⑥ 〔汉〕司马迁：《史记·秦始皇本纪》，北京：中华书局2014年版，第246页。
⑦ 郭璐：《秦咸阳象天设都空间模式初探》，《古代文明》2016年第4期，第62页。

堂祭祀祷祝之事，亦天之冢宰，主平理天下，复藏万物。"①这里的虚宿和危宿与营室相互映照，营室为所有宫殿规划建设的参照图，象征秦仿效六国宫殿筹建六宫；危宿形如盖屋，象征天子管理宫殿的官员；虚宿即位死丧哭泣之事，象征六国破灭，又为"天之冢宰"，即能够横扫六国，"平理天下"，"复藏万物"，即象征收天下之精华复藏于此。此外，在虚、危宿的南部有群星为羽林天军，羽林天军西边为垒星，南边为钺星，旁边有一个大星为北落。《正义》曰："北落师门一星，在羽林西南。天军之门也。长安城北落门，以象此也。主非常，以侯兵。"②可见，北落星在天上地下都象征着守卫主宫，抗击北夷，宿卫兵革的作用。

其次，以南宫朱雀为太微之廷，象征天子听政之居。司马迁以信宫与咸阳宫为天极，即紫宫居中，以紫宫之南即在咸阳渭水之南的阿房宫为南宫。据《史记·秦始皇本纪》载，秦始皇于三十五年（前212）开始在渭南筹建朝宫，"于是始皇以为咸阳人多，先王之宫廷小，吾闻周文王都丰，武王都镐，丰镐之间，帝王之都也。乃营作朝宫渭南上林苑中。先作前殿阿房。"③秦孝公十二年（前350年），命商鞅在渭北"作为咸阳，筑冀阙。"④此后咸阳宫经惠文、武、昭襄、孝文、庄襄直到秦始皇都在历代君主上不断进行新的营建。咸阳宫在营建过程中虽有"象天设都"之意，如以信宫为极庙，象天极，"为复道，自阿房渡渭，属之咸阳，以象天极阁道绝汉抵营室"之"天极""阁道""营室"等都是星宿的名称，但是咸阳宫毕竟是秦国历代君主接续营建的结果，其都城的布局和筹建上有所限，故咸阳人口众多，城市拥堵，难以彰显帝都之气，故秦始皇想要仿效西周的周文王和武王，在渭水之南的丰、镐之间营建朝都。阿房宫的布局也有象天设都的比附，如《三辅黄图》有旁证："表南山之巅以为阙，洛樊川以为池，作阿房前殿，东西五十步，南北五十丈，上可坐万人，下建五丈旗，以木兰为梁，以磁石为门。"注云："磁石门，乃阿房北阙门也，门在阿房前，悉

---

① 〔汉〕司马迁：《史记》，北京：中华书局2014年版，第1561页。
② 〔汉〕司马迁：《史记》，北京：中华书局2014年版，第1562页。
③ 〔汉〕司马迁：《史记》，北京：中华书局2014年版，第249页。
④ 〔汉〕司马迁：《史记》，北京：中华书局2014年版，第250页。

以磁石为之，故专其目，令四夷朝者有隐甲怀刃入门而胁止，以示神，赤曰却胡门。"①由上可知，阿房宫殿的前殿用来接见四夷使者，具有朝政的政治功能。《天官书》南宫"东井为水事。其西曲星曰钺。钺北，北河；南，南河；两河、天阙闲为关梁。"《正义》云："南河三星，北河三星，分夹东井南北，置而为戒。南河南戒，一曰阳门，亦曰越门；北河北戒，一曰阴门，亦为胡门。"②又阿房宫"南山之巅以为阙"象征"天子之双阙"，即南宫阙丘二星。③《淮南子·天文训》中论述太微与紫宫的关系，其云："太微者，太一之廷也。紫宫者，太一居也。"④从《史记·天官书》记载来看，南宫是太一听政之廷，即后世天文学家称为三垣之一的"太微垣"，是日、月、星三光之廷，匡衡十二星，东为将，西为相，有执法、端门、掖门、诸侯、五帝座、郎位、将位、士大夫等齐全的另一个天廷。

最后，以东宫为帝陵，象征天帝之市。郭璐先生认为："郦山位居咸阳宫东南，恰好位于东宫的位置上。天下一统后，都城中心南移，帝陵也仍在东方，可认为仍处于东宫的位置。"⑤骊山为始皇墓陵，其按象天法地的理念设计，司马迁在《史记·秦始皇本纪》中描述，"以水银为百川江河大海，机相灌输，上具天文，下具地理。以人鱼为膏为烛，度不灭者久之。"⑥始皇十六年（前231年）置"丽邑"，三十五年，"徙三万家丽邑""五万家云阳"，《史记·高祖本纪》"十年七月，更明丽邑曰新丰"。据考古发现，丽邑的遗址位于现今西安临潼区新丰镇刘家寨东面。出土的文物有大量的砖、罐、盆、筒瓦、板瓦等秦汉遗物，很多器物都有陶文。据陶文内容可分为3类，45种：第一类为中央官署制陶作坊类，有"大匠""大谷""北司""宫丙""宫各""宫烦"等；第二类为官营徭役性制陶作坊，有"泥阳""西道""西处""安奴"等；第三类为市亭类，有"丽

---

① 何清谷：《三辅黄图校释》卷1《秦宫》，北京：中华书局2005年版，第49—51页。
②〔汉〕司马迁：《史记》，北京：中华书局2014年版，第1562页。
③〔汉〕司马迁：《史记》，北京：中华书局2014年版，第1554页。
④ 刘文典：《淮南鸿烈集解》卷3，北京：中华书局1989年版，第93—94页。
⑤ 郭璐：《秦咸阳象天设都空间模式初探》，《古代文明》2016年第4期，第60页。
⑥〔汉〕司马迁：《史记》，北京：中华书局2014年版，第239页。

亭""丽市"①。据出土文物佐证，在丽邑有比较完备的手工业和商业机构。据东宫房宿"东北曲十二星曰旗，旗中四星曰天市；市中六星曰市楼。"《正义》曰："天市二十三星，在房、心东北，主国市聚交易之所，一曰天旗。明则市吏急，商人无利；忽然不明，反是。"②这里的"天旗"即是后世所称的"天市垣"，由晋、周、蜀、巴、楚、宋、韩等战国时期的诸侯国的名称命名。另据房宿为府，又称为天驷，《诗记历枢》云："房为天马，主车架。"③与在帝陵陵园外城东南上焦村马厩坑遗址和出土的马骨和陶俑相呼应。④在房宿的东北有钩衿二星和辖一星，据《元命包》云："钩衿两星，以闲防，神府闓舒，为主钩距，以备非常也。"又《星经》云："(辖)键闭一星，在房东北，掌管籥也"⑤籥即钥匙。由此可见，钩衿和辖都有防备和保护之意，与帝陵东面的兵马俑陪葬坑和东北部的山焦村马厩坑的功能相一致。此外，从东宫星宿所象征的职官和行政机构，有帝廷、天王、明堂、骑官、天市、市楼、疏庙、南门等，显而易见为天帝所设。只不过是司马迁把秦始皇的帝陵搬到了天上，成为了太一的天市。正如《官窥辑要》云："盖中垣紫微，天子之大内也，帝常居焉；上垣太微，天子之正朝也，帝常听政则居焉。下垣天市，天子畿内市也，每一岁帝临焉。凡建国，中为王宫，前朝而后市，盖取诸三垣也。"⑥

此外，有学者认为西宫咸池的星官，如娄宿"三星为苑，牧养牺牲以共祭祀"；胃宿主仓廪，为"五谷之府"；廥积星主粮草；毕宿主游猎；参宿中有天苑，可饲养禽兽⑦等"功能与秦皇家苑囿功能是一致的，其位居西方的位置也与处于极庙宫殿群西方的诸苑囿相当。西宫咸池星，代表天池，也是太阳洗浴的

---

① 王望生：《西安临潼新丰南杜秦遗址陶文》，《考古与文物》2000 年第 1 期。
② 〔汉〕司马迁：《史记》，北京：中华书局 2014 年版，第 1547—1548 页。
③ 〔汉〕司马迁：《史记》，北京：中华书局 2014 年版，第 1547—1548 页。
④ 郭璐：《秦咸阳象天设都空间模式初探》，《古代文明》2016 年第 4 期，第 61 页。
⑤ 〔汉〕司马迁：《史记》，北京：中华书局 2014 年版，第 1546—1547 页。
⑥ 〔清〕陈梦雷编：《古今图书集成·历象汇编·干象典》第 44 卷《星辰部》，台北：鼎文书局 1977 年版，第 445—446 页。
⑦ 〔汉〕司马迁：《史记》，北京：中华书局 2014 年版，第 1546—1547 页。

地方，这与位于极庙以西的诸池沼的位置和含义是相应的。"①可备一说。概而言之，司马迁将具象化和空间化的星宫体系，按象天设都的地理布局，从地上搬到了天空，使之与人间社会对应。

二、五行学说

《史记·历书》说："盖黄帝考定星历，建立五行，起消息，正闰余，于是有天地神祇物类之官，是谓五官。"②司马迁认为黄帝定星历，建五行当然是杜撰之说，传统上认为文献中出现"五行"一辞最早的是《尚书》中的《甘誓》"有扈氏威侮五行"③，其次是《洪范》之"五行"④。《左传》文公七年，缺把"水、火、金、木、土、谷"称为"六府"⑤。《左传》昭公二十五年，郑国大夫子大叔说："则天之明，因地之性，生其六气，用其五行，发为五色，章为五声。"⑥《左传》襄公二十七年"天生五材，民并用之，缺一不可"⑦。概而言之，最初的五行指的是地上五种实用的资材，与战国后期邹衍从地之五行上升到天之五气尚有一大段距离。邹衍在战国后期发展五行学说，以五行相胜解释朝代更替，即五德终始说，惜其著作已经亡佚，但《吕氏春秋》的"十二纪"吸收其学说，并进一步把阴阳、五行、天文、律历与政治思想相结合，组织成为一个比较完整的系统。董仲舒是先秦至汉五行学说的集大成者，其试图通过阴阳五行来建构儒家系统化的宇宙图式，使之具有伦理化、性情化、人格化、体系化的天道。班固在《汉书·五行志叙》中说："汉兴，承秦灭学之后，景武之世，盖董仲舒治《公羊春秋》，始推阴阳为儒者宗。"⑧笔者认为班固在《汉书》中独

---

① 郭璐：《秦咸阳象天设都空间模式初探》，《古代文明》2016年第4期，第64页。
②〔汉〕司马迁：《史记》，北京：中华书局2014年版，第1500页。
③ 李学勤主编：《十三经注疏·尚书正义》，北京：北京大学出版社1999年版，第173页。
④ 李学勤主编：《十三经注疏·尚书正义》，北京：北京大学出版社1999年版，第301页。
⑤ 李学勤主编：《十三经注疏·春秋左传正义》，北京：北京大学出版社1999年版，第522页。
⑥ 李学勤主编：《十三经注疏·春秋左传正义》，北京：北京大学出版社1999年版，第1449页。
⑦ 李学勤主编：《十三经注疏·春秋左传正义》，北京：北京大学出版社1999年版，第1065页。
⑧〔汉〕班固撰，王先谦补注：《汉书补注》，上海：上海古籍出版社2021年版，第1901页。

立为董仲舒立传，而《史记》中却把他放到《儒林传》中，很有可能基于董仲舒"始推阴阳"的贡献和影响。

董仲舒是史上第一个把阴阳、五行、四时紧密的结合并进行推演，使之成为一个圆融整合的体系的人。《春秋繁露·五行相生》云："天地之气，合而为一，分为阴阳，判为四时，列为五行。行者，行也，其行不同，故谓之五行。"①这一段话是董仲舒五行学体系的总纲，包含了其所构建天、地、阴、阳、火、金、木、水、土、人"十端"，以及四时配五行，相生相克的宇宙图式。以五行配四时首见于《吕氏春秋·十二纪·纪首》，不过吕不韦的门客将中央土放在夏秋之间，却不配以时月，由此可见其试图为了保证土的中央位置，但又不想打破十二月与四时的平均分配。其后《淮南子·时则训》将季夏之月配给土，但是却把火与土的功用混淆，董仲舒不仅把火、土的功能区分，而且还制定了五行的秩序。《春秋繁露·五行对》曰："天有五行：木、火、土、金、水是也。木生火，火生土，土生金，金生水。水为冬，金为秋，土为季夏，火为夏，木为春。春主生，夏主长，季夏主养，秋主收，冬主藏。"②《尚书·周书·洪范》载："五行：一曰水，二曰火，三曰木，四曰金，五曰土。"③但是不强调木、火、土、金、水先后相生的次序，董仲舒首次确立了五行的次序。其次，是按照五行次序映照五行的功能。如自战国以来，土的安置以及火、土功能相混淆，董仲舒以"土为季夏"，给了它一个实在的空间，并且"夏主长，季夏主养"，把"长"和"养"的功能分开，即把火与土的功用分开。最后以四时、五方、五事、五行相互搭配，如《春秋繁露·五行之义》曰："五行之随，各如其序；五行之官，各致其能。是故，木居东方而主春气，火居南方而主夏气，金居西方而主秋气，水居北方而主冬气。是故，木主生而金主杀，火主暑而水主寒。使人必以其序，官人必以其能，天之数也。"又"土居中央之天润。土者，天之股肱也。其德茂美不可名以一时之事，故五行而四时者，土兼之也。……是故圣人之行，莫贵于忠，土德之谓也。"④司马迁是董仲舒的学生，曾向董仲舒学习《公羊春秋》，

---

① 张世亮、钟肇鹏、周桂钿译注：《春秋繁露》，北京：中华书局2012年版，第394页。
② 张世亮、钟肇鹏、周桂钿译注：《春秋繁露》，北京：中华书局2012年版，第405—408页。
③ 李学勤主编：《十三经注疏·尚书正义》，北京：北京大学出版社1999年版，第301页。
④ 张世亮、钟肇鹏、周桂钿译注：《春秋繁露》，北京：中华书局2012年版，第171页。

董仲舒是西汉著名的五行学大家，司马迁在编撰《天官书》中"纬"，即水、火、金、木、土部分，受到董仲舒的五行学说的影响。

《史记·天官书》五星运行比勘表

岁星	曰东方，木，主春，日甲乙。义失者，罚出岁星。
荧惑	曰南方，火，主夏，日丙丁。礼失，罚出荧惑，荧惑失行是也。
填星	曰中央，主季夏，日戊己，主德，女主象也。……礼、德、杀、刑尽失，……
太白	曰西方，秋，日庚辛，主杀。杀失者，罚出太白。
辰星	曰北方，水，太阴之经，主冬，日壬癸。刑失者，罚出辰星。

从上表可以看出，司马迁在编撰五星为"纬"时，以五行、四方、四时以及五事的属性相互对应，可展示为：

木—东方—春—日甲乙—主义

火—南方—夏—日丙丁—主礼

土—中央—季夏—日庚辛—主德

金—西方—秋—日庚辛—主杀

水—北方—冬—日壬癸—主刑

从五行、四方、四时、五事的相互映照上看，司马迁并非是对董仲舒五行学说一味接受，而是在原有的天文史料上加以删改。如土这一条则取于董仲舒的《春秋繁露·五行对》，《甘氏星经》以土为夏季，即把土安置在夏、秋之间，而司马迁则把土放到季夏之月。董仲舒在《五行相生》中说："五行者，五官也，比相生而间相胜也。"[1]"比相生"之义即是木生火、火生土、土生金、金生水、水生木，从而序木、火、土、金、水五行秩序。"间相胜"之义即是木胜土、火胜金、土胜水、金胜木、水胜火。司马迁在五星运行失舍占验的方法即是五行相生相克的原理。如相生，辰星"出而与太白不相从，野虽有军，不战。出东方，太白出西方；若出西方，太白出东方，为格，野虽有兵，不战。"《正义》

---

[1] 张世亮、钟肇鹏、周桂钿译注：《春秋繁露》，北京：中华书局2012年版，第487页。

云："谓辰星出西方。辰，水也。太白出东方。太白，金也。水生于金，母子部相从，故主有军不战。金母子各出一方，故为格。格谓不和同，故野虽有兵不战然也。"①因金生水，金为母，水为子，母子相从，其下宿分野之国，虽有军但却不会发生战争。相克：岁星"与太白斗，其野有破军"，即金克木；"荧惑从太白，军忧；离之，军却"，即火克金；"木星与土合，为内乱，饥，主勿用战，败"，即木克土，其下宿分野之国受殃。

三、三才合一

古人以象天法地的思维，取物喻象。《周易·系辞上》言："在天成象，在地成形。"王弼注："象况日月星辰，形况山川草木也。"②《周易·系辞下》把天、地、人称之为"三才"，《白虎通·卷四·封公侯》曰："天道莫不成于三：天有三光，日、月、星；地有三形，高、下、平；人有三等，君、父、师。"③中国古人思维是具象型思维，在理解世界时，往往以近取诸身，远取诸物，将身体和外物作为隐喻取法的对象。胡适认为"象"通"相"，"先有一种法象，然后有仿效这法象而成的物类。"④换而言之，象是物的原型，物是象的体验，形而上的象必须落实到形而下的物身上，这也是司马迁编撰《天官书》的思想之一。

首先，是观物取象。《天官书》星官的编排方式是以五宫、四象、二十八星宿构成星官体系，这种由内即外，中心横向四周的空间关系，"被用以理解和言说礼仪制度时，就成为区别身份地位和人伦秩序的方式，实现了由物质形态向制度形态的转换。"⑤正如《史记正义》引张衡云："文曜丽乎天，其动者有七，日、月、五星是也。日者，阳精之宗；五星，五行之精。众星列布，体生于地，

---

① 〔汉〕司马迁：《史记》，北京：中华书局2014年版，第1584页。
② 李学勤主编：《十三经注疏·周易正义》，北京：北京大学出版社1999年版，第258页。
③ 〔清〕陈立撰，吴则虞点校：《白虎通疏证》，北京：中华书局1994年版，第131页。
④ 胡适：《中国哲学史大纲》，上海：上海古籍出版社1997年版，第61页。
⑤ 闫月珍：《宫室之喻与中国文学批评》，《文史哲》2022年第2期，第94页。

精成于天，列居错时，各有所属，在野象物，在朝象官，在人象事。其以神着有五列焉，是有三十五名：一居中央，谓之北斗，四布于方各七，为二十八舍；日月运行，历示吉凶也。"①司马迁按照观物取象的思维，在众星列布的星空中，以地象天，通过地上的物象、官象、事象与天上的星象对应，把人间的世界倒悬于天，在制度化的想象中，天地之间实现了空间上的映照。如在星官命名和空间分布上有等差尊卑：皇亲国戚：子属、正妃、后宫、九子尾、诸侯；官职设置：三公、藩辰、辅星、士大夫、将、上将、次将、羽林天军、相、贵相、司命、司中、司禄、骑官、李（法官）、执法、郎位、将位、员官、司空；皇宫寝庙：天王、帝廷、三光之廷、明堂、阁道、三能、南门、端门、掖门、北落、天网、疏庙、清庙；市集街道：天市、天街、天厕、天库、楼、娄、胃、盖屋、纍、东井；监狱：贱人之牢、贵人之牢；器物用具：帝车、五车、罕车、五潢、天枪、天桔、天矢、拎翠、钥旗、天旗、髦头、杵、臼、河鼓、矛、盾、弧、钺、车；皇家别苑：天苑、九游；动物：天驯、右骖、牵牛、狼；植物：柳、翼、封泵、鲍瓜、唐积；河流：北河、南河、咸池、天潢、江星；人物：厨、轩辕、敖客、王良、婺女、织女、南极老人。由此可见，天上众星，按照等差尊卑列布，与地上的物象一一映照，"列居错时，各有所属"。

其次，是星象分野。"分野"一词始见于《国语·周语下》，周景王二十三年（前522年），星官伶州鸠认为武王伐纣，岁在鹑火，"岁之所在，则我有周之分野"②。"分野"又称"分星"，据《周礼·保章氏》云："以星土辨九州之地，所封封域，皆有分星，以观妖祥。以十有二岁之相，观天下之妖祥。"③古人确立版权中心，以中央向四方辐射，通过甸、侯、绥、要、荒服，将九州之土与天上的星宿建立对应关系，通过夜观星象，对应分野之国，以确"妖祥"。星象分野的观念由来已久，《左传》襄公九年（前564）春，宋国发生火灾，晋侯问士弱"天道"，士弱曰："古之火正，或食于心，或食于咮，以出内火，是故咮为鹑火，心为大火。陶唐氏之火阏伯，居商丘，祀大火，而火纪时焉。相土因

---

① 〔汉〕司马迁：《史记》，北京：中华书局2014年版，第1539页。
② 徐元诰撰，王树民、沈长云点校：《国语集解》，北京：中华书局2002年版，123—124页。
③ 李学勤主编：《十三经注疏·周礼注疏》，北京：北京大学出版社1999年版，第705页。

之，故商主大火。商人阅其祸败之畔，必始于火。是以日知其有天道也。"①从土弱所答可知，尧的火正阏伯居住在商丘，祀大火，因火纪时，相土继之，商人也继承这一传统，观火阅其祸败，"心为大火"，故心宿成为商人的分星。苏伯衡云："分野之说，其传也远，而《周礼》《春秋传》始详焉。……至汉《地理志》言分野，乃为始详密。"②苏氏所言甚是，分野之说，虽始见于春秋时期，但这一观念由来已久，据冯时先生在《中国早期星象图研究》一文中，利用考古和古文字资料，研究了中国最早的河南濮阳星象图，其时间在公元前三千五百年至前一千年，是后世天官体系的中、东、西三宫的雏形。③但是春秋至战国中期所记载的分野之说，是零散、片段式的，尚未形成系统性的学说，直到战国末期，才开始有分野系统性的学说。

《吕氏春秋·有始》将二十八星宿：东宫角、亢、氐，房、心、尾、箕；北宫斗、牵牛、婺女、虚、危、营室、东壁；西宫奎、娄，胃、昴、毕、觜巂、参；南宫东井、舆鬼、柳、七星，张、翼、轸，分置九天：钧天、苍天、变天、玄天、幽天、颢天、朱天、炎天、阳天，按照中央、东方、东北、北方、西北、西方、西南、南方、东南列宿分布。④不难看出，九天即有九州之意，二十八宿即九州的分星。《淮南子·天文训》则把二十八宿列为郑、宋、燕、越、吴、齐、卫、鲁、魏、赵、秦、周、楚十三国分野。⑤《天官书》将十三国更为十三州，即兖州、豫州、幽州、交州、扬州、青州、并州、徐州、冀州、益州、雍州、三河、荆州，这种星宿分野是在原有九州之名上损益，并结合汉武帝时期新置的行政区划来划分的，如新置三河、幽州、并州，将梁州更为益州。此外《天官书》集先秦分野之说：有北斗分野；行星分野；行星与恒星结合分野；天干配日、月食分野；望气分野。概而言之，分野之说起源与人类对天好奇与崇拜，在

---

① 李学勤主编：《十三经注疏·春秋左传正义》，北京：北京大学出版社1999年版，第866—869页。

② 〔明〕苏伯衡：《分野论》，〔清〕薛熙编：《明文在》，长春：吉林人民出版社1998年版，第213页。

③ 冯时：《中国早期星象图研究》，《自然科学史研究》1990年第2期。

④ 许维遹撰：《吕氏春秋集释》，北京：中华书局2009年版，第276—278页。

⑤ 刘文典：《淮南鸿烈集解》卷3，北京：中华书局1989年版，第122—123页。

集先秦天文学说的基础之上,汉代的星象分野之说的体系和分类也日臻完善,其目的是建立起天与人之间的对话体系,将周天星区与地理区域相互对应,将星官与人事联系起来,成为人们可以观星辨地,察凶吉祸福的一种媒介。

最后,是三才合一。五宫星官的建立,以及星象分野的学说,最后的目的都要落实到人事上来,如《周易·贲》所言:"观乎天文,以察时变;观乎人文,以化成天下。"人们通过夜观星象,敬授农时,辨正方位,判断吉凶;通过观乎人文,了解民俗,去民之所恶,务民之所善,化育天下。在中国古人的世界观里,把天、地、人视为三才,通过星官、物象、象事沟通天人之纪,形成三才合一。《天官书》以五宫,四象,配以二十八星宿为经,列宿星空,经是不动的,并通过星象分野,把天空中的星官与地上的行政区域一一对应。金、木、水、火、土为"天之五佐",为纬,纬是动的,当五星运行至某宿,或明或黯,出现妖异的颜色,又或是金、木相从,火、金相从,其星宿之下的分野之国就会有战争。在此语境之下,把星官、地象、人事联系起来,通过夜观星象,应对地象,考察人事,便知祸福凶吉。如:

> 汉之兴,五星聚于东井。平城之围,月晕参、毕七重。诸吕作乱,日蚀,昼晦。吴楚七国判逆,彗星数丈,天狗过野;及兵起,遂伏尸流血其下。元光、元狩,蚩尤之旗再见,长则半天。其后京师师四出,诛夷狄者数十年,而伐胡尤甚。越之亡,荧惑守斗,朝鲜之拔,星茀于河戍;兵征大宛,星茀招摇:此其荦荦大者。若至委曲小变,不可胜道。由是观之,未有不先形见而应随之者也。①

"东井"是秦的分星,据《汉书·天文志》曰:"汉元年十月,五星聚于东井,以历推之,从岁星也。此高皇帝受命之符也"②岁星所在,五星皆从而聚于一宿,其下分野之国可以义致天下。故张耳说:"东井(井)秦地,汉王入秦,五星从岁星聚,当以义取天下。""此明岁星之崇义,东井为秦之地明效也。"③

---

① 〔汉〕司马迁:《史记》,北京:中华书局2014年版,第1606页。
② 〔汉〕班固撰,王先谦补注:《汉书补注》,上海:上海古籍出版社2021年版,第1870页。
③ 〔汉〕班固撰,王先谦补注:《汉书补注》,上海:上海古籍出版社2021年版,第1870页。

"平城之围"出现的天象是"月晕参、毕七重",参宿与毕宿属于西宫,"毕、昴间,天街也;街北,胡也;街南,中国也。昴为匈奴,参为赵,毕为边兵。"汉高祖七年冬十月,赵王汉王信谋反,亡走匈奴,刘邦亲征,至平城,被匈奴围困七日,用陈平秘计得出,与天象映照。吴楚七国谋反之时,其分野之国出现天狗星,其"状如大奔星,有声,其下止地,类狗。……千里破军杀将"[1],七国败亡,流血漂橹。"蚩尤之旗"现,"王者征伐四方"[2],《正义》云:"元光元年,太中大夫卫青等伐匈奴;元狩二年,冠军侯霍去病等击胡;元鼎五年,卫尉路博德等破南越;及韩说破东越,并破西南夷,开十余郡;元年,楼船将军阳仆击朝鲜也。"[3]与"京师师四出,诛夷狄者数十年"相互应证。南斗星为吴、越之分野,"荧惑为执法之星,其行五常,以其舍命国,为残贼,为疾,为丧,为饥,为兵。"[4]荧惑处于斗宿,其下分野之国会发生凶杀、暴乱、疾病、死亡、饥荒、战争,故越国灭亡。"朝鲜之拔,星茀于河戍",据《汉书·天文志》载:"汉武帝元封年中,星孛于河戍,其占曰'南戍为越门,北戍为胡门'。其后汉兵击拔朝鲜,以为乐浪、玄菟郡。朝鲜在海中,越之象,居北方,胡之域也。"[5]招摇一星,据《正义》云:"次北斗杓端,主胡兵也。占:角变,则兵革大行。"[6]"星茀招摇",故"兵征大宛"。综上所述,《天官书》想要通过列宿星官,经纬相革,星象分野,把天象、物象和人事勾连起来,人们可以通过夜观星象,宿对分野之地,沟通天人之纪,预判人事祸福吉凶。

(韦正春,男,贵州黔南州人,陕西师范大学文学院博士研究生)

---

[1]〔汉〕司马迁:《史记》,北京:中华书局2014年版,第1591页。
[2]〔汉〕司马迁:《史记》,北京:中华书局2014年版,第1592页。
[3]〔汉〕司马迁:《史记》,北京:中华书局2014年版,第1607页。
[4]〔汉〕司马迁:《史记》,北京:中华书局2014年版,第1573页。
[5]〔汉〕司马迁:《史记》,北京:中华书局2014年版,第1607页。
[6]〔汉〕司马迁:《史记》,北京:中华书局2014年版,第1607页。

《史记·列传》对"人"的审美与价值指向

何悦玲

司马迁《史记》改变了中国史学以"事"为中心的编撰传统,开创了以"人"为中心的"纪传体"。其中,较之本纪、世家对天子、帝王、诸侯、世家、帝后外戚等高层人物的载述,列传对文臣、武将、士大夫、游侠、刺客、医、卜、星、相、农、虞、工、商及少数民族人物的描写,距离凡人更近。在更接近于凡人的列传人物书写中,体现出司马迁对"人"怎样的审美?其审美又蕴含怎样的旨趣?诸如此类,皆是笔者的好奇所在。基于此,本文在对列传人物行事与作者评论阅读、分析的基础上,对其中展现的"人"的审美与书写旨趣给予论述。不足之处,祈请专家批评指正。

一、理想"人格"的建构

列传人物入选标准与写作目的是什么?对此,作者与后来研究者均有一定阐述。《太史公自序》中,司马迁云:"扶义俶傥,不令己失时,立功名于天下,作七十列传。"唐司马贞解释说:"列传者,谓序列人臣事迹,令可传于后世,故曰列传。""言扶义俶傥之士能立功名于当代,不后于时者也。"张守节解释是:"其人行迹可序列,故云列传。"①将上述阐述结合起来,《史记》列传选择人物的标准是:有事迹流传;具有"扶义俶傥"品格;能"不令己失时,立功名于天下"。所谓的"义",按《史记》人物描写来看,约略等同于"善",即表现出

---

① 〔汉〕司马迁:《史记》,北京:中华书局2005年版,第2507页、第1687页、第2508页、第1687页。

符合社会公认道德品性的伦理人格。所谓"俶傥",《汉语大字典》解释是:"'俶傥'同'倜傥',卓异,豪爽不羁。《广雅·释训》:'俶傥,卓异也。'《集韵·锡韵》:'俶,或作倜。'《文选·司马相如〈子虚赋〉》:'俶傥瑰玮。'李善注引郭璞曰:'俶傥,犹非常也。'《史记·司马相如列传》:'奇物谲诡,俶傥穷变'。"①以《汉语大字典》的解释为据,"俶傥"是指较之普通人呈现的"正常"来说,显得卓异不群、豪爽不羁。"不令己失时,立功名于天下",是指善于抓住时机、创造机会、能够建功立业扬名于世的人物。

《史记》列传对"扶义俶傥,不令己失时,立功名于天下"人物的选择与表现,正体现出司马迁理想的"人格"建构。具体来说,司马迁对以下人格极为欣赏:

一是不计个人利害安危坚守"义"。列传中,《伯夷列传》为第一。伯夷、叔齐是孤竹君儿子,伯夷为长。按嫡长子继承制传统来说,孤竹君当传位于伯夷,但他却想传给叔齐。孤竹君死后,叔齐辞让伯夷。叔齐的辞让,体现的是对长兄的尊重和对嫡长子继承制的遵守。面对叔齐辞让,伯夷不受。伯夷的不受,体现的是对父亲意愿的遵守,彰显的是"孝"。二人"逃"位归西伯侯。面对西伯侯卒、武王大权在握并"东伐纣"形势,二人不顾个人安危扣马而谏,云:"父死不葬,爰及干戈,可谓孝乎?以臣弑君,可谓仁乎?"批评得义正词严,以致武王兵士想杀掉二人。在"天下宗周"已然态势下,二人仍然坚守"义",认为武王"以暴易暴兮,不知其非",故"义不食周粟,隐于首阳山,采薇而食之",最终"饿死于首阳山"。伯夷、叔齐二人展现的行为,是不计个人利害安危的对"义"的坚守。武王对他们"此义人也"的评价,即是对他们行为性质的判定;让兵士"扶而去之"的举动,体现的是对他们行为的认可。对于二人所展现的人格精神,司马迁极为欣赏,于二人行事记述完毕后感慨"举世混浊,清士乃见",并对孔子记述他们事迹的缘由与功用给予了深情阐述。在司马迁看来,"君子疾没世而名不称焉",正如贾谊讲"贪夫徇财,烈士徇名,夸者死权,众庶冯生"那样,对伯夷、叔齐二"烈士"最高的肯定就是给他们传"名";孔

---

① 汉语大字典编辑委员会:《汉语大字典(缩印本)》,武汉:湖北辞书出版社1995年版,第74页。

子对二人事迹记述，既是"同月相照，同类相求"，体现的是对有相同价值观念的人的认可，是惺惺相惜，也是给他们传"名"；"云从龙，风从虎，圣人作而万物睹"，二人"义"的行为与彰显的人格，也因孔子的记述而为后人熟知。这些论述后，司马迁进一步发论："岩穴之士，趣舍有时若此，类名埋灭而不称，悲夫！闾巷之人，欲砥行立名者，非附青云之士，恶能施于后世哉？"①这一发论，表现的是司马迁对具有同样人格而不被记载的"岩穴之士"的悲悯与同情。由此传记记载与发论可看出，不计个人安危而坚守"义"是司马迁高度认可的人格。从此角度来说，七十列传中将《伯夷列传》位居第一，不仅具有统领后面类似或相反人格的功用，同时也是评判所记人物道德品性的一把标尺；《史记》列传中对展现出同类精神品格的人物行事的记述，也旨在给这些人物传"名"。《管晏列传》中，司马迁评价晏子："方晏子伏庄公尸哭之，成礼然后去，岂所谓'见义不为无勇'者邪？至其谏说，犯君之颜，此所谓'进思尽忠，退思补过'者哉！假令晏子而在，余虽为之执鞭，所忻慕焉。"②《魏公子列传》中，司马迁记述魏公子"为人仁而下士，士无贤不肖皆谦而礼交之，不敢以其富贵骄士"，并于文末评论："吾过大梁之墟，求问其所谓夷门。夷门者，城之东门也。天下诸公子亦有喜士者矣，然信陵君之接岩穴隐者，不耻下交，有以也。名冠诸侯，不虚耳。高祖每过之而令民奉祠不绝也。"③《田叔列传》记述了田叔"切直廉平"几件事，并于文末评价："孔子称曰'居是国必闻其政'，田叔之谓乎！义不忘贤，明主之美以救过。"④在诸如上述这些记述与评价中，都体现出司马迁对义无反顾坚守"义"的人物的称扬。可见，这是司马迁理想的"人格"之一。

二是具有非凡才能、气概，能建功立业。七十列传记述对象很广泛，涉及文臣、武将、思想家、文学家、外戚、贵公子、货殖、刺客、游侠、滑稽、占卜、循吏、酷吏、佞幸与少数民族人事等多方面人物。在各方面人物行事记述中，司

---

①〔汉〕司马迁：《史记》，北京：中华书局 2005 年版，第 1687—1692 页。
②〔汉〕司马迁：《史记》，北京：中华书局 2005 年版，第 1699 页。
③〔汉〕司马迁：《史记》，北京：中华书局 2005 年版，第 1863 页、第 1868 页。
④〔汉〕司马迁：《史记》，北京：中华书局 2005 年版，第 2137 页、第 2139 页。

马迁充分展现了各传主非同寻常的才能、气度，把他们于国家、家族、个人发展的影响揭示出来，并表达了由衷赞美。如《司马穰苴列传》叙述司马穰苴"虽田氏庶孽"，然"文能附众，武能威敌"；斩齐景公宠臣庄贾、使者"其仆，车之左附，马之左骖""以徇三军""身与士卒平分粮食"，致"三日后而勒兵，病者皆求行，争奋出为之赴战；晋师闻之，为罢去。燕师闻之，度水而解"，使"田氏日益尊于齐"；其后人田和"因自立，为齐威王，用兵行威，大放穰苴之法，而诸侯朝齐"。末尾议论说："余读《司马兵法》，闳阔深远，虽三代征伐，未能竟其义，如其文也，亦少褒矣。"①在此阐述议论中，司马迁虽然没有直接展现司马穰苴的兵法思想与战略战术运用特征，但从气度、效果等方面把司马穰苴的军事才能凸显出来，对其"以徇三军"的杀伐气势也给予了生动呈现。《仲尼弟子列传》称孔子弟子"皆异能之士也"，并从德行、政事、言语、文学四科对孔门弟子展现的才能、气概、品性给予了呈现。其中，子贡属"言语"科，孔子称他为"瑚琏器"。在鲁国面临危机状况下，子贡应孔子要求游说齐、吴、越、晋，最终使鲁国转危为安。对此，司马迁激动论述说："子贡一出，存鲁，乱齐，破吴，强晋而霸越。子贡一使，使势相破，十年之中，五国各有变。"《苏秦列传》叙苏秦游说诸国，配六国相印，使"秦兵不敢窥函谷关十五年"，评价苏秦"其术长于权变""智有过人者"，并于《张仪列传》称他与张仪"真倾危之士哉"！《穰侯列传》中，司马迁赞穰侯"秦所以东益地，弱诸侯，尝称帝于天下，天下皆西向稽首者，穰侯之功也"。《春申君列传》感慨春申君"何其智之明也"！《廉颇蔺相如列传》议论道："知死必勇，非死者难也，处死者难。方蔺相如引璧睨柱，及叱秦王左右，势不过诛，然士或怯懦而不敢发。相如一奋其气，威信敌国，退而让颇，名重泰山，其处智勇，可谓兼之矣！"《田单列传》记述田单种种出奇制胜之法，并称赞云："兵以正合，以奇胜。善之者，出奇无穷。奇正还相生，如环之无端。夫始如处女，适人开户；敌不及距者，若脱兔忽过，而敌忘其所距也。其田单之谓邪！"《鲁仲连邹阳列传》末尾交代为二人立传缘由是："鲁连其指意虽不合大义，然余多其在布衣之位，荡然肆志，不诎于诸侯，谈说于当世，折卿相之权。邹阳辞虽不逊，然其比物连类，有足

---

①〔汉〕司马迁：《史记》，北京：中华书局2005年版，第1715—1717页。

悲者，亦可为抗直不桡矣，吾是以附之列传焉。"《刺客列传》评价："自曹沫至荆轲五人，此其义或称或不成，然其立意较然，不欺其志，名垂后世，岂妄也哉！"《李斯列传》评价李斯"以闾阎历诸侯，入事秦，因以瑕衅，以辅始皇，卒成帝业，斯为三公，可谓尊用矣。"《田儋列传》末尾议论："甚矣蒯通之谋，乱齐骄淮阴，其卒亡此两人！蒯通者，善为长短说，论战国之权变，为八十一首。通善齐人安期生，安期生尝干项羽，项羽不能用其策。已而项羽欲封此两人，两人终不肯受，亡去。田横之高节，宾客慕义而从横死，岂非至贤！余因而列焉。不无善画者，莫能图，何哉？"①在上述诸多传记中，无论是对人物行事效果的有意说明、议论的直接态度表明，还是表述中感叹号、反问号等带有强烈感情色彩的标点符号的运用，皆流露出司马迁对人非凡才能、气度的欣赏。事实上，这样的欣赏在列传人物书写中比比皆是，上文所举，不过是其中个别而已。其在人物传记书写中大量呈现，说明其在司马迁"人格"审美中占有重要地位，是司马迁构筑的理想"人格"的重要组成部分。

三是"不令己失时"，在耻辱困顿际隐忍奋发实现抱负，树立功名。《报仁安书》中，司马迁把修身、爱施、取予、耻辱、立名五方面看成评价人之高下的主要维度，认为在这五方面表现好的人，"然后可以托于世，列于君子之林"。基于此，在列传人物撷取与行事书写中，司马迁对处于耻辱困苦际传主的态度与作为特别关注。

关注中，司马迁虽然从彰显"义"的角度出发，书写了一批视死如归、舍生取义的传主形象如屈原（《屈原贾生列传》）、王蠋（《田单列传》）、田光、樊於期、荆轲、聂政之姐聂荣（《刺客列传》）、钟离昧（《淮阴侯列传》）等，但也从建功立业、实现抱负角度出发书写了一批在耻辱困顿际能隐忍奋发的传主形象，并对他们予以肯定。如《伍子胥列传》中，楚平王接受宠臣费无忌建议囚禁伍奢，胁迫其"为人仁"的伍尚和"为人刚戾忍訽"的伍子胥两儿子前来受死。对此，伍尚选择往而被杀，伍子胥选择了出逃。之所以如此，是在伍子胥看来，楚

---

① 〔汉〕司马迁：《史记》，北京：中华书局2005年版，第1735—1745页、第1785—1796页、第1825页、第1877页、第1913页、第1917页、第1932页、第1975页、第1993页、第2051页。

平王所召，"非欲以生我父也，恐有脱者后生患，故以父为质，诈召二子。二子到，则父子俱死。何益父之死？往而令仇不得报耳。不如奔他国，借力以雪父之耻。"出逃的伍子胥经历了奔宋、奔郑、"几不得脱""乞食"等艰难，最终以自己的政治智慧在吴"与谋国事"，借吴国力报了杀父仇恨，并对吴国开疆拓土作出了重要贡献，赢得了巨大声名。对伍子胥这一作为，司马迁极为肯定，在传末称赞说："向令伍子胥从奢俱死，何异蝼蚁。弃小义，雪大耻，名垂于后世，悲夫！方伍子胥窘于江上，道乞食，志岂尝须臾忘郢邪？故隐忍就功名，非烈丈夫孰能致此哉？"①《苏秦列传》中，苏秦"出游数岁，大困而归。兄弟嫂妹妻妾窃皆笑之"，批评说："周人之俗，治产业，力工商，逐什二以为务。今子释本而事口舌，困，不亦宜乎！"面对家人嘲鄙，苏秦"闻之而惭，自伤，乃闭室不出，出其书遍观之""得周书《阴符》，伏而读之"。学成后，苏秦游说周显王、秦惠王、赵奉阳君，皆不用，最终于燕国得到重用。苏秦受燕王命出使各国，实现了"六国从合"，自己也"为从约长，并相六国"。功成名就的苏秦途径故里，"诸侯各发使送之甚众，疑于王者。周显王闻之恐惧，除道，使人郊劳。苏秦之昆弟妻嫂侧目不敢仰视，俯伏待取食。"面对人情冷暖前后巨大反差，苏秦感喟道："此一人之身，富贵则亲戚畏惧之，贫贱则轻易之，况众人乎！且使我有洛阳负郭田二顷，吾岂能佩六国相印乎！"②苏秦的感喟，代表的是司马迁对苏秦前此忍辱发奋的认可。《淮阴侯列传》中，韩信贫寒时遭人白眼，被逼在"死"和"胯下之辱"中选择，韩信最终选择了后者。为何这样选择，韩信于功成名就后"召辱己之少年令出胯下者以为楚中尉"，并解释说："此壮士也。方辱我时，我宁不能杀之邪？杀之无名，故忍而就于此。"③可见，韩信的忍辱不杀，是为了后来功名的建立，此处所谓的忍，转变成了后来韩信发愤图强的动力。《季布栾布列传》中，季布"为气任侠"，为项羽将兵"数窘汉王"，面对汉王高价求购，在"自刭"与"髡钳"中选择了后者，并最终于汉王朝有所作为，"诸公皆多季布能摧刚为柔"。栾布"为人所略卖，为奴于燕"，后孝文时

---

① 〔汉〕司马迁：《史记》，北京：中华书局2005年版，第1725—1733页。
② 〔汉〕司马迁：《史记》，北京：中华书局2005年版，第1771—1796页。
③ 〔汉〕司马迁：《史记》，北京：中华书局2005年版，第2025—2038页。

"为燕相，至将军"，说："穷困不能辱身下志，非人也；富贵不能快意，非贤也"，于是"尝有德者厚报之，有怨者以法灭之"。对于二人忍辱发奋作为，司马迁评价道："以项羽之气，而季布以勇显於楚，身屡军搴旗者数矣，可谓壮士。然至被刑戮，为人奴而不死，何其下也！彼必自负其材，故受辱而不羞，欲有所用其未足也，故终为汉名将。贤者诚重其死。夫婢妾贱人感慨而自杀者，非能勇也，其计画无复之耳。栾布哭彭越，趣汤如归者，彼诚知所处，不自重其死。虽往古烈士，何以加哉！"①可见，司马迁对二人忍辱行为同样是非常肯定的。实际上，《史记》列传人物书写中呈现的忍辱发奋人物还有很多，不再赘述。

司马迁对这一理想"人格"的称扬，与司马迁个人经历与取舍有紧密关联。李陵事件中，司马迁仗义直言，不想被朝廷处以宫刑。"行莫丑于辱先，诟莫大于宫刑"。面对这一奇耻大辱，在司马迁看来，"人固有一死，或重于泰山，或轻于鸿毛，用之所趋异也""恨私心有所不尽，鄙陋没世，而文采不表于后也"，所以继承先贤"垂空文以自见"传统"就极刑而无愠色""著此书，藏之名山，传之其人，通邑大都，则仆偿前辱之责，虽万被戮，岂有悔哉！"（《报任安书》）基于此，《史记》列传书写对此"人格"的关注与称扬，既是一种必然选择，也有述司马迁自我心志的功能。

二、"人"之"不全"的展示与叹惋

《史记》列传对人"不全"的展示与叹惋表现很突出。《龟策列传》里有一段话颇能代表司马迁对人这一思考。《龟策列传》叙述的是龟卜事，表达了"兆应信诚于内，而时人明察见之于外"观点。传中，在对神龟灵异、被杀、用于占卜叙述基础上发表了一段评论，云：

> 故云神至能见梦于元王，而不能自出渔者之笼。身能十言尽当，不能通使于河，还报于江。贤能令人战胜攻取，不能自解于刀锋，免剥刺之患。圣能先知亟见，而不能令卫平无言。言事百全，至身而寧；

---

① 〔汉〕司马迁：《史记》，北京：中华书局2005年版，第2107—2111页。

当时不利，又焉事贤！贤者有恒常，士有适然。是故明有所不见，听有所不闻；人虽贤，不能左画方，右画圆；日月之明，而时蔽于浮云。羿名善射，不如雄渠、蠭门；禹名为辩智，而不能胜鬼神。地柱折，天故毋椽，又奈何责人于全？孔子闻之曰："神龟知吉凶，而骨直空枯。日为德而君于天下，辱于三足之乌。月为刑而相佐，见食于虾蟆。蝟辱于鹊，腾蛇之神而殆于即且。竹外有节理，中直空虚；松柏为百木长，而守门闾。日辰不全，故有孤虚。黄金有疵，白玉有瑕。事有所疾，亦有所徐。物有所拘，亦有所据。罔有所数，亦有所疏。人有所贵，亦有所不如。何可而适乎？物安可全乎？天尚不全，故世为屋，不成三瓦而陈子，以应之天。天下有阶，物不全乃生也"。①

这段评论由神龟至宇宙万物，在孔子话语引述基础上，传达的是司马迁的宇宙人生观。在司马迁看来，宇宙万物包括人，都是不全的，有所长，亦有所短，长处会给人带来好的发展，短处会带来不好的结果。司马迁对人这一审美认知，当是其对人长期观察的结果。《史记》七十列传中，《龟策列传》居第六十八，这一段评论，也当是在前传人物行事、命运书写基础上得出的必然结论。故此，此段话语所表达的思想可视为《史记》列传对人"不全"展示和感慨的思想基础，为纲领性论断。具体来说，《史记》列传对人"不全"的展开与感慨主要从以下几方面进行：

一是虽有奇才异能，但不能摆脱自己人生困境实现抱负。《老子韩非列传》中，韩非"悲廉直不容于邪枉之臣，观往者得失之变，故作《孤愤》《五蠹》《内外储》《说林》《说难》十余万言"。书传秦国，秦王看到惊喜，曰："嗟乎，寡人得见此人与之游，死不恨矣！"秦攻韩，韩派韩非出使秦国，秦王对韩非虽"悦之，未信用"。李斯、姚贾在政治斗争视域下向秦王毁韩非说："韩非，韩之公子也。今王欲并诸侯，非终为韩不为秦，此人之情也。今王不用，久留而归之，此自遗患也，不如以过法诛之。"秦王听从两人建议，将韩非"下吏"，最终逼其自杀。韩非"欲自陈，不得见"。由此记述可看出，在韩非行事中虽有治

---

① 〔汉〕司马迁：《史记》，北京：中华书局 2005 年版，第 2450 页。

国、辩说才能，但在韩国、秦国都不被任用；其个人行事、品性没有任何过错，却在政治算计中被处死。这样的命运，非韩非个人能掌控，有奇才异能也没办法解决。对此，司马迁很伤感，云："余独悲韩子为《说难》而不能自脱耳。"①《孙子吴起列传》中，孙膑有军事才能，"庞涓恐其贤于己，疾之，则以法刑断其两足而黥之，欲隐勿见"。司马迁就此感叹道："孙子筹策庞涓明矣，然不能早救患于被刑。"②《白起王翦列传》中，白起善用兵，取得了一系列军事战争胜利，为秦国开疆拓土建立了重大功勋，但在韩、赵反间下，先是与应侯魏冉"有隙"，后又不愿执行秦王错误出兵命令最终惹恼秦王，"使使者赐之剑，自裁。"在此过程中，白起也没有大的过错，他被逼自杀，主要是源于诸侯国的斗争与君臣间的矛盾，结局令人唏嘘，故"死而非其罪，秦人怜之，乡邑皆祭祀焉"。王翦同样善于用兵，在人情世故上比白起要明通，知秦始皇"不信人"，故出兵时"及时请园池为子孙业"以安其心。王翦用计，取得了大破荆军胜利，"王翦子王贲，与李信破定燕、齐地"。但到了秦二世时代，"王翦及其子贲皆已死"，秦二世命王翦孙王离率兵击赵。对此，客断言说："夫为将三世者必败。必败者何也？必其所杀伐多矣，其后受其不祥。"最终，王离落个被俘的结局。在由王翦到王离行事的叙述中可看出，王翦再能用兵，人情世故再明通，也挽救不了家族"三世者必败"的定律。对于白起、王翦的命运，司马迁感慨道："鄙语云'尺有所短，寸有所长'。白起料敌合变，出奇无穷，声震天下，然不能救患于应侯。王翦为秦将，夷六国，当是时，翦为宿将，始皇师之，然不能辅秦建德，固其根本，偷合取容，以至殁身。及孙王离为项羽所虏，不亦宜乎！彼各有所短也。"③

二是性格、见识存有缺陷，给个人带来不好结局。《商君列传》中，商鞅"好刑名之学""有奇才"，通过孝公宠臣景监进见孝公，以帝道、王道、霸道说试探孝公志向，最终引起孝公垂青实行霸道。在孝公支持下，商鞅于秦国变法，并通过徙木为信、刑公子虔、黥公孙贾等举措推动新法贯彻。伴随秦国日渐强大

---

① 〔汉〕司马迁：《史记》，北京：中华书局2005年版，第1701—1713页。
② 〔汉〕司马迁：《史记》，北京：中华书局2005年版，第1719—1724页。
③ 〔汉〕司马迁：《史记》，北京：中华书局2005年版，第1831—1838页。

和商鞅地位不断攀升，宗室贵戚对商鞅"多怨望者"。面对商鞅志得意满，赵良给予了提醒：

> 今君之见秦王也，因嬖人景监以为主，非所以为名也。相秦不以百姓为事，而大筑冀阙，非所以为功也。刑黥太子之师傅，残伤民以骏刑，是积怨畜祸也。教之化民也深于命，民之效上也捷于令。今君又左建外易，非所以为教也。君又南面而称寡人，日绳秦之贵公子。诗曰："相鼠有体，人而无礼；人而无礼，胡不遄死。"以诗观之，非所以为寿也。公子虔杜门不出已八年矣，君又杀祝懽而黥公孙贾。诗曰："得人者兴，失人者崩。"此数事者，非所以得人也。君之出也，后车十数，从车载甲，多力而骈胁者为骖乘，持矛而操闟戟者旁车而趋。此一物不具，君固不出。书曰："恃德者昌，恃力者亡。"君之危若朝露，尚将欲延年益寿乎？则何不归十五都，灌园于鄙，劝秦王显岩穴之士，养老存孤，敬父兄，序有功，尊有德，可以少安。君尚将贪商於之富，宠秦国之教，畜百姓之怨，秦王一旦捐宾客而不立朝，秦国之所以收君者，岂其微哉？亡可翘足而待。

这段提醒从非所以为名、非所以为功、非所以为寿、非所以得人等方面指出商鞅举措的失当，说明他目前面临的危险境遇，并给出了化解办法。然而遗憾的是，商鞅并没有听从赵良建议，最终落个被车裂以徇的结局，家族也被剿灭。可见，商鞅虽雄才大略，建立了丰功伟业，但也存在举止失当、不听人劝、骄傲自满等缺陷。对此，司马迁在传末给予明确批评，指出："商君，其天资刻薄人也。迹其欲干孝公以帝王术，挟持浮说，非其质也。且所因由嬖臣，及得用，刑公子虔，欺魏将卬，不师赵良之言，亦足发明商君之少恩也。余尝读商君开塞耕战书，与其人行事相类。卒受恶名于秦，有以也夫。"①《平原君虞卿列传》记述平原君在诸子中"最贤，喜宾客，宾客盖至者数千人"；为吸引宾客归附，"斩笑跛者美人头"；用毛遂，逼迫楚王"歃血而定从"；"将夫人以下编于士卒之间"，组织敢死队，退却秦军，如此等等皆显示出平原君非同凡响的气度与才

---

①〔汉〕司马迁：《史记》，北京：中华书局2005年版，第1763—1770页。

略。然而在《白起王翦列传》中，秦、赵对抗，平原君听从冯亭建议，致使长平之战中赵国失败，赵军四十万人被坑杀。可见，平原君有虑事不周的一面。虞卿为游说之士，一见赵孝成王，被"赐黄金百镒，白璧一双"；"再见，为赵上卿"，在赵国政治中多所建言立功，最终却"以魏齐之故，不重万户侯卿相之因，与魏齐间行，卒去赵，困于梁。魏齐已死，不得已，乃著书。"这一人生选择，直接影响了虞卿政治上的进一步作为。对于这两个人，司马迁在《平原君虞卿列传》末尾感慨说："平原君，翩翩浊世之佳公子也，然未睹大体。鄙语曰'利令智昏'，平原君贪冯亭邪说，使赵陷长平兵四十余万众，邯郸几亡。虞卿料事揣情，为赵画策，何其工也。及不忍魏齐，卒困於大梁，庸夫且知其不可，况贤人乎。"[①]上所举例外，他如吴起的"猜忍"、"刻暴少恩"、伍子胥的"刚戾忍詢"、魏公子的"病酒"、春申君的"当断不断，反受其乱"、范雎的"一饭之德必偿，睚眦之仇必报"、蒙恬的"阿意兴功"、黥布的"妒媢"、淮阴侯的"不用蒯通之计，乃为儿女子所诈"、陈豨的"徼一时权变，以诈力成功""外依蛮陌以为援"等等也都如此。可见，这是司马迁对人之"不全"展示的重要组成部分。

三是品行有亏，乐极生悲，最终落个凄凉结局。如《苏秦列传》中，苏秦经历了一系列波折，最终凭辩说才能取得高位，"为从约长，并相六国"，被赵国封为武安君，地位显赫。后齐、魏伐赵，从约解，赵王责备苏秦，苏秦恐而出使燕。齐伐燕，苏秦应燕王请求游说齐国，解了燕国困局。但也正因为此，苏秦被毁为"左右卖国反覆之臣也，将作乱"。苏秦归燕后，"燕王不复官也"，苏秦向燕王争辩说"臣之不信，王之福也。臣为忠信者，所以自为也；进取者，所以为人也"，并把曾参之孝、伯夷之廉、尾生之信论成于君王进取无用。在苏秦游说下，燕王"益厚遇之"。后来，苏秦与燕王母私通，"恐诛"，乃游说燕王，"详为得罪于燕而亡走齐"。到齐后，苏秦"说湣王厚葬以明孝，高宫室大苑囿以明得意，欲破敝齐而为燕"。最后，"齐大夫多与苏秦争宠者，而使人刺苏秦"，苏秦亡。回头来看，苏秦一生"进取"个人功名利禄是根本目标，"左右卖国反覆"是行事主要特点，私通燕王母是离燕之因，种种不良品性叠加，最终导致

[①]〔汉〕司马迁：《史记》，北京：中华书局2005年版，第1855—1862页。

了他被刺而亡的不完满结局。《李斯列传》中的李斯在品德上也有缺陷。李斯学帝王术，通过"观仓中鼠"知人"在所自处"重要性，认为"得时无怠，今万乘方争时，游者主事""此布衣驰骛之时而游说者之秋也"，所以西入秦谋功名富贵。入秦后，帮助秦始皇"明法度，定律令""同文书"，在秦国治理和外攘四夷中作出了重要贡献，官至丞相，一门鼎盛，连李斯自己都感慨："嗟乎！吾闻之荀卿曰'物禁大盛'。夫斯乃为上蔡布衣，闾巷之黔首，上不知其驽下，遂擢至此。当今人臣之位无居臣上者，可谓富贵极矣。物极则衰，吾未知所税驾也！"秦始皇死后，在赵高"长子刚毅而武勇，信人而奋士，即位必用蒙恬为丞相，君侯终不怀通侯之印归于乡里，明矣"等说辞引诱下，为了个人权势长有，乃与赵高"相与谋，诈为受始皇诏丞相，立子胡亥为太子"，并逼扶苏自杀。在赵高威势日益加强后，李斯又"恐惧，重爵禄，不知所出，乃阿二世意，欲求容"，上书投赵高所好，致使秦国"行督责益严，税民深者为明吏""刑者相半于道，而死人日成积于市"。最终，在赵高设计离间、陷害下，"具斯五刑，论腰斩咸阳市。斯出狱，与其中子俱执，顾谓其中子曰：'吾欲与若复牵黄犬俱出上蔡东门逐狡兔，岂可得乎？'遂父子相哭，而夷三族"。在此乐极生悲转圜中，李斯为个人私利背弃秦始皇立扶苏旨意，是为不忠；献媚讨好赵高，助纣为虐，背离丞相职分，是为渎职。李斯品性上的这些缺陷，最终将自己、家族与整个秦国带上了不归路。对于李斯品德不足带来的不完满，司马迁发论说："李斯以闾阎历诸侯，入事秦，因以瑕衅，以辅始皇，卒成帝业，斯为三公，可谓尊用矣。斯知六艺之归，不务明政以补主上之缺，持爵禄之重，阿顺苟合，严威酷刑，听高邪说，废嫡立庶。诸侯已畔，斯乃欲谏争，不亦末乎！人皆以斯忠而被五刑死，察其本，乃与俗议之异。不然，斯之功且与周、召列矣。"①这段评论，揭示出李斯人生不完满与其德行有亏的紧密关系。主人公因德行有亏而致人生不完满的书写在其他人物传记中也有或多或少表现，上所举例，只不过略微呈现而已，像晁错的"欲报私仇，反以亡躯"、武安侯的"贵而好权，杯酒责望，陷彼两贤"、韩长孺的"贪嗜于财"等也都如此。

---

① 〔汉〕司马迁：《史记》，北京：中华书局 2005 年版，第 1977—1994 页。

三、"人情势利"呈现中的期望与引导

《史记》列传人物行事与性格特点，都是在人际关系网络中展现的，每一个人物故事的发展，也都是在人际关系网络中进行的。主人公命运起起伏伏，有终身不遇者，有否极泰来者，有乐极生悲者。在此过程中，周围人必会因他们生活境遇的变化而呈现出不同态度，由此给主人公心绪、人生体验带来一定影响。《史记》列传在对此进行展现时既刻画出人情势利的真实场景，也同时表达出司马迁对此的感慨与对世人的引导。

《史记·货殖列传》有对人情势利的总体阐述：

> 太史公曰：夫神龙以前，吾不知已。至若《诗》《书》所述虞夏以来，耳目欲极声色之好，口欲穷刍豢之味，身安逸乐，而心夸矜势能之荣。使俗之渐民久矣，虽户说以眇论，终不能化。……渊深而鱼生之，山深而兽往之，人富而仁义附焉。富者得势益彰，失势则客无所之，以而不乐。夷狄益甚。谚曰："千金之子，不死于市。"此非空言也。故曰："天下熙熙，皆为利来；天下攘攘，皆为利往。"夫千乘之王，万家之侯，百室之君，尚犹患贫，而况匹夫编户之民乎！……由此观之，贤人深谋于廊庙，论议朝廷，守信死节隐居岩穴之士设为名高者安归乎？归于富厚也。是以廉吏久，久更富，廉贾归富。富者，人之情性，所不学而俱欲者也。故壮士在军，攻城先登，陷阵却敌，斩将搴旗，前蒙矢石，不避汤火之难者，为重赏使也。其在闾巷少年，攻剽椎埋，劫人作奸，掘冢铸币，任侠并兼，借交报仇，篡逐幽隐，不避法禁，走死地如鹜者，其实皆为财用耳。今夫赵女郑姬，设形容，揳鸣琴，揄长袂，蹑利屣，目挑心招，出不远千里，不择老少者，奔富厚也。游闲公子，饰冠剑，连车骑，亦为富贵容也。弋射渔猎，犯晨夜，冒霜雪，驰阬谷，不避猛兽之害，为得味也。博戏驰逐，斗鸡走狗，作色相矜，必争胜者，重失负也。医方诸食技术之人，焦神极能，为重糈也。吏士舞文弄法，刻章伪书，不避刀锯之诛者，没於赂

遗也。农工商贾畜长，固求富益货也。此有知尽能索耳，终不馀力而让财矣。①

《货殖列传》主要以货殖事与其中表现突出人物的货殖行为为记述对象。记述中，上述言语论述篇幅较长，主要彰显的是人对势利的求逐心，也同时体现出司马迁对"人"审美认知的观察维度。

在此维度下，《史记》列传展现了很多因势利变化而产生的人情反覆场景，并发抒了感慨。如《苏秦列传》中，苏秦穷困时，"兄弟嫂妹妻妾窃皆笑之"，并以言语侮辱他；发迹时，"昆弟妻嫂侧目不敢仰视，俯伏待取食。苏秦笑谓其嫂曰：'何前倨而后恭也？'嫂委蛇蒲服，以面掩地而谢曰：'见季子位高金多也。'"面对家人前后态度的剧烈变化，苏秦感慨说："此一人之身，富贵则亲戚畏惧之，贫贱则轻易之，况众人乎！"②《孟尝君列传》中，孟尝君礼贤下士，门下宾客三千有馀。齐王毁废孟尝君后，"诸客皆去"，门下惟留冯谖一人。在冯谖的帮助下，孟尝君复位，他十分感慨地说："文常好客，遇客无所敢失，食客三千有馀人，先生所知也。客见文一日废，皆背文而去，莫顾文者。今赖先生得复其位，客亦有何面目复见文乎？如复见文者，必唾其面而大辱之。"面对孟尝君愤慨，冯谖劝慰说："夫物有必至，事有固然""生者必有死，物之必至也；富贵多士，贫贱寡友，事之固然也。君独不见夫趣市（朝）者乎？明旦，侧肩争门而入；日暮之后，过市朝者掉臂而不顾。非好朝而恶暮，所期物忘其中。今君失位，宾客皆去，不足以怨士而徒绝宾客之路。"③冯谖这一劝慰，揭示了人情势利的客观必然存在。另如《张耳陈馀列传》中，张耳、陈馀为"刎颈交"，陈馀以父事张耳，两人共同度过了一段艰难岁月。后在战乱争斗中，张耳身陷困境，希望陈馀救援，但陈馀"自度兵少，不敌秦，不敢前"，嫌隙由此产生，并在后来一系列事件累积中愈来愈深，致使陈馀言"汉杀张耳乃从"。最终，张耳在战争中杀害了陈馀。两人关系之所以出现前后巨大变化，究其原因，正是缘于势利追逐中的矛盾冲突，故司马迁于传末感慨说："张耳、陈馀，世传所称贤

---

① 〔汉〕司马迁：《史记》，北京：中华书局 2005 年版，第 2461—2474 页。
② 〔汉〕司马迁：《史记》，北京：中华书局 2005 年版，第 1771—1796 页。
③ 〔汉〕司马迁：《史记》，北京：中华书局 2005 年版，第 1845—1853 页。

者；其宾客厮役，莫非天下俊桀，所居国无不取卿相者。然张耳、陈馀始居约时，相然信以死，岂顾问哉。及据国争权，卒相灭亡，何乡者相慕用之诚，后相倍之戾也！岂非以势利交哉？"①《廉颇蔺相如列传》中，廉颇"失势之时，故客尽去。及复用为将，客又复至。"廉颇生气说："客退矣！"对于廉颇的生气斥退，客毫不愧疚，反驳说："吁！君何见之晚也？夫天下以市道交，君有势，我则从君，君无势则去，此固其理也，有何怨乎？"②《平津侯主父列传》中主父偃解释自己收贿赂缘由说："臣结发游学四十馀年，身不得遂，亲不以为子，昆弟不收，宾客弃我，我阨日久矣。且丈夫生不五鼎食，死即五鼎烹耳。吾日暮途远，故倒行暴施之。"这一解释，明确地把收受贿赂看成是人情势利刺激后的必然选择。综观主父偃人生，也确实处于人情势利场中，"贵幸时，宾客以千数，及其族死，无一人收者，唯独洨孔车收葬之"，司马迁感慨说："主父偃当路，诸公皆誉之，及名败身诛，士争言其恶。悲夫！"③《汲郑列传》中，汲、郑"廉，内行修洁。此两人中废，家贫，宾客益落。"司马迁于传末感慨道："夫以汲、郑之贤，有势则宾客十倍，无势则否，况众人乎！下邽翟公有言，始翟公为廷尉，宾客阗门；及废，门外可设雀罗。翟公复为廷尉，宾客欲往，翟公乃大署其门曰：'一死一生，乃知交情。一贫一富，乃知交态。一贵一贱，交情乃见。'汲、郑亦云，悲夫！"④由上述诸多传记书写与议论可见，在《史记·列传》中，对势利场中人情反覆的描写与感慨占有相当篇幅，体现出司马迁对此的高度重视。

司马迁对人情势利给予展现和感慨，是与他的个人经历与体验有密切关系的。李陵兵败降匈奴消息传到汉廷，皇帝"食不甘味，听朝不怡"。司马迁认为李陵"事亲孝，与士信，临财廉，取予义，分别有让，恭俭下人，常思奋不顾身，以殉国家之急"，有"国士之风"；李陵"今举事一不当，全躯保妻子之臣随而媒孽其短"令人痛心。在司马迁看来，李陵作为将军"能得人之死力，虽古之名将，

---

① 〔汉〕司马迁：《史记》，北京：中华书局2005年版，第1999—2009页。
② 〔汉〕司马迁：《史记》，北京：中华书局2005年版，第1905—1913页。
③ 〔汉〕司马迁：《史记》，北京：中华书局2005年版，第2253—2264页。
④ 〔汉〕司马迁：《史记》，北京：中华书局2005年版，第2361—2367页。

不能过也。身虽陷败，彼观其意，且欲得其当而报于汉。事已无可奈何，其所摧败，功亦足以暴于天下矣"。基于这些原因，司马迁向汉武帝"推言陵之功，欲以广主上之意，塞睚眦之辞"。司马迁为李陵申诉的结果是自己被下狱论罪处以宫刑。处于灾难中的司马迁"家贫，货赂不足以自赎，交游莫救，左右亲近不为一言"。由司马迁在《报任安书》中这些自述可看出，无论李陵还是司马迁，都在这一事件中受到了来自人情势利的伤害，有了这方面的深刻体验。如此一来，司马迁在人物传记书写中对这方面的表现给予特别关注就成为必然。

由于有对人情势利的深刻体验，司马迁对知己非常渴望。这在其《报任安书》中有明确说明。《报任安书》中，司马迁向任安交代自己孤独处境云："顾自以为身残处秽，动而见尤，欲益反损，是以独郁悒而无谁语。谚曰：'谁为为之？孰令听之？'盖钟子期死，伯牙终身不复鼓琴。何则？士为知己者用，女为悦己者容。若仆大质已亏缺矣，虽材怀随和，行若由夷，终不可以为荣，适足以见笑而自点耳。……是仆终已不得舒愤懑以晓左右。"

在对知己渴望下，《史记》列传书写表现出对"知己"情谊的特别肯定。《管晏列传》中，鲍叔对贫困际的管仲多有包容、照顾、提携。管仲贵为丞相后深情怀念鲍叔对自己的恩情云："吾始困时，尝与鲍叔贾，分财利多自与，鲍叔不以我为贪，知我贫也。吾尝为鲍叔谋事而更穷困，鲍叔不以我为愚，知时有利不利也。吾尝三仕三见逐于君，鲍叔不以我为不肖，知我不遭时也。吾尝三战三走，鲍叔不以我为怯，知我有老母也。公子纠败，召忽死之，吾幽囚受辱，鲍叔不以我为无耻，知我不羞小节而耻功名不显于天下也。生我者父母，知我者鲍子也。"出于对鲍叔行为的肯定，司马迁交代鲍叔"子孙世禄于齐，有封邑者十馀世，常为名大夫。天下不多管仲之贤而多鲍叔能知人也"。同传中，晏子赎下"在缧绁中"的越石父，过了很久，越石父要离开晏子，晏子问其缘由，越石父说"吾闻君子诎于不知己而信于知己者。方吾在缧绁中，彼不知我也。夫子既已感寤而赎我，是知己；知己而无礼，固不如在缧绁之中也。"司马贞就此解释说："信读曰申，古《周礼》皆然也。申于知己谓以彼知我而我志获申"。[1]《刺客列传》中智伯对豫让"甚尊崇"，在被赵襄子杀害"漆其头以为饮器"后，

---

[1]〔汉〕司马迁：《史记》，北京：中华书局2005年版，第1695—1696页。

豫让发誓为之报仇说："嗟乎！士为知己者死，女为悦己者容。今智伯知我，我必为报仇而死，以报智伯，则吾魂魄不愧矣。"为此，他变名姓为刑人，"入宫涂厕""又漆身为厉，吞碳为哑"，先后两次刺杀赵襄子，均告失败。被赵襄子抓住后，赵襄子批评说："子不尝事范、中行氏乎？智伯尽灭之，而子不为报仇，而反委质臣于智伯。智伯亦已死矣，而子独何以为之报仇之深也？"豫让回答说："臣事范、中行氏，范、中行氏皆众人遇我，我故众人报之。至于智伯，国士遇我，我故国士报之。"最终，在赵襄子两次义释下豫让选择击赵襄子衣以示完仇，并"伏剑自杀"。[①]同传中聂政替严仲子报仇也具有"士为知己者死"的内涵。综观《史记》诸列传对"知己"的描写，其中"知己"既有知悉、了解的意思，也有落魄时提携照顾的意思，两者结合，与《报任安书》中所表达的内涵大体一致。

无论理想"人格"的建构，还是人之"不全"的展示与叹惋，其中传主都生活于人际关系网络，生活起起伏伏，难免受到来自人情势利的伤害并进而产生痛苦。基于此，《史记》列传叙事注意对世人的劝慰与引导。具体来说，体现在以下几方面：

一是强调盛极而衰，要人们对"盛境"报以警惕。《史记》列传中有很多传主如淮阴侯、张仪、苏秦、李斯、穰侯等，本身命运都生动形象诠释着盛极而衰的命理，以无言之教给读者以启迪。具体叙述中，司马迁还会经常通过作品中的人物来向读者传达这一命理。如《范雎蔡泽列传》中，蔡泽劝范雎功成身退时说："夫四时之序，成功者去。""语曰'日中则移，月满则亏'。物盛则衰，天地之常数也。进退盈缩，与时变化，圣人之常道也。……夏育、太史噭叱呼骇三军，然而身死于庸夫，此皆乘至盛而不返道理，不居卑退处俭约之患也。"在蔡泽的劝导下，范雎"因谢病请归相印"，最终全身而退。后来蔡泽也是如此做。《李斯列传》中，李斯明知"物极则衰"的道理，然而遗憾的是对后来吉凶归落判断不足，致为赵高引诱迫害最终落个"腰斩咸阳市""夷三族"的悲惨结局。《田叔列传》在叙田叔事后有褚先生叙田仁、任安事。此两人盛衰命运变化事叙述完毕后，褚先生指出："夫月满则亏，物盛则衰，天地之常也。知进而不

---

① 〔汉〕司马迁：《史记》，北京：中华书局2005年版，第1959—1975页。

知退，久乘富贵，祸积为祟。故范蠡之去越，辞不受官位，名传后世，万岁不忘，岂可及哉！后进者慎戒之。"《日者列传》旨在论述占卜事，叙事中引用庄子话语说："天不足西北，星辰西北移；地不足东南，以海为池；日中必移，月满必亏；先王之道，乍存乍亡。"这一引用，目的是证明占卜存在的必要及揭示真理的特征。①诸如上述意思类似话语在列传叙事中反复出现，其与大量传主由盛而衰命运呈现结合起来，叙事目的就非常明显，即给处于人生盛境的人以警示，要他们居安思危。

二是提醒人们立身处世要谨慎，要有智慧。《史记》列传很多人物叙事都体现出不智慧、不谨慎带来的悲凉结果。如《韩信卢绾列传》中韩信随刘邦征伐，地位高升，被派去治马邑。此期间，屡派使者入匈奴求和，由此引起刘邦的怀疑与责备。后来，韩信恐惧刘邦诛杀就投降了匈奴，"约共攻汉"，最终被汉柴将军斩杀。卢绾与刘邦是发小，情谊深厚，被封为燕王。为了一己私利，卢绾私令匈奴助陈豨击燕，并使范齐通计谋于陈豨。事情败露后，卢绾恐惧，逃到匈奴，"为蛮夷所侵夺，常思复归。居岁馀，死胡中"。陈豨位居高位监赵、代兵，"宾客随之者千馀乘，邯郸官舍皆满"，引起赵相国周昌怀疑"恐有变"，并告之刘邦。陈豨恐惧，后反叛，被樊哙军"追斩于灵丘"。综观这三人的作为，都虑事不智，品行不正，最终结局是咎由自取。传末，司马迁评论说："韩信、卢绾非素积德累善之世，徼一时权变，以诈力成功，遭汉初定，故得列地，南面称孤。内见疑强大，外倚蛮貊以为援，是以日疏自危，事穷智困，卒赴匈奴，岂不哀哉！陈豨，梁人，其少时数称慕魏公子；及将军守边，招致宾客而下士，名声过实。周昌疑之，疵瑕颇起，惧祸及身，邪人进说，遂陷无道。于戏悲夫！夫计之生孰成败于人也深矣！"②这一评论，体现出对此三人的否定，对读者也有告诫之意。事实上，这样的呈现与提醒在列传书写中还有很多。《袁盎晁错列传》评袁盎"好声矜贤，竟以名败"，晁错"后擅权，多所变更。诸侯发难，不急匡救，欲报私仇，反以亡躯"；《吴王濞列传》论吴王濞"能薄赋敛，使其众，以擅山海利。逆乱之

---

① [汉] 司马迁：《史记》，北京：中华书局 2005 年版，第 1891—1893 页、第 2142 页、第 2438 页。

② [汉] 司马迁：《史记》，北京：中华书局 2005 年版，第 2039—2046 页。

萌，自其子兴。争技发难，卒亡其本；亲越谋宗，竟以夷陨"；《魏其武安侯列传》感慨"魏其诚不知时变，灌夫无术而不逊，两人相翼，乃成祸乱。武安负贵而好权，杯酒责望，陷彼两贤。呜呼哀哉！迁怒及人，命亦不延。众庶不载，竟被恶言。呜呼哀哉！祸所从来矣"；《南越列传》末尾指出"尉佗之王，本由任嚣。遭汉初定，列为诸侯。隆虑离湿疫，佗得以益骄。……其后亡国，徵自樛女；吕嘉小忠，令佗无后。楼船从欲，怠傲失惑；伏波困穷，智虑愈殖，因祸为福。成败之转，譬若纠墨"，诸如这些评论，既是对传主悲剧命运原因的总结，也对世人有告诫之意，提醒世人谨慎、智慧立身处世的重要性。

　　三是通由"遇"与"不遇"对比和说明，显示冥冥中人各有命，强求不得。列传叙事展现了很多"遇"与"不遇"的人物。《樊郦滕灌列传》中，樊哙、郦商、夏侯婴、灌婴等于沛随刘邦起兵，建功立业，声名广大，是有才且"遇"者，司马迁感叹说："方其鼓刀屠狗卖缯之时，岂自知附骥之尾，垂名汉廷，德流子孙哉？"[1]《张丞相列传》中，张苍坐法当斩，只因行刑时显露的"身长大，肥白如瓠"体态被王陵看到刀下留人，最后一路青云做到丞相职位，年百有馀岁而亡；周昌"为人强力，敢直言"，由御史升至赵相；申屠嘉值朝廷"大臣又皆多死，馀见无可者"被选拔为丞相；韦丞相有长子，相者云其第二子当为丞相，后长子病死，第二子果然作了丞相；匡衡"才下，数射策不中"，但后来步步高升"代为丞相，封安乐侯"。这些人物叙事后，司马迁发论说："匡君代为丞相，封乐安侯。以十年之间，不出长安城门而至丞相，岂非遇时而命也哉！""深惟士之游宦所以至封侯者，微甚。然多至御史大夫即去者。诸为大夫而丞相次也，其心冀幸丞相物故也。或乃阴私相毁害，欲代之。然守之日久不得，或为之日少而得之，至於封侯，真命也夫！御史大夫郑君守之数年不得，匡君居之未满岁，而韦丞相死，即代之矣，岂可以智巧得哉！多有贤圣之才，困厄不得者众甚也。"[2]《傅靳蒯成列传》末，司马迁感慨二人"从高祖起山东，攻项籍，诛杀名将，破军降城以十数，未尝困辱，此亦天授也。"[3]李广能征善斗，然

---

[1]〔汉〕司马迁：《史记》，北京：中华书局2005年版，第2068页。

[2]〔汉〕司马迁：《史记》，北京：中华书局2005年版，第2069—2078页。

[3]〔汉〕司马迁：《史记》，北京：中华书局2005年版，第2095页。

195

一生际遇凄凉，以致文帝感叹他："惜乎，子不遇时！"汉武帝交代卫青"以为李广老，数奇，毋令当单于，恐不得所欲"。基于此，司马迁在叙事中借李广之口感慨"岂非天哉"的悲剧命运。①《西南夷列传》叙述感慨"楚之先岂有天禄哉？在周为文王师，封楚。及周之衰，地称五千里。秦灭诸侯，唯楚苗裔尚有滇王。汉诛西南夷，国多灭矣，唯滇复为宠王。"②《佞幸列传》一开首即说"谚曰：'力田不如逢年，善仕不如遇合'，固无虚言。非独女以色媚，而士宦亦有之"，其下各佞幸人物叙述正证明冥冥中的天意。③上述诸如此类"遇"与"不遇"的叙述与感慨，无疑会给读者以启示，使读者在现实生活中不幸不能有"遇"的情况下，面对人情势利带来的伤害，对得失不那么计较，能表现一种平和的心态与淡然的心境，这对其身心健康来说，自然有积极作用。

以上是本文对《史记·列传》"人"的审美与意旨的具体阐述。通过阐述可以看出，《史记·列传》对"人"的审美主要从三层面展开：就司马迁个人来说，理想的"人格"是具有良好品德，能不计个人利害安危坚守"义"；具有非凡才能、气概，能建功立业；能"不令己失时"，可以在耻辱困顿际隐忍奋发，实现抱负，树立功名。司马迁对理想"人格"的这些建构，从其内涵来讲，大致不出古人所谓的"太上有立德，其次有立功，其次有立言，虽久不废，此之谓不朽"（《左传·襄公二十四年》）的人格设定，④也与《易经》倡导的"天行健，君子以自强不息；地势坤，君子以厚德载物"的"君子"人格有相合处。从此角度来说，《史记·列传》的理想"人格"建构，实际承载着中国传统社会对"人"的价值期待，体现着对具有中国精神的人格培养关怀。《史记·列传》对"人"审美的第二个层面是客观展现了"人"之"不全"，并表达了作者由衷的惋惜。"人"之"不全"展现主要在三个方面：一是虽然具有奇才异能，但不能摆脱自己人生困境实现抱负；二是性格、见识存有缺陷，给个人带来不好结局；三是

---

① 〔汉〕司马迁：《史记》，北京：中华书局2005年版，第2197—2204页。
② 〔汉〕司马迁：《史记》，北京：中华书局2005年版，第2285页。
③ 〔汉〕司马迁：《史记》，北京：中华书局2005年版，第2435页。
④ 〔春秋〕左丘明撰，〔西晋〕杜预集解：《左传》，上海：上海古籍出版社1997年版，第1112页。

品行有亏，乐极生悲，最终落个凄凉结局。司马迁对"人"之"不全"的这些展示，既是其对现实人生长期观察的结果，具有现实性基础，也是在深入了解列传所有人物行事、性格特点、命运基础上得出的必然结论。《史记·列传》对"人"审美的第三层面是揭示出"人情势利"的客观、必然存在，这是司马迁把"人"置于人际网络关系视域中得出的认知。此层面揭示与呈现中，司马迁首先表现出对"知己"的特别渴望，其所谓的"知己"，既有知悉、了解的意思，也指困难时的提携与帮助。在"人情势利"揭示与呈现中，司马迁还表现出对世人的教化与安慰。此也从三层面进行：一是强调盛极而衰，要人们对"盛境"报以警惕；二是提醒人们立身处世要谨慎，要有智慧；三是通由"遇"与"不遇"的对比和说明，显示冥冥中人各有命，强求不得，要人们对得失不必过于纠结。司马迁对"人"审美的三层面展开与其中所表达的感慨、劝诫、安慰，既是对史传编撰"别嫌疑，明是非，定犹豫，善善恶恶，贤贤贱不肖，存亡国，继绝世"主旨精神的继承与发扬，也同时表现出感慨流连、抒情解郁等"文"的特征。两者的完美结合，使《史记》在中国史林中别具一格，具有非凡魅力。

（何悦玲，女，陕西淳化人，陕西师范大学文学院副教授）

论《史记》的舆论意识及其书写价值

赵子璇

《史记》"凡百三十篇，亦欲以究天人之际，通古今之变，成一家之言。"可见，编撰一部"藏于名山，传之其人通邑大都"的史书之于司马迁，已经无限接近于一个信仰，或是一种近乎宗教性的神圣召唤，他秉持着此种责任感与使命感，继《春秋》遗志，在历史的记录里铺陈理想的人间秩序，复杂的历史叙事背后是其深切的用心。所以，从《史记》中由表及里地领悟智慧、明晰人事以资殷鉴应该比探寻其中"历史的真相"更加重要。越浮于表面的东西背后越有可能蕴含着深刻的本质。就像《五帝本纪》中"世谓""天下谓"等话语，表面上看，这是司马迁对当时当世大众言论的引用，但扩大阅读范围，便会发现《史记》的很多篇章都突出表现着诸如此类的社会舆论话语，它关系着司马迁对人事盛衰原因的深度思考。因此，即便在当代，对《史记》舆论意识及其书写价值的探讨也深具现实意义。

在现代，尤其是在大众传媒空前发达的当代，人们对"舆论"一词并不陌生。舆论研究也是新闻传播学、社会学等学科研究的热点话题。事实上，舆论现象从人类社会一开始便存在，但"舆论"一词出现得较晚。在古代中国，"舆论"一词最早见于《三国志·魏书·王朗传》："孙权欲遣子登入侍，不至。是时车驾徙许昌，大兴屯田，欲举军东征。朗上疏曰：'……设师行而登乃至，则为所动者至大，所致者至细，犹未足以为庆。设其傲狠，殊无入志，惧彼舆论之未畅者，并怀伊邑。'"[①]其中的"舆论"指舆人之论，"舆人"指造车的人，"舆人"在《辞海》中也有"众人""古代职位低微的吏卒"的解释。典籍中常

---

① 〔西晋〕陈寿撰，〔南朝宋〕裴松之注：《三国志》，北京：中华书局 1959 年版，第 412 页。

可见到"舆诵""舆颂"等词,皆指众人的言论。其中的"舆"还指奴隶,如《左传·昭公七年》中:"王臣公,公臣大夫,大夫臣士,士臣皂,皂臣舆,舆臣隶,隶臣僚,僚臣仆,仆臣台。"①自王至台共十个等级,皂以下为各级奴隶。可见在中国本土文化语境中,"舆论"一词指普通百姓的意见、言论,其中也隐含着"底层""非精英"的义素。

在当代,学者们对"舆论"所下定义甚多,其中,邹振东在《弱传播:舆论世界的哲学》一书中对舆论现象做了详尽的逻辑推演,将不同定义中的共识与分歧做了判断与分析,最终将舆论定义为"关注的表达与聚集"。②此种定义不仅兼顾了舆论的能量性、公开性和集合性,也中和了不同舆论定义中的分歧。具体来说,舆论的力量是靠关注的聚集形成的,而关注又需要表面上的公开的表达。舆论既是一种关注,那么关注可以一致,但意见不一定一致,这解决了各种舆论定义中对"一致性"问题的分歧。舆论的声音偶尔理性偶尔盲动,但其常态是中性的,这解决了各种舆论定义中对"正当性"问题的分歧。舆论的主体是关注的制造者,它通过实施或引发关注的方式来制造关注,这解决了各种舆论定义中对舆论主体问题的分歧。这一观点使人重新审视"舆论"本质,进而深入思考舆论影响下的古今社会。

中国古人对舆论的朴素认知中虽隐含着"底层"的义素,但是由于"底层"是一个社会金字塔的中下端,其意味着大多数人,大多数人的力量是巨大的,这种力量有时是正义的、引领时代的,有时却是盲目的、被裹挟的。那么,自然而然,古人对此种"关注的表达与聚集"所产生的巨大能量便有着非常清晰的认知,且带有一种内在的紧张感。《国语·周语》中有言:"防民之口,甚于防川,川壅而溃,伤人必多,民亦如之。是故为川者决之使导,为民者宣之使言。故天子听政,使公卿至于列士献诗,瞽献曲,史献书,师箴,瞍赋,矇诵,百工谏,庶人传语,近臣尽规,亲戚补察,瞽、史教诲,耆、艾修之,而后王斟酌焉,是以事行而不悖。"这段话完整地表现了社会舆论的重要性与舆论监督对

---

① 郭丹:《左传译注》,北京:中华书局2012年版,第167页。
② 邹振东:《弱传播:舆论世界的哲学》,北京:国家行政学院出版社2018年版,第21页。

政治发挥作用的大体流程，也告诉我们，古代诗、史等经典的叙述在某种程度上与当时社会舆论的叙述存在关系，甚至表现为某种关注的表达与聚焦。诚如《中国传播史论》中所说："史官记事对人君形成舆论压力，有别于一般的历史记录，而与今之反映民意、掌握舆论监督之报纸有很大的相似之处。"①

一、《史记》中舆论意识的客观表现

（一）民间话语：风谣传说与民间领袖

司马迁著述《史记》"既上序轩黄，中述战国，或得之于名山坏壁，或取之以旧俗风谣"，可见司马迁的史学实践很重视民间资料的收集，常取民间传说和民间谣谚加以踵事增华。那些"旧俗风谣"作为民间话语，不仅是珍贵的社会和风俗文化史料，反映着一个社会的政治经济情况和思想道德水平，也是对当世许多时事"关注的表达与聚集"，深具社会舆论的性质。这类民间话语作为《史记》中重要的社会舆论表现，通过某种艺术形式表达着具有集合性的社会情绪，其针对的可能是人物，可能是事件，也可能是某种社会现象。

《魏其武安侯列传》中，灌夫的宗族、宾客们垄断利益，在颍川横行霸道，针对这些"豪桀大猾"们，颍川郡中流行儿歌曰："颍水清，灌氏宁；颍水浊，灌氏族。"②显然，颍川百姓对于灌夫以及灌夫周围倚仗权势横行乡里的宗族食客们表达了明确的负面态度，用颍水来比喻灌氏家族，灌氏有如颍水，总有浑浊（灭亡）的一天。童谣当然承载着一些社会信息，而这些信息被传播，且在传播过程中形成关注的聚集，关注的聚集又反过来推动着信息的传播，这首《颍川歌》中的深怨讥刺聚集的是社会批判的舆论能量。又如《酷吏列传》里酷吏宁成为政暴戾残酷，民谣刺以"宁见乳虎，无直成之怒"③，《季布栾布列传》中

---

① 李敬一：《中国传播史论》，武汉：武汉大学出版社 2003 年版，第 39 页。
② 〔汉〕司马迁撰，〔南朝宋〕裴骃集解，〔唐〕司马贞索隐，〔唐〕张守节正义：《史记》，北京：中华书局 2013 年版，第 2847 页。
③ 〔汉〕司马迁撰，〔南朝宋〕裴骃集解，〔唐〕司马贞索隐，〔唐〕张守节正义：《史记》，北京：中华书局 2013 年版，第 3145 页。

记载季布"为气任侠,有名于楚"①,以"诺"闻名关中,楚人谚曰:"得黄金百,不如得季布一诺"②。《樗里子甘茂列传》中,秦人夸赞樗里子:"力则任鄙,智则樗里。"③舆论的表达首先是"自以为是"的表达,但到了"众以为是"的表达时,舆论就成为普遍民意的代表,而这些对人物的讥刺与夸赞都是代表普遍民意的舆论表达。

对于政治人物的事功治绩和地方政策,民间也给予高度的关注。《周本纪》中,古公亶父重新治理后稷、公刘的旧业,积德行义,由于不忍战争而带领人民移于岐山脚下定居,"及他旁国闻古公仁,亦多归之。"④古公亶父在岐下与民众建造城郭、房屋,设立官职,因此,"民皆歌乐之,颂其德。"⑤《田仲敬完世家》中田常"复修釐子之政,以大斗出贷,以小斗收。齐人歌之曰:'妪乎采芑,归乎田成子!'"⑥《曹相国世家》记载萧何去世后,曹参继任相国,与民休憩,执法严明,施政稳定,百姓歌之曰:"萧何为法,顜若画一;曹参代之,守而勿失。载其清净,民以宁一。"⑦以上事例皆清晰地反映了百姓对时政事件的舆论态度,表达着正面的社会情绪。《赵世家》中,公孙杵臼与程婴救下赵氏孤儿,为保赵氏血脉,程婴与公孙杵臼谋划用假婴代替赵孤瞒过屠岸贾,于是程婴背卖友恶名,公孙杵臼牺牲了自己……但经过清人梁玉绳等人考证,这段故事其

---

①〔汉〕司马迁撰,〔南朝宋〕裴骃集解,〔唐〕司马贞索隐,〔唐〕张守节正义:《史记》,北京:中华书局2013年版,第2729页。

②〔汉〕司马迁撰,〔南朝宋〕裴骃集解,〔唐〕司马贞索隐,〔唐〕张守节正义:《史记》,北京:中华书局2013年版,第1731页。

③〔汉〕司马迁撰,〔南朝宋〕裴骃集解,〔唐〕司马贞索隐,〔唐〕张守节正义:《史记》,北京:中华书局2013年版,第2310页。

④〔汉〕司马迁撰,〔南朝宋〕裴骃集解,〔唐〕司马贞索隐,〔唐〕张守节正义:《史记》,北京:中华书局2013年版,第114页。

⑤〔汉〕司马迁撰,〔南朝宋〕裴骃集解,〔唐〕司马贞索隐,〔唐〕张守节正义:《史记》,北京:中华书局2013年版,第114页。

⑥〔汉〕司马迁撰,〔南朝宋〕裴骃集解,〔唐〕司马贞索隐,〔唐〕张守节正义:《史记》,北京:中华书局2013年版,第1883页。

⑦〔汉〕司马迁撰,〔南朝宋〕裴骃集解,〔唐〕司马贞索隐,〔唐〕张守节正义:《史记》,北京:中华书局2013年版,第2031页。

实出自民间的口耳相传，因此这段历史传说可以看做政治事件在民间场域中舆论性质的传播，其背后隐藏着舆情，司马迁将这段民间史料编进正史，不仅增强了历史的传奇性与悲壮感，还表现了当时人民对于荒淫无度的君主与大权在握的佞臣的痛恨，是负面的舆论表达。

对于某种社会现象，民间也表达着自己的声音。武帝时，出身微贱的"讴者"卫子夫被立为皇后，卫青受封长平侯，且"青三子在襁褓中，皆封列侯。"①卫皇后姐姐的儿子霍去病"以军功封冠军侯，骠骑将军。"②卫氏家族虽以军功起家，但获得建立功勋的机会依旧来自于卫子夫的受宠，因此"贵震天下"。于是"天下歌之曰：'生男无喜，生女无怒，独不见卫子夫霸天下！'"③歌谣对生男喜、生女怒的重男轻女观念予以表面上的纠正，但"独不见""霸"字却透露出当时社会对于外戚进身渠道有着偏于负面的舆论话语。就如《佞幸列传》开篇的民谚所说的"力田不如逢年，善仕不如遇合。"④显然，在现实世界中重要的东西，放在舆论世界中未必重要，民众对卫氏家族的赫赫战功有所忽略，却放大了他们"暴发户"式的显贵和表现在外的"裙带关系"，很大一部分原因是在汉帝国初期的刘邦、张良、萧何、韩信等重要的政治人物皆出身寒微的情况下，布衣思想在汉代上层社会中普遍流行，民间社会更不必说，而外戚的显贵与百姓心目中通过自身努力进身的朴素价值观显然背道而驰，应当看做一种舆论否定。

所谓"乡土中国"，小农经济支持下的中国传统社会的建构是以宗法伦理的建构为主线的，父老长老、豪强游侠们以血缘或地缘为联结方式建构的政治参与方式与精神权威时时刻刻影响着社会与处于社会中的人们。在汉代，国家权

---

① 〔汉〕司马迁撰，〔南朝宋〕裴骃集解，〔唐〕司马贞索隐，〔唐〕张守节正义：《史记》，北京：中华书局 2013 年版，第 1980 页。

② 〔汉〕司马迁撰，〔南朝宋〕裴骃集解，〔唐〕司马贞索隐，〔唐〕张守节正义：《史记》，北京：中华书局 2013 年版，第 1980 页。

③ 〔汉〕司马迁撰，〔南朝宋〕裴骃集解，〔唐〕司马贞索隐，〔唐〕张守节正义：《史记》，北京：中华书局 2013 年版，第 1983 页。

④ 〔汉〕司马迁撰，〔南朝宋〕裴骃集解，〔唐〕司马贞索隐，〔唐〕张守节正义：《史记》，北京：中华书局 2013 年版，第 3191 页。

力与基层社会之间通过地方权力机关实现多个层面的沟通。一方面，地方权力机关利用像"循吏"这样的地方治理者，通过政治思想教化的手段控制、影响基层社会，但另一方面，各种基层力量如宗族父老、士人乡党等的秩序运作形成了强大的民间社会舆论场，影响着民间社会各种事务的决策和评价，他们在一定程度上甚至操纵着舆论，影响着地方权力机关。这种"基层秩序"深刻影响着民众的思想和行为。《史记》中的很多篇章都明显地突出地方舆论权威，其中包括时事政治参与、道德价值评论等诸多内涵。

就拿人们最熟悉的《项羽本纪》举例，项羽兵败退至乌江，乌江亭长劝项羽东渡以重整旗鼓，但项羽却说："天之亡我，我何渡为！且籍与江东子弟八千人渡江而西，今无一人还，纵江东父兄怜而王我，我何面目见之？纵彼不言，籍独不愧于心乎？"①从项羽的自白中，我们至少可以提取两个信息，第一，"江东父兄"作为地方宗族权威，他们的言论在地方社会具有巨大影响力，在民间政治传统中也有着重要的地位。②第二，项羽此时有强烈的舆论意识，他意识到，如若渡江，江东子弟八千人无一人还的事实会让自己陷入不堪的舆论境地。因为"沉默"是舆论学研究的一个重要观察视角，舆论是表达的，而沉默相对于表达，在舆论中人们却能够用沉默表达态度和回避表达，所以，"纵彼不言"之下，其实是残忍的舆论真相。但在《高祖本纪》中，民间父老的支持对刘邦的最终胜利实际上发挥了重要作用。

民间父兄们不仅关注时事，还会直接参与到地方政治与建设中，《司马相如列传》中"蜀父老"向司马相如进言曰通西南夷之事不可行，但汉廷派司马相如入蜀就是为了劝说当地长老们同意通西南夷，在两难之下，司马相如"以蜀

---

① 〔汉〕司马迁撰，〔南朝宋〕裴骃集解，〔唐〕司马贞索隐，〔唐〕张守节正义：《史记》，北京：中华书局2013年版，第336页。

② 参见牟发松：《汉代三老："非吏而得与吏比"的地方社会领袖》，《文史哲》2006年第6期，第83—93页；鲁西奇：《父老：中国古代乡村的"长老"及其权力》，《北京大学学报（哲学社会科学版）》2022年第3期，第89—101页。史籍中的"父老""父兄""长老""三老"等称谓，实际上都是指民间社会的父老阶层。他们"非吏而得与吏比"，具有国家认定的民间社会领袖身份。

父老为辞，而己诘难之，以风天子"①，虽西南夷的开通已成事实，但由此事可知，之于统治阶层，父老们的舆论影响力是不能够被轻易忽视的。

除了父兄长老们，地方豪杰、贤士也具民间领袖性质，具有话语权和较大的活动能量。如《张耳陈余列传》中"陈中豪杰父老乃说陈涉"②，《白起王翦列传》中，武安君白起蒙冤而死，死而非其罪，于是"秦人怜之，乡邑皆祭祀焉。"③《游侠列传》中，司马迁除了强调"邑中贤豪""邑中贤大夫"在邑中的调解职能，还叙述郭解入关时，关中贤士豪杰无论认识的还是不认识的，只要听说过郭解的名声都争相与郭解交往，乡党、父老、豪杰影响下的地方舆论权威可见一斑。

（二）舆论制造：自我包装与意见领袖

舆论具有公开性的特质，也就是说一个舆论的产生需要舆论主体做到表面上的公开表达。《史记》里一些历史人物做的"表面文章"不可被忽略，他们出于某种目的故意编造某种谎言或做出某种动作以制造有利于自己的舆论，况且这些人为的舆论制造和舆论控制在司马迁的历史叙事中还占据着较大的篇幅。

例如《司马相如列传》中有这样两段描写引人注目，第一段为：

> （相如）素与临邛令王吉相善，吉曰："长卿久宦游不遂，而来过我。"于是相如往，舍都亭。临邛令缪为恭敬，日往朝相如。相如初尚见之，后称病，使从者谢吉，吉愈益谨肃。临邛中多富人，而卓王孙家僮八百人，程郑亦数百人。二人乃相谓曰："令有贵客，为具召之。"④

---

① 〔汉〕司马迁撰，〔南朝宋〕裴骃集解，〔唐〕司马贞索隐，〔唐〕张守节正义：《史记》，北京：中华书局2013年版，第3048页。
② 〔汉〕司马迁撰，〔南朝宋〕裴骃集解，〔唐〕司马贞索隐，〔唐〕张守节正义：《史记》，北京：中华书局2013年版，第2573页。
③ 〔汉〕司马迁撰，〔南朝宋〕裴骃集解，〔唐〕司马贞索隐，〔唐〕张守节正义：《史记》，北京：中华书局2013年版，第2337页。
④ 〔汉〕司马迁撰，〔南朝宋〕裴骃集解，〔唐〕司马贞索隐，〔唐〕张守节正义：《史记》，北京：中华书局2013年版，第3000页。

临邛令王吉假装礼敬相如，每天都恭恭敬敬去拜访问候，相如起初还礼见王吉，后来便称病不见，但王吉却愈加谨慎恭敬。据余英时先生考证，东汉时，托疾不通宾客为当时士大夫自抬身价之举，王符《潜夫论》卷八《交际》篇也有言：" 所谓恭者，内不敢傲于世家，外不敢慢于士大夫。见贱如贵，视少如长"[1]之语，如此可推断，早在西汉，王吉做出此等恭敬的态度，有很大一部分原因是为了散播自己礼贤的好名声，而司马相如此时的称病，乃是士大夫的自抬身价策略。王吉、相如二人利用舆论为自己造势，结果就是卓王孙与程郑两家备办宴席邀请王吉与相如，有意思的是，宴席已开，王吉与相如又表演了一番，相如再次说自己身体抱恙不能前来，王吉见相如没来，更加夸张，竟"不敢尝食，自往迎相如"[2]。"所有暴露在表面的都是一种表达，都可能是一种舆论。"[3]王吉与相如种种外在的、表面的动作吸引着人们的关注，而这场引人关注的"秀"最终做到了卓王孙面前，在这里，他们可以说是一场关注的制造者，他们通过引发关注的方式来制造关注，是舆论主体。

第二段如下：

> 相如与（文君）俱之临邛，尽卖其车骑，买一酒舍酤酒，而令文君当炉。相如身自著犊鼻裈，与保庸杂作，涤器于市中。卓王孙闻而耻之，为杜门不出。[4]

这段记载中最重要的应该是"令文君当炉"与"涤器于市中"这两句，让文君站在柜台边卖酒是因为女性在舆论场中具有主场优势，人们更容易同情弱势，穿着犊鼻裈当着街面洗刷器具是相如故意为之，因为舆论传播的力量不可小觑，"当街"才有大众关注度，但"文君夜亡奔相如，相如乃与驰归成

---

[1] 余英时：《士与中国文化》，上海：上海人民出版社1987年版，第305页。

[2]〔汉〕司马迁撰，〔南朝宋〕裴骃集解，〔唐〕司马贞索隐，〔唐〕张守节正义：《史记》，北京：中华书局2013年版，第3000页。

[3] 邹振东：《弱传播：舆论世界的哲学》，北京：国家行政学院出版社2018年版，第105页。

[4]〔汉〕司马迁撰，〔南朝宋〕裴骃集解，〔唐〕司马贞索隐，〔唐〕张守节正义：《史记》，北京：中华书局2013年版，第3000页。

都"①的"家丑"却不可外扬，因此这场舆论战最终以卓王孙的失败而告终，毕竟在舆论话语中，人的"情"往往高于"理"而居于上风。

又如在《高祖本纪》中，司马迁塑造了一个善于利用舆论包装自己、为自己造势的刘邦。司马迁《高祖本纪》开篇便写了一个荒诞不经、极具欺骗性的感生神话，说刘邦的母亲刘媪梦与神遇而生高祖，在这个神话中，甚至有"目击证人"太公，后面更是一系列"神化"传说：刘邦在做泗水亭亭长时，武负、王媪"见其上常有龙"；吕公相面后毅然将女儿嫁给他；老父相面后认为刘邦一家有大贵之相，尤其刘邦"贵不可言"；刘邦骊山道上醉中斩蛇，老妪夜哭自述刘邦为赤帝之子，杀了自己的儿子白帝之子；秦始皇常曰"东南有天子气"，于是东游以图镇压。刘邦便以为是自己的原因，于是"亡匿，隐于芒、砀山泽岩石之间"②，吕后和别人一起找他还常常可以找到，刘邦奇怪地问她为什么可以找到，吕后便说刘邦所在的地方上面有云气，因此"沛中子弟或闻之，多欲附者矣。"③值得注意的是，司马迁在叙述这些传说时，特意描写了刘邦的话语与神情反映，如老父相面后，"高祖乃谢曰：'诚如父言，不敢忘德。'"④听到别人转述老妪之语后，"高祖乃心独喜，自负。"⑤听到吕后说其所居处有云气后便"心喜"，司马迁固然明白这些故事禁不起推敲，但还是郑重地写在了历史中，他如实地勾勒出一个具有高度社会舆论意识的政治家形象，而刘邦作为"草根"皇帝，必然对民间社会结构与运作具有深刻理解，史迁的人物构造艺术可谓前呼而后应。刘邦还将舆论作为政治工具以图自己政治权力的巩固。他在"天下大

---

① 〔汉〕司马迁撰，〔南朝宋〕裴骃集解，〔唐〕司马贞索隐，〔唐〕张守节正义：《史记》，北京：中华书局2013年版，第3000页。
② 〔汉〕司马迁撰，〔南朝宋〕裴骃集解，〔唐〕司马贞索隐，〔唐〕张守节正义：《史记》，北京：中华书局2013年版，第348页。
③ 〔汉〕司马迁撰，〔南朝宋〕裴骃集解，〔唐〕司马贞索隐，〔唐〕张守节正义：《史记》，北京：中华书局2013年版，第348页。
④ 〔汉〕司马迁撰，〔南朝宋〕裴骃集解，〔唐〕司马贞索隐，〔唐〕张守节正义：《史记》，北京：中华书局2013年版，第346页。
⑤ 〔汉〕司马迁撰，〔南朝宋〕裴骃集解，〔唐〕司马贞索隐，〔唐〕张守节正义：《史记》，北京：中华书局2013年版，第347页。

定"之后,即令"兵皆罢归家"①,也说明刘邦对将士们在战乱之中渴望归乡的情绪是有切实了解的。此外,高祖荣归故里,"悉召故人父老子弟纵酒"②,免除了丰、沛二县的徭役,除了突显一代政治家的政治格局和英雄迟暮的悲怆,也有一部分建国初期需要社会舆论倾向的原因。

再如《陈涉世家》中陈胜与吴广作为颇具号召力的意见领袖,利用舆论力量起兵之事,"鱼腹丹书""篝火狐鸣"皆是为了"威众","舆论关注的聚集,可以是关注者主动的作为,也可以是被其他传播主体引发的被动结果。"③"卒皆夜惊恐。且日,卒中往往语,皆指目陈胜"④就是陈胜吴广作为舆论的制造者和传播主体引发的被动结果,而历史上人们利用谶语、怪象以获得舆论支持而成为意见领袖的现象其实屡见不鲜。后来,为了扩大影响力,陈胜吴广利用公子扶苏和将军项燕的声望来获得关注与支持,因为扶苏在百姓心中是国家贤明的接班人,项燕是爱护士卒的好将军,但是,用欺骗制造和引导的舆论环境不会长久,反秦旗帜很快另易他主。

二、《史记》中舆论意识的书写意义

(一)完善历史叙事

《史记》中载录的许多民间谣谚、里巷流言和表现出的人为舆论制造和引导具有完善历史叙事的作用。

首先表现为它们真切反映了一定时期的社会风貌,而这些社会风貌恰恰是历

---

① [汉]司马迁撰,[南朝宋]裴骃集解,[唐]司马贞索隐,[唐]张守节正义:《史记》,北京:中华书局2013年版,第380页。

② [汉]司马迁撰,[南朝宋]裴骃集解,[唐]司马贞索隐,[唐]张守节正义:《史记》,北京:中华书局2013年版,第389页。

③ 邹振东:《弱传播:舆论世界的哲学》,北京:国家行政学院出版社2018年版,第20—21页。

④ [汉]司马迁撰,[南朝宋]裴骃集解,[唐]司马贞索隐,[唐]张守节正义:《史记》,北京:中华书局2013年版,第1950页。

史叙事中极为重要的部分。《游侠列传》称颂了游侠们"取予然诺,千里诵义,为死不顾世"①的献身精神,引用鄙人之言如"何知仁义,已飨其利者为有德"②"窃钩者诛,窃国者侯,侯之门仁义存"③"人貌荣名,岂有既乎"④,可见民间之于布衣与权贵的态度是非常明朗的。百姓看穿了贵族们虚伪的仁义,也道出朴素且直接的道德立场:享受了谁带来的利益,谁就是仁义之人,这种道德立场,深刻体现了当时社会鲜明的具有时代特色的价值取向。《货殖列传》记载:"谚曰:'百里不贩樵,千里不贩籴。'"⑤"天下熙熙,皆为利来,天下攘攘,皆为利往。"⑥又说:"夫用贫求富,农不如工,工不如商,刺绣文不如倚市门。"⑦这种"谚",反映了一定历史时期社会经济各门类发展不平衡的状态,也反映了当时社会心理与社会习俗的特殊风格。《淮南衡山列传》中,淮南厉王刘长获罪,于流放途中绝食而死,汉文帝由此背上了诛杀手足之名。于是,"民有作歌歌淮南厉王曰:'一尺布,尚可缝;一斗粟,尚可舂。兄弟二人不能相容。'"⑧表面上看,这首针对社会事件、以民歌为表现形式的社会舆论批评直接指向汉文帝,但其背后也能看出当时当世对于亲族关系变化的社会声音。汉武

---

①〔汉〕司马迁撰,〔南朝宋〕裴骃集解,〔唐〕司马贞索隐,〔唐〕张守节正义:《史记》,北京:中华书局2013年版,第3183页。

②〔汉〕司马迁撰,〔南朝宋〕裴骃集解,〔唐〕司马贞索隐,〔唐〕张守节正义:《史记》,北京:中华书局2013年版,第3182页。

③〔汉〕司马迁撰,〔南朝宋〕裴骃集解,〔唐〕司马贞索隐,〔唐〕张守节正义:《史记》,北京:中华书局2013年版,第3182页。

④〔汉〕司马迁撰,〔南朝宋〕裴骃集解,〔唐〕司马贞索隐,〔唐〕张守节正义:《史记》,北京:中华书局2013年版,第3189页。

⑤〔汉〕司马迁撰,〔南朝宋〕裴骃集解,〔唐〕司马贞索隐,〔唐〕张守节正义:《史记》,北京:中华书局2013年版,第3271页。

⑥〔汉〕司马迁撰,〔南朝宋〕裴骃集解,〔唐〕司马贞索隐,〔唐〕张守节正义:《史记》,北京:中华书局2013年版,第3256页。

⑦〔汉〕司马迁撰,〔南朝宋〕裴骃集解,〔唐〕司马贞索隐,〔唐〕张守节正义:《史记》,北京:中华书局2013年版,第3274页。

⑧〔汉〕司马迁撰,〔南朝宋〕裴骃集解,〔唐〕司马贞索隐,〔唐〕张守节正义:《史记》,北京:中华书局2013年版,第3080页。

帝时期，中央加强了对民间豪强、游侠的打击，可以想见当时的民间力量或多或少会受到抑制，结合《司马相如列传》中汉廷宁舍父老意见而执意开通西南夷之事来看，切实表现了在大一统基本形成的政治局面下，当时民间父老力量已呈现衰弱态势。此外，前述《外戚列传》中的"生男无喜，生女无怒，独不见卫子夫霸天下"其实也多多少少反映了当时社会的生育观念。

其次，各种舆论书写使《史记》的不少篇章情节趋于饱满和完美，也更能够体现出史迁叩问人生、探求古今的历史实践精神。很多时候，是里巷流言、邑中评议、人为舆论引导的叙述推动了事件的发展，司马迁并没有平面而简单地抄录编排史实，而是将舆论材料恰当合适地放置于历史叙事中，我们由此能明晰，史迁以他独特的史学之策略尽史官之职责。前文已有阐述，民意的聚集未必是正义的，也有可能被某方操纵，其产生的巨大能量可能会个人造成损失，甚至扰乱社会秩序。如《孙子吴起列传》里，吴起为鲁国立了战功，却被"鲁人或恶吴起"之人流言加身，说他猜忌残忍、败光家业……于是鲁君在吴起负面舆论的影响下罢吴起官。但从吴起后来在魏国、楚国的表现来看，吴起并非如流言所传的不堪，反而是一个有勇谋、与将士同甘苦、百折不挠、贤明有德的卓越将领形象。史迁在吴起传记开篇便是一笔人为制造的舆论记载，欲扬先抑，通过人言与实际的反差，表现吴起与现实困境的斗争，表达着世俗环境对个人价值的困厄，史迁认同孔子的述史观："我欲载之空言，不如见之于行事之深切著明也"[1]，吴起表现出的人生的悲剧性冲突正是史迁对世俗社会的叩问。

最后，由于历史的主体是从事实践和认识活动的现实的人，更好地表现人物形象就是在完善历史叙事。司马迁在《史记》很多历史故事的叙述中，或将人物置于舆论漩涡中由其动作语言表现其性格特征，或从大众舆论话语中侧面表现人物的性格特点，由此，人物形象塑造更加立体，人物性格更加鲜明，不少篇章中更是寄寓着史迁的褒贬之意。《项羽本纪》与《高祖本纪》互读，就会发现，项羽被舆论左右而刘邦始终主导着舆论。刘邦进入咸阳后马上收揽人心，他召集诸位父老，表明自己来到这里是为了给父老们除害，并和父老们"约法三

---

[1] 〔汉〕司马迁撰，〔南朝宋〕裴骃集解，〔唐〕司马贞索隐，〔唐〕张守节正义：《史记》，北京：中华书局2013年版，第3297页。

章",于是咸阳的百姓们争相以吃食慰劳士卒,刘邦却推辞不接受,百姓就更加高兴,"唯恐沛公不为秦王"①。刘邦到洛阳,听说义帝被杀,"袒而大哭"并"亲为发丧",公开表明要为天下共主报仇,将项羽恶行通报诸侯,抢占了舆论先机,为自己的队伍争取到了正义的名分。及至垓下之围,刘邦及一众谋士通过歌谣诱导,舆论操控,深化对方的集体焦虑,取得最终胜利。反观项羽,他带兵西进屠灭咸阳,杀了已经投降的秦王子婴,"烧秦宫室,火三月不灭"②,又掠夺秦宫中的财宝和妇女,"秦人大失望",说客劝他关中是建都称霸的好地方,但项羽不听劝,看到秦宫已被烧得残破不堪,说:"富贵不归故乡,如衣绣夜行,谁知之者!"③说客说项羽沐猴而冠,项羽便烹煮说客,可见,项羽十分在意别人对他的评价,因此,他始终被舆论左右。如此加以对比,可以发现,项羽天真自负,以为凭一己之力便能够夺天下,而刘邦因势利导,善于制造和利用舆论,收拢人心,深知民之所向。二人的处理方式中暗示着他们不同的成长环境,人物形象被塑造得非常成功。在《魏其武安侯列传》中,以"颍水清,灌氏宁;颍水浊,灌氏族"这首童谣为证据,武安侯田蚡说灌夫结交奸猾歹徒,欺凌百姓,家产累计达亿万,在颍川横行霸道,欺辱皇室、冒犯皇亲,但田蚡何尝不是"治宅甲诸第""田园极膏腴""前堂罗钟鼓,立曲旃;后房妇女以百数。诸侯奉金玉狗马玩好,不可胜数"④的豪奢骄横之辈呢?然而田蚡被武帝重用,灌夫、魏其侯在恶毒毁谤之辞下被判罪斩首,很显然,有关武安侯田蚡劣迹的舆论声音被压制,言路被封锁,史迁批判其曰:"武安负贵而好权,杯酒责望,陷彼两贤。呜呼哀哉!迁怒及人,命亦不延。众庶不载,竟被恶言。"⑤在灌夫、窦

---

①〔汉〕司马迁撰,〔南朝宋〕裴骃集解,〔唐〕司马贞索隐,〔唐〕张守节正义:《史记》,北京:中华书局2013年版,第362页。

②〔汉〕司马迁撰,〔南朝宋〕裴骃集解,〔唐〕司马贞索隐,〔唐〕张守节正义:《史记》,北京:中华书局2013年版,第315页。

③〔汉〕司马迁撰,〔南朝宋〕裴骃集解,〔唐〕司马贞索隐,〔唐〕张守节正义:《史记》,北京:中华书局2013年版,第315页。

④〔汉〕司马迁撰,〔南朝宋〕裴骃集解,〔唐〕司马贞索隐,〔唐〕张守节正义:《史记》,北京:中华书局2013年版,第2844页。

⑤〔汉〕司马迁撰,〔南朝宋〕裴骃集解,〔唐〕司马贞索隐,〔唐〕张守节正义:《史记》,北京:中华书局2013年版,第2856页。

婴和田蚡之间倾轧斗争的历史舆论"收"与"放"、伪造与隐藏之间，需要良史有辨别地分析判断，求得相对客观的认识。从这一方面来看，史迁是值得信任的，其对人物的褒贬中体现了充分的实录精神。

（二）突出人民力量

司马迁始终把"人"看作历史发展的主体，这体现在他开创了因人叙事的纪传体，而更可贵的是，在此基础上他认识到下层人民对历史发展的重要作用，给诸如刺客、游侠、商贾等平民立传，还将农民起义领袖陈涉列入世家这一体例中，但是，这些入传的人们还只是宏阔历史进程中的少数人，历史中多的是无名的芸芸众生！我们能说史迁就没有将目光停留在他们身上吗？因此，可以确切地说，《史记》中的各种舆论书写就是在突出那些无名的人民在历史进程中的巨大力量，换句话说，舆论书写也是司马迁进步的人本主义历史观的又一个具体表现。

首先，自舆论话语中提炼产生的传说与谣谚通俗易懂却内涵丰富，人民大众从种种社会现象中总结生活智慧，展现出深刻的思想与历久弥新的价值。

其次，《史记》不仅重视来自民间社会的歌谣传说，把它们与严肃郑重的历史记录相结合，还重视基层社会"父老""乡党"们的话语影响力，更将舆论制造和引导置于历史叙事的重要位置，表现出社会舆论在一个王朝的转折点、重大的历史事件与人物发展过程中的重要推动力，在很大程度上将人民话语重点突出，既生动又不失真实，非常完整地突出了人民的力量。

最后，史迁突出了广大底层人民的反抗意识以及广开言路、疏通舆论对于一个政权的重要性。在《项羽本纪》中，范增游说项梁立楚王聚集人心："陈胜败固当。夫秦灭六国，楚最无罪。自怀王入秦不反，楚人怜之至今，故楚南公曰：'楚虽三户，亡秦必楚也。'"[1]关于楚南公，其有可能是楚地的一位阴阳家，也有可能为泛指的"南方老人也。"[2]不论如何，"楚虽三户，亡秦必楚也"是一首

---

[1]〔汉〕司马迁撰，〔南朝宋〕裴骃集解，〔唐〕司马贞索隐，〔唐〕张守节正义：《史记》，北京：中华书局2013年版，第300页。

[2]〔汉〕司马迁撰，〔南朝宋〕裴骃集解，〔唐〕司马贞索隐，〔唐〕张守节正义：《史记》，北京：中华书局2013年版，第300页。

已经流传开来的楚地民谣，其带有关注的表达与聚集的性质，它鲜明地表达出楚地民众在秦王朝沉重压迫下的反抗意识，这种舆论话语中反映出的反抗意识是具有推翻一个王朝的力量的，由此形成的舆论能量也是惊人的。另外，秦始皇游会稽经过浙江，项羽看到后说："彼可取而代也。"项梁立刻捂住他的嘴说："毋妄言，族矣！"①《秦始皇本纪》中记载始皇坑儒其中一条理由便是"为妖言以乱黔首"②，于是"有敢偶语《诗》《书》者弃市。以古非今者族。吏见知不举者与同罪"③，及至二世，不说社会舆论，就连公卿大臣们也很少可以进言，可见，秦朝的舆论环境受到严重的打压，也正因此，反秦舆论、反秦行动一直暗流涌动以致一朝爆发。

综上可知，历史上，无名的、地位低微的人民群众对历史事件与历史人物关注的表达与聚集切实影响着历史的走向，舆论的能量性、公开性和集合性也决定了那些重视舆论的人将取得事实意义上的胜利。因此，对司马迁进步的人本主义历史观研究应该重视《史记》中的舆论意识及其书写意义。

三、余论：《史记》的舆论意识与历史真实、政治监督问题

《史记》"谤书"一案常年聚讼不已，这些争执的核心在于《史记》的历史真实与离经叛道问题。若从社会舆论视角切入探讨，这些问题其实很容易说明。

首先，著述史书，需要大量的历史资料作为支撑，而传说时代的历史缺乏文字记载，先秦文献资料大量散轶，先天不足，当代之事也并不是每一件都有文字记载，很多人物发迹之前的许多逸闻轶事最初很可能都是通过民间口头流传下来的。尽管有些故事与说法可能不符合"历史的真相"，但它所表现出的民众

---

① 〔汉〕司马迁撰，〔南朝宋〕裴骃集解，〔唐〕司马贞索隐，〔唐〕张守节正义：《史记》，北京：中华书局2013年版，第296页。
② 〔汉〕司马迁撰，〔南朝宋〕裴骃集解，〔唐〕司马贞索隐，〔唐〕张守节正义：《史记》，北京：中华书局2013年版，第258页。
③ 〔汉〕司马迁撰，〔南朝宋〕裴骃集解，〔唐〕司马贞索隐，〔唐〕张守节正义：《史记》，北京：中华书局2013年版，第255页。

对历史事件与历史人物的褒贬、评判，展现出的舆论话语是真实的，也往往比较符合一些历史事件及人物的真实情况。虽然，舆论世界对现实世界的反映永远是片面的、局部的、有选择性的，但舆论世界又是由一个个关注聚集起来的。无数人的视窗聚集起来，就可能总体上反映现实世界，它能够一致或不一致地反映现实世界，这样一来，舆论世界相当于现实世界的一面镜子，它虽非完全等于现实世界，但至少可以反映现实世界。因此，历史真实和社会舆论之间看似是矛盾的、彼此对抗的，但又不自觉地互相成就着。

其次，正统思想家们认为《史记》离经叛道，"是非颇谬于经"，在"为尊者讳，为亲者讳，为贤者讳"的传统风气下，《史记》诸多篇章体现出对统治阶层掌握话语权的政治主流舆论的背离。但是"在一个舆论场中，主流舆论是正向舆论，但它不等于正确舆论或正义舆论"①，司马迁颠覆了历史是胜利者的历史，对历史中的"失败者"给予同情，也或正侧结合地揭露了事实胜利者的种种劣行，既然"讳"才是虚假，那么，"其文直，其事核，不虚美，不隐恶"，发挥社会舆论精神，为民执笔的秉笔直书应是真实。此外，《史记》某些篇章或多或少地表现出了舆论世界的"弱者优势、情感强势"规律，显示出历史的苍凉悲壮，表现出史迁对历史人物的悲悯共情。因此，在探讨《史记》中的舆论意识时，也应注意到具有舆论精神的《史记》，而由此引发的《史记》与政治监督问题也应被探讨。

具体来说，政治监督包括制度监督、社会监督等形式，史论监督是中国古代社会所独有的，舆论监督属于社会监督，《史记》便发挥着史论监督的作用。有学者认为舆论监督是现代社会一种较为普遍的政治传播现象，而史官凭借一己之力，并不诉诸民意或动员群众，仅通过史家的历史书写就能实现对统治者的威慑和监督，且这只存在于古代中国，因此是一种"中国特色"。还认为舆论监督的主体是公众而史论监督的主体是史官，舆论监督是即时性的而史论监督是历时性的，舆论监督具有公开性而史论监督藏之秘府，从思想来源看，舆论监督观念背后是天赋人权的现代民主观念的支撑，史论监督背后是史权天授的

---

① 〔汉〕司马迁撰，〔南朝宋〕裴骃集解，〔唐〕司马贞索隐，〔唐〕张守节正义：《史记》，北京：中华书局2013年版，第125页。

中国传统价值体系的支撑。①此论述极有参考意义，但仍应有几点补充。

第一，舆论监督并非只是现代社会的政治传播现象，其背后也并非只有天赋人权的现代民主观念作支撑，毫无疑问，在事实层面上，中国古代对民间社会舆论现象是非常重视的。第二，史论监督的主体表面看来是史官，但史官的材料很大一部分来自民间社会舆论和朝堂舆论，因此，史论监督中自有舆论监督的内涵。第三，正是舆论监督的公开性成就了史论监督，因此，史书的政治监督功能发挥作用离不开当时社会的舆论监督。综上所述，史官作为类同记者的职业传播者，分辨、择取社会舆论材料，重视民间口述资料的收集，贴近民间话语，进而秉笔直书，实现对当权者的政治监督。而在当代社会，舆论传播的重要性不言而喻。新闻撰稿者则更应该学习史迁的良史精神，以事实为依据，贴近群众并善于聆听群众的声音，能够调查甄别，真正做到"铁肩担道义，妙手著文章"。

（赵子璇，女，内蒙古乌海人，延安大学文学院硕士研究生）

---

① 参见李东晓、潘祥辉：《"史论监督"：一种中国特色的政治监督机制溯源》，《新闻与传播研究》2019年第10期，第105—125页、第128页。

司马迁的水利思想初探

程永庄

一、从"用事者争言水利"说开去

中国古代记述河流水道的著作，最早的当然要数《尚书·禹贡》，但它还不是专门记述水道河流的，其中就有导山、导水两部分，其他如《管子·水地》《度地》两篇，以及《山海经》中的山经、海经等都大体相似。而专门记述河流水道的当属《史记·河渠书》，而且《史记·河渠书》一出，不光正史、地方志书都将河流水道列为专节，倾注大量的文字细说妙论，另外还出现如《水经注》这样专门论及水道河流的遑遑巨著，简直汗牛充栋，无法准确统计出数目字来。中国古代地理书从此也多了一大类别：水利。若以此论，《史记·河渠书》意义当非同小可。

然而《河渠书》意义远非至此。《河渠书》并不是对自然环境下的河流水道只做静态的描述，譬如《水经注》，仅记述某水系有某支流，发源某处、流经某地、沿途有何地形、地物、掌故，入于某川、某河、某海等等，《河渠书》则主要通过河道的开凿、治理过程，将水利上升到经国利民的政治高度。这其实与史公"究天人之际，通古今之变，成一家之言"的远大抱负有很大关系。史公效法孔夫子著《春秋》，"我欲载之空言，不如见之行事之深切著明也。"认为：与其说空泛的道理，不如于历史事件的记述中阐明自己的观点，总结出一套治国理政学说体系来，这也是史公创作《河渠书》的思想主旨。

史公切中肯綮地以一句"用事者争言水利"为文眼，道出了《河渠书》的中心主旨。"水利"一词其实最早见于《吕氏春秋·慎人》"掘地财，取水利"之句,意为"渔业"。而到了史公的《河渠书》,就对"水利"的词义做了新的补充概括。史公写道:我曾南行登上了庐山,考察大禹疏导的九江,又来到会稽太湟,登上姑苏山;东行看到洛汭、大邳,迎着黄河而上,走过淮、泗、济、漯、洛各条渠道,详细考察了中原大地上先民河道治理留下的渠堰历史遗迹;西行瞭望蜀地的岷山和离碓,考察沃野成都平原都江堰的治水遗迹;北行从龙门到达朔方,看到黄河上游水利被大规模兴修的一个个举措。概括而言之,"水利"一词在史公笔下,早已新增了防洪、河(航)道治理、灌溉等多重含义,这与史公生活的汉武帝时代是有很大关联的。

汉兴七十余年,社会物资逐渐充裕,汉武帝于是"内兴功业,外攘夷狄",对外长期发动开疆拓土战争,国家经济必须改弦更张,有一个大的结构调整才能满足这种需要。汉初实行的黄老无为政治格局于是被打破,国民经济全面转入战时状态,武帝任用桑弘扬、孔僅等兴利之臣,实行盐铁专营、币制改革、算缗告缗、均属平准、移民开发等,为战时国家经济所需积累了大量的社会财富。《河渠书》"用事者争言水利"就是在这样的历史背景下登上西汉历史舞台的,兴修水利,便利漕运航道,增加粮食生产已经成为国家积累财富的重要支撑体系。若以此而论,《河渠书》与《平准书》只不过是同等历史条件下,对国民经济两个不同领域的同一性质问题归纳总结罢了。《平准书》以"兴利之臣由此始也"作为文眼,《河渠书》以"用事者争言水利"作为文眼,都异曲同工,归根结底说到底,皆是国家经济变化情况的反映。史公深有感触地发出了"甚哉,水之为利害也!"水可以兴利,也可以造成危害!水利学由此而始,成为延续至今的一门显学,受到历代当政者的高度重视。

但史公之后,"水利"一词的使用情况其实是有变化的,在很多时候都特指灌溉。如唐代杜佑编纂的《通典》中,于《食货典》下设有《水利田》一门,专门介绍历代渠道与灌区建设。北宋王安石变法时曾专门颁布"农田水利法",此处"水利"亦特指灌溉。然而,防洪、河(航)道治理与灌溉,往往是一个难以区分开来的要素集合整体,两千多年前的史公就对此颇有见地,并将三者统一于"水利"之名下。这与现代水利学的有关认识其实挺为相近,故尔现代中国水利业长期把《史记·河渠书》作为"水利"一词的本出来源。这一认识是有它的历史根据的。

众所周知，现代中国的许多行业与学科名称，都是转译或借鉴自外来词汇。即便其源自古代汉语，古今含义也大多迥然不同，如经济、物理等。然而，"水利"一词，则与两千年前《史记·河渠书》的意义保持了相当的一致性。今天广义的水利学，更增加了流域管理、水土保持、水资源保护、水环境治理、水景观营造等若干内容，各分支内容之间的交叉融合也日益紧密。由此可见，两千多年前史公著作《河渠书》，早已注意到水利学内涵的丰富性，更注意到其内在的相互统一性，是多么的难能可贵。在他看来，水的"利"，既是指水作为资源的"利"，更是指治水活动带给国家和人民的"利"，所以他往往三言两语就能切中肯綮。如写井渠的开凿，是由于"岸善崩"；褒斜道的失败是由于"水湍石"等，都正确反映了该地区的土壤、地形特征。为写禹迹，他曾沿江、淮、河三大河流最易出事的地段实地踏勘，而后悟出禹为何不迳挽黄河东行入海，反而使它东北流入渤海湾的原因。他说这是由于自朔方至龙门一段，地势高，水流急，孟津以东地势渐低，落差太大，易生水灾，所以把它引入鲁西北的高地，以减小水势。这是一个很少有人提出的问题，史公不但提出来，还给了正确的解答，我们今天读来仍觉有深意。对于历史学要好学深思，理解其深刻内涵，找出其借鉴意义，挖掘其当代社会价值。

二、治水利民 百姓拥戴

太史公主张以德治国，《史记》开篇即为传说中的五帝立传，他们都是道德完人；世家开篇即为《吴太伯世家》，这是让国的楷模；列传开篇即是《伯夷叔齐列传》，这是义行的典范。史公之所以将这些古圣先贤列为纪传之首，就是为后世树立效法榜样。这一思想脉络始终贯穿《史记》通篇始末，《河渠书》也莫能例外，开篇即写了大禹治水的故事，以及李冰父子修建都江堰、西门豹治邺、秦国修建郑国渠等等流传于百姓之中的治水故事。

（一）大禹治水因势利导

尧帝时期洪水滔天、浩浩荡荡，包围了高山，漫上了丘陵。如何平息？四岳群臣都说鲧可以。尧说："鲧这个人负命毁族。"违背天命，毁败同族，不可以，对他的品行并不认同。四岳都说:"比较起来,没有比他更贤能的了。"尧于是听从了四岳的建议,任用了鲧。结果九年过去了,洪水仍然泛滥,原来鲧用了堵的办法,治水彻底失败了。尧帝又重新任用舜,舜在羽山诛杀了鲧,追责他的失败责任。又任用鲧的儿子禹,让他继续父亲鲧的治水事业。有感于父亲失败的经验教训,禹治水很是不同。

首先他公而无私。他念及父亲鲧治水无功被杀,劳心焦思、不顾劳累,吃穿简朴,尽力敬奉神灵,居室简陋,把钱财都用在水利工程上。《尚书·夏书》上载:禹治理洪水的十三年中,三次路过家门口都不归。他在陆地上坐车,在水路坐船,在泥泞的路上滑橇,在山路上穿着带齿的鞋,走遍了所有地方。他随着山势树立标识,测定高山大川的状貌。他左手拿着准和绳,右手拿着规和矩,装载着测四时定方向的仪器,从而划分了九州边界,顺着山势地形,疏浚了淤积的河流,根据土地物产确定了九州贡赋的等级。四时方位测定仪器的应用,说明先秦以前我国水利科技水平已经发展到相当的高度。

其次他以疏导治水。黄河泛滥成灾,给中原地区的人民造成很大危害,禹集中力量治理。他引导河水自积石山经过龙门,南行到达华阴县,东下经砥柱山和孟津、洛汭,到达大邳山。禹看到这里地势高,黄河水流湍急,难以在大邳以东的平地经过,时常败坏堤岸,就开凿出两条河道将黄河分流成两支,从地势较高的冀州流过,经降水到达大陆泽,分成九条支流,共同迎受黄河水,最后都流入勃海。九州河川都已疏通,九州大泽都筑了堤岸,华夏诸国都得到治理,夏、商、周三代都受益无穷,禹被后世尊奉为治水的盖世英雄。

禹之后,后人又自荥阳以下引黄河水往东南流,开凿出鸿沟,把宋、郑、陈、蔡、曹、卫各国连结起来,分别与济、汝、淮、泗诸水系交会。在楚地,将西方的汉水和云梦泽之间修渠连通了起来;东方则在江淮间用沟渠相连。在吴地于三江、五湖间开凿河渠。在齐则于菑、济二水间修渠。在蜀地,有蜀守李冰凿开的离碓,以避沫水造成的水灾;又在成都一带开凿两条江水支流。这些河渠水深都能行舟,有多余的水就用来灌溉农田,给百姓带来了很多便利。至于渠水所过地区,人们往往又开凿一些支渠引渠水灌溉农田,流入田地的水渠数目之多不下千千万万,但由于规模小,不值得计数。

大禹乃传说中的人物,他治水的故事,其实是将先秦中原地区人民治水的事迹都高度附会在他一个人身上,并被收录进《尚书·禹贡》,成为后世效法的榜样。

(二)西门豹治邺

这个故事见于《滑稽列传》,为褚少孙所补。相传魏文侯的时候,西门豹做邺县令,他破除当地为河伯娶妻的陋俗、黑恶势力,征发百姓开凿了十二条渠道,引漳河水浇灌农田,农田都得到灌溉。在开凿河渠时,老百姓感到劳苦,不很愿意。西门豹说:"现在父老子弟虽然以为我给他们带来辛苦,但是百年以后,希望让父老子弟们再想想我所说的话。"直到现在,那里都得到河水的利益,百姓因此富裕起来。十二条河渠横穿御道,到汉朝建立时,地方官吏认为十二条河渠上的桥梁截断了御道,彼此相距又很近,不行。想要合并渠水,并且把流经御道的那段,三条渠水合为一条,只架一桥。邺地的百姓不肯听从地方官吏的意见,认为那些渠道是经西门先生规划开凿的,贤良长官的法度规范是不能更改的。地方长官终于听取了大家的意见,放弃了并渠计划。所以西门豹做邺县令,名闻天下,恩德流传后世,难道能说他不是贤大夫吗?

古书上说:"子产治理郑国,百姓不能欺骗他;宓子贱治理单父,百姓不忍心欺骗他;西门豹治理邺县,百姓不敢欺骗他。"他们三个人的才能,谁最高明呢? 研究治道的人,当会分辨出来。

(三)秦修郑国渠

韩国听说秦国好兴办工役等新奇事,想以此消耗它的国力,使它无力对山东诸国用兵,于是命水利工匠郑国找机会游说秦王。要他凿穿泾水,从中山(今陕西泾阳县北)以西到瓠口,修一条水渠,出北山向东流入洛水,长三百余里,计划用它来灌溉农田。秦王政元年(前246)郑国渠开始修建,秦王政十年(前237年)渠尚未修成,郑国的目的被发觉,秦王要杀他。郑国说:"臣开始是韩国的细作,但水渠修建成功后确实对秦国有利。"秦国以为他说得对,命他继续把渠修成。渠成后,引来淤积混浊的泾河水,灌溉两岸低洼的盐碱地四万多顷,亩产都达到了一钟(六石四斗)。从此关中沃野千里,再没有饥荒的年头,秦国也因此强盛起来,最后并吞了关东六国,因此把渠命名为"郑国渠"。此可能豪夸之语,但郑国渠却一直沿用至今,现名泾惠渠。

"用注填阏之水，溉泽卤之地"，是我国古代灌溉技术的一大发明。填阏之水即高含沙量的河水，泽卤之地即盐碱地，用高含沙量的河水灌溉可以收到改良盐碱地、施肥、灌溉一举三得好处，这实在是一大发明。据考：郑国渠取水口在今泾阳上然村北，渠首位于泾河出山口东南三公里，在这里发现东西向拦河大坝一座，在大坝东侧发现引水口及渠道遗迹。在渠首周围长约七公里、宽约三公里的范围内，还遗存白渠，前秦、隋、唐引水渠，宋丰利渠、元王御史渠、明广惠渠、清龙祠渠等渠首遗址，发现历代渠道二十余公里，水坝、引水口、退水口、闸漕、水尺等遗存十余处，水利刻碑及摩崖题刻二十余通（方），被誉为中国水利史的天然博物馆。

三、汉武帝时期的治水事业

西汉王朝在汉武帝时期国力达到极盛，但也孕育着新的社会危机。而在这危机四伏面前，史公大概就是那个"举世皆浊我独清，众人皆醉我独醒"的人了，他盛世独发悲音，一再提醒当政者"物盛则衰、时极而转"，民力物力如果不加珍惜终有耗尽的那一天。所以他在盛赞汉武朝的防洪、河道治理及灌溉工程恢弘庞大时，又注意到如此多的水利工程，耗费的民力物力也是巨大的。"甚哉，水之为利害也！"水固然可以生利，也可以为害，必须爱惜民力物力。

（一）负薪塞宣房

中华文明的每一个册页里，黄河永远都是写不尽的精华传奇。它在孕育中华古老文明的同时，也经常泛滥成灾，治黄始终是一个绵延古今的重大社会课题。汉朝建立后的第三十九年，即孝文帝十二年（前168）黄河决堤于酸枣县，东边的金堤被冲垮，于是东郡动员了许多兵卒堵塞决口。

黄河在河南荥阳过了桃花峪后，即进入下游平缓地带，河水的冲击力减弱，上中游携带下来的大量泥沙沉积下来。长此以往，黄河下游的河床越来越高，形成地上"悬河"，为了黄河水不至涌出，人们只好不停地修筑堤坝。《河渠书》所记载的酸枣堤、金堤，是最早见于历史文献的黄河河堤工程，大概史公所生活的秦汉时期，黄河河堤已经构筑的相当完备。

此后过了三十六年，即汉武帝元光三年（前132），黄河又在东郡瓠子决口，向东南流入钜野泽，将淮河、泗水连成了一片。于是汉武帝命令汲黯、郑当时调发人夫、罪徒堵塞决口，往往刚刚堵塞好就又被冲毁。

当时的丞相是武安侯田蚡，他的奉邑在鄃县（在今山东省平原县）。而鄃县在黄河以北，黄河决口的水向南流，鄃县没有水灾，收成很好，不影响他的租税。所以田蚡对汉武帝说："江河决口是上天的事，不易用人力强加堵塞，即便将决口堵塞了，也未必符合天意。"此外望云气和以术数占卜的人也都附会田蚡的说法，汉武帝因此很长时间都没有提到堵塞决口的事。田蚡是汉景帝王皇后的同母异父弟弟，依靠外戚的显贵身份建元六年（前135）做了汉朝的宰相。他为人贪婪，巧于文辞，与同样出自外戚的魏其侯窦婴闹得不可开交，并因为杯酒的缘故，陷害死了窦婴、灌夫。如今又假借上天的意志，巧如舌簧在黄河决口事上谋取个人私利，太史公说老百姓由此都不拥戴他，终于落下坏的名声。

自从黄河在瓠子决口后的二十多年，每年都因水涝没有好的收成，梁楚地区更甚。元封元年（前110）汉武帝已经举办了封禅大典，并巡祭了天下名山大川，第二年，天旱，据说是上天为了要晒干泰山封土而少雨。于是汉武帝命汲仁、郭昌调发兵卒数万人堵塞瓠子决口，阻止水涝。而汉武帝从渤海边上的万里沙祠祝祷完天神回来，又亲临黄河决口处，沉白马、玉璧于河中祭奠河神，命令所有随从的官员自将军衔以下，都背负柴薪，填塞决口。太史公也参加了背负柴薪的劳动，为汉武帝的《瓠子》诗所感动，写下了《河渠书》这一流传古今的水利名篇。

汉武帝当政时期好大喜功，热衷于封禅祭祀等迷信活动。对本不在他计划行程之内的"塞瓠子"一节，后人的认识和评价是有分歧的。在笔者看来，武帝的"塞瓠子"不过封禅路上不得已去看看罢了，有文过饰非的嫌疑。但武帝在瓠子口的所作所为却为史公所称道，并引用汉武帝的诗："归旧川兮神哉沛，不封禅兮安知外！为我谓河伯兮何不仁，泛滥不止兮愁吾人？"为我告河伯啊因何不仁，泛滥不止啊愁煞人。薪柴不足啊卫人获罪，民烧柴尚不足啊如何御水！伐淇园之竹啊楗阻石柱，堵塞宣房啊万福来。虽然史公对汉武帝的封禅求仙也颇多微词，但却不影响他盛赞汉武帝率领官民同洪水搏斗的决心和气魄，史公对此是充分肯定的，并说于是塞住了瓠子决口，在决口处筑了一座宫殿，取名为宣房宫。而且兴修二条渠道引河水北行,恢复了禹时的样子,梁、楚地区重又得到安宁,没有水灾了。

(二)兴修灌渠工程

当时的河东郡守番系说:"从山东漕运粮米西行入关,每年有一百多万石,中间经过砥柱险关,有许多船只损坏,而且运费巨大。若穿渠引汾水灌溉黄河东岸皮氏、汾阴一带的土地,引黄河水灌溉汾阴、蒲坂一带的土地,估计可以造田五千顷。这五千顷田原来都是河边被遗弃的荒地,老百姓只在其中打草放牧,如今加以灌溉耕种,估计可得粮食二百万石以上。这些粮食沿渭水运入长安,与直接从关中收获的没有两样,也就再也不需要从砥柱以东漕运粮食入关了。"汉武帝同意了他的意见,动员兵卒数万人造渠田。几年以后,黄河改道,渠水不足,种渠田的连政府贷给的种子都难以偿还。久而久之,河东渠田完全报废,朝廷把它分给从越地内迁的百姓耕种,使少府能从中得到一点微薄的租赋收入。黄河水"三十年河东,三十年河西",出了秦晋峡谷禹门口的山陕之间河道经常改道,左右摇摆不定,这是生活在黄河边的人都知道的。河东郡守番系研习水利不精,贸然进言,造成辛辛苦苦修成的渠田就这样轻易被毁掉了,成了一件劳民伤财的"烂尾工程"。

这以后庄熊罴又说:"临晋(在今大荔县东)地区的老百姓愿意凿穿洛水筑成水渠,用来灌溉重泉(在今大荔县西北)以东原有的一万多顷盐碱地。倘若能得到水灌溉,可使每亩产量达到十石。"于是调发兵卒一万多人开渠,自徵城(在今澄城县西南)引洛水到商颜山下。由于土岸容易塌方,于是沿水流凿井,最深者达到四十多丈。许多地方都凿了井,井下相互连通,使水通行。水从地下穿商颜山而过,东行直到山岭之中十多里远,从此产生了井渠。凿渠时曾掘出了龙骨,所以给此渠命名为龙首渠。这条渠筑了十多年,有些地方通畅了,但是并未得到太大的好处。乔吉祥的《中国历史文物常识》说"在洛水左岸,商颜山北坡的蒲城永丰地区已找到龙首渠的遗址,目前共发现七个竖井和一些陶器碎片,其中一个井深二十七点八米,井口直径一点二四米。""它既通了水,又解决了渠岸塌方堵塞河道的问题,成为我国水利工程史上的一个新的发明创造。后来我国新疆地区的坎儿井即源于这种办法。"

（三）修筑漕运航道

郑当时担任大司农，说道："往常从关东漕运的粮食是沿渭水逆流而上的，运到长安估计要用六个月，全程九百多里，途中还有许多难行的地方。若从长安开一条渠引渭水，沿南山而下，到达黄河才三百多里，这是一条直道，容易行船，估计只需要三个月就可以运来；而且沿渠农田一万多顷又可以得到灌溉。这样既能减少漕运粮食的人力和时间，节省开支，又能使关中农田更加肥沃，收成更好。"汉武帝认为他说得对，命令来自齐地的水利工匠徐伯表测地势，确定河道走向，动员全部兵卒数万人开凿漕渠，历时三年才完工。这一自长安出发傍终南山、华山，直达黄河的漕渠，中间经历浐、灞等等十余条大川阻隔，川原支离破散，即使渠成也难见成效。至于《河渠书》所说漕渠开通，用来漕运，果然十分便利，此后水运就渐渐多起来，水渠一带的老百姓都颇能得到以水溉田的利益，不知所本为何？今已难觅历史故迹。

这以后又有人上书，说想打通褒斜道以及漕运的事，汉武帝将这件事交给御史大夫张汤处理，张汤详细了解后，说："从汉中入蜀向来走故道（在今陕西、甘肃之间），故道有许多山坡大坡，曲折路远。今若凿穿褒斜道，山坡坡路少，比故道近四百里的路程；而且褒水与沔水（汉水上游）相通，斜水与渭水相通，都能通行漕船。漕船从南阳沿沔水上行驶入褒水，从褒水登陆到斜水旱路一百多里，以车转运，再下船顺斜水下行驶入渭水。这样不但汉中的粮食可以运来，山东的粮食从沔水而上也不会遇到阻隔，比经砥柱漕运方便多了。而且褒斜地区的木材箭竹，其富饶可以与巴蜀相比拟。"汉武帝认为有道理，封张汤的儿子卬为汉中郡太守，调发数万人开出一条长五百多里的褒斜道。果然方便而且路程近，但是水流湍急多石，粮船不能通行。汉武帝征伐数万人修筑的褒斜水道，欲通漕运，未成，却成就了贯通秦岭南北的褒斜栈道。

从此以后，负责河渠事宜的官员都争相建议修筑水利。朔方、西河、河西、酒泉等地都引黄河以及川谷中的水灌溉农田；而关中的辅渠、灵轵渠引川中诸水；汝南、九江地区引淮河水；东海郡引钜定泽水；泰山周围地区引汶水。各自所开渠都能灌溉农田万余顷。其他小渠以及劈山凿通的水道，不可尽言。但工程最大的还是宣房治河的工程。

四、水利助推军事思想变革

兵者，诡道也！在中华数千年历史长河中，军事活动往往与水利有着千丝万缕的联系。一部《史记》就如同一部丰富的军事教科书，处处闪耀着军事家利用河道水流疑兵布阵、建功立业的经典战例。

（一）用兵愚腐的宋襄公

在春秋五霸争夺战中，宋国已经是一个势力相对弱小的二流国家，但宋襄公却认不清形势，要与强齐劲楚掰一掰手腕，图谋登上霸主地位。公元前638年夏天，宋国讨伐郑国。秋天，楚国为援救郑国而讨伐宋国。宋襄公将要出战。子鱼进谏说："上天抛弃我们这些殷商遗民已经很久了，千万不可以再战。"冬天，宋襄公在泓水与楚成王作战。楚军渡河未完时，子鱼劝说："敌众我寡，要趁他们渡河时攻打他们。"襄公不听子鱼的建议。等到楚军渡完河还未排列成阵势时，子鱼又建议说："可以攻打了。"襄公却说："等他们排好阵势再打。"楚军阵势排好，宋军才出战。结果宋军大败，襄公大腿受伤。宋国人都怨恨襄公。襄公辩解说："君子不能乘人之危，不能攻打未列好阵势的敌军。"子鱼说："打仗胜了就行，讲那些空洞的道理有什么用！真的按您所说，那就直接当楚国奴隶算了，何必还与他们交战？"

黄朴民在他的《军事通史·春秋卷》中评价说：宋楚泓水之战在春秋军事上有着特殊意义，它标志着西周以来"成列成鼓"的"礼义之兵"已经寿终正寝，新型的以"诡诈奇谋"为主导的作战方式正在形成。所谓的"礼义之兵"，就是在作战方式上"重偏战而贱诈战"，"结日定地，各据一面，鸣鼓而战，不相诈"，这是密集大方阵作战时代的产物。但在春秋时期，由于武器装备的日趋精良，车阵战法的不断发展，这一古老战法已经不适应，正在逐渐走向没落。宋襄公却无视这一深刻的时代军事变革，仍拘泥于"不鼓不成列""不以阻隘"等旧的兵法教条，招致失败不是应该的吗？

（二）破釜沉舟西楚霸王

《项羽本纪》是《史记》十大名篇之一。史公笔下的西楚霸王"力拔山兮气盖世"，勇猛过人，却一味"欲以力征经营天下"，在与汉王刘邦争夺的过程中屡屡犯战略性的错误，但他在军事上仍颇有建树。在救援赵国巨鹿的战斗中，项羽凿沉船只，砸破炊具，烧毁营舍，只携带三天口粮率领全军渡河，表示拼死决战，没有一个有活着的打算。军队一到就围困了王离，与秦军遭遇，打了九仗，截断了秦军的甬道，大破秦军。杀了苏角，俘虏了王离。涉间不向楚军投降，自焚而死。那时，楚军名冠诸侯。当时，各诸侯来救援赵国的军队有十几座大营，都不敢轻易出兵。等楚军进攻时，诸侯将领都在营垒上观战。楚军战士无不以一当十，楚兵喊声震天，诸侯军人人胆战心惊。已经打垮了秦军，项羽召见各诸侯将领，他们进入辕门，个个都跪着前行，不敢抬头仰视。项羽从此成为诸侯军的上将军，各路诸侯都归顺于他。

（三）一代兵仙韩信

汉军兵败彭城后，行至安徽砀山，汉王下马倚着马鞍问道："我打算舍弃函谷关以东给诸侯，谁能够同我一起建功立业呢？"张良进言说："九江王黥布是楚国的猛将，同项王有隔阂；彭越与齐王田荣在梁地反楚，这两个人可以利用。汉王的将领中唯有韩信可以托付大事，独当一面。如果要舍弃这些地方，就把它们送给这三个人，那么楚国就可以打败了。"可见韩信在汉王君臣心中的地位，而韩信果然不负重望，拔魏、赵，定燕、齐，使汉三分天下有其二，以灭相籍，被称为兵仙。

1. 木罂缶渡黄河。汉二年（前 205 年）汉王兵败彭城后，六月魏王豹以探望老母疾病为由请假回乡，一到封国，就立即切断黄河临晋关渡口要道，反叛汉王，与楚军订约讲和。汉王派郦生游说魏豹，没有成功。这年八月，汉王任命韩信为左丞相，攻打魏王豹。魏王把主力部队驻扎在蒲坂，堵塞了临晋渡口。韩信就增设疑兵，故意排列开战船，假装要在临晋渡河，而主力部队却从夏阳用木制的盆瓮浮水渡河，偷袭安邑。魏王豹惊慌失措，带领军队迎击韩信，韩信俘虏了魏豹，平定了魏地，改为河东郡。汉王派张耳和韩信一起，领兵向东进发,向北攻击赵国和代国。这年闰九月韩信打垮了代国军队,在阏与生擒了代相夏说。

2. 背水一战。韩信和张耳率领几万人马,想要突破井陉关,攻打赵国。赵王歇和成安君陈馀听说汉军要来袭击赵国,在井陉口聚集兵力,号称二十万大军。广武君李左车向成安君献计说:"听说韩信渡过黄河,俘虏魏豹,生擒夏说,新近血洗阏与,如今又以张耳辅助,要夺取赵国。这是乘胜利的锐气离开本国远征,其锋芒不可阻挡。可是,我听说'千里运送粮饷,士兵们就会面带饥色;临时砍柴割草烧火做饭,军队就不能经常吃饱。'眼下井陉这条道路,战车不能并列行进,战马不能排成行,行进的军队迤逦数百里,运粮食的队伍势必远远地落到后边,希望您临时拨给我奇兵三万人,从隐蔽小路拦截他们的粮草,您就深挖战壕,高筑营垒,坚守军营,不要跟他们交战。他们向前不得战斗,向后无法退却,我出奇兵截断他们的后路,使他们在荒野什么东西也抢掠不到,用不了十天,韩信和张耳的人头就可送到将军帐下。希望您仔细考虑我的计策。否则,一定会被他二人俘虏。"成安君,是信奉儒家学说的刻板书生,经常宣称正义的军队不用欺骗诡计,说:"我听说兵书上讲,兵力十倍于敌人,就可以包围它,超过敌人一倍就可以交战。现在韩信的军队号称数万,实际上不过数千。竟然跋涉千里来袭击我们,已经极其疲惫。如今像这样回避不出击,强大的后续部队到来,又怎么对付呢?诸侯们会认为我胆小,就会轻易地来攻打我们。"可是成安君不采纳广武君的计谋。韩信派人暗中打探,了解到广武君的计策没有被采用,侦探回来报告,韩信大喜,才敢领兵进入井陉狭道。离井陉口还有三十里,停下来宿营。半夜传令出发,挑选了两千名轻装骑兵,每人拿一面红旗,从隐蔽小道上山,在山上隐蔽着观察赵国的军队。告诫说:"交战时,赵军见我军败逃,一定会倾巢出动追赶我军,你们火速冲进赵军的营垒,拔掉赵军的旗帜,竖起汉军的旗帜。"又让副将传达开饭的命令,说:"今天攻破赵军以后会餐"。将领们都不相信,假意回答道:"好。"韩信对手下军官说:"赵军已先占据了有利地形筑造了营垒,他们看不到我们大将旗帜、仪仗,就不会出来攻打我军的先头部队,怕我们到了险要的地方退回去。"韩信就派出万人为先头部队,出了井陉口,背靠河水摆开战斗队列。赵军远远望见,大笑不止。天刚亮的时候,韩信设置起大将的旗帜和仪仗,大吹大擂地开出井陉口。赵军打开营垒攻击汉军，两军对战了很久。这时候，韩信、张耳假装抛旗弃鼓，逃回河边的阵地。河边阵地的部队打开营门放他们进去。然后再和赵军激战。赵军果然倾巢出动，争夺汉军的旗鼓，追逐韩信、张耳。韩信、张耳已进入河边阵地，全军殊死奋战，赵军无法把他们打败。韩信预先派出去的两千轻骑兵，等到赵军倾巢出动去追逐战利品的时候，就火速冲进赵军空虚的营垒，把赵军的旗帜全部拔掉，竖起汉军的两千面红旗。这时，赵军已不能取胜，又不能俘获韩信等人，想要退回营垒，营垒插满了汉军的红旗，大为震惊，以为汉军已经全部俘获了赵王的将领，于是军队大乱，纷纷落荒潜逃，赵将即使诛杀逃兵，也不能禁止。于是汉兵前后夹击，彻底摧垮了赵军，俘虏了大批人马，在泜水岸边生擒了赵王歇。

众将献上首级和俘虏，向韩信祝贺，趁机向韩信说："兵法上说：'行军布阵应该右边和背后靠山，前边和左边临水'。这次将军反而令我们背水列阵，说'打垮了赵军正式会餐'，我等并不信服，然而竟真的取得了胜利，这是什么战术啊？"韩信回答说："这也在兵法上，只是诸位没留心罢了。兵法上不是说'陷之死地而后生，置之亡地而后存'吗？况且我平素没有得到机会训练诸位将士，这就是所说的'赶着街市上的百姓去打仗'，在这种形势下不把将士们置之死地，使人人为保全自己而战不可；如果给他们留有生路，就都跑了，怎么还能用他们取胜呢？"将领们都佩服地说："好，将军的谋略不是我们所能赶得上的呀。"

3. 水淹楚国龙且军。韩信领兵向东进攻齐国，楚国也派龙且率领兵马，号称二十万，前来救援齐国。齐王田广和楚将龙且两支部队合兵一起与韩信作战，还没交锋，有人劝龙且说："汉军远离国土，拼死作战，其锋芒锐不可挡。齐楚两军在自己的土地上作战，士兵容易逃散。不如深沟高垒，坚守不出。让齐王派他的亲信大臣，去安抚已经沦陷的城邑，这些城邑的官吏和百姓知道他们的国王还在，楚军又来援救，一定会反叛汉军。汉军客居两千里之外，齐国城邑的人都纷纷起来反叛他们，势必得不到粮食，这样就可以迫使他们不战而降。"龙且说："我一向了解韩信的为人，容易对付他。而且援救齐国，不战而使韩信投降，我还有什么功劳？如今战胜他，齐国一半土地可以分封给我，为什么不打？"于是决定开战，与韩信隔着潍水摆开阵势。韩信下令连夜赶做一万多口袋，装满沙土，堵住潍水上游，带领一半军队渡过河去，攻击龙且，假装战败，往回跑。龙且果然高兴地说："我早就知道韩信胆怯。"于是就渡过潍水追赶韩信。韩信下令挖开堵塞潍水的沙袋，河水汹涌而来，龙且的军队一多半还没渡过河来，韩信立即回师猛烈反击，杀死了龙且。龙且在潍水东岸尚未渡河的部队，见势四散逃跑，齐王田广也逃跑了。韩信追赶败兵直到城阳，把楚军的士兵全部俘虏了。

五、水源探索助推地理大发现

中华大地自古不乏探索精神。从夸父追日饮干河渭，到秦始皇设置南粤地区的桂林郡、象郡、南海郡；从秦皇汉武入海寻找蓬莱仙境，到汉武帝派遣张骞凿空西域，伴随着江河湖海源头的探索发现，中国人的眼界也大为开阔。

（一）天下五服说

大禹治理九州，规定了五服的界限。下令天子国都以外五百里的地区为甸服，即为天子服田役纳谷税的地区：紧靠王城百里以内要交纳收割的整棵庄稼，一百里以外到二百里以内要交纳禾穗，二百里以外到三百里以内要交纳谷粒，三百里以外到四百里以内要交纳粗米，四百里以外到五百里以内要交纳精米。甸服以外五百里的地区为侯服，即为天子侦察顺逆和服侍王命的地区：靠近甸服一百里以内是卿大夫的采邑，往外二百里以内为小的封国，再往外三百里以内为诸侯的封土。侯服以外五百里的地区为绥服，即受天子安抚，推行教化的地区：靠近侯服三百里以内视情况来推行礼乐法度、文章教化，往外二百里以内要振兴武威，保卫天子。绥服以外五百里的地区为要服，即受天子约束服从天子的地区：靠近绥服三百里以内要遵守教化，和平相处；往外二百里以内为流放犯人的地方。要服以外五百里的地区为荒服，即为天子守卫远边的荒远地区：靠近要服三百里以内荒凉落后，那里的人来去不受限制；再往外二百里以内为流放犯人的地方。此说见于《尚书·禹贡》，大概就是那个时代中国人所知道的最大对外地理概念了。

（二）邹衍新九州说

邹衍生活的年代在孟子之后，他讲"五德终始"的学说被归于阴阳家。他认为儒家所说的中国，只不过是天下的八十一分之一罢了。中国称做"赤县神州"，赤县神州之内又有九州，就是夏禹按次序排列的九个州，但不能算是州的全部数目。在中国之外，像是赤县神州的地方还有九个，这才是所谓的九州了。在这里都有小海环绕着，人和禽兽不能与其他州相通，像是一个独立的区域，这才算是一州。像这样的州共有九个，更有大海环在它的外面，那就到了天地的边际了。桓宽的《盐铁论·论邹篇》、王充的《论衡·谈天篇》都驳斥邹衍的学说，但后代的地理学、天文学几乎都证实了他的地理探索思路是对的。

（三）蓬莱仙境说

在临近渤海、东海的燕齐，自从齐威王、齐宣王、燕昭王以来，就派人入海寻找蓬莱、方丈、瀛州三神山。这三座神山，相传在渤海之中，路程并不算远，困难在于将到山侧时，就会有海风吹引船只离山而去。据说曾有人到过那里，众仙人以及长生不老药那里都有。山上的东西凡禽兽都是白色的，以黄金和白银建造宫阙。到山上以前，望过去如同一片白云；来到跟前，见三神山反而在海水以下。想要登上山，则每每被风吹引离去，终究不能到达。世俗间的君主帝王无不钦羡非常。及秦始皇统一天下后，到海上游览、向始皇谈及这些事的方士不计其数。始皇自以为亲到海上不见得就能找到三神山，于是派人带着童男童女到海上寻找。船从海中回来，都以遇风不能到达为辞，说道虽没到达，确实看到了三神山。第二年，始皇重游海上，到琅邪，路过恒山，取道上党而回。三年后，始皇巡游碣石山，考察被派遣入海寻找三神山的方士，从上郡反回京城。过了五年，始皇南游到湘山，于是登上会稽山，并来到海上，希望能得到海中三神山中的长生不老药，没能如愿，回来的路上在沙丘宫病死。

汉武帝曾东巡来到海上，行礼祭祀八神。齐人纷纷上书谈论神怪和奇异方术，数以万计，然而没有一件能得到证实。于是调发了更多的船只，让那些谈论海中神山的数千人下海寻求蓬莱山的神人。天子出行，常常由公孙卿持天子符节先行到达，在名山胜境迎候天子车驾，他到东莱后，说夜间看到一个异常高大的人，身长数丈，走近后却看不到了，只留下一个很大的足迹，形状像是禽兽的足印。群臣还有的说见到一个老人牵着狗，说："我想见一见臣公"，说完忽然不见踪影。皇上亲自看了大足印，尚不肯相信，等到又听群臣讲述牵狗老人的事，才深信这就是仙人了。特意在海上留宿以待仙人，准予方士乘坐驿传的车子以来往报信，陆续派出的求仙人已有千数以上。

（四）张骞探河源

张骞通西域寻找黄河源头，看到塔里木盆地南沿于阗的西边，河水都西流，注入西海（今青海湖）。于阗东边的河水都向东流，注入盐泽（罗布泊）。就认为盐泽的水在地下暗中流淌，它的南边就是黄河的源头，黄河水由此流出。这当然是不对的。

中国古代最早有关黄河源的记载是战国时代的《尚书·禹贡》，有"导河积石，至于龙门"之说。所指"积石"，在今青海省循化撒拉族自治县附近，距河源尚有相当的距离。唐太宗贞观九年（635），侯君集与李道宗奉命征击吐谷浑，兵次星宿川（即星宿海）达柏海（即扎陵湖）望积石山，观览河源。唐穆宗长庆元年（821）刘元鼎奉使入蕃，途经河源区，得知河源出紫山（即今巴颜喀拉山）。正式派员勘察河源，是在元代至元十七年（1280），世祖命荣禄公都实为招讨使，佩金虎符，往求河源，历时4个月，查明两大湖的位置（元史称"二巨泽"，合称"阿剌脑儿"），并上溯到星宿海，之后绘出黄河源地区最早的地图。清康熙四十三年（1704），命拉锡、舒兰探河源。探源后他们绘有《星宿河源图》，并撰有《河源记》，指出"源出三支河"东流入扎陵湖，均可当作黄河源。康熙五十六年（1717），遣喇嘛楚尔沁藏布、兰木占巴等前往河源测图。乾隆年间齐召南撰写的《水道提纲》中指出：黄河上源三条河 [黄河源头北源为扎曲，中源为约古宗列曲（即玛曲），南源为卡日曲]，中间一条叫阿尔坦河（即玛曲）是黄河的"本源"。1952年黄委会组织黄河河源查勘队，进行黄河河源及从通天河调水入黄可能性的查勘测量，历时4个月，确认历史上所指的玛曲是黄河正源。1978年青海省人民政府和青海省军区邀请有关单位组成考察组，进行实地考察，提出卡日曲作为河源的建议（称多县文章载：南源为卡日曲，卡日曲源于各式冬雅和那扎仁，当为正源，理由有三：一源远流长，二水色与玛曲同，三水量较大。根据十万分之一航测地图测量，卡日曲比约古列宗曲长 25 千米。卡日曲流域面积为 3126 平方千米，约古宗列曲流域面积为 2372 平方千米。在卡日曲的和约古宗列曲汇合处附近，测得卡日曲流量为 6.3 立方米/秒，测得约古宗列曲流量为 2.5 立方米/秒。据此 1978 年的黄河源头考察认定卡日曲为黄河正源）。1985 年黄委会根据历史传统和各家意见确认玛曲为黄河正源，并在约古宗列盆地西南隅的玛曲曲果，东经 95°59′24″，北纬 35°01′18″处，树立了河源标志。2008 年三江源头科学考察队考察后认为，由于卡日曲比约古宗列曲长 36.54 公里，流量比约古宗列曲多两倍，按照国际上河流正源确定的三个标准，即"河源唯长、流量唯大、与主流方向一致"的标准，同时考虑流域面积、河流发育期、历史习惯，考察队建议在科考成果通过评审后，经过法定程序审核批准，将黄河源头定位于卡日曲。

张骞说："我在大夏时，看见过邛竹杖，蜀布，便问他们：'从哪儿得到了这些东西？'大夏国的人说：'我们的商人到身毒国买回来的。身毒国在大夏东南大约几千里。那里的风俗是人们定居一处，大致与大夏相同，但地势却低湿，天气炎热。它的人民骑着大象打仗。那里临近大水。'我估计，大夏离汉朝一万二千里，处于汉朝西南。身毒国又处于大夏东南几千里，有蜀郡的产品，这就说明他离蜀郡不远了。如今出使大夏，要是从羌人居住区经过，则地势险要，羌人厌恶；要是稍微向北走，就会被匈奴俘获。从蜀地前往，应是直道、又没有侵扰者"。天子已经听说大宛和大夏、安息等都是大国，出产很多奇特物品，人民定居一处，与汉朝人的生活颇相似，而他们的军队软弱，很看重汉朝的财物。北边有大月氏、康居这些国家，他们的军队强大，但可以用赠送礼物，给予好处的办法，诱使他们来朝拜汉天子。而且若是真能得到他们，并用道义使其为属，那么就可以扩大万里国土，经过辗转翻译，招来不同风俗的人民，使汉朝天子的声威和恩德传遍四海内外。汉武帝心中高兴，认为张骞的话是对的，于是命令张骞从蜀郡、犍为郡派遣秘密行动的使者，分四路同时出发：一路从駹出发，一路从冉起程，一路从徙出动，一路从邛僰启行，都各自行走一二千里。结果北边那一路被氐和筰所阻拦，南边那一路被巂和昆明所阻拦。昆明之类的国家没有君长，善于抢劫偷盗，常杀死和抢掠汉朝使者，汉朝使者终究没能通过。但是，听说昆明西边一千余里的地方，有个人民都骑象的国家，名叫滇越，蜀郡偷运物品出境的商人中有的到过那里，于是汉朝因为要寻找前往大夏的道路而开始同滇国沟通。最初，汉朝想开通西南夷，浪费了很多钱财，道路也没开通，就作罢了。待到张骞说可以由西南夷通往大夏，汉朝又重新从事开通西南夷的事情。

六、以"在德不在险"作结

太史公罔罗天下放失旧闻，原始察终，见盛观衰，稽其成败兴坏之理，成一家之言，主张以德治国。他在《孙子吴起列传》中写道：魏文侯死后，吴起奉事他的儿子魏武侯。武侯泛舟黄河顺流而下，船到半途，回过头来对吴起说："山川是如此的险要、壮美哟，这是魏国的瑰宝啊！"吴起回答说："国家政权的稳固，在于施德于民，而不在于地理形势的险要。从前三苗氏左临洞庭湖，右濒彭蠡泽，因为它不修德行，不讲信义，所以夏禹能灭掉它。夏桀的领土，左临黄河、济水，右靠泰山、华山，伊阙山在它的南边，羊肠坂在它的北面。因为他不施仁政，所以商汤放逐了他。殷纣的领土，左边有孟门山，右边有太行山，常山在它的北边，黄河流经它的南面，因为他不施仁德，武王把他杀了。由此看来，政权稳固在于给百姓施以恩德，不在于地理形势的险要。如果您不施恩德，即便同乘一条船的人也会变成您的仇敌啊！"武侯回答说："讲的好。"

《晋世家》中写道：惠公四年（前647）冬，晋国闹饥荒，向秦穆公借粮，丕豹劝说秦穆公不要借，可以趁着饥荒去攻打他。秦穆公又向公孙支和百里奚两位重臣询问。公孙支说："饥馑和丰稔是交替出现的事，不能不借。"百里奚也说："您的小舅子夷吾得罪了秦国，晋国百姓有什么错。"于是秦穆公采纳了他们的建议，十分大度地把粮食卖给晋国。秦国的运粮船队从秦都雍城出发，经过渭水、黄河、汾河，络绎不绝把粮食运到晋国绛都，史称"泛舟之役"。到了第二年，秦国发生饥荒，去晋国借粮。晋惠公召集群臣商议，庆郑说："君王你是依靠秦国姻亲关系支持即位的，不久背弃了割地的约定。晋国发生饥荒，秦国卖给我们粮食，如今秦国发生饥荒，请求借粮，卖给就是，还商量什么？"虢射却说："往年上天把晋国赐给秦国，秦国不知道夺取，反而售给我们粮食。如今上天把秦国赐给晋国，难道可以违背天意吗？不如趁机兴兵攻伐它。"可恨惠公竟然采纳了虢射出的损招，不卖给秦国粮食，反而发兵攻打秦国。

惠公六年（前645），秦穆公任命邳豹做将军，亲自统兵反击晋军。秦军东渡洛水，三次作战后，深入到晋国的西河韩原。这一年九月，晋惠公率领的大军与秦穆公的军队在韩原（在今陕西韩城南）展开大战，双方都投入了最大限度的兵力，秦穆公和晋惠公两位国君亲自操戈上阵。混战之中，晋君的戎车脱离了主力部队，和秦军争夺，在归途中他的小驷马果然陷入泥泞沼泽慌乱而行动迟缓，晋惠公被秦将公孙枝虏去。十月，晋国吕省与秦穆公在王城订立盟约。十一月，晋惠公回国。晋国将河西地割让给秦国，晋太子圉入质于秦，秦穆公把女儿嫁给晋太子圉。于是，秦国开始在晋国黄河东征收赋税，设置官员，秦穆公终于实现了"子孙饮马于河"的夙愿。

《史记》犹如一把打开古代先秦三千年水利史的金钥匙，期间蕴含的水利思想体大思精，非好学深思者难知其意。今撷采其中的先秦水利史、秦汉水利史、军事水利学、地理水利学等几朵小花呈现于大家面前。由于本人才疏学浅，其中的疏漏、错讹当难以避免，敬请方家批评指正。

（程永庄，男，陕西韩城人，韩城市司马迁学会会长）

明清《史记》评点的史学批评
——以司马迁的"才学识"为中心

李宜蓬

《史记》是先秦两汉古文的集大成者，其文学成就经唐宋八大家的推崇，得到后学的高度肯定。明清《史记》评点，主要是学习古文应对科举的需要，因此重点从文章学的角度对《史记》加以分析，侧重从章法、手法、句法、字法等方面进行细致解读，从而挖掘出《史记》行文的特点，总结写作规律，为后人阅读和写作提供借鉴。其中也有从历史学的角度，对司马迁史学方面的"才、学、识"的评价，其见地虽不及史家深刻，但是吉光片羽，也不可轻废。

一、推崇司马迁的史才

《史记》文笔卓绝，历来为后人称颂。《史记》评点之作，对于《史记》的文笔，极为赞赏，既有逐字逐句的点评，亦有驾驭全篇笼罩全书的总评，还有置之史学史和文学史上的审定和推崇，值得认真学习。

（一）《史记》的文体

《史记》虽为史传，其中却包含各种文体，即使是人物传记，其中也有很多结构和表达方式，构成了文体的不同。《史记》评点注意到其中的不同，予以解释说明，从而可以看出司马迁的艺术匠心。

吴见思《史记论文》对《史记》的各种文体都有评说，对其体例和主要内容的界定非常准确，值得参考。本纪记载王朝以及帝王的历史，贯穿古今，便于了解历史的大势，是《史记》记史的经线。吴见思云："本纪之体，是诸传之提纲，故挨年逐月，一路叙去，用花巧不得，止看其叙法之简净、安放之妥当而已。"①其叙事以年为序,简要精练,是全书的纲领。

表包括前代的诸侯和功臣年表,侧重于一代历史的简述,便于了解历史的节点,是《史记》记史的纬线。吴见思云:"诸表画而为图,纵横明晰,于列国、楚汉,时事纷然之际,开卷无不了然。此法创自史公,是千古绝奇文字,惜其多而不能尽载也,就文论文,止取其序论云尔。"②

书是各种典章制度的专史,侧重于展现社会背景,便于了解社会运行的秩序,是《史记》记史的范围。吴见思对《河渠书》有具体说明:"以河作经,渠为纬,起伏串插,条分缕析,各有头绪,一茎不乱,固是理丝神手。合而观之,一篇大文;分而观之,每段各成一篇小文。且遣局设字,各有妙处。"③

世家是重要历史人物尤其是王侯将相的家族史,展现政治的核心势力,便于了解社会上层人士的活动。吴见思云:"世家之体,与列传不同。列传止序一人,或数人,故抟捖为易。世家则于一篇之中,上下千百年,既以一国之事详载,更或他国之事互入,不得不用简法。故《左》《国》所详,此则甚略,《左》《国》藻丽,此则简净。局于篇幅,不得不然也。故为世家者,另有一副笔仗;读世家者,当另换一副眼光。无作矮子观场随人笑语也。"④

列传则是有突出业绩的人物专史,是《史记》中所占篇幅最大,也是历史与文学结合最好的部分。其中有多种形态,吴见思也进行了具体分析。有的列传以叙事见长,《酷吏列传》叙述十人,材料的组织和结构的贯穿难度很大,吴见思云:"一篇共序十人,可以为难矣。然偏不逐人序去,独将十人花分插穿,处处组织,更觉异常绚烂。盖天孙机上无缝天衣,决不是排棊俪叶,枝蒂对生,必

---

① 〔清〕吴见思著,陆永品点校:《史记论文》,〔清〕李景星著,陆永品点校:《史记评议》,上海:上海古籍出版社2008年版,第16页。

② 〔清〕吴见思著,陆永品点校:《史记论文》,〔清〕李景星著,陆永品点校:《史记评议》,上海:上海古籍出版社2008年版,第18页。

③ 〔清〕吴见思著,陆永品点校:《史记论文》,〔清〕李景星著,陆永品点校:《史记评议》,上海:上海古籍出版社2008年版,第24页。

④ 〔清〕吴见思著,陆永品点校:《史记论文》,〔清〕李景星著,陆永品点校:《史记评议》,上海:上海古籍出版社2008年版,第26—27页。

有擘金丝翠，西穿东插，柳映花遮之妙，然后成此一片文章也。"①有的列传以议论见长，《伯夷列传》寄托司马迁关于出处进退安身立命的思考，吴见思云："通篇纯以议论咏叹，回环跌宕，一片文情，极其纯密。而伯夷实事，只在中间一顿序过，如长江大河，前后风涛重叠，而中有澄湖数顷，波平若黛，正以相间出奇。"②有的列传以赋体见长，吴见思认为《日者列传》以赋体行文："此文全以赋体行文，故其中句法，俱组练错绣，甚为精采。而排处句句变，落处段段收，是《史记》中一篇虚空抑扬文字。"③对于《太史公自序》，吴见思也有高度评价："《史记》自黄帝本纪起，一百三十，合而论之，总是一篇。篇终必须收束得尽，承载得起，方无虎头鼠尾之病。此篇以自序世系，逐层御下。而中载两论，气势已极崇隆。后乃排出一百三十段，行行列列，整整齐齐。而中间复错综变化作一层。后又提自序一段，总序一百三十篇总目，作一层。后又总结一句，作一层。无往不收，无微不尽。作书至此，无遗憾矣。"④其他《史记》评点对《史记》的体例也有说明，限于篇幅，不一一陈述。

（二）《史记》的文本构成

《史记》中的文字，有征引，有集合；有叙述，有议论；诸多形式，共同作用，形成《史记》丰富多彩的面貌。《史记》评点对此也都有分析，说明其各部分文本构成的特点，对于深刻认识《史记》的文体具有积极意义。

《史记》中记载了很多上书诏令，这些因为时代和帝王的不同，而有鲜明的风格，形成了不同的文体。《李斯列传》包含很多上书，《读史管见》谓："先秦

---

① 〔清〕吴见思著，陆永品点校：《史记论文》，〔清〕李景星著，陆永品点校：《史记评议》，上海：上海古籍出版社2008年版，第73页。

② 〔清〕吴见思著，陆永品点校：《史记论文》，〔清〕李景星著，陆永品点校：《史记评议》，上海：上海古籍出版社2008年版，第39页。

③ 〔清〕吴见思著，陆永品点校：《史记论文》，〔清〕李景星著，陆永品点校：《史记评议》，上海：上海古籍出版社2008年版，第76页。

④ 〔清〕吴见思著，陆永品点校：《史记论文》，〔清〕李景星著，陆永品点校：《史记评议》，上海：上海古籍出版社2008年版，第78页。

文当以李斯为第一，故史公作传多录其书。"①吴见思指出每篇上书都各具特色："一篇文字，几及万言，中间包藏许多文字，如逐客书、焚书书、赐扶苏书、公子高从葬书、责问李斯书、督责书、言赵高书、狱中书。于说襄王处、谋立胡亥处、赵高赞李斯处，俱以文词胜。乃一篇一样，又有一篇几样，读之不厌其多，反惟恐其尽。文章至此，可以无遗憾矣。"②这些文章不仅具有史料价值，而且都是以文词取胜，成为《史记》中亮眼的文字。

《秦始皇本纪》的内容十分丰富，其中有叙事，也有引用。对于叙事的精彩，吴见思云："编年序事，固本纪体。而中间嫪毐反叛处、并天下后改制易服处、置酒咸阳宫处、作阿房宫处、卢生说始皇处、陈涉起兵后与赵高夹序处，俱极精神。③对于引用诏书的古雅，吴见思也有论述："纪中，载诸诏书、石刻、奏辞，俱极古雅浑朴，足为篇中生色。秦始皇为人性情，篇中不序，前借尉缭、后带卢生口中补出，尤为神妙。"④还有引用贾谊的《过秦论》，吴见思云："太史公以贾生推言一句，全载《过秦》三篇，另是一格。其先载第三篇者，论始皇兴衰，应赞中始皇'自以为'三句。次载第一篇者，论秦之先公，应赞中'兴邑于西垂'等句。末载第二篇者，总论其大势，归到二世结。其三论文法，另有批本，兹不具。"⑤这些丰富的内容，共同构成了《秦始皇本纪》的文本。其中记录秦始皇几次下诏令群臣议事，表达就大有特色，《史记》评点对此有很多分析，点出其价值。其实这种口头的诏令，很大程度是司马迁仿照人物身份构拟的结果。《史记菁华录》删节了《秦始皇本纪》统一六国的事迹，直接从其下

---

① 〔清〕李晚芳编纂，赵前明、凌朝栋整理：《读史管见》，北京：商务印书馆2016年版，第151页。

② 〔清〕王又朴编选，凌朝栋整理：《史记七篇读法》，北京：商务印书馆2013年版，第53页。

③ 〔清〕吴见思著，陆永品点校：《史记论文》，〔清〕李景星著，陆永品点校：《史记评议》，上海：上海古籍出版社2008年版，第13—14页。

④ 〔清〕吴见思著，陆永品点校：《史记论文》，〔清〕李景星著，陆永品点校：《史记评议》，上海：上海古籍出版社2008年版，第13—14页。

⑤ 〔清〕吴见思著，陆永品点校：《史记论文》，〔清〕李景星著，陆永品点校：《史记评议》，上海：上海古籍出版社2008年版，第13—14页。

令群臣拟定帝号开始:"寡人以眇眇之身,兴兵诛暴乱(以谦晦作夸诩,辞气峻厉)赖宗庙之灵,六王咸服其辜,(总前六国罪案,简而伟)天下大定。今名号不更,无以称成功,传后世。其议帝号。"①姚苎田不仅在句中有点评,而且结尾有眉批云:"先儒谓:秦时诏令杂以吏牍,自是一种文字,然谟诰之下,汉诏之前,实另具一段精严伟丽光景。此其第一令也,绝大不群。"②秦始皇的措辞,确实是简练干脆,不容置疑,体现了一代雄主的霸气。后面又写秦始皇下令让群臣及博士商议是否封王以及是否师古的问题,李斯进言,请求下焚书令:"臣请史官非秦记皆烧之。非博士官所职,天下敢有藏诗、书、百家语者,悉诣守、尉杂烧之。有敢偶语诗书者弃市。以古非今者族。吏见知不举者与同罪。令下三十日不烧,黥为城旦。所不去者,医药卜筮种树之书。若欲有学法令,以吏为师。"姚苎田评价此段文字云:"律外余文,甚周匝,此实后世造律之祖。"③并且进一步提出:"拟令要一字无虚设,先秦文不可及如此。"④这是对其引用的律令的称扬,其实也是对司马迁的文笔的称扬。

《史记》中一些人物传记的体制,也有与众不同之处。《伯夷列传》《屈原贾生列传》的主要内容,并非叙事,而是议论。对于《伯夷列传》,《史记抄》说:"以议论叙事,传之变体也。"⑤《史记抄》云:"以议论行叙事体,变格。"⑥姚苎田有更进一步的分析,他认为《伯夷列传》和《屈原列传》的写法就是变体:"伯夷、屈原二传及此传皆史公变体。伯夷传嵌旧传于中而前后作议论,屈平传夹叙夹议,双管互下,此传则于'莫知所终'以下传文既毕,别缀异稳。忽明忽晦,忽实忽虚,写来全似画龙之法,风云晦冥之中,乍露鳞爪,而其中莫非龙也。殆亦因孔子犹龙之誉,撰成此首异文,史公之神行千古,夫岂易识耶?"⑦

---

① 括号内容出自:〔清〕姚苎田节评:《史记菁华录》,上海:上海古籍出版社2007年版,第1页。

②〔清〕姚苎田节评:《史记菁华录》,上海:上海古籍出版社2007年版,第1页。

③〔清〕姚苎田节评:《史记菁华录》,上海:上海古籍出版社2007年版,第3页。

④〔清〕姚苎田节评:《史记菁华录》,上海:上海古籍出版社2007年版,第3页。

⑤〔明〕茅坤编纂,王晓红整理:《史记抄》,北京:商务印书馆2013年版,第241页。

⑥〔明〕茅坤编纂,王晓红整理:《史记抄》,北京:商务印书馆2013年版,第337页。

⑦〔清〕姚苎田节评:《史记菁华录》,上海:上海古籍出版社2007年版,第87页。

其变体主要体现在议论的运用上,《伯夷列传》是中间引用旧传,前后作议论,《屈原列传》是夹叙夹议,这些都体现了司马迁对历史人物的认识和评价,反映了司马迁的历史观,并非是单纯的史传。《史记论文》云:"屈原传,俱用议论,而实事于中间穿插点缀,浩然往复,纯是一片神理运旋。贤人蛟之,圣人龙之,吾于此文,不免犹龙之叹也。贾谊传,实事亦虚写,正与前传相配,以成一篇。"①

《史记》中的人物传记,也形成一些规范的写法。《樊郦滕灌列传》中有叙写樊哙、郦商、夏侯婴、灌婴等人的传记。其中说到樊哙的战功:"从攻围东郡守尉於成武,却敌,斩首十四级,捕虏十一人,赐爵五大夫。从击秦军,出亳南。河间守军於杠里,破之。击破赵贲军开封北,以却敌先登,斩候一人,首六十八级,捕虏二十七人,赐爵卿。"《史记抄》评点云:"传内序军功,各以'从'字冠首,并附因功加爵益禄,不编年月,又是一体格。"②至叙述郦商战功,"商以将卒四千人属沛公於岐",《史记抄》云:"篇中'以'字,乃一节冠冕。"传中再说"项羽灭秦,立沛公为汉王。汉王赐商爵信成君,以将军为陇西都尉。"《史记抄》云:"此传却与前传体格又别,各以'以'字起头,悬官名于上,附战功于下,节节相承,亦不用编年。"③司马迁确实形成了写作范式。"以陇西都尉从击项籍军五月""以梁相国将从击项羽二岁三月,攻胡陵""商以将军从击荼,战龙脱""以右丞相别定上谷""以右丞相赵相国别与绛侯等定代、雁门""以将军为太上皇卫一岁七月""以右丞相击陈豨""又以右丞相从高帝击黥布"……如此等等,可见茅坤确有慧眼,发现其中的写作范式。叙事夏侯婴事迹,"高祖之初与徒属欲攻沛也,婴时以县令史为高祖使。"《史记抄》云:"此传亦用'以'字冠一节事,与郦商传法同。"④至叙述灌婴,《史记抄》云:"此传亦有'从'字法,亦有'以'字法,又用婴名冠于其首。"⑤茅坤在《傅靳蒯成列

---

① 〔清〕吴见思著,陆永品点校:《史记论文》,〔清〕李景星著,陆永品点校:《史记评议》,上海:上海古籍出版社2008年版,第51页。
② 〔明〕茅坤编纂,王晓红整理:《史记抄》,北京:商务印书馆2013年版,第397页。
③ 〔明〕茅坤编纂,王晓红整理:《史记抄》,北京:商务印书馆2013年版,第399页。
④ 〔明〕茅坤编纂,王晓红整理:《史记抄》,北京:商务印书馆2013年版,第400页。
⑤ 〔明〕茅坤编纂,王晓红整理:《史记抄》,北京:商务印书馆2013年版,第401页。

传》的眉批也说："傅靳以下俱裨将，凡次战功，必系'以''从'字为案。"①

（三）《史记》的文风

《史记》是先秦古文的代表，后人对其文风有很多评价。苏辙云："其文疏宕，颇有奇气"，堪为千载定说。但是《史记》评点在具体分析《史记》的基础上，发现《史记》不仅疏宕，而且更有缜密详实之处。

《史记》的文风，有继承和摹仿前人之处。《史记选》为《屈原贾生列传》的文章风格，就类似《离骚》："以下说入《离骚》，其文便酷似《离骚》。"②甚至更说整个《史记》都是司马迁的《离骚》："子长《史记》，即其《离骚》也。人能以其论《离骚》者论《史记》，则得之矣。"③《史记选》认为司马迁的文章，与其身世有很大的关系："谱司马千余年家世，不过数百字，而系派井然。耕牧壮游，磊落奇遇，想见其为人，至如父子执手，泣涕以史相付受，何其重也！草创未就，横被腐刑，故其文章多愤懑无聊不平之辞，后之读者未尝不掩卷太息也。"④司马迁遭遇腐刑，身心受到极大的创伤，因此发为愤懑无聊不平之辞，自然就与《离骚》的"遭忧作词"情境相类似，因此其文章近似《离骚》，是很自然的。鲁迅所说《史记》是"史家之绝唱，无韵之离骚"，是继承前贤的意见，具有深厚的学术内涵。

《史记》的行文有缜密之处，也有简捷之处。姚苎田认为《平准书》的内容和写法，就是缜密："历叙夏商以来利源之所以渐开，利权之所以渐升，如掌上螺纹，精细可数。人但知史公之疏宕奇横处，而不知其缜密之妙，有非后人所能梦见者。"⑤而《扁鹊仓公列传》的写法，就是删润："淳于意当时自有其诏问奏对之书，太史因取而删润之，以为别传，此亦古文家一体也。然此等文字全在自出手眼，删润得妙，便有点铁成金之誉，若宋子京辈，徒知减字换字，则

---

① 〔明〕茅坤编纂，王晓红整理：《史记抄》，北京：商务印书馆2013年版，第410页。
② 〔清〕储欣选评，凌朝栋编：《史记选》，北京：商务印书馆2014年版，第147页。
③ 〔清〕储欣选评，凌朝栋编：《史记选》，北京：商务印书馆2014年版，第149页。
④ 〔清〕储欣选评，凌朝栋编：《史记选》，北京：商务印书馆2014年版，第223页。
⑤ 〔清〕姚苎田节评：《史记菁华录》，上海：上海古籍出版社2007年版，第49页。

大非作手也。"①司马迁是自出手眼，删润得妙，并非是宋祁之流的单纯的减字换字，那就是等而下之了。

《史记半解》对《太史公自序》非常称道，对其内容及文章风格有总体论述："《史记》一书，长江大河洞庭彭蠡之胜备矣。到此自叙，要意理包括得完，更要气象笼罩得住，方称万壑朝宗境界，然可也是难。看此文，系则追溯皇初，学则融贯诸家，迹则遍周宇甸，志则根柢忠孝，绪则渊源周孔，道则统承列圣，用则才配《六经》。鸿裁伟论，拔地倚天，而文气沉沦深厚，浩荡杳冥，正如大海容纳众流，茫无涯际，其中百怪变幻都归一片鸿蒙。宜乎二千年来，学士文人惟有为之望洋向若而叹也。使读此而有得焉，其文章境界不知如何出人头地矣。"②汤谐认为，司马迁《太史公自序》既意理包括得完，又气象笼罩得住，文气沉沦深厚，浩荡杳冥，其文章境界二千年来宜乎令后代文学学士望洋兴叹，这是对《太史公自序》的定评，也是对《史记》的定评，值得我们用心体会。

二、推崇司马迁的史学

司马迁出身史学世家，具有深厚的文化底蕴，其为太史令，又占有丰富的历史资料，因此创作《史记》，就集先秦文学、史学之大成。班固对司马迁的良史之才极为称道。"然自刘向、扬雄博极群书，皆称迁有良史之材，服其善序事理，辨而不华，质而不俚，其文直，其事核，不虚美，不隐恶，故谓之实录。"（《汉书·司马迁传》）在《史记》评点类著作里，对司马迁的"良史之才"更是推崇备至，对其史学成就予以高度肯定，并进行了深刻剖析。

（一）不虚美，不隐恶

司马迁对历史人物的评价，非常客观。既不因为喜欢而一味赞美，也不因讨厌而痛下针砭。总能实事求是地记录历史事迹，反映人物的功过是非。司马迁对于信陵君极为欣赏，但是也不回避其过失。姚苎田在《信陵君列传》评点总

---

① 〔清〕姚苎田节评：《史记菁华录》，上海：上海古籍出版社2007年版，第167—168页。
② 〔清〕汤谐编纂，韦爱萍整理：《史记半解》，北京：商务印书馆2013年版，第450页。

结道:"他传多本《国策》,原本旧文而删润成篇,惟此别无粉本,故信陵君是史公意中极爱慕之人,此传亦生平最用意之笔也。秦国大梁一事,在安釐即位之初,既不得不书,书之而无以为公子地,则不如不书也。妙在轻着一语,云王及公子患之,而下即陡接'仁而爱士'一段,移后之'不复敢加兵十余年者'统结一笔,而华阳下军之败,便无些子关碍矣。若出后人,必要掩过此事,则何以为良史之书哉?"①

对于项羽,司马迁则批评其迷信武力至死不悟。《项羽本纪》中姚苧田评点道:"从来取天下而不以其道者,亦必兼用诈力兵威,若纯任一战斗之雄而欲以立事,古未有也,羽临死而哓哓自鸣,专以表其善战,可谓愚也。史公曲为写生,亦无一字过溢,而《赞》中'岂不谬哉'一句,真与痛砭,所以为良史才也。"②在《李将军列传》后,也批评李广:"广之胜人处只是'才气无双'四字尽之,然才气既胜,则未有肯引绳切墨而轨于法之正者,则其一生数奇,亦才气累之也。篇中首载公孙昆邪一语,褒贬皆具。史公虽深爱李广,而卒亦未尝不并著其短,所以谓良史之才,他人不能及也。"③

司马迁对于郑当时的趋炎附势,也进行了批评。《汲郑列传》姚苧田评点道:"郑当时传只极写其爱士好客,然通体皆用虚写,独以脱张羽于厄一事起,以任人宾客逋负贻累一事终,其成其败,皆以客之故也。则当其廷议田、窦一事时,始是魏其,后不能坚对,则以窦婴、灌夫亦好客之甚者,故气类有以感之,不必实为骨鲠之论也。故于廷议受贬既甚略,而后复以趋和承意,不敢引当否言之,而惟极叹其爱士真切。盖古人虽临文爱赏极意处,终不肯妄许一字也如此,千古称良史之才,断非偶然。"④

(二)其文直,其事核

《史记》中的很多文字,渊源有自,当有前代文献依据,是实录。如《扁鹊

---

① 〔清〕姚苧田节评:《史记菁华录》,上海:上海古籍出版社2007年版,第107页。
② 〔清〕姚苧田节评:《史记菁华录》,上海:上海古籍出版社2007年版,第14页。
③ 〔清〕姚苧田节评:《史记菁华录》,上海:上海古籍出版社2007年版,第179页。
④ 〔清〕姚苧田节评:《史记菁华录》,上海:上海古籍出版社2007年版,第203—204页。

仓公列传》其中叙述扁鹊治虢太子一是,姚苎田认为:"扁鹊治虢太子一事,当是实录,故叙起问答之详、病症之源流、疗治之方略,以至前有中庶子之辨折,后有生死人之传闻,无不如掌上螺纹,细细写出。他若简子梦游之荒怪,桓侯讳疾之余文,皆借作一篇结构,所以助文章之波澜,当别具只言以分别观也。"①

李晚芳认为《平准书》在八书中成就最高:"《八书》中,惟此《书》出神入化。骤读之,无一语径直;细案之,无一事含糊;总括之,无一端遗漏。使当时后世皆奉为信史,而不敢目为谤书,煞是史公惨淡经营之作。"②原因就在于其是信史,而非谤书。

司马迁对于历史事件的叙述,也能做到客观公正。尽管有时看似笔墨不多,但是言外之意足以让人一目了然。《李将军列传》中写李广晚年随从大将军卫青出征匈奴,却不料卫青早得汉武帝之意,"以为李广老,数奇",又有心让公孙弘早日恢复爵位,所以就让李广出东道,"广既从大将军青击匈奴,既出塞,青捕虏知单于所居,乃自以精兵走之,而令广并於右将军军,出东道。东道少回远,而大军行水草少,其势不屯行。"这样几句文字,不仅使卫青"贪功之心如揭",更使得李广为悲剧为人所知:"数语写得极明划,便足为李将军功罪铁案,真良史之笔。"

《太史公自序》对司马迁创作史记的背景和意图做了全面论述,《史记》评点对此也高度重视,阐发其中所蕴含的思想价值。姚苎田云:"假壶遂一问发明作史之由,前一段专指孔子隐桓以下,定哀以上二百四十二年之作言,后一段则通论迥古以来、下极无穷之世,总之,不可一日无史笔以维持于三纲五常之际也。从迁以前,如晋狐楚倚之属,号称良史,而其书俱不传;春秋幸经圣人笔削,又得三传发明,遂为万古史家鼻祖;至史迁创年表以续经,为纪传书志以继传,合经传而出一人之手笔,以垂劝戒于后,实为继往开来第一部书。"③姚苎田说明司马迁《史记》的文体创新和材料渊源,对《史记》的创作意图和

---

① 〔清〕姚苎田节评:《史记菁华录》,上海:上海古籍出版社2007年版,第165页。
② 〔清〕李晚芳编纂,赵前明、凌朝栋整理:《读史管见》,北京:商务印书馆2016年版,第86—87页。
③ 〔清〕姚苎田节评:《史记菁华录》,上海:上海古籍出版社2007年版,第233—234页。

创作成就倍加推崇，其实就是对司马迁史学成就的推崇。

三、推崇司马迁的史识

史家历来推崇司马迁的史识，这种卓识，体现在对人物的分析和对历史事实的评价，更体现在对《史记》一书的思想价值的肯定上。评点者弘扬司马迁的史识，也体现了评点者的思想观念、历史感悟，是评点中极有价值的部分。

（一）揭示司马迁评说人物的见识

司马迁在《史记》中，叙述历史人物，其中隐含了对历史人物的评价，体现了司马迁的史识。历代《史记》评点，对此都有揭示，而且注意阐释司马迁对历史人物人生选择是非的卓识。

曾国藩认为《史记》的排序，就体现了司马迁的思想观念，《求缺斋读书录·史记·张耳陈余列传》云："子长尚黄老，进游侠，班孟坚讥之，盖实录也。好游侠，故数称坚忍卓绝之行，如屈原、虞卿、田横、侯嬴、田光及此篇之述贯高皆是。尚黄老，故数称脱屣富贵，厌世弃俗之人，如'本纪'以黄帝第一，'世家'以吴太伯第一，'列传传'以伯夷第一，皆其指也。此'赞'称张、陈与太伯、季札异，亦谓其不能遗外势利、弃屣天下耳。"[1]如此评价，令人耳目一新，是需要深入思考的。曾国藩还认为司马迁好奇，因此以很多奇人奇事作为叙述对象："太史公好奇。如扁鹊、仓公、日者、龟策、货殖等事无所不载，初无一定之例也。后世或援太史公以为例，或反引班、范以后之例，而讥绳太史公，皆失之矣。"[2]这些传记，前代所无，司马迁慧眼卓识，标举其功绩，体现了司马迁的眼光。

---

[1]〔清〕林伯通撰，刘彦青整理，张新科审定：《史记蠡测》，〔清〕曾国藩撰，刘彦青整理，张新科审定：《求缺斋读书录·史记》，李澄宇撰，刘彦青整理，张新科审定：《读史记蠡述》，西安：陕西师范大学出版总社有限公司2015年版，第79页。

[2]〔清〕林伯通撰，刘彦青整理，张新科审定：《史记蠡测》，〔清〕曾国藩撰，刘彦青整理，张新科审定：《求缺斋读书录·史记》，李澄宇撰，刘彦青整理，张新科审定：《读史记蠡述》，西安：陕西师范大学出版总社有限公司2015年版，第83页。

《史记》思想文化研究

司马迁每篇文章,皆有论赞,体现其对人物的评价标准和认识水平。姚苧田谓:"史迁一生好奇,故于盗魁侠首誉之不容口,如萧何一赞,煞甚不满,至于以周召、太公比韩,以闳散比萧何,称量不苟毫发,愚以为究非定论也。"①司马迁的眼光,也在无字句处看出来:"此段论萧何功凡三项而各不同。发踪指示之说,乃高祖因群臣'未尝有汗马之劳'一语趁势诌出,以为柢栏,固非定论。惟鄂千秋所论庶乎得之,而又不并及于收图书、举韩信之事,正见汉人见识不过如此,卒无一人知大计者,因以益见何之不可及也。此史公妙处,在无字句处见之者。"②

(二)感悟司马迁阐释历史的卓识

司马迁对于历史有深刻的认识,也有强烈的反思。《史记》中的卓识,很大程度上表现为对历史兴亡的看法。《史记》评点者对此也有深刻的分析。当然,后代评点者深受宋明理学的影响,更多的挖掘《史记》中的儒家思想观念,这与司马迁的本意恐怕还有所差别。

李晚芳特别强调历史兴亡中道德仁义的决定作用。在《秦楚之际月表序》的评点者,离晚饭强调"太史公归重圣德":"此篇论汉得天下之速,由于秦法为之驱除,此大圣受命,所以异于三代圣王也,是汉家开国一篇大文字。太史公归重圣德,极力颂扬,最得史臣大体。开首以陈项夹出汉家,曰'卒践',是撇去陈项,是独重汉家矣。又引虞夏商周秦得天下之难,夹出汉家得天下之易。归功于秦法驱除,虽曰人事,岂非天命哉?此篇章法颇易晓,太史公最郑重谨慎之文。"③在《货殖列传》中,李晚芳强调"行义":"太史公传货殖,非重货殖也,因见天下有此一途,虽言利而不妨义,且可以行义,故不禁远引近征,言之亹亹,而为是文。说者谓其遭腐刑,家贫不能赎,感愤而作,故其措辞不无过当,间亦有之,然不可执是为太史诟厉也。呜呼!大丈夫具济世之才,而不

---

① 〔清〕姚苧田节评:《史记菁华录》,上海:上海古籍出版社2007年版,第67页。
② 〔清〕姚苧田节评:《史记菁华录》,上海:上海古籍出版社2007年版,第64页。
③ 〔清〕李晚芳编纂,赵前明、凌朝栋整理:《读史管见》,北京:商务印书馆2016年版,第42页。

见用于世，殚心竭虑，屈首于此，以责生，以润屋，以溉邻里乡党，而不自私，亦圣人所弗禁。然所恶于贤人君子，而不乐道其术者，恶其如贱丈夫之垄断，守钱虏之贻讥耳，此文所谓一切奸富是也，史公著其人，详其事，以示天下，意可见矣。至如文之纵横自恣，不可端倪，钟评已尽，余不敢续貂。学者与《平准》并读，方尽其妙。"①

《史记七篇读法》也在《萧相国世家读法》中指出司马迁的主旨在于"俭德"："看他一篇写何之高识丰功巍巍卓卓，而独结之以俭德。《赞》内言其碌碌未有奇节，依光谨守，因民更始，正形容其俭德也。孔子曰：'以约失之者鲜。'故于信曰'假令学道谦让，不伐不矜，庶几哉于汉家勋'云云。而于此亦曰'淮阴、黥布等皆以诛灭，而何之勋烂焉'，谁谓史公不知道哉！"②

《史记》不仅是"史家之极则""史家之绝唱"，更是文学史上高标千古的佳作，唐代以后，倡导古文运动，皆以《史记》为学习的榜样。《史记》评点对《史记》的文学史地位也有深刻的认识，在具体分析和总体论述的时候，对其艺术成就及文学史地位都有很多评价。

《封禅书》结尾，太史公有一番议论："余从巡祭天地诸神名山川而封禅焉。入寿宫侍祠神语，究观方士祠官之意，於是退而论次自古以来用事於鬼神者，具见其表里。后有君子，得以览焉。若至俎豆珪币之详，献酬之礼，则有司存。"姚苧田云："此是一篇大文结束，看其语不多而缜密周匝，仍有余力，以见奇伟之气，迥非韩苏所能仿佛其万一也。"③

《史记》中记述了很多人的对话，其中有一些大文章，具有很强的思想价值和文学价值，《史记》评点对此也给予充分的认识，并上升到文学史的高度予以评价。《张释之冯唐列传》记录了文帝与冯唐关于抗御匈奴的一段议论，冯唐前面说："陛下虽得廉颇、李牧，弗能用也。"后面具体阐释其观点，姚苧田云：

---

① 〔清〕李晚芳编纂，赵前明、凌朝栋整理：《读史管见》，北京：商务印书馆2016年版，第227—228页。

② 〔清〕王又朴编选，凌朝栋整理：《史记七篇读法》，北京：商务印书馆2013年版，第78页。

③ 〔清〕姚苧田节评：《史记菁华录》，上海：上海古籍出版社2007年版，第38—39页。

"此段洋洋洒洒文字，抵过一篇极妙奏疏。"[①]进而扩展评价道："古人偶然酬对之文，机局灵警，照应精严，虽使后人执管为之，推敲尽日，有不能及者。如武侯隆中之对，淮阴登坛之语，及冯公此段议论，摘来便是绝妙古文。晋唐以下，嗣音寡矣，文推两汉，岂虚语哉！登坛语即淮阴本传'请言项王之为人'云云。"[②]姚苎田认为韩信的《登坛对》、诸葛亮的《隆中对》，以及冯唐的此段议论，是超越晋唐的"绝妙古文"，为后人所无法企及，因此"文推两汉"是有道理的。由此，姚苎田更有一段议论："冯唐传只论将一段卓绝千古，遂为立传。而当其白首郎署，以前无可表见，特将大父与父两次迁徙写出一种蔼然忠孝家风，更令人咀玩不已。文章之神妙，良非宋子京一流漫然删润，自谓简核者所能梦见也。"[③]在姚苎田看来，《史记》繁而有法，结构谨严，议论高妙，而《旧唐书》在宋祁等人的删改而为《新唐书》，其自谓"简核"，其实是神采皆无，买椟还珠。

司马迁是卓越的历史学家，《史记》是伟大的历史著作。明清《史记》评点者虽非专门的历史学家，但是他们面对司马迁的才学识，都表达了真诚的赞美，对《史记》的史学价值，予以充分的肯定。既揭示了《史记》的历史观和历史价值，也阐发了他们的史学观念，其评点的历史价值还需要做更深入的考察和阐释。

（李宜蓬，男，黑龙江肇东人。文学博士，陕西理工大学人文学院教授）

---

① 〔清〕姚苎田节评：《史记菁华录》，上海：上海古籍出版社2007年版，第161页。
② 〔清〕姚苎田节评：《史记菁华录》，上海：上海古籍出版社2007年版，第161—162页。
③ 〔清〕姚苎田节评：《史记菁华录》，上海：上海古籍出版社2007年版，第161页。

《史记》文献研究

引文详略得当、格式严谨,能够详述本末、明确出处。但也存在体例不完全统一与书名引用混乱的情况。这大概与《新证》非创作于一时的客观因素有关。

《史记·礼书》和《史记·乐书》来源问题论衡

梁玉田

一、关于《礼书》和《乐书》来源的几种观点

《礼书》与《乐书》是《史记》八书的第一、二篇，重要性不言而喻。司马迁的《史记·太史公自序》云："维三代之礼，所损益各殊务，然要以近性情，通王道，故礼因人质为之节文，略协古今之变。作《礼书》第一。乐者，所以移风易俗也。自雅颂声兴……比《乐书》以述来古，作《乐书》第二。"[①]从中可以看出，司马迁作《礼书》的目的是表述"礼"是近人情、通王道，顺应古今之变；作《乐书》的目的是讲述"乐"的兴衰。观今存的《礼书》和《乐书》，《礼书》主要论述了"礼"的基本原理，《乐书》系统介绍音乐的基本理论的同时，还对先秦至汉代儒家礼乐思想进行了深层阐释。由此观之，今存《礼书》《乐书》已经偏离了司马迁的原意。为此，学者对两书的来源问题从各方面进行了详细的论述，观点大致有以下五种：

（一）有录无书说

持此观点的人认为，《史记》中有十篇早已无书，因此，十篇之中所包括的《礼书》和《乐书》也都早已无本。关于此观点的文献记录出自于东汉。东汉班彪曰："太史令司马迁作本纪、世家、列传、书、表，凡百三十篇，而十篇缺焉"[②]，

[①]〔汉〕司马迁：《史记》，北京：中华书局2006年版，第763页。
[②]〔南朝宋〕范晔：《后汉书》，北京：中华书局1965年版，第1325页。

其子班固在《汉书·司马迁传》中曰："凡百三十篇，五十二万六千五百字，为《太史公书》……迁之自叙云尔。而十篇缺，有录无书。"①而对于缺失的十篇，班彪父子并没有详细说明。唐人颜师古引用了三国时期张晏的说法，他在《汉书》中注解道："张晏曰：'迁没之后。亡《景纪》《武纪》《礼书》《乐书》《兵书》《汉兴以来将相年表》《日者列传》《三王世家》《龟策列传》《傅靳列传》。'"②其中可以看到，张晏认为"有录无书"的十篇中就包括《礼书》和《乐书》。张晏的看法得到了很多后人的认同，南朝宋人裴骃所著的《史记集解》以及唐代司马贞所著的《史记索引》都有对张晏观点的引述。陈振孙认为十篇全亡，而其中"《礼》《乐书》誊荀子《礼论》、河间王《乐记》"③，也就是《礼书》《乐书》两书是后人誊抄而来的。支持张晏所说的还有余嘉锡，他在《太史公书亡篇考》中说："凡考古书，当征之前人之书，不可臆见说也，《太史公书》百三十篇，十篇有录无书，著于《七略》，载于本传，而张晏复胪举其篇目，其事至为明白，无可疑者。"④此外，对于《乐书》而言，清人梁玉绳的《史记志疑》云："《乐书》全缺，此乃后人所补，托之太史公也。"⑤清人崔适在其《史记探源序证补缺》中更是鲜明地指出："八书皆赝鼎。"⑥梁启超也认同此观点，认为《史记》所缺的十篇全都是后人所编造出来的，是为伪作。

（二）书亡序存说

持此观点的人认为，《礼书》和《乐书》两篇的序文都出自司马迁的原笔。梁玉绳在《史记志疑》中写道："附案史公《礼书》惟存一序，此下者皆后人因缺而取《荀子》续之。"⑦梁玉绳认为，"礼由人起"之前的文字是司马迁原文之序，余下的内容是后人所补。孙同元《史记缺补篇考》认为："盖十篇中《景纪》

---

① 〔汉〕班固：《汉书》，北京：中华书局1962年版，第2724—2747页。
② 〔汉〕班固：《汉书》，北京：中华书局1962年版，第2724—2747页。
③ 〔清〕陈振孙：《直斋书录解题》卷四，苏州：江苏书局清光绪九年（1883）版。
④ 余嘉锡：《余嘉锡论学杂著》，北京：中华书局2007年版，第6页。
⑤ 〔清〕梁玉绳：《史记志疑》，北京：中华书局1981年版，第758页。
⑥ 〔清〕崔适：《史记探源》，北京：中华书局1993年版，第18页。
⑦ 〔清〕梁玉绳：《史记志疑》，北京：中华书局1981年版，第757页。

《兵书》《傅靳传》三篇俱全，并无阙文；《礼书》《乐书》《将相表》《龟策传》四篇，其上半篇尚史公之旧。"①孙同元的结论是根据司马迁的行文风格而得出的，他认为："《乐书》自'太史公曰'至'当族'，文笔古雅，且其中并有'今上即位'之文，其为史公原文无疑。"②张大可的观点与孙同元相似，他在《〈史记〉残缺与补窜考辨》中写道："《礼书》《乐书》篇前之序有'太史公曰'，当是补亡者搜求的史公遗文，可以说这两篇是书亡序存。"③而后张大可指出，《乐书》序文中以"世多有，故不论"作为段落的结尾，正是司马迁的笔法。

（三）褚少孙补书说

持此观点的人认为，《礼书》《乐书》乃褚少孙所补。张晏最早提出褚少孙对《史记》进行了补写的观点，他认为："元成之间褚先生補缺，作《武帝纪》《三王世家》《龟策、日者传》，言辞鄙陋，非迁本意也。"④但是张晏并没有详细说明清楚《礼书》和《乐书》是否也为褚少孙所补。后世诸学者以张晏的见解为依据，认为所缺的十篇中还有其他篇章是褚少孙所补。张守节认为《史记》所缺十篇都是褚少孙所补，因此《礼书》《乐书》都是褚少孙所补，其在《礼书》中注解道："此书是褚先生取荀卿礼论兼为之。"⑤杨慎在《史记题评》中写道："褚先生升降之也。"⑥他认为《乐书》从正文到篇末都是褚少孙取《乐记》之文有所"升降"而成。钟惺认为《礼书》《乐书》等篇"所称'太史公曰'云云，多褚先生辈以意假托，肤窘牵率，试取后四书读之，真伪自见。《礼》取荀卿，

---

① [清]孙同元：《史记缺补篇考》，[清]阮元：《诂经精舍文集卷八》，扬州：阮氏琅嬛仙馆刻本，清嘉庆六年至光绪二十三年（1801—1897）版。

② [清]孙同元：《史记缺补篇考》，[清]阮元：《诂经精舍文集卷八》，扬州：阮氏琅嬛仙馆刻本，清嘉庆六年至光绪二十三年（1801—1897）版。

③ 张大可：《〈史记〉残缺与补窜考辨》，《兰州大学学报》1982年第3期。

④ [南朝宋]裴骃：《史记集解》，北京：中华书局1982年版，第3321页。

⑤ [唐]张守节：《史记正义》，《影印文渊阁四库全书》卷二十三，上海：上海古籍出版社1987年版，第244—911页。

⑥ [明]杨慎：《史记题评》，福州：胡有恒、胡瑞敦嘉靖十六年（1537）刻本，第12页。

《乐》取《乐记》，尤属无谓，断宜去之。"①

（四）好事者补书说

持此观点的人认为，《礼书》《乐书》乃是后世不知名的好事者所作。陈振孙《直斋书录解题》卷四曰："而其余六篇，《景纪》最疏略。《礼》《乐书》誊荀子《礼论》、河间王《乐记》。《傅靳列传》与《汉书》同，而《将相年表》迄鸿嘉，则未知何人所补也。"②由此可知，陈振孙的观点是：包括《礼书》与《乐书》在内的六篇是不知何所人所补的，只知道《礼书》是誊抄荀子《礼论》，《乐书》则是誊抄河间王的《乐记》。清人梁玉绳认为，《乐书》全篇皆为是后人所补："附案乐书全缺，此乃后人所补，托之太史公也。"③日本汉学家泷川资言在《史记会注考证》中对《礼书》有考证："愚按'礼由人起'以下，后人妄增，但未可必定为褚少孙。"④对《乐书》论云："'凡音之起'以下后人取《礼记乐记》《韩非子·十过》等书妄增。"⑤他认为在《礼书》中序言以下的内容并非褚少孙所作，是后人妄增，而《乐书》亦是后人妄增之作。

（五）草创未就说

持此观点的人认为，《礼书》《乐书》是司马迁草创未就之文。最早提出此观点的是唐代刘知几，他认为："而十篇未成，有录而已。"⑥明人钟惺《史怀》也支持此说，他认为《礼》《乐》《律》《历》四书，有目无文，大约是司马迁没来得及着手创作的篇目。杨慎认为："史公于此，有深意焉，其文则不免于疏率矣，故知非史公之完书也；以为褚少孙补，则非也。"⑦杨慎认为《礼书》是司马迁摘录荀卿《礼论》草创而成，而《乐书》则是摘录《乐论》草创而成的。

---

① 赵生群：《〈史记〉亡缺与续补考》，《汉中师院学报（哲学社会科学版）》1993年第2期。
② 〔清〕陈振孙：《直斋书录解题》卷四，苏州：江苏书局清光绪九年（1883）版。
③ 〔清〕梁玉绳：《史记志疑》，北京：中华书局1981年版，第758页。
④ 程金造：《史记管窥》，西安：陕西人民出版社1985年版，第1616页。
⑤ 程金造：《史记管窥》，西安：陕西人民出版社1985年版，第1616页。
⑥ 〔唐〕刘知几：《史通》，北京：中华书局1961年版。
⑦ 〔明〕杨慎：《史记题评》，福州：胡有恒、胡瑞敦嘉靖十六年（1537）刻本，第12页。

二、《史记·礼书》和《史记·乐书》来源之我见

(一)两书皆是书亡序存

最早关注到《礼书》的序文的是梁玉绳,他认为:"史公《礼书》惟存一序,此下者皆后人因缺而取《荀子》续之。"①但对于《乐书》,梁玉绳却认为:"《乐书》全缺,此乃后人所补,托之太史公也。"②观现存《礼书》与《乐书》,我们不难发现,其实两书的情况是十分相似的。两书皆为所记录的"十篇有录无书"之列,也同样为誊抄古书拼凑而成,而梁玉绳称《礼书》存序而《乐书》全佚,且没有具体的解释,不免有前后矛盾之隙。笔者认为,《礼书》与《乐书》的序文皆为司马迁原笔。

首先,《礼书》与《乐书》原应为全本。司马迁在《史记·太史公自序》写道:"凡百三十篇,五十二万六千五百字,为太史公书。"③其能够写出具体的篇数与字数,表明了司马迁当时是已经完成《史记》全书的,若非全本,司马迁为何要统计出其具体的字数并记载下来呢?另外,《汉书·司马迁传》也对《史记》的篇数与字数进行了记录,说明了司马迁在自序中所记录的篇数与字数是班固所认可的,也由此很大程度上证明了其数据的真实性。由此看来,《史记》,包括《礼书》《乐书》在内的一百三十篇,应当是在司马迁在世时已完成的成书,因此刘知几等人所提出的草创未就的说法应当存疑。

其次,序文的内容与笔法符合司马迁的文风以及作文原意。笔者认为,在《礼书》中,所划定的序文应是从开头的"太史公曰'洋洋美德乎'"至到"垂之于后云"止,其后皆是誊抄的内容。观其序文,先是太史公发表自己对"礼"的见解,然后自周代开始,"自子夏""至秦""至于高祖""孝文即位""孝景时",到"今上即位",论述了各代的礼制变化,这与《史记·太史公自序》中司马迁所写的"维三代之礼,所损益各殊务""略协古今之变。作《礼书》第一"

---

① [清]梁玉绳:《史记志疑》,北京:中华书局1981年版,第757页。
② [清]梁玉绳:《史记志疑》,北京:中华书局1981年版,第758页。
③ [汉]司马迁:《史记》,北京:中华书局2006年版,第769页。

的作书目的相符合。笔者认为，在《乐书》中，其序文的范围是开头的"太史公曰"至到"世多有，故不论"止；而"又尝得神马渥洼水中"一段文字经多位学者考证，存在年代窜乱的情况，应当并非出自司马迁之手，从"凡音之起"后皆为誊抄的内容。细观《乐书》之序文，其笔法及结构其实与《礼书》的情况是相同的：先是太史公发表自己对"乐"的见解，然后自郑卫之音开始，到秦二世，到高祖等，最后"至今上即位"，论述了古今音乐的变化，这与《史记·太史公自序》中司马迁所写的"自雅颂声兴，则已好郑卫之音"的描述相符，也与"比乐书以述来古"的作书目的相符。阮元有在《诂经精舍文集》卷八中引汪继培《史记缺补篇考》曰："《礼书》《乐书》《龟策列传》皆有'今上即位'之文，使非出迁手，何以并年岁而袭之。"①结合两书序文之中的关键字词，以及古朴文雅的文风与一气呵成的文笔，我们认为《礼书》与《乐书》的序是司马迁之原文。

最后，《礼书》与《乐书》除序文之外的内容确已亡佚。《汉书·艺文志》曰："太史公百三十篇。"班固注："十篇有录无书。"《汉书·司马迁传》又曰："而十篇缺，有录无书。"但是这里并没有注明亡佚的篇目与时间等其他信息，所以直至三国时期，魏人张晏才提出："迁没之后，亡《景纪》《武纪》《礼书》《乐书》《兵书》《汉兴以来将相年表》《日者列传》《三王世家》《龟策列传》《傅靳列传》。"②此后，张晏的说法一直被许多人所认同。笔者认为，《礼书》与《乐书》确实已经亡佚，但是序文却保存了下来。

其中值得思考的一个问题是，对于班固父子所称的"有录无书"，其"录"指的是什么？余嘉锡《目录学发微》云："目谓篇目，录则合篇目及叙言之也。"③而"目录"一词，最早出现是在《汉书·叙传》中，书中云："刘向司籍，九流以别，爰著目录，略序鸿烈。"④《艺文志》载刘向在校书时："每一书已，向辄

---

① 〔清〕阮元：《诂经精舍文集》，王云五：《丛书集成初编》第413册，北京：中华书局1985年版，第519—520页。
② 〔南朝宋〕裴骃：《史记集解》，北京：中华书局1982年版，第3321页。
③ 余嘉锡：《目录学发微》，北京：中国人民大学出版社2004年版。
④ 〔汉〕班固：《汉书叙传》，北京：中华书局1962年版，第4424页。

《史记》文献研究

条其篇目，撮其旨意，录而奏之。"余嘉锡认为："旨意，即谓叙中所言一书之大意，故必有目有叙乃得谓之录。录既兼包叙目，则举录可以该目。"[1]因此，刘向时所称的"录"应该是"书录"，也就是刘向对其所整理书籍相关内容的记录与抄录。而等到刘向去世之后，刘歆子承父业，"于是总群书而奏其《七略》，故有《辑略》，有《六艺略》，有《诸子略》，有《诗赋略》，有《兵书略》，有《术数略》，有《方技略》"，故其《七略》应当是"记录、抄录群书书名而成的'目录'"，再至班固，又"今删其要，以备篇籍"。[2]基于刘向《别录》、刘歆《七略》与班固《汉志》三者之间的关系，笔者认为，班固所注的"录"是指刘歆《七略》的"目录"，而并非刘向著书时的"书录"。这样一来，如果刘向整理的"书录"经刘歆修补后成为了"目录"，那么在刘歆时代，班氏父子、司马贞、刘知几等人所称的"有录无书"的"录"，即是《史记》中每一篇之前的一段小序。由此来看，古代诸位学者认为《礼书》与《乐书》是有目或者有序存在是有道理的。

（二）两书皆非褚少孙所补

上文已经提到，自张晏提出褚少孙对《史记》篇目进行补写的观点之后，虽然张晏并没有认为《礼书》《乐书》亦为褚少孙所补写，但是仍然有很多人认为两书皆是褚先生所补。既然如此，我们应当对褚先生补写《史记》的方式进行了解。在《史记》中，有"褚先生曰"段落的篇章共有九篇（除卷十四至卷二十二所记年表外），另《张丞相列传第三十六》文章结尾出现了两段"太史公曰"的内容，据张大可考证，"孝武时丞相甚多，不记，莫录其行起居状略。"这里起应该是"褚少孙他篇所述续史之意，当为褚少孙所补。篇首因脱'褚少孙曰'，好事者误以为司马迁而在篇末窜加'太史公曰'。"[3]由此，我们可以观察到在褚少孙所续的《史记》篇章中，褚少孙在其所续的内容前都会加"褚先生曰"字样，并且，褚先生所补的《史记》诸篇，皆文辞可观，并没有张晏所言的"言

---

[1] 余嘉锡：《目录学发微》，北京：中国人民大学出版社2004年版，第20页。
[2]〔汉〕班固：《汉书艺文志》，北京：中华书局1962年版，第1701页。
[3] 张大可：《〈史记〉残缺与补窜考辨》，《兰州大学学报》1982年第3期。

辞鄙陋，非迁本意"。笔者认为，褚少孙作为元、成之间的博士，其在续补时是非常尊重司马迁的，这一点可以从《三王世家》中"臣幸得以文学为侍郎，好览观《太史公》之列传。传中称《三王世家》文辞可观，求其世家终不能得，窃从长老好故事者，取其封策书，编列其事而传之，令后世得观贤主之指意……"①的这段话看出，褚少孙所补内容是非常得体的，而且在体例上与太史公的笔法一以贯之。反观《礼书》与《乐书》，两书皆为取成书割取拼凑誊抄而成，余嘉锡《太史公书亡篇考》对《史记》三家注《集解》《索隐》皆谓《孝武本纪》为褚少孙所补的说法提出过质疑："褚先生当时大儒，以文学经术为郎，虽不善著书，亦何至于此。且其所补缀附益，皆自称'褚先生曰'，以别于太史公原书，往往自言其作意及其事之所以得者。"②今此说法对于《礼书》与《乐书》也同样有理，以褚少孙的学术背景及其补书风格来说，两书绝非褚少孙所补；张照也有云："《礼书》割裁《礼论》之文，横加'太史公曰'四字，作《礼书》赞，则谬决已甚，恐褚先生不至是。"③因此，笔者认为，《礼书》与《乐书》都不是褚少孙所补写的。

（三）两书皆为同一人所补

关于《礼书》《乐书》两书的真正作者是谁，学界中并没有定论，通常称其为"补史者"或者"好事者"云云。尽管笔者也无法确考真正的补写者是谁，但笔者认为，补写《礼书》《乐书》两书的乃是同一个人。从文章结构来看，两书的行文结构非常相似。《礼书》与《乐书》都是以"太史公曰"之序开头，序文之后，《礼书》由"礼由人起"以下割取了荀子《礼论》以及《议兵篇》之文，而《乐书》由"凡音之起"以下割取了《乐记》之文，并且两书结尾都假借了"太史公曰"一段作篇后之序，《礼书》中的篇后之序与今本荀子《礼论》是相同的，而《乐书》中的篇后之序被认为是今存《乐记》之外的遗失文段。杨合

---

① 〔汉〕司马迁：《史记》，北京：中华书局2006年版，第387页。
② 余嘉锡：《余嘉锡论学杂著》，北京：中华书局2007年版。
③ 〔清〕张照：《殿本史记考证》，《二十五史》影印清乾隆四年（1739）武英殿刊本，上海：上海古籍出版社1986年版。

林认为两书的正文以及篇后之序都是"从现存文稿中抄撮而出，补亡者将其冠以'太史公曰'，当是误认它为司马迁所亲撰"。[1]

从文章内容来看，正文的内容或许是根据司马迁残稿资料内容摘抄的。上文已经论述，两书的开头序文是司马迁原笔，在《礼书》中"人体安驾乘，为之金舆错衡以繁其饰；目好五色，为之黼黻文章以表其能；耳乐钟磬，为之调谐八音以荡其心；口甘五味，为之庶羞酸咸以致其美；情好珍善，为之琢磨圭璧以通其意。"[2]出自于荀子《礼论》，原文为："故礼者养也。刍豢稻粱，五味调香，所以养口也；椒兰芬苾，所以养鼻也；雕琢刻镂，黼黻文章，所以养目也；钟鼓管磬，琴瑟竽笙，所以养耳也；疏房檖貌，越席床笫几筵，所以养体也。故礼者养也。"[3]与《礼书》的情况相似，在《乐书》中"传曰'治定功成，礼乐乃兴'。"[4]出自于《礼记·乐记》，原文为："王者功成作乐，治安制礼。"[5]这说明司马迁在写《礼书》的时候，接受了荀子的大部分思想，或许搜集了荀子的相关文献内容。同样的，司马迁在写《乐书》的时候，引用了《乐记》中的文献内容，因此，补亡者在补写两书的时候，参考了司马迁存留的序文中的内容，从《荀子》的文章中誊抄拼凑文字形成了《礼书》，从《乐记》中誊抄内容而成了《乐书》。杨合林认为，除了开头的序文，其余文字内容都出自于司马迁的遗稿。笔者认为，这不一定是出自于司马迁的遗稿，也可能是出自于司马迁为写两书所整理的文献资料残稿中。两书无论是从结构还是内容来说，都非常相似，因此，笔者认为两书皆为同一人所补写。

笔者认为，对《礼书》与《乐书》进行了补写的同一人有可能是后世任职于国家秘藏图籍场所的人员。首先，司马迁《史记》成本的其中一份以及司马迁在撰写《史记》时所整理的资料文献极有可能入藏汉廷秘室之府，即天禄阁或石渠阁。据记载，石渠阁与天禄阁不仅是储存汉代重要典藏的场所、皇室的藏

---

[1] 杨合林：《〈礼记·乐记〉与〈史记·乐书〉对读记》，《文学遗产》2011年第1期。
[2] 〔汉〕司马迁：《史记》，北京：中华书局2006年版，第121页。
[3] 〔战国〕荀子：《荀子》，北京：中华书局2007年版，第157页。
[4] 〔汉〕司马迁：《史记》，北京：中华书局2006年版，第125页。
[5] 〔战国〕荀子：《荀子》，北京：中华书局2007年版，第195页。

书阁,还是历代士大夫整理经文、研究文献的处所。班固的《西都赋》云:"天禄石渠,典籍之府"①,《三辅黄图》载:"石渠阁,萧何造。其下砻石为渠以导水,若今御沟,因为阁名。所藏入关所得秦之图籍。至于成帝,又于此藏秘书焉。"《隋书·经籍志序》曰:"命光禄大夫刘向校经传诸子诗赋……向卒后,哀帝使其子歆嗣父之业。乃徙温室中书于天禄阁上。"②因此天禄阁和石渠阁就是汉代帝王藏书的场所。司马迁在《史记·太史公自序》写道:"藏之名山,副在京师,俟后世圣人君子。"③近人陈直认为"藏之名山"应当是"藏之于家",他认为:"太史公自序说,当时有两本,'藏之名山,副在京师。'所谓名山者,即是藏之于家。太史公卒后,正本当传到杨敞家中,副本当存在汉廷天禄阁或石渠阁。褚少孙、刘向、冯商、扬雄等所续,即是根据副本,副本在当时已又录副本,太史公亲手写的副本,可能燬于王莽之乱。"④但是有学者不认同此观点,认为"将司马迁所说的'藏之名山'的'名山'解释为'藏之于家',不明所据。杨氏(杨恽)家中的《太史公书》应当是传本,也就是'副在京师'本。而'藏之名山'的正本是秘而不宣的。"⑤笔者认为,司马迁在完成了《史记》之后,将其放置在了两个不同的地方,目的是"传之其人,通邑大都",所以两处的藏书应当是一样的。因此,无论是传本还是正本,其都是《史记》的成书,而其中一份成书应当是入藏了天禄阁或石渠阁。根据《史记索隐》,《穆天子传》曰:"天子北征,至于群玉之山,河平无险,四彻中绳,先王所谓策府。"郭璞注云:"古帝王藏策之府。则此所谓'藏之名山'是也。'"⑥司马贞认为"藏之名山"指的是汉代帝王藏书的机构。据司马贞所言,《史记》的"藏之名山"一词是由

---

① [南朝宋]范晔:《后汉书》,北京:中华书局1965年版,第1315页。

② [唐]魏徵:《隋书》卷32《经籍一》,百衲本《二十五史》,杭州:浙江古籍出版社1998年版,1058页。

③ [汉]司马迁:《史记》,北京:中华书局2006年版,第769页。

④ 陈直:《汉晋人对史记的传播及其评价》,《四川大学学报(社会科学版)》1957年第3期,第41—57页。

⑤ 易平,易宁:《〈史记〉早期文献中的一个根本问题——〈太史公书〉"藏之名山,副在京师"考》,《南昌大学学报(人文社会科学版)》2004年第1期,第85—91页。

⑥ [汉]司马迁:《史记》卷130,北京:中华书局1959年版,第3321页。

《穆天子传》中"群玉之山"的典故而来,那么《史记》则很有可能被司马迁藏在了石渠阁或天禄阁。

司马迁在《史记·太史公自序》写道:"卒三岁而迁为太史令,䌷史记石室金匮之书。"司马贞《史记索隐》称:"石室、金匮皆国家藏书之处。"[①]因此,根据司马贞的注解,司马迁时任史官,主要是在国家藏书处撰述历史。《隋书·经籍志序》曰:"武帝置太史公,命天下计书先上太史,副上丞相。开献书之路,置写书之官。外有太常、太史、博士之藏,内有廷阁、广内、秘室之府。司马谈父子世居太史,探采前代,断自轩皇,逮于孝武,作《史记》一百三十篇。详其体制,盖史官之旧也。"[②]由此可知,在汉武帝时期,从全国各地搜集而来的书籍资料首先经过太史公的阅览整理,然后再呈上丞相,除了太史公家中可以藏书之外,宫廷内部有秘密藏书阁。而司马迁父子作为太史公,主要负责记载史事与掌管国家典籍等,且编写《史记》需要大量的文献资料,因此司马迁父子是能够进入到天禄阁与石渠阁等汉廷秘室之府进行资料阅读与整理的。"䌷史记石室金匮之书"也表明了司马迁曾在皇家藏书阁整理文献资料,而司马迁作为太史令,编写《史记》是他的职责,所以他极有可能将其为编写《史记》而整理的文献资料保存于汉代的中央档案库或皇家藏书阁,即天禄阁或石渠阁。

其次,只有是任职于皇家藏书阁的人员才有可能接触到汉廷秘室之府中的秘藏书籍,才有可能通过司马迁残存的文献资料对《史记·礼书》与《史记·乐书》进行补写。一方面,西汉秘室之府的藏书是严禁外传的。《汉书·叙传》曰:"时书不布"。扬雄《答刘歆书》曰:"有诏令尚书给笔墨,得观于石室"。余嘉锡先生据此曰:"然则中秘之藏,人臣非诏不得观矣。"[③]《北史》亦有记载:"昔东平王入朝求《史记》、诸子,汉帝不与。"这也表明了《史记》藏于国家藏书阁之中,寻常人等是不能阅读的。这也从侧面反映出,《史记》"副之京都"的另外一册并没有在社会上广泛流传,否则东平王也不会向皇帝求书,褚少孙也

---

① 〔汉〕司马迁:《史记》卷130,北京:中华书局1959年版,第3306页。

② 〔唐〕魏徵:《隋书》卷32《经籍一》,百衲本《二十五史》,杭州:浙江古籍出版社1998年版,1058页。

③ 余嘉锡:《余嘉锡说文献学》,上海:上海古籍出版社2001年版。

不会"出入宫殿中十有余年……往来长安中"①，求书访篇，仍所得无多。也可说明了自宣帝时杨恽对外界祖述了《史记》之后，"副之京都"的《史记》没有整本对外公布，也没有公开传阅，而到了宣帝五凤四年，杨恽获罪而死，另一册的《史记》遂下落不明，极有可能是被没收而收入了国家书库，那么两本《史记》极有可能最后都藏入了国家藏书阁，而只有零碎的文字片段传于民间。另一方面，从对《史记》进行过校对的人以及史书中所记载的对《史记》进行过续补的人来看，如刘向父子、班固父子、冯商、扬雄、刘恂等，他们都是任职于汉廷秘室之府并且可以接触到秘藏书籍的人，这也说明了能接触到《史记》以及与《史记》相关资料的人都并非一般人。因此，这位能够接触得到司马迁资料残稿而对《礼书》和《乐书》进行了补写的人极有可能是任职于皇家藏书阁的人员。

三、结论

综上，关于《史记·礼书》与《史记·乐书》的来源问题，本文的观点是：司马迁创作的《礼书》《乐书》已经不存在了，但此两书在司马迁在世时应当是已经完成的成书，两书的篇前序文皆是司马迁原文之序，因为这是符合司马迁作两书的原意的，在两书佚失后，后世某一位暂不知名的人根据司马迁的残存的序文或是司马迁经手的文献而补写了《礼》《乐》两书，使得《礼书》与《乐书》以成书的方式留存至今。而这位不知名的人有可能是后世任职于国家秘藏图籍场所的人员。

（梁玉田，女，广东信宜人，西安工业大学文学院硕士研究生）

---

① 〔汉〕司马迁：《史记》，北京：中华书局 2006 年版，第 739 页。

《史记·淮阴侯列传》校读札记

张寅潇

作为"二十四史"之首,《史记》在我国古代典籍中占有十分重要的地位,对后世史学和文学的发展都产生了深远影响,被誉为"史家之绝唱,无韵之《离骚》"。中华书局曾于1959年和1982年先后出版了点校本《史记》的第一版与第二版,受到学术界的普遍好评和广大读者的欢迎,成为半个世纪以来最为通行的整理本。中华书局2013年出版的"点校本二十四史修订本"《史记》在原有点校本的基础上进一步校正错误,取得了丰硕的成果,对《史记》及其相关研究起到了重要的推动作用。

然而,毋庸讳言,修订本《史记》在个别地方仍存有值得商榷之处,如王华宝《〈史记〉修订本平议》[①]、辛德勇《史记新版本校勘》[②]、萧旭《〈史记〉十二本纪部分补正》[③]等都对修订本存在的一些问题进行了校勘与补正。《史记·淮阴侯列传》是西汉开国功臣韩信的传记,在这篇传文中,司马迁用他的如椽巨笔为我们展现了一代名将从布衣之士成长为汉朝大将最后功成身死的风云人生。现以中华书局2014年修订本《史记》为底本,就其中个别值得商榷之处进行分析,以期为读者和修订者作参考,不当之处尚祈方家指正。

---

① 王华宝:《〈史记〉修订本平议》,《渭南师范学院学报》2014年第18期。
② 辛德勇:《史记新版本校勘》,桂林:广西师范大学出版社,2017年。
③ 萧旭:《〈史记〉十二本纪部分补正》,《国学学刊》2021年第4期。

一

（陈馀）不听广武君策，广武君策不用。韩信使人间视，知其不用，还报，则大喜，乃敢引兵遂下。①

按：汉三年（前204），刘邦遣韩信、张耳攻击赵国，赵王歇与成武君陈馀率众迎敌。广武君李左车向陈馀献固守井陉之计，陈馀却不以为然，遂不用。传文"广武君策不用"与"不听广武君策"意思相同，疑为衍文。清人张文虎《校刊史记集解索隐正义札记》云："六字（指'广武君策不用'）疑衍。当是后人注于下'知其不用'句旁，误入正文。"②《汉书》卷三四《韩信传》亦无此六字。③

《史记会注考证》引中井积德曰："《汉书》削'广武君策不用'六字，为是。然削此则下文'其不用'之下添入'广武君'三字，乃为尽善，不伤太史公笔意。"④《资治通鉴》卷十《汉纪二》"高帝三年"俱删"不听广武君策，广武君策不用"一句，径作："韩信使人间视，知其不用广武君策，则大喜，乃敢引兵遂下。"⑤

相比较而言，日本学者中井积德所说最为在理，前面陈馀在诉说了自己的看法后，传文至少应说明其态度，如《通鉴》全删则后文未免有些突兀。"不听广

---

① 〔汉〕司马迁：《史记》卷九二《淮阴侯列传》，"点校本二十四史修订本"，北京：中华书局2014年版，第3172页。
② 〔清〕张文虎：《校刊史记集解索隐正义札记》卷五《淮阴侯列传第三十二》，北京：中华书局1977年版，第590页。按：原作"当是后人注于下'知其不用句'旁"，误，"句"字非传文内容，应置于引号外。
③ 〔汉〕班固：《汉书》卷三四《韩信传》，北京：中华书局点校本1962年版，第1867页。
④ 〔汉〕司马迁撰，〔日〕泷川资言考证，杨海峥整理：《史记会注考证》卷九二《淮阴侯传》，上海：上海古籍出版社2015年版，第3397页。
⑤ 〔宋〕司马光编著，〔元〕胡三省音注，"标点资治通鉴小组"校点：《资治通鉴》卷十《汉纪二》"高帝三年"，北京：中华书局1956年版，第326页。

武君策"中的"不听"二字应保留,而"广武君策"四字很可能是在"知其不用"之后,"广武君策不用"六字为衍文,应删去。全句应作:"(陈馀)不听。韩信使人间视,知其不用广武君策,还报,则大喜,乃敢引兵遂下。"

二

(韩信)夜半传发,选轻骑二千人,人持一赤帜。①

按:"选轻骑二千"足以,无需加"人"字,且后已有"人"字,疑前"人"字衍。《史记》卷一百○二《冯唐传》载:"故李牧乃得尽其智能,遣选车千三百乘,彀骑万三千,百金之士十万。"②《汉书》卷九十四《匈奴列传》载:"贰师(将军李广利)遣属国胡骑二千与战。"③"骑万三千"或"骑二千"后均无"人"字。张文虎《校刊史记集解索隐正义札记》云:"宋本脱'人'字。"④宋本是,应作"选轻骑二千(人),人持一赤帜。"

三

(韩)信乃使万人先行,出,背水陈(阵)。⑤《正义》:"绵蔓水,

---

① 〔汉〕司马迁:《史记》卷九二《淮阴侯列传》,"点校本二十四史修订本",北京:中华书局2014年版,第3172页。

② 〔汉〕司马迁:《史记》卷一百二《冯唐列传》,"点校本二十四史修订本",北京:中华书局2014年版,第3337页。

③ 〔汉〕班固:《汉书》卷九四上《匈奴列传上》,北京:中华书局点校本1962年版,第3779页。

④ 〔清〕张文虎:《校刊史记集解索隐正义札记》卷五《淮阴侯列传第三十二》,北京:中华书局1977年版,第590页。

⑤ 〔汉〕司马迁:《史记》卷九二《淮阴侯列传》,"点校本二十四史修订本",北京:中华书局2014年版,第3172页。

一名阜将，一名回星，自并州流入井陉界，即（韩）信背水阵陷之死地，即此水也。"①

按："即（韩）信背水阵陷之死地"语义不通，疑有误。《资治通鉴》卷十《汉纪二》"高帝三年"引《史记正义》作："绵蔓水自并州北入井陉县界，即（韩）信背水陈（阵）处。"②《通鉴》所引《正义》所言固然不错，但从其所引可知应为节略之文，而非全部内容。况且有二"即"字亦不合情理，疑"信"前"即"字为衍文，应作"（即）信背水阵陷之死地，即此水也。"

四

张耳、韩信未起，（刘邦）即其卧内上夺其印符，以麾召诸将，易置之。③

按：《史记会注考证》云："枫、三本无'内'字，此疑衍，'卧上'连读。《汉书》无'内上'二字。"④《资治通鉴》卷十《汉纪二》"高帝三年"作："即其卧内，夺其印符以麾召诸将，易置之。"⑤无"上"字。

据文献可知，"卧"常与"内"连用，合称"卧内"，指卧室、寝室，而甚少与"上"连用称"卧上"。如《史记》卷七十七《魏公子列传》云："侯生乃

---

① 〔汉〕司马迁《史记》卷九二《淮阴侯列传》，"点校本二十四史修订本"，北京：中华书局2014年版，第3174页。
② 〔宋〕司马光编著，〔元〕胡三省音注，"标点资治通鉴小组"校点：《资治通鉴》卷十《汉纪二》"高帝三年"，北京：中华书局1956年版，第326页。
③ 〔汉〕司马迁：《史记》卷九二《淮阴侯列传》，"点校本二十四史修订本"，北京：中华书局2014年版，第3176页。
④ 〔汉〕司马迁撰，〔日〕泷川资言考证，杨海峥整理：《史记会注考证》卷九二《淮阴侯列传》，北京：中华书局2014年版，第3403页。
⑤ 〔宋〕司马光编著，〔元〕胡三省音注，"标点资治通鉴小组"校点：《资治通鉴》卷十《汉纪二》"高帝三年"，北京：中华书局1956年版，第337页。

屏人间语，曰：'嬴闻晋鄙之兵符常在王卧内，而如姬最幸，出入王卧内，力能窃之。'"①《汉书》卷三十四《卢绾传》亦载："（卢绾）从东击项籍，以太尉常从，出入卧内，衣被食饮赏赐，群臣莫敢望。"②故应作"即其卧内（上）夺其印符"。

五

> 范阳辩士蒯通说（韩）信……武涉已去，齐人蒯通知天下权在韩信。③

按：《史记会注考证》引何焯曰："先云范阳辩士蒯通，后云齐人蒯通，一传互异。"④《汉书》卷四十五《蒯通传》无"齐人"二字，⑤且明言蒯通为范阳人，⑥唐颜师古注曰："涿郡之县也，旧属燕。（蒯）通本燕人，后游于齐，故高祖云齐辩士蒯通。"⑦

综合以上材料可知，蒯通本为燕国范阳人，故《史记·淮阴侯列传》先云其为"范阳辩士"。后游于齐国，又可称"齐国蒯通"，刘邦所言"齐辩士"是也。然不宜称为"齐人"，且前文云其"范阳辩士"，不应遽然称"齐人"，故"蒯通知天下权在韩信"的"齐人"二字疑为衍文，宜删去。

---

① 〔汉〕司马迁：《史记》卷七七《魏公子列传》，"点校本二十四史修订本"，北京：中华书局 2014 年版，第 2892 页。

② 〔汉〕班固：《汉书》卷三四《卢绾传》，北京：中华书局点校本 1962 年版，第 1891 页。

③ 〔汉〕司马迁：《史记》卷九二《淮阴侯列传》，"点校本二十四史修订本"，北京：中华书局 2014 年版，第 3177—3180 页。

④ 〔汉〕司马迁撰，〔日〕泷川资言考证，杨海峥整理：《史记会注考证》卷九二《淮阴侯列传》，北京：中华书局 2014 年版，第 3409 页。

⑤ 〔汉〕班固：《汉书》卷四五《蒯通传》，北京：中华书局点校本 1962 年版，第 2161 页。

⑥ 〔汉〕班固：《汉书》卷四五《蒯通传》，北京：中华书局点校本 1962 年版，第 2159 页。

⑦ 〔汉〕班固：《汉书》卷四五《蒯通传》，北京：中华书局点校本 1962 年版，第 2160 页。

六

常山王背项王，奉项婴头而窜逃，归于汉王。①

按："项婴"为人名，应加专名号，修订本漏标。中华书局1959年点校本作"常山王背项王，奉项婴头而窜，逃归于汉王。"②是也。修订本将逗号置于"逃"字后，则优于旧版。《汉书》卷四十五《蒯通传》作："常山王奉头鼠窜，以归汉王。"③

七

大夫（文）种、范蠡存亡越，霸勾践，立功成名而身死亡。野兽已尽而猎狗烹。夫以交友言之，则不如张耳之与成安君者也；以忠信言之，则不过大夫种、范蠡之于勾践也。此二人者，足以观矣。④

按：这段问题较多，将其与《汉书·蒯通传》对读，可知《史记·淮阴侯列传》多两"范蠡"，阙"敌国破，谋臣亡"数字，"此二者"作"此二人者"，多一"人"字。

《汉书》卷四十五《蒯通传》载："大夫（文）种存亡越，伯勾践，立功名而身死。语曰：'野禽殚，走犬亨；敌国破，谋臣亡。'故以交友言之，则不如

---

① 〔汉〕司马迁：《史记》卷九二《淮阴侯列传》，"点校本二十四史修订本"，北京：中华书局2014年版，第3181页。

② 〔汉〕司马迁：《史记》卷九二《淮阴侯列传》，北京：中华书局点校本1959年版，第2624页。

③ 〔汉〕班固：《汉书》卷四五《蒯通传》，北京：中华书局点校本1962年版，第2163页。

④ 〔汉〕司马迁：《史记》卷九二《淮阴侯列传》，"点校本二十四史修订本"，北京：中华书局2014年版，第3182页。

张王与成安君者；以忠信言之，则不过大夫种。此二者，宜足以观矣。"①

越王勾践平吴后，以范蠡为上将军。然而，范蠡以为"大名之下，难以久居，且勾践为人可共患难，难与处安，……乃装其轻宝珠玉，自与其私徒属乘舟浮海以行，终不反。"②后至陶（今山东定陶）定居经商，"居无何，则致赀累巨万。天下称陶朱公。"③据此可知范蠡并没有被勾践所害，立功身死的只有大夫文种。范蠡到齐国后曾向文种写信劝其归去，但文种没有听从，只是称病不朝，后为勾践所逼自杀。

《史记》卷四一《越王勾践世家》载："范蠡遂去，自齐遗大夫（文）种书曰：'蜚鸟尽，良弓藏；狡兔死，走狗烹。越王为人长颈鸟喙，可与共患难，不可与共乐。子何不去？'种见书，称病不朝。人或谗种且作乱，越王乃赐种剑曰：'子教寡人伐吴七术，寡人用其三而败吴，其四在子，子为我从先王试之。'种遂自杀。"④

由上可知，范蠡辅佐越王勾践灭吴功成后便远走齐国，不再参与政治，何来"立功成名而身死亡"一说，此乃天下人共识，蒯通、韩信不可能不知，蒯通更不会以其为例来劝说韩信。

至于后文所谓"此二人者"亦误，"此二人"非指文种、范蠡，应为"此二者"，即陈馀张耳交友却反目成仇、文种辅佐勾践却被迫自杀二事。《资治通鉴》卷十《汉纪二》"高帝四年"蒯通的劝说中同样没有"范蠡"，"此二人者"亦作"此二者"⑤，无"人"字，可知《汉书·蒯通传》为是，《史记·淮阴侯列传》误。

另，《史记会注考证》云："枫、三本'亨'作'烹'，下有'敌国破而谋臣

---

① 〔汉〕班固：《汉书》卷四五《蒯通传》，北京：中华书局点校本1962年版，第2163页。
② 〔汉〕司马迁：《史记》卷四一《越王勾践世家》，"点校本二十四史修订本"，北京：中华书局2014年版，第2113页。
③ 〔汉〕司马迁：《史记》卷四一《越王勾践世家》，"点校本二十四史修订本"，北京：中华书局2014年版，第2114页。
④ 〔汉〕司马迁：《史记》卷四一《越王勾践世家》，"点校本二十四史修订本"，北京：中华书局2014年版，第2107页。
⑤ 〔宋〕司马光编著，〔元〕胡三省音注，"标点资治通鉴小组"校点：《资治通鉴》卷十《汉纪二》"高帝四年"，北京：中华书局1956年版，第347页。

亡'七字。"①《汉书·蒯通传》作："语曰：'野禽殚，走犬亨；敌国破，谋臣亡。'"②根据前后对应的关系及当时时语来看，"野兽已尽而猎狗烹"后理应有"敌国破而谋臣亡"七字。同时，前"野兽已尽"中的"已"字或为衍文。《韩非子·内储说》载太宰嚭遗大夫（文）种书亦曰："狡兔尽则良犬烹，敌国灭则谋臣亡。"③与之类似。

故整句应作："大夫种存亡越，霸勾践，立功成名而身死亡。野兽（已）尽而猎狗烹，[敌国破而谋臣亡]。夫以交友言之，则不如张耳之与成安君者也；以忠信言之，则不过大夫种之于勾践也。此二（人）者，足以观矣。"

八

"项王亡将钟离眜家在伊庐，素与（韩）信善。项王死后，亡归信。"④《正义》引《括地志》云："中庐在义清县北二十里，本春秋时庐戎之国也，秦谓之伊庐，汉为中庐县，项羽之将钟离眜冢在。'韦昭及《括地志》云皆说之也。"⑤

按：传文言钟离眜家在伊庐（今湖北南漳），而《正义》则言"钟离眜冢在"，一为"家"，一为"冢"，未详孰是。《括地志辑校》卷四《襄州·义清县》所引《史记正义》与之同，并言《史记·淮阴侯列传》"钟离眜冢在伊庐"《正

---

① 〔汉〕司马迁撰，〔日〕泷川资言考证，杨海峥整理：《史记会注考证》卷九二《淮阴侯列传》，北京：中华书局2014年版，第3411页。按："枫本"，即枫山本，指枫山文库旧藏元彭寅翁本。"三本"即"三条本"，三条西实隆手写彭寅翁本。
② 〔汉〕班固：《汉书》卷四五《蒯通传》，北京：中华书局点校本1962年版，第2163页。
③ 〔清〕王先慎撰，钟哲点校：《韩非子集解》卷十《内储说下》，北京：中华书局1998年版，第247页。
④ 〔汉〕司马迁：《史记》卷九二《淮阴侯列传》，"点校本二十四史修订本"，北京：中华书局2014年版，第3184页。
⑤ 〔汉〕司马迁：《史记》卷九二《淮阴侯列传》，"点校本二十四史修订本"，北京：中华书局2014年版，第3184—3185页。

义》引①，似乎《史记》原文即作"冢"，误。其时，钟离眜尚在人世，如何言其冢在伊庐，可知《括地志》不可信。

《汉书》卷三十四《韩信传》云："项王亡将钟离眜家在伊庐，素与（韩）信善。"②而《史记会注考证》引《正义》云："项羽之将钟离眜家在。"③修订本《史记》"校勘记"亦云："'冢'，原作'家'，据黄本、彭本、柯本、凌本、殿本改。"④则易知《史记·淮阴侯列传》所引《正义》原即作"家"，修订本将其改为"冢"依据不足，宜保持原貌，作"钟离眜家所在"。

（张寅潇，男，河南西平人，历史学博士，陕西省社会科学院文化研究所助理研究员）

---

① 〔唐〕李泰等著，贺次君辑校：《括地志辑校》卷四《襄州·义清县》，北京：中华书局1980年版，第188页。

② 〔汉〕班固：《汉书》卷四五《蒯通传》，北京：中华书局点校本1962年版，第1875页。

③ 〔汉〕司马迁撰，〔日〕泷川资言考证，杨海峥整理：《史记会注考证》卷九二《淮阴侯列传》，北京：中华书局2014年版，第3414页。

④ 〔汉〕司马迁：《史记》卷九二《淮阴侯列传》"校勘记"，"点校本二十四史修订本"，北京：中华书局2014年版，第3189页。

李孟鲁《汉书·艺文志》"省《太史公》四篇"考论

雷炳锋

司马迁所撰的《史记》共一百三十篇，这在《史记·太史公自序》《汉书·司马迁传》《后汉书·班彪列传》以及《文选》所录《报任少卿书》等文献中均有明确的记载。班固在《汉书·司马迁传》中一一胪列了一百三十篇的次序与目录，并曰："迁既死后，其书稍出。宣帝时，迁外孙平通侯杨恽祖述其书，遂宣布焉。"[1]然而，《后汉书·班彪列传上》载班彪《史记后传》之"略论"有"而十篇缺焉"[2]之语。《汉书·司马迁传》曰"而十篇缺，有录无书"[3]，《汉书·艺文志·六艺略》"春秋类"著录"《太史公》百三十篇"，班固注云："十篇有录无书"[4]，小计曰"省《太史公》四篇"[5]，《六艺略》总计曰"出重十一篇"[6]。关于所缺十篇的具体篇目以及亡于何时、何人所补等问题，《汉书·司马迁传》注引魏人张晏曰：

迁没之后，亡《景纪》《武纪》《礼书》《乐书》《兵书》《汉兴以来将相年表》《日者列传》《三王世家》《龟策列传》《傅靳列传》。元成之间，褚先生补缺，作《武帝纪》《三王世家》《龟策》《日者传》，言辞鄙陋，非迁本意也。[7]

---

[1] 〔汉〕班固撰，〔唐〕颜师古注：《汉书》，北京：中华书局1962年版，第2373页。
[2] 〔南朝宋〕范晔撰，〔唐〕李贤等注：《后汉书》，北京：中华书局1965年版，第1325页。
[3] 〔汉〕班固撰，〔唐〕颜师古注：《汉书》，北京：中华书局1962年版，第2724页。
[4] 〔汉〕班固撰，〔唐〕颜师古注：《汉书》，北京：中华书局1962年版，第1714页。
[5] 〔汉〕班固撰，〔唐〕颜师古注：《汉书》，北京：中华书局1962年版，第1714页。
[6] 〔汉〕班固撰，〔唐〕颜师古注：《汉书》，北京：中华书局1962年版，第1723页。
[7] 〔汉〕班固撰，〔唐〕颜师古注：《汉书》，北京：中华书局1962年版，第2724—2725页。

依张晏此说，上述十篇亡于"迁没之后"，元成之间的褚先生作四篇以补缺。此后，古今学者便将焦点集中于这十篇上，围绕着十篇是未成还是亡失、是否全为褚少孙所补等问题，展开了激烈的讨论，岐说纷纭的同时也使问题变得更加扑朔迷离。余嘉锡著《太史公书亡篇考》一文，对《史记》亡篇的相关问题作过详细的梳理、考证、分析、总结，考论精详，足以发蒙解惑。但是，古今学者对班固"省《太史公》四篇"一语大都语焉不详，似未见有深入的论析和考证，班固所"省"的"《太史公》"到底何指？所"省"四篇具体如何？这些问题对于弄清《史记》亡篇的实际情形具有重要意义，也有进一步讨论的必要，本文不揣浅陋，拟对此略陈管见。

一、《汉书·艺文志》中的"出""入""省"

《汉书·艺文志》以刘向《别录》和刘歆《七略》为本，同时又有增损变更，主要体现为"出""入""省"。所谓"入"，指在某"略"的具体类目中新增篇籍，既包括从其它"略"调整、移植过来的部分，如《兵书略》"兵权谋类"小计曰："出《司马法》入'礼'也"。[1]从《汉书·艺文志》及《七略》《别录》之总体上看，一"出"一"入"之间，保持着总量的平衡，未有增损之事；也包括于《七略》《别录》之外新增入的部分，如《六艺略》总计曰"入三家，一百五十九篇"[2]。从所"入"之"略"来说，二者都意味着数目的增加和篇籍的扩充。所谓"出"，指在某"略"的具体类目中删损篇籍，可能"出"此而"入"彼，仅为部次调整，也可能"出"而不"入"，如《六艺略》"乐类"小计曰"出淮南、刘向等《琴颂》七篇"[3]，《六艺略》总计曰"出重十一篇"，可知此十一篇都因重复而被删损。不管出于何种情形，从所"出"之"略"来说，二者都意味着数目的减少和篇籍的缩减。所谓"省"，章学诚曰"注省者，刘氏本有，而班省去也。"[4]指因《七略》《别录》"一书两载"或"裁篇别出"而造

---

[1]〔汉〕班固撰，〔唐〕颜师古注：《汉书》，北京：中华书局1962年版，第1757页。
[2]〔汉〕班固撰，〔唐〕颜师古注：《汉书》，北京：中华书局1962年版，第1723页。
[3]〔汉〕班固撰，〔唐〕颜师古注：《汉书》，北京：中华书局1962年版，第1711页。
[4]〔清〕章学诚著，叶瑛校注：《文史通义校注》，北京：中华书局1985年版，第1004页。

成"重复著录"①，班固出于"并省部次"而作的删减，如《兵书略》总计曰："省十家二百七十一篇重"②。需要指出的是，"出"根源于班固不认同原有的部次归类，遂对之重新调整；"省"虽由于重复著录，但对别见两处的篇籍作二选一的删省，其实也体现了班固的图籍分类观念，表明班固至少认为将《伊尹》《太公》与《墨子》等十家著录于《兵书略》是不完全准确的。

《六艺略》"春秋类"著录"《太史公》百三十篇"，班固注云："十篇有录无书"，又著录"冯商所续《太史公》七篇"，分类小计曰"省《太史公》四篇"，《六艺略》总计曰"出重十一篇"。"出重十一篇"即"乐类"的"出淮南、刘向等《琴颂》七篇"和"春秋类"的"省《太史公》四篇"，可以确知这十一篇因为重复而被"省""出"。易平先生认为"省《太史公》四篇"指"省篇"，"出淮南、刘向等《琴颂》七篇"指"出篇"，进而论述道：

> 班注于删省《琴颂》《太史公》十一篇重复者，并称"出"，是称"省"与"出"浑言无别也。析言之，两者义例有不同。如前所述，班氏删省《琴颂》七篇，乃以其重复著录又所录非类；于《太史公》四篇，却只是删省重复之篇，前者称"出"，后者称"省"，区分甚明。③

所谓"省篇""出篇"在《汉书·艺文志》中都仅此一例，其与"省家""出家"是否有本质区别、是否有必要另作区分姑且不论，易先生既言"省"与"出""混然无别"，又曰"区分甚明"，有前后矛盾之嫌。再者，四篇因重复而于《太史公》中删之，而不于别处删之，亦表明班固认为此四篇不当载入《太史公》，即"所录非类"。《六艺略》"孝经类"著录"《弟子职》一篇"④，颜师古注引应劭曰："管仲所作，在《管子》书。"⑤沈钦韩曰："今为《管子》第五十九篇。郑

---

① 〔清〕章学诚著，叶瑛校注：《文史通义校注》，北京：中华书局1985年版，第996页。
② 〔汉〕班固撰，〔唐〕颜师古注：《汉书》，北京：中华书局1962年版，第1762页。
③ 易平：《刘向班固所见〈太史公书〉考》，《南昌大学学报》1999年第2期，第81—82页。
④ 〔汉〕班固撰，〔唐〕颜师古注：《汉书》，北京：中华书局1962年版，第1718页。
⑤ 〔汉〕班固撰，〔唐〕颜师古注：《汉书》，北京：中华书局1962年版，第1719页。

《曲礼注》引之，盖汉时单行也。"①刘向《管子书录》曰："定著八十六篇"②，《诸子略》"道家类"著录"《管子》八十六篇"。可知，《弟子职》即或汉时单行，但经刘向校书已纳入《管子》之中，所以在《诸子略》"道家类"既已著录"《管子》八十六篇"，又对《弟子职》裁篇著录于《六艺略》"孝经类"。班固并未对重复互著的《弟子职》"省"或"出"，表明班固认同刘氏父子的做法与归类。于此可见，班固"省《太史公》四篇"亦有"所录非类"的考虑，《六艺略》总计又将此四篇计入"出重十一篇"即可证明。因此，因重复"出"而不"入"的"淮南、刘向等《琴颂》七篇"，与因重复而"省"的《太史公》四篇在性质上是一样的，皆属"重复著录又所录非类"。只是前者七篇在重复的基础上更强调"所录非类"，如周寿昌所曰"止颂琴而无与于乐"，所以在《六艺略》之"乐类"和总计中两次都称"出"。而《太史公》四篇既重复著录又所录非类，称"省"称"出"皆可，所以于《六艺略》"春秋类"小计称"省"，而于《六艺略》总计与《琴颂》七篇合称"出"。

二、"省《太史公》四篇"指"省"《史记》与它"略"中重复著录的四篇

《六艺略》"春秋类"著录"《太史公》百三十篇"，又著录"冯商所续《太史公》七篇"，因而，对于班固"省"四篇的"《太史公》"是指司马迁所著还是"冯商所续"这一问题也产生了不同的说法。姚振宗认为"省"的是"冯商所续《太史公》"，《汉书艺文志条理》曰："'省《太史公》四篇'，当是冯氏续书。冯所续，著录七篇，省四篇，盖十一篇。"③故其在《别录佚文》中径直改为"冯商所续《太史公》十一篇"④。张舜徽、余嘉锡认同姚说。沈钦韩则认为"省"

---

① [清] 沈钦韩撰，尹承整理：《汉书艺文志疏证》，北京：清华大学出版社2011年版，第64页。
② [清] 严可均辑校：《全上古三代秦汉三国六朝文》，北京：中华书局1958年版，第332页。
③ [清] 姚振宗：《汉书艺文志条理》，《二十五史补编》，北京：中华书局1956年版，第42页。
④ [清] 姚振宗：《七略别录佚文》，师石山房丛书本，第12页。

的是司马迁之"《太史公》",《汉书艺文志疏证》曰"盖《武帝纪》之类重复者"①,章学诚也倾向于此说,其曰:"其篇名既不可知,按《太史公》百三十篇,本隶《春秋》之部,岂同归为一略之中,犹有重复著录,及裁篇别出之例邪?"②

我们认为,"省《太史公》四篇"不应当指司马迁之"《太史公》"与"冯商所续《太史公》"之间存在彼此重复互见的四篇,理由如下:假定司马迁之"《太史公》"与"冯商所续《太史公》"之间存在彼此重复互见的四篇,则表明冯商续书已有四篇编入司马迁之"《太史公》"。从班固"十篇有录无书"的注语可见,"录"指刘向《别录》,刘向《别录》著录"《太史公》百三十篇",至班固时"十篇有录无书",但班固保留《别录》的原文,并未改"百三十篇"为"百二十篇"。类似的例子还有《六艺略》"小学类"著录"《史籀》十五篇",班固注云:"周宣王太史作大篆十五篇,建武时亡六篇矣。"③班固时虽亡六篇,但依然维持《别录》的载录。因此,如果所"省"四篇指"冯商所续《太史公》",那么班固所见《史记》的亡篇数当为冯商所续的有录有书的四篇与有录无书的十篇,计有十四篇,与亡失十篇的数字不合。如果所"省"四篇指《史记》,则此四篇虽为冯商所续,但已编入《史记》之中,不可谓"无书"。《汉书·艺文志》注引韦昭曰:"冯商受诏续《太史公》十余篇,在班彪《别录》。"④冯商奉诏续书,且已编入《史记》,班固不当"省"之。加之,所"省"四篇与《琴颂》七篇,皆被班固"出"于《六艺略》中,因其所录非类,不应录于《六艺略》,但冯商所续《太史公》的这四篇在性质上属于《六艺略》之"春秋类"是非常明确的。因此无论"省"于冯商续书还是"省"于《史记》,都不应当与《琴颂》七篇一起计入"出重十一篇"之内。所以说,《史记》中并没有编入冯商所续的四篇,班固所"省"的四篇也并非冯商所续。

易平先生认为四篇重文来自《史记》民间传本,其曰:"班氏时东汉兰台本《太史公书》已非西汉刘向、歆所见秘本之旧,它当是以西汉秘府本为主,羼有

---

① 〔清〕沈钦韩撰,尹承整理:《汉书艺文志疏证》,北京:清华大学出版社2011年版,第58页。
② 〔清〕章学诚著,叶瑛校注:《文史通义校注》,北京:中华书局1985年版,第1026页。
③ 〔汉〕班固撰,〔唐〕颜师古注:《汉书》,北京:中华书局1962年版,第1719页。
④ 〔汉〕班固撰,〔唐〕颜师古注:《汉书》,北京:中华书局1962年版,第1715页。

民间传抄本若干篇，也就是所谓'藏之名山'本与'副在京师'本相混合的本子，共得百二十四篇。经班固校定为百二十篇，比二刘著录本少十篇，因注曰：'十篇有录无书'；又有四篇重复，班氏删省之，特加注曰：'省《太史公》四篇。'"①此说值得讨论，首先，无论兰台本、西汉秘府本、民间传抄本，都出自司马迁之手，并无本质的区别，如所厘的来自民间传抄本的四篇为秘府本所无，则恰好补缺，不得谓"重"；如这四篇与秘府本重复，则秘府本中这四篇属有录有书，四篇重文不得计入一百三十篇的篇数之内，班固可径直删去，不必注曰"省《太史公》四篇"。其次，刘向、刘歆校书，已经做过去除重复的工作，综观《汉书·艺文志》，班固未有明注删省某图籍内重文之事，表明班固或对此类重文直接删去，也可能因为刘氏父子经校定后，典籍内已无重文。

《六艺略》"乐类"小计曰"出淮南、刘向等《琴颂》七篇"，姚振宗曰："此言'出'者，当是复见在《诗赋略》中。""出"与"入"都是相对某"略"来说的，因此，班固"省《太史公》四篇"以及计入"出重十一篇"之内，亦非删省厘入《史记》的四篇民间传本，而当指删省《史记》与其它"略"中重复著录的四篇。

三、"省《太史公》四篇"考论

张晏指出，"迁没之后"，《史记》亡失的十篇为：《景纪》《武纪》《礼书》《乐书》《兵书》《汉兴以来将相年表》《日者列传》《三王世家》《龟策列传》《傅靳列传》。刘向《别录》著录"《太史公》百三十篇"，表明经刘向校定后，《史记》存百三十篇，十篇已被补齐。至班固校书时，"省《太史公》四篇"，这四篇与《六艺略》之外的著录相重复，应为他人补入《史记》之中，因此，班固所删省的四篇当在亡失的十篇范围之内。现将《史记》所补入的十篇与《汉书·艺文志》除《六艺略》之外所著录的它书作一比对，根据重复的篇籍来探寻班固所"省"四篇的具体情形。

唐司马贞《史记索隐》论《史记》亡失十篇的补缺情况曰："《景纪》取班

---

① 易平：《刘向班固所见〈太史公书〉考》，《南昌大学学报》1999年第2期，第83页。

书补之,《武纪》专取《封禅书》,《礼书》取荀卿《礼论》,《乐》取《礼乐记》,《兵书》亡,不补,略述律而言兵,遂分历述以次之。《三王系家》空取其策文以缉此篇,何率略且重,非当也。《日者》不能记诸国之同异,而论司马季主。《龟策》直太卜所得占龟兆杂说,而无笔削之功,何芜鄙也。"①据司马贞此说,重复四篇为:取于《汉书·景帝纪》的《景纪》,截取《封禅书》的《武纪》,取于《荀子·礼论》的《礼书》,取于《礼记·乐记》的《乐书》。如《景纪》果取于《汉书·景帝纪》,则自是班固之后某人所为,与《汉书·艺文志》无涉,兹就《礼书》《乐书》《武纪》展开考索。

《礼书》由四部分构成,从开篇"太史公曰"至"垂之于后云"一段,论述礼之损益;从"礼由人起"至"是儒墨之分"一段,采自《荀子·礼论》,论述礼之起源、作用;从"治辨之极也"至"刑措而不用"一段,采自《荀子·议兵》,阐述与兵、刑相比,礼乃一国"强固之本";"天地者"以下一段,又截取《荀子·礼论》之文,论述礼之"三本"、礼之"文""情""貌"等方面。除第一部分以及第四部分中明显为续补者所加的"太史公曰"四字外,剩下的文字皆出于《荀子》,不过存在不少字句方面的差异,且糅合《荀子》中《礼论》《议兵》之文而成篇。这种情形表明《礼书》与今本《荀子·礼论》同出一源,可能更接近刘向校定前《荀子·礼论》的原貌。《孙卿书录》曰:"所校雠中《孙卿书》凡三百二十二篇,以相校,除复重二百九十篇,定著三十二篇"②,如此大量的重复篇籍中定存在异文、错乱、杂糅等现象,刘向去除二百九十篇也就意味着去除不少其它传本。《礼书》中"议兵"一段,在《荀子·议兵》中以"礼者,治辨之极也,强国之本也,威行之道也,功名之总也"③起始,表明是在论礼,阐明礼乃"强固之本",也是兵之本,所论并未偏离礼的范围。《礼书》则直接以"治辨之极也,强固之本也,威行之道也,功名之总也"④起始,无"礼者"二字,显得文脉更为连贯。因此,我们推测《荀子·礼论》的早期传本

---

① 〔汉〕司马迁:《史记》,北京:中华书局1982年版,第3321—3322页。
② 〔清〕严可均辑校:《全上古三代秦汉三国六朝文》,北京:中华书局1958年版,第332页。
③ 〔清〕王先谦:《荀子集解》,北京:中华书局1988年版,第281页。
④ 〔汉〕司马迁:《史记》,北京:中华书局1982年版,第1164页。

中有从"治辨之极也"至"刑措而不用"的一段文字，取自《礼论》的《礼书》且保留了《礼论》较为原始的面貌。至刘向校书时，方将这段文字移至《议兵》中，并增加"礼者"二字。当然，也有可能这段文字重复互见于《礼论》和《议兵》，刘向因其落实在"议兵"，遂于《礼论》中删去。如果此说成立，则《礼书》在刘向校书前已成篇并补入《史记》之中，或即如论家所指出的，《礼书》即本系出自司马迁之手①。班固校书时，因《礼书》与《礼论》重复互见，《荀子》成书在前，本着"并省部次"的原则，便将《礼书》删省。同时，因《礼书》属《六艺略》，《礼论》属《诸子略》，所以计入"出重十一篇"，表明其文字篇章本应著录于《诸子略》而非《六艺略》。

《乐书》的情形与《礼书》极为相似。除开篇至"凡音之起"之前，以及"凡音由于人心"至篇末的两部分文字外，《乐书》与《礼记·乐记》文字基本相同，但却并非如司马贞所说的"《乐》取《礼乐记》"。《汉书·艺文志·六艺略》"乐类"著录"《乐记》二十三篇"②，为刘向校定本，据孔颖达《礼记·乐记》疏引郑玄《目录》可知，刘向《别录》著录此《乐记》二十三篇的具体篇目，其中，《乐本》《乐论》《乐施》《乐言》《乐礼》《乐情》《乐化》《乐象》《宾牟贾》《师乙》《魏文侯》为前十一篇，后十二篇为：《奏乐》第十二，《乐器》第十三，《乐作》第十四，《意始》第十五，《乐穆》第十六，《说律》第十七，《季札》第十八，《乐道》第十九，《乐义》第二十，《昭本》第二十一，《招颂》第二十二，《窦公》第二十三。郑玄认为《礼记·乐记》"于《别录》属《乐记》"，又曰："盖十一篇合为一篇，……今虽合此，略有分焉。"③意为《礼记·乐记》乃截取刘向《乐记》前十一篇，孔颖达亦有"今《乐记》所断取十一篇，余有十二篇，其名犹在"之语。不过，孔颖达又有按语曰："'《别录》：《礼记》四十九篇，《乐记》第十九。'则《乐记》十一篇入《礼记》也，在刘向前矣。至刘向为《别录》

---

① 余嘉锡《太史公书亡篇考》曰："礼书一篇，除割截礼论，横加'太史公曰'四字，最为乖戾外，其他尚无大纰缪。故诸家自司马贞以下，多以为是太史公本书。"《太史公书亡篇考》，见《余嘉锡文史论集》，长沙：岳麓书社1997年版，第35页。

② 〔汉〕班固撰，〔唐〕颜师古注：《汉书》，北京：中华书局1962年版，第1711页。

③ 〔唐〕孔颖达：《礼记正义》，《十三经注疏》，北京：中华书局1980年版，第1527页。

时，更载所入《乐记》十一篇，又载余十二篇，总为二十三篇也。"①又认为《乐记》十一篇入《礼记》在刘向校定《乐记》之前，刘向载录《礼记·乐记》十一篇及其余十二篇成二十三篇《乐记》，则是刘向校定本《乐记》前十一篇来源于《礼记·乐记》，与前说自相矛盾。

二十三篇《乐记》的篇次，郑玄《目录》与刘向《别录》相同，然据孔颖达《礼记·乐记》疏及其所引皇氏（皇侃）之说，《礼记·乐记》十一篇依次为：《乐本》《乐论》《乐礼》《乐施》《乐言》《乐象》《乐情》《魏文侯》《宾牟贾》《乐化》《师乙》，与郑玄《目录》及刘向《别录》存在差异。这早已被学者所指出，如孔颖达曰："郑《目录》云第三是《乐施》，第四是《乐言》，第五是《乐礼》。今《记》者以《乐礼》为第三言，郑《目录》当是旧次未合之时，此今所列，或记家别起意，意趣不同故也。"②孔颖达引熊氏（熊安生）云："依《别录》十一篇，所有《宾牟贾》，有《师乙》，有《魏文侯》，今此《乐记》有《魏文侯》，乃次《宾牟贾》，《师乙》为末，则是今之《乐记》十一篇之次与《别录》不同。推此而言，其《乐本》以下亦杂乱，故郑略有分别。"③郑玄《目录》源于刘向《别录》，已是校定之书，孔颖达所谓"郑《目录》当是旧次未合之时"显然不确，而熊氏以《别录》为参照而曰"《乐本》以下亦杂乱"亦非属实，其实，《礼记·乐记》与刘向《别录》本《乐记》实为同源的不同版本，十一篇入《礼记》在前，刘向校定本在后，所据版本不同，所以产生了差异。

就相同的十一篇而言，《史记·乐书》篇次的实际情形为：《乐本》（三段）、《乐论》（四段）、《乐礼》（三段）、《乐施》（三段）、《乐象》第五段、《乐情》（三段）、《乐施》（第三段末）、《乐言》（三段）、《乐象》（四段）、《乐化》（四段）、《魏文侯》《宾牟贾》《师乙》，相较于《礼记·乐记》，《乐书》除了篇次有异之外，《乐象》《乐施》皆被割为两截，尤其《师乙》篇，郑玄注曰："此文换简失其次"④，并依《乐书》的文字作注。《乐书》与《礼记·乐记》实可看作是同源异流的两

---

① 〔唐〕孔颖达：《礼记正义》，《十三经注疏》，北京：中华书局1980年版，第1527页。
② 〔唐〕孔颖达：《礼记正义》，《十三经注疏》，北京：中华书局1980年版，第1530页。
③ 〔唐〕孔颖达：《礼记正义》，《十三经注疏》，北京：中华书局1980年版，第1529页。
④ 〔唐〕孔颖达：《礼记正义》，《十三经注疏》，北京：中华书局1980年版，第1545页。

种版本。张守节曰："以前刘向《别录》篇次与郑《目录》同，而《乐记》篇次又不依郑目。"①则《史记·乐书》《礼记·乐记》与刘向《别录》本《乐记》各不相同，是《乐记》在汉代流传的三个版本的体现。

《隋书·音乐上》载沈约答奏梁武帝《思弘古乐诏》曰"《乐记》取《公孙尼子》"②，指出《礼记·乐记》十一篇取自《公孙尼子》。张守节《史记正义》曰："《乐书》者，犹《乐记》也，郑玄云'以其记乐之义也'。"③又曰"其《乐记》者，公孙尼子次撰也。"④亦是认为《礼记·乐记》十一篇来自《公孙尼子》，郭沫若认为："张说大体根据黄侃，黄侃与沈约为同时人，两个人的说法正可以互以为证。"⑤可见《礼记·乐记》源自《公孙尼子》当是其时一种较为常见的说法。《汉书·艺文志·诸子略》"儒家"著录"《公孙尼子》二十八篇"，班固注曰"七十子之弟子。"⑥《隋书·经籍志》著录"《公孙尼子》一卷"，长孙无忌注云："似孔子弟子"⑦，二说不同，但《汉书·艺文志》《隋书·经籍志》都将《公孙尼子》著录于《曾子》之后《孟子》之前，则公孙尼子的生活年代早于孟子。刘向《别录》本《乐记》第二十三篇为《窦公》，据《汉书·艺文志》，窦公为魏文侯乐人，汉文帝时进献《周官·大宗伯》之《大司乐》章，从时代来说，刘向《别录》本《乐记》至少不可能完全本于《公孙尼子》。

《乐书》"凡音由于人心"至"夫乐不可妄兴也"一段有关卫灵公濮水闻琴的文字，亦见于《韩非子·十过》，清臧庸认为乃别录本《乐记》第十二篇《奏乐》之文，其曰："'夫乐不可妄兴也'，为《奏乐》篇结句。"⑧又曰"《奏乐》篇

---

① 〔汉〕司马迁：《史记》，北京：中华书局1982年版，第1234页。
② 〔唐〕魏徵、令狐德棻等撰：《隋书》，北京：中华书局1973年版，第228页。
③ 〔汉〕司马迁：《史记》，北京：中华书局1982年版，第1175页。
④ 〔汉〕司马迁：《史记》，北京：中华书局1982年版，第1234页。
⑤ 郭沫若：《公孙尼子及其音乐理论》，《郭沫若全集·历史编》，北京：人民文学出版社1982年版，第487页。
⑥ 〔汉〕班固撰，〔唐〕颜师古注：《汉书》，北京：中华书局1962年版，第1725页。
⑦ 〔唐〕魏徵、令狐德棻等撰：《隋书》，北京：中华书局1973年版，第997页。
⑧ 余嘉锡：《太史公书亡篇考》，《余嘉锡文史论集》，长沙：岳麓书社1997年版，第36页。

本出《韩非子》。"①余嘉锡亦认为这段文字出自《乐记》，其曰："其为同出《乐记》，而非后人别取它书补缀，亦可概见。"但是否取自《韩非子》则"未可知也。"②《乐书》"夫上古明王举乐者"至篇末一段文字，臧庸则认为别录本《乐记》第十三篇《乐义》之文，"中有'太史公曰'四字，系后人妄加，当删正。"③余嘉锡则认为："谓'夫上古明王举乐者'以下为《乐义》篇文，则恐未然。《乐记》原目，'《乐器》篇第十三'。今《乐书》文曰……，以此观之，恐正是《乐器》篇文耳。"④虽具体观点有异，但臧庸和余嘉锡均认同《乐书》保存《乐记》中十三篇文字，这是很有见地的看法。

综上可知，《公孙尼子》在汉代有四种传本，即：取其十一篇的《礼记·乐记》本，取其十三篇的《史记·乐书》本，至少取其十三篇的刘向《别录》本《乐记》，刘向校定二十八篇本《公孙尼子》。前三种传本在篇次、字句等方面存在不少差异。从时间来说，《礼记·乐记》本和《史记·乐书》本均早于《别录》本《乐记》，表明《乐记》入《礼记》，以及《乐书》入《史记》在刘向校书之前。从渊源来说，《史记·乐书》最接近于刘向校定本《公孙尼子》，所以班固校书时，因《乐书》与《公孙尼子》重复互见，《公孙尼子》成书在前，本着"并省部次"的原则，便将《乐书》删省。同时，因《乐书》属"春秋类"的《六艺略》，《公孙尼子》属"儒家"的《诸子略》，所以计入"出重十一篇"，表明其文字篇章本应著录于《诸子略》而非《六艺略》。

司马贞曰："《武纪》专取《封禅书》"，今本《孝武本纪》全系抄录《封禅书》中武帝之事而来，甚至连"太史公曰"之赞语亦原封不动地加以袭取。《封禅书》"太史公曰"："余从巡祭天地诸神名山川而封禅焉。入寿宫侍祠神语，究观方士祠官之意，于是退而论次自古以来用事于鬼神者，具见其表里。后有君子，得以览焉。至若俎豆珪币之详，献酬之礼，则有司存。"⑤可知，司马迁作

---

① 余嘉锡：《太史公书亡篇考》，《余嘉锡文史论集》，长沙：岳麓书社1997年版，第36页。
② 余嘉锡：《太史公书亡篇考》，《余嘉锡文史论集》，长沙：岳麓书社1997年版，第39页。
③ 余嘉锡：《太史公书亡篇考》，《余嘉锡文史论集》，长沙：岳麓书社1997年版，第36页。
④ 余嘉锡：《太史公书亡篇考》，《余嘉锡文史论集》，长沙：岳麓书社1997年版，第36页。
⑤〔汉〕司马迁：《史记》，北京：中华书局1982年版，第1404页。

《封禅书》重在记"用事于鬼神"之事，而非"俎豆珪币之详，献酬之礼"的封禅之礼。《汉书·艺文志·六艺略》"礼类"著录"《古封禅群祀》二十二篇"，以祀典为主，姚振宗曰："此书所载大抵古之祀典为多，故曰'群祀'，祀典以封禅为大，故冠以'封禅'。"①顾实《汉书艺文志讲疏》："《史记·封禅书》或有采于是者。"②《封禅书》武帝以前部分或即以此为本。沈钦韩曰："《管子》有《封禅篇》，即古封禅礼也。今其篇亡，仅见《史记》所引。"③《古封禅群祀》或采有《管子·封禅篇》的内容，其篇今亡，部分文字因《史记》所引而保存下来。"礼类"又著录"《封弹议对》十九篇"，班固注云："武帝时也"④，沈钦韩：曰"牛弘所云《泰山通义》即此"，自注云："《兒宽传》：'议封禅之事，诸儒对者五十余人。'"⑤《封禅书》中未有兒宽等"议封禅之事"，可知其并非《封禅书》的材料来源。"礼类"又著录"《汉封禅群祀》三十六篇"，同样以礼制为主，姚振宗："《太山明堂制度》，似即在此《汉封禅群祀》三十六篇中。"⑥又引宋人章如愚《山堂考案前集》曰："非有《汉群祀》三十六篇、《议对》十九篇，则孟坚《郊祀志》何所考证而作也。"⑦总而言之，《古封禅群祀》《封弹议对》《汉封禅群祀》均以记载祀典制度为主，《封禅书》除武帝以前部分可能采有《古封禅群祀》的内容外，与《孝武本纪》重合的武帝部分却并非以此作为材料来源，这也很好地体现了司马迁《封禅书》重在记事而非典礼的创作目的。

《孝武本纪》（《封禅书》）记有亳人谬忌奏祀太一方，记事很不条贯，其曰："亳人薄诱忌奏祠太一方，……于是天子令太祝立其祠长安东南郊，……其后人有上书，……天子许之，……后人复有上书，……令祠官领之如其方，……其

---

① 〔清〕姚振宗：《汉书艺文志条理》，《二十五史补编》，北京：中华书局1956年版，第29页。
② 顾实：《汉书艺文志讲疏》，上海：商务印书馆1927年版，第52页。
③ 〔清〕沈钦韩撰，尹承整理：《汉书艺文志疏证》，北京：清华大学出版社2011年版，第38页。
④ 〔汉〕班固撰，〔唐〕颜师古注：《汉书》，北京：中华书局1962年版，第1709页。
⑤ 〔清〕沈钦韩撰.尹承整理：《汉书艺文志疏证》，北京：清华大学出版社2011年版，第38页。
⑥ 〔清〕姚振宗：《汉书艺文志条理》，《二十五史补编》，北京：中华书局1956年版，第30页。
⑦ 〔清〕姚振宗：《汉书艺文志条理》，《二十五史补编》，北京：中华书局1956年版，第30页。

后，天子苑有白鹿，以其皮为币，以发瑞应，造白金焉。其明年，郊雍，……于是济北王以为天子且封禅，乃上书献泰山及其旁邑……"①《汉书·郊祀志上》与此大体相同，但删去"其后，天子苑有白鹿，以其皮为币，以发瑞应，造白金焉"一段，改"其明年"为"后二年"，表明《汉书·郊祀志上》虽承袭《封禅书》，但班固对相关材料也有所甄别、取舍。从"于是济北王以为天子且封禅"之句，可知此处文字时间颇为混乱，当为司马迁杂采各书而来，《汉书·郊祀志上》因之不改，可证《封禅书》确实其来有自，其材料来源亦且为班固所见。《汉书·艺文志·诸子略》"小说家"著录"《封禅方说》十八篇"，班固注云："武帝时"②，沈钦韩曰："此方士所本，史迁所云'其文不雅驯'。"张舜徽《汉书艺文志通释》曰："此乃汉武帝时用事鬼神之迷信记录与论说也。方士所重，儒家所摈，故其书不传。"③此书大概以记方士之事为主，内容多怪诞不经。杨树达《汉书窥管》："'方说'者，《史记·封禅书》记李少君以祀灶、谷道、却老方见上。亳人谬忌奏祀太乙方。齐人少翁以鬼神方见上。胶东宫人栾大求见言方之类是也。"④李少君、谬忌、少翁、栾大之事正是《孝武本纪》的主体部分，因此，《孝武本纪》的材料或即来源于《封禅方说》。

《孝武本纪》虽直接截取《封禅书》，然就其材料来源而言，当为司马迁杂取《封禅方说》而成。所以班固校书时，因《孝武本纪》与《封禅书》及《封禅方说》重复互见，便将《孝武本纪》删省。同时，因《孝武本纪》属"春秋类"的《六艺略》，《封禅方说》属"小说家"的《诸子略》，所以计入"出重十一篇"，表明其文字篇章本应著录于《诸子略》而非《六艺略》。

关于《史记·律书》，张晏所列亡篇其五为《兵书》，司马贞曰："《兵书》亡，不补，略述律而言兵，遂分历述以次之。"又曰"此《律书》，即《兵书》也"⑤。司马迁所作原本是《兵书》还是《律书》，现已不得而知。所可知者，今

---

① 〔汉〕司马迁：《史记》，北京：中华书局1982年版，第456—458页。
② 〔汉〕班固撰，（唐）颜师古注：《汉书》，北京：中华书局1962年版，第1744页。
③ 张舜徽：《汉书艺文志通释》，武汉：湖北教育出版社1990年版，第199页。
④ 张舜徽：《汉书艺文志通释》，武汉：湖北教育出版社1990年版，第199页。
⑤ 〔汉〕司马迁：《史记》，北京：中华书局1982年版，第3305页。

本《律书》为后人所补，篇章杂糅，前半自"王者制事立法"至"孔子所称有德君子者耶"言兵，后半自"书曰七正二十八舍"至篇末言律，因此又有《律书》是否补缀《兵书》以及《律书》是否割截《历书》等观点与主张。

就《律书》言律的部分而论，其结合阴阳五行以及钟律历述八风：不周风、广莫风、条风、明庶风、清明风、景风、凉风、阊阖风，即所谓"律历，天所以通五行八正之气，天所以成孰万物也。舍者，日月所舍。舍者，舒气也。"①又述及"算术生钟律之法"。然与《史记·天官书》及《汉书·律历志》等典籍又多有不合，如"营室者，主营胎阳气而产之"一句，司马贞《索隐》曰："定中而可以作室，故曰营室。其星有室象也，故《天官书》主庙。此言'主营胎阳气而产之'，是说异也。"②张守节《正义》曰："《天官书》云：'营室为清庙，曰离宫、阁道'，是有宫室象。此言'主营胎阳气而产之'，二说不同。"③又如司马贞《索隐》曰："《天官书》'奎为沟渎，娄为聚众，胃为天仓'，今此说并异，及六律十母，又与《汉书》不同，今各是异家之说也。"④张守节《正义》曰："此说六吕十干十二支与《汉书》不同。"⑤又如司马贞《索隐》曰："而云黄钟长九寸者，九分之寸也。刘歆、郑玄等皆以为长九寸即十分之寸，不依此法也。"⑥"然丑三分二，寅九分八者，并是分之余数，而《汉书》不说也。"⑦《律书》与《天官书》存在如此明显的出入，表明其非出于司马迁之手，而为后人所补。而《律书》与《汉书·律历志》的不同则表明《律书》有其独特的材料来源。《汉书·艺文志·术数略》"五行家"曰："五行者，五常之形气也。……而五行之序乱，五星之变作，皆出于律历之数而分为一者也。其法亦起五德终始，推其极则无不至。"⑧此或即为《律书》的材料来源，王元启《史记三书正

---

① 〔汉〕司马迁：《史记》，北京：中华书局1982年版，第1243页。
② 〔汉〕司马迁：《史记》，北京：中华书局1982年版，第1244页。
③ 〔汉〕司马迁：《史记》，北京：中华书局1982年版，第1244页。
④ 〔汉〕司马迁：《史记》，北京：中华书局1982年版，第1249页。
⑤ 〔汉〕司马迁：《史记》，北京：中华书局1982年版，第1249页。
⑥ 〔汉〕司马迁：《史记》，北京：中华书局1982年版，第1249页。
⑦ 〔汉〕司马迁：《史记》，北京：中华书局1982年版，第1251页。
⑧ 〔汉〕班固撰，〔唐〕颜师古注：《汉书》，北京：中华书局1962年版，第1769页。

伪》卷一曰："(《律书》)所述二十八舍十母十二子方隅气候,乃后之读史者勤取术家之言以为训释。"①余嘉锡亦曰："《律书》所载二十八舍十母十二子方隅气候,实秦汉间术数家相传之古法,故与《月令》《时则训》等书往往有合。盖本《史记·历书》之文,补史者割裂之以附于此篇。"②《律书》与《历书》之关系,今已无法确考,所可注意者,《律书》来源于《汉书·艺文志·术数略》"五行家"之书则是有可能的,所以班固校书时,因《律书》与《术数略》"五行家"之文重复互见,便将《律书》删省。同时,因《律书》属"春秋类"的《六艺略》,"五行家"属《术数略》,所以计入"出重十一篇",表明其文字篇章本应著录于《术数略》而非《六艺略》。

四、班固所见《太史公》蠡测

《史记》的传本极为复杂,有刘向校定之前的版本,有刘向校定本,有班彪所见本,有班固所见本,有班固校定本,有班固之后张晏等人所见本,不一而足。据张晏之说,"迁没之后",《史记》亡失十篇。刘向校书,"每一书已,向辄条其篇目,撮其指意,录而奏之。"③《别录》著录"《太史公》百三十篇",表明经刘向校定后,《史记》存百三十篇,十篇已被补齐。如前所述,《礼书》《乐书》当为刘向校书之前即已编入《史记》,其余八篇不知何人何时所补。班彪《史记后传》之"略论"有"作本纪、世家、列传、书、表百三十篇,而十篇缺焉"④之语,似乎班彪所见本比刘向著录本少十篇。其实,刘向著录本百三十篇包括出自司马迁之手的一百二十篇和为人所补的十篇,即有十篇出自他人所补而非司马迁原著。刘向如此著录,既保持了《史记》篇数的完整,也表明刘向认为此十篇可编入《史记》以补缺。班彪所曰的"而十篇缺焉",当指"迁没之后",《史记》亡失十篇这一事实,不能确证班彪所见本为一百二十篇。实际上,

---

① 〔清〕王元启:《史记三书正伪》,《二十五史补编》,北京:中华书局1956年版,第1页。
② 余嘉锡:《太史公书亡篇考》,《余嘉锡文史论集》,长沙:岳麓书社1997年版,第48页。
③ 〔汉〕班固撰,〔唐〕颜师古注:《汉书》,北京:中华书局1962年版,第1701页。
④ 〔南朝宋〕范晔撰,〔唐〕李贤等注:《后汉书》,北京:中华书局1965年版,第1325页。

班彪所见本也有可能就是刘向著录本，只是班彪特意强调这十篇并非出自司马迁手笔。班固在"省《太史公》四篇"后依然在《六艺略》"春秋类""《太史公》百三十篇"条下注曰"十篇有录无书"，则表明班固所见本已是包含四篇重文的一百二十四篇本，班固认为这四篇非司马迁所著，不当列于《史记》，特删去，以恢复"十篇缺"的本来面貌。经班固校定后，《史记》实有一百二十篇，另有"十篇有录无书"，故其《汉书·司马迁传》曰"而十篇缺，有录无书"，可知班固所谓的"书"指的是出自司马迁之手的原文，亦即不承认他人所补的即使已编入《史记》中的篇章为"有书"。

《三国志·魏书·王朗传》载王肃曰："汉武帝闻其述《史记》，取孝景及己本纪览之，于是大怒，削而投之。于今此两纪有录无书。"①此说来自东汉卫宏，《史记集解》引卫宏《汉书旧仪注》曰："司马迁作《景帝本纪》，极言其短及武帝过，武帝怒而削去之。"②表明魏时《孝景本纪》与《孝武本纪》仍"有录无书"。魏人张晏列举《史记》十篇亡书后曰："元成之间，褚先生补缺，作《武帝纪》《三王世家》《龟策》《日者传》，言辞鄙陋，非迁本意也。"指出《武帝纪》等四篇乃褚先生补缺，但并没有言及其所见的《史记》在篇目和补缺方面的具体情形。东晋末徐广作《史记音义》，刘宋裴骃"以徐为本，号曰《集解》"③，从《史记集解》所引徐广及《史记音义》来看，《史记音义》的版本已同于现今流传的版本。可知，至迟在晋宋之时，亡失的十篇已经全部补入《史记》之中。

班固"省《太史公》四篇"，包括《礼书》《乐书》《孝武本纪》，但今本《史记》中这三篇却并未完全与它书重复，如《礼书》从开篇"太史公曰"至"垂之于后云"一段，以及"至矣哉"前"太史公曰"四字；《乐书》从开篇"太史公曰"至"丞相公孙弘曰：'黯诽谤圣制，当族。'"以及末段段首"太史公曰"四字；《封禅书》开篇"孝武皇帝者，……为孝武皇帝"一段。这类多出的文字、段落，被后世学者认为出自司马迁之手，以作为《史记》"草具""未成"的证据。我们认为这些文字原始作者虽不可考，但其被补入《史记》则是魏晋间人

---

① 〔晋〕陈寿撰，〔南朝宋〕裴松之：《三国志》，北京：中华书局1959年版，第418页。
② 〔汉〕司马迁：《史记》，北京：中华书局1982年版，第3321页。
③ 〔汉〕司马迁：《史记》史记集解序，北京：中华书局1982年版，第4页。

所为，理由有三：首先，《礼书》《乐书》《孝武本纪》既然被班固删省，则其中并未有这类多出的文字，否则就不是完全重复；其次，《乐书》前部分记汉武帝时《太一之歌》《天马歌》，存在时间错乱、人物龃龉不合的情况，表明写作者应当据汉世较为久远，已不能明了此事的真实情况；再次，《礼书》《乐书》不顾原文和文意，横加"太史公曰"字样，显然是为了取信于人。《律书》也可能是班固删省的四篇之一，其前半言兵部分当为魏晋人所羼入，因为《太史公自序》曰"非兵不强，……作《律书》第三。"①张晏又指出亡篇第五为《兵书》，所以意欲补缀《兵书》或从阐明律与兵之关系的角度补入言兵的部分文字，置于《律书》言律部分之前。

班固所见《太史公》为一百二十四篇，班固从中删去重复的《礼书》《乐书》《孝武本纪》《律书》四篇后，计有一百二十篇，因这四篇并非出于司马迁之手，而为后人补缀，此即班固在《司马迁传》中所说的"而十篇缺，有录无书"。较之今本《史记》，班固所删去的四篇的具体面貌当为：《礼书》为从"礼由人起"至篇末，且无"至矣哉"前"太史公曰"四字；《乐书》为"凡音之起"至篇末，末段段首"太史公曰"四字；《孝武本纪》为"孝武皇帝初即位"至篇末；《律书》为"《书》曰'七正'，二十八舍"至篇末。

（雷炳锋，男，河南信阳人。文学博士，渭南师范学院人文学院副教授）

---

① 〔汉〕司马迁：《史记》，北京：中华书局1982年版，第3305页。

六朝钞本《史记》的版本及校勘价值

郑新煜

　　《史记》成书于西汉，但由于被认为是反对汉代正统思想的异端，以及其中记载了许多宫廷秘事，《史记》并未广泛流传，也鲜有学者为其作注释。直到有了司马迁的外孙杨恽的努力，《史记》才开始流传，但很快因为杨恽去世而终止。《史记》自成书后，在其后的流传过程中，出现了许多版本，并有诸家续作、增删、作注，以至于字句之间和原本已经有了差异。到了六朝时期，裴骃在《史记集解序》时曾写道："考校此书，文句不同，有多有少，莫辩其实。"[①]由此可见《史记》在流传过程中字句发生了不小的改变。从两汉到魏晋六朝，《史记》的诸多版本并未流传下来，关于其原貌，我们也难以进行考证。但并非所有六朝本都亡佚，还有两本残卷传世：《史记集解张丞相列传》残卷、《史记集解郦生陆贾列传》一卷，贺次君《史记书录》认为藏在日本高山寺，后经考证应在日本滋贺县石山寺，[②]我们目前看到的是一九一八年罗振玉的影印本，刊行在《古写本史记残卷》。

　　六朝钞本距离南朝宋裴骃作《史记集解》仅有百年时间，因此其比较贴近《史记集解》原貌，同时也应是较为贴近《史记》原本的本子，对于我们研究《史记》有极大的价值。本文以两卷六朝钞本为研究对象，管窥其版本及校勘价值。

一、版本形式及抄写年代

　　《史记集解张丞相列传》残卷自卷首至"错客有语错"前残缺，篇末题"张

---

① 〔汉〕司马迁：《史记》，北京：中华书局2017年版，第2877页。
② 贺次君：《史记书录》，北京：中华书局2019年版，第302页。

丞相列传第三十六"，空三字题"史记九十六"。卷高三十五点八厘米，用黄麻纸所抄，每半页七行，行十四字到十六字不等，注双行，行二十二字。

《史记集解郦生陆贾列传》一卷篇首题"郦生陆贾列传第三十七"，空三字题"史记九十七"，卷末处脱文，从"雪足枚矛曰"至"陈留令曰"约三百一十五字。卷高三十五点八厘米，黄麻纸，每半页七行，行十五字至十七字；注双行，行二十字。两卷残卷字画略与敦煌唐钞卷子本相同，清劲中有快厉之意，两者字迹相同，应同出一手，均是古钞书目中罕见的精品。

关于抄写年代，两本残卷最早著录见于日本学者近藤正斋所著《正斋书籍考》，他认为这《史记集解张丞相列传》残卷和《史记集解郦生陆贾列传》一卷是唐钞本，抄于天平年间："藏于石山寺的皇朝传古钞卷子本《史记》残篇，是钞于天平年间的李唐传誊真本。"两部残卷得以流传是因为其卷子背后抄录了佛经，石山寺本是以收藏佛经为目藏书，因此近藤正斋说："幸赖佛经得以传存。"

一九一八年罗振玉影印写本《史记》残卷时，在《古写本史记残卷》序跋中写道：

> 《张丞相传·匡衡传》末"深惟士之游宦"句上，今本有"太史公曰"四字，此卷无之。案"孝武时丞相"以下，《索隐》谓是褚先生等所续，则不当有"太史公曰"四字。然《索隐》又云"此论匡衡以来事，后人所述，而亦称太史公，其叙述浅陋，一何诞也云云"，则唐本已有此四字，然则此卷出于六朝以前古本可知矣。①

罗振玉认为残卷"深惟士之游宦"句之前并未有"太史公曰"四个字，而今本《史记》有，残本有缺失，"孝武时丞相"之后《史记索隐》认为皆是后人续写，所以没有"太史公曰"四字属正常。从唐本来看已有此四字，由此可见，该卷应出于六朝以前的古本。但罗振玉的观点表述模糊，可以理解为是六朝以前的古本，也可以理解为是六朝以前的抄写本。

贺次君继承了罗振玉的观点，他认为《史记集解张丞相列传》和《史记集解郦生陆贾列传》皆为六朝钞本，此观点见于《史记书录》：

---

① 罗振玉：《古写本史记残卷》，日本国立国会图书馆影印本，第35页。

此卷（指《张丞相列传》）字画清劲快厉，与后《郦生陆贾列传》同出一手，《郦陆传》信为六朝人所写，兹并从罗说，亦定为六朝钞本。[①]

　　《郦生陆贾列传》之所以被确信为是六朝人所写，是因为唐代人为了避太宗名讳，遇到"民"字，或是缺笔，或是改做"人"，宋人刻书是将"民""人"二字共存，但在此卷中，"民"字并未改作"人"，也未缺笔，也并非二字共存，由此判断此卷为出于六朝人之手。如"王者以民为天，而民以食为天"，今本写作"王者以民人为天，而民人以食为天"，是为宋人刻书二者并存本，而《史记索隐》正文写作"王者以人为天"，《索隐》为唐人司马贞所撰，改"民"为"人"。由此可以推知，《郦生陆贾列传》卷一残卷出于六朝末抄写者之手，而《张丞相列传》字迹与该卷相同，因此《张丞相列传》也应为六朝末期所抄。

　　经考证残卷背后所写佛经为《金刚界次第》，该佛经的撰写者为日本石山寺僧侣淳祐次第，其过世于天历七年（953），应以此为残卷的下限。又因为残卷并未避讳"民"字，所以残卷的抄写时间应早于唐太宗出世，即599年。而近藤正斋认为残卷抄写于天平年间，即729—768年，比唐太宗出世的年代要晚，所以近藤正斋的观点应该是有误的。从书写材料和书写格式上来看，残卷均采用卷子的形式装帧，卷轴装盛行与隋唐时期，唐初时就以縑纸卷轴改变为册叶的装帧形式，因此从装帧形式来看残卷的年代最晚应为唐初。从字迹和书写格式来看残卷字画略与敦煌唐钞卷子本相同。综上所述，残卷的抄写年代应为初唐之前，《史记集解》成书之后，罗振玉和贺次君认为其为六朝末钞本的观点较为可信。

二、文本质量

　　《史记》传世版本众多，文字语句的差异也不在少数，从文献学的角度来看，时间越贴近原本成书年代的本子，文本质量越高，本子中的讹误也越少，反之时间越晚错误越多。张之洞在《书目答问》中对于善本的定义就提到了对旧本

[①] 贺次君：《史记书录》，北京：中华书局2019年版，第2页。

的重视："一曰足本，无阙卷、无删削；二曰精本，精校注；三曰旧本，旧刻旧抄。"①旧本的文本质量高于时代较晚的本子，这是不可争议的，越早的本子可能是对照的原本进行传抄，刻印的，出现的错误也相对较少，较晚的则可能依据钞本或者重抄重刻好几版的本子进行传抄，除去传抄者自身可能犯的错误之外，之前钞刻的本子上本就存在的错误也会降低文本的质量。由此，《史记集解张丞相列传》残卷和《史记集解郦生陆贾列传》一卷的文本质量相较其后的本子来说略胜一筹，但其中还是会存在一些讹误，接下来便用一些例证来阐释这个问题。

（一）《史记集解张丞相列传》残卷

《史记集解张丞相列传》残卷与今本《史记》内容相比差异较大，共有五十处不同，大都是今本脱衍而造成的讹误，经历代学者考证，大多以残卷为是，此处举几例作为论证：

其一：今本《史记》："无所能发明功名有著于当世者。"②残卷"者"下有"也"，今本此处"也"字疑脱。

其二：今本《史记》："疑以独擅劫事而坐之，大不敬。"③残卷"不敬"之上无"大"，今本疑脱"大"。

其三：今本《史记》："孝元帝亲临丧，赐赏甚厚。"④残卷"赐赏"作"赏赐"，此处疑今本"赐赏"二字倒。

其四：今本《史记》："丞相匡衡者，东海人也。"⑤残卷作"匡丞相衡者"，由上文"魏丞相相者""邴丞相吉者""黄丞相霸者""韦丞相玄成者"等可知此处应先述其姓，再述其官职，最后述其名，因此今本此处"匡"置于"丞相"下应为讹，"匡"应置于"丞相"之上。

---

① 〔清〕张之洞：《〈輶轩语〉·语学》，《慎始基斋丛书》，清光绪二十三年（1897）沔阳卢氏刻，民国十二年（1923）重修本，第27—28页。
② 〔汉〕司马迁：《史记》，北京：中华书局2017年版，第2351页。
③ 〔汉〕司马迁：《史记》，北京：中华书局2017年版，第2352页。
④ 〔汉〕司马迁：《史记》，北京：中华书局2017年版，第2353页。
⑤ 〔汉〕司马迁：《史记》，北京：中华书局2017年版，第2353页。

其五：今本《史记》："而魏丞相竟以丞相病死。"①残卷为"而竟以丞相病死"，此处疑今本衍"魏丞相"三字。

其六：今本《史记》："而补博士，拜为太子少傅，而事孝元帝。孝元好诗。"②残卷作"而补博士从博士，拜为太子少傅，而事孝元。孝元好诗。"与残卷相比，今本"博士"下无"从博士"，此处疑脱三字；今本"孝元"下有"帝"，此处今本疑衍"帝"一字。

残卷中也存在部分应以改正的讹误：

其一：今本《史记》："至朝，丞相奏请诛内史错。"③残卷为"至朝丞相奉请诛内史错"，《汉书·张丞相传》为"奏请"，并且由上下文义可知，残卷中"奉"字为讹，应为"奏"。

其二：今本《史记》："子共侯蔑，三年卒。【集解】徐广曰：'一本无侯去病，而云共侯蔑三十三年，子臾改请封靖安侯。'"④残卷为【集解】中"共侯蔑"写作"共侯夢"，由正文可知此处裴骃将"夢"讹为"蔑"。

其三：今本《史记》："皆以列侯继嗣，娖娖廉谨。"⑤残卷作："娖娖廉谣"，《汉书·张苍传》写作："齪齪廉谨"，由此推断残卷"谣"与"谨"形近而讹。

其四：今本《史记》："明用秦之颛顼历"⑥，残本"秦"作"奏"，《汉书·张苍传赞》同样作"秦"，张苍为秦国人，当用秦历，因此此处"奏"与"秦"由于形近而讹。

其五：今本《史记》："以读书术为吏，至大鸿胪。"⑦残本作"以读书为史"，"大鸿胪"是古代官职位，负责掌管诸侯国及藩属国的事务。秦及汉初大鸿胪本名"典客"，西汉沿续其官职，位为九卿之一。汉景帝时期，改名为"大行令"。汉武帝时期，改名为"大鸿胪"。《汉书·韦贤传》中记载："贤为人质朴少欲，

---

① 〔汉〕司马迁：《史记》，北京：中华书局2017年版，第2352页。
② 〔汉〕司马迁：《史记》，北京：中华书局2017年版，第2354页。
③ 〔汉〕司马迁：《史记》，北京：中华书局2017年版，第2350页。
④ 〔汉〕司马迁：《史记》，北京：中华书局2017年版，第2350页。
⑤ 〔汉〕司马迁：《史记》，北京：中华书局2017年版，第2351页。
⑥ 〔汉〕司马迁：《史记》，北京：中华书局2017年版，第2351页。
⑦ 〔汉〕司马迁：《史记》，北京：中华书局2017年版，第2351页。

笃志于学，兼能《礼》《尚书》，以《诗》教授，号称邹鲁大儒。征为博士，给事中，进授昭帝《诗》，稍迁光禄大夫、詹事，至大鸿胪。"且残卷后文有"以文吏至丞相""以读书为吏至颍川太守"等，与该处行文句式相近，上下文出自一人，应前后一致。由此得出，此处意为韦贤谙于读书而被授予官职，而后逐渐升迁为大鸿胪，因此"史"为讹，应作"吏"。

（二）《史记集解郦生陆贾列传》一卷

《史记集解郦生陆贾列传》一卷与《史记集解张丞相列传》残卷为同人同时所抄，其与今本《史记》有一百一十多处不同，其中大多数经考证当为今本《史记》讹误，例证如下：

其一：今本《史记》："……无以为衣食，为里监门吏。然县中贤豪不敢役……"①古本作："为里监门，然吏县中贤豪不敢役"，此处意为郦食虽然为里监门此等区区小官，但是官吏和县中的贤豪都不敢驱役他。"里监门"意为中监门的小卒，《史记》中常以"里监门"出现，未见"里监门吏"，如《史记·张耳陈余列传》"俱之陈，为里监门以自食。"且"吏"多指官吏，意为管理百姓的人，此处若用"里监门吏"无法表现郦食虽小官，贤豪都尊敬他之意，转折意不强烈，由此此处"吏然"二字倒。

其二：今本《史记》："沛公不好儒，诸客冠儒冠来者，沛公辄解其冠，溲溺其中。"②古本"溲"作"復"，"溲"与"溺"同义，皆为撒尿，小便之义，"索隐"："溲即溺也"，此处表意重复。唐写本《史记·河渠书》："而水多湍石"，徐广曰："湍一作復"，今本同样为"溲"，"溲"在此处不妥，与文意相左。这两处"復"皆当为助词，无实际意义，仅起到补充音节的作用，并非今本所见的"溲"。由此此处"溲"当为讹。

其三：今本《史记》："孝惠帝时，吕太后用事，欲王诸吕，畏大臣有口者，陆生自度不能争之，乃病免家居。"③古本"大臣"下有"及"，此处当为今本脱

---

① 〔汉〕司马迁：《史记》，北京：中华书局2017年版，第2355页。
② 〔汉〕司马迁：《史记》，北京：中华书局2017年版，第2356页。
③ 〔汉〕司马迁：《史记》，北京：中华书局2017年版，第2362页。

"及"。《汉书·郦陆朱刘叔孙传》:"孝惠时,吕太后用事,欲王诸吕,畏大臣及有口者。贾自度不能争之,乃病免。"与古本同,颜师古注:"有口,谓辩士"。且《史记》该篇上文:"陆贾者……名为有口辩士,居左右,常使诸侯。"此处"有口"应指能言善辩之士,和"大臣"当属两类吕后所惧之人,并非大臣之中善辩之人。由此此处"及"为脱。

其四:今本《史记》"谓其子曰:'与汝约:过汝,汝给吾人马酒食,极欲,十日而更……'"①,古本"欲"作"饮",此处应以古本为是。此处文意为陆贾与其儿子约定,每当经过他们的住处时,便供给他们酒食,作"饮"语义更加贴切。由于"欲"与"饮"字形相近,此处"欲"当为讹。

此卷中同样有讹误的现象,例证如下:

其一:今本《史记》:"好读书,家贫落魄。【集解】……晋灼曰:'落薄,落讬,义同也。'"②古本"落讬"作"讬落","同"下无"也",此处"讬落"二字疑倒,"也"字疑脱。"落托"古同"落拓","落拓"义为潦倒失意,"讬"为"托"的异体字,所以"落托"同"落讬"为潦倒失意之义。"讬落"义为失意、不得志;宽广辽阔,于此处文义表达不甚恰当,由此古本此处"讬落"二字疑为倒。

其二:今本《史记》:"郦生闻其将皆握龊好苛礼自用"③,古本"闻"作"问",根据上下文可知此处应为"闻",古本"问"为讹。

其三:今本《史记》:"臣里中有郦生,年六十餘……人皆谓之狂生,生自谓我非狂生。"④古本作"生自谓我非狂","狂"下无"生",与《汉书·郦陆朱刘叔孙传》同。《史记书录》:"'生自谓我非狂',《汉传》同,今本作'生自谓我非狂生',宋倪思《班马异同》、清刘青芝《史汉是非》俱谓班固删一'生'字,不及原文,而未知《史记》古本'狂'下实无'生'字也。"⑤贺次君认为班固

---

① 〔汉〕司马迁:《史记》,北京:中华书局2017年版,第2362页。
② 〔汉〕司马迁:《史记》,北京:中华书局2017年版,第2355页。
③ 〔汉〕司马迁:《史记》,北京:中华书局2017年版,第2355—2356页。
④ 〔汉〕司马迁:《史记》,北京:中华书局2017年版,第2356页。
⑤ 贺次君:《史记书录》,北京:中华书局2019年版,第5页。

承司马迁《史记》,此处确无"生",后人认为《汉·传》"狂"下脱"生"当为未见《史记》原文。此处今本《史记》当为是,前文也提到"然吏县中贤豪不敢役,县中皆谓之狂生",此处"狂生"是他人对郦食的评价,文章此处想表达的意思是郦食让骑士同乡向沛公转达他的话。且"狂生"同"狂"并非同义,"狂生"在此处意为不受世俗观念的浸染,崇尚真性情的人,应为褒义,而单字"狂"《说文解字》:"狾犬也。"多用于贬义,由此此处古本"狂"下脱"生"。

其四:今本《史记》:"百姓骚动,海内摇荡"①,古本"荡"作"蕩",由句意可知此处应为"蕩",此处古本应为二字字形相近而讹。

由以上论证可知,这两卷古本的讹误大都属于钞写上的错误,错别字占大多数,多因形近而造成的讹误,如上文举例中"秦"讹为"奏","谨"讹为"谣","奏"讹为"奉","闻"讹为"问"等,此外还有脱倒等讹误。这些错误有些由于选择的底本本就存在错误,有些是抄写者抄写时的疏忽而造成的错误,大多属于原发性的错误,并非抄写者有意为之,因此更加容易识别。历代学者经考证其他书目,在今本《史记》中大多都已进行改正。与后代版本相比,这两卷的文本质量相对较高。

三、版本价值和校勘价值

《史记》流传至今,我们可以看见的钞本有六朝钞本两卷、敦煌唐钞卷子三卷、唐钞本六卷,共十一卷,其中最早的当属两卷六朝钞本。钞本《史记》的传抄相比宋元时期的刻本来说,多为自然状态下进行的,基本没有人为改动的行为,虽然在传抄过程中也有不同程度的讹误,但与有意识的改动还是有很大的区别,因此,作为最早可见的《史记》钞本,其版本价值和校勘价值不言而喻。从两卷六朝钞本《史记》残卷,我们可以窥知六朝时期书籍版式的样貌,其对研究其他六朝钞本有着不可小觑的价值,同时对研究唐代《史记》钞本也有着很大的参考意义。

宋代刻书业十分发达,因此《史记》从六朝、唐代传抄至宋,经历了由写本

---

①〔汉〕司马迁:《史记》,北京:中华书局2017年版,第2357页。

向刻本的转变。宋本校正了前代写本的误字，对俗字异字进行了规范，并且对整体板式做了统一调整，这就不可避免地对《史记》的内容产生了影响，其中误改、误刻等不在少数。《史记》中的误字，多因时代久远累积而成，有些学者的观点不甚正确，后人由于无法看到古本，误信其说，并且为其寻找所谓"史料"证明，就这样错误愈甚，对于后人的校勘工作造成了很大的阻碍，更有甚者依据后人之说易改《史记》本身的内容。因此，时代越早的古本其校勘价值更高，《史记集解张丞相列传》残卷和《史记集解郦生陆贾列传》一卷就显得弥足珍贵，其更接近《史记》文本的原貌，对后世《史记》版本的校勘工作价值重大，例证如下：

其一：景帝曰："错所穿非真庙垣，乃外壖垣，故他官居其中，且又我使为之，错无罪。"（今本《史记·张丞相列传》）①

景帝曰："错所穿非真庙垣，乃外壖垣故地，宫居其中，且又我使为之，错无罪。"（六朝本《史记集解张丞相列传》残卷）②

"乃外壖垣，故他官居其中"一句六朝古本作"乃外壖垣故地，宫居其中"。"他官"与"地宫"两字的差异造成了古今《史记》文本理解上的差异，今本《史记·张丞相列传》中该句意为景帝认为晁错凿穿的并非真正的宗庙围墙，而是外围的围墙，所以其他的官员住在里面，况且这件事是景帝让其所为，所以晁错并无罪；古本意为晁错凿穿的是宗庙外围城墙的地方，宫庙在围墙之中。单看此句，两种解释都说得通，但联系上下文以及其他文本、注解等，两种解释又有可以商榷之处。

《汉书·张周赵任申屠传》："上曰：'错所穿非真庙垣，乃外壖垣，故冗官居其中，且又我使为之，错无罪。'"《汉传》两字作"冗官"，颜师古注："冗谓散辈，如今之散官也。"由上文可知，晁错为内史，中央官制，并非散官，若作"冗官"二字，此处于文义不通。此处可能是班固修撰《汉书》时曾参考《史记》，将"地"字遗漏，但"宫"字看重，"宫"与"冗"字形相近，由此造成

---

① 〔汉〕司马迁：《史记》，北京：中华书局2017年版，第2350页。
② 罗振玉：《古写本史记残卷》，日本国立国会图书馆影印本，第8页。

的讹误。王念孙承其说，认为今本"他官"二字无法解释其意义，所以应当从《汉书》作"宂官"，"宂"与"它"字形相近，应当是"宂"讹为"它"，后人又将"它"改成"他"。颜师古并未见过古本《史记》，仅仅根据班固所撰《汉书》进行解释。

贺次君先生在《史记书录》中对此也进行了论述，他认为古写本此句"地""宫"两字应是《史记》原文，今本"地"讹作"他"，《汉书》转讹作"宂"；今本《史记》《汉书》两书"宫"讹作"官"。

据《史记》原文前文可知："错为内史，出东门，不便，便穿一门南出。南出者，太上皇庙壖垣。嘉闻之，欲因此以法错擅穿宗庙垣为门，奏请诛错。"据《史记·晁错传》："内史府居太上庙封壖中，门东出，不便，错乃穿两门南出，凿庙壖垣。丞相嘉闻，大怒。欲因此过为奏请诛错。错闻之，即夜请间，具为上言之。丞相奏事，因言错擅凿庙垣为门，请下廷尉诛。上曰：'此非庙垣，乃壖中垣，不致于法。'"由以上可知晁错官居内史，其内史府位于太上皇宗庙内墙外的隙地上，当属外垣内部，庙内垣之外的这个地段。晁错府邸原有东门，因为出门不太方便，御史便在南面墙上凿了一个门，用于外出。首先此处"他官"二字于上下文意来说，解释略显牵强，晁错凿穿的应是自己府邸的南面围墙，自己的府邸中不应住其他官员，因此"他官"二字为讹。由此，此处应当为"乃外堧垣故地，宫居其中"。若此六朝古本不存在，便无法分辨此处当为何字，也无法分辨班固、颜师古和王念孙孰是孰非，因此残卷对后世的校勘工作具有相当可观的价值。

其二：齐王曰："天下何所归？"曰："归汉。"（今本《史记·郦生陆贾列传》）[1]

齐王曰："天下何所归？"曰："归汉王。"（六朝本《史记集解郦生陆贾列传》一卷）[2]

六朝古本"汉"下有"王"，《汉书·郦陆朱刘叔孙传》作："齐王曰：'天

---

[1]〔汉〕司马迁：《史记》，北京：中华书局2017年版，第2358页。
[2] 罗振玉：《古写本史记残卷》，日本国立国会图书馆影印本，第21页。

下何归？'食其曰：'天下归汉。'"贺次君先生认为："今本亦依《汉书》删'王'字，时沛公为汉王，未称帝，故曰'归汉王'，与称帝后单言'汉'者不同，《汉书》有脱字，后人不知而误改者。"①但该观点有其不确之处，虽然当时沛公为汉王并未称帝，但此时仍有单说"汉"表汉王的，如《史记·项羽本纪》："楚汉久相持未决，丁壮苦军旅，老弱罢转饟。""陈徐悉发三县兵，与齐并力击常山，大破之。张耳走归汉。"因此，此处由沛公未称帝而解释《汉书》以及今本《史记》脱"王"略显牵强。其后《史记》此篇的其他版本此处尽无"王"，贺次君先生的观点虽然不甚准确，但若无六朝残卷，后人校勘时大都以《汉书》或其他版本为是，此乃《史记》校勘工作的一大失误，由此可见六朝钞本的校勘价值。

四、结语

六朝钞本《史记》是我们目前可见最早的《史记》版本，其抄写时间与形式决定了其无可替代的价值，首先是与《史记》成书时间最为接近的写本，其次为手抄本，照原本录写，忠于底本的内容，不擅自校改。虽与文本原貌有一定差异，但大都并非有意为之，且致误的地方往往于本卷或其他相关篇卷可寻。因此其版本与校勘价值远胜于其后版本，我们可利用其正其后版本之讹误，补其后版本之脱文，证其后版本之衍文，乙其后版本之倒文。综上《史记集解张丞相列传》残卷、《史记集解郦生陆贾列传》一卷是当代从事《史记》校勘工作不可多得的珍贵资料。

（郑新煜，女，陕西西安人，陕西师范大学文学院中国古典文献学2021硕士研究生）

---

① 贺次君：《史记书录》，北京：中华书局2019年版，第8—9页。

景祐《史记》刻工考略

柳心茹

一、景祐《史记》之成书

关于雕版印刷起源于何时,历来说法不一,但结合现有的雕版印刷实物资料与文献记载,至晚于8世纪,中国已经开始使用雕版印刷技术。唐末五代时期,雕版印刷技术已经相当成熟,并形成了几个印刷中心。但早期的印刷物品多为阴阳杂说、占梦相宅、九宫五纬之流,又有字书、小学等。五代后,唐长兴三年(932)至后周显德二年(955)之间,冯道使田敏等人校定印行《九经》《五经文字》《九经字样》,以及《经典释文》为校书之始。宋代开国之初,雕版印刷技术日趋成熟,其利用之处更加广泛。不仅可以改变以往书籍之难得的现状,更方便统治者用来统一思想。宋初平定荆南、蜀、江南,逐渐增加三馆书籍,雍熙元年又求购逸书,至端拱元年,分三馆书万余卷,别为书库,目曰秘阁。随着秘阁典籍日渐充裕,五代以来又有刊印经书之举,则宋朝校订刊行重要典籍乃是必然,此工程自《五经正义》始。

端拱元年三月,司业孔维等奉敕校勘孔颖达《五经正义》百八十卷,诏国子监镂板行之。《易》则维等四人校勘,李说等六人详勘,又再校。十月板成,以献。《书》亦如之,二年十月以献。《春秋》则维等三人校,王炳等三人详校,邵世隆再校,淳化元年十月板成。《诗》则李觉等五人再校,毕道升等五人详勘,孔维等五人校勘,淳化三年壬辰四月以献。《礼记》则胡迪等五人校勘,纪自成等七人再校,李至

《史记》文献研究

等详定，淳化五年五月以献。

> 淳化五年，判监李至言：义疏释文尚有讹舛宜更加刊定。杜镐、孙奭、崔颐正苦学强记，请命之覆校。至道二年，至请命礼部侍郎李沆、校理杜镐、吴淑、直讲崔偓佺、孙奭、崔颐正校定。咸平元年正月丁丑，刘可名上言，诸经板本多误。上令颐正详校可名奏《诗》《书》正义差误事。二月庚戌，奭等改正九十四字。沆预政，二年命祭酒邢昺代领其事。舒雅、李维、李慕清、王涣、刘士元预焉，《五经正义》始毕。①

先后凡二十年校订《五经正义》，可惜今均无传本，仅存南宋覆刻本。《五经正义》后，《史记》《汉书》《后汉书》三史相继刊行，亦经过严格校定。程俱《麟台故事》有云：

> 淳化五年七月，诏选官分校《史记》《前》《后汉书》。虞部员外郎崇文院检讨兼秘阁校理杜镐、屯田员外郎秘阁校理舒雅、都官员外郎秘阁校理吴淑、膳部郎中直秘阁潘慎修校《史记》，度支郎中直秘阁朱昂再校。又命太常博士直昭文馆陈充、国子博士史馆检讨阮思道、著作佐郎直昭文馆尹少连、著作佐郎直史馆赵况、著作佐郎直集贤院赵安仁、将作监丞直史馆孙何校《前》《后汉书》。既毕，遣内侍裴愈赍本就杭州镂板。②

此次杭州镂版，应当刊刻完成，《玉海》卷四三《艺文》"淳化校三史，嘉祐校七史"条末"咸平元年七月甲申，赐诸王及辅臣新印三史"即为佐证。然三史体量非小，不免存在校勘疏漏，此后三史仍反复校勘。

> 又真宗谓宰相曰："太宗崇尚文史，而三史版本，如闻当时校勘官

---

① 〔清〕王国维：《五代两宋监本考 两浙古刊本考》，北京：国家图书馆出版社2021年版，第17—20页。

② 〔清〕王国维：《五代两宋监本考 两浙古刊本考》，北京：国家图书馆出版社2021年版，第44页。

未能精详，尚有谬误。当再加刊正。"乃命太常丞直史馆陈尧佐，著作郎直史馆周起，光禄寺丞直集贤院孙仅、丁逊覆校《史记》。寻而尧佐出知寿州，起任三司判官。又以著作佐郎直集贤院任随领其事。景德元年正月校毕，任随等上覆校《史记》并刊误文字五卷，诏赐帛有差。又命驾部员外郎直秘问刁衎，右司谏直史馆晁迥与丁逊覆校《前》《后汉书》版本。迥知制诰，又以秘书丞直史馆陈彭年同其事。至二年七月，衎等上言：《汉书》历代名贤竞为注释，是非互出，得失相参，至有章句不同，名氏交错，苟无依据，皆属阙疑，其余则博访群书，徧观诸本，傥非明白，安敢措辞，虽谢该通粗无臆说，凡修改三百四十九，签正三千余字，录为六卷以进。①

此次校勘成果将"刊误文字"呈上，功绩尤为突出。景德至景祐年间，《三国志》《晋书》《唐书》《七史》陆续校定，在景祐元年三史又迎来校定。

景祐二年九月，诏翰林学士张观等刊定《前汉书》《孟子》，下国子监颁行。议者以为前代经史皆以纸素传写，虽有舛误，然尚可参雠。至五代，官始用墨版摹六经，诚欲一其文字，使学者不惑。至太宗朝，又摹印司马迁、班固、范晔诸史，与六经皆传，于是世之写本悉不用。然墨版讹驳，初不是正，而后学者更无他本可以刊验。会秘书丞余靖建言《前汉书》官本差舛，请行刊正，因诏靖及王洙尽取秘阁古本校对，踰年，乃上《汉书刊误》三十卷。至是，改旧摹版，以从新校。然犹有未尽者，而司马迁、范晔史尤多脱略，惜其后不复有古本可正其舛谬云。明年，以校勘《史记》《汉书》官秘书丞余靖为集贤校理，大理评事国子监直讲王洙为史馆检讨。赐详定官翰林学士张观，知制诰李淑、宋郊器币有差。②

---

①〔清〕王国维：《五代两宋监本考　两浙古刊本考》，北京：国家图书馆出版社2021年版，第45页。

②〔清〕王国维：《五代两宋监本考　两浙古刊本考》，北京：国家图书馆出版社2021年版，第48页。

此即景祐刊三史，可惜今无传本。上引《麟台故事》述景祐余靖校勘之后云"改旧摹版，以从新校"，然则景德、景祐仅就淳化旧版略为修改，未曾刊刻新版。

旧称景祐三史者，因《汉书》末有"余靖上言"以及同二年"校书毕"等字样，与其行格一致的，可视为同时刊本的三史，皆误号为"景祐刊本"多年。

二、景祐《史记》之刻工

此本《史记》原为傅增湘所藏，《藏园群书经眼录》中有录，叙其得书经过。1946年，台湾中央研究院历史语言研究所购得。存一百一五卷（卷一至四、卷七至四七、卷五六至一百、卷一百零六至一百三十），卷一百零一至一百零五共五卷配补宋绍熙建安黄善夫刊本，卷五、卷六、卷四十八至卷五十五共十卷配补元大德九年饶州路儒学刊本。凡一百三十卷四十册。

其相关版式情况如下：半页十行，行大十九字，注文双行约二十七字。版心白口，单鱼尾，左右双边（22×14.7厘米），版心上题"史本纪（世家、传）几"、页码和刻工名。后补蓝色书衣（30×19.5厘米），金镶玉装（印版纸高26.7厘米）。几乎全卷均有朱句点、声点。本纪之一部分等有眉批，引录索引、正义等，又记监本异文等。藏印有："朱印/子儋"（阴）、"晉之/心賞"（阳）、"沅叔/審定"（阳）、"雙鑒樓"（阳）、"藏園秘/籍孤本"（阳）、"江安傳/增湘沅/叔珍藏"（阳）、"藏園/秘笈"（阳）、"忠謨/繼鑒"（阳）。首页首行为《史记集解·序》，第二页第七行接题"五帝本纪第一"，下行顶格题大题"史记一"，下方书题集解注文。卷二无大题，卷三以下均是小题在上，空三格题大题。此本移"老子列传"居首，为列传第一，"伯夷列传"退居其下，题"伯夷列传第一下　史记六十二"，而无"列传第二"。避讳有"玄、弦、敬、警、弘、泓、殷、匡、筐、竟、恒、贞、树"等。

1957年，台湾二十五史编刊馆收入仁寿本二十五史中刊行。但因此本为单注本，所配补的本子为黄善夫三家注本以及元饶州路集解、索引本，行款大异，殊为不类，故以台湾"中央图书馆所藏南宋重刊北宋监本"替换。

关于此本刊刻时间，《双鉴楼善本书目》称此本为"北宋淳化本"，《藏园群书经眼录》称之为"北宋刊递修本"，台湾二十五史刊印馆收入仁寿本二十五史时称之为"景祐本"。尾崎康通过对此本与其他北宋末南宋初刊本的刻工之间的对比研究，发现有 6 名刻工见于南宋前期刊本中，推测此本原刻和补刻相隔时间较短，原刻或是北宋末南宋初在福州或其附近刊刻的，后来在绍兴末年进行了修补。张玉春认为，此本并非简单的原版和修版，这 6 名所谓南宋时期的刻工并不是原版刻工，可能是后来补刊刻工，且此 6 名刻工仅是原版刻工的十分之一，并不能以此为依据，将此本定为北宋末南宋初刊刻。他通过对原版刻工和避讳的详细考察得出此本原刻刻工生活时期距南宋年代久远，且此本避讳至仁宗止，最后修版当不晚于仁宗朝。故张玉春认为，此本为景祐年间对淳化本校订后的重刻本，保留了淳化本的原始形态，是目前所见到的最早的《史记》刻本之一。

对于旧称景祐三史的刊刻时间的推断，以刻工为依据是最科学的方法。通过对《史记》文本的分析，现将《史记》刻工分为原版刻工和补版刻工分别如下（按笔画顺序排列）。

原版刻工：

牛賢　石貴　安明　印貴　朱宗　朱保　何立　何先　吳安
呂吉　沈成　沈誠　周成　施元　胡恭　洪吉　凌安　孫安
徐真　徐雅　郎政　張安　張宣　張珪　張聚　許宗　許明
許亮　許簡　陳吉　陳忠　陳宥　陳信　陳浩　陳偉　陳惠
陳擇　屠氏　屠亨　屠室　屠聚　蔣宗　嵇起　湯立　華連
楊守　楊琪　趙昌　趙起　鄭安　鄭彥　鄭璋　錢真

补版刻工：

毛諒　毛諫　牛可道　牛實　王受　王琮　王華　王惠　包正
史彥　史貴　江通　吳圭　吳亮　宋俅　宋榮　阮於　林英
俞忠　姚臻　胡傍　孫勉　孫祥　徐茂　徐杲　徐昇　徐忠
徐政　徐高　徐從　張敏　章琮　章楷　陳全　陳昌　陳彥
陳晳　陳迎　黃宇　黃暉　楊平　趙宗　劉中　劉延　劉閏
衛玉　嚴端　顧忠　顧淵

补版刻工中有牛實，王惠，宋荣，宋俅，徐忠，徐高，徐杲，陈彦，陈全，陈晳 10 位见于《圆觉藏》，又调查南宋前期如《文选》《五代史记》《春秋经传集解》《资治通鉴目录》等诸本，可见多名补版刻工，如"毛諒、毛諫、王受、王惠、牛實、江通、宋俅、宋榮、徐茂、徐高、徐杲、徐政、陳彥、陳全、陳迎"等人。而原刻刻工少见于南宋诸本，如果此本为南宋时期刊刻，原版刻工的出现当不止于此，虽间或有几人如陳忠、陳浩、陳信、鄭彥等人也见于南宋诸本，但一名刻工的工作年限可达 50 年，这几位见于南宋前期本子不足为奇，更何况，仅仅以几名刻工，就断定其为南宋时期刊刻，过于武断。

以上是通过分析补版刻工，证明其为北宋时期刊刻，再加上其字体风格差距巨大，故应该将其定为北宋本，而非尾崎康所说北宋末南宋初刻本。

三、余论

了解资料的成书和抄刻时代，才能确知资料的史料价值或校勘价值。一些刻本无确切刊记等能表明确切刊刻时代以及主持者的相关资料，所以断代十分重要且复杂，需要综合考虑多种因素。历来诸位大家总结了许多有价值的断代条件。诸如牌记、避讳、纸张、字体等。

宋人刻书之首尾或序后、目录后，常刻有牌记。有的牌记对版本的研究意义重大。如《中国版刻图录》著录的《文选五臣注》卷三十后有"钱塘鲍洵书字，杭州猫儿桥河东岸开牋纸马铺锺家印行"[①]二行，凭其推为南宋初年刻本。但是牌记不可全信，因为牌记常被剜改或伪造。

唐宋避讳盛行，且十分严格，一直到民国，才废除此旧俗。所以讳字在断代中也十分具有参考价值。因避讳所改字、删字、缺笔等不同形式，造成的异文情况正可用来断代。如《涵芬楼影印二十四史》中《后汉书》，"桓"字作"渊圣御名"，"构"作"今上御名"，则可知其为高宗时刊本。但是需要注意的是避讳的宽严程度有所不同，且一些避讳字往往会随着古书的翻刻而翻刻。

纸墨具有地域性和时代性，往往也作为断代的重要依据。监本多在杭州刊

[①] 北京图书馆编：《中国版刻图录》，北京：文物出版社 1990 年版，第 8 页。

刻，常用浙江桑皮纸，而福建坊刻多用竹纸。墨质往往宋朝优，往后愈次。但这中间往往有作伪者，不易分辨。

字体也受到时代与地区的影响。南宋杭州一带用欧体，闽本仿柳，蜀本则近颜，但是字体因时代、地区的影响，往往有一些细微的差别，所以要与其他条件结合进行综合考量。

还有如藏印、著录情况、原书序跋等也可以作为断代的参考因素。但相对于以上所提及的断代方法，刻工无疑是更为科学、稳妥的方法。后晋开运四年曹元忠雕造的观世音菩萨像以及愿文，末有"匠人雷延美"是今天已知的最早在雕版上留下自己名字的人。刻工留名主要是便于考核劳动成果，计算工钱，但这确为后人留下了极大便利。

一位刻工的工作年限平均可达 40 年，甚至 50 年，与今以明确时代的刊物之可考刻工名相系连，可以更小年限的推断出刻本的刊刻时间。通过文本情况分析，更可以将原刻与补刻刻工分开，这对刻本的研究有极大助力。总之，对刻工的研究与分析十分重要。

（柳心茹，女，黑龙江齐齐哈尔人，西北师范大学文学院中国古典文献学 2021 级研究生）

《史记》文献研究

汲古阁本《史记索隐》的版面特点

王　璐　赵望秦

明代以后刻书，由于刊刻技法的成熟，其版面形式较之前代，多显精致。如正文下的双行小字，在前代往往会有因为每个字所占空间略有差别而导致左右行小字未能一一对应的现象。明代万历以后，一般刻书无论大字小字，每个字所占空间基本可以保持一致，使得双行小字左右可以一一对应而使版面看起来整齐美观。

但是汲古阁所刻《史记索隐》，在版面的整齐度上却实在未臻完美。此本中的双行小字注文，多有因为文字高低大小不一、所占空间不等，而导致左右行文字无法一一对应，整个版面看起来不甚整齐。[1]仔细审查点数，发现双行小字左右两行字未能一一对应的情况有三种类型：其一是左右两行因其中一行有明显的加字减字而未能对齐，[2]其二是小字注文中的数字往往在空间上未能与其他文字一一对应，其三是左右两行皆无明显加字减字却未能对齐。

---

[1] 案，此种现象，王念孙在其《读书杂志》中亦有指出。王念孙在《读书杂志》还谈及毛晋汲古阁刻本《史记索隐》中似有剜改补刻的现象。如《史记弟二·高祖功臣侯者年表》之"蛊逢"条有：《索隐》本作"虫达"，注曰："虫，音如字。《楚汉春秋》云'夜侯虫达'，盖改封也。"今本并注文亦改为"蛊"，〔唯"达"字未改。〕且删去"虫音如字"四字，其失甚矣。〔汲古阁所刻《索隐》单行本初刻作"虫"，后复依今本改为"蛊"，并注内两"虫"字亦改为"蛊"，而字体较大，笔画较粗，剜改之迹显然。〕〔清〕王念孙：《读书杂志》第1册，上海：上海古籍出版社2015年版，第214页。

[2] 案，此处的加字与减字乃是相对而言。

一、有明显加字或减字而未能对齐

汲古阁刻《史记索隐》中，因有明显的加字或减字，而导致左右行文字大小高低不一从而无法一一对齐的情况，令人意外地竟然非常多。略举数例，加以帮助。

如《史记集解序》中大字"按其后事讫于天汉"后小字注文："武帝年号言太史公所丨记迄至武帝天汉之年也。"①其中右行共 9 个字，而左行共 10 个字，右行"太史"二字与左行"天汉之"三字位置相对应，"天汉之"三字中或有一字为后来加上。

第一卷《夏本纪》中大字"荥播"后小字注文："古文尚书丨作荥波此丨及今文竝云荥播播是水播溢之义荥是泽名故左传云狄丨及卫战于荥泽郑玄云今塞为平地荥阳人犹谓其处为荥播。"其中第二行小字注文右行共 23 个字，而左行共 24 个字，右行"泽名故"三字与左行"人犹谓其"四字位置对应，"人犹谓其"四字中或有一字为后来加上。

第二卷《秦本纪》中大字"庄襄王"后小字注文："名子楚三十二而立立丨三年卒葬阳陵纪作四年。"其中右行 9 个字，而左行 10 个字，右行"立立"二字与左行"作四年"三字位置相对应，"作四年"三字中或有一字为后来加上。

第三卷《高祖本纪》中大字"曲遇"后小字注文："徐广云在中牟韦昭云志不载丨司马彪郡国志中牟有曲遇聚也。"其中右行 12 个字，而左行 13 个字，右行"中牟"二字与左行"国志中"三字位置相对应，"国志中"三字中或有一字为后来加上。

第四卷《孝文本纪》中大字"诽谤之木"后小字注文："按尸子云尧立诽谤之木诽音非亦音沸韦丨昭云虑政有阙失使书于此尧时然也后代因丨以为饰今宫外桥丨梁头四植木是也。"其中第一行小字注文右行共 17 个字，而左行共 18 个

---

① 案，此处为了清晰表示出文字的分行情况，故而文内不加标点，并在换行处以短竖杠"丨"隔开加以表示。如果一条注文占了原书界栏分开的两行，则以界栏分隔开的大行分别称为第一行与第二行，而同一界栏中小字的左右两行，则分别称左行与右行。下同。

字，右行"木诽音非亦"五字与左行"于此尧时然也"六字位置对应，"于此尧时然也"六字中或有一字为后来加上。

第五卷《六国年表》中大字"宋辟公"后小字注文："音壁辟公名辟兵生剔成按宋后微弱君｜甍未必有谥辟兵其名也犹剔成然也。"其中右行16个字，而左行15个字，右行"名辟兵生剔成"六字与左行"谥辟兵其名"五字位置相对应，"名辟兵生剔成"六字中或有一字为后来加上。

第六卷《汉兴以来诸侯王年表》中大字"齐七"后小字注文："城阳济北济南淄｜川胶东胶西齐。"其中右行7个字，而左行6个字，右行"北济南"三字与左行"胶西"两字位置相对应，"北济南"三字中或有一字为后来加上。

第八卷《历书》中大字"困敦"后小字注文："亥也天官书子为困｜敦尔雅同二年。"其中右行8个字，而左行6个字，右行"亥也"二字与左行"敦"字位置相对应，"亥也"二字中或有一字为后来加上；又右行"书子"二字与左行"同"字位置相对应，"书子"二字中或有一字为后来加上。

第十卷《齐太公系家》中大字"离枝孤竹"后小字注文："离枝音｜零支又｜令祇又如字离枝孤竹皆古国名秦以离枝为县故地理志辽｜西令支县有孤竹城尔雅曰孤竹北户西王母曰下谓之西荒也。"其中第二行小字注文右行共24个字，而左行共25个字，右行"枝为县"三字与左行"王母曰下"四字位置对应，"王母曰下"四字中或有一字为后来加上。

第十一卷《管蔡系家》中大字"声公野隐公通"后小字注文："按谯周云春秋无其事今检系本及春秋悼｜伯卒弟路立谥静公实无声公蓋是彼文自疎。"其中右行17个字，而左行18个字，右行"云春秋无"四字与左行"路立谥静公"五字位置相对应，"路立谥静公"五字中或有一字为后来加上。又《宋微子系家》中大字"子辟公辟兵立"后小字注文："按纪年云作桓侯璧兵则璧兵谥桓也又庄子｜云桓侯行未出城门其前驱呼辟蒙人止之｜后为狂也司马彪云呼辟使人避道蒙｜人以桓侯名辟而前驱呼辟故为狂也。"其中第一行小字注文右行共18个字，而左行共17个字，右行"云作桓"三字与左行"行未"二字位置对应，"云作桓"三字中或有一字为后来加上。

第十三卷《魏系家》中大字"所攻甚难"后小字注文："攻亦作致战国策见｜作致军言致军粮难也。"其中右行8个字，而左行9个字，右行"致战国策"四

309

字与左行"言致军粮难"五字位置相对应,"言致军粮难"五字中或有一字为后来加上。又《韩系家》中大字"二十六年昭侯卒"后小字注文:"按纪年郑昭侯武薨次威侯立威侯七年与邯郸围襄陵五月丨梁惠王会威侯于巫沙十月郑宣王朝梁不见威侯之卒下败丨韩举在威侯八年而此系家即以为宣惠王之年又上有杀悼公悼公又不丨知是谁之谥则韩微小国史失代系故此文及系本不同盖亦不可复考。"其中第二行小字注文右行共29个字,而左行共28个字,右行"公悼公又不"五字与左行"不可复考"四字位置对应,"公悼公又不"五字中或有一字为后来加上。又《田敬仲完系家》中大字"太公和卒子桓公午立"后小字注文:"纪年齐康公五年田侯丨午生二十二年田侯剡立丨后十年齐田午弑其君及孺子喜而为公春秋后传亦云丨田午弑田侯及其孺子喜而兼齐是为桓侯与此系家不同也。"其中第二行小字注文右行共22个字,而左行共24个字,右行"公春"二字与左行"桓侯与"三字位置对应,又右行"亦云"二字与左行"不同也"三字位置对应,"桓侯与""不同也"六字中或有两字为后来加上。

第十八卷《仲尼弟子列传》中大字"蘧伯玉"后小字注文:"按大戴礼又云外宽而内丨直自娱于隐括之中直己丨而不直人汲汲于仁以善丨存亡盖蘧伯玉之行也。"其中第二行小字注文右行共10个字,而左行共9个字,右行"不直人汲汲"五字与左行"亡盖蘧伯"四字位置对应,"不直人汲汲"五字中或有一字为后来加上。

第十九卷《孟尝君列传》中大字"田婴者齐威王少子宣王庶弟也"后小字注文:"按战国策及诸书并无此言盖诸田之别子也故战国丨策每称田盼田婴云盼子婴子也王劭又按战国策云丨齐豹辨谓齐宣王曰王方为太子时辨谓靖郭君不若废太子更立郊师丨靖郭君不忍宣王太息曰寡人少殊不知以此言之婴非宣王弟明也。"其中第二行小字注文右行共28个字,而左行共27个字,右行"太子更立"四字与左行"宣王弟"三字位置对应,"太子更立"五字中或有一字为后来加上。

第二十一卷《刺客列传》中大字"庸保"后小字注文:"栾布传曰卖庸于齐为酒家人汉书作酒家保按谓庸丨作于酒家言可保信故云庸保鹖冠子曰伊尹保酒。"其中右行21个字,而左行20个字,右行"为酒家人"四字与左行"故云庸"三字位置相对应,"为酒家人"四字中或有一字为后来加上。

除过上述举出的小字之外，值得注意的是，此本《史记索隐》还有一处两行大字未能一一对应的情况。第三十卷《补史记序》中有："斯未可谓通其学也今辄采按今古仍以裴为本兼自愚管伸为之注丨号曰小司马史记然前朝颜师古止注汉史今竝谓之颜氏汉书贞丨虽位不逮颜公既补旧史兼下新意亦何让焉！"其中第一行满行 27 个字，第二行满行 26 个字，因为第一行最末四个字"伸为之注"与第二行最末三个字"汉书贞"位置相对应。

汲古阁本《史记索隐》中何以频繁出现似乎因为加字或减字而导致的版面不整齐的现象呢？一般可以想到的最为常见的原因，就是这部书因为不止刷印过一次，初印和后印之间，又校改出了一些讹误，因而在后印时对原书板进行了挖改，故而留下了字迹大小不一、对应不齐的现象。

然而，通过走访上海图书馆、上海复旦大学图书馆、浙江图书馆、南京图书馆，①对其中馆藏的汲古阁本《史记索隐》进行尽可能多地翻检查阅比对，并详细查验各本中所显示出的书板断裂情况，发现这些图书馆中所藏汲古阁本《史记索隐》至少来源自三次不同的印刷。其中上海图书馆所藏编号为 00167 的汲古阁刻《史记索隐》，全书虽保存不善，多有残页，但书中字画清晰，文字略有凸起，且版面完全没有显示出书板断裂的痕迹，因而极有可能为初印本。而其他各本皆显示出书板不同程度的断裂。其中上海复旦大学图书馆所藏 C00717 与 0625，浙江图书馆所藏 1772.C2，书板断裂情况较为相似，可能是较初印本刷印时间稍后的一种后印本。而复旦大学图书馆所藏 C03047，浙江图书馆所藏

---

① 案，除过此四家图书馆外，国家图书馆自然也在走访考察之列。然而，在国家图书馆查阅原书比较困难，而唯一看到原书的批校本上由于已经被批校者点画，不得观览书籍原貌，且关于初印后印的问题，难以仅从缩微胶卷中看出，故而此处暂不涉及国家图书馆所藏诸本。又，此四家图书馆，上海复旦大学图书馆、浙江图书馆与南京图书馆对于汲古阁刻《史记索隐》的所谓"副本"都做了不同的索书号，且可以全部借出（南京图书馆的善本无法借出查阅），上海图书馆虽藏有数部汲古阁刻《史记索隐》，但是这些《史记索隐》只有一个索书号，且馆内规定原则上只借出其中一种，且不能挑选，由工作人员随机拿出，因此无法考察其中每一本的详细情况。

1772. C1，南京图书馆所藏 2005091，①此三本所显示出的书板断裂状况较之前一种后印本又更显严重，因此可能是较前一种后印本刷印时间更晚的另一种后印本。

可是，考察此数种汲古阁本《史记索隐》，无论初印或后印，其中文字大小不一且未能一一对应的情况，竟然完全相同。故而应该可以断定，汲古阁本《史记索隐》在初印与后印的过程中，大约在文字上并未做过什么改动。那么，还有一种可能的原因就是，此本《史记索隐》从刊刻到最终付梓成书流通，大约经历了比较严密地校勘过程。古代刻书在最后正式付印以前，一般会先刷印出一版进行最后的校勘，也许此本《史记索隐》通过这最后一次校勘又发现了诸多问题，故而在原先的版面上进行了一番挖改与修改后，方才最终正式付印，因而留下了一些加字或减字的痕迹。因为没有其他材料进行佐证，因此这个原因也只能作为一种较为合理的猜想。如若这个猜想当真成立，那么，后人所诟病的毛晋校书草率而不精，则似乎不那么公允，最起码毛晋在主观意愿上对于校书还是很用心的。

二、数字所占空间较为随意

除过上述由于明显的加字或减字而导致文字无法一一对齐的情况之外，汲古阁刻《史记索隐》小字注文中的一些表示数字的文字由于所占空间较为随意，也导致了左右两行的文字无法一一整齐对应的情况。略举数例，加以说明。

第一卷《五帝本纪》中大字"淳化鸟兽虫蛾"后小字注文："为一句蛾音牛绮反一作丨豸豸言淳化广被及之。"案，原书小字左右两行皆满行，然而右行有10个字，而左行只有9个字。由于右行两"一"字皆未占满一个字的空间，因而导致左右两行的文字无法一一对应。

第五卷《十二诸侯年表》中大字"鲁桓公允"后小字注文："一作兀五忽反丨

---

① 案，南京图书馆索书号为 2005091 的《史记索隐》，在其网站的信息著录上显示为"清刻本"，然借出原书后发现，依旧是汲古阁刻《史记索隐》。此本《史记索隐》中原先所盖印的书号为善本书号 38413，然而此书号却被注销，而改作现今的非善本书号 2005091，不知何故。

312

徐广云一作轵。"案，原书小字左右两行字数完全一致，但由于右行第一个字为数字"一"，左行第四个字为数字"一"，因而导致左右行前四个字皆未能一一对齐。

第八卷《律书》中大字"上九商八羽七角六宫五征九"后小字注文："此五声之数亦上生三分益丨一下生三分去一宫下生征丨征益一上生商商下生羽羽益一上丨生角然此文似数错未暇研覈也。"案，原书小字第二行左右两行皆满行，然而右行有14个字，而左行只有13个字。右行第二个"一"字与其下"上"字共占了一个字的空间，从而导致右行"一上"两字与左行"也"字位置对应。然而右行的第一个"一"字，却单独占了一个字的空间。

第十四卷《孔子系家》中大字"襄公二十二年"后小字注文："公羊传襄公二十一年十有一月庚子孔子生今以为二十二年蓋以周丨正十一月属明年故误也后序孔子卒云七十二岁每少一岁也。"案，原书小字右行满行，左行末尾较右行空一字，然而右行有28个字，而左行只有25个字。首先，右行"羊"字与左行"十一"二字位置相对应，左行"十"与"一"共占一个字的空间。然后，右行"二十一年十有一月庚子孔子生今以为二十二年"20个字与左行"年故误也后序孔子卒云七十二岁每少一"17个字位置相对应，而其中左右文字都未能一一对齐。

第十八卷《商君列传》中大字"西魏遂去安邑徙都大梁"后小字注文："按纪年曰梁惠王二十九年秦卫鞅伐梁丨西鄙则徙大梁在惠王之二十九年也。"案，原书小字右行满行，左行末尾较右行空一字，右行有16个字，左行有15个字，从字数上看并无不妥，然而察其左右两行小字，右行"王二十九年秦卫"与左行"在惠王之二十九"，由于两行皆有数字"二十九"，而使得此两段文字左右未能一一对应。

第二十一卷《吕不韦列传》中大字"后百年旁当有万家邑"后小字注文："按宣帝元康元丨年起杜陵汉旧丨仪武昭宣三邑陵皆三万丨户计去此一百六十余年也。"案，原书小字第二行左右两行皆满行，然而右行有10个字，而左行却有11个字。右行"三邑"二字与左行"一百六"三字位置相对应。左行"一"和"六"皆未占一个字的空间。

尽管汲古阁本《史记索隐》小字注文中由于数字所占空间较为随意而导致左右文字未能一一对齐的情况不算少数，但是全书小字注文中的大部分数字还是

313

正常地占据了一个字的空间而与另一边的文字相对齐的。除过之前所讨论到的因为正式付印前又校出新的讹误而对版面进行了挖改外，又或许此本书在排版时对于数字如何占位没有明确地统筹规划，因而在具体操作时则根据版面进行了权宜处理也未可知。

三、无明显加字或减字却未能对齐

除过上述两种情况外，汲古阁本《史记索隐》中的双行小字，还有一部分无论左右行字数相同或末尾左行较右行少一字，且其中没有明显的加字或减字，却存在左右未能一一对齐的现象。略举数例，加以说明。

第三卷《高祖本纪》中大字"析郦"后小字注文："邹诞音锡郦音历苏林如淳音掷折属弘农郦属南阳出地理丨志而左传云折一名白羽颜师古云析今内乡县郦今菊潭县。"案，原书小字左右两行皆为 24 个字，然而右行"农郦属南阳出地"与左行"内乡县郦今菊潭"尽管皆为 7 个字，左右两边的文字却未能一一对齐。

第六卷《惠景间侯者年表》中大字"清郭侯驷钧"后小字注文："齐封田婴为清郭君汉表邬侯驷钧邬太原齐丨县齐哀王舅父侯舅父即舅犹姨曰姨母然也。"案，原书小字左右两行皆为 18 个字，然而左右两行除过各自最末三个字外，其上数字左右皆未能一一对齐。

第八卷《历书》中大字"正不率天亦不由人"后小字注文："此文出大戴礼是孔丨子称周太史之词。"案，原书小字右行满行，左行末尾较右行少一字，然而左右两行除各自开首三个字外，其下数字左右皆未能一一对齐。

第十八卷《张仪列传》中大字"热啜"后小字注文："音昌悦反按谓热而啜之是羹也于下云厨人进斟丨斟谓羹勺故因名羹曰斟故左氏羊羹不斟是也。"案，原书小字右行满行，左行末尾较右行少一字，然而右行"啜之是羹也于下云厨人进"与左行"曰斟故左氏羊羹不斟是也"尽管皆为 11 个字，左右两边的文字却未能一一对齐。

第二十二卷《樊郦滕灌列传》中大字"卒谥文侯"后小字注文："按姚氏云三辅故事曰滕文公墓在饮马桥东大道南俗人谓之马冢博物志曰公卿送丨婴葬至东都门外马不行踣地悲鸣得石铭曰佳城郁郁三千年见白日吁嗟滕公居此丨室乃丨葬

之。"案，原书第一行小字左右两行皆为 34 个字，右行"墓在饮马桥东大道南俗"与左行"悲鸣得石铭曰佳城郁郁"尽管皆为 10 个字，左右两边的文字却未能一一对齐。

四、结语

通观汲古阁本《史记索隐》全书，尽管大部分文字对应得都还算整齐，可是较之汲古阁所刻其他书籍，尤其是与此书样式大致相同的汲古阁本《十七史》，此本《史记索隐》在文字的整齐程度上的确不能算得上完美。至于究竟是何种原因导致了此本《史记索隐》在文字上多有不整齐的现象，目前尚不可确知，还有待进一步研究。

本文是国家社科基金重大招标项目"中外《史记》文学研究资料整理与研究"（13&D111）阶段性研究成果；国家社科基金后期资助项目"史记索隐集注集校"（17FZW005）阶段性研究成果。

（王璐，女，陕西西安人，西安电子科技大学人文学院讲师；赵望秦，男，陕西临潼人，陕西师范大学文学院教授）

竹添井井《评注历代古文钞》抄袭高嵣《读书丛钞》考论

王 豪

日本明治时期（1868—1912），大致相当于清同治时期到清末，是近代中日两国交流的重要时期，而主要活跃在这一时期的日本人竹添井井[①]（1842—1917），可以说是其中的一位代表人物。作为外交官的竹添，不仅见证，甚至参与了当时东亚范围内的一些重要历史大事件。作为近代第一个深入中国大陆的日本文人，他因一部《栈云峡雨日记》，在中日文化界名声大噪；更因竹添以汉学家的身份所撰的《左氏会笺》《论语会笺》《毛诗会笺》（即"三笺"），为他在学术界赢得了巨大声誉，从而在近代汉学史上占据了一席之地。

尤其是其中的《左氏会笺》，不仅使竹添获得了1914年日本"学士院奖"，被授予"文学博士"学位，甚至被日本官方许为"《左传》注释著作中最完备的一种"[②]。然而就是这部堪称日本近代汉学的经典著作，却因作者在笺释中引用前人的研究成果，但没有标明出处的原因，从而陷入了抄袭、剽窃的指责

[①] [日]竹添井井，字光鸿，号井井、井井居士，通称进一郎。日本明治时期著名学者、外交官，曾任驻天津领事，参与当时琉球群岛的归属问题，曾与李鸿章等人多次交涉；1882年12月升任驻朝鲜辨理公使，1885年参与"甲申事变"，失败后归国去职。后由井上毅邀请，于1893年担任东京帝国大学教授，担任汉文学第二讲座，1895年辞任，后专心在家从事汉学研究。著有《栈云峡雨日记》《左氏会笺》《论语会笺》《毛诗会笺》《孟子论文》《独抱楼诗文集》等。

[②] [日]冈田良平：《正四位勋四等文学博士竹添进一郎特旨叙位件》，大正六年（1917）三月三十日，原件现藏日本国立公文书馆，番号00522100。

当中。①当然，关于竹添《左氏会笺》是否存在剽窃，目前的研究还在讨论中，尚无定论。

但本文所要讨论的竹添井井另一部著作——《评注历代古文钞》，却是抄袭之作。作为一部古文选本，他所抄袭的对象就是清代高嵋②（1734—1790）所编《高梅亭读书丛钞》中《左传钞》《国语钞》《国策钞》《史记钞》《前汉书钞》《后汉书钞附蜀汉文钞》《唐宋八大家文钞》《归馀钞》的部分，并未标明有关高嵋的任何信息。

一、学界有关抄袭的研究回顾

《高梅亭读书丛钞》（以下简称《读书丛钞》）署名"和阳高梅亭集评"，是

---

① 具体研究可参见李维棻：《竹添光鸿〈左传会笺〉论评》，《大陆杂志》第 26 卷第 10 期，1963 年。［日］冈村繁：《竹添井井の『左氏会笺』が剽窃した一つの種本》，《漢語漢文の世界 2》，广岛：溪水社 1982 年版。有陆晓光译文，篇名作《竹添井井〈左传会笺〉中的剽窃》，《中国比较文学》1991 年第 1 期。又被收录在俞蔚慈、陈秋萍、韦海英等译：《日本汉文学论考》，《冈村繁全集》第七卷，上海古籍出版社 2009 年版。［日］柳本实：《〈左传会笺〉と〈左传续考〉について》，《东方》第 58 号（1986 年）。林庆彰：《竹添光鸿〈左传会笺〉的解经方法》，张宝三、杨儒宾编《日本汉学研究初探》，上海：华东师范大学出版社 2008 年版，第 37—57 页。陈翀：《竹添井井『左氏会笺』の序文にみえる「剽窃」：岛田翰「左氏会笺提要十二编」の行方について》，《中国中世文学研究》63—64 号，日本：广岛大学文学部中国中世文学研究会 2014 年 9 月版，第 396—410 页。等文。其中以冈村繁、陈翀为代表的学者认为竹添《左氏会笺》就是剽窃之作，而且态度坚决。柳本实、林庆彰则不认为是剽窃。

② 高嵋，字镇澧，号梅亭，和阳（今河北南和县）人，家世儒学，乾隆庚辰（1760）举人，历任沁源县、猗氏县、临汾县知县，后任崇州知州、江津令、酉阳州、直隶州知州。乾隆五十五年（1790），病逝于龙潭（今属重庆酉阳县）。著有《高梅亭稿》二册（乾隆五十一年双桐书屋刊朱墨套印本），又和吴士淳等合修《临汾县志》，编有《高梅亭读书丛钞》，有乾隆五十三年（1788）广郡永邑培元堂杨氏刊本（以下件简称"培元堂本"），双桐书屋乾隆五十三年刊本（以下简称"双桐本"），道光十五年（1835）刊本，今国家图书馆、上海图书馆、华东师范大学图书馆、日本国会图书馆、爱知大学图书馆等多处有藏，其中尤以华东师范大学所藏为最全，后以培元堂刊本为底本影印出版，收录在黄秀文、吴平主编《华东师范大学图书馆藏稀见丛书汇刊》中的第 15—39 册（以下简称"影印本"），北京：北京图书馆出版社 2006 年版。

高嵣所编的一部带有总集性质的大型文章选本，其辑选的范围上自先秦两汉，中录隋唐两宋，下至元明清代，编纂目的用他自己的话说就是"为时文蓄根柢，制艺溯渊源"①，也即供当时科考士子学习作文的参考书。《读书丛钞》包括《左传钞》、《公羊传抄》、《穀梁传抄》、《国语钞》、《国策钞》、《史记钞》、《前汉书钞》、《后汉书钞附蜀汉文钞》、《唐宋八大家钞》、《归馀钞》、《论文集钞》、《嘉懿集初钞》、《嘉懿集续钞》、《明文钞》六编、《国朝文钞》五编等十数种。《读书丛钞》中的每一钞基本上是由序、杂说（即凡例）、目录、正文，以及评点等几部分组成，其中引用了大量前人评点，故称"集注"，比如仅《史记钞》就引用了三苏、杨慎、茅坤、储欣、浦起龙等20余人的评语。

《读书丛钞》的刊本虽然有数种，但其版式变化并不大，姑且以培元堂本为例：刊本，四周双边，白口，正文半叶九行，行二十五字，无界（目录有界），单鱼尾，鱼尾上题"某某钞"，下题卷数及篇名、页码，有注，夹注小字单行或双行，天头有眉批，无框，正文后有总评，比正文低一格，字体大小同正文。

将近百年后，《评注历代古文钞》（以下简称《古文钞》）在日本出版，署名"辨理公使正五位勋四等竹添进一郎先生钞录校定、黎藿竹添利镰②氏训点"，由奎文堂于明治十七年（1884）九月到明治十八年（1885）六月陆续刊刻出版（竹添井井任朝鲜公使前后），共分为七种：《左传钞》四卷、《国语钞》一卷、《国策钞》二卷、《史记钞》四卷、《前后汉书钞》四卷、《八家钞》十卷、《归馀钞》四卷，一卷一册。其中，《八家钞》和《归馀钞》实际上并未刊刻出版，也就是说《古文钞》正式出版的只有五种十六册。《古文钞》第一册前有竹添利镰所作序文一篇，《左传钞》《国语钞》《国策钞》无序，《史记钞》《前后汉书钞》有序，并附有《杂说》。如果将《古文钞》与《读书丛钞》的版式相对比，会发现二者基本相同。（以下对《读书丛钞》《古文钞》中的某一钞，分别称为高本《某钞》和竹本《某钞》，望谅解。）

那么问题来了，在出版时间上跨度将近百年的两部古文选本难道仅仅只是书

---

① 高嵣：《史记钞·杂说》，影印本，第18册，第174页。
② ［日］竹添利镰，生平不详，推测是竹添井井的亲人，待考。值得说明的是，署名竹添井井的多部诗文选本，都有竹添利镰的身影。

名、版式大致相同吗？其内容和体制是否存在某种关系呢？

事实上，早在明治四十年（1907），日本早稻田大学图书馆首任馆长市岛谦吉（1860—1944）在整理捐赠书中，发现其中有一些是高嶹《读书丛钞》中的书，而这又恰好是竹添井井的旧藏书，①并且附有竹添朱笔手批。于是他对高本《左传钞》研究，发现与竹本《左传钞》有相当大的关系，认为后者是在前者的基础上经删改而完成的"切割的工艺品"②。但同时，他也犯了一个错误，即认为高本《左传钞》是竹本《左传钞》的稿本，也就是说他把高本《左传钞》的编者认定是竹添，这也从侧面说明了二书确实具有极高的相似度。但因为他的意见是写在类似于工作日记中，并未出版，所以实际上在当时并未有很大影响。

后来日本学者上野贤知利用其线索，通过对京都大学图书馆所藏高本《左传钞》的研究，发现竹本《左传钞》确实是抄录高本《左传钞》，并且修正了市岛认识的错误之处。上野氏还对二书的关系进行了考察，得出一些具体结论：比如，竹本《左传钞》从高本322篇中选取99篇；又指出在《郑伯克段于鄢》一篇中，竹添增删了部分总评。同时，他又指出竹本《左传钞》出版前的几部书③也抄录了部分《读书丛钞》的内容。但这些内容并不是上野氏研究的重心。④

值得一提的是，日本《史记》研究专家池田四郎次郎，曾扼要指出竹本《史记钞》"因为袭用了高嶹著作，所以不仅正文，序文和凡例也一并相同。"⑤

近年来，竹内航治在前人研究的基础上，通过对竹本、高本《左传钞》以及《左氏会笺》的比较，得出如下结论：

---

① 这些书上均钤有"井井居士珍藏"朱文印与"竹添光鸿"白文印。
②［日］市岛谦吉：《访书剳记》手写本，未刊，一册，现藏早稻田大学图书馆。
③ 指的是明治十七年出版的《评论左氏战记》《左传语法举要》，奎文堂本。
④ 具体可参见［日］上野贤知：《〈左氏会笺〉三稿》，《斯文》复刊第14号，1956年。国内学者孙赫男撰有《上野贤知〈左氏会笺〉三稿发墨》一文，对上野氏的论文主旨作了探讨，但未见关于竹本《左传钞》与高本《左传钞》关系的探讨。孙文刊于《辽宁大学学报》（哲学社会科学版）2006年第3期。
⑤［日］池田四郎次郎撰，［日］池田英雄增补：《史记研究书目解题稿本》，东京：明德出版社1978年版，第156页。实际上，池田氏的结论并不完全正确，两《史记钞》序文凡例有些许文字上的出入，详见后文。

竹添井井在明治十七年发行了《左传钞》，这是他首部《左传》评注书，此书是对高塙《左传丛书》的抄录。包含《左传钞》在内的《历代古文钞》，不论内容还是体裁，都是原封不动对高塙《高梅亭读书丛钞》几种本的承袭，但它强调了"语法"教科书这一方面。《会笺》不是直接发展《左传钞》的注释书。直到竹添第二稿的阶段，可能还考虑过以《左传钞》头注（即眉批）的形式而进行"语法"的解说。①

通过以上简单地梳理，学界目前的研究呈现以下几个特点：

第一，关于《读书丛钞》与《古文钞》之间关系的探讨仅限于日本学者，国内学者探讨的极少。②

第二，日本学者的研究都是以其中的某一钞作为讨论基础，对于《古文钞》其他部分乃至整体的探讨依然不多，其中讨论最多的是《左传钞》，这也与《左氏会笺》研究的热度有关。

第三，经过几代学者的努力，对于两书关系的确定，历经了由"抄录"到"袭用"，再到"抄袭"的认知过程。

虽然日本学者得出了"抄袭"的结论，但依然有很多重要的问题不仅没有搞清楚，而且还是日本学者从未提及的。比如，竹添抄袭的具体路径是如何进行的？整体上又呈现出什么面貌？《古文钞》的编纂与当时的社会背景有何关联？竹添选择《读书丛钞》作为蓝本，但同时不注明出处的原因何在？以及对今天

---

① [日] 竹内航治：《〈左氏会笺〉的基础研究》，名古屋：名古屋大学博士学位论文，平成二十六年（2014），第130页。原为日文，笔者译。其中"《左传丛钞》"是竹内航治对高本《左传钞》的称法，为了文意更加明白，所以照旧。

② 国内学者关于高塙《读书丛钞》的研究，仅有数篇。如黄秀文、吴平主编：《华东师范大学图书馆藏稀见丛书汇刊·前言》中的介绍，北京：北京图书馆出版社2006年版，第8—9页；韦晖：《高塙〈史记钞〉研究》，《西安社会科学》2009年第3期；孙露、杨挺：《〈高梅亭〉读书丛钞的文献价值》，《福州大学学报》（哲学社会科学版）2016年第2期；郭万青：《高塙〈国语钞〉初探》，《邢台学院学报》2018年第2期；孔哲：《高塙〈题体类说〉整理》（上），陈婷婷：《高塙〈题体类说〉整理》（中、下），分别发表于《古代文学理论研究》第43、44、45辑。韦晖校点：《史记钞校点》，西安：三秦出版社2021年版。在这些研究中，均未涉及本文要研究的问题。

的学术研究有何参考价值等等。况且，对抄袭的探讨本身就是严肃的学术问题。本文不测揣陋，试就以上问题展开考论，以求教于方家。

二、抄袭路径和方法

正如上文所言，日本学者发现《读书丛钞》与《古文钞》存在关系的契机是早稻田大学图书馆（以下简称早图）收有竹添旧藏《读书丛钞》的一部分书，具体来说有以下几种：

《左传钞》六册六卷，广郡永邑培元堂杨氏刊本，乾隆五十三年订。

《公羊传抄》一册一卷，同上。

《谷梁传抄》一册一卷，同上。

《国语钞》二册二卷，同上。

《国策钞》二册二卷，同上。

《国策钞》二册二卷，双桐书屋刊本，乾隆五十三年订。

《归馀钞》四册四卷，未详。

在这几种竹添旧藏的书中，日本学者对《左传钞》已经展开了较为细致的讨论，姑且置之。《归馀钞》实际并未正式出版，且笔者未见，故也不论，以剩下的四种作为讨论中心。[1]

这四种钞本上除钤有"早稻田大学图书"朱文印，以及张贴"明治四十年十一月二十九日文求堂氏寄赠"的题签外，只钤有"井井居士珍藏"朱文印和"竹添光鸿"白文印，而且我们发现其中的一些书中有朱批的现象，由此可知这些书不仅确实是竹添的旧藏，而且其中的朱笔标注就是他的手批。[2]其中，《公羊传钞》《谷梁传钞》《国语钞》除钤印和题签外，没有任何朱批，而两种刊本的《国策钞》则有不同程度的朱批。如果将这两种《国策钞》中所出现的朱批对照

---

[1] 需要说明的是除《国策钞》有两个版本外，其余都是培元堂本，经过对勘，发现这两种版本的《国策钞》只是在《序》和目录的刊印先后顺序不同，其他的则完全一致，故实际上可以同等看待。（培元堂本《序》在前，目录在后；而双桐本则是目录在前，《序》在后。）

[2] 早稻田大学图书馆在收到文求堂的赠书时，朱笔批注已经存在，可见当时已有，并非后人所加。关于竹添何时、何种途径得到《读书丛钞》，暂不可得知，待考。

来看，具有以下几个特点：

培元堂本《国策钞》：

1. 目录中某些篇章的上方有朱笔点抹或"○"的标示，下方写有"一"或"二"、"三"之类不断重复的数字，其中以"一"和"二"居多，"三"较少，"四"只有一处。

2. 目录以外没有任何朱批。

双桐本《国策钞》：

1. 目录中没有任何朱批。

2. 在具体的篇目上方用朱笔画空心圈"○"或实心圈"●"，其中卷上29篇，卷下25篇，合计54篇。

3. 在画圈的篇目中，在正文及评点处有标注符，主要有："√""一""二"，以及"⌐"，这几种符号数量比较多；在某些篇目的总评中有"⌐""⌐"所圈出的部分，这种情况比较少，其中卷上5处，卷下3处，共计8处。

如果我们把这两种刊本再与竹本《国策钞》对比，会发现：

1. 培元堂本《国策钞》目录中有朱批的篇目，不仅与双桐本《国策钞》一一对应，而且凡是被标注的篇目均与奎文堂本《国策钞》所选的54篇完全相同①。

2. 双桐本《国策钞》所画圈篇目中的大量标注符，如"√""一""二""⌐"等，与竹本《国策钞》完全相同。

3. 对于双桐本《国策钞》8处总评中用圈出的内容，竹本《国策钞》则全部不见，另又在《信陵君谏魏王》中增加姚鼐一条总评。

通过以上对比分析，我们完全有理由相信：这是竹添井井《历代古文钞·国策钞》"钞录"高嶟《读书丛钞·国策钞》的具体路径，其过程大致是先在培元堂本《国策钞》中标注要选录的篇目，然后在双桐本《国策钞》的相关篇目中加上具体的校点符号，并对用"⌐""⌐"标示的总评部分进行删除，最后再以此为底本，交由奎文堂出版。

与有大量朱批双桐本《国策钞》不同的是，培元堂本《国语钞》二册中虽然

---

① 其中竹本《西门豹为邺令》，高本作《魏文侯论西门豹为令》，篇名虽有差异，内容完全一致。

没有任何朱批,但在该书中的正文部分,大量存在用白纸粘贴正文、评点,甚至版心的现象,经与竹本《国语钞》对照,我们发现凡是被遮盖的篇目,均与竹本《国语钞》一一对应;而对于没有遮盖的总评部分,同样也是出现在竹本《国语钞》中,只是字体大小变至与注相同,且每行与地脚之间留有相当距离,这完全可能是竹本《古文钞》直接覆印高本的缘故。

需要补充的是,培元堂本《公羊传钞》《谷梁传抄》中虽然没有朱批,但与后来《古文钞》未收二书的现实相吻合。

由此,在前人研究《左传钞》的基础上,再结合高本《史记钞》《前汉书钞》《后汉书钞附蜀汉文钞》与竹本《史记钞》《汉书钞》的逐一对照,在整体面貌上,我们发现《古文钞》对《读书丛钞》主要作了如下改动:

在版式上:(1)天头眉批处由无框变为有框;(2)分段符号由"一"改为"⌐";(3)正文及评注处加上日本和刻本汉籍固有的返点符号;(4)篇后总评字体改至与注相同,仍与正文底一格,且每行与地脚有相当距离。

在内容上:(1)在序文及凡例方面,增加一篇《历代古文钞序》,删去《左传钞》《国语钞》《国策钞》的《序》,保留《史记钞》《汉书钞》的《序》和《杂说》,并对其内容有少量的删除。同时,刊落高本《序》"乾隆某年月和阳高嵁"的落款以及"高嵁之印""梅亭"两枚钤印。(2)篇目方面,《古文钞》中的300篇全部来自于《读书丛钞》,如下表所示。(3)正文及注释方面:作了极少的校订,增删数条总评。

《古文钞》钞录《读书丛钞》篇数表

高嵁《高梅亭读书丛钞》	竹添井井《评注历代古文钞》	篇目占比
《左传钞》六卷,322篇	《左传钞》四卷,99篇	30.7%
《国语钞》二卷,67篇	《国语钞》一卷,21篇	31.3%
《国策钞》二卷,75篇	《国策钞》二卷,54篇	72%
《史记钞》四卷,77篇	《史记钞》四卷,41篇	53.2%
《前汉书钞》四卷,140篇 《后汉书钞附蜀汉文钞》二卷,92篇	《前后汉书钞附蜀汉文》四卷,85篇	36.6%
合计二十卷,共773篇	合计十六卷,共300篇,	38.8%

一般说来，对选本下抄袭的论断要慎重，这是因为选本不同于文学创作，不能凭空杜撰。但通过以上分析，我们可以看到《古文钞》除了增添和刻本汉籍固有的返点符号，校订了极少量的文字，以及增删数条总评之外，在主体方面几乎没有任何变动，甚至有些存在覆印的现象。诚然，这些改动有其价值所在，比如加粗分段符，方便读者更清晰地阅读；改动总评的字体大小，以与正文区分地更加清楚；增删数条评语使其看起来稍显简洁。但除了这些形式上的一点小改动外，①《古文钞》无论是从编纂体例、序文凡例、选择篇目，还是正文注释、圈点符号，甚至版式等诸多方面，都是对《读书丛钞》的全面沿袭，几乎毫无创新可言。

更为重要的是，《古文钞》从始至终都没有标注出其"钞录"的来源，或者有关高嵣的任何信息。虽然在古人的著作中，常常看到不标出处，甚至随意改删前人原文的现象，但这些仅仅限于部分的引用；而《古文钞》则是全盘钞录。诚然，高嵣在编纂《读书丛钞》时也同样参考了前人所编纂的古文选本，同时大量引用了前人评语，但高氏不仅说明了出处，对他们的成果表示尊重，更重要的是高氏对于选本的有自己的一套编纂体例，而他也常常参与到对所选文章的评论当中。②也就是说，《读书丛钞》的编纂是高嵣在前人的基础之上，参以己意，通过严密的体例安排，经多年删汰选编，自成一家的成果，这与《古文钞》的编纂具有本质区别，这种行为是对高嵣成果的不尊重。

---

①《古文钞》的校订中存在一些问题。仅以其中的《史记钞》为例，《读书丛钞》刊刻于乾隆时期，其中的避讳如"弘"字，高本作"宏"字缺笔或"引"，而竹本则基本沿袭，毫无改动。高本中有一些明显的错误，比如《律书序》的眉批"二段历引古用兵失者"，此处的"二段"实际是"三段"，而竹本完全沿袭，并未校出。如果说这些还是小问题，无伤大雅的话，那么《项羽本纪》中"鸿门宴"一段中正文的错误则是令人咂舌，高本"沛公谓张良曰'从此道至吾军，不过二十里耳'"中的"二十里"，到了竹本中就变成了"一千里"。虽然类似"一千里"的情况不多，但也说明了《古文钞》对《读书丛钞》的沿袭是多么严重。

②以《史记钞》为例，高嵣《史记钞》与储欣《史记选》、浦起龙《古文眉诠·史记》的关系十分复杂，他不仅录有二人的多条评语，而且在评点的体制与内容等方面，都有所沿袭，高氏不仅标明出处，而且在二氏的基础上，对《史记》选本的发展有很大的提升。兹不赘述，另拟撰专文讨论。

可能会有人说，古人不太重视著作权、版权，或许是竹添的偶然疏漏。然而，事实上，这是他故意为之，绝不是疏漏。（关于此点详见后文）

所以本文的结论是：署名竹添井井钞录校定、竹添利镰训点，由奎文堂于1884—1885年出版的《评注历代古文钞》是对清代学者高嵋所编《高梅亭读书丛钞》的抄袭。

三、《评注历代古文钞》的性质考察

既然认定是抄袭，那么我们不禁要问，竹添为什么要抄袭《读书丛钞》呢？解决这个问题之前，必须要对《古文钞》的性质有一个清晰的定位，也就是对其性质的考察。

《古文钞》中有两篇文字值得注意，一篇是落款为"奎文堂"的说明文，相当于是"前言"，抑或"出版说明"，其中指出了《古文钞》的编选目的是：为中等学校编选一部精良完备的汉文读本，以此用来教授学习作文之法。①另外一篇是竹添利镰所作的《历代古文钞序》，他也说此钞为"教育诸生尤不可缺之书也"②。不难看出，《古文钞》的编选目的很简单，就是为了充当中等学校的汉文读本。

众所周知，明治维新之后，日本一跃成为当时的亚洲强国，而"对幕府时代的学制体制的改革"是"明治维新在教育文化领域中的一个重要的成果"③。随着明治初年新学制的颁布并实施，大量新式学校如雨后春笋般出现在日本各地，④而且随着废除身份等级制度，作汉诗、学汉文不再是士族的专利，大量平民和学子亟需知识的熏陶，随之而来的就是对教科书的大量需求，日本一般称

---

① 该文较长，其中讲"良好完全の讀本と稱すへき者なし是し《歷代古文鈔》の選ある所以なり。"见《古文钞》第一册《左传钞》目录前，奎文堂1884年刊本。

② 需要指出的是，此《序》模仿萧统《文选序》的痕迹很重。

③ 李庆：《日本汉学史1》，上海：上海外语教育出版社2001年版，第65页。

④ 关于明治维新教育界改革的研究很多，可参看黄遵宪《日本国志·学术志二》有关这一时期学制、学区等内容的记载。

之为"读本"(其实在某种程度上来说就是"选本")。

选本作为文学批评的重要方式,同时也是学习文章作法的主要途径,同中国一样,日本长期以来不仅通过选本学习汉文,而且往往很热衷于编纂汉文选本①。就拿竹添井井来说,在《古文钞》出版前后,他编纂了多部汉诗文选本:《孟子论文》七册(奎文堂1882年刊)、《元遗山文选》四册(奎文堂1883年刊,同年又出版《元遗山文选补》一册)、《参评清大家诗选》二册(奎文堂1883年刊)、《评定笺注古文辞类纂》三册(奎文堂1884年刊)、《左氏五大战记事》一册(奎文堂1884年刊)、《评注左氏战记》二册(奎文堂1884年刊)等。如果简单分析一下,就会发现这些选本具有以下几个特征:

第一,这些诗文选本基本上都是从现有的选本中发展而来。比如《孟子论文》,其注释是"据朱子《集注》";《评定笺注古文辞类纂》是对姚鼐所编《古文辞类纂》的直接承袭;而另外两部关于《左传》的选本,据日本学者研究,同样是来自于高嵨《左传钞》《国语钞》。②

第二,全部是由奎文堂出版。

第三,出版时间在1882—1884年之间的两三年中。

而这些特征告诉我们一个事实:竹添与奎文堂之间关系匪浅。《栈云峡雨日记》,这部为竹添赢来诸多关注的纪行诗文集,其初版就是由奎文堂在明治十一年(1878)刊刻出版。而更令人诧异的是:该版《栈云峡雨日记》扉页竟然出现了前文所言《古文钞》的"出版说明",③那么它就具有了"广告"的意味。但复核野口爱和中沟熊象据奎文堂版所刊刻的《栈云峡雨日记》却并无这个"广告"。④不仅如此,《评定笺注古文辞类纂》《评注左氏战记》等书的扉页同样出现了这个"广告"。

---

① 具体可参看张伯伟:《选本与域外汉文学》,《南京大学学报》2002年第4期。
② [日]上野贤知:《〈左氏会笺〉三稿》,《斯文》复刊第14号,1956年。
③ [日]竹添井井:《栈云峡雨日记》,奎文堂1878年刊本,早稻田大学图书馆藏有两种,一种有"广告",一种无,前者可能是后来重印时加上的,亦可见该书的畅销。
④ [日]竹添井井:《栈云峡雨日记》,野口爱1879年刊本;中沟熊象1879年刊本,均藏于早稻田大学图书馆。

由此可见，奎文堂借助所出版的刊物不遗余力地宣传《古文钞》，为其大加造势，广而告之，不断进行推销，足见对《古文钞》的重视，也可以说是利益驱使。

与这些选本出版的同时，竹添的政治生涯也逐渐走高。明治十一年（1878），竹添任大藏省少书记官，两年后升任书记官，又被派往中国任天津领事，在此期间协助当时的驻华公使，与李鸿章谈判琉球群岛问题；1882 年 8 月任外务大书记官，同年 11 月升任驻朝鲜办理公使，12 月被授予四等勋、旭日小绶章。当时明治天皇评价他："进一郎为人忠实笃厚、黾勉从事，朕堪知其任。"①这也就是说，在"甲申事变"之前，无论是在政界还是文化界，竹添都拥有较高的知名度。

天下熙熙，皆为利来；天下攘攘，皆为利往。在现实的刺激下，奎文堂为了谋求更大的利益，决意出版一部汉文读本，以此来迎合现实的需求也就在情理之中了②。竹添利镰在《历代古文钞序》中说："高木怡庄③有见于此，获井井先生所钞录古文，将梓以公于世，请予序之"。所以，奎文堂选择曾多次有合作关系的竹添，以借助其名望打开市场，而竹添也可以从中获取相应的利益，自然是应有之义，可以说是"双赢"。但不禁令人感叹的是，《古文钞》原计划要出版七种，但在 1885 年出版《前后汉书钞》后，始终没有见到《八家钞》《归馀钞》的身影，这或许是"甲申事变"后的竹添名声不如之前，出版计划也遂为之搁浅。在这之后，奎文堂再也没有出版过有关竹添的任何著作，其中之意可供揣摩。

四库馆臣曾这样评价明代万历以后的总集编纂："侩魁渔利，坊刻弥增，剽

---

①《竹添进一郎朝鲜国驻扎办理公使任书》，《明治十五年诏敕集》，日本国立公文书馆藏本，叶 21。虽说该文不一定出自天皇之手，很可能是时任外务卿井上馨代笔，但应该是代表了官方态度。

② 仅 1880—1890 年间，奎文堂就陆续刊刻出版了包括哲学、历史、自然科学、艺术、文学等多种类的教材数十部，如《雅俗文章小成》《近世名家文萃》《古今文章评解》《平面几何明辨解说》等。

③［日］高木怡庄，生平不详，据《古文钞》版权页所列，可知其为《古文钞》的出版人。《古文钞》之"广告"可能出自其手，文中称《古文钞》为"近来最上完备之文学教科书"。

窃陈因,动成巨帙。"①其实,明治时期亦可当此评价,当时的一些汉文读本,本身就是在市场刺激下而产生的,《古文钞》可算是其中的一种。在这个意义上,我们可以说《古文钞》是日本明治时期特殊社会背景刺激下,由商人和名人共同"合作"的产物。这不仅反映了当时社会对中等程度汉文选本的需求,②也可看出汉文学对日本所产生的深刻影响,与日本当时汉学发展实际相吻合。③

四、抄袭原因考论

既然《古文钞》是一部汉文学教科书,那么竹添为什么不自己独立编选呢?原因很简单:他很忙。1878年到1884年,正值东亚风起云涌之时,竹添作为外交官要处理繁杂的公务,经常往返于中日朝三国之间,当时的交通并不十分便利。可以推测,他当时的重心是工作,而无暇专心从事编选遵循一定选编体例以及深刻有见识的汉文读本。所以,他选择了之前一直所采用的手段,也就是上文所提到的:从现成的选本中直接"拿来"。

那么问题又来了,他为什么会选择高嵋《读书丛钞》作为编选的来源呢?结合相关资料,本文认为有以下四个方面的原因:

首先,二书在编纂目的上具有一致性。《读书丛钞》的纂编是为科考提供参考,指导学子管窥作文之壶奥,高嵋自己也说"兹钞为时文蓄根抵,制艺溯渊源,乃录文,非录史也"。有趣的是,竹添在抄袭时,删去了这句话的前半部分,

---

① 〔清〕永瑢等撰:《四库全书总目》卷一八六《总集类一提要》,北京:中华书局1965年版,下册,第1685页。

② 现日本山口大学藏有《古文钞》中的《左传钞》四卷、《国语钞》一卷、《国策钞》二卷、《史记钞》五卷,书中钤有"山口县山口中学校图书之印""与"山口高等商业学校图书之印"朱文方印,可见其确实曾作为山口中学校、山口高等商业学校的教材而使用。

③ 可参看李庆《日本汉学史》所列的从1869—1881年前后,日本所出版的大量具有读本性质的和汉文著作,现实情况比这还要多,上海:上海外语教育出版社2001年版,第88—94页。又可参看〔日〕牧野谦次郎《日本汉学史》中对明治初期汉文隆盛的论断,张真译,北京:学苑出版社2020年版,第186页。

变成了"兹钞乃录文，非录史也"①。他之所以去掉"为时文蓄根抵，制艺溯渊源"是因为日本并没有科举制度，②抄上这句话，岂不是让读者不解？虽然日本没有科举制度，可《古文钞》作为中等及以上学校汉文教科书，自然要涉及到如何作文，以及应对随之而来的考试，这也就是说二者有着共同的编纂目的。

其次，高嵣与竹添在学术观念上具有相通之处。二人虽然活跃在不同年代，但都非常重视明清，尤其是清人的学术成果。先来看《读书丛钞》，从全书所收文章的时代来看，可分为古文钞（明前）与时文钞（明清）两大部分。影印本《读书丛钞》一共是25册，从《左传钞》到《归馀钞》属于是古文钞部分，占了影印出版的9册，而《读书丛钞》的一大特色就是"集注"，在对这些古文的评点中就引用了大量前人的评点。以《史记钞》为例，据学者统计，《史记钞》中引用了宋代学者如三苏、叶适等人的评点，数量在 1—3 条之间；茅坤、杨慎、唐顺之、钟惺、邓以赞、何焯等明人的评点在 1—7 条之间不等；而所录清人评点，如储欣 42 条，浦起龙 23 条，吴见思 5 条，倪稼咸 4 条，蔡文之、孙琮、徐与乔等人数条。③不难看出，高氏所录评点以明清人居多，尤其是清人。同时，《史记钞》中的某些篇目，高氏直接标明是从浦选本还是储选本中来④，其他古文钞本的情况大致与《史记钞》相似。对于其余的时文钞本部分，如《明文钞初编》《二编》《三编》至《六编》，《国朝文钞初编》《二编》到《五编》，占了影印本的 13 册，足见高氏具有极为重视当代学人的特点。

---

① 竹抄本《史记钞·杂说》，第一册，奎文堂 1885 年刊本。竹抄本在抄袭《序》及《杂说》时，刊落了小部分文字，其中就包括这句话。竹内航治则从"乃录文，非录史也"一句话认为竹本《左传钞》对"文学性"的重视超过了高嵣原有的"道德观念"，由此来判断竹本《左传钞》与高本《左传钞》具有不同的性质。竹内所引的这句话是竹本《左传钞》中的广告语，他并没有翻阅《史记钞》，如果知道这句话是删节而来，或许他就不会如此下定论了，实际上只是因为日本并无科举制度，竹添怕读者误解，故删去，并不是竹内所想的那样。事实上，《读书丛钞》与《古文钞》的目的都是为了教人学习作文。这也反映了中日两国学者的认知差异。

② 关于科举制度与日本汉文选本典范的形成与转变，可参看张伯伟：《域外汉籍与中国文学研究》，《文学遗产》2003 年第 3 期。

③ 韦晖：《高嵣〈史记钞〉研究》，《西安社会科学》2009 年第 3 期。

④ 如《高祖本纪》，高氏注"照储选本节录"；《太史公自序》，注"照浦选本节"等。

对于竹添来讲，他虽然曾受过洋学熏陶，但在学术上却深受乾嘉之学的影响，极为重视清人的研究成果，这一点在学术界已成共识。①就拿竹添影响最大的《左氏会笺》来说，他在《自序》中列举了参考前人成果的名单，包括顾炎武、魏禧、万斯同、王夫之、毛奇龄、焦循、江永、方苞、洪亮吉、段玉裁、王念孙、王引之、阮元、姚鼐、俞樾等29人②，这些学者无一不是清代赫赫有名的学术大家，充分体现了他对清人学术的重视。此外，前人已经指出，《左氏会笺》具有"集注"的特征，③而这也与《读书丛钞》的特点相类似。

虽然二人活跃年代不同，国籍不同，但在学术观念上却存在一致性，这一点可以说是竹添选择抄袭高嶷《读书丛钞》非常重要的内在因素。

至于第三个原因，则是两人对古文选本的编纂理念有较多吻合之处。粗略地讲，日本学者留给世人的印象往往是做事遵循一定的规矩，极有章法。高嶷《读书丛钞》的另一个特点就是编纂体例谨严，谨守"义法"，也可以说是"桐城派"手段，具体表现在：每一钞前必有序，必有目录，每一篇都有正文和评语、圈点所组成。所选古文不拘长短，必分段，而且对每段的大意进行总结，按照顺序排列，篇后有总评，也就是从点到线，从线到面极有章法，当然这也是《读书丛钞》为科举而编纂的目的所决定的，八股作文最讲究章法谨严。日本虽然没有科举考试，但是学者们古文评点方式也与之相类似。比如，与竹添同时代，并与之交好的另一著名汉学家三岛毅，他所编的《日本外史论文段解》《史记论赞段解》就是严格按照分段的形式执行评点的。如果再与竹添所编的其他古文选本，诸如《孟子论文》《笺定评注古文辞类纂》之类，可以发现，高氏与竹添的评点形式极为相似。

再比如，高氏认为在文章选本中，"叙事"与"议论"不可偏废，表现在《读书丛钞》中，就是两类大文体，几乎各占一半。《史记》是史传文学的典范，130

---

① 可参见孙赫男：《竹添光鸿〈左氏会笺〉与清代考据学关系考述》，《学术交流》2009年第4期。

② [日] 竹添井井：《左氏会笺·自序》第一册，井井书屋印行，明治三十六年（1903）刊。

③ 可参看孙赫男：《竹添光鸿〈左氏会笺〉研究要旨》，《北京大学学报》（哲学社会科学版）2006年第3期；赵成杰：《竹添光鸿〈韩非子校注〉评述》，《文津学志（第6辑）》，北京：国家图书馆出版社2013年版。

篇中的大部分篇目都有"太史公曰"，后世称这种形式为"论赞"或"序赞"，其本质就是议论。以高本《史记钞》为例，共选77篇，而其中单录序赞，也就是"太史公曰"就有45篇，占了所选篇目的一半多；竹添一共从高本中选取41篇，序赞有16篇，占了将近一半。而选篇数量与竹添相当的浦起龙《史记钞》，在40篇中只选了9篇论赞，占比二成多一点。由此可见，二人对于两大类文体保持平衡的观念有一定相通之处。

此外，高嵋《读书丛钞》在当时并不知名也是一个重要原因，而诸如浦起龙《古文眉诠》、储欣《七种古文选》、蔡闻之《古文雅正》之类选本在日本具有一定知名度，①读者已觉不新鲜，而《读书丛钞》可以说是清代选本的最新成果之一，如果改换名头，加以包装，对当时之人可谓耳目一新。

从以上论述可以看出，《读书丛钞》与《古文钞》不仅在编纂目的上相同，而且在对待清人学术成果的态度，以及对古文选本编纂的理念等诸多重要方面，均有高度吻合的迹象。

从心理层面来说，竹添对于高嵋应该有较高的"认同感"，按理来说，竹添或许会引高氏为"异代知己"，即使不加表扬，也理应注明出处。然而，事实却与此相反，他不仅公然剽窃高氏的劳动成果，而且有故意隐去出处的表现，并没有展示出应有的尊重。这其中的原因或许是竹添"尊名轻贱"的心态在作祟。所谓"尊名"即尊重那些在社会上有名望的人，"轻贱"即轻视地位底下或不为人所知的人。其实在《古文钞》出版前，竹添就有数种选本陆续问世，其中就包括《评定笺注古文辞类纂》（奎文堂明治十七年刊），其署名"清姚姬传纂集，日本竹添井井校阅"云云，实际上，即便此书不署姚鼐之名讳，光凭《古文辞类纂》几个大字，估计也不会有人不知道原编者，其非常正式的标出"姚姬传"，而不是"姚鼐"，既是表明了对姚氏的尊重，也暗含了借姚氏"名人效应"的意

---

① 比如，储欣的古文选本口碑很好，在当时教育界影响很大，甚至为"外国贡使宝购以归"，见储掌文《云溪文集》。《四库全书总目》中有对几种重要的古文选本做过记录，比如《御选唐宋文醇提要》《古文雅正提要》等，而日本江户末期的著名汉学家赖山阳曾撰《读〈四库全书提要〉》，可推测当时对类似这种选本并不陌生。见赖山阳：《山阳先生书后》卷下，1832年春和堂刊版，第三册。

图。诚然，相比于姚鼐，高嵣只是不知名的小人物，如果不是《四川酉阳牧高公牧表》①的出现，今天的我们仍然对他知之甚少。如果竹添真的尊重高嵣，也会如此郑重的标出其名讳，但显然他并没有这样做，这是他故意为之，而非偶然疏漏导致。

日本学者冈村繁先生通过大量的证据证明，竹添《左氏会笺》剽窃了龟井南冥《左传考义》的成果，而他认为竹添这种明显引用而不标出的行为，是缘于《左传考义》是"作为抄写本只是暗暗传播，难以被世间学者所发现"②。这也就是说，对于那些不被世人所知的学者，如高嵣，竹添选择的方法往往是故意隐去。③再加上《古文钞》中蕴含的商业成分，冠名一位没有名气的学者，可能会造成《古文钞》在商业上的损失。④

正如本文开头所言，学界关于《左氏会笺》是否存在抄袭的讨论一直都未停歇，不管是认定其抄袭，还是否认其剽窃的学者，都会引用竹添《左氏会笺自序》中的一段话：

> 夫经所以载道也，道原于人心之所同然，然则他人说经获我心者，道在斯可知矣，以所同然之心，求所通然之道，何必容彼我之别于其间，集众说折衷之，要在阐明经旨，杜朱二家解经之法，尤见其求道之诚，而秉心之公也，若夫夸博炫新，栩栩自喜者，固不足与识，至于掠人美为嫌，则犹浅丈夫也夫。⑤

---

① 见孔哲：《高嵣〈题体类说〉整理》（上），《古代文学理论研究》第43辑。
② ［日］冈村繁：《试论竹添井井〈左氏会笺〉的剽窃行为》，俞蔚慈、陈秋萍、韦海英等译：《日本汉文学论考》，《冈村繁全集》第七卷，上海：上海古籍出版社2009年版，第709页。
③ 可参看吴留营：《明治初期日本来华外交官的文化交际透视——以竹添光鸿为中心的考察》一文中对竹添井井前后来华时所交往的清人，虽然因为种种目的，但几乎全是各自领域的知名人物，《南开日本研究》2020年。又可参考上文所指出的奎文堂版《栈云峡雨日记》所列的参评名单。
④ 根据竹添利镰《历代古文钞序》中所说"高木怡庄高木怡庄有见于此，获井井先生所钞录古文，将梓以公于世"，可见无论竹添是否告知了高木以及利镰《古文钞》的来源，最终到出版时也未标明出处，可知这是他们共同的态度，即有意隐去。
⑤ ［日］竹添井井：《左氏会笺自序》第一册，井井书屋印行，明治三十六年（1903）刊。

他的大意是，只要前人与己"心心相印"，通过折衷的方式，阐明经旨的目的达到了，就不必拘泥于是否标明出处。照他这样的说法，那《自序》中的 29 位名家也就同样不必标出了。"浅丈夫"一句，将他"尊名轻贱"的心态暴露无遗。近代日本研究的先驱黄遵宪，曾指出日本汉学的弊端：

> 三百年来，国家太平，优游无事，士夫每立一义、创一说……既各持其说，无以相胜，则曲托贾竖，邮呈诗文于中国士大夫，得其一语褒奖，乃夸示同人，荣于华衮。而朝鲜信使偶一来聘，又东西奔走，求一接謦欬，以证其所学之精。①

黄遵宪所描述的这种现象，不正是"尊名轻贱"心态的具体表现吗？可见竹添的这种抄袭行径，与时代群体心态息息相关。

五、《历代古文钞》的学术价值

然而，作为一部由抄袭而来的汉文选本，《古文钞》除了折射出日本明治时期汉文学发展的"乱象"，以及体现出部分日本汉学者"尊名轻贱"的心理状态外，是否还具有其他的价值？本文认为至少在以下几方面值得探讨。

首先，本文通过对《古文钞》抄袭的认定，纠正了以往学界研究《古文钞》的一些错误结论。只有搞清楚《古文钞》抄袭的来龙去脉，才可能在此事实认定的基础上展开研究，进而得出相应的结论。比如有的学者误以为《史记钞》是竹添本人的独创，把其中的内容完全当做了竹添的个人成果来看待，并得出了"其对《史记》文笔特色的分析有自己独到的见解。在一定深度上反映了明治时期日本学者《研究》的特点和水平"。②对《古文钞》确为抄袭的判定，势必会为以后的学术研究扫清障碍。

其次，可能要重新判断高嵣《读书丛钞》的学术价值。《古文钞》的出现，本身就代表了对《读书丛钞》价值的认可。以往学界对于类似选本，视为俗书，

---

① 黄遵宪：《日本国志·学术志一》，上海：上海古籍出版社 2001 年版，第 335 页。
② 杨海峥：《日本史记〈史记〉研究论稿》，北京：中华书局 2017 年版，第 192—193 页。

不太重视，如果扩大视野，站在汉文化圈的高度去观照，可能会有新的认识①。

鲁迅曾说过："凡是对于文术，自有主张的作家，他所赖以发表和流布自己的主张的手段，倒并不在作文心，文则，诗品，诗话，而在出选本"②。如果抛开抄袭不谈，从《古文钞》对《读书丛钞》的删选中，可以看出竹添的一些文学观念。如前表1所列，在选篇数量上，在其它四种所占比例最多一半左右的情况下，《国策钞》尤其引人注目，占了高本原篇目数量的七成以上，《国策》作为一部记载战国时诸国辩士之间相互交锋的"言行录"，几乎可谓是一部"外交辞令集"，其偏爱《国策》既是其外交官身份的反映，亦可以窥见他学习渊源所在。通过对比，我们知道竹添在抄袭《读书丛钞》时，对某些篇目的总评进行过少量的增删，比如他在《郑伯克段于鄢》增归有光一条评语，在《信陵君谏魏王》增姚鼐一条评语，在《荆轲入秦》一篇删去了高氏原附《史记·荆轲传》一文，又删去了《苏秦以合纵说齐》中高氏考《史记》的案语，而他也曾评注过姚鼐的《古文辞类纂》，并付梓刊行，由此我们可以看出桐城文法中"贵简洁"对他的影响。

如果我们再扩大视野，用整体眼光去观照《古文钞》，将其置于明治时期选本史的发展脉络中，我们发现，《古文钞》确实有其价值所在。凭心而论，《读书丛钞》的体量确实不适合当时的日人学习，竹添通过抄袭原本700多篇中的300篇，压缩了将近六成，将其变为《读书丛钞》的一个"精钞本"，使之成为一部适合具有中等程度以上的汉文学爱好者所能接受的汉文学读本。

汉学虽然在明治时期遭到了极大的冲击，然而这一时期却是汉文学选本的"黄金时代"。当然，这其中有一些滥竽充数之作，良莠不齐③。由《左传》《国

---

① 这一方面可参考巩本栋：《略论〈古文真宝〉的东传》一文中以《古文真宝》为例的讨论，《读书丛钞》虽没有《古文真宝》广泛且深入的传播，但作为学习汉文的教科书这一性质上是相通的。详见金程宇编：《域外汉籍研究集刊》第21辑，北京：中华书局2021年版，第367—381页。

② 鲁迅：《选本》，《鲁迅全集》第七卷《集外集》，北京：人民文学出版社2008年版，第138页。

③ 以《史记》相关选本为例，仅明治中期就有村上作夫《史记十二传批评》、青木贞三《文法阐微》、山本廉《纂评史记传抄》、芳本铁三郎《史记十传纂评》、冈三庆《鳌头解释史记列传讲义》、村山拙轩《史记列传讲义》、山本宪《文法详解：史记列传讲义》等多种文学读本陆续出版，其中的一些无论是刊刻质量还是体例、内容都比较一般。

语》《国策》《史记》《汉书》《唐宋八家》《归馀》①而组成的《古文钞》，都是历经时间检验、历代名家所称赞的文学经典，从读者角度出发，既可以分开阅读，又能整部通览，而且又是清代学者多年精心编选，再加上刊刻质量较高，所以无论在内容还是形式上都要高于同时期的大部分选本，完成了它应有的历史使命。

此外，如果将《读书书丛钞》《古文钞》纳入整个东亚汉文学选本的视野中，又或许可以管窥各国选家在文学审美上的异同。限于篇幅，也就不再赘述。

六、结语

总之，本文在前人研究的基础上，通过对竹添井井旧藏高嵷《读书丛钞》中的部分选本的考察，认定《历代古文钞》是有意识地抄袭高嵷《读书丛钞》，在这个事实认定的前提下，结合相关史实及资料，认为《古文钞》是在明治时期特殊社会背景下，由名人和商人"合作"而产生的一部汉文学教科书。而竹添之所以选择《读书丛钞》为来源，是因为二者在编纂目的、学术观念，以及选本编纂理念等诸多层面具有高度相通之处。至于《古文钞》不标明出处是由竹添井井"尊名贵贱"心态作祟的结果。通过本课题的研究，不仅可以纠正学界的一些错误结论，为以后的学术研究扫清障碍；而且对高嵷、竹添井井，以及明治时期的汉文选本发展史等诸多方面的研究都有其独特的参考价值。

（王豪，男，河南南阳人，安徽师范大学文学院博士研究生）

---

① 《归馀钞》是除其他原典外，由先秦至元代公认的名文组成。竹添选择由七种构成《古文钞》，可能是受储欣《七种古文选》的影响，储选七种分别是：《左传》《谷梁传》《公羊传》《国语》《国策》《史记》《西汉文》。

《史记新证》引文考
——以十二本纪为例

郭瑶洁

《史记新证》是陈直先生在《史记会注考证》与《考证校补》的基础上，参考传世铜器铭文、殷墟甲骨文、权量、石刻、竹简、陶器及相关文献后对《史记》典章制度、官吏名、地名、人名、器物名等内容所作的考证。在《自序》中，陈直先生称"书名《新证》者，多以出土之古器物，证实太史公之记载，与逐字作训诂音义者，尚微有区别。又所引古器物，前后略有再见，或因性质之不同，或就繁简之需要，不得不附带加以说明。"[①]可由此想见全书风采。

《史记新证·自序》中，陈直先生指出"日人及我国注解《史记》者，汇合贯串作考证。在校字方面，将删佚之《正义》，全数补入。在考证方面，采撷众家，搜罗宏富，是其所长也。又有无关于考证者……剪裁取舍，是费了一番功力，但出于己'坚壁不可撼'之精说并不多"。[②]过往对《史记》展开注释或考证的著作首选的研究方法都是文本互证法，《考证》创作时虽已有了二重证据法的理论，但由于出土文物数量以及泷川君日人身份的限制，其创作主要还是依靠传统的批注方式，鲜少以地下之材料证纸上之材料。陈直先生用《汉书》《楚辞》《金石萃编》《小校经阁金文》等纸上之旧材料与各种考古现场发掘所得或者名家所藏的印章、封泥、瓦当等地下之新材料，充分利用文本外证法与二重证据法对三家旧注、《考证》及《史记》原文做出了759条考证。书中既有对《史记》原文及注家之说可靠性的证明，又有对旧注及《史记》原文观点的整理。作为实践二重证据法的作品，《新证》在体例与方法上都为后世学者提供了

[①] 陈直：《史记新证》，《摹庐丛著》本，北京：中华书局2006年版，第3页。
[②] 陈直：《史记新证》，《摹庐丛著》本，北京：中华书局2006年版，第3页。

极好借鉴。

一、《史记新证》引文的格式与类型

《新证》整体的体例为：先引原文，原文下酌情引旧注，旧注下为直按。书中的引文根据引用之书与引用内容的不同呈现出不同的面貌，主要类型有原文照录、裁缀改动、略有讹误、抄撮主旨与概括综述五种，不同类型的引文有着不同的标注格式，以下从引文格式的角度对其各种类型简单介绍。

（一）有引号有冒号

这一形式主要涉及原文照录类。凡是冒号、引号齐全的引文内容都很完整，都是有始有终的一段话或几句话，这一类在《新证》引文中所占比例最大。

例如《孝文本纪》：

> 欲出周鼎，当有玉英见。
> 直按：屈原《九章·涉江》云："登昆仑兮食玉英。"又按：《小校经阁金文》卷十五、九十页，有上太山镜铭云："上太山，见神人，食玉英，饮醴泉，驾蛟龙，乘浮云。"……①

此条内容有两处引文，引用《九章》与《小校经阁金文》的内容皆为首尾完整之句，因此标点符号也很完整。

（二）有引号无冒号

这一形式主要涉及裁缀改动类与略有讹误类。考证时不一定要把所引篇章的内容全部引过来，因此《新证》只选取其中对考证有用的一句或者几句话，在保持原文大意不变的前提下对引文进行增删改补。

裁缀者如《秦始皇本纪》：

---

① 陈直：《史记新证》，《摹庐丛著》本，北京：中华书局2006年版，第33页。

三十七年十月癸丑，始皇出游，左丞相斯从，右丞相去疾守。

直按：《盐铁论·毁学篇》云"过九轶二"（指李斯而言）。过九者谓九卿也……①

此条《盐铁论》作："方李斯在荀卿之门，阘茸与之齐轸，及其奋翼高举，龙升骥骛，过九轶二，翱翔万仞，鸿鹄华骝且同侣，况跛牂燕雀之属乎！"②原文"过九轶二"上下都还有话，《新证》只引其中一小句。

改动者如《高祖本纪》：

夫齐东有琅邪、即墨之饶，南有泰山之固，西有浊河之限，北有勃海之利。

直按：……《战国策·齐策》云"齐城之不下者，惟莒与即墨"，知即墨亦为要地。③

此条下《战国策》的引文原文作"唯独莒、即墨"，值得注意的是此条引文并非出于《齐策》，而是出自《燕策》。

略有讹误者如《高祖本纪第八》：

夫运筹策帷帐之中，决胜于千里之外，吾不如子房。

直按：《汉张迁碑》文，叙张良事作"运筹惟幕之内，决胜千里之外"。虽用《史》《汉》语，与今本却不同。④

《汉张迁碑》此处实际为"善用筹策在帷幕之内，决胜负千里之外"，与《新证》直按中的内容有所不同，不知何故。

---

① 陈直：《史记新证》，《摹庐丛著》本，北京：中华书局2006年版，第23页。
② 王利器：《盐铁论校注·毁学第十八》，北京：中华书局1992年版，第231页。
③ 陈直：《史记新证》，《摹庐丛著》本，北京：中华书局2006年版，第29页。
④ 陈直：《史记新证》，《摹庐丛著》本，北京：中华书局2006年版，第28页。

《史记》文献研究

（三）有冒号无引号

这一形式主要涉及抄撮主旨类。《新证》在引用某书观点时往往有引号，但在引用某人的观点时则只用冒号加内容的格式。而且，无论是旧注中的前人注解之说，还是直按引某人的观点，都依此例。

如《秦本纪》：

> 十三年庶长章击楚于丹阳，虏其将屈匄。
>
> 直按：……《集古录》跋尾引王伯顺云：《诅楚文》凡三，曰久湫、曰巫咸、曰亚驼，其词则一，惟告于神者随号而异……①

此条直按虽引的是《集古录》的内容，但因为《集古录》引的是王伯顺之言，因此并没有加冒号。

（四）无冒号无引号

这一形式主要涉及概括综述类。有时《新证》为了方便阅读，会将复杂内容隐括大意，这个时候往往冒号与引号具缺，只用逗号标识。

如《殷本纪》：

> 太子太丁未立而卒，于是乃立太丁之弟外丙。
>
> 直按：《太平御览》卷八十三引《竹书纪年》，作外丙名胜，沃丁名绚，小庚名辨，小甲名高，雍己名仲，河亶甲名整，祖己名滕，小辛名颂，小乙名敛，祖庚名曜，祖甲名载，商代帝王之名，多不见于其他文献，当有所本。②

此处在《太平御览》中作"《纪年》曰外丙胜居亳……《纪年》曰沃丁绚即位居亳……《纪年》曰小庚辩即位居亳……《纪年》曰小甲高即位居亳……"③

---

① 陈直：《史记新证》，《摹庐丛著》本，北京：中华书局2006年版，第14页。
② 陈直：《史记新证》，《摹庐丛著》本，北京：中华书局2006年版，第6页。
③〔宋〕李昉、徐铉等：《太平御览》，北京：中华书局1959年版，第390页。

所记极为复杂，《新证》隐括其大意进行综述，使要点更加鲜明。

二、《史记新证》引文的来源

《新证》的759条考证广泛征引了文学、史学各方面的书籍，还参考了许多传世器物与出土文献。书中的引文来源众多：有出土遗址中的砖瓦器物，如1919年天水出土的秦公敦；有经史子集各部文献，如《尚书》《汉书》《庄子》《楚辞》；还有其自著，如《关中秦汉陶録》《两汉经济史料论丛》。笔者提取十二本纪中直按里涉及到的书名，整理表格如下：

先秦两汉		魏晋至唐	唐至明		清			近现代	
世本	公羊传	孟子	玉台新咏	钟鼎款识	晋书	恪斋集古录	恒轩吉金录	十六金符斋印存	小校经阁金文	周金文存
大戴礼	安氏房中歌	吕氏春秋	皇览	隶释	啸堂集古录	小蓬莱阁金石文字记	金石萃编	清溪旧屋集	双剑誃吉金图录	古石抱守录
尚书	竹书纪年	论语	颜氏家训	太平御览	长安图志	捃古录	簠斋藏器目	山左金石志	金泥石屑	关中秦汉陶録
说文解字	汉书	战国策	文选	艺文类聚	绛帖	古籀余论	藤花亭镜谱	三辅旧事	流沙坠简考释	金文续考
山海经	国语	四民月令	元和姓纂	汝帖	古玉图考	秦汉瓦当文字	积古斋钟鼎款识	释殷代求年与四方和四方风的祭祀	观堂集林	
楚辞	管子	庄子	唐书	长安志	陶斋吉金续录	封泥考略	居延汉简释文	殷墟前编		
淮南子	汉乐府	左传	经典释文	两京记	金石索	全后汉文	古泉大辞典	殷墟书契菁华		
盐铁论	秦纪		东观余论		十钟山房印举	长安获古编				

340

可见文物/考古发现		
武梁祠画像题字	1948年鄠县出土秦右庶长歜封邑陶券	汉城遗址"童马厩将"印
长沙仰天湖所出楚竹简	周武王陵	西安汉城遗址出土铜鼎
出土商鼎	西安西南乡战国秦时墓中"蒲阪"方足布	西安汉城遗址出土带钩
西安半坡村、鱼化寨新石器时代遗址	秦惠文君冢	古书籍中著录之虎符
殷墟甲骨文	河南王城发现的文信钱钱范	西安南郊出土陶尊
王国维周代谥法	丈八沟出土杜符	西安汉城遗址出土茧廉画瓦
小篆字形	秦度秦釜	出土汉印
甲骨文	出土秦代权量	《汉张迁碑》
1976年岐山出土墙盘蓝田利鼎	出土《云梦秦简·军爵律》	《曹全碑》
毕原上秦惠文王及秦悼武王二陵	始皇陵断砖残瓦	甘肃庆阳出土禾石铁权

表格中文献占比分析如下：①先秦两汉文献所占比例为19.83%，魏晋至唐为3.45%，唐至明有12.93%，清代有18.10%，近代为12.07%. 先秦两汉与清代的文献是《新证》引文的两个重要来源。②各个朝代的文献所占比例为66.38%，可见文物和考古发现所占的比例大致为33.62%，文献与文物之比为2∶1。③经部文献占比为12.98%，史部文献占45.45%，子部文献占16.88%，集部文献占6.49%，清代以前经史子三部的比例都比较接近，集部文献较少，清以来主要为史部文献，间或有引用其他三部者。其中经子集三部中引用的文献没有表现出鲜明的倾向性，史部文献中金石考古类占绝大多数。

陈直先生在《自序》中这样说道："余之为《新证》……其材料多取材于考古各方面。如殷代则用殷墟甲骨文，两周则用铜器铭文，秦汉则用权量、石刻、竹简、铜器、陶器诸铭文。使文献与考古合为一家……" 虽然引文涉及的文献时代跨度大、数量多、学科门类广，但是从性质上可以划分文物与文献两类。由于出土文献主要指出土文物中的文字数据,而书中所引文物多利用其文字资料,因此,笔者在此将所有引用材料分为文学、史学性文献与考古类文献两种。

(一) 文学、史学性文献

这一类文献主要指《汉书》《史记》《尚书》等。在本纪中,《新证》引用频率较高的有:《汉书》24 次,《史记》19 次,《楚辞》11 次。就整本书而言,《汉书》(178 次)出现的次数也遥遥领先,《史记》(103 次)位居第二,《盐铁论》(45 次)取代《楚辞》成为第三。

史汉互证法是《新证》最常用的方法。《汉书》《楚辞》与《盐铁论》等作品距《史记》相去不远,最可能保留事件的原貌,书中与《史记》相同或者相异的内容都有较高的可信度,是用以考证的最佳选择。例如《项羽本纪》中"是时赤泉侯为骑将追项王,项王瞋目而叱之"几句,《新证》按语指出《汉书》中的赤泉侯写作杨喜,《史记》此处将杨喜改称为赤泉侯是为了避太史公祖父司马喜之讳。[①]清前的文学、史学性文献在考证过程中发挥的主要是文本外证的作用。无论是以诗证史、以文证史还是以史证史,这种文本外证的方法在金石、简牍、出土文献不多的年代里一向是学者们展开考证的首选方法;同时,《史记》内证法也是用以佐证的一大利器。《史记》作为一部规模宏大、体系完备的史学著作,其自有的体例、上下文逻辑、不同篇章之间的联系都可以作为考证的依据。例如《孝文本纪》"大将军陈武"之记载。《考证》指出《汉书》有"大将军武",服虔认为是"柴武",柴武为大将军在文帝三年,陈武则"他无所见"。针对泷川君的看法,《新证》按语认为陈武就是柴武,还提出《高祖功臣侯表》和《史记·文帝纪》中都有记载,《考证》之说自然为非。[②]

(二) 考古类文献

这一类文献主要指《金石萃编》《封泥考略》等金石考古类文献与各地考古现场所出的出土文献。在本纪中,《新证》中出现频率较高的考古类关键词为:

[①] 陈直:《史记新证》,《摹庐丛著》本,北京:中华书局 2006 年版,第 28 页。
[②] 陈直:《史记新证》,《摹庐丛著》本,北京:中华书局 2006 年版,第 31 页。

"出土"13次，"金石"12次，"金文"12次。就整本书而言，"金""简""封泥""印""陶"等词都有极高的频率，其中"金"字（116次）最多，"简"（80次）紧随其后。

考古类文献的应用实际上是二重证据法的必然要求。二重证据法是指用地下出土文物资料结合纸上的文献资料进行考证的方法。利用金石学文献者如《周本纪》中"辛伯告王，王杀周公。"两句，《新证》指出"周公之后，仍称周公"，以《周金文存》卷六、二十二页杭州邹氏藏的周公戈为证，足见其说法的可靠性。①清代金石学发展到鼎盛，出现了像王昶、阮元、吴世芬、杨守敬这样的金石学名家，他们致力于搜集石鼓、铜器、瓦当等材料来整理或补正某一典籍，他们的作品中尽可能地保留了金石、简牍、封泥的原貌，为《新证》提供了必要的参考数据。利用出土文献者如《周本纪》"帝纣闻武王来，亦发兵七十万人距武王"两句，《新证》以殷墟甲骨文中对商代用兵情况的记载为证，认为甲骨文记载商代用兵至多一万余人，此处《史记》本文记载商代用兵七十万人，与实际不符合，并对此提出疑问。②出土文献的重要性在甲骨文、敦煌遗书、居延汉简等材料被发现之后就逐渐被学者认知到，王国维在《古史新证》里提出二重证据法，并将其运用到研究中，《史记新证》即为陈直先生受到启发后的作品。

陈直先生在《汉书新证·自序》中提到的："以本文为经，以出土古物材料证明为纬。使考古为历史服务，既非为考古而考古，亦非单独停滞于文献方面。"③这样文本与文物相结合，文学、史学性文献与考古类文献相结合的研究方法使《新证》中出现了许多精彩的论证。传世的文学、史学性文献在校勘和考证时可以提供与《史记》相关的许多材料，在文本外证上向来起着不可替代的作用，是最常用的考证资料。但是每部书在传抄与翻刻的过程中都会不可避免地出现讹、脱、衍、倒等问题，自然灾害、政治干预与各朝代的避讳也会给考证者造成许多困惑。各种考古现场发掘所得或者历代名家所藏的印章、封泥、瓦当及各种器具上的铭文或者不像纸张这样容易损毁，或者长期埋藏于地下能

---

① 陈直：《史记新证》，《摹庐丛著》本，北京：中华书局2006年版，第10页。
② 陈直：《史记新证》，《摹庐丛著》本，北京：中华书局2006年版，第8页。
③ 陈直：《汉书新证》，天津：天津人民出版社2008年版，第4页。

够在漫长的历史过程中保留部分原貌，可以更加真切地展示出汉代诸多方面的情况，具有"与史传正其阙谬"的功能。各个朝代的各种著作与后世的出土文献在史汉互证、《史记》内证与二重证据法等考证方法的运用过程中起到了极其重要的作用。

通过观察各类文献出现的频率与种类数，可得出以下结论：

1. 从时代来说：《新证》引书首先倾向于先秦两汉与清代文献。

2. 从引书种类来说：文献与文物的比例大约为二比一，文学、史学性文献与考古类文献的比例大约为四比六。经子集三部作品中没有表现出明显的取向，史部文献里最重要的就是金石考古学的作品。

3. 从词频来说，文学、史学性文献中，《汉书》《史记》的频率最高，史汉互证法、《史记》内证法的应用颇为广泛，史汉互证为主导；考古类文献中，"金""简"等关键词最常出现，铜器铭文、瓦当、封泥等作为实践二重证据法的重要材料尤其受重视。

三、《史记新证》引文的目的及特点

（一）目的

旧注各注家对《史记》做出的考证不一定尽善尽美，《史记》本文的说法也并非万无一失，因此《新证》广泛征引文学、史学各方面的书籍，参考传世器物与出土文献，根据不同情况进行了再考证。书中挑选的考证内容可以分为涉及正误判别和不涉及正误判别两种，引文的目的主要有二：一是证明《史记》或旧注的记载无误；二是为了对《史记》或旧注中不完善或有误者进行纠正与补充。

当遇到涉及正误判别的内容，《新证》引文则根据不同的情况起到校勘文字、考证史实与释疑的作用。在不涉及正误判别与校勘考证的内容中，引用各类文献、文物只是为了对《史记》或旧注中的说法进行证据的补充，主要为证明《史记》原文或注家观点的可靠性。

补充材料者如《秦始皇本纪》"赵高故尝教胡亥书及狱律令法事，胡亥私幸之。"两句，《新证》按语指出赵高教胡亥之书，大概为《爰历篇》等，兼及律令文。①

校勘文字者如《秦本纪》"伐取韩石章，伐败赵将泥。"两句，按语将《史记·六国年表》中的"虏将赵庄"与此处"赵将泥"做对比，认为"庄"字在汉代可能写作"庒"，与"尼"字相似，后人在传抄的过程中又逐渐由"尼"变"泥"。②

考证史实者如《吕后本纪》"及封中大谒者张释为建陵侯"句。《新证》指出《汉书·百官公卿表》中有"谒者"，《灌婴传》里有"中谒者"，但都没有出现过"中大谒者"之名，认为这是汉初的官制，应该与谒者、仆射属于同一类。又强调类似的例子也可见崔寔《四民月令》，其中"后汉大尚书崔寔撰"句也是在官职前加上"大"字，可见"中大谒者"的出现是合理的。③

释疑者如《项羽本纪》"楚左尹项伯者，项羽季父也。"两句。《考证》引用中井积德之言，对项伯为季父但取字作"伯"表示不解。《新证》言项伯的排行在同父兄中则为伯，在共祖兄弟中为季，因此名季字伯。还指出至今江南各地，还有这样的风气。④一地的风俗鲜少见于文献，但其代代相传的特征却使其解释了项伯字"伯"之惑。

（二）特点

《新证》引文众多，包罗宏富。每一条引文有着明确的引用格式，原文照录或原文截录都有不同的格式，而且大多数引文都能精确到篇章，甚至一些金石考古类著作还能精确到卷数和页码。这份严谨与详细对读者十分友好。

1. 引文明确，详略得当

引文中每个字都对考证有重要作用。当需要引用的内容比较多或比较复杂时，《新证》常常对其进行简单概括，选取其中最有用的部分，其余以"云云"代替。有时也直接用"略云"介绍所引篇章的大致内容，大大方便了读者的阅读。

---

① 陈直：《史记新证》，《摹庐丛著》本，北京：中华书局2006年版，第24页。
② 陈直：《史记新证》，《摹庐丛著》本，北京：中华书局2006年版，第14页。
③ 陈直：《史记新证》，《摹庐丛著》本，北京：中华书局2006年版，第31页。
④ 陈直：《史记新证》，《摹庐丛著》本，北京：中华书局2006年版，第26页。

2. 出处清晰，便于查找

当引文涉及近现代出土文物时，《新证》都会详述出土地点，如"1976年岐山出土墙盘""1919年天水西南乡出土秦公敦"①；当引用金石类研究著作时，《新证》会指出其页码，如"《周金文存》卷六、二十二页"②与"《小校经阁金文》卷十一、十九页"③；引用传世经典著作时会详明篇章，如《史记·礼书》《楚辞·招魂》与《盐铁论·论功篇》。这样精确到篇名的记录十分便于读者查找验证。

3. 格式严谨，类型清晰

《新证》的引文从所引内容上可以分为引事与引言，引言又有直引和换言两种；从引用篇幅上可以分为详引与略引。无论哪种引用方式，都有着明确的符号标记。四种不同的标记形式中蕴含着文照录、裁缀改动、略有讹误、抄撮主旨与概括综述五种具体的引文情况，非常清晰。

然而，由于陈直先生对史记的研究不在一时，而是"越两岁一读，偶有心得，签纸别注"④，因此《新证》引文也存在一些缺点。

1. 体例不统一

在直按部分里，有时引文是先引用内容、再介绍书名，如《高祖本纪》"乃论功，与诸列侯剖符行封。"两句，按语指出"其形式今可考者有'与安国侯为虎符第三'符，见《小校经阁金文》卷十四、九十二页。有'与泗水王为虎符泗水左一'符，见《恒轩吉金录》一百二十三页"⑤；有时则是先介绍书名、再引用内容，如《吕后本纪》"少府延为梧侯"句，按语作"《十六金符斋印存. 续百家姓谱》十一页有'阳成房'印"。⑥这种时而先介绍书名，时而又先引用内容的区别似乎并没有什么特殊的标识意义。虽然不会给读者阅读带来困难，但使体例不太统一。

---

① 陈直：《史记新证》，《摹庐丛著》本，北京：中华书局2006年版，第12页。
② 陈直：《史记新证》，《摹庐丛著》本，北京：中华书局2006年版，第10页。
③ 陈直：《史记新证》，《摹庐丛著》本，北京：中华书局2006年版，第12页。
④ 陈直：《史记新证》，《摹庐丛著》本，北京：中华书局2006年版，第1页。
⑤ 陈直：《史记新证》，《摹庐丛著》本，北京：中华书局2006年版，第29页。
⑥ 陈直：《史记新证》，《摹庐丛著》本，北京：中华书局2006年版，第30页。

2. 书名混乱

引文中常有书名前后不一的情况。例如《秦始皇本纪》第12条考证引用了《长安图志》卷中《志图杂记》之语，①然引文内容实际出自《长安志图》。又《秦始皇本纪》第一条考证引用了《金文续考》中收录的上郡戈铭文，②然《金文续考》此书实在难以找到，不知是否为书名记录失误。又有《殷本纪》第2条考证引《殷墟前编》，然此书名实际应作《殷墟书契前编》。除此之外，《新证》在引用史汉之外的书尚且比较注意书名篇名的完整性，但涉及《史记》与《汉书》时则常常只标篇名，如《殷本纪》第1条考证引用《汉书》时直接写作《古今人表》③，又《秦本纪》第12条考证引《史记》直接作《楚世家》④。究其原因，大抵有一些名字比较接近的书本来就易造成混淆，而像《殷墟书契前编》《史记》《汉书》这样的作品都具有比较高的知名度，稍作简写也不太能影响全书整体的表达。

四、结语

《史记新证》是陈直先生利用纸上之旧材料与地下之新材料，在《史记会注考证》的基础上对《史记》及旧注作出的考证。书中既有对《史记》原文及注家之说可靠性的证明，又有对旧注及《史记》原文观点的整理。作为实践了二重证据法的作品，《新证》在体例与方法上都为后世学者提供了极好的借鉴。

《新证》中的引文根据引用内容的不同可分为原文照录、裁缀改动、略有讹误、抄撮主旨与概括综述五类，不同类型的引文有着不同的形式：冒号、引号齐全的引文内容都很完整，主要是原文照录类，在《新证》引文中所占比例最大；有引号无冒号者对原文进行过增删改补，主要是裁缀改动类与略有讹误类；有冒号无引号者一般出现在引用某人观点的情况下，主要是为抄撮主旨类；无

---

① 陈直：《史记新证》，《摹庐丛著》本，北京：中华书局2006年版，第20页。
② 陈直：《史记新证》，《摹庐丛著》本，北京：中华书局2006年版，第17页。
③ 陈直：《史记新证》，《摹庐丛著》本，北京：中华书局2006年版，第5页。
④ 陈直：《史记新证》，《摹庐丛著》本，北京：中华书局2006年版，第14页。

冒号无引号者是为了方便阅读将复杂的内容隐括大意，主要是概括综述类。《新证》所引材料主要为文物与文献两类，从内容与性质上可以统一分为文学、史学性文献与考古类文献。就时代而言：《新证》引书首先倾向于先秦两汉与清代文献；就引书种类而言：文献与文物的比例大约为二比一，文学、史学性文献与考古类文献的比例大约为四比六。经子集三部作品中没有表现出明显的取向，史部文献里最重要的就是金石考古学的作品；就词频而言，二重证据法与文本外证法可以平分秋色。史汉互证法、《史记》内证法的应用颇为广泛。同时，铜器铭文、瓦当、封泥等作为实践二重证据法的重要材料尤其受重视。书中引文的目的主要有二：一是证明《史记》或旧注的记载无误；二是为了对《史记》或旧注中不完善或有误者进行纠正与补充。各种引文的具体作用是补充材料、校勘文字、考证史实与释疑存疑。其中又以补充材料为多。这些引文详略得当、格式严谨，能够详述本末、明确出处。但也存在体例不完全统一与书名引用混乱的情况。这大概与《新证》非创作于一时的客观因素有关。

虽然《新证》是在比较完善的旧注基础上展开新的补充，但是其体量也决定了其不可能面面俱到、一应俱全。加之受到出土文献数量、检索资料困难、古文字学术发展有限等因素的制约，《新证》当然有不能尽善尽美之处，但这无疑是以二重证据法证史书的开山之作。759条考证中引文涉及的资料来源众多，足见陈直先生学术之深、涉猎之广。

（郭瑶洁，女，河南洛阳人，陕西师范大学文学院中国古典文献学专业2021级硕士研究生）

《史记》文献研究

台湾《史记》选本编撰出版概况

凌朝栋

我国大陆与台湾同根同源，同为华夏儿女，共同继承祖国优秀灿烂的文化遗产。两岸学者积极开展《史记》学术研究与交流，取得了许多成果。台湾省《史记》研究比较著名的有马持盈主编的《史记今注》[1]、王叔岷先生的《史记斠证》[2]，还有施之勉的《史记会注考证订补》[3]，杨家骆的《史记今释》[4]等，在这四位学者的著作中，前三种均为全面性的注释或考证方面的著作，而杨家骆的《史记今释》为选本著作。台湾《史记》选本的历史应该说有这样几种情况：第一种是台湾与大陆同时继承1949年以前民国时期的学术成果；第二种是从大陆到台湾以后的学者或者台湾学者所编写的《史记》选本；第三种情况是台湾引进大陆学者的《史记》选本著作，在台湾出版；第四种情况是台湾引进日本等的《史记》研究成果自己编选的；第五种情况是台湾大学中文系编撰未经正式出版的《史记读本》讲义到正式出版著名教材《史记选注》等。

一、两岸共同继承的民国时期的《史记》选本在台湾出版

对于台湾出版民国时期的《史记》选本情况，虽然数量统计难以确切，但还可以举例说明。例如民国时期初版由上海世界书局出版的秦同泰选注、宋晶如

---

[1] 马持盈：《史记今注》，台北：台湾商务印书馆1979年一版、2010年二版。
[2] 王叔岷：《史记斠证》，台北：台湾史语所专刊，北京：中华书局1983年版。
[3] 施之勉：《史记会注考证订补》，台北：华冈出版公司1976年版。
[4] 杨家骆：《史记今释》，台北：台湾正中书局1971年版。

校订的《史记评注读本》，在大陆由天津人民出版社出版的《白话史记读本》（2007年版），就曾在台湾多次出版和印刷。《白话史记读本》最早在台湾被台湾世界书局在1953年以《广注语译史记精华》的书名出版，后改为国文自学辅导丛书之一《史记精华》（上下册），由台湾世界书局于1969年出版，1971年再印第十版。但是两者还是有一定的区别，天津人民版《白话史记读本》所收集的内容较为完备，有《编辑大意》，更为有价值的是其收录了该书初版时每篇选文前的评论，这两者在台版该书中是缺失的。该书精选史学名著《史记》一百三十篇，每篇均为不可不读的精品，注释简洁而详实，译文通俗而晓畅，文前评论短小精辟，言简意赅，都较为准确地传达了司马迁原著的风采和神韵。秦同泰的著作被台湾大东书局1969年再版，书名也为《史记精华》，言文对照，注解译义；台湾大夏出版社1991年将该书列入大夏经典丛书之一出版，书名仍为《史记精华》；台湾文馨出版社1975年又以《史记读本》之名出版，并由台湾师范大学汪中教授题写了书名，其内容没有变化。

再如在1927年商务印书馆曾经出版了由王云五、朱经农主编的学生文库丛书，该丛书收录了由庄适、胡怀琛、叶绍均编选注释的《史记》选本。丛书主编之一王云五先生最终去了台湾，编选者之一的叶绍均（叶圣陶）则留在了大陆，而这部书应该也是两岸同胞可以共同继承的《史记》选本成果。该书在大陆由北京大学王宁教授作为学生国学丛书新编系列重新修订与再版，出于今天弘扬中华优秀传统文化和提高文言文阅读能力的社会需要，他们对这套丛书进行了加工编辑，于2018年由商务印书馆出版，除了标记"学术国学丛书新编"主编王宁、顾问顾德希，还标出"胡怀琛、庄适、叶绍钧选注"等；而在台湾重新出版则标出王云五主编"人人文库"，仅标出"胡怀琛、庄适选注"，于1969和1971年由台湾商务印书馆出版。

第三种如民国时期中华书局编选的《史记精华》曾于民国三年（1914）出版，1933年印刷出版线装书八册，1937年印刷出版平装版中国文学精华《史记精华》（四册），而在台湾该书曾以早期的线装书版的影印形式出版，形成了该书在台湾通行的版本。

二、台湾学者编选的《史记》选本数量较多，颇具特色

学者从《史记》全本中编选出不同的精彩篇章，形成《史记》选读现象在海峡两岸也是客观存在的，现举其要者加以介绍。

（一）杨家骆《史记今释》

依据李晨光《史记今释》简介，[①]杨家骆《史记今释》具有以下三个特色：一是选材全面、合理。杨著是一部《史记》选释著作，对注释篇章的选择，考虑较为周全。一般说，《史记》选释的标准无非是可读性，所记载历史事件的重要性。就笔者所知，目前大陆学者的《史记》选释著作中，所选篇章均限于本纪、世家和列传。其实，这样就忽视了全面性。因为《史记》由五种体例构成，除上述三种外，还有书和表。如果在《史记》选释著作里，不选书和表（当然，表可以只选序）很难使读者对纪传体有全面的认识，也很难给读者一个关于《史记》的全面认识。同时，选择注释篇目，亦应注意是否反映司马迁的社会、历史观，即选本的思想性，正是比较全面集中体现司马迁思想的部分，不应忽视。杨著恰好做到了这点，是目前所见《史记》选释中，唯一本纪、世家、表、书、列传俱全的。杨著从一百三十篇中，选取了三十五篇，从这三十五篇的确定，亦可见著者的一番苦心。杨先生在"序例"中专设一节加以说明："今就《史记》选本及总集三十五种统计去取，诸本共选《史记》七十二篇，其中，互选达十八次以上者三十五篇，此三十五篇中互选达二十四次以上者十九篇，录之为本书'甲编'，其余十六篇录为本书'乙编'"。可见杨著所选篇章是历代节选本中中选率最高的。这样，使杨著一方面照顾了选文的可读性，及所记载史实的重要性，同时，由于这类篇目中选率高，研究自然也较为深入，因而为杨著的注释、考订，奠定了良好的资料基础。二是注释引用资料丰富，繁简得当。有好选材，还须有良好的繁简适当的考订和辩证详明的注释，才能构成一部完整的

[①] 李晨光：《〈史记今释〉简评》，《古籍整理研究学刊》1988 年第 1 期，第 29—32 页。

著作。《史记今释》（以下简称《今释》）注释繁简分明。甲编在解释难字、难词、难句的基础上，更为突出的特点是引用资料丰富。《今释》的乙编，注释极为简略，最多者如《孔子世家》，一百一十八条注，最少者如《田单列传》仅十五条注，一般不超过一百条。三是附编资料及索引便于读者深入研究。三种附编资料便于引导读者对《史记》的深入研究。尤其是附编的《史记》参考资料很详明。共列参考资料三百五十五种，分为"《史记》全书参考资料"六十八种，甲乙编分篇参考资料二百八十七种。读者即可以此为线索考证甲编注释，同时，对注释较简的乙编，又可以此为线索，查找资料，对《史记》亲自探索，深入研究一番。

《史记今释》目录：

甲编：项羽本纪、十二诸侯年表序、六国年表序、秦楚之际月表序、汉兴以来诸侯年表序、高祖功臣侯年表序、建元以来侯者年表序、留侯世家、平原君虞卿列传、魏公子列传、廉颇蔺相如列传、屈原贾生列传、刺客列传、李斯列传、淮阴侯列传、万石张叔列传、魏其武安侯列传、李将军列传、游侠列传。

乙编：平准书、孔子世家、陈涉世家、萧相国世家、老子韩非列传、伍子胥列传、仲尼弟子列传、苏秦列传、张仪列传、孟子荀卿列传、乐毅列传、田单列传、鲁仲连邹阳列传、儒林列传、货殖列传、太史公序略。

（二）郑樑生《史记的故事》（台湾志文出版社，1977年版）

该书是台湾学者郑樑生先生编选的《史记》选本。该书还有一副标题：中国最伟大的一部传记史书。该书译序称其编译动机：无论研究文学、史学或哲学，只要是染指有关我国学问担任，都会阅读《史记》，并且也都会精读它，先把他语译出来。由于《史记》曾被褚少孙加过笔，所以编译者就把取舍的第一个标准，定为司马迁原作的部分。司马迁曾遭遇令人难于忍受的屈辱，乃追求一个人应有的态度，他为表示这种态度而撰写《史记》，因此，编译者就把取舍的第二个标准放在能够表现人们应有的各种行动的基本方向，尤其是原作者以其严厉眼光所注意的部分。编译者把取舍的第三个标准放在能够充分表现司马迁的作品之风格和文体的部分。在这些标准下挑选了三十篇。最后一个标准只是凭着编者的喜好来选择了。

通过该书的目录可以看出，该书编译者按照主题拟定了目录名称，每一个主题下选录了相关的篇目。如太史公谈自己的故事：太史公自序；思想家的故事：孔子世家、老子韩非列传；败者和胜者的故事一：项羽本纪、高祖本纪；败者和胜者的故事二：淮阴侯列传、陈丞相世家；战国四公子的故事：孟尝君列传、平原君列传、信陵君列传、春申君列传；暴君的故事：秦始皇本纪；君臣相契合和猜疑的故事：廉颇蔺相如列传、伍子胥列传；道义和欲望的故事：伯夷列传、货殖列传；孤忠和正谏的故事：赵世家；直谏和僑谏的故事：屈原贾谊列传、滑稽列传；开国元勋的故事：萧相国世家、留侯世家；妇女干政的故事：吕太后本纪；合纵和连横的故事：苏秦列传、张仪列传；刺客和侠客列传：刺客列传、游侠列传；宽宏和苛虐的故事：循吏列传、酷吏列传；异族和名将的故事：匈奴列传、李将军列传；外戚倾轧的故事：魏其武安侯列传。附录：史记关系年表、司马迁年谱。

（三）王越然编著《史记故事》（台湾河图洛书出版社，1979年版）

该书用对司马迁的简要评传作为绪言，其所收录故事篇目有：尧舜的禅让、孤竹国的二义士、武王伐纣、西周的共和之治、一笑倾国、黄泉相见、染指惹祸、鲁国的三桓之乱、孔子从政、子贡的穿梭外交、手足情深、崩聩之乱、刻薄寡恩的吴起、河伯娶妇、季子挂剑、专诸刺僚、伍子胥的眼睛、勾践复国、陶朱公、驼背郤克、晋国的骊姬之乱、晋文公与介子推、晋楚城濮之战、义士解扬、豫让斩袍、赵盾弑其君、赵氏孤儿、宋襄公的仁慈、楚庄王葬马、优孟救贫、楚庄王义复楚国、画蛇添足、陈轸诳韩、楚灵王的悲哀、神医扁鹊、神箭手管仲、晏婴、崔抒弑齐君、田乞作乱、治军严谨的穰苴、烈女与义士、鸡鸣狗盗、冯驩买义、毛遂自荐、信陵君盗符救赵、齐威王一鸣惊人、淳于髡的酒量、减灶诱敌、燕昭王与乐毅、田单复国、赵武灵王的自强运动、完璧归赵、将相和、残酷的白起、长平冤魂、秦穆公的人道政治、五羖大夫、作法自毙的商鞅、凭口舌起家的苏秦、苏秦智激张仪、大骗子张仪、王翦破赵、五义士、奇货可居、暴君秦始皇、少年英雄甘罗、侏儒优旃、胡亥篡位、指鹿为马的赵高、揭竿起义、暴兴暴亡的项羽、平民出身的皇帝、逃兵、张良与鸿门宴、五百壮士、贯高救主、诡计多端的陈平、萧规曹随、人彘、朱虚侯、外戚窦婴、维护法律尊严的张廷尉、饿死了富人、苍鹰、汉初的七国之乱、周亚夫的命运、汉武帝驾前神棍、大乳母、母以子死、憨直的汲黯、藩王冒顿、马邑诱敌、讨胡英雄卫将军、李广射石、酷吏张汤、私奔等九十七篇。

该书选篇随意性较强，显得既无顺序性，题目又长短不一。只是介绍了许多《史记》中常见的故事，有些提法与大陆传统的说法还有区别，如我们常说"信陵君窃符救赵"，该书用"信陵君盗符救赵"，我们常说"长平之战"，该书用"长平冤魂"。

（四）旅美华人美国匹兹堡大学杨富森教授《史记故事选录》（台湾世一文化事业股份有限公司，2012年版）

该书早在2000年已经在大陆由四川文艺出版社出版，再版时书名稍有变化，改为《史记故事选录》。作者在前言部分对《史记》的结构作了简单介绍，并提出作者是为了向青少年儿童普及《史记》内容。序言部分由作者的好友孙沛德女士写成，其中肯定了《史记》的历史地位，并介绍了《史记》的内容构成，也肯定了此书对于青少年儿童读者的意义。本书选取《史记》中本纪、世家、列传共四十三篇，提取其中人物故事著成。全书为白话文，以繁体字出版。虽然是以故事形式出现，每个故事的题目也不是很规范统一。其目录所反映的故事：黄帝的故事附仓颉造字的传说、丝的发现——嫘祖的故事；谁是三皇五帝；尧和舜的故事；大禹治水的故事；姜子牙的故事；孔子的故事（上下）；老子和庄子；法家的三个代表人物——申不害、韩非、李斯；孔子的弟子们；古代的奇人奇事：伯夷和叔齐、鲍叔牙与管仲、晏婴、司马穰；春秋战国时代的奇人奇事：介之推、董狐、程婴和公孙杵臼；春秋战国时代的风云人物：伍子胥、苏秦、张仪；春秋战国时代的四大公子：孟尝君、平原君、信陵君、春申君；廉颇和蔺相如；战国时代一个出名的刺客——荆轲；古代第一位诗人——屈原；古代第一位名医——扁鹊；秦是怎样灭亡的？——陈胜和吴广的故事；缇萦的故事；聂政的故事；豫让的故事；西门豹的故事；淳于髡的故事；优孟的故事；优旃的故事；东方朔的故事；范蠡的故事；李广的故事；卫青的故事；司马相如的故事；司马迁的故事。

从以上白话文故事题目中基本上能够看出，该书所选《史记》故事的原文出处。如黄帝故事应该是选自《五帝本纪》，孔子的故事是选自《孔子世家》等。但是有些故事如仓颉造字是附录，此则在《史记》中是找不到的。

（五）台湾政治大学中文系教授李振兴编选的《史记选集鉴赏》（台湾新文丰出版公司，2012年10版）

此前作者曾经参与过《史记》的白话文翻译工作。该书《序》称其编选次第："首先于选文之前，案引史公自序（小序），以明作纪、作表、作书、作世家、作列传之意，然后为篇文分段，于每段之上，以阿拉伯数字标明段数，于每段之后，首为案语（即提纲），以明该段主旨；次为注释，以解字词之义；在每段注释后的案语为申义，以申述该段大义。"

关于该书所选篇目，共有四十二篇。其序中说："这部选集，首列《史记引述》，介绍有关《史记》各方面的情节，使读者展卷即可了然。次为内容，计辑本纪四、表三、书二、世家三、列传三十，共四十二篇。"具体而言，上册有秦始皇本纪、项羽本纪、高祖本纪、吕太后本纪、十二诸侯年表、秦楚之际月表、河渠书、平准书、陈涉世家、外戚世家、留侯世家、伯夷列传、管晏列传、孙子吴起列传、伍子胥列传、商君列传、孟尝君列传、平原君虞卿列传、魏公子列传、范雎蔡泽列传；下册有乐毅列传、廉颇蔺相如列传、田单列传、鲁仲连邹阳列传、屈原贾生列传、刺客列传、李斯列传、蒙恬列传、张耳陈余列传、淮阴侯列传、郦生陆贾列传、张释之冯唐列传、魏其武安侯列传、李将军列传、匈奴列传、汲郑列传、酷吏列传、游侠列传、滑稽列传、货殖列传、太史公自序。另外附录《汉书·司马迁传》《报任少卿书》。

从编选思想来看，编选者李振兴教授先在其著作中提出了阅读历史、文学、哲学著作对读者的作用和意义，然后分别解释了自己对前三者的理解。接着结合《史记》进行了分析："《史记》，就性质说，是一部以人物为中心的纪传体通史。就表现说，又是一部不折不扣的纪传文学伟著。就含蕴说，于某些篇章中，又不时透漏出浓厚的哲学意味。这三种特性，以《史记》的内含说，往往兼容并蓄，不遑多让。"该书也是台湾学术界《史记》选本注释较为详尽的一种。

（六）何文祥教授《史记读本》（综合出版社，2007年版）

此书被列入文化教材。根据其《编辑大意》：一是认为《史记》为我国历史上之巨著，又为文学之伟构。本书为初学而编，故仅选十一，以便阅读。二是五种体例，年表与书，未选及。三是本纪选秦始皇、项羽二纪，前者仅选其重要事迹，后者为史公致力之作，自来认为名文，故全录之。四是世家仅选萧相国世家，以见体例。其他诸侯世家，文繁势难卒读，且事迹亦多重见于列传矣。五是列传本书所选，战国如四公子及刺客之流，汉初如淮阴侯及游侠之辈，皆取情文并茂，足助学者阅读之兴味者。六是原文附有白话文翻译，以便阅读之助。

按照以上编选意图，所选篇目为：秦始皇本纪、项羽本纪、萧相国世家、孟尝君列传、平原君列传、信陵君列传、春申君列传、廉颇蔺相如列传、屈原列传、刺客列传、淮阴侯列传、魏其武安侯列传、游侠列传、太史公自序。编者对所选篇目正文内容分别用四个字标出了分段小题目，如项羽本纪里分别是：少时大志、从梁起兵、杀宋救赵、破秦入关、鸿门设宴、诸将分王、荥阳告捷、楚汉约和、垓下溃围、乌江自刎共十个小标题。

还有些《史记》选本只能知道其存藏在台湾大学图书馆，但并不清楚其选目情况。例如同样名为《史记精华》，但是均有不同的出版社出版发行，并且不能确认其是否为相同的书。这类有台北中华书局编辑部《史记精华》1967年一版；读者书店编选《史记精华》台北读者书店1958年版，被列入"二十五史精华"丛书，与《汉书精华》《后汉书精华》《三国志精华》三书合刊；未标明编选者《史记精华》台北乐天出版社1967年版；陈钺注译《史记精华》台南正言出版社1971年版，校正详注，言文对照，国语注音；简美玲注译《史记精华》台南文国出版社1998年版，被列入国学文苑丛书；名称为《史记选》或《史记选注》，根据台大图书藏书目录，就有多种，其一种是台湾学海出版社1981出版的《史记选》，有插图，附录有秦汉纪年表，第二种是台湾文光图书公司1977年出版的《史记选注》。

有的《史记》选本只选《史记》中某一篇内容，重点进行解读，如台湾学者苏振申《史记仲尼弟子列传疏证》（台湾中国文化学院出版部发行，1965年版）。主要是依据张森楷《史记新校疏证》节选了《史记仲尼弟子列传》完整的内容。

即列出了孔子弟子 77 人，同时又依据校勘版本 23 种，参校本 12 种、水泽利忠校补本 23 种。将仲尼弟子人数增至 88 人，多者附录于著作后面。该选本被看作儒家传人群体传记，具有独特性。

三、两岸出版社互相引进或引进日本等研究成果加以出版

在两岸学术交流尚未放开之前，台湾出版社引进的海外《史记》研究成果以日本成果居多。如日本学者泷川资言《史记会注考证》、有井范平《补标史记评林》等很早就由台湾地球出版社出版过，这些是直接影印日本学者《史记》的研究成果。还有的是直接从其成果里选取有关篇章，形成《史记》选本。例如：兰台书局《评注史记选读》，该书于 1969 年 10 月再版，发行人为周凤文。该书没有前言后记，所选二十篇均是从日本阿波有井范平补标《史记评林》中直接影印而选出，所选篇目完整，没有节选现象，篇目包括：项羽本纪（史记七）、萧相国世家（史记五十三）、留侯世家（史记五十五）、陈丞相世家（史记五十六）、伯夷列传（史记六十一）、管晏列传（史记六十二）、孙子吴起列传（史记六十五）、商君列传（史记六十八）、孟尝君列传（史记七十五）、信陵君列传（史记七十七）、廉颇蔺相如列传（史记八十一）、田单列传（史记八十二）、屈原贾生列传（史记八十六）、刺客列传、淮阴侯列传、张释之冯唐列传、魏其武安侯列传、韩长孺列传、李将军列传、太史公自序。附录：《太史公与史记》一文，节自朱自清《读史记菁华录》。

两岸学术交流开放之后，不仅台湾学者到大陆参加学术会议，大陆学者也常去台湾互动，进行学术交流。与此同时，彼此许多学术成果也通过版权贸易转让，在两岸出版机构出版，例如在台静农先生的倡导下，上世纪七十年代末，台湾十四所院校六十位教授联合翻译的《白话史记》（上中下），在大陆由新世纪出版社 2007 年出版。

一方面，是大陆学者的《史记》选本在台湾出版发行，深受读者的欢迎和学界的认可。韩兆琦先生的多部《史记》选本著作被台湾出版社出版发行，甚至作为大学教学用书。例如他的《史记选注汇评》《史记博议》分别被台湾文津出版社于 1993 年、1995 年出版发行，《史记选注》被里仁书局于 1994 年出版发行。

从《史记选注》的篇目来看，主要有项羽本纪、高祖本纪、吕后本纪、六国年表序、秦楚之际月表序、平准书、孔子世家、陈涉世家、留侯世家、伯夷列传、孙子吴起列传、伍子胥列传、商君列传、孟尝君列传、平原君列传、魏公子列传、廉颇蔺相如列传、田单列传、屈原列传、刺客列传、李斯列传、张耳陈馀列传、淮阴侯列传、张释之冯唐列传、魏其武安侯列传、李将军列传、游侠列传、滑稽列传、货殖列传、太史公自序等三十篇，附录有报任安书。《史记博议》则是一部系统研究司马迁其人与《史记》其书的专门著作，其主体部分依次是司马迁其人、《史记》其书、司马迁的思想、《史记》的艺术、《史记》的继往与开来五个部份。第六部份是《史记》名篇鉴赏，举例性地剖析了《项羽本纪》《留侯世家》《淮阴侯列传》等八篇代表作品。全书的观点新颖，文字流畅，既科学严肃地尚论古人，同时也具有生动活泼的现实色彩。

另一方面，是台湾学者的《史记》选本著作在大陆出版发行，提供给特定的读者群。例如台湾学者杨富森出于两个原因编选了《史记故事选粹》白话本：一是这部书的篇数极多，内容也相当繁杂，要想读完全书，一般读者难以做到；二是这部书是用古文书写的，没有古文素养的读者，恐怕看不懂。该书不仅在台湾出版，而且被四川文艺出版社在2000年出版发行，列入中国古典文学名著袖珍文库。该书在内容上与在台湾世一文化出版公司所出版的是相同的。

大陆引进台湾学者的《史记》选本还有中国友谊出版公司出版的李永炽编著的《史记》选（2013年版），被其称为"司马迁的微小说"，该书最初是由台湾时报出版公司出版的《中国历代经典宝库》之一，1981年出版。李永炽先生，1939年生，台湾台中县人，台湾大学历史系教授。该书在大陆出版时，除了余秋雨先生写序外，还增加了高上秦先生的《出版的话》《经典三问》等类似前言的内容，并保留了李永炽先生的《致读者书》。李永炽教授在《致读者书》中对《史记》的史学成就、文化史成就、司马迁的《史记》写作背景、《史记》体例、文学成就等做了介绍。同时提到了自己编写白话文《史记》选的目的：《史记》卷帙浩繁，又用古文撰写，读者必须具有相当的素养，否则不容易看懂。因此，这本用白话改写了《史记》原著中最精彩的部分。"可见，故事是有选择性的，应该是编选者自己心目中的《史记》精华。编者李永炽教授虽然是历史学家，但选文并不只从史学的视角出发，还兼顾到文学性的内容。如他所言："为了保持司马迁将历史和文学结合的精神,这部改写本是以历史的发展为主题,从《史记》原著各篇中抽离出相关事迹,重新组合成一篇篇完整的故事,方便读者阅读。每篇故事尽量保持原著的生动与趣味,希望经由这些故事,不仅能体现出原著的精神,同时也能展现中国古代历史巨流的变迁与特色。"全书共分为十章,每章标题名称均为自己拟定的,标题之下列举出具体故事名目。在详细故事正文中,给每章标题名称外加一个副标题,以揭示故事的出处。第一章:传说中的圣王,含有两个故事:天下为公的政治和治水,选自《五帝本纪·夏本纪》;第二章:暴君与圣人,含有六个故事:周的始祖是弃儿、暴虐无道的君主、纣王之死、反战者之歌、周偃武兴治、周公辅成王,选自《殷本纪》《周本纪》《宋微子世家》《齐太公世家》《伯夷列传》《鲁周公世家》;第三章:吴越之战,含有八个故事:伍子胥离开楚国、吴国王位之争、伍子胥报仇雪恨、吴越对立、伍子胥之死、吴国灭亡、不能同享安乐之人、知子莫若父,选自《伍子胥列传》《吴太伯世家》《刺客列传》《越王勾践世家》;第四章:秦的兴亡,包括七个故事:秦始皇出生的秘密、外国人亦可用、荆轲刺秦王、秦将的活跃、一统天下、伪诏立胡亥、秦的灭亡,选自《秦始皇本纪》《吕不韦列传》《李斯列传》《河渠书》《刺客列传》《白起王翦列传》;第五章:刘邦与项羽,包括六个故事:陈胜起兵、项羽反秦、刘邦造反、项羽掌握领导权、刘邦先入咸阳、鸿门宴,选自《陈涉世家》《项羽本纪》《高祖本纪》《黥布列传》《留侯世家》;第六章:垓下之围,包括四个故事:刘邦反击、刘邦一败再败、项羽疲于奔命、垓下之围,选自《项羽本纪》《高祖本纪》《淮阴侯列传》《留侯世家》;第七章:称帝行赏与功臣叛离,包括三个故事:论功行赏、韩信叛变、彭越与英布的末路,选自《高祖本纪》《萧相国世家》《留侯世家》《陈丞相世家》《淮阴侯列传》《黥布列传》《魏豹彭越列传》;第八章:掌握汉家天下的女人,包括五个故事:立嗣问题、吕后报仇、太后称制、逆我者亡、太后之死,选自《吕太后本纪》《留侯世家》《陈丞相世家》;第九章:新官僚与民众,包括四个故事:硬骨头汲黯、养住人做宰相、冷酷无情的审批、酷法下的民众,选自《平准书》《汲郑列传》《平津侯主父列传》《酷吏列传》《游侠列传》;第十章:匈奴与汉武三将军,包括马邑之败、神箭李广、大将军卫青、少年将军霍去病、沙漠上的大决战,选自《匈奴列传》《李将军列传》《卫将军骠骑列传》。附录:司马迁与《史记》、原典精选。原典精选内容有伍子胥选自《伍子胥列传》、侯嬴选自《魏公子列传》、垓下之围选自《项羽本纪》、韩信选自《淮阴侯列传》、李广选自《李建军列传》。

四、台湾学者整理出版前代学者文学总集

台湾学者借助于古籍版本进行古文整理,台湾杨家骆先生曾经主编过丛书"中国学术名著",第六集为文学名著,其中有清人梅曾亮的《古文词略》。台湾世界书局1964影印同治丁卯(1867年)季春合肥李氏校刊版。该书凡例称:"姚姬传先生定《古文辞类纂》,盖古今之佳文尽于是矣,今复约选之得三百余篇而增诗歌于终。"该书又认为:"文衰于东汉,诗至齐梁亦弱。"其序跋类选了《史记》中的《六国年表·序》《秦楚之际月表·序》《汉兴以来诸侯年表·序》。这些选本主要是从古文角度来选取《史记》篇章。

五、经过学者编选,从非正式出版的讲义,发展到正式出版具有代表性的《史记》选本

台湾大学印行(精华印书馆承印)的《史记读本》国文读本之二,32开,印刷时间为1950年3月。该书有"台湾大学印行"字样,但没有前言后记,看不出其选录标准。从藏书印章看,为"晓钟藏书",从英文缩写等前面签名看,为台湾大学宋晓钟先生。这个应该是傅斯年担任校长时期(1949年1月—1950年12月),台湾大学印行最早的《史记》选本讲义。该书将选文14篇分为四个板块。第一板块共5篇:项羽本纪、留侯世家、淮阴侯列传、张释之冯唐列传、魏其武安侯列传。第二板块共4篇:伯夷列传、孔子世家、老子韩非列传、孟子荀卿列传。第三板块是4篇:管晏列传、商君列传、乐毅列传、李斯列传。第四板块只有1篇:货殖列传。从以上选文情况看,所选14篇,分别为1篇本纪、2篇世家、11篇列传,三种选文;同时所选文章均没有删节。

台湾大学印行的《史记读本》,出版年代不详,但有"台湾大学印行"字样,从有虫蛀、装帧、出版成色上判断,大约是台湾大学编著相对较早的《史记》选

本讲义。该书16开。直接采用影印技术出版了清人张照的《史记考证》三家注本，所选文章均有三家注，即索隐、正义、集解等，每篇末有张氏考证文字。从选文目录看出，该书是将选文分为五个板块。第一板块7篇，主要是楚汉时期人物：项羽本纪、陈涉世家、曹相国世家、淮阴侯列传、张释之冯唐列传、魏其武安侯列传、李将军列传；第二板块5篇，主要是先秦时期人物：孙吴列传、商君鞅列传、信陵君列传、廉颇蔺相如列传、李斯列传；第三板块4篇，主要是战国春秋以前百家诸子人物：伯夷列传、孔子世家、老庄申韩列传、孟子荀卿列传；第四板块1篇，经济方面的：货殖列传；第五板块1篇，司马迁本人传记：太史公自序共十八篇。选文三种体例，本纪、世家、列传；内容完整，没有节选。

台湾大学中文系所编选的《史记读本》，但却没有标识出版社、出版时间、编选者，由刘德汉教授于2007年赠送笔者。该书大32开，只有131页。该书选录《史记》篇章有：项羽本纪、伯夷列传、管晏列传、商君列传、孟尝君列传、信陵君列传、乐毅列传、廉颇蔺相如列传、屈原列传、刺客列传、淮阴侯列传、韩长孺列传、李将军列传、滑稽列传、太史公自序共十五篇，其所有选文除了太史公自序为节选以外，其它均为完整选文，没有删节。但所有选文均无注释。该书最后附有一篇短短的说明标点符号使用的文字。

李伟泰教授编选《史记选读》（台大出版中心，2008年版）。该书编撰具有这样几方面的特点：一是该书是从文学角度编选的。根据台湾大学中文系主任兼教授何寄彭先生在《史记选读》序言中所述，"就文学艺术角度而言，《孟子》《史记》都是最后的文章。"该书由其邀集台湾大学中文系大一国文委员会商讨研拟"提升大一国文教学品质计划"，并优先规划《史记选读》此以共同教材之出版。二是该书是台湾大学中文学科的集体智慧的结晶。在校方经费的支持下，李伟泰、刘德汉、黄沛荣等七位教授参与了全书的编选注释工作。该书从2006年8月起开始，到2008年8月完成，历时正好两年。三是台湾大学具有开设《史记》课程教学的传统。台湾大学将《孟子》和《史记》选读作为国文教育的必修内容已经有悠久的历史了，"在台大大一国文教学传统中，《孟子》与《史记》选读、讲授，一直是重要的内涵，其最早的缘起可溯自傅斯年校长主持校务时期。"（《史记选读》序言），而傅斯年主持台湾大学工作是1949年1月到1950年12月20日，当时由王叔岷先生讲授《史记》课程。四是该书选录精华，篇幅适中，诸体皆备。该书全书包括《司马迁与史记概说》一文、共选录《史记》篇章二十五篇，附录《报任安书》《汉书·司马迁传赞》二篇。"选材精当妥切，《史记》一书之精华名篇殆皆收录，尤其重于表揭特出的人物性情和历史情境。体例周详完整。"（该书《简介》）该书所选《史记》篇目有项羽本纪、六国年表序、秦楚之际月表序、萧相国世家、留侯世家、陈丞相世家、伯夷列传、管晏列传、伍子胥列传、商君列传、魏公子列传、乐毅列传、田单列传、屈原贾生列传、刺客列传、李斯列传、淮阴侯列传、季布栾布列传、张释之冯唐列传、魏其武安侯列传、李将军列传、游侠列传、滑稽列传、货殖列传、太史公自序。附录报任安书、汉书司马迁传等。五是该书吸纳两岸《史记》研究成果，并予以简明扼要注释。该书《例言》称"大抵参考北京中华书局点校本为底本""注释以简明扼要为原则"。其用途不仅仅为了台湾大学自己使用，而且具有广泛的推广使用价值，"适合作为各大专院校教材及自修者入门之指引"。

该书在 2014 年 8 月一版一刷，2015 年 8 月二版二刷，并得到了台湾大学中文系李伟泰教授的赠阅。在前面部分文字增加修改的基础上，还增加 5 篇选文：陈涉世家、孟子荀卿列传、廉颇蔺相如列传、张耳陈馀列传、刘敬叔孙通列传。可以看出，此选文皆是名篇。

另外，还有一种《大学史记选》（大学教本），出版年代为 1988 年 12 月，119 页。虽有"广文书局印行"，则完全是影印清人张照的《史记考证》，有三家注文字。虽然选录篇目较前面少，但其选录方式与 16 开的台湾大学印行的讲义基本一致。其选目十四篇：项羽本纪、伯夷列传、管晏列传、商君列传、孟尝君列传、信陵君列传、乐毅列传、廉蔺列传、屈原列传、刺客列传、韩长孺列传、李将军列传、滑稽列传、太史公自序。

（凌朝栋，男，陕西临潼人，渭南师范学院人文学院教授）

《史记》文学研究

司马迁文学思想的渊源是多元化、多源头的，然而《左传》中所体现出的文学思想无疑是司马迁文学思想的重要渊源之一。

司马迁对《左传》文学思想的阐释与接受

史继东

在刘向《别录》、班固《汉书·儒林传》中所描述的西汉《左传》学传授的谱系中都没有司马迁的名字，诚然，司马迁并非专门研究《左传》的经师儒者，但在西汉《左传》文学阐释接受史，甚至是整个《左传》文学阐释接受史上，司马迁及其《史记》都是最为重要的一环。司马迁与《左传》的关系是极为密切的。他在《十二诸侯年表·序》中说："于是谱十二诸侯，自共和讫孔子，表见《春秋》《国语》。"[①]其中《春秋》也包括《左传》，班固《汉书·司马迁传》中更明确地说："司马迁据《左氏》《国语》，采《世本》《战国策》，述《楚汉春秋》，接其后事，讫于天汉。"[②]从《史记》春秋史引用《左传》材料的实际情况来看，班固的话是可信的。然而，《左传》不仅为司马迁撰写春秋史提供了最为可靠的历史素材，作为先秦史传文学的典范，《左传》在文学思想上更给予了司马迁极大的启发。学界在讨论司马迁文学思想时，对司马迁发愤著书与创作动机、春秋笔法与实录精神、叙事主体与太史公曰、《史记》爱奇的美学倾向等问题都会进行论述，然而大多数论著仅止于对司马迁本人文学思想的探讨及其在《史记》中的表现，而对司马迁文学思想的渊源缺少较为系统的论述。本文认为，虽然司马迁文学思想的渊源是多元化、多源头的，然而《左传》中所体现出的文学思想无疑是司马迁文学思想的重要渊源之一，对此问题进行探讨，一方面可以梳理司马迁文学思想来源及《左传》文学阐释接受的流变，另一方面也可以考察我国早期文学思想观念发展变化的线索及轨迹。

[①]〔汉〕司马迁：《史记》，北京：中华书局1982年版，第511页。
[②]〔汉〕班固：《汉书》，北京：中华书局2005年版，第2070页。

一、从立言不朽到立言扬名，发愤著书

关于左丘明作《左传》的动机是什么，由于并没有一篇左丘明的传记，似乎是一个永久的谜。然而从《左传》历史载录的内容、当时历史人物的言论及后人的评价中我们也可以大致做出较为合理的推测。

首先，从写作目的上看，司马迁《十二诸侯年表序》中说："鲁君子左丘明惧弟子人人异端，各安其意，失其真，故因孔子史记具论其语，成《左氏春秋》。"[1]这个"真"指的绝对不是简单的历史真相，而是孔子劝善惩恶的终极目的以及礼义大法的真实内涵。对此，《左传》中反复进行申说。"《春秋》之称，微而显，志而晦，婉而成章，尽而不污，惩恶而劝善。非圣人，谁能修之？"[2]"《春秋》之称微而显，婉而辨。上之人能使昭明，善人劝焉，淫人惧焉，是以君子贵之。"[3]左丘明所谓的"惧"，正是这些内容被曲解或遮蔽，因此他要通过有选择的历史叙述，将其体现出来，从而对历史事实做出合乎儒家礼仪规范及道德要求的合理解释。陈新在《西方历史叙述学》中说："促使历史叙事者解释历史的内在原因只有一个，即进行历史叙述、解释意味着争取一种解释权，就如法律解释权属于国家政权，个人或社会行为的解释权属于历史叙事者。真正的、正确的、合理的历史解释乃是权威的、合法的解释，从这种意义上说，力图掌握个人行为与社会事件的合法解释权，才是历史叙事者进行历史解释的根本动机。"[4]可以说左丘明最终的目的并不是写作一部史书，历史的载录只是具体的手段，只不过他要用客观描述历史的方式建立被世人广泛接受的权威的文本，继而使读者在接受历史知识的同时，按照作者本人的思路去理解或评价历史，最终作者本人的历史道德观念在后世不断的接受阐释中得以实现。

《史记》在写作目的上无疑与左丘明一脉相承。司马迁在《太史公自序》中

---

[1]〔汉〕司马迁：《史记》，北京：中华书局1982年版，第510页。
[2] 杨伯峻：《春秋左传注·成公十四年》，北京：中华书局2005年版，第870页。
[3] 杨伯峻：《春秋左传注·昭公三十一年》，北京：中华书局2005年版，第1513页。
[4] 陈新：《西方历史叙述学》，北京：社会科学文献出版社2005年版，第167页。

对《春秋》极力推崇:"孔子知言之不用,道之不行也,是非二百四十二年之中,以为天下仪表,贬天子,退诸侯,讨大夫,以达王事而已矣。子曰:'我欲载之空言,不如见之于行事之深切著明也。'夫《春秋》,上明三王之道,下辨人事之纪,别嫌疑,明是非,定犹豫,善善恶恶,贤贤贱不肖,存亡国,继绝世,补敝起废,王道之大者也。……《春秋》辩是非,故长于治人。……拨乱世反之正,莫近于《春秋》。《春秋》文成数万,其指数千。万物之散聚皆在《春秋》。……故有国者不可以不知《春秋》,前有谗而弗见,后有贼而不知。为人臣者不可以不知《春秋》,守经事而不知其宜,遭变事而不知其权。为人君父而不通于《春秋》之义者,必蒙首恶之名。为人臣子而不通于《春秋》之义者,必陷篡弑之诛,死罪之名。……故《春秋》者,礼义之大宗也。"①因此他谈及自己的著作,也是以《春秋》为榜样:"先人有言:'自周公卒五百岁而有孔子。孔子卒后至于今五百岁,有能绍明世,正易传,继《春秋》,本诗书礼乐之际?'意在斯乎!意在斯乎!小子何敢让焉。"②司马迁俨然以孔子的《春秋》为目标,整齐当世的学术文化以经世致用。如果不能为当世所用,那就"俟后世圣人君子"③了。司马迁曾两次提到自己著书的目的是"成一家之言",对此,梁启超曾有一段精辟的言论:"'一家之言',与荀卿著《荀子》,董生著《春秋繁露》性质正同。不过其'一家之言'乃借'史'的形式以发表耳。"④可见,司马迁与左丘明一样,并没有将写史作为最终的目的,而是将其作为一种手段,在属词比事中寄予自己的政治文化观念,只不过司马迁突破了左丘明以《春秋》为阐释对象的范畴,而是"厥协六经异传,整齐百家杂语"⑤,以儒家六经思想为基础,同时吸收诸子百家之长,结合汉代历史现实,形成兼容并包的"一家之言",很明显司马迁的"一家"或"一子"无论是从思想的深度还是广度上,不仅超

---

① 〔汉〕司马迁:《史记》,北京:中华书局1982年版,第3297—3298页。
② 〔汉〕司马迁:《史记》,北京:中华书局1982年版,第3296页。
③ 〔汉〕司马迁:《史记》,北京:中华书局1982年版,第3320页。
④ 梁启超:《要籍解题及其读法》,《梁启超全集》卷十六,北京:北京出版社1999年版,第4628页。
⑤ 〔汉〕司马迁:《史记》,北京:中华书局1982年版,第3319页。

越了诸子,同时也不是《春秋》一经所能笼罩的。①

其次,从儒家最终的人生追求上说,左丘明同司马迁一样都有较强的"立言扬名"的心理情结。左丘明虽然没有直接写文章进行表达,但在《左传·襄公二十四年》借叔孙豹之口明确表达了其"立言不朽"的人生追求,"穆叔虽然把'立言'的地位次在'立德''立功'之后,但毕竟把'立言'与'立德''立功'区别开来,肯定其独立地位及垂诸永久的价值。"②文中不仅载录了周任、迟任、仲虺等人精卓不灭的言论,他们的名字也随之不朽,同时也载录了春秋时期如臧文仲、叔向、管仲等因"立言"而人生不朽的成功范例。左丘明借此也是对自己撰述《左传》进行激励,因此,作史以不朽是左丘明最为重要的写作动机。司马迁作史以扬名的思想则表达得更为强烈,这种思想在他的《报任安书》《悲士不遇赋》《与挚伯陵书》等篇章中均有体现:

没世无闻,古人惟耻。朝闻夕死,孰云其否?逆顺还周,乍没乍起。理不可据,智不可恃。《悲士不遇赋》③

迁闻君子所贵乎道者三:太上立德,其次立功,其次立言。《与挚伯陵书》④

所以隐忍苟活,幽粪土之中而不辞者,恨私心有所不尽,鄙陋没世而文彩不表于后世也。《报任安书》⑤

一方面,司马迁认为君子当以没世不闻作为人生耻辱。其"朝闻夕死"很明显来自于《论语·里仁》之"朝闻道,夕死可矣。"⑥但他改变了论语中"闻"的

---

① 有学者认为司马迁的"一家"指的是"史家",如汪高鑫《司马迁"成一家之言"新论》,《安徽大学学报》2006年第3期。本文认为其论未安,司马谈《论六家要旨》中并没有"史家"这个概念,直到班固《艺文志》对诸子百家的整理分类,也没有出现所谓的"史家"。可见,司马迁所谓的"一家"并非"史家"。
② 王运熙、顾易生:《先秦两汉文学批评史》,上海:上海古籍出版社1996年版,第47页。
③〔清〕严可均:《全汉文》,北京:商务印书馆1999年版,第266页。
④〔清〕严可均:《全汉文》,北京:商务印书馆1999年版,第270页。
⑤〔清〕严可均:《全汉文》,北京:商务印书馆1999年版,第269页。
⑥〔清〕刘宝楠:《论语正义》,北京:中华书局1990年版,第146页。

含义，变为"闻名"之意，意即早上闻名天下，晚上去死也是值得的。在这里，司马迁的"闻名"观，不仅包括名扬身后，也包括名扬当世。并且将扬名作为儒家最高的道德标准和人生境界，在《报任安书》中明确地说："修身者，智之符也，爱施者，仁之端也，取与者，义之表也，耻辱者，勇之决也，立名者，行之极也。士有此五者，然后可以托于世，列于君子之林矣。"①另一方面，对于如何扬名，司马迁引用了《左传》叔孙豹三不朽之说。"立德""立功""立言"在司马迁那里似乎确实有高低层次之分，司马迁对好友挚峻的劝说也是以立德为上，但"立德"多通过"立言"来实现。至于"立功"，司马迁认为"立言"本身就是"立功"的表现形式之一，司马迁也希望在汉武帝国家强盛的时代在政治上建功立业，"故绝宾客之知，亡室家之业，日夜思竭其不肖之才力，务一心营职，以求亲媚于主上。"②然而具体到他个人的性格旨趣和家学渊源，立言，也就是修史，本身就是属于自己家族的功业。特别是他将自己比拟汉代孔子的豪言壮语更能看出他对这项功业的珍重，那种认为司马迁"立德""立功"不成，退而求其次选择"立言"的观点是偏颇的。司马迁遭受宫刑之后说自己之所以忍受屈辱不死，正是由于"鄙没世而文采不表于后也"，所谓的"文采"不言自明，当他完成《史记》的撰写后，才真正感到偿前辱之责的轻松，此时虽万被戮，也毫无遗憾了。

在谈到司马迁修史动机时不得不提的一个因素就是"发愤著书"，司马迁曾在《太史公自序》与《报任安书》中两次提到这种著述动机。学界普遍认为，"发愤著书"说是司马迁完成《史记》的心理动力，是《史记》能够取得重大成就的心理根源。司马迁在论述其发愤著书的心理机制时说："大底圣贤发愤之所作为也。此人皆意有所郁结，不得通其道。故述往事，思来者。"③日本文论家厨川白村《苦闷的象征》也说："生命力受了压抑而生的苦闷懊恼，乃是文艺的

---

①〔清〕严可均：《全汉文》，北京：商务印书馆1999年版，第266页。

②〔汉〕司马迁：《报任安书》，〔清〕严可均：《全汉文》，北京：商务印书馆1999年版，第267页。

③〔汉〕司马迁：《报任安书》，〔清〕严可均：《全汉文》，北京：商务印书馆1999年版，第269页。

根柢。"①我们认为单纯从创作动力上论述发愤著书说是没有意义的,或者并没有抓住发愤著书的本质。我们可以设想,假若司马迁没有遭遇李陵之祸,没有惨痛的经历,《史记》能不能成书?答案不言自明,肯定能写成。那么将"发愤著书"作为《史记》写作的主要动力就是偏颇的。我们一定要将发愤著书理论与前文所分析的司马迁修史的目的以及立言扬名思想结合起来,才能领悟发愤著书的本质含义。司马迁所说的"愤"虽然有"怨恨"之意,但我们决不能将其简单理解为在《史记》中抒发自己的愤懑之情,或者像某些学者说成泄私愤②。这里的"愤"怨恨之外,也应该是"发奋"之意。意即不为外界的困厄所屈服,通过著书立言,追求人生的不朽,从而将愤懑之情排遣出去。因此,若非"发愤著书"的信念,司马迁很可能将《史记》写成润色鸿业之作,借历史书写以批判现实之深刻性、史诗品质之抒情性、整齐百家思想之"一家之言"等都将无从谈起,至少大打折扣。同样正是由于李陵之祸,司马迁立功扬名于当世的理想化为泡影。司马迁正是不屈服于这种困厄,才发奋著书,因此"发愤著书"信念是司马迁实现其"一家之言"与扬名观念的动力支持,三者结合在一起,才成就了《史记》"史家之绝唱,无韵之离骚"的崇高地位,可以说司马迁的修史动机既是对《左传》立言不朽的传承,同时又是司马迁结合家世渊源与自身惨痛遭遇对《左传》的超越,对丰富和完善我国古代文学创作动机理论具有重大的价值,更是对韩愈"不平则鸣"理论以及欧阳修"诗穷而后工"理论有直接的启发和触动。

二、从"《左氏》浮夸"到"《史记》爱奇"

先秦两汉时期,我国的史学已经非常发达,史官建制完备、史职分工明确、史书著作繁多,并在史书编撰目的、史书体例、载录原则等方面已经形成了较

---

① [日] 厨川白村:《苦闷的象征》,转引自《鲁迅全集》卷十三,上海:光华书局1983年版,第83页。
② 王若虚云:"信史将为法于万世,非一己之书也,岂所以发其私愤者哉?"见〔金〕王若虚:《滹南遗老集》卷一九《史记辨惑》,四部丛刊本。

为系统的理论体系。然而这一时期同时也是文、史、哲不分的混同时期。文学与史学的边界不明，实录与想象虚构共存，鬼神怪诞杂于其间，神道设教运用普遍。这些情况在《左传》《史记》中都不同程度地存在，两书中的上述内容从史学、经学的角度受到后世学者的诸多批评，然而同时也成就了两书在文学上的卓越地位。《左传》的文学属性及对《史记》的影响表现在多个方面，一篇文章实难以尽述，本文就针对两书在史书修撰过程中"《左氏》浮夸"与"《史记》好奇"之间的继承与发展，来探讨《史记》对《左传》文学观念的阐释与接受。

无论是"浮夸"还是"好奇"，皆不是出于左丘明或司马迁本人之口，都是后人根据《左传》《史记》两书的文学特征所作的高度凝练和概括。"《左氏》浮夸"语出韩愈《进学解》："《春秋》谨严，《左氏》浮夸。"[1]"《史记》好奇"语出扬雄《法言·君子》："多爱不忍，子长也。仲尼多爱，爱义也；子长多爱，爱奇也。"[2]两千年来对其褒贬评价之辞不绝于书，学者们虽态度不一，绝大多数学者是承认两书的上述特征的。因此，"浮夸"和"好奇"也确实能够认为是左丘明与司马迁本人的文学、史学观念。

关于"《左氏》浮夸"中"浮夸"一词的解释，有的学者从《左传》的语言特征加以解释，清李扶九、黄仁黼认为"浮夸"二字是"浩博"[3]。张妫之释"浮夸"为"繁富"[4]，朱东润释为"铺张华美"[5]，阎琦释之为"铺排夸张"[6]，有的学者则从左丘明历史材料选择的角度来谈，如清代的朱轼《左绣·序》："昌黎韩氏曰：'《春秋》谨严，《左氏》浮夸'，诚哉斯言乎。《春秋》主常，《左氏》好怪，《春秋》崇德而《左氏》尚力，《春秋》明治而《左氏》喜乱，《春秋》言人而《左氏》称神，举圣人所不语者而津津道之有余甘焉。"[7]冯李骅则直接认

---

[1] 阎琦：《韩昌黎文集注释》，西安：三秦出版社1984年版，第67页。
[2] 汪荣宝：《法言义疏·君子》，北京：中华书局1987年版，第507页。
[3]〔清〕李扶九、黄仁黼：《古文笔法百篇》，长沙：岳麓书社1994年版，第271页。
[4] 张摇之：《唐代散文选》，上海：上海古籍出版社1979年版，第77页。
[5] 朱东润：《中国历代文学作品选》，上海：上海古籍出版社2002年版，中编第一册，303页。
[6] 阎琦：《韩昌黎文集注释》，西安：三秦出版社1984年版，第67页。
[7]〔清〕朱轼：《左绣·序》，〔清〕冯李骅、陆浩：《左绣》，台北：文海出版社1967年版，第1—2页。

为:"《左氏》好奇,每每描写鬼神妖梦、怪异之事,如登仆见巫篇,凡写两遍,二竖大厉篇,凡写三遍,鄢瞞凡写五遍,伯有妙于突起,蛇斗妙于插入,陆浑妙于倒煞,须识其诞戏皆有笔法,故不随齐谐恶道中。"①何新文进一步认为:"《左传》在叙事写人时不时表现出一种浮幻夸大、好奇喜怪、甚至虚构想象的特点,是《左传》叙写人物、丰富人物形象、营造文学意味的艺术手法之一。"②笔者认为司马迁《史记》从选材倾向到叙事写人风格再到想象虚构,都受到《左传》的影响和启发,并结合自身的人生经历、审美倾向以及价值观念,形成了独特的"好奇"文学思想倾向。司马迁在《三王世家》中说:"自古至今,所由来久矣。非有异也,故弗论箸也。燕齐之事,无足采者。"③这里的"异"就是"奇",司马迁认为,历史如此漫长,人物事件如果没有什么奇异之处,就没有载录的必要了。在《张丞相列传》中司马迁认为景帝、武帝时期的丞相如柏至侯许昌、平棘侯薛泽、武彊侯庄青翟、高陵侯赵周等,皆妮妮廉谨,为丞相备员而已,无所能发明,功名有著于当世。因此,他们虽地位尊贵,《史记》中是没有他们的位置的。相反,司马迁选择人物的标准是"倜傥非常之人"。这些奇人、奇事多以奇计、奇功扬名当时、流芳后世。作者对此亦津津道之,有余甘焉。

首先,《史记》叙写奇人、奇事的思想内涵并不脱离儒家的价值观念、道德要求,这与《战国策》《庄子》《列子》等书中的奇人、奇事价值观念大相径庭,而与《左传》是一脉相承的。《左传》中的奇人、奇事如大义灭亲的石碏、吃虎乳长大的令尹子文、一言而使国家化危为安的烛之武、展喜、厥由、王孙满、以至于不忘故国的钟仪、机智的弦高、忠义的刺客鉏麑等,从他们传奇性的事件当中展现的人格理想、价值观念无疑都是忠正耿直、坚守道义、国家为重等儒家观念。《史记》中的绝大部分奇人、奇事亦是如此。如信陵君、屈原、蔺相如、廉颇、项羽、陈涉、李广等人,他们的地位、身份虽千差万别,但他们都有与众不同、特立独行之处,他们或品行高洁、或礼贤下士、或富于反抗精神、或为国忍辱负重,无不体现了儒家的道义。即便是司马迁笔下那些反面人物如李

---

① 〔清〕冯李骅、陆浩:《左绣·读左卮言》,台北:文海出版社1967年版,第56页。
② 何新文:《左传人物论稿》,北京:中华书局2004年版,第135页。
③ 〔汉〕司马迁:《史记》,北京:中华书局1982年版,第2114页。

斯、张汤、石奋父子、邓通等人，司马迁也善于从违背儒家精神的角度载录他们奇特的行为，予以批判。司马迁笔下奇人奇事最为集中的莫过于《游侠列传》《刺客列传》中的主人公如豫让、聂政、朱家、郭解、剧孟等人，这些篇章多受到后人的批判。扬雄就是把司马迁的"爱奇"同孔子的"爱义"相对立，似乎"爱奇"就是不"义"。刘勰《文心雕龙·史传》更是说司马迁"爱奇反经之尤"①，更是认为司马迁载录这些奇人、奇事是儒家的罪人。他们都以这些传主的身份作为评判标准，没有看到司马迁欣赏他们的正是他们侠肝义胆、重信守义的高风奇节与独立人格，这与儒家道德标准中"仁""义""信"的要求无疑是完全相符的。欧阳修对此则推崇备至："余固喜传人事，尤爱司马迁善传，而其所书皆伟烈奇节，士喜读之。"②因此，《史记》与《左传》并非为了传奇而写奇，而是通过那种跌宕起伏、震人心魄的奇人奇事更好地表达其价值观念和道德标准。因此，清代蒋中和说："谓子长奇于文则可，谓子长贪于奇而溺于爱，则不可。"③对扬雄提出了针锋相对的批评，可谓抓住了要害之处。

其次，司马迁在《史记》中同《左传》一样，也载录了大量梦境、鬼怪之事。司马迁的神怪观念、神怪叙述之目的都受到《左传》的启发和影响，并在《左传》神道设教的基础上进一步发展，成为表达自己政治见解、人生观念的手段和途径。《左传》中的神怪叙述一方面反映了春秋时期世人普遍的鬼神观念，但更主要的是作者借此来实现神道设教的目的，作者更是借助历史人物之口表达了"天道远，人道迩"④"薛征于人，宋征于鬼，宋罪大矣。"⑤等否定鬼神的言论。司马迁的鬼神观念与左丘明一脉相承，比如关于汉朝开国皇帝刘邦的出生及其一系列神异事件，完全是出于显示大汉王朝君权神授的正统性、权威性而作的神秘化的神道设教。但作者在具体描写过程中却处处留有余地和破绽，关于高祖的神奇出生与远古时期姜嫄履帝脚趾而怀孕何其相似，神秘老人为吕后

---

① 范文澜：《文心雕龙注》，北京：人民文学出版社1958年版，第284页。
② 〔宋〕欧阳修：《欧阳文忠公集·桑怿传》，上海：上海古籍出版社2009年版，第1748页。
③ 〔清〕蒋中和：《眉三子半农斋集·读文选》，《四库全书存目》集部，济南：齐鲁书社1997年版，第224册，第57页。
④ 杨伯峻：《春秋左传注》，北京：中华书局2000年版，第1395页。
⑤ 杨伯峻：《春秋左传注》，北京：中华书局2000年版，第1524页。

及其子女相面的情节也只有刘邦自己家人在场，其他人无从辨识真假。至于刘邦酒醉后，身上常有龙现身，以及刘邦斩蛇后神秘妇人赤帝、白帝之言很明显也是刘邦的故弄玄虚，这种招数陈涉、吴广起义时早就用过，可见在当时神道设教之术屡试不爽。出于维护大汉王朝的正统性，司马迁不得不如此描述，然而司马迁通过具体的破绽和漏洞也显示了自己并不相信的态度。不仅如此，司马迁更是借助世人对鬼神的崇敬与信仰，来表达自己的爱憎褒贬态度，譬如《魏其武安侯列传》中田蚡临死前的梦境，临江王死后，燕数万衔土置冢上的神奇景象，皆是作者借以表达对田蚡残害忠良的憎恨以及对临江王刘荣无辜惨死的悲悯，这是对《左传》神怪叙述目的的超越之处。

其三，《左传》的浮夸还表现在情节的想象与虚构上，而这一点也为《史记》所继承。关于《左传》与《史记》两书中想象与虚构的情节，在某种程度上并不好认定，因为有些情节虽然在今天流传下来的典籍中不见载录，但并不能直接认定这些情节属于想象和虚构，毕竟左丘明和司马迁在当时所能见到的材料要比我们丰富得多，材料散佚也是常有之事。譬如《史记·赵世家》关于赵氏孤儿的故事，我们尽可以表达怀疑并列出原因，但却无法证实这个故事是作者虚构的。因此，我们所讨论的想象与虚构并不是指上述这些情节。而是指历史家为了使那些无法重现的历史人物、事件，根据散乱的历史材料运用语言的手段将其连缀、补充，从而在文本中让人物、事件复活、再现的过程。而其中的连缀和补充就是历史家的想象和虚构。譬如《左传》中鉏麑触槐而死之前的个人独白、介之推与母亲归隐前的对话等，皆是出于左丘明个人的想象与填补，从而使无法重现的历史按照作者认为最为合理的、合乎自己道德价值判断标准的方式予以呈现。钱锺书称之为代言法："左氏设身处地，依傍性格身份，假之喉舌，想当然耳。"[1]林语堂说："史实虽然是历史上的，但传记作者则必须叙述上有所选择，有所强调，同时凭藉头脑的想象力而重新创造，重新说明那活生生的往事。"[2]可见，不光是人物的语言需要代言，故事的情节也需要连缀与补充。

---

[1] 钱锺书：《管锥编》第一册，北京：中华书局1979年版，第165页。
[2] 张振玉：《苏东坡传·译者序》，林语堂：《苏东坡传》，西安：陕西师范大学出版社2009年版，第1页。

柯林武德在《历史的观念》中举了一个"凯撒自罗马到高卢旅行"①的例子，他前一天在罗马，后一天在高卢，至于从罗马到高卢的旅行，材料则没有告诉我们，需要史学家加入他的推理想象，进行一点连接虚构。如果我们将《史记》与先秦典籍《左传》《战国策》《孟子》《韩非子》《吕氏春秋》等进行对照阅读，就可看出《史记》所传奇人、奇事中大量的人物神态描写、场面描写、细节描写等传神生动，让人如临其境，绝大多数都要归功于司马迁合理的想象与虚构。我们试举一例：

> 三十二年，初，庄公筑台临党氏，见孟女，说而爱之，许立为夫人，割臂以盟。孟女生子斑。斑长，说梁氏女，往观。圉人荦自墙外与梁氏女戏。斑怒，鞭荦。庄公闻之，曰："荦有力焉，遂杀之，是未可鞭而置也。"②《史记·鲁周公世家》

据《史记》，公子斑喜欢梁氏女而前去看望，他的圉人荦明知两人的关系以及公子斑此行的目的，依然自墙外与梁氏女戏，公然与主人争偶，因此才发生了公子斑要杀掉圉人荦。这段因两个男人争风吃醋而引发的宫廷政变不可谓不奇特，这难道真的只是司马迁猎奇吗，我们可以考察一下这段载录的出处。这段故事应取材于《左传·庄公三十二年》：

> 初，公筑台临党氏，见孟任，从之。閟，而以夫人言许之。割臂盟公，生子般焉。雩，讲于梁氏，女公子观之。圉人荦自墙外与之戏。子般怒，使鞭之。公曰："不如杀之，是不可鞭。荦有力焉，能投盖于稷门。"③

据《左传》，故事的女主人公根本不是什么梁氏女，而是女公子，杜注曰：

---

① [英]柯林武德：《历史的观念》，何兆武、张文杰译，北京：商务印书馆1997年版，第335页。

② [汉]司马迁：《史记》，北京：中华书局1982年版，第1531—1532页。

③ 杨伯峻：《春秋左传注》，北京：中华书局2000年版，第253页。

"子般妹。"①圉人荦调戏的正是公子般的妹妹，公子般不能容忍，于是产生了杀掉圉人荦的念头。因此，司马迁笔下那个令两个男人争夺的梁氏女根本不存在，是司马迁误读《左传》的结果，将"讲于梁氏，女公子观之。"误读为"讲于梁氏女，公子观之。"将"讲"理解为"悦"，由于司马迁对《左传》理解的偏差，他又要从叙事上为他的理解给出一个合理的解释，因此才在《左传》的基础上虚构了公子斑与圉人荦争夺梁氏女的花边新闻。这种虚构从目的上说与文学的"以文运事"的虚构截然不同，他不是为虚构而虚构，而是缝合历史材料遗留的空间和漏洞，最终的目的还是为了尽可能还原历史的真实。虽然这种真实在一定程度上是合乎历史家道德观念的真实，是逻辑上的真实，但这正是史家叙写历史的真正价值所在。在这一点上，《史记》与《左传》都是一脉相承的。

可见，《史记》的"好奇"倾向从奇人、奇事材料的选择、神怪叙事观念到想象虚构手法的使用，都与《左传》浮夸特征有着密切的联系，是在《左传》基础上的继承与发展，后世对《史记》"好奇"思想也逐渐形成了共识，并对其促进史传散文文学性的作用有了更为深刻的认识。司马贞《史记索隐·后序》云："其人好奇而词省，故事核而文微。"②刘大櫆更是结合史记"好奇"的特征，直接提出了"文贵奇"的文学主张和审美标准，并对"奇"的内涵和表现作了细致的分类辨析："有奇在字句者，有奇在意思者，有奇在笔者，有奇在丘壑者，有奇在气者，有奇在神者。"③近人李长之认为："司马迁一生最大的特点就是好奇。因为好奇，所以他的文字疏疏落落，句子极其参差，风格极其丰富而变化，正象怪特的山川一样，无一处不是奇境，又象诡幻的天气一样，无一时一刻不是兼有和风丽日，狂风骤飙，雷电和虹。"④

---

①〔唐〕孔颖达：《春秋左传正义》卷十，北京：北京大学出版社1999年版，第300页。

②〔汉〕司马迁：《史记》附录，北京：中华书局1982年版，第1106页。

③〔清〕刘大櫆：《论文偶记》，王水照《历代文话》，上海：复旦大学出版社2007年版，第4110页。

④李长之：《司马迁之人格与风格》，北京：三联书店1978年版，第231页。

三、从"非文辞不为功"到为文学家立传

《左传·襄公二十五年》作者借孔子之口说:"《志》有之:'言以足志,文以足言。'不言,谁知其志?言之无文,行而不远。晋为伯,郑入陈,非文辞不为功。慎辞也。"①明确表达了功用性的文学观念。《左传》所强调的功用性包括言辞在政治生活、军事、外交斗争中实际发生的作用,对民众所起的道德风化作用。即便是《左传》中所采用的变幻莫测的叙事手法,也不是作者为了提高文学性而故意为之,而是出于阐释《春秋》的实际需要。至于《左传》中的神怪叙述、想象虚构等,皆出于历史撰述以及表达自己政治历史观念之需要。总之,《左传》中所体现的文学功能观念还比较单一,对于文学宣泄个人情感、陶冶个人性情以及批判讽刺社会等功能,《左传》尚关注不多。而随着战国秦汉以来,诸子著作、辞赋著作的繁荣,到司马迁时期,文学创作迅猛发展,文学观念也有极大的进步,司马迁的文学观念与《左传》相比,在继承的基础上有极大的创新。

从继承的角度来说,司马迁继承了《左传》儒家的文学功能观,强调文学的社会功能和道德教化作用,在文质关系上,强调文质相符,反对片面追求华丽的辞藻。如《史记·司马相如列传》中记载司马相如自述其《上林赋》的主旨是:"其卒章归之于节俭,因以风谏。"②司马迁在本篇"太史公曰"中说道:"相如虽多虚辞滥说,然其要归引之节俭,此与诗之风谏何异。……余采其语可论者著于篇。"③在《太史公自序》中也说:"子虚之事,大人赋说,靡丽多夸,然其旨风谏,归于无为。"④司马迁在《史记》中载录传主作品最多的篇章就是《司马相如列传》,收录了《子虚赋》《上林赋》《大人赋》《哀二世赋》《上书谏猎》《喻巴蜀檄》《难蜀父老》《封禅文》等篇章,司马迁之所以收录以上篇章绝不是

---

① 杨伯峻:《春秋左传注》,北京:中华书局2000年版,第1106页。
② 〔汉〕司马迁:《史记》,北京:中华书局1982年版,第3002页。
③ 〔汉〕司马迁:《史记》,北京:中华书局1982年版,第3073页。
④ 〔汉〕司马迁:《史记》,北京:中华书局1982年版,第3317页。

因为这些文章文辞华美，恰恰是因为这些文章的主旨是劝善讽谏，是有社会价值和意义的。相反同样是司马相如所作以表现男女情长的《长门赋》，司马迁便没有收录，其倾向性非常明显。屈原辞赋文采富艳已成共识，但司马迁最看重的是屈原词赋所表现的诗人之"志"，在《屈原贾生列传》中对此进行了精当的分析："其文约，其辞微，其志洁，其行廉，其称文小而其指极大，举类迩而见义远。……推此志也，虽与日月争光可也。"①可见司马迁认为"可与日月争光"的是《离骚》中所表现的诗人高洁的志向，而并非《离骚》文辞本身。

从发展的角度来讲，司马迁无疑拓展了文学的功能，特别是将文学创作与作者个人的情感态度、风格特征以及思想倾向联系起来，文学从注重社会功能向注重反映作家个人思想情感转变。这也和春秋战国时期到秦汉时期，文学创作从集体创作到个人创作的倾向完全合拍。如《鲁仲连邹阳列传》中全文收录了邹阳的《狱中上书自明》，并评论说："邹阳辞虽不逊，然其比物连类，有足悲者，亦可谓抗直不桡矣，吾是以附之列传焉。"②司马迁认为邹阳此文借古讽今、巧用譬喻，强烈地表达了作者的爱憎之情和正直不屈的人格特征，可以说是对邹阳文章风格的精当概括。司马迁不仅为先秦诸子作传，并且对他们的文风特点也多有概括。如评价《庄子》的文风："善属书离辞，指事类情，……其言洸洋自恣以适己。"③"属书离辞"是对《庄子》辞采富丽之语言特征的概括，而"指事类情"则是指《庄子》善于通过虚构的故事来表情达意，寄托情感。"洸洋自恣以适己"更是对《庄子》话语特色和审美风格的高度凝练。在《司马穰苴列传》中亦用"宏廓深远"④来概括《司马兵法》的文学特征。

随着司马迁对不同体裁、不同人物作品文学特征把握的逐渐深入，他对文学作品区别于一般文献或学术的特点认识也逐渐清晰。文学与学术逐渐分离的趋势也在《史记》中逐渐显露。司马迁常用"学"或"文学"来指称学术或儒学，而用"文章"或"文辞"来表示文学作品，这说明司马迁已经具有了一定的文学

---

① 〔汉〕司马迁：《史记》，北京：中华书局1982年版，第2482页。
② 〔汉〕司马迁：《史记》，北京：中华书局1982年版，第2479页。
③ 〔汉〕司马迁：《史记·老子韩非列传》附录，北京：中华书局1982年版，第2144页。
④ 〔汉〕司马迁：《史记》，北京：中华书局1982年版，第2160页。

自觉意识,因此,为文学家单独立传也就顺理成章了。《史记》中《司马相如列传》《屈原贾生列传》是我国最早的关于文学家的传记,他以孟子"知人论世"为指导原则开创了传论式的文学批评方式,在中国文学批评史上也具有深远的影响。

总的说来,《史记》在文学思想上从文学创作的动机、史料选择的原则、实录与想象虚构之间的关系,到文学功用理论等诸多方面都受到了《左传》的影响和启发,同为史传散文中的文学经典,两书文学思想的传承关系是非常明显的。然而,《史记》在阐释接受《左传》文学思想的同时更多的是创新和超越,在上述几个方面,《史记》的文学思想无疑要比《左传》全面而深刻,从而代表了西汉时期文学思想的最高成就。在《左传》文学思想的影响下,《史记》在具体的行文过程中受到《左传》影响之处就更多了,譬如叙事手法、写人艺术及其文章义法、篇章结构等方面,更可看出《史记》对《左传》艺术特征的接受,已有相当数量的论文对此进行探讨,对此,本文就不再叨叙了。

(史继东,男,河南周口人。文学博士,陕西理工大学人文学院副教授)

史学传统与中国古代历史题材小说创作

雷 勇

中华民族是一个具有自觉而深沉的历史意识的民族,自跨进文明的门槛以来,产生了众多的史家和历史典籍,同时也形成了完备的修史制度和优良的史学传统。受史官文化的影响,中国古代的历史题材小说创作也十分繁荣,以《三国演义》的诞生为标志,元末明初以后历史小说创作蔚为大观,成为古代小说中极为重要的一个门类。总的来看,古代历史小说是在史官文化背景下孕育、生长的,无论是题材内容、外在形式还是小说的内在精神都受到了史官文化的影响。史官文化滋润了历史小说,但由于中国史学早熟,史学传统又过于强大,这对小说创作又产生了一些消极影响,甚至可以说在一定程度上阻碍了小说的发展。

一、史官文化与中国史学传统

在漫长的中华文明史上,史官文化一直占举足轻重的地位,是中华文化的一个重要组成部分,同时也是对中国社会以及民族精神影响最大的一种文化类型。在史官文化漫长的发展过程中形成了许多优良的史学传统,其中对中国文化影响最大的有两个方面,即:实录精神和经世意识。

秉笔直书是中国古代史家的一个优良传统。我国古代史家历来把秉笔直书视为持大义、别善恶的神圣事业和崇高美德,他们以直书为荣,曲笔为耻,为了直书,不避强权,不畏风险,表现了史家的高风亮节。在史官文化兴起之初,秉笔直书就被作为史家的美德而受到称赞。《左传·宣公二年》中记载了晋国史官董狐的事迹:

> 乙丑，赵穿攻灵公于桃园。宣子未出山而复。太史书曰："赵盾弑其君。"以示于朝。宣子曰："不然。"对曰："子为正卿，亡不越竟，反不讨贼，非子而谁？"宣子曰："呜呼，'我之怀矣，自诒伊戚'，其我之谓矣！"孔子曰："董狐，古之良史也，书法不隐。赵宣子，古之良大夫也，为法受恶。惜也，越竟乃免。"①

赵穿杀了晋灵公，但是赵盾身为正卿，大权在握，"亡不越境，返不讨贼"，因此也有一定的责任。作为史官，董狐不畏强权，秉笔直书，因此受到了孔子的称赞。《左传·襄公二十五年》也记述了齐国太史秉笔直书、不惜以死殉职的悲壮故事：

> 太史书曰："崔杼弑其君。"崔子杀之。其弟嗣书，而死者二人。其弟又书，乃舍之。南史氏闻太史尽死，执简以往。闻既书矣，乃还。②

面对血淋淋的屠刀，齐太史和南史氏毫不畏惧、前赴后继，用鲜血和生命维护了历史的真实。

这种直书的精神在后世产生了极大的影响力，正直的史官、史家都自觉效法并付诸实践。贞观年间，褚遂良负责记录唐太宗言行，太宗欲索取过目，褚遂良竟以"不闻帝王躬自观史"为由加以拒绝。《旧唐书·褚遂良传》中有这样一段记载：

> 太宗尝问："卿知起居，记录何事，大抵人君得观之否？"遂良对曰："今之起居，古左右史，书人君言事，且记善恶，以为鉴诫，庶几人主不为非法。不闻帝王躬自观史。"太宗曰："朕有不善，卿必记之耶？"遂良曰："守道不如守官，臣职当载笔，君举必记。"③

---

① 杨伯峻：《春秋左传注》，《左传·宣公二年》，北京：中华书局1990年版，第662—663页。
② 杨伯峻：《春秋左传注》，《左传·襄公二十五年》，北京：中华书局1990年版，第1099页。
③〔后晋〕刘昫等：《旧唐书》卷80，北京：中华书局1975年版，第2730页。

以编撰《通鉴纪事本末》著名的南宋史官袁枢也有这样一段逸事：

> 兼国史院编修官，分修国史传。章惇家以其同里，宛转请文饰其传，枢曰："子厚为相，负国欺君。吾为史官，书法不隐。宁负乡人，不可负天下后世公议。"时相赵雄总史事，见之叹曰："无愧古良史。"①

为了历史的真实，他们可以不顾君臣之义、同乡之谊。刘知几在《史通》中专设了《直书》《曲笔》两篇，对历史上敢于秉笔直书的史家大加赞扬，对"曲笔阿时"者则予以鞭挞。在《直笔》篇中，他特别赞扬了历史上敢于"仗气直书，不避强御"的史官："烈士徇名，丈夫重气，宁为兰摧玉折，不作瓦砾长存。若南、董之仗气直书，不避强御；韦、崔之肆情奋笔，无所阿容。虽周身之防有所不足，而遗芳余烈，人到于今称之。"②在《曲笔》篇中则严厉地批评了那种"事每凭虚，词多乌有；或假人之美，藉为私惠；或诬人之恶，持报己仇"的现象，称那些"曲笔阿时"者为"记言之奸贼，载笔之凶人"，认为将这些人"虽肆诸市朝，投畀豺虎可也"③。千百年来，史学家们一直遵循着这一优良传统，从某种角度来说，秉笔直书体现了人类理性和求真的本质，而这正是实录成为我国史学最坚实传统之深层原因。

直书精神在历史书写中的直接体现就是"实录"，这既是中国史学的基本记事之法，同时也是史学批评的最高标准。对实录的涵义，班固在《汉书·司马迁传》"赞"中作了比较详细的阐释："善序事理，辨而不华，质而不俚，其文直，其事核，不虚美，不隐恶，故谓之实录。"④此外，刘知几在《史通》中也解释说："爱而知其丑，憎而知其善，善恶必书，斯为实录。"⑤简言之，所谓实

---

① 〔元〕脱脱等：《宋史》卷389，北京：中华书局1977年版，第1934页。
② 〔唐〕刘知几：《史通》卷7《直书》，〔清〕浦起龙：《史通通释》，上海：上海古籍出版社1978年版，第193—194页。
③ 〔唐〕刘知几：《史通》卷7《曲笔》，〔清〕浦起龙：《史通通释》，上海：上海古籍出版社1978年版，第196页。
④ 〔汉〕班固：《汉书》卷62，北京：中华书局1962年版，第2738页。
⑤ 〔唐〕刘知几：《史通》卷14《惑经》，〔清〕浦起龙：《史通通释》，上海：上海古籍出版社1978年版，第402页。

录就是写人记事必需有根有据，不能凭借个人的好恶进行虚构、杜撰。根据这一原则，刘知几对孔子所修订的《春秋》进行了大胆的批评，在《史通·惑经》中指出了它的多处"未谕"和"虚美"，如："事无大小，苟涉嫌疑，动称耻讳，厚诬来世""非所讳而仍讳，谓当耻而无耻，求之折衷，未见其宜""略大存小，理乖惩劝""一褒一贬，时有张弛；或沿或革，曾无定体"，等等。刘知几明确指出：

> 盖君子以博闻多识为工，良史以实录直书为贵。而《春秋》记它国之事，必凭来者之辞；而来者所言，多非其实。或兵败而不以败告，君弑而不以弑称，或宜以名而不以名，或应以氏而不以氏，或春崩而以夏闻，或秋葬而以冬赴。皆承其所说而书，遂使真伪莫分，是非相乱。①

这种态度无疑是认真、大胆的。在这些史家看来，只有象《史记》那样"不虚美，不隐恶"的作品才能称得上是"实录"。

伴随着实录精神而产生的是史家的经世意识。这主要表现在两个方面：

第一，借古鉴今。以史为鉴、借古鉴今，这种经世致用的史学意识在史官文化形成之初就十分明确。在《尚书·召诰》中就记载了召公的一段话："我不可不监于有夏，亦不可不监于有殷。"②《诗经》上也有"殷鉴不远，在夏之后"③的诗句。随着史学的发展，以史为鉴成了一个重要的史学传统，如唐太宗李世民特别重视历史的借鉴作用，他强调"监前代成败，以为元龟"④，并多次告诫大臣："以铜为镜，可以正衣冠；以古为镜，可以知兴替；以人为镜，可以明得失。"⑤"以古为镜"就是"古为今用"，就是发挥史学的经世作用。刘知几也十

---

① 〔唐〕刘知几：《史通》卷14《惑经》，〔清〕浦起龙：《史通通释》，上海：上海古籍出版社1978年版，第409页。

② 〔清〕阮元：《十三经注疏》，《尚书·召诰》，北京：中华书局1979年影印本。

③ 〔清〕阮元：《十三经注疏》，《诗经·大雅·荡》，北京：中华书局1980年影印本。

④ 〔宋〕欧阳修、宋祁等：《新唐书》卷118《褚遂良传》，北京：中华书局1975年版，第4025页。

⑤ 〔后晋〕刘昫等：《旧唐书》卷71《魏征传》，北京：中华书局1975年版，第3561页。

分推崇史学的功用，他在《史通·史官建置》篇中指出："史之为用，其利甚博。乃生人之急务，为国家之要道。有国有家者，其可缺之哉？"①王夫之在《读通鉴论》中也指出："所贵乎史者，述往以为来者师也。为史者，记载徒繁，而经世之大略不著，后人欲得其得失之枢机效法之无由也，则恶用史为？"②

宋代以后，以司马光为代表的史学家更加强调了史学的"资治"作用。他编撰《资治通鉴》的目的就是给帝王"周览"，从中鉴戒得失。在《进资治通鉴表》中他申明了此书取材的原则是："专取关国家盛衰，系生民休戚，善可为法，恶可为戒者，为编年一书。"③而宋神宗也正是因为它"鉴于往事，有资于治道"，于是才"赐名《资治通鉴》"④。如葛剑雄先生所言："通过《资治通鉴》的写作实践，中国历史的泛政治化倾向，就更加程式化、理论化，并形成一种固定的传统。此后，所有史书都是以'资治'为中心，只能根据政治统治的实际需要来取舍材料、解释史料，按照统治者所认可的价值评判标准来撰写历史，历史的唯一作用就是为统治者总结经验、提供教训。"⑤

第二，惩恶劝善。在孔子修《春秋》之前，周王室以及诸侯国的史官记事就比较讲究借褒贬以为劝诫，孔子修《春秋》时更突出了这一特点，不仅在全书中自觉地贯彻了褒贬惩劝原则，同时还通过一系列具体的事例给人们提供了借鉴，让史书起到警示世人的作用。例如，《春秋·隐公元年》有这样一条记载："郑伯克段于鄢"。仅仅6个字就记载了一件比较复杂的事件，而且在如此简单的表述中还体现出了自己的褒贬态度。《左传》详细记载了这一历史事件的来龙去脉，同时对此事作了这样的解释：

书曰："郑伯克段于鄢。"段不弟，故不言弟；如二君，故曰克；

---

①〔唐〕刘知几：《史通》卷14《惑经》，〔清〕浦起龙：《史通通释》，上海：上海古籍出版社1978年版，第409页。
②〔清〕王夫之：《读通鉴论》卷6《光武》，北京：中华书局1975年版，第156页。
③〔宋〕司马光：《进资治通鉴表》，《四部备要》集部《司马温公文集》卷1。
④〔元〕胡三省：《新注资治通鉴序》，《资治通鉴》，北京：中华书局1956年版，第28页。
⑤葛剑雄、周筱赟：《历史学是什么》，北京：北京大学出版社2002年版，第146页。

称郑伯，讥失教也，谓之郑志。不言出奔，难之也。①

由于共叔段不守弟道，所以孔子不称其为弟；段的势力已可以与郑庄公对峙，就像两国之君交战一样，所以称庄公打败共叔为"克"；而称郑庄公为"郑伯"，则是讽刺他有失为兄之道。在字里行间体现"微言大义""寓褒贬，别善恶"，这就是所谓的"春秋笔法"。作者对这种"笔法"十分赞赏，在《左传·成公十四年》中用这样一段话对此作了评价：

君子曰："《春秋》之称，微而显，志而晦，婉而成章，尽而不汙，惩恶而劝善，非圣人，谁能修之。"②

在《左传·昭公三十一年》中再次说道：

故曰：《春秋》之称微而显，婉而辨。上之人能使昭明，善人劝焉，淫人惧焉，是以君子贵之。③

孔子的这种做法也受到了后世史家、思想家的普遍推崇。如孟子说："孔子成《春秋》而乱臣贼子惧。"④司马迁也对《春秋》作了这样的评价：

夫《春秋》，上明三王之道，下辨人事之纪，别嫌疑，明是非，定犹豫，善善恶恶，贤贤贱不肖，存亡国，继绝世，补弊起废，王道之大者也。⑤

在这种"春秋笔法"的指导下，后世史家都将褒贬惩劝的精神当作修史的第一要务。如魏征对《隋书·经籍志》中史部的修撰就提出了"书美以彰善，记恶以垂戒"⑥的要求。刘知几也强调了劝戒的作用：

---

① 杨伯峻：《春秋左传注》，《左传·隐公元年》，北京：中华书局1990年版，第14页。
② 杨伯峻：《春秋左传注》，《左传·成公十四年》，北京：中华书局1990年版，第870页。
③ 杨伯峻：《春秋左传注》，《左传·昭公三十一年》，北京：中华书局1990年版，第1513页。
④ 杨伯峻：《孟子译注》，《孟子·滕文公下》，北京：中华书局1960年版，第155页。
⑤〔汉〕司马迁：《史记·太史公自序》，北京：中华书局1975年版，第3297页。
⑥〔唐〕魏徵、令狐德棻等：《隋书》卷33《经籍志》，北京：中华书局1973年版。

> 史之为务，申以劝诫，树之风声。其有贼臣逆子，淫君乱主，苟直书其事，不掩其瑕，则秽迹彰于一朝，恶名被于千载。言之若是，吁可畏乎！①

总的来看，史官文化的一个重要特点就是比较注重历史的借鉴和垂训作用。经世意识使史家与现实政治有了十分紧密的联系，历代史家都特别关注国家的治乱兴衰，表现出了饱满而深沉的政治情怀。他们或通过史书撰修来表达自己的政治理想，或以理想来批判现实，但其目的都是为了"资治"，在肩负社会道德规范的责任方面，史家不但与帝王目标一致，而且还常常主动、积极地加以配合。史学与政治的联姻可以说是中国史学的民族特色之一。正是基于对这个特点的认识，顾准先生才对中国的史官文化做出了这样的判断："所谓史官文化者，以政治权威为无上权威，使文化从属于政治权威，绝对不得涉及超过政治权威的宇宙与其他问题的这种文化之谓也。"②

二、史官文化与历史题材小说创作

史官文化是中国文化的主流，史官文化的发达强化了中国人的历史意识，同时也激发了人们对历史的兴趣，因此，在代表官方意志的各类"正史"盛行的时候，民间的各种野史、传说也在不断孕育和衍生，它们代表的是民间的立场。不同层次的人关注的问题不同，对历史的认识以及做出的解释也有很大差异，因此就出现了三种不同模式的历史书写，这里姑称之为史官叙事、文人叙事和民间叙事。总的来看，三种历史书写模式各有所长，同时也都有自身的弱点。庸愚子在《三国志通俗演义序》中就曾这样说道：

> 然史之文，理微义奥，不如此，乌可以昭后世？《语》云："质胜

---

① 〔唐〕刘知几：《史通》卷7《直书》，〔清〕浦起龙：《史通通释》，上海：上海古籍出版社1978年版，第192页。

② 顾准：《希腊思想、基督教和中国的史官文化》，《顾准文集》，贵阳：贵州人民出版社1994年版，第244页。

文则野,文胜质则史。"此则史家秉笔之法,其于众人观之,亦尝病焉。故往往舍而不之顾者,由其不通乎众人,而历代之事愈久愈失其传。前代偿以野史作为平话,令瞽者演说,其间言辞鄙谬,又失之于野,士君子多厌之。①

人们渴望了解历史,但史官著述"理微义奥""不通乎众人";野史、平话虽通俗易懂,却"言辞鄙谬",内容"又失之于野",于是"士君子多厌之"。正是在这种情形下,融二者之长又避其所短的"历史演义"体小说就应运而生了。

元末明初是中国小说史上的一个辉煌时期,《三国演义》和《水浒传》的出现,标志着长篇白话小说的正式诞生,同时也代表着中国小说史上一个新时代的到来。除《三国演义》和《水浒传》外,产生于这个时期的长篇白话小说还有《三遂平妖传》《残唐五代史演义传》和《隋唐两朝志传》等。这些作品的共同特点就是,都属于历史题材。历史题材小说之所以能率先产生,并一开始就以比较成熟的面目出现,这与中国的史学传统密切相关,正如郑振铎先生所说:"在小说艺术未臻完美之前,长篇著作是很难著手的,只有跟了历史的自然演进的事实写去,才可能得到了长篇。"②对历史与古代小说的关系,许多学者已做了比较充分的论述③,此不赘言。就长篇小说创作而言,历代史书至少在三个方面对它产生了影响:

第一,史书为长篇小说提供了取之不尽的创作素材。

中国的历史著作浩如烟海,以有"正史"之称的纪传体史书为例,从《史记》到《明史》,总数达3249卷,记载了从黄帝到明朝灭亡(1644年)共4000

---

① 〔明〕罗贯中:《三国志通俗演义》卷首,上海:上海古籍出版社1980年版,第1页。

② 郑振铎:《中国小说的分类及其演化的趋势》,《郑振铎古典文学论文集》,上海:上海古籍出版社1984年版,第342页。

③ 参见董乃斌:《中国古典小说的文体独立》,北京:中国社会科学出版社1994年版;石昌渝:《中国小说源流论》,北京:三联书店1994年版;杨义:《中国古典小说史论》,北京:中国社会科学出版社1995年版;鲁德才:《古代白话小说形态发展史论》,天津:南开大学出版社2002年版;纪德君:《中国历史小说的艺术流变》,北京:中国社会科学出版社2002年版;欧阳健:《中国小说与历史》,太原:山西人民出版社2005年版。

余年的历史,它们篇幅宏伟、史料丰富,比较系统、全面地记录了中国历史的发展进程。最初出现的长篇小说基本上都是依照史书来改编的。如《三国演义》主要依据陈寿的《三国志》而演义;《水浒传》虽偏重于写草莽英雄,但其题材仍来源于历史上有关宋江、方腊起义的记载;嘉靖以后历史小说创作更为繁荣,而"按鉴演义"是最主要的编创模式,很多作品就是根据《资治通鉴》或《资治通鉴纲目》而"演义"的,不少作品其实就是这些史书的通俗化。

第二,史书的编撰形式为长篇小说的结构提供了仿效的范式。

编年体、纪传体和纪事本末体是古代史书最为重要的三种编撰形式,它们凝聚了历代史家的心血,这为长篇小说创作提供了现成的模式,明代的长篇小说基本上都是在模仿这些形式来安排素材、组织结构的。如《三国演义》主要采用了编年体,基本上按照历史的进程演述了从东汉末到西晋百余年的历史;《水浒传》主要采用了纪传体,尤其是梁山英雄排座次以前的情节,基本上是以连环列传的方式组织众多英雄的传奇故事;而《三遂平妖传》则更多借鉴了纪事本末体的形式,比较完整地记述了王则起义的全过程。

第三,史书也对长篇小说的叙事模式和写作技巧产生了影响。

求实精神与经世意识是史官文化的基本特征,体现在史书编撰中就是要求编撰者必须采取客观的态度,于是,历史著作基本上都采用第三人称的全知视角,编撰者置身于人物、事件之外,尽量不动感情地记述事件、评论人物。同时,经世意识又使史学家比较重视对历史经验和教训的总结、探求,以达到"资治"、教化等目的,这些都对长篇小说产生了极大影响。明初的几部小说都采用了第三人称全知叙事的方法,而且都以乱世为题材,总结历史教训的目的甚明。此外,历史著作情节安排、人物刻画的种种技巧也都给长篇小说创作提供了经验,如李剑国先生所说:"史书对于小说的意义,不仅是从中分化出了独立的小说文体,而且由于小说文体要素中包含着叙事结构、叙事语言等属于小说叙事学和小说修辞学方面的因素,因此史传的叙事方法哺育了小说,促使小说叙事的进步和叙事文体的逐步完善。"[1]

---

[1] 李剑国:《小说的起源与小说独立文体的形成》,《锦州师范学院学报(哲学社会科学版)》2001年第3期。

三、史学传统对小说创作的消极影响

以嘉靖元年（1522）《三国志通俗演义》的刊行问世为标志，历史题材小说进入了创作的鼎盛期，各种历史题材小说如雨后春笋，不断问世。正如吴门可观道人所说：

> 自罗贯中氏《三国志》一书，以国史演为通俗演义，汪洋百余回，为世所尚。嗣是效颦日众，因而有《夏书》《商书》《列国》《两汉》《唐书》《残唐》《南北宋》诸刻，其浩瀚几与正史分签并架。①

据不完全统计，明清两代共产生了80余部历史题材小说②，从盘古开天辟地到清末动荡的时事，各朝历史都有小说来演义，不少朝代还不止一部，其数量"几与《四库》乙部所藏相颉颃"③。但值得注意的是，这些作品竟没有一部堪与《三国演义》媲美。为什么会出现这样的情况？这一直是小说史研究中比较难以解答的一个问题。鲁迅先生在《中国小说史略》中指出，元明以来的"讲史"类小说普遍存在一种弊病："大抵效《三国志演义》而不及，虽其上者，亦复拘牵史实，袭用陈言，故既拙于言辞，又颇惮于叙事。"④对史实的过分依赖正是这些小说的一个通病。史官文化孕育了历史小说，但是从另一个角度看，史官文化的高度发达又阻碍了历史小说自身的发展，对历史小说创作也产生了一

---

① 〔明〕吴门可观道人：《新列国志叙》，引自丁锡根：《中国历代小说序跋集》，北京：人民文学出版社1996年版，第864页。

② 据孙楷第《中国通俗小说书目》《日本东京所见小说书目》、胡士莹《中国通俗小说书目补》、柳存仁《伦敦所见中国小说书目提要》、大塚秀高《增补中国通俗小说书目》等，明清两代创作出版了一百余部历史小说，除去一书多本以及遗失等情况，实存80余部，包括历史演义和英雄传奇两大类。

③ 〔清〕黄人：《小说小话》，载《小说林》1907年第3期，陈平原、夏晓虹主编：《二十世纪中国小说理论资料》（一），北京：北京大学出版社1989年版，第263页。

④ 鲁迅：《中国小说史略》，见《鲁迅全集》第9卷，北京：人民文学出版社1981年版，第148页。

些消极影响。总的来看，史官文化对历史小说的消极影响主要表现在两个方面：

其一，将小说等同于历史，强调历史小说的"补史"功能。

古代学者对"小说"文体性质的认识一直比较模糊，其中影响较大的一种观点是将小说视为正史的补充。刘知几在《史通·杂述》中就曾指出："偏纪小说，自成一家，而能与正史参行，其所由来尚矣。"在谈到"逸事"类小说产生的原因时又进一步指出："国史之任，记事记言，视听不该，必有遗逸，于是好奇之士，补其所亡，……此之谓逸事者也。"①这种观点对后世的小说批评产生了较大的影响。从小说创作的角度看，许多作家是以"补史"为目的来编写历史小说的。如罗贯中把自己的作品命名为《三国志通俗演义》，目的就在于说明它是史书《三国志》的通俗演义。袁于令在《隋史遗文》序中也明确地说道："史以遗名者何？所以辅正史也。"②甄伟在《西汉通俗演义》自序中的表述更为清楚：

> 西汉有马迁史，辞简义古，为千载良史，天下古今诵之，予又何以通俗为耶？俗不可通，则义不必演矣。义不必演，则此书亦不必作矣。又何以楚、汉二十年事敷演数万言以为书耶？盖迁史诚不可易也。予为通俗演义者，非敢传远示后，补史所未尽也。不过因闲居无聊，偶阅西汉卷，见其间多牵强附会，支离鄙俚，未足以发明楚、汉故事，遂因略以致详，考史以广义；越岁，编次成书。言虽俗而不失其正，义虽浅而不乖于理；诏表辞赋，模仿汉作；诗文论断，随题取义。使刘、项之强弱，楚、汉之兴亡，一展卷而悉在目中：此通俗演义所由作也。然好事者或取予书而读之，始而爱乐以遣兴，既而缘史以求义，终而博物以通志，则资读适意，较之稗官小说，此书未必无小补也。若谓字字句句与史尽合，则此书又不必作矣。③

---

①〔唐〕刘知几：《史通》卷7《曲笔》，〔清〕浦起龙：《史通通释》，上海：上海古籍出版社1978年版，第273—274页。

②〔明〕袁于令评改，宋祥瑞校点：《隋史遗文》卷首，北京：北京大学出版社1998年版。

③〔明〕甄伟：《西汉通俗演义序》，朱一玄编：《明清小说资料选编》，济南：齐鲁书社1990年版，第14页。

小说家如此，评论家也常常将小说与正史联系起来进行评价。如"庸愚子"在《三国志通俗演义序》中有这样一段论述：

> 若东原罗贯中，以平阳陈寿传，考诸国史，自汉灵帝中平元年，终于晋太康元年之事，留心损益，目之曰《三国志通俗演义》。文不甚深，言不甚俗，事纪其实，亦庶几乎史。①

张尚德在《三国志通俗演义引》中也指出《三国演义》的特点是"羽翼信史而不违"②。署名林瀚的《隋唐志传通俗演义序》也强调："以是编为正史之补，勿第以稗官野乘目之。"③稍后的陈继儒在《叙列国传》中也提出了类似的观点：

> 《列传》始自周某王之某年，迄某王之某年，事覈而详，语俚而显，诸如朝会盟誓之期，征讨战攻之数，山川道里之险夷，人物名号之真诞，烂若胪列，即野修无系朝常，巷议难参国是，而循名稽实，亦足补正史之所未赅，譬诸有家者按其成簿，则先世之产业鳌然，是《列传》亦世宙间之大账簿也。如是虽与经史并传可也。④

清代蔡元放《东周列国志读法》还一再强调："读《列国志》，全要把作正史看，莫作小说一例看了。"⑤在这些评论家看来，历史小说和正史在性质上是相同的，"稗史亦史"⑥，其作用是"羽翼信史""补正史之所未赅"，因此可以与"经史并传"。从某种意义上说，这种观点对提高小说的地位起到了一定的作用，但它毕竟没有认识到小说独立存在的价值，因而并不是一种科学的小说观。但这种小说观的影响却十分久远，直到清代末期很多评论家仍是站在史家的角

---

① 〔明〕罗贯中：《三国志通俗演义》卷首，上海：上海古籍出版社1980年版，第1页。
② 〔明〕罗贯中：《三国志通俗演义》卷首，上海：上海古籍出版社1980年版，第3页。
③ 《隋唐两朝志传》卷首，日本尊经阁藏本。
④ 〔明〕陈继儒：《叙列国传》，朱一玄编：《明清小说资料选编》，济南：齐鲁书社1990年版，第4页。
⑤ 〔清〕蔡元放：《东周列国志读法》，北京：中华书局2002年版。
⑥ 《金圣叹批评本水浒传》第1回回前总评，长沙：岳麓书社2006年版，第12页。

度看待小说的。正如董乃斌先生所说:"中国古代小说发展比较迟缓,确与许多文人只重视纪实而轻视虚构,进而不敢虚构、回避虚构,乃至排斥虚构,因而不善于舒展想象之翼有关。"①

其二,用史学的标准衡量和评价历史小说,强调小说的"实录"性。

郭豫适先生曾做过这样的论述:"中国的史学是一个高度发展的学术领域,作为一种正宗的学问,它处于文化殿堂的高层次,受到历代统治者和正统文人的重视。中国古代特别丰富的历史典籍和浩瀚无涯的历史资料,成了中国古代小说很重要的创作素材;中国历史学者强烈的史学意识以及治史的原则、态度和方法,还直接地影响到小说理论批评,史学的理论、原则成为小说批评的理论基础和依据,小说是否具有历史的功能成了评价小说的重要标准和尺度。"②受史官文化的影响,很多评论家认为历史小说创作也必须坚持实录原则,不能记载没有根据的传闻,更不能虚构。这从明清两代史家对《三国演义》的批评就可见其一斑。明代胡应麟认为历史小说必须根据正史,不能虚构。他在《少室山房笔丛》卷四十一举出两个例子,批评《三国演义》与史志不合。一是"关壮缪明烛"事,认为此事乃村学究随意编撰,《三国志》等史书并无此文,故"大可笑"。一是"赤壁破曹"应归功于谁的问题,他说:

> 赤壁破曹,玄德功最大。考《昭烈传》:"与曹公战于赤壁,大破之。"操传:"公至赤壁,与备战不利。"而不言周瑜和鲁肃。传俱言与备并力;陈寿书《诸葛传》后亦言"权遣兵三万助备,备得用与曹公交战,大破其军。"则当日战功可见。今率归重周瑜,与陈寿志不甚合。③

这两件事都是《三国演义》中的得意之笔,但都因"与陈寿志不甚合"而遭到胡应麟批评。清代史学家章学诚对《三国演义》的批评更为典型:

---

① 董乃斌:《中国文学叙事传统研究》,北京:中华书局2012年版,第115—116页。
② 郭豫适:《关于中国古代小说理论批评特点问题》,《文艺理论研究》1988年第6期。
③〔明〕胡应麟:《少室山房笔丛》卷41《庄岳委谈》(下),朱一玄编:《明清小说资料选编》,济南:齐鲁书社1990年版,第78—79页。

凡演义之书，如《列国志》《东西汉》《说唐》及《南北宋》，多纪实事，《西游》《金瓶》之类，多凭虚构，皆无伤也。惟《三国演义》，则七分实事，三分虚构，以致观者往往为所惑乱，如桃园等事，学士大夫直作故事用矣。故演义之属，虽无当于著述之伦，然流俗耳目渐染，实有益于劝惩。但须实则概从其实，虚则明著寓言，不可虚实错杂如《三国》之淆人耳。①

尽管他肯定了小说的价值，但评价小说的标准仍是史学的实录原则。评论家的这种看法在很长时间影响了读者，支配了他们的阅读，同时也束缚了作家的创作，以至于很多作家只能走"按鉴演义"的路子。

总之，在史官文化的背景下，历史小说是作为"史"的一个组成部分存在的，长期以来，历史小说或被当成正史之"补"，或被视为通俗化的史书，因此笼罩在"史"的光环下，始终难以摆脱历史附庸的地位，也就无法实现文体的真正独立。作家按照实录原则创作，评论家也以史学的标准来评价，另外，从读者方面来看，也特别注意小说的真实可信程度。如美国学者夏志清先生所说："明清时代，作者与读者对小说里的事实都比小说本身更感兴趣。最简略的故事，只要里面的事实吸引人，读者也愿接受。……他们不信任虚构的故事，表示他们相信小说不能仅当作艺术品而存在：不论怎样伪装上寓言的外衣，它们只可当作真情实事，才有存在的价值。它们得负起像史书一样化民成俗的责任。"②在这样的语境中，历史小说的文学性常常被忽略，这就限制、影响了历史小说的发展。

（雷勇，男，陕西洛南人。文学博士，陕西理工大学人文学院教授）

---

① 〔清〕章学诚：《丙辰札记》，朱一玄编：《明清小说资料选编》，济南：齐鲁书社1990年版，第89页。
② 〔美〕夏志清著，胡益民等译：《中国古典小说导论》，合肥：安徽文艺出版社1988年版，第15页。

茅坤《史记抄》文学评点的精神向度发微

王晓红

时至明代,《史记》评点出现了繁荣的局面。这是各种社会文化因素合力的结果,既依赖于科举制义的热切需求、文学复古大潮的有力推动以及印刷业的发达,也体现着《史记》经典文本接受的文学化。毕竟,"评点是《史记》文学经典化历程中的特殊形态和重要途径之一"①。

近年来,《史记》评点研究日趋深入,取得了不少的成果。当更多地把文学评点当成一个客观现象追问其意义时,关注评点者的精神世界显得尤为重要和迫切。因为丰富斑斓的评点著作出自一个个生动具体的"人"之手。作为评点批评的行为主体,他们的文化素养、人生际遇、评点旨趣、审美能力影响甚至决定着评点形态、评点思想、评点价值等。

然而,对于明代《史记》评点史上的评点者身份的确认,比想象中要缠结、困难。显然无法从现代学科、职业的分类出发进行明确的划分,笔者尝试使用"文人""士人"对其身份进行大致的界定。长期以来,在各种文本中文人、文士与士人、士大夫、士子等词汇经常互文混用,一方面看出"文人""士人"实际上是两个意思明了但其实界限模糊的概念;另一方面也意味着"文人"与"士人"之间关系的复杂。这里不再以学界讨论甚夥的"文人"与"士人"概念进行具体辨析。本文所涉及"士人"指的是具有一定文化知识及儒家理念的读书人。"做了官和没有入仕的读书人都通称为士人。"② "文人"主要遵循"是否有

---

① 张新科:《〈史记〉文学经典化的重要途径:以明代评点为例》,《文史哲》2014 年第 3 期,第 124—132 页。

② 陶晋生:《北宋士族:家族·婚姻·生活》,台北:中央研究院历史语言研究所 2001 年版,第 5 页。

文学创作"为基本原则,凡是有诗作或辞赋等文学作品存世者;有文学批评著作存世者;虽无作品传世而据传文或史志记其能文者等就视其为"文人"。

实际上,"文人"与"士人"在社会政治和文化上同时并存的多元状态,使得两者所谓的"界限"常常只是相对的。如人们有时候愿意把明代茅坤看作编选与评点《唐宋八大家文钞》《史记抄》、"为文章滔滔莽莽""风神遒逸"的唐宋派著名文人,又可看作胸怀壮志、却才不为用、仕途三黜的失意官员。这往往取决于观察的角度、立场和兴趣。

从当时《史记》评点主体身份来看,评点者同时具有"文人"和"士人"双重身份。一方面是文人,评点的也是文学作品,在进行评点的具体进程中,评点者"同时承担文本创作者、文学鉴赏者和理论批评者三种角色"[1],从"文"的角度打量批评的对象,对评点对象的审美批评构成了他们评点的第一个精神向度。另一方面,他们的第二重身份是"士人",具体而言,一是指已经出仕踏入仕途的读书人。这占绝大多数,如《史记选要》的唐顺之、《王守溪史记评抄》的王鏊、《史记题评》的杨慎、《王遵岩史记评抄》的王慎中、《史记辑评》的钟惺、《史记抄》的茅坤、《归震川评点史记》的归有光等。二是没有入仕的读书人。如《史记评林》的凌稚隆、《陈太史评阅史记》的陈继儒、《史记综芬评林》的李光缙、《史记考要》的柯维骐等。无论是否进入仕途,这些评点者"士人"的身份是无疑。他们都深受儒家思想的影响,其价值观和思想内核都深深植入了他们内心,在进行文学评点时必然被自我身份角色潜在支配,在评点对象的触动下,往往会搅动起他的生活经验,唤起"士人"的情怀,在评点进程中展开社会文化批评,形成了他们文学评点的第二个精神向度。

作为明代重要的《史记》评点本,茅坤的《史记抄》选文用心独到,评论精妙,且多发明,影响很大。当然也就成为探究明代《史记》文学评点精神向度一个典型样本。

---

[1] 杜文平:《小说评点者的三种角色对于中国古典通俗小说文本开放性的意义》,《鲁东大学学报(哲学社会科学版)》2014年第1期,第42—46页。

一、文人：审美批评

文学批评就要从文学的角度上来作批评。评点作为具有民族特色的一种文学批评样式，是鲜活、灵动的，看似散漫，却往往一个评语直达文本的关键和要害。正如学者指出，评点是直觉主义哲学的产物。评点者面对的对象是文学作品，他在评点时，主动、自觉地进入作品所建构的文学世界，从"文"的角度，"用文学眼光打量批评的对象，融入其中；文学作品的特质，又必然地唤起评点者内心对'情'的体验、感受和联想"[1]，与那里面的人物一起经受喜怒哀乐消消长长，凭着切身的感受、真实的体味，凭一己的直觉，单刀直入地指出作品所给他的感悟。即目所悟，直抒己见，随手作评，点到为止。当然，高明的评点主体会竭力与文本保持着一种亲近、触手可及距离，用自己的心贴近原作者的心进行分析和阐释。

（一）批评姿态："同情的理解"

评点的学术价值不仅与评点者个人修养有关，也取决于评点者的评点动机、评点姿态及评点策略。明清文学评点中批评家有不同的批评姿态，大致有三：一是"仰视"的姿态，对批评对象（文本及其作者）采取"不吝赞词"的文学批评，如金圣叹评点《水浒传》。二是"俯视"的姿态，对批评对象（文本及其作者）毫不留情批评。三是"同情的理解"，怀抱着宽容、同情、理解、尊重心怀，有效发挥批评话语判断的权利，对批评对象进行多角度、多层次剖析。既有对其好处高度揄扬，又有对其短处缺陷不回护的批评，虽然有的是"吹毛求疵"苛责，不免牵强附会。明代茅坤的《史记抄》即属于此类。

茅坤少时即"好读《史记》"，常常"忘食饮，废卧寝"，甚至在梦中"共太史公抽书石室中，面为指画"[2]。他痴迷阅读《史记》，学习《史记》，以《史记》

---

[1] 朱万曙：《文情士心：明清文学评点的精神向度》，《吉林大学社会科学学报》2013年第1期，第156—164页。
[2] 〔明〕茅坤编纂，王晓红整理：《史记抄》，北京：商务印书馆2013年版。

为取法对象，终生未曾改变。不仅其散文理论主张以《史记》为旗帜，力倡"风神论"，而且在写作实践上，平生所作，"摹画古人，潜发巧心，其神气本于龙门令"①。

茅坤具体开始评点《史记》的时间无从可考。《酬张王屋书》中记载："仆少尝读其书（《史记》），辄摹拟为文辞，然不得也。已而忘食饮，废卧寝者久之，稍稍睥睨一二，然又辄罢去。久之，乃私自以或得其解，辄手注之，凡三易帙。"②《史记抄·刻史记引》记载"予少好读《史记》，……予独疑而求之，求之不得，数手其书而镌注之三四过。已而移官南省，时予颇喜自得其解，稍稍诠次，辄为好事者所携去，遂失其本。顷罢官归，复以督训儿辈为文辞，其所镌注者如此。"③

从这些记载，可以推断茅坤年轻时，对《史记》用心研磨，反复批注，"凡三易帙"。嘉靖二十七、二十八年"移官南省"时，开始系统评点《史记》，"稍稍诠次，辄为好事者所携去，遂失故本。"嘉靖三十四年茅坤落职还乡，在漫长的乡居生活期间，他以《史记》为范本，督训儿辈读书作文；同时重新进行《史记》选本的编撰、评点工作，于明万历三年冬《史记抄》刊刻完成。《史记抄》可以说是茅坤终生痴迷、研磨《史记》总结。凌稚隆编撰的《史记评林》，"不仅将茅坤《史记抄》评点内容大部分收录，而且还邀请茅坤、王世贞等当代著名学者为《史记评林》作序，体现了对茅坤《史记》评点成果的肯定"④。《史记抄》初刻后，又被不断地翻刻，不仅有单色墨印本，吴兴著名出版商闵氏还出版了刊刻精美的朱墨套印本，可见《史记抄》的流行。

茅坤以文本之理想读者的姿态出现，与当时传统的评点者一样执着于"正确的解读"和对文本意义的控制。通过对文本细读，在字里行间寻找司马迁设置

---

① 〔明〕茅坤著，张梦新、张大芝点校：《茅坤集》，杭州：浙江古籍出版社1993年版，第1503页。

② 〔明〕茅坤著，张梦新、张大芝点校：《茅坤集》，杭州：浙江古籍出版社1993年版，第270页。

③ 〔明〕茅坤编纂，王晓红整理：《史记抄》，北京：商务印书馆2013年版。

④ 王晓红：《文章学视野下茅坤对〈史记〉的接受》，《渭南师范学院学报》2017年第17期，第56—63页。

的"密码",全方位、多角度发现并阐释《史记》的文学魅力和价值。对此,拙文《茅坤〈史记抄〉文学价值探微》有较为详细论述。

抉发司马迁的写人艺术。认为司马迁刻画人物不仅得其"貌",且得其"神","摹画绝佳""言人人殊""各得其解",譬如"善写生者春华秋卉,并中神理矣"①,对人物突出的个性特征点评大多肯切精当,如评公孙弘:"摹写平津侯,暗以'曲学阿世'四字为精神。"②如评叔孙通:"小论中'希世'两字,一篇精神所注处。"③挖掘《史记》叙事艺术。频频使用"极工""如画""生色"等批语称赞《史记》叙事章法严谨,生动传神;对《史记》"参差错落、穿插变化为奇""极其变化的笔力"叙事方式高度肯定;独具慧眼发现《史记》叙述的"变体",认为《伯夷传》"以议论叙事,传之变体也"④,揭示《史记》艺术风格。发明"史迁风神",提出《史记》"惟其以风神胜",颇有新意。用"遒逸疏宕"概括《史记》的艺术风格。认为《史记》文气飘逸,气势雄放,"令人读之,杳然神游于云幢羽衣之间,所可望而不可挹者","西京以来,千古绝调也"⑤。

茅坤高度称许《史记》"风调之遒逸、摹写之玲珑、神髓之融液、情事之悲愤,则又千年以来所绝无者"⑥,同时也客观地指出批评对象的缺点和不足。

如《五帝本纪》记载的是远古传说中相继为帝的五个部落首领:黄帝、颛顼、帝喾、尧、舜的事迹,而《史记抄》《五帝本纪》仅节录黄帝的事迹,并且解释缘由:"纪三皇五帝处,去上古既远,无文可考,故所载于篇首,多不可读也。仅录《黄帝纪》一首。"⑦

如《五帝本纪》记载黄帝与炎帝作战时,"教熊罴貔貅貙虎",茅坤以为,直接驱使这几种猛兽参与战斗是不可能的,这里历史记载的真实性、合理性值得

---

① 〔明〕茅坤编纂,王晓红整理:《史记抄》,北京:商务印书馆2013年版。
② 〔明〕茅坤编纂,王晓红整理:《史记抄》,北京:商务印书馆2013年版,第478页。
③ 〔明〕茅坤编纂,王晓红整理:《史记抄》,北京:商务印书馆2013年版,第412页。
④ 〔明〕茅坤编纂,王晓红整理:《史记抄》,北京:商务印书馆2013年版,第241页。
⑤ 〔明〕茅坤编纂,王晓红整理:《史记抄》,北京:商务印书馆2013年版。
⑥ 〔明〕茅坤编纂,王晓红整理:《史记抄》,北京:商务印书馆2013年版。
⑦ 〔明〕茅坤编纂,王晓红整理:《史记抄》,北京:商务印书馆2013年版。

质疑，故评语直书"荒唐"。相似的例子见《项羽本纪》篇末太史公曰："又闻项羽亦重瞳子。"批语"将无作有"；《高祖本纪》"四月甲辰，高祖崩长乐宫。四日不发丧"，批语"四日不发丧则人危矣，此或讹言"①。如《刺客列传》认为"荆轲请樊於期头一节"，"窃谓非人情也"，并推测"当时必轲与太子阴取之，而好事者饰奇或战国慕侠节义者为之也。"②

茅坤发现《史记》存在前后记载互相矛盾的情况，如记载项王攻打成皋：《项羽本纪》载："汉之四年，项王进兵围成皋。汉王逃，独与滕公出成皋北门，渡河走修武，从张耳、韩信军。诸将稍稍得出成皋，从汉王。楚遂拔成皋，欲西。汉使兵距之巩，令其不得西。"而《高祖本纪》则为："项羽已破走彭越，闻汉王复军成皋，乃复引兵西，拔荥阳，诛周苛、枞公，而虏韩王信，遂围成皋。"此处茅坤评语为"与羽纪不合"。

茅坤以"史迁风神"为最高审美理想，在《史记抄》中，认为史公作文常以"神理"贯穿始终，经纬通篇，多有佳构。但茅坤指出司马迁下笔有"神"，却并非篇篇如是，即是一篇中未必做到处处"生色""传神"。如《吴太伯世家》，先是肯定"《太伯世家》始末甚邕"，同时批评"而具越构兵处不如《勾践传》有神"③。如评《齐太公世家》"序管仲始末及桓公之子五公子争立处有生色；序崔杼之乱处亦可观"，而"鲍牧之杀悼公以下，少神理也"④。

对司马迁史料的处理，茅坤也提出了自己的看法，如《淮阴侯传》"太史公传淮阴，不详其兵术所授，此失着处"⑤，认为对誉为"兵仙"韩信，未及兵术所授，不当。《匈奴列传》整体"传记绝调。太史公传匈奴，其次匈奴之俗尚及其强弱以世处，如画"。然而"其所以汉与匈奴战功处，尚草草"⑥。如《孝文本纪》"擘画诸用事功臣案甚当，独不及郦寄，何也？"⑦认为在诛灭诸吕中郦

---

① 〔明〕茅坤编纂，王晓红整理：《史记抄》，北京：商务印书馆2013年版，第50页。
② 〔明〕茅坤编纂，王晓红整理：《史记抄》，北京：商务印书馆2013年版，第351页。
③ 〔明〕茅坤编纂，王晓红整理：《史记抄》，北京：商务印书馆2013年版，第123页。
④ 〔明〕茅坤编纂，王晓红整理：《史记抄》，北京：商务印书馆2013年版，第129页。
⑤ 〔明〕茅坤编纂，王晓红整理：《史记抄》，北京：商务印书馆2013年版，第379页。
⑥ 〔明〕茅坤编纂，王晓红整理：《史记抄》，北京：商务印书馆2013年版，第458页。
⑦ 〔明〕茅坤编纂，王晓红整理：《史记抄》，北京：商务印书馆2013年版，第59页。

郦寄功不可没，而司马迁在描写汉文帝刘恒封赏"诸用事功臣"不及郦寄，材料处理有疏漏之处。如《李将军列传》中交代"程不识孝景时以数直谏为太中大夫。为人廉，谨于文法"。茅坤认为这些与传主事迹无涉，故评曰："附。当删。"①

在具体评点议论中。茅坤常常比较《史》《汉》优劣，如《张耳陈馀列传》评曰："《汉书》更工。此篇于张耳、陈馀之交为精神眼目，故其始为刎颈交，其后瑕衅相杀处甚工。"②如《货殖列传》评曰："太史公为货殖甚卑，不足观览。特文有可采处，而其纪五方州郡物产及其习尚如画。此文出入变化不可捉摸，而藏中轨法固森然也。"③认为太史公《货殖列传》不如《汉书·货殖传》。

茅坤批评是否得当，暂且不论。重要的是他作为批评者所持有的是"同情的理解"之批评姿态。

（二）评点符号："不言之言"

孙琴安在《中国评点文学史》中指出，"评点文学是一种由批评和文学作品组合而成又同时并存的特殊现象，具有批评和文学的双重含义。它既是一种批评方式，同时又是一种文学形式"④，其所要表达的，"乃是评点与原文共同组成了'评点'这一特殊的文本形式，须将评点文字放到了同原作文字等同的地位进行对待与审视"⑤。这里所言的评点文学应该包括评点方式、评点符号与评语。

评点源于经史笺注，"评点"即有"评"有"点"。"评"，一般有总评、评注、行批、眉批、间批等几种方式。而评点的符号，最初当是古人在阅读时结合读书心得在文本上的勾画批抹圈点所作的标记，"点""圈""截""抹""钩"形式多样，各类圈点符号又细分多种，圈（比如单圈〇、实圈●、双圈◎、三角圈△）、点（比如单点、双点、圆点、三角点）、抹（长抹、短抹）等，不一而

---

① 〔明〕茅坤编纂，王晓红整理：《史记抄》，北京：商务印书馆2013年版，第453页。
② 〔明〕茅坤编纂，王晓红整理：《史记抄》，北京：商务印书馆2013年版，第368页。
③ 〔明〕茅坤编纂，王晓红整理：《史记抄》，北京：商务印书馆2013年版，第550页。
④ 孙琴安：《中国评点文学史》，上海：上海社会科学院出版社1999年版，第1页。
⑤ 郝威、胡滢颖：《明清小说评点者的多重身份刍议》，《安徽农业大学学报（社会科学版）》2010年第2期，第85—89页。

足。评点符号有的施以红、黄、蓝、青等不同颜色,以示区分。这些评点符号构成了评点的形式要素,同样传达着批评家们的见解和褒贬态度,与"评语"共同构成了评点者表达自己文学观念的一种批评形态。

茅坤《史记抄》评点元素齐备、评点体例完整。评点方式有眉批、夹批、旁批,部分篇章还有卷前和卷末总评,虽不是每篇都有,然皆是有感而发。相较同时的古文选家、评点家,他对评点符号的使用尤为重视。

在《史记抄》设"凡例"中专门阐明评点符号的使用方法及其含义。

  凡系一事之大体或提案或结案,及文中一切紧关处则长抹,或镌于其旁,或数十字以上则分两行注。
  凡书官爵、书国、书攻城邑、书灾异、书年、书一切吃紧,字面则短抹。
  凡文之最佳处则圆圈,次则长圈,又次则点。
  按近代诸名家批点如杨升庵,特句字与情事奇异者耳,惟荆川镌注处,似得其解,故不忍遗,故特加一小圈于其上,以别之。①

可知,茅坤评《史记》主要有圈、点、抹几种评点符号,每种符号代表不同的意义,功能区分比较细致。

圈与点是茅坤《史记》评点本中最常见、最基本的评点符号。"凡文之最佳处则圆圈,次则长圈,又次则点。"在评点文本中"文旨隽永""遒逸疏宕"之最佳处施以圆圈符,次则长圈,又次则点。如被誉为"项羽最得意之战,太史公最得意之文"的巨鹿之战,在《项羽本纪》这样评点:"当是时,楚兵冠诸侯。诸侯军救钜鹿下者十余壁,莫敢纵兵。及楚击秦,诸将皆从壁上观。楚战士无不一以当十,楚兵呼声动天,诸侯军无不人人惴恐。于是已破秦军,项羽召见诸侯将,入辕门,无不膝行而前,莫敢仰视。项羽由是始为诸侯上将军,诸侯皆属焉。""当是时""于是已破秦军"用长抹,其余皆用圆圈符。

抹是明代古文评点中一种独特的评点符号,"抹"指"在评点文本中用笔在

---

① 〔明〕茅坤编纂,王晓红整理:《史记抄》,北京:商务印书馆2013年版。

关键或纲目的文字右侧处划一长线。因古籍文献为竖排体，所以施抹时则由上而下。其又分长抹'│'与短抹'｜'两种。"①《史记抄》"凡系一事之大体或提案或结案，及文中一切紧关处则长抹"，"提案""结案""吃紧字面"等处是茅坤圈点的重点，"长抹"大体施注篇章的关键、纲目处，彰显篇章之主旨；"凡书官爵、书国、书攻城邑、书灾异、书年、书一切吃紧，字面则短抹。"②"短抹"或表承接，或示转换。

《史记抄》评点形态丰富，不像"评"那样明确评判，论说高低，但用圈、点、抹符号来作提示或标记，可谓虽无评断之语，却有评鉴之实。姚鼐曾说："圈点之妙，有胜于人意者。"圈点提示可以给人一个更广阔的思维空间。例如《项羽列传》鸿门宴一节，"当是时，项羽兵四十万，在新丰鸿门，沛公兵十万，在霸上。"运用"抹笔"，评语："提"，写清了实力对比，交代双方鸿门宴基本形势，提醒读者注意。

茅坤《史记抄》运用各种评点符号或标注《史记》章法结构，或发明叙事、意旨，或提醒文本互见，或点明史迁之感慨，表达其对《史记》的理解，起到指示要点，引导阅读的作用。

（三）评点过程：文情激荡

明代众多《史记》评点者的评点动机各异，然而评点者进行评点的前提往往是对《史记》推崇和对司马迁的尊重。在明代众多评点家中，茅坤可称自觉地学习《史记》、模拟《史记》笔法，且成就突出的一位。

"评点是文本和评点者两个世界的情理碰撞，评点者在文本的世界中进出遨游、点抹置论。"③《史记》评点者通过一条条"丛残小语"描绘了自己的情理世界。在茅坤《史记抄》这种情理世界，一方面源于评点者之情与《史记》文

---

① 黄志立：《评点符号的历史演进与批评功能》，《齐齐哈尔大学学报（哲学社会科学版）》2020年第10期，第100—104页。

②〔明〕茅坤编纂，王晓红整理：《史记抄》，北京：商务印书馆2013年版。

③ 张明：《入得其中 出乎其外：〈世说新语〉古代评点漫谈》，《光明日报》2020年02月15日第10版。

本之情二者"会情"。茅坤师法《史记》经历了"重文之法"到"重文之神"转变，认识到《史记》具有长久感人力量的深层原因"固非区区字句之激射者"，而是"各得其物之情而肆于心"，情是《史记》的命脉和灵魂。作为评点者，他对《史记》文本其中的情有所感，情动于衷，产生身临其境的强烈感应和共鸣，情评必然而然产生。茅坤认为《史记》许多篇章"使人读之痛快淋漓，而继之以潸然泪下"，"今人读《游侠传》即欲轻生，读《屈原贾谊传》即欲流涕，读《庄周》《鲁仲连传》即欲遗世，读《李广传》，即欲力斗，读《石建传》，即欲俯躬，读《信陵》《平原君传》即欲好士"[1]，"欲轻生""欲流涕""欲遗世""欲力斗""欲好士"等正是评点者个人情感与所批评文本之情合二为一"会情"之明证。

另一方面，作为评点者，茅坤在评点的过程中不仅表现出一种深忱的理解和共鸣，同时得到一种"替代性的满足"，获得了"平息和宣泄各种复杂情感"的理想途径。通过评点过程中阅读，而反观自身的欢愉与悲愁，将感性化情志通过评语体现出来，成为必然。相对于笺注等批评形式来说，评点主观色彩更浓，可以更自由地体现出批评者的思想和情感，评点文字带着强烈的感情色彩和鲜明的个性化特征。

茅坤素怀"挥戈跃马之气""颇有驰驱四方之志"[2]，然两次被贬、中年惨遭落职，内心忧愤，一生难以释怀。他将这种"莫我知""不为时用"的满腹怨愤诉诸笔端，《茅鹿门先生文集》卷十九收录茅坤传记文10篇，描写的对象多是一些地位低下、品行高洁却怀才不遇之士，如《卜醉翁传》《莫叔明传》《困吾君传》等，借传抒发郁愤，寄托自己的"忧思"。

同时，在《史记》评点评语中，他也难掩因现实不遇而产生的悲慨激愤。如评《乐毅列传》"读《乐毅传》令人顿生肘翼，为之愤咽而流涕云"[3]，感慨燕昭王与乐毅明君贤臣知遇之恩，表达了自身难以实现像乐毅那样建立功业的苦闷，愤激悲咽之情跃然纸上。如李广一生经历三朝，最后却被逼自杀，空留遗

---

[1] 〔明〕茅坤编纂，王晓红整理：《史记抄》，北京：商务印书馆2013年版，第196页。
[2] 〔明〕茅坤编纂，王晓红整理：《史记抄》，北京：商务印书馆2013年版，第236页。
[3] 〔明〕茅坤编纂，王晓红整理：《史记抄》，北京：商务印书馆2013年版，第319页。

恨。茅坤在《李将军列传》一语点出这位千古名将的不幸，"李将军乃最名将而最无功""李广无功缘数奇"①。在《卫将军骠骑列传》李广自杀一节，评语曰"太史公无限悲愤处"，表达了对李广深切同情。对《伯夷列传》塑造的伯夷、叔齐这种悲情式的人物，茅坤深刻地认识到了命运与道德之间的矛盾与悖论，评曰"令人凄婉断肠"。如评《赵世家》："次赵衰所由始及所由中绝，与简子所由兴如画，而武灵王胡服以招骑，其所北却林胡、楼烦，并中山以西，通云中、九原，于以窥秦。可谓英武矣。惜也，不幸中觉而殂，至于两立公子，分王其地，遂亡沙丘宫，悲夫！"②对赵武灵王早年英武，而晚年昏聩，胡服骑射，灭中山，与秦国分庭抗礼，假扮使节，孤身入秦，可谓一世英雄。然因子嗣争位，围困而死，尸身俱腐，无人收拾，终至身亡国乱寄托深切的哀婉之情。

二、士人：社会文化批评

"文学评点的视域，是指评点家以什么样的眼光和标准来评点作品。这种视域从根本上讲是由评点者的处境决定的，而他的处境则缘于他的文化传统。"③当评点主体实施文学批评行为时，渗透在他们内心深处的文化传统、文化观念，也就自觉或不自觉地借助文本的批评自然地表达出来，形成了《史记》评点中另一种精神向度——社会文化批评。

（一）关注社会政治

中国古代士人秉承先秦时期即已形成的道义感和责任感，对家国政治怀有深厚的感情，以国家、社稷为重，忧国忧民是优秀士人的主题词。无论其社会地位如何，即是遭逢"天下无道""世道浇漓"之乱世，他们始终以维护社会基本价值为己任，参政、救世作为立身之本。

---

① 〔明〕茅坤编纂，王晓红整理：《史记抄》，北京：商务印书馆2013年版，第453页。
② 〔明〕茅坤编纂，王晓红整理：《史记抄》，北京：商务印书馆2013年版，第167页。
③ 张曙光：《经学思想的嬗变与文学评点的视域生成》，《贵州社会科学》2013年第4期，第59—64页。

茅坤幼有宏愿,"慨然有澄清天下之志",虽经官场沉浮,但志意不改。即使罢职乡居,身居丘壑,一直对国事保持着强烈关注。在《与黄内翰书》"嗟乎,文章之习与人心气运相盛衰。一二年来,仆窃见庙堂间纷纷多故矣!其所由,汉之田窦,唐之牛李,相为出入,固其势然。"①他感慨朝廷日趋腐败,党派林立,党争迭起,绵绵不绝,如同"汉之田窦,唐之牛李",虽年老"无所事于世",然"独于此,不能不为扼腕而悲,拊膺而叹"。耄耋之年茅坤,壮心不已,"独于海内贤豪长者窃慕古人,愿为执鞭晏平仲之门"②。万历二十七年,茅坤已88岁高龄,仍然关注东征日本之举,作《闻平秀吉已殁赋诗纪事》一诗记之,坚信明师必胜,"行看直捣波涛窟,鼋鼍蛟龙尽歼灭",表达了强烈的爱国情怀。

对社会现实、政治的关心成为心理定势,不仅体现在文学作品中,而且体现在"作为又一作者的评点者"出于他们之手的"副文本"即各类评点形态。

明代君主推行的酷吏政治已达巅峰状态,滥杀滥刑的现象极为严重,"杀人至惨,而不丽于法"。军民官吏,非法死者,不可胜数,天怒人怨。有识之士莫不痛于朝廷之腐败、胥吏之害。茅坤慧眼独具地洞察司马迁隐藏在《酷吏列传》的"密码","酷吏传凡十余人,太史公特以次武帝一时任用,及其盗贼滋多之弊……而海内横波、行戮之惨如指掌矣"③。有感于当时酷吏苛政虐民,使得冤狱横生,黎庶不宁,激愤地评点:"予读《酷吏传》,诸所刻轹吏民,盖不减洪水之灾与秦,特以闻耳。而诸酷吏十余人,惟赵禹、杜周以善终,余皆诛死,甚且族,而仇家为煅其尸,今之吏可不戒哉。"④分析了酷吏之祸惨烈如洪水之灾,如暴秦,进而指出"酷吏得报之惨",难得善终,警戒"今之吏"不可不戒。

茅坤为人"强项",刚正不阿。明嘉靖年间,世宗昏愦,奸臣当道,民不聊生,忠奸斗争丰富而激烈。茅坤的好友,被誉为"越中四谏"之一的沈炼忠正

---

① 〔明〕茅坤著,张梦新、张大芝点校:《茅坤集》,杭州:浙江古籍出版社1993年版,第334页。

② 〔明〕茅坤著,张梦新、张大芝点校:《茅坤集》,杭州:浙江古籍出版社1993年版,第536页。

③ 〔明〕茅坤编纂,王晓红整理:《史记抄》,北京:商务印书馆2013年版,第521页。

④ 〔明〕茅坤编纂,王晓红整理:《史记抄》,北京:商务印书馆2013年版,第530页。

刚直，嫉恶如仇，以"十罪疏"弹劾贪鄙奸恶严嵩，被诬陷杀害。茅坤深深敬佩沈炼的为人，毅然为其文集作序《青霞先生文集序》，控诉严嵩死党残害忠良的罪行，盛称沈炼直言敢谏的铮铮铁骨和令人尊敬的高贵品质。在《史记抄》文学评点中，借臧否历史人物指斥奸佞、感慨忠良的文字随处可见。如《秦始皇本纪》评赵高作乱："自古权臣必杜天下之口，而后可以固宠。"①如《汲黯郑当时传》汲黯伉直严峻，赴淮阳任之前，特地向大行李息辞行，并告诫他要及早揭发揭露"智足以拒谏，诈足以饰非"酷吏张汤"好兴事，舞文法，内怀诈以御主心，外挟贼吏以为威重"之罪行，否则"与之俱受其僇"。茅坤评曰："奸邪误国每每若是。"②

如评《魏世家》："佐晋文公之伯者，魏武；佐晋悼公之伯者，魏绛也；及文侯，则浸浸乎贤君矣。然师事卜子夏及段干木、孔伋与吴起辈，向以故事业无闻已？而末造得一公子无忌，然卒为逸言所间，不得任国政，而魏随以亡，悲夫。"③"战国四公子"之一魏无忌礼贤下士、急公好义，曾在军事上两度击败秦军，挽救了赵国和魏国危局。但才高见妒，忠而被谤，"卒为逸言所间"，未能一展雄才，表达了对信陵君悲剧遭遇的由衷同情和惋惜。

《史记》中的《封禅书》被认为是最能体现司马迁微旨的一篇。茅坤考察封禅历史，指出："封禅之文不经见，特昉于齐桓，再见于秦始，又再侈于汉武。齐公、秦始皇特侈心生欲，因之以告神明，颂功德，大非以求仙人不死之术也。及秦始皇东游海上，接燕齐迂怪之士，然亦未尝设祠祀。秦虽遍祠名山川，亦非尽为封禅也。汉武初立，辄好祷祀，李少君辈倡之，而少翁、栾大、公孙卿、勇之属，互为其说，而汉武帝至死且不悟矣。"④认为秦皇、汉武封禅之真实动力，乃在于"以求仙人不死之术"，以天下奉己一私欲，故凡举措莫不先从私意。讥讽汉武帝对于长生不老的追求的狂热与荒诞，"至死且不悟"的傲慢与愚昧。茅坤透过昨日之历史，反观明代中叶嘉靖皇帝沉迷修仙学道、不理朝纲之现实，

---

① 〔明〕茅坤编纂，王晓红整理：《史记抄》，北京：商务印书馆2013年版，第17页。
② 〔明〕茅坤编纂，王晓红整理：《史记抄》，北京：商务印书馆2013年版，第514页。
③ 〔明〕茅坤编纂，王晓红整理：《史记抄》，北京：商务印书馆2013年版，第185页。
④ 〔明〕茅坤编纂，王晓红整理：《史记抄》，北京：商务印书馆2013年版，第94页。

进而一针见血指出："文凡三千言，而前后血脉贯穿如一句，总属一'幻'字。"①"幻"为全篇"主骨"，全文总共用 26 处"幻"评语，明确指出"幻""即今日之巫言"②，表现了对政治的深忱关切。

（二）匡救社会危机

"中国古代士人的使命感、责任感主要表现在文化传承、社会批判、道德教化、匡救社会危机诸方面。"当社会出现危机的时候，他们挺身而出，从容赴国难。如嘉靖年间倭寇之祸，是明朝尾大不掉的边患之一。"滨海千里，同时告警"，情势危急。据历史学家陈懋恒研究统计，明朝前期倭患较轻，在嘉靖三十一年之后骤然加剧，15 年间，倭患次数猛增到 609 次，占到明朝整个倭寇侵扰记录的 80%。倭寇的猖獗，严重威胁到明王朝在东南地区的稳定。落职还乡茅坤自言性固朴野游荡，好慢易人，"愿弃去人间，从之游"，当倭寇一而再，而三地逼近江浙沿海，为害甚烈，并直接威胁着家乡归安和附近灼桐乡时，报国壮志未尽灭的茅坤，应浙江巡抚胡宗宪之请出任幕僚，共商兵机。"时倭事方急，胡宗宪延之幕中，与筹兵事，奏请为福建副使。"在抗倭军事行动中，茅坤显示了出色的军事才能，"大中丞胡公宗宪知公（茅坤）善兵，多所咨访。荡平之绩，公有力焉"③，时礼部尚书兼东阁大学士朱赓赞道："嗟乎，治为吏最，战为兵雄，公独文士乎哉。"④

"怀经世之才"的茅坤在《史记抄》评点中，同样表现出对战事的强烈关切。他强调用兵之道重在谋略。如点评《项羽本纪》楚汉之争中，多处批评项羽用兵失误：项羽在新安坑杀二十万秦军降卒行为愚不可及，"羽之兵谋若此，岂汉王敌？"⑤

---

① 〔明〕茅坤编纂，王晓红整理：《史记抄》，北京：商务印书馆 2013 年版，第 110 页。
② 〔明〕茅坤编纂，王晓红整理：《史记抄》，北京：商务印书馆 2013 年版，第 102 页。
③ 〔明〕茅坤著，张梦新、张大芝点校：《茅坤集》，杭州：浙江古籍出版社 1993 年版，第 1452 页。
④ 〔明〕茅坤著，张梦新、张大芝点校：《茅坤集》，杭州：浙江古籍出版社 1993 年版，第 1451 页。
⑤ 〔明〕茅坤编纂，王晓红整理：《史记抄》，北京：商务印书馆 2013 年版，第 28 页。

"览羽之北定三田处，如逐孤儿，无用兵之略"；①认为行军作战，将领选择很重要，法度严明好带兵。《司马穰苴传》评语"斩贾之事，然以后不可行矣。"②一方面称赞司马穰苴秉持"将在军，君命有所不受"，斩国君宠臣庄贾以徇三军，严明军纪，维护军法的行为；另一方面感叹正军纪、立军威做法"然以后不可行矣"。茅坤强调作战上下一心，共同生死。《孙吴列传》评孙武斩杀不守军纪阖闾王妃曰："将所以一三军之气与心。"③《高祖本纪》中分析彭城之战，认为汉军所以失利原因在于"是时楚兵愤，而汉兵新合，气不一，故败"④。

茅坤非常重视战争中运用谋略，认为善战者，"以正合，以奇胜"。《史记抄》评语多处用"奇计"进行点评。如《孙吴列传》比较分析孙膑与韩信用兵精妙："孙膑灭庞与韩信背水阵同。韩信以孤军深入赵危地也，非背水阵则不可诱之空壁而出逐，空壁而出逐，则夜半所遣两千人间道而伏赵壁之旁者，可以拔赵帜而立汉帜矣。孙膑疾走大梁，且故知庞涓之轻之，而以齐兵为怯也。日且减灶，则可以诱其怯我之心，而倍日并行以逐，倍日并行以逐则旁多险隘，彼且不及蒐而吾可以为伏，以袭之矣。此等处，并是将略中所称。藏于九天之上，动于九地之下，盖不必矢石之斗而胜者。"⑤如《高祖本纪》评："沛公因张良之说烧绝栈道，以示项羽无东意。而项羽遂北击齐，且与彭越、陈馀辈方争衡，沛公因得用韩信之计以定三秦，及其锋以东向，天下之势遂定矣。譬之两人对弈，沛公已得胜局。"⑥认为韩信精于兵法，"明修栈道，暗度陈仓"，还定三秦，不负"兵仙"之称号。

（三）抒愤：浇自己心中之块垒

在中国古代文化里，抒愤是一种传统，这在文学评点时表现得很明显。评点实际上是一种再创作，评点者参与了原作者的创造世界，在批评过程中，常常

---

① 〔明〕茅坤编纂，王晓红整理：《史记抄》，北京：商务印书馆2013年版，第32页。
② 〔明〕茅坤编纂，王晓红整理：《史记抄》，北京：商务印书馆2013年版，第249页。
③ 〔明〕茅坤编纂，王晓红整理：《史记抄》，北京：商务印书馆2013年版，第251页。
④ 〔明〕茅坤编纂，王晓红整理：《史记抄》，北京：商务印书馆2013年版，第43页。
⑤ 〔明〕茅坤编纂，王晓红整理：《史记抄》，北京：商务印书馆2013年版，第252页。
⑥ 〔明〕茅坤编纂，王晓红整理：《史记抄》，北京：商务印书馆2013年版，第43页。

由作品之中说到作品之外，借古说今，借题发挥，借着批点抒发自己内心的怨愤，以"我注六经"而达到"六经注我"的目的。

一方面，茅坤认为"抒愤"是《史记》的写作目的之一，《史记》中寄予司马迁的郁愤之情。不仅在评论整部书，如《读〈史记〉法》按照五体顺序，评判《史记抄》选文及特征，列传部分，一一罗列点出《史记》人物塑造主要特征，强调指出"伯夷、屈原，则太史公所得之悲歌，慨者尤多，""诸将中最怜者，李广之死与卫、霍以内宠益封，故文多感歆。""他如张耳、陈馀则感其两人以刎颈之交相贼杀。窦婴、田蚡、灌夫，则感其三人以宾客之结相倾危。郦食其、陆贾、朱建之客游，刘敬、叔孙通之献纳，季布、栾布之节侠，袁盎、晁错之刑名，张释之、冯唐、韩长孺之正议，石奋、卫绾、直不疑之谨厚，淮南、衡山之悖乱，汲黯、郑当时之伉声，此皆太史公所溉于心者。"①"意有所郁结"而"所溉于心"故"悲歌"。

而且在涉及具体篇章皆作如是观：

如评《汲黯郑当时传》："太史公感慨之言，从朋友不救腐刑中来。"②

评《游侠列传》："太史公下腐时，更无一人出死力救之，所以传游侠独蕴义，结胎在此。"③认为司马迁为游侠这一不被统治阶层认可的群体立传，与作者独特人生经历有密切关系，李陵事件后，"交游莫救，左右亲近不为壹言"又贫不能赎，卒下蚕室，被迫接受了腐刑。所以"传游侠独蕴义"。对言必信，行必果，信守承诺，扶危救困的游侠大力赞扬。

评《魏其武安侯列传》："摹写两人相结而相死处，悲愤呜咽。"④

评《田单传》："太史公作列传七十，传节义者仅伯夷耳，若豫让，则以入《刺客》，若王蠋，则以附见齐《田单传》后，岂数千百年之间义士忠臣凋丧至此耶！太史公所向慕者在彼而不在此，故遂零落也，悲夫！"⑤

---

① 〔明〕茅坤编纂，王晓红整理：《史记抄》，北京：商务印书馆2013年版。
② 〔明〕茅坤编纂，王晓红整理：《史记抄》，北京：商务印书馆2013年版，第515页。
③ 〔明〕茅坤编纂，王晓红整理：《史记抄》，北京：商务印书馆2013年版，第539页。
④ 〔明〕茅坤编纂，王晓红整理：《史记抄》，北京：商务印书馆2013年版，第445页。
⑤ 〔明〕茅坤编纂，王晓红整理：《史记抄》，北京：商务印书馆2013年版，第330页。

另一方面,假以评点,借题发挥,用他人之酒杯浇自己心中之块垒。茅坤曾任丹徒令,因为救灾荒有功,破格擢升礼部仪制司主事。不久又徙为吏部司勋司主事。未几谪广平通判。因府江"雕剿"有功,迁大名兵备副使,后遭构陷弹劾被解职。茅坤认为自己宦海沉沦,中年惨遭落职与当时权臣徐阶有关。《田敬仲完世家》记载,齐相成侯邹忌与齐国的大将田忌感情不睦,互相猜忌。公孙阅建议成侯驺忌支持出兵救赵,并且建议田忌为将,以达到借此"黑田忌"阴谋。茅坤于此处"吃紧字面"进行重点圈点,"公孙阅"三字用短抹,"战胜有功,则公之谋中也;战不胜,非前死则后北,而命在公矣。"用实心点标出。评语曰:"巧险之言。近代宰相往往以私怨士大夫荐授督抚而杀之即此。"①寄予了茅坤遭馋被谪的郁愤。

三、结语

一切文学史,都是人的心灵史和审美史。文学批评史同样也是心灵史和审美史。如果说文学作品表达着作者的精神世界,那么文学批评史同样也表达着批评家的精神世界。对评点者来说,当他以"特殊读者"的身份,进入《史记》文本的世界,用审美的态度评点文本时,时而是冷静的、理性的批评者,为普通读者揭示作者的行文用心,指点"读一切书"之门径;时而又是真实的、"有血有肉"的读者,随着人物的命运起伏真实地展现着自己的情感反应。在与文本的交互作用中,评点者的才学志趣、生命经验、人生遭际、审美理想、审美情感等等荡漾其间,形成了一个与《史记》文本相辅相成的又一重精神世界。"由于评点批评形式紧紧附着于作品,它所体现出的精神向度比单纯的文学批评更为开放"②。既体现了评点家以"文人"身份追求"文"的审美特征的精神向度,又体现了他们作为"士人"身份"社会关怀"的精神向度。两种精神向度是密切联系着的,评点者在探求文之美、文之趣、文之情、文之味、为文之法的同

---

① 〔明〕茅坤编纂,王晓红整理:《史记抄》,北京:商务印书馆2013年版,第198页。
② 朱万曙:《文情士心:明清文学评点的精神向度》,《吉林大学社会科学学报》2013年第1期,第156—164页。

时，将文本世界与生活世界对接起来，将古人的精神引向人的现实世态百相的关注。这样的精神向度不仅和评点者所处的时代环境相关联，又表现出不同时期、不同个体的差异性。注定《史记》评点家这一重精神世界的绚烂多彩、令人回味。

基金项目：教育部人文社会科学研究项目：《史记》评点史研究（20XJA751005）；陕西省教育厅高校哲学社会科学重点基地研究项目：《史记》关中文化及其影响研究（16JZ024）；渭南师范学院2021年《中国古代文学》课程思政示范课程项目。

（王晓红，女，陕西大荔人，渭南师范学院人文学院教授）

从明代选本看《史记》文章元典地位的确立

刘彦青

"文章"的概念始于西汉。在近代西方"文学"概念引入之前,中国文学的概念很大程度上等同于文章之学。《史记》作为正史之首,不仅在史学领域有着崇高的地位,同样对中国文学产生了深刻的影响。张新科先生提出唐宋古文运动奠定了《史记》文学经典的地位。[①]古文运动之后,明代学者对《史记》的文章学价值进行了深入发掘,最终确立了《史记》的文章学经典地位,对此前人已有论述[②],然其视角多从评点内容出发分析明代的《史记》研究成就,一定程度上忽略了评点的载体——选本所具有的研究价值。在《史记》文学经典化的过程中,各类选本起着特殊的作用。在科举文化背景下,作为兼有文学传播、接受与批评多重属性的载体,选本对经典的传播之功可能超越其他任何方式,而立足于科考的选本研读与技法分析对经典的研究之深也远胜其他。一方面,不同时期选本所选篇目的变化反映了接受视野的变迁;另一方面,选本所伴随的各类评点则揭示了文章学的发掘历程。明代可谓是《史记》选本最为繁盛的时期。本文将各类《史记》选本分为古文选本选录《史记》和专门的《史记》选评本两类,以此为视角探究明代《史记》文章学元典地位的确立过程。

---

① 张新科:《〈史记〉文学经典的建构过程及其意义》,《文学遗产》2012年第5期。
② 如张新科:《〈史记〉文学经典化的重要途径——以明代评点为例》,《文史哲》2014年第3期;杨昊鸥:《论〈史记〉文章学经典地位在明代的形成》,《学术研究》2015年第8期;党艺峰:《〈史记〉评点与明清文章学观念建构》,《渭南师范学院学报》2017年第1期。

一、由道入文：《史记》进入古文选本的历程

作为古文的一部分，《史记》并非从一开始就被列入文选，其被选文家接受，乃至逐步成为古文典范，经历了漫长的历程。自魏晋文学自觉时期开始，中国典籍逐步走向了文章与学术两条道路。现存最早的诗文总集《文选》持"事出于沉思，义归乎翰藻"的选文标准，除了史书中少数赞、论、序、述等被萧统认为是文学作品以外，一般并不收录经、史、子等学术类著作。在这一标准下，《史记》并未进入选文家的视野。

在很长一段时间内，《史记》因其所具有的开创性史学价值，被限定在学术范围内进行讨论。至中唐，随着政治与社会形势的需要，韩愈、柳宗元等人为复兴儒学而宣扬"古道"，其宣扬"古道"的主要方式便是学习"古文"。"文以明道"是其基本的思维逻辑。在韩、柳发起的古文运动中，《史记》成为重要的取法对象而被学习乃至模仿。唐代古文运动，被北宋欧阳修等人发扬光大，欧阳修主张"道胜者文不难而自至"，在道与文的关系中强调道的主体地位，所谓"道纯则充于中者实，中充实则发为文者辉光。"[①]道之为体，文之为用，正是在这种思维逻辑下，欧阳修同样主张借"古文"来学习"古道"。南宋朱熹等理学家继承了欧阳修的文道关系认识，"这文皆是从道中流出"[②]，"道者，文之根本；文者，道之枝叶。惟其根本乎道，所以发之于文皆道也。三代圣贤文章，皆从此心写出，文便是道"[③]，由此更进一步认为道与文的不可分割性。基于此，朱熹在致力于传授理学的过程中，也注意到行文之法的传授。古文成了朱熹的首选，所谓"文字自有一个天生成腔子，古人文字自贴这天生成腔子"[④]。与朱熹同时期，同样作为南宋重要理学大师的吕祖谦更是将理学与古文融合为一体，为宣扬其思想专门编写了《东莱博议》和《古文关键》等以教授古文技法。朱、吕

---

① 〔宋〕欧阳修：《欧阳修全集》，北京：中华书局2001年版，第663页。
② 〔宋〕黎靖德编：《朱子语类》卷139，北京：中华书局1986年版，第3305页。
③ 〔宋〕黎靖德编：《朱子语类》卷139，北京：中华书局1986年版，第3319页。
④ 〔宋〕黎靖德编：《朱子语类》卷139，北京：中华书局1986年版，第3322页。

之外，南宋其他理学家也编有古文选本传世，如楼昉《崇古文诀》、谢枋得《文章轨范》、真德秀《文章正宗》等等。可以说宋代古文选的出现以传道为首要目的。也就是说《史记》以载"古道"而进入选文家的视野。这在早期古文选本所选《史记》篇目与内容上可以直接体现出来。楼昉《崇古文诀原序》称："文者载道之器，古之君子非有意于为文，而不能不尽心于明道。"①按此目的，于《史记》仅选录《自序》和相关的《答任安书》(《报任安书》)。真德秀《文章正宗·纲目》称"夫士之于学，所以穷理而致用也，文虽学之一事要，亦不外乎。故今所辑以明义理、切世用为主，其体本乎古，其指近乎经者，然后取焉，否则辞虽工亦不录其目。"其所选66段《史记》文本仅涉议论与叙事，议论"或发明义理，或分析治道，或褒贬人物"，叙事则强调"若夫有志于史笔者，自当深求春秋大义，而参之以迁、固，诸书非此所能该也。"②并且对议论的重视明显高于叙事，故而在选录《史记》时往往局限在论、赞、序部分。《文章正宗》对后世选本影响很大，《四库全书总目》称："至宋真德秀《文章正宗》，始别出谈理一派，而总集遂判然两途。"③宋代其他选本如汤汉的《绝妙古文》、陈仁子《文选补遗》等在选录《史记》时皆表现出对道的高度重视。

明初宋濂指出："世之论文者有二：曰载道，曰纪事。纪事之文当本之司马迁、班固，而载道之文，舍六籍吾将焉从？"④将文章分为载道与纪事两类，而把《史记》归为纪事。但是受宋人重道轻文的选文原则以及明代的复古思潮影响，明人对《史记》的接受并未限于叙事，这集中体现在明代选文家在选录《史记》时往往集中在有明显义理论说特征的论赞文本和部分传记。与宋代选本选录篇目密切相关，明初朱橚《文章类选》选录《史记》传记仅有《屈原传》《孟子》《荀卿》三篇（属《史记》两篇）。吴讷《文章辨体》所涉《史记》史传只

---

①〔宋〕楼昉：《崇古文诀》，《文渊阁四库全书》集部第1354册，台北：台湾商务印书馆1986年版，第2c页。

②〔宋〕真德秀：《文章正宗》，《文渊阁四库全书》集部第1355册，台北：台湾商务印书馆1986年版，第5a—6c页。

③〔清〕永瑢：《四库全书总目》，北京：中华书局1965年版，第1685页。

④〔明〕宋濂：《宋濂全集》，北京：人民文学出版社2014年版，第2004页。

有《孟子荀卿列传》。刘节《广文选》虽出于《文选》所遗之多，"故广之，以备遗也"①的目的，然除了序、论、赞外，所载传记也局限在《伯夷传》《庄子传》《孟子传》《屈原传》《循吏传》《司马季主传》及《太史公自序》等明显偏重义理的篇目，甚至特意重出了《自序》中司马迁答壶遂一段义理论说，而题为《答壶遂》。李伯屿《文翰类选大成》除叙事外，传记同样只选录《伯夷传》《屈原传》《孟子列传》《荀卿列传》。这显示出早期古文选本在选录《史记》时的明显蹈袭现象。在篇目内容基本承袭的情况下，各选家的新意往往是有关文本的不同解读。从南宋开始，古文家在选文的同时，就采用了一种迥异于前人的文章评点方式解读其义理、史识与辞章。随着科举场屋之作的需求，这种包含了细致的篇章分析和创作技巧总结的文本细读评点方式的实用效果逐渐显现，并逐步成为各类古文选本新的重心。明代古文选本几乎都包含了针对文本的具象评点，包含了总评、评注、行批、眉批、夹批等方式，以及"·""、""△""○"等符号。古文选本原本重道的第一位性逐渐让位于重文。这首先体现在选本对文的讨论深入，根据编选特点，出现了选本的类别化现象。或如吴讷《文章辨体》、徐师曾《文体明辨》、贺复徵《文章辨体汇选》之类以"辨体"为主要目的，或如唐顺之《文编》、陈仁锡《古文奇赏》、归有光《文章指南》、屠隆《钜文》之类旨在教授具体古文技巧，逐步形成一种师法门径。而焦竑《中原文献》、冯有翼《秦汉文钞》、顾祖武《集古文英》之类直接针对应举。这些古文选本，皆有《史记》选录，《史记》的文章学价值得以被深入发掘。以嘉靖（1522—1566）为界，明代古文选本大致可分为两个阶段，前期选本以"载道"为主要目的，"道"居第一位，对文章的审美特征不够重视，后期，特别是万历以后，选本数量大增，选篇风格也趋于多元化，文的价值得以彰显，出现了一些很有影响和价值的文学评点选本。②

依赖于对文的重视，万历以后的古文选本，一方面借助评点方式对《史记》的文章学价值进行着辨体、立法、举业等多方面开掘；另一方面，随着对《史

---

① 〔明〕贺复徵：《文章辨体汇选》卷291，《文渊阁四库全书》集部第1405册，台北：台湾商务印书馆1986年版，第535b页。

② 伏俊连、杨爱军：《明代的文学选本》，《兰州大学学报》（社会科学版）2010年第2期。

记》文章学价值的认识，更多的《史记》叙事性篇目被纳入到选文家的视野。万历年间，徐师曾《文体明辨》已将选录传记的视野扩展到《管仲传》《平原君传》《信陵君传》《苏秦传》《张仪传》《范雎传》《蔡泽传》等篇目。焦竑《中原文献》于传记也包括了《李斯列传》《司马相如列传》《淮阴侯列传》《酷吏列传》《游侠列传》《滑稽列传》《货殖列传》等篇目。崇祯时期贺复徵《文章辨体汇选》在吴讷《文章辨体》基础上仅列传便增加了42篇，更遑论其对《史记》论、赞、序的扩充。顾锡畴《秦汉鸿文》，葛鼐、葛鼒《古文正集》，张以忠《陈明卿先生评选古今文统》，方岳贡《历代古文国玮集》皆有这种现象。

综上，从南宋到明代，在复古思想的影响下，《史记》逐渐进入古文选家的视野。这一历程表现在选家对《史记》的接受由重道到重文的变化。"道"是《史记》得以进入古文选本的首要原因，故早期古文选本选录《史记》多为议论性文本。随着对"载道"之文的深入认识，文的价值凸显，一方面论、赞、序外，更多的叙事性传记被纳入；另一方面选篇范围也得以扩大。

二、以文辨体：古文选本对《史记》文章价值的发掘

明代学者陈洪谟说："文莫先于辨体，体正而后意以经之，气以贯之，辞以饰之。体者，文之干也；意者，文之帅也。"①体，是文章的形式；意，是文章的内容。陈洪谟强调了文章的学习要从文体入手。文章学价值的认识始于文体意识的觉醒。唐宋古文运动诸家对《史记》的接受可分为叙事与议论两体，故而早期古文选本对《史记》的编选也多以叙事与议论相区分。明代王维桢总结曰："文章之体有二，序事、议论，各不相淆，盖人人能言矣，然此乃宋人创为之。宋真德秀读古人之文，自列所见，歧为二途。"②叙事与议论之别，自宋人发端，至明代已经形成"人人能谈"的局面。真德秀的《文章正宗》以议论、叙事两体选录《史记》，显示了明显的辨体倾向，对明代古文选本有较大的影响。

---

① 〔明〕徐师曾：《文体明辨序说》，北京：人民文学出版社1962年版，第80页。
② 〔明〕王维桢：《槐野先生存笥稿》卷23《驳乔三石论文书》，《续修四库全书本》集部第1344册，上海：上海古籍出版社1997年版，第248页。

然明人并未囿于叙事与议论二体之别，而有着更加深入的发掘。

（一）古文选本对《史记》的文章辨体

宋末元初的陈仁子所编《文选补遗》旨在广续《文选》，故也仿照《文选》按体编选，其中选录32段《史记》分为论、史叙论、赞三类编排，可视为较早对《史记》进行辨体的古文选本。至明代，围绕古文选本，《史记》的辨体实践得以深入展开。明初朱橚《文章类选》将文体分为58类，收录《史记》6篇，分为传、论、书三体。嘉靖时期刘节《广文选》分自序、序论、赞、传、论、书收《史记》26篇；顾祖武《集古文英》分上言类、序、传、史论、书、论五体收《史记》13篇；唐顺之《文编》分论、表序、传、史论、说辞、书收《史记》22篇；李伯屿《文翰类选大成》分叙事、传收《史记》10篇。崇祯时期顾锡畴《秦汉鸿文》分纪、序、书、世家、传收《史记》16篇。尤其是明代中后期出现了《文章辨体》《文体明辨》《文章辨体汇选》三部专门以辨体为务的古文选本。

吴讷《文章辨体》明确说明了选文的辨体目的，其《凡例》曰："文辞以体制为先。古文类集今行世者，惟梁昭明《文选》六十卷、姚铉《唐文粹》一百卷、东莱《宋文鉴》一百五十卷、西山前后《文章正宗》四十四卷、苏伯修《元文类》七十卷为备。然《文粹》《文鉴》《文类》惟载一代之作；《文选》编次无序……不足为法。独《文章正宗》义例精密……然每类之中，众体并出，欲识体而卒难寻考。故今所编，始于古歌谣辞，终于祭文，每体自为一类，各以时世为先后，共为五十卷。"①这种辨体是基于创作实践的需要，在这一思想下《文章辨体》分论赞、史传两体收录《过秦论》《论春秋》《论项羽》《论商鞅》《论蔺相如》《孟子荀卿列传》6篇《史记》相关内容。同样，徐师曾的《文体明辨》也以辨体标题，其《序言》称"盖自秦汉而下，文愈盛；文愈盛，故类愈增；类愈增，故体愈众；体愈众，故辩当愈严"，并强调"是编所录，唯假文以辩体，非立体而选文"②，指出其选文明显的辨体目的。《文体明辨》选《史记》18篇内容分论、叙事、小序、赞、史传五体收录。明末的贺复征接踵《文章辨体》

---

① 〔明〕吴讷：《文章辨体序说》，北京：人民文学出版社1962年版，第9页。

② 〔明〕徐师曾：《文体明辨序说》，北京：人民文学出版社1962年版，第78页。

《文体明辨》，在二书基础上加以扩展，另编《文章辨体汇选》一书①，此书收录先秦至明末（个别清初）各体文章，类聚区分，合132类，780卷，规模之巨大，甄录之广博，为历来总集所罕见。其对《史记》的选录，也为历代古文选本之最，分序、纪、传、书，共有140余篇。另，三书选文都收录了书体的《报任安书》，足见对司马迁的重视。

明代选文家对《史记》进行辨体接受的主要方式是对《史记》文本的割裂乃至重构，完整的《史记》篇目，被分割为序、赞、论、传（叙事）等模块，被赋予新的文体意义。如《文章辨体》选《项羽本纪》《商君列传》《廉颇蔺相如列传》仅选论赞不录传文，而选《孟子荀卿列传》却只录传文不选论赞；《文体明辨》于《范睢蔡泽列传》中只录《蔡泽传》，于《孟子荀卿列传》中只选《孟子传》；《集古文英》于"序"类收录了《太史公自序》，而于"论"类又节选《太史公自序》中《论六家要旨》一段；《文体明辨汇选》于《外戚世家》《儒林列传》《酷吏列传》《货殖列传》等仅选录序言，等等。这种辨析显示了明人对《史记》接受的深刻。

（二）文体明辨基础上的法则树立

在对《史记》文体明辨的基础上，明代多数古文选本兼有选录与研究的双重性质。《广文选》《文编》《历代古文国玮集》《中原文献》《陈明卿先生评选古今文统》《文章正论》《秦汉文钞》《文章指南》《古文奇赏》《先秦两汉文脍》《秦汉鸿文》《古文正集》等在选录《史记》的同时，采用眉批、夹批、尾批、圈点等方式对其文法进行深入分析。

在众多的古文选本中，归有光的《文章指南》最有特色。在文法分析外，总结出了一套系统化的文章法则。《文章指南》在选文之前有《看文字法》篇曰："第一看大概主张。第二看文势规模。第三看纲目关键，如何是主意首尾相应，

---

①《四库全书总目》卷189谓此书"以吴讷《文章辨体》所收未广，因别为搜讨，上自三代，下逮明末，分列各体为一百三十二类。每体之首，多引刘勰《文心雕龙》及吴讷、徐师曾之言，间参以己说，以为凡例"。〔清〕永瑢：《四库全书总目》，北京：中华书局1965年版，第1723页。

如何是一篇铺叙次序，如何是抑扬开合处。第四看警策句法，如何是一篇警策，如何是下句下字有力处，如何是起头换头处，如何是激结有力处，如何是融化曲折剪裁有力处，如何是实体贴题目处。"分四步教授文法，可谓学习总论。总论之下，针对具体的学习，归有光十分重视《史记》的文法价值，在《作文法》篇中总结历代名家文法认为："汉司马迁，雄健，有战国文气象""班氏，文亦雄健，深得司马氏家数""三苏氏，波澜，出于《战国策》《史记》，亦得关键法。"由此归纳出"笔健而不簏""字新而不怪""语新而不狂"等45种法则。在《论文章体则》篇中归有光提出"通用则"三条为文法通用之则，第二条即以《太史公自序》为例强调了为文须"才识俱备"。"通用则"之外，其他体则，也多处以《史记》为标准，如在"叙事典瞻则"中说："学者作文最难叙事，古今称善叙事者，惟左氏、司马氏而已。"[①]肯定了《史记》在叙事上的成就；在"抑扬则"中说："有先扬而后抑者，如司马子长论项羽是也。"[②]指出司马迁论项羽是为文先扬后抑的典型。《文章指南》虽然仅选录了《太史公自序》和《项羽赞》，但对两篇评价极高，认为它们是"序""赞"文体的典范。

可以看出，归有光的《文章指南》已经显现出了将《史记》篇章定位为部分文体标准的趋势。其后，贺复徵《文章辨体汇选》更是强化了这种观念，在选《秦始皇本纪》《项羽本纪》《汉高祖本纪》《吕后本纪》4篇本纪之前，于"纪"体总评："复徵曰：按《说文》'纪，丝别也，总之为纲，周之为纪'，又《广韵》'事也，经纪也'。盖经纪其事，著之编简也。今帝纪如秦始皇之严核、项羽之总括，高帝之淹贯，而作史之法尽也。"[③]实则确立了《史记》本纪在"纪"体上的典范地位。在选《五帝》《秦始皇》《项羽》等71段"太史公曰"内容前，于"论"体总评："吴讷曰：按韵书论者议也，梁《昭明文选》所载论有二体：一曰史论，乃史臣于传末作议论以断其人之善恶，若司马迁之论项籍、商鞅是也；二曰论，则学士大夫议论古今时世人物，或评经史之言，正其讹谬，如贾

[①]〔明〕归有光：《文章指南》，台北：广文书局有限公司1977年版，第1—4页。
[②]〔明〕归有光：《文章指南》，台北：广文书局有限公司1977年版，第9页。
[③]〔明〕贺复徵：《文章辨体汇选》卷478，《文渊阁四库全书》集部第1408册，台北：台湾商务印书馆1986年版，第1a页。

生之论秦过、江统之论徙戎、子厚之论守道守官是也。"①指出《史记》为"史论"的代表。在选《伯夷列传》《管晏列传》《老庄列传》等42篇列传前,于"传"体总评:"吴讷曰'太史公创《史纪》列传,盖以载一人之事,而体亦多不同。'"又确立了《史记》在"传"体上的地位。这使得《史记》相应文体具有文章学的典范价值。

在选文评点方面,明代最杰出的评点家金圣叹在《才子古文》中选录了92篇《史记》论赞(或序言)进行评论。其中不仅有具体的文法分析,也有文法准则的树立。正如何诗海所说:"明代文学思潮的主流是追求复古。复古必须确立文体典范和师法对象,这正是通过辨体制、溯源流、明正变、品高下来实现的。"②《史记》的文章学价值在明代得以全面发掘,明人对《史记》文体进行了全方位的辨析,这种辨体过程结合着相应文体法则的细致探索,在选文编排顺序上往往将《史记》相应篇段置于该文体之首,部分选本更是以评点的方式直接阐释《史记》的文体价值,从而树立了《史记》的文章学典范地位。

三、艺林师矩:《史记》选本与《史记》文章典范地位的确立

明代古文选本编选的直接目的是指导士子应制写作,然而古文选本只是一种经典选录,一方面因选本所选篇目有限,难以全面展示某一家的文章学成就,也逐渐不能满足士子应制文的实际需要。受此影响,明代古文所选篇目逐渐增加。各选本所收录《史记》内容也随时代有逐渐增多的现象。另一方面古文选本出于文体辨析的片面追求,对经典的过分解构,导致一些完成的文章被割裂为若干部分。如《广文选》将《太史公自序》一篇分为《自序》《答壶遂问》《六家要旨论》三篇;《中原文献》将《屈原贾生列传》分为《屈原传》《屈原赞》《贾谊吊屈原赋》三篇;《文坛列俎》将《淮阴侯列传》分为《汉王筑坛拜信》《韩信破赵》《韩信赞》三篇。这样的处理方式固然有其文体学上的深刻意义,但也

---

① 〔明〕贺复徵:《文章辨体汇选》卷382,《文渊阁四库全书》集部第1406册,台北:台湾商务印书馆1986年版,第579c页。

② 何诗海:《明代辨体批评的成就》,《南京师范大学文学院学报》2013年第3期。

不可避免地产生了负面的影响。正德十年（1515），给事中徐文溥奏言科举事宜，言及"近日主司务为谲怪，或割裂文义，或偏断意旨""近时时文流布四方，书肆商人藉此贾利，士子假此以侥幸，宜加痛革。"①科考命题与诗文写作中出现的"割裂文义""偏断意旨"现象，与破碎化的经典学习方式有着不可分割的关系。另外，古文选本在选文篇目上也多有蹈袭现象。基于这些原因，在古文选本之外，各类专门的文章选本纷纷涌现。

《史记》能够从众多选本中凸显出来，离不开明代文学流派各家的大力提倡。明代影响较大的几个文学流派几乎皆有《史记》评选本传世。前七子之前的茶陵派中坚人物何孟春编著有《何燕泉史记评抄》。茶陵派之后，前后七子对《史记》推崇备至，甚至因对《史记》的生硬模仿多有雷同化现象而被后世批评。与前后七子对垒的"唐宋派"除了有唐顺之《文编》、归有光《文章指南》等古文选本中推崇《史记》外，还有唐顺之《史记选要》、王慎中《王遵岩史记评抄》、茅坤《茅鹿门史记评抄》、归有光《归震川评点史记》等大量的《史记》选评本风行。到晚明，竟陵派代表人物锺惺大力倡导学习《史记》，也有《锺伯敬评史记》传世。

《史记》评选本在明代的风行更得益于庙堂官员的引导。前文所论各文学流派人物多为进士出身，亲历科举，官位显赫，其个人喜好与文章经验不免会产生很大影响。如茶陵派何孟春曾任官兵部主事、河南参政、太仆寺卿、右副都御史巡抚云南等职。前七子中李梦阳曾任户部主事，后迁江西提学副使；徐祯卿曾任国子监博士；何景明曾任吏部员外郎，陕西提学副使；康海为弘治十五年（1502）状元，曾任翰林院修撰；王廷相为翰林院庶吉士。后七子之首李攀龙嘉靖二十三年（1544）试政吏部文选司，有任顺天乡试同考等职的经历。唐宋派之王慎中、茅坤等都有礼部、吏部的为官经历。唐顺之为嘉靖八年（1529）会试进士第一，官翰林院编修。竟陵派锺惺历任工部主事、南京礼部祠祭主事、福建提学佥事。主要文学流派之外身居高位的官员同样积极参与到《史记》选评本的推广中。如茅瓒为嘉靖十七年（1538）状元，曾官至南京国子祭酒、礼部侍

---

① 〔明〕李东阳等：《明孝宗实录》，台北："中央研究院历史语言研究所" 1962 年版，第 2827 页。

郎、侍读学士、翰林学士，有《茅见沧史记评抄》；陈沂为正德十二年（1517）进士，改翰林院庶吉士，后任侍讲，充经筵讲官，与顾璘、王韦称"金陵三俊"。陈沂有《陈石亭史记评抄》，王韦有《王钦佩史记评抄》。较高的职位，特别是与文化、教育、选官等职能有密切关系的学者，对《史记》的推崇无疑会对士人产生较大的影响。

更为重要的是明代科举试官对《史记》选评的亲自参与。前七子之前的王鏊被认为是八股文定型后第一位具有宗师地位的人物，为明清两代的衡文试官、应试举子和各类选家所普遍推崇。他以乡试第一、会试第一、殿试第三的成绩成为科举精英，长期担任翰林院、詹事府官员，后转任吏部，又以吏部侍郎兼翰林院学士入阁。在任期间，王鏊先后担任过成化二十三年（1487）和弘治三年（1490）的会试同考官，弘治五年（1492）的应天乡试主考、弘治九年（1496）和正德三年（1508）的会试主考。还曾担任过弘治十五年（1502）的会试知贡举官。文徵明为王鏊作传曰："（鏊）少工举子文，既连捷魁选，文名一日传天下，程文四出，士争传录以为式。"①可见其对士人的影响力之大。王鏊本人十分推崇《史记》，编有《王守溪史记评抄》。前后七子兴起交替间的王维桢曾在嘉靖十六年（1537）丁酉授检讨，嘉靖二十四年（1545）乙巳参典纂修《大明会典》，二十八年（1549）己酉晋修撰，三十一（1552）年升右春坊右谕德掌南京翰林院事，三十四年（1555）主顺天府乡试。王维桢对《史记》推崇备至，编著有《王槐野史记评抄》传世。瞿景淳在《槐野王公行状》中称其"受业华庠……夕持《史记》、杜少陵诗，登屋后白榆树，诵读声振云霄"②，足见他对《史记》的喜爱。还有编著《董浔阳史记评抄》的董份，曾为嘉靖二十年（1541）进士，授翰林院编修，参与纂修会典，转右春坊中允，官国子监事。嘉靖二十三年（1544）年及三十二年（1553）年，曾两次任会试同考官。嘉靖三十五年（1556）典武会试，三十七年（1558）主试北闱，三十八年（1559）年充会试同考，总裁南宫，并被授予"东观总裁"印章，等等。考官作为与科举关系最密切的人，其个人爱好与文章风尚，往往会对士人产生直接的影响。

---

① 〔明〕实录文徵明：《甫田集》，上海：上海古籍出版社1987年版，第585页。
② 〔明〕瞿景淳：《瞿文懿公集》卷14，北京图书馆藏明万历瞿汝稷刻本。

受科举导向影响，以《史记》教授学子，深入分析《史记》文法，也就成为明代师长教学中的一项重要内容。杨慎被誉为"明代三才"之首，于正德六年（1511）状元及第，官翰林院修撰，参与编修《武宗实录》，嘉靖三年（1524），因"大礼议"受廷杖，后谪居云南三十年。杨慎与李元阳著有《史记题评》。贺次君《史记书录》称："此本为杨慎与其门弟子学《史记》时所辑，李元阳又增益之以付刊。"并认为："正德十二年去李元阳此刻几二十年，则为《史记》评林者非自杨氏始，而以历代《史》论与《史》文及旧注并刻者，此本实开其端，后凌稚隆为《史记》评林，乃因此本所录而增减之。"[1]据此可知，《史记》在杨慎的教学中占有重要的分量。另外，被誉为"嘉靖三大家"之一的归有光，曾八次落第，后徙居嘉定安亭江上，读书谈道，开馆授徒，"四方来学者常数十百人"，成为教授时文写作的大家。出于对《史记》的喜爱和修练时文写作的需要，归有光在授课中大力讲授《史记》，时人称其"笃嗜《史记》，手批本不下数十种，卷首多书例意"[2]。归有光除编《文章指南》选录《史记》外，另有《归震川评点史记》，对《史记》"法度"的细致探索，当时即成为了具有实用价值的作文教科书，影响深远。[3]

在科举的直接引导下，学习、模仿《史记》成为风潮，出现了各种《史记》选评本。如沈科《史记抄》、凌约言《凌藻泉史记评抄》、柯维骐《史记考要》、凌稚隆《史记纂》、陈继儒《陈太史评阅史记》、郑维岳《新镌郑孩如先生精选史记旁训句读》、孙鑛《孙月峰先生批评史记》。不仅如此，具有集评性质的《史记》评本也陆续涌现，如凌稚隆《史记评林》，锺惺《史记辑评》，陈仁锡《史记评林》，朱东观《史记集评》，葛鼎、金蟠《史记汇评》，朱之蕃《百大家评注史记》，邓以讃《史记辑评》，焦竑选辑、李廷机注、李光缙汇评《史记萃宝评林》，等等。有见于此，王维桢评价曰："今海内翰卿墨士彬彬然兴矣，其拟则史迁之作者不可胜数。往往藉格袭词，犹之画临粉本，书摹法帖，求一毛之似，

---

[1] 贺次君：《史记书录》，北京：中华书局2019年版，第197—198页。

[2] 〔清〕王少鹤：《震川大全集载评点史记例意》后补识。引自《归震川评点本史记》，光绪二年（1876年）武昌张氏校刊本。

[3] 王齐：《〈归评史记〉对〈史记〉的接受》，《文艺研究》2005年第6期。

幸半体之同，以为奇绝。"①可见其风之盛。

综上，在科举制度下，广泛的传播，名家的标举，多样化的评点，细致性的文法分析，以及功利化的接受方式，这些因素最终确立了《史记》的文章学典范地位，从而成为明代士人举业之师矩。

四、余论

受科举制度与选本的影响，《史记》的地位从古文典范上升至文章元典，从而在各方面对明清文章学观念进行了建构。这一过程伴随了《史记》文章学地位超越唐宋古文，超越《汉书》，甚至超越《左传》等经部文献的过程。

从宋代古文运动到明代文学复古运动中，早期的古文选本多表现出对唐宋古文的重视。与文化自信心有关，宋人的古文选本中多选唐宋八大家文章②，《史记》虽被纳入，但所占分量并不大。真德秀即言："文章在汉、唐未足言盛，至我朝乃为盛尔。"③明代选本，特别是经过复古运动之后，在"文必秦汉"的思想下，伴随着秦汉古文的地位逐渐超越唐宋古文。《史记》的地位超越唐宋古文，成为古文选本的重点。甚至唐宋派茅坤《史记钞·读史记法》也说："风调之遒逸，摹写之玲珑，神髓之融液，情事之悲愤，则又千年以来，所绝无者。即如班掾，便多崖堑矣。魏晋唐宋以下，独欧阳永叔得其十之一二。虽韩昌黎之雄，亦由自开门户，到叙事变化处，不能入其堂奥，唯《毛颖传》则几几耳。"④韩愈与欧阳修可谓唐宋古文的杰出代表，茅坤的论说，反映出在明人的文章学观念中，《史记》文章学地位已经超越唐宋古文。

不仅如此，伴随着秦汉古文地位的提升，《史记》的地位又逐渐超越《汉书》，成为秦汉古文的典范。《史记》文法雄肆，《汉书》淳厚典雅。自汉至魏晋，

---

① 〔明〕王维祯：《槐野先生存笥稿》卷23《驳乔三石论文书》，《续修四库全书》集部第1344册，上海：上海古籍出版社1997年版，第248页。

② 吴承学：《宋代文章总集的文体学意义》，《中国社会科学》2009年第2期。

③ 〔宋〕真德秀：《跋彭忠肃文集》，《西山文集》卷36，《文渊阁四库全书》集部第1174册，台北：台湾商务印书馆1986年版，第27a页。

④ 〔明〕茅坤编纂：《史记抄》，北京：商务印书馆，2013年，第13页。

文尚骈俪，论者多扬班抑马。唐宋古文运动，《史记》研习日多，至明代古文选本与《史记》选评本对《史记》文章学价值的大力发掘，《史记》的文章学地位最终超越《汉书》，成为了秦汉文章学的至高典范。杨慎曰："余谓太白诗，仙翁剑客之语；少陵诗，雅士骚人之词。比之文，太白则《史记》，少陵则《汉书》也。"[1]并称"杜子美诗'朝发白帝暮江陵，顷来目击信有征'，李太白'朝辞白帝彩云间，千里江陵一日还。两岸猿声啼不住，扁舟已过万重山'，虽同用盛弘之语，而优劣自别，今人谓李杜不可以优劣论，此语亦太愦愦。"[2]将《史记》《汉书》与李白、杜甫诗相比拟，从而间接将《史记》尊于《汉书》之上。这可谓是明代的主流观点。徐中行在《史记评林序》中总结："《史记》体裁既立，固因之而成书，不过稍变一二，诚易为力者耳。其时诸儒钻仰训诂，承为集解，至二十四家，而《史记》解释者少。历代之宗《汉书》，至宋尤为盛，其宗《史记》者，乃始盛于今日之百家，然二氏皆良史才，而其得失靡定者，盖各因时所尚而资之近者为言耳。"[3]尽管其本人主张《史》《汉》并举，但也直接肯定在明代《史记》超越《汉书》成为文章之宗已是客观现实。

《史记》进入古文选本经历了由"道"到"文"的过程，故而在早期古文选本中，《史记》的地位无法与经部典籍《左传》相匹。宋人对《史记》叙事成就的接受源于其对《春秋》《左传》的继承。明代正统至成化间叶盛曰："六经而下，左丘明传《春秋》，而千万世文章实祖于此。继丘明者，司马子长。子长为《史记》而力量过之，在汉为文中之雄。"[4]叶盛肯定司马迁的《史记》代表了秦汉古文的最高成就，但也指出了其源自《左传》。《史记》自无法与《左传》相比。然而随着明代古文选本和《史记》选评本的大力发掘，《史记》文章学地位不断攀升，出现了超越《左传》的趋势。万历时期的单思恭在《甜雪斋文·读

---

[1]〔明〕杨慎：《升庵诗话笺证》卷7《评李杜》，上海：上海古籍出版社1987年版，第227页。

[2]〔明〕杨慎：《升庵诗话笺证》卷7《巫峡江陵》，上海：上海古籍出版社1987年版，第229页。

[3]〔明〕凌稚隆辑校，〔明〕李光缙增补：《史记评林》第1册，天津：天津古籍出版社1998年版，第30页。

[4]〔明〕叶盛：《水东日记》，北京：中华书局1980年版，第230页。

史记》中云："盖《左氏》即有变化百折，然其琢字琢句必欲求工。吾不病其浮夸，而转病其严谨尔。《史记》则不然，无之而不疏放也，无之而不挥洒也，酒帐肉簿皆成大书。令后之字摹句袭者于《左》则肖，于《史》则废然返焉，呜呼！此其所以为子长也。"[1]肯定《史记》之疏放挥洒，超越《左传》之严谨。崇祯时期的方以智在《文章薪火》云："《左传》巧炼，未免雋伤。"[2]又曰："子长以郁折而成《史记》，收合百家，洽古宜时，散近乎朴，变藏于平。善序事理，真不虚也。"[3]也表现出将《史记》置于《左传》之上的观念。与明代经学思想的嬗变相关，《史记》的雄肆与疏放文风以及高超的文章技法被明人高度肯定，最终树立起文章元典的地位，从而深刻地影响了明代的文章学观念。

（刘彦青，男，山西乡宁人。文学博士，陕西师范大学文学院副教授）

---

[1]〔明〕单思恭：《甜雪斋文》，《四库全书存目丛书》集部190册，济南：齐鲁书社1997年版，第338—339页。

[2]〔明〕方以智：《文章薪火》，张潮等编《昭代丛书》卷34，上海：上海古籍出版社1990年版，第772页。

[3]〔明〕方以智：《文章薪火》，张潮等编《昭代丛书》卷34，上海：上海古籍出版社1990年版，第1084页。

《史记》自然灾害书写研究

路美玲

自然灾害是人类共同的创伤记忆,人类文明的发展史就是一部与自然灾害的斗争史。中国自古以来便是一个自然灾害多发的国家。据邓云特统计,中国历史上"水、旱、蝗、雹、风、疫、地震、霜、雪等灾害,自公元前一七六六年(商汤十八年)至纪元后一九三七年止,计三七〇三年间,共达五二五八次,平均每六个月强便有灾荒一次。"[1]文学作为人类共通情感的载体,在自然灾害面前从未失语,自古便有无数文人以自然灾害为主题,抒发感时伤世的情怀。

汉代是中国历史上第一个系统记录和保存自然灾害的朝代。鲍宣著名的"七亡七死论"曰:"凡民有七亡:阴阳不和,水旱为灾,一亡也。"[2]鲍宣将以水旱为代表的自然灾害作为七死七伤之首,足见汉人对自然灾害认识之深刻。司马迁的《史记》和其水利专书《河渠书》在保存自然灾害方面的贡献巨大。本文拟以《史记》中的自然灾害载录为论点,探讨其灾害思想源流,灾害基本内容、文学特征、价值作用等。

一、西汉灾害思想

(一)天人感应灾害思想

天人感应思想起源很早。《礼记·中庸》曰:"国家将兴,必有祯祥;国家

---

[1] 邓云特:《中国救荒史》,北京:商务印书馆2017年版,第47页。
[2] 〔东汉〕班固:《汉书》,北京:中华书局1962年版,第3088页。

将亡,必有妖孽。"①《墨子》曰:"爱人利人者,天必福之,恶人贼人者,天必祸之。""天欲人相爱相利,而不欲人相恶相贼。"②这都是将自然灾害祯祥与人事政治之善恶相联系,认为二者存在感应关系,人要顺应上天的意志。汉初的思想家们继承并发展"天人感应"思想,淮南王刘安尝试以天人相通理论解释自然、社会乃至万事万物之间的因果关系。董仲舒明确而具体地将"天人感应"学说与自然灾害配置起来,形成其独特的灾害遣告思想。《春秋繁露·必仁且智》说:

> 灾者,天之谴也;异者,天之威也。谴之而不知,乃畏之以威。凡灾异之本,尽生于国家之失。国家之失乃始萌芽,而天出灾害以谴告之。谴告之而不知变,乃见怪异以惊骇之,惊骇之尚不知畏恐,其殃咎乃至。③

在董仲舒的天人感应理论构建中,天与人是主宰与服从的关系,人借助禳祀与天相感。人在和天同类相感的基础上,受上天统治和支配,灾害既是"天地万物的不常之变",又是上天意愿的体现。若人或人类社会的代言人违背了上天的意愿,也即是违背了与天相类的人的意愿,那么上天就会以灾害的形式作用于人类社会,上天支配和统治人类,人类的行为也会对上天的意志产生影响。正是在这种理论构建的基础上,董仲舒提出了灾害遣告和君主善修德行的理论。董仲舒以为,灾害产生的根本原因是统治者施政不善,目的是"正王之道",敦促统治者顺应天道,改过迁善。

汉代统治者面对自然灾害的种种应对措施,都是在害怕见罪于上天、失去统治权力的天人感应思想指引下做出的。天人感应思想虽然客观上失之虚妄,但毕竟也确实在一定程度上起到了使统治者有所敬畏,限制统治者权利的正面影响。

---

① 〔宋〕朱熹:《四书章句集注》,北京:中华书局1983年版,第33页。
② 〔清〕孙诒让:《墨子閒诂》,北京:中华书局2001年版,第22页。
③ 〔汉〕董仲舒:《春秋繁露》,北京:中华书局1975年版,第318—319页。

（二）阴阳五行灾害思想

阴、阳的原义是指向阳和背阴之对立。阴、阳最早的记载见于《国语·周语上》，周幽王二年（前780年）三川地震，太史伯阳父说："阳伏而不能出，阴迫而不能蒸，于是有地震。今三川实震，是阳失其所而填阴也。"[1]"五行"是表述自然、社会及其变化规律的学说。中国古代以"五"为数，《易经·系辞》说："天数五，地数五，五位相得而各有合。天数二十有五，地数三十，凡天地之数，五十有五，此所以成变化而行鬼神也。"[2]五行的"五"最初指的是五种具体的物质——金、木、水、火、土，"行"则含有运行的意思。古代朴素唯物主义者认为宇宙万物都是由这五种基本的物质组成的，"五行"的不断变化和相互作用形成自然万物。五行说起源很早，《尚书·洪范》《国语·郑语》皆有记载。至战国时期，"阴阳家首先把五行与阴阳混合统一起来"，"阴阳与五行的相结合，使五行的结构组织有了两种内在的普遍动力，从而使五行结构具有了确定的自我运动自我调节的功能。"[3]

董仲舒将阴阳五行与天人感应之说、四时之说杂糅起来，强调君主要按照五行、四时的顺逆行事，才能风调雨顺，如果悖逆五行，破坏秩序，上天则会以灾害谴责君主。这是董仲舒灾害谴告思想的重要论点。他在《春秋繁露·治乱五行》说：

> 火干木，蛰虫早出，雷早行；土干木，胎夭卵毈，鸟虫多伤；金干木，有兵；水干木，春下霜；土干火，则多雷；金干火，草木夷；水干火，夏雹；木干火，则地动；金干土，则五谷伤，有殃；水干土，夏寒雨霜；木干土，倮虫不为；火干土，则大旱；水干金，则鱼不为；木干金，则草木再生；火干金，则草木秋荣；土干金，五谷不成。木干水，冬蛰不藏；土干水，则蛰虫冬出；火干水，则星坠；金干水，

---

[1] 徐元诰：《国语集解》，北京：中华书局2002年版，第26页。
[2] 吕祖谦：《晦庵先生校正周易系辞精义》，北京：中华书局1985年版，第33—34页。
[3] 李泽厚：《中国古代思想史论》，天津：天津社会科学院出版社2008年版，第129页。

则冬大寒。①

在董仲舒看来，一切灾害的发生都是因为悖逆了五行关系，为了消除灾害，就必须要找出阴阳错行的根源，有针对性地实施补救措施，《春秋繁露》中的"求雨""止雨"等篇章和《雨雹对》即是他以阴阳五行灾害来解释自然灾害的反映。

董仲舒的阴阳五行灾害思想在汉代受众极广，汉儒对此说极为推崇，常常以此上疏劝谏。顾颉刚在《汉代学术史略》中即说"汉代人的思想的骨干，是阴阳五行。无论在宗教上，在政治上，在学术上，没有不用这套方法的。"②以阴阳五行灾害观来解释灾害，也几乎成为了后世常规。

二、《史记》的灾害载录和情感倾向

《史记》的自然灾害记载多见于"本纪"及水利专书《河渠书》，散见于各人物传记。为了更为直观形象，故采用《〈史记〉自然灾害载录简表》辅助表达（详见下表）。关于此表有几点需要说明：1. 本表以年为经，以事为纬。2. 本表所统计之灾害限于汉朝疆域，不包括匈奴等邻国，亦不包括朝鲜、南越等藩属国。3. 本表"灾种"为综合表述，为尽按典籍原文。4. 本表"详情及出处"一栏所录皆节录所据典籍之原文。

《史记》自然灾害载录简表

序号	庙号年号	灾种	灾情及出处
1	高帝元年（前206）	雨、寒	天寒大雨，士卒冻饥。（《史记·项羽本纪》）
2	高帝二年（前205）	沙尘暴	四月，大风从（彭城）西北而起，折木发屋，扬沙石，窈冥昼晦。（《史记·项羽本纪》）

---

① 〔汉〕董仲舒：《春秋繁露》，北京：中华书局1975年版，第481—483页。
② 顾颉刚：《汉代学术史略》，北京：人民出版社2008年版，第1页。

续表

序号	庙号年号	灾种	灾情及出处
3	高帝七年（前200）	寒、雨雪	会冬大寒雨雪，卒之堕指者十二三。（《史记·匈奴列传》）
4	高后八年（前180）	岸崩	（窦广国）为其主入山做炭。卧岸下百余人，岸崩，尽压杀卧者。（《史记·外戚世家》）
5	文帝前元十一年（前169）	地震	上幸代，地动。（《史记·汉兴以来将相名臣年表》）
6	文帝前元十二年（前168）	江河决溢	汉兴三十九年，孝文时河决酸枣，东溃金隄。（《史记·河渠书》）
7	文帝前元十五年（前165）	江河决溢	（赵人新垣）平曰："……今河溢通泗……"（《史记·封禅书》）
8	文帝后元二年（前162）	地震	地动。（《史记·汉兴以来将相名臣年表》）
9	文帝后元六年（前158）	旱	冬，天下旱。（《史记·孝文本纪》）
10	文帝后元六年（前158）	蝗	蝗。（《史记·孝文本纪》）
11	景帝前元二年（前155）	雹	秋，衡山雨雹，大者五寸，深者二尺。（《史记·孝景本纪》）
12	景帝前元三年（前154）	火	正月乙巳，……天火燔雒阳东宫大殿城室。（《史记·孝景本纪》）
13	景帝前元五年（前152）	风	五月，江都大暴风从西方来，坏城十二丈。（《史记·孝景本纪》）
14	景帝中元元年（前149）	地动	地动。（《史记·孝景本纪》）
15		雹	衡山、原都雨雹，大者尺八寸。（《史记·孝景本纪》）
16	景帝中元四年（前146）	蝗	三月，大蝗。（《史记·孝景本纪》）
17	景帝中元五年（前145）	雨潦	夏，天下大潦。（《史记·孝景本纪》）

续表

序号	庙号年号	灾种	灾情及出处
18	景帝中元五年（前145）	地震	秋，地动。（《史记·孝景本纪》）
19	景帝中元六年（前144）	雹	三月，雨雹。（《史记·孝景本纪》）
20	景帝后元元年（前143）	地震	五月丙戌，地动，其蚤食时复动。上庸地动二十二日，坏城垣。（《史记·孝景本纪》）
21	景帝后元二年（前142）	地震	正月，地一日三动。（《史记·孝景本纪》）
22	景帝后元二年（前142）	大旱	十月，大旱。（《史记·孝景本纪》）
23	景帝后元二年（前142）	疾疫	衡山国、河东、云中郡民疫。（《史记·孝景本纪》）
24	景帝后元三年（前141）	旱	孝景时，上郡以西旱。（《史记·平准书》）
25	武帝建元六年（前135）	火	河内失火，延烧千余家。（《史记·汲郑列传》）
26	武帝建元六年（前135）	水、旱、饥馑	河南贫人伤水旱万馀家，或父子相食。（《史记·汲郑列传》）
27	武帝元光三年（前132）	江河决溢	元光之中，而河决于瓠子，东南注巨野，通于淮、泗。（《史记·河渠书》）
28	武帝元光四年（前131）	地震	十二月丁亥，地动。（《史记·汉兴以来将相名臣年表》）
29	武帝元狩三年（前120）	水	山东被水菑，民多饥乏。（《史记·平准书》）
30	武帝元鼎四年（前113）	江河决溢	是时，上方忧河决。（《史记·孝武本纪》）
31	武帝元封元年（前110）	旱	是岁小旱，上令百官求雨。（《史记·平准书》）

续表

序号	庙号年号	灾种	灾情及出处
32	武帝元封二年（前109）	江河决溢	天子……还至瓠子，自临塞决河，留二日，沈祠而去。使二卿将卒塞决河，河徙二渠，复禹之故迹焉。（《史记·孝武本纪》） 武帝自临塞决河，将军已下皆负薪也。（《史记·河渠书》）
33	武帝元封二年（前109）	旱	旱，乾封少雨。（《史记·河渠书》）
34	武帝元封三年（前108）	旱	夏，旱。（《史记·孝武本纪》）
35	武帝元封四年（前107）	饥馑	关东流民二百万口，无名数者四十万。（《史记·万石张叔列传》）
36	武帝太初元年（前104）	蝗	太初元年，蝗大起，勇之乃曰："越俗有火灾，复起屋必以大，用胜服之。"于是作建章宫。（《史记·孝武本纪》）
37	武帝太初元年（前104）	火	十一月乙酉，柏梁灾。（《史记·孝武本纪》）

　　《史记》中关于汉代历史的载录自高帝元年（前206）至武帝太初四年（前101）左右，其中明确记载各类自然灾害37起，最早一起为汉高帝元年（前206）巨鹿之战时"天寒大雨，士卒冻饥。"①（《史记·项羽本纪》）最晚的一起为武帝太初元年（前104）"十一月乙酉，柏梁灾。"②（《史记·孝武本纪》）。灾害年代分布为，高帝朝3起，高后朝1起，文帝朝6起，景帝朝14起，武帝朝13起。

　　《史记》载录的灾害种类也十分多样，其中水灾共8起，包括雨潦成灾3起，江河决溢5起，前者主要指的是由于持续性降水造成的水灾，后者指的是由于江河决溢造成的水灾，是西汉前期最频繁的自然灾害。《史记》载录水灾以河决瓠

---

① 〔汉〕司马迁：《史记》，北京：中华书局1959年版，第305页。
② 〔汉〕司马迁：《史记》，北京：中华书局1959年版，第481页。

433

子最具代表。《河渠书》载:"元光之中,而河决於瓠子,东南注钜野,通於淮、泗。於是天子使汲黯、郑当时兴人徒塞之,辄复坏。是时武安侯田蚡为丞相,其奉邑食鄃。鄃居河北,河决而南则鄃无水菑,邑收多。蚡言於上曰:'江河之决皆天事,未易以人力为彊塞,塞之未必应天。'而望气用数者亦以为然。於是天子久之不事复塞也。"①黄河决溢受灾区域在河南,田蚡私田在河以北,不受水灾,遂以天人感应欺骗武帝,致使河决二十三年。元封二年(前109)武帝终于决定治理决河,《河渠书》记载当时治河盛况曰:"天子乃使汲仁、郭昌发卒数万人塞瓠子决。""(武帝)自临塞决河,沈白马玉璧于河,令群臣从官自将军已下皆负薪寘决河。"②

《史记》载录旱灾有7起。景帝后期至武帝中期旱灾频发,自元封元年(前110)至元封四年(前105)连旱:元封元年(前110)"是岁小旱,上令百官求雨。"③二年(前109)"是岁旱。"④三年(前108)"夏,旱。"⑤四年(前107)"夏,大旱,民多暍死。"⑥从"小旱""旱""大旱"我们也可以看出这场持续四五年之久的旱灾程度在不断加深,对百姓生产和生活的负面影响也在不断加深,至"民多暍死",至为求雨"丈夫不入市"。

《史记》载录地震(包括地动)有7起。虽然地震的发生频率小于水旱之灾,但它的发生无规律可寻,瞬时强破坏性极强,因此,地震也是最早引起人类重视的自然灾害之一。西汉前期地震与两汉之交和东汉相比不算频发,其中高后二年(前186)春正月至八月地震,共造成七百六十人死亡,是《史记》唯一关于地震伤亡的人数的明确记载。

其他自然灾害有岸崩1起,蝗灾3起,火灾3起,沙尘暴(雨土)1起,饥荒2起,疾疫1起,风雪寒雹等共5起等。

《史记》灾害书写有较为明确的经世致用目的。可以说,没有哪一种文学题

---

① 〔汉〕司马迁:《史记》,北京:中华书局1959年版,第1409页。
② 〔汉〕司马迁:《史记》,北京:中华书局1959年版,第1412—1413页。
③ 〔东汉〕班固:《汉书》,北京:中华书局1962年版,第1175页。
④ 〔汉〕司马迁:《史记》,北京:中华书局1959年版,第477页。
⑤ 〔汉〕司马迁:《史记》,北京:中华书局1959年版,第479页。
⑥ 〔汉〕司马迁:《史记》,北京:中华书局1959年版,第195页。

材比自然灾害更直面社会人生，更贴近现实生活，更与国家兴亡、人民命运密切相关。司马迁在《河渠书》论赞中说：

> 余南登庐山，观禹疏九江，遂至于会稽太湟，上姑苏，望五湖；东窥洛汭、大邳、迎河，行淮、泗、济、漯洛渠；西瞻蜀之岷山及离碓；北自龙门至于朔方。曰：甚哉，水之为利害也！余从负薪塞宣房，悲《瓠子》之诗而作《河渠书》。①

由此可知，司马迁作《河渠书》的直接原因是认识到水之利害，有感于"负薪塞宣房"，根本目的就是经世致用，以为后世鉴戒。

三、《史记》灾害书写的文学特征

史传文学以《史记》成就最高，鲁迅评价其是"史家之绝唱，无韵之《离骚》""不拘于史法，不囿于字句，发于情，肆于心而为文"②，足见其史学和文学上都取得了极高的成就，真正达到了文和史的统一。

《史记》中的自然灾害书写以借史抒情、暗寓褒贬为叙事特征。由于客观原因，很多情况下，司马迁不能明确表达对自然灾害和灾害之变的看法，于是通过对自然灾害的记述来表达自己的政治观点、价值取向，借助刻画自然灾害事件中的人物形象来褒贬人物。

最能体现"借史抒情、暗寓褒贬"叙述特色的当属司马迁对"河决瓠子"事件始末的叙述。汉武帝元光三年夏五月（前132）黄河于瓠子（今河南濮阳县西南）南岸决口，向东南流入巨野（今山东巨野县），将淮河、泗水连成一片，泛滥十六个郡。武帝使汲黯、郑当时调发戍卒十万堵塞决口，但往往堵塞之后又被冲毁。田蚡以"天人感应"之说阻挠，致使黄河二十三年间泛滥不止，对于他这一丑恶行径，司马迁秉笔直书，进行了无情的鞭挞。元封二年（前109），遭遇黄河水灾的郡县数岁不登，武帝才下决心堵塞决口，不仅亲临决河，而且作

---

① 〔汉〕司马迁：《史记》，北京：中华书局1959年版，第1415页。
② 鲁迅：《鲁迅全集第九卷·汉文学史纲要》，北京：人民文学出版社2005年版，第435页。

《瓠子歌》二首以祭祀河神：

> 瓠子决兮将奈何。浩浩洋洋兮虑殚为河。虑殚为河兮地不得宁。功无已时兮吾山平。吾山平兮钜野溢。鱼弗郁兮柏冬日。正道弛兮离常流。蛟龙骋兮放远游。归旧川兮神哉沛。不封禅兮安知外。皇谓河公兮何不仁。泛滥不止兮愁吾人。啮桑浮兮淮泗满。久不反兮水维缓。
>
> 河汤汤兮激潺湲。北渡回兮迅流难。搴长茭兮湛美玉。河公许兮薪不属。薪不属兮卫人罪。烧萧条兮噫乎何以御水。隤林竹兮揵石菑。宣防塞兮万福来。①

此外，还令将军以下的从官皆负薪塞河，司马迁也参与了这场十分壮阔的治河行动。数十万人，齐心协力，不仅成功堵住了瓠子决口，还导河水北行二渠，彻底解决了瓠子水患。

负薪塞河对司马迁产生了重要的影响。首先，使司马迁直接认识到了水利的重要地位和作用，是他创作《河渠书》最直接的原因。"太史公自序"说："维禹浚川，九州攸宁；爰及宣房，决渎通沟。作《河渠书》第七。"②其次，直接激发了司马迁的凌云壮志。司马迁对负薪塞河之事评价很高，在《河渠书》中毫不掩饰自己的赞美之情，甚至将之与大禹治水相提并论，读之令人千载之下足以想见当时之壮阔情形。汉武帝时，西汉正值国力最鼎盛的时期，司马迁时年三十七岁，也正值风华之年，次年，便要继承太史令之位，风华之年逢风华之世，又逢治河盛事，这无疑最大程度上激发了司马迁建功立业的壮志豪情。

司马迁善于通过历史人物在自然灾害事件中的言行来塑造人物形象，反映时代特征，品评褒贬人物，寄托价值取向。纪传体史书以人物活动为经，以历史事件为纬，经纬之间塑造人物形象，展现时代特征。《史记·汲郑列传》中就通过汲黯"矫制赈灾"之事塑造了一个通权达变、敢作敢为的忠直之臣形象。

（汉武帝时）河内失火，延烧千馀家，上使黯往视之。还报曰："家

---

① 逯钦立：《先秦汉魏晋南北朝诗》，北京：中华书局1988年版，第93页。
②〔汉〕司马迁：《史记》，北京：中华书局1959年版，第3306页。

人失火，屋比延烧，不足忧也。臣过河南，河南贫人伤水旱万馀家，或父子相食，臣谨以便宜，持节发河南仓粟以振贫民。臣请归节，伏矫制之罪。"上贤而释之，迁为荥阳令。①

此段叙述了河内失火、河南遭遇水旱的受灾情况和汲黯对两类灾害的不同处理方式。武帝时，汲黯奉命至河内巡视火灾，返回后奏禀武帝说，河内平民不慎失火，虽然绵延燃烧千余家，但与河南郡水旱受灾一万多户相比，尚不足为忧，所以就假托君命，开河南官仓以赈济灾民。武帝不仅没有降罪于他，反而嘉奖他，升迁他为荥阳令。司马迁借助武帝表达自己对汲黯的称赞，其中也暗含着司马迁的德政思想。

武帝中后期朝臣政治斗争日趋激烈的事实，也通过一次求雨占卜反映得淋漓尽致。武帝元封元年（前110）"小旱，上令官求雨，卜式言曰：'县官当食租衣税而已，今弘羊令吏坐市列肆，贩物求利。亨弘羊，天乃雨。'"②卜式由于和桑弘羊政治意见不合，就利用阴阳灾害之说，将大旱归因于桑弘羊与民争利。卜式的上疏，与其说是求雨献策，不如说是以言语泄私愤。从卜式的求雨之法中可看出武帝中后期官员之间政治斗争日趋激烈的事实。《平准书》正文以"亨弘羊，天乃雨"作结，其中暗含着司马迁对桑弘羊的贬斥。虽然司马迁在《平准书》中对武帝时"平准均输"等经济政策取得的效益秉笔直书："往县置均输盐铁官……置平准于京师……民不益赋而天下用饶"③，但实质上，司马迁对桑弘羊等兴利之臣颇为反感，借助卜式之口所说的"亨弘羊，天乃雨"就是反感态度的极致表现。

四、《史记·河渠书》的文学、文献价值和典范作用

《史记·河渠书》开创了专记水利的史书体例，是《汉书·沟洫志》之嚆矢。

---

① 〔汉〕司马迁：《史记》，北京：中华书局1959年版，第3105页。
② 〔汉〕司马迁：《史记》，北京：中华书局1959年版，第1442页。
③ 〔汉〕司马迁：《史记》，北京：中华书局1959年版，第1441页。

中国古代很早就开始记载水道，《尚书·禹贡》《管子·水地》《管子·度地》以及《山海经》的部分篇章均有涉及，但这些文献大多十分简要，且只作静态描述。司马迁的《河渠书》是第一部水利专书，班固的《沟洫志》即是承袭司马迁这一体例而作。自此以后，历代史学家无不重视对水利的记载，正史中多将水利列为专节详加叙述，北魏时期，甚至还出现了记述水利的专著《水经注》。司马迁开创体例之功，"百代而下，史官不能易其法，学者不能舍其书，六经之后，惟有此作。"[1]

《河渠书》在文献、文学方面也有极大的价值。首先，《河渠书》保存了大量古代水利资料。《河渠书》中所记载的水利工程，自大禹治水始，至武帝元封二年（前109）"负薪塞河"止，共有25起，其中水利防御工程6起，漕运工程3起，灌溉沟渠11起，多用途水利工程5起。所叙涉及相关河道有黄河、长江、淮河、菑水、济水、漳水、泾水、泗水、渭水、汾水、褒水、沔水、斜水、洛水、定泽水、汶水等。其次，司马迁重视阐述水利工程的开凿、治理、维护、利弊。司马迁突破了先前水利记载只做静态描述的偏狭，不仅记载某一水系的发源地、干支流、流经地、沿途地形风物、汇入某河某海等，还对水利工程进行实地勘测。司马迁重点阐述了水利工程的开凿、治理和人类发挥主观能动性变水害为水利的一系列伟大斗争，以极大的热情对许多成功的水利工程项目和水利专家加以赞美，同时也对劳民伤财、盲目开凿等行为进行了抨击和揭露，对后世"河渠"专书的叙述模式有十分重要的影响。

（路美玲，女，河南周口人。文学硕士学位，郑州工业安全职业学院助教）

---

[1]〔宋〕郑樵：《通志》，北京：中华书局1987年版，第1页。

《史记》世家破体论

张媚东

茅坤在比较司马迁《史记》与班固《汉书》时提到："《史记》以风神胜，《汉书》以矩矱胜。"[1]又曰："以风神胜，故其遒逸疏宕如餐霞，如啮齿，往往自眉睫之所及，而指次心思之所不及，令人读之，解颐不已。"[2]以上文字是就《史记》情志跌宕、活泼自然的艺术风格来讨论的。相较《汉书》，《史记》文无定法，圆活变通。十二本纪、十表、八书、三十世家、七十列传体例虽由司马迁本人首创，但为达成"通古今之变，成一家之言"的著史心愿，太史公有意在书中彰显区别主流价值判断的著史思想，并改变传统文体写作方式，最终使全书呈现出"圆而神"的独特面貌。三十世家中的《吴太伯世家》《孔子世家》《陈涉世家》三篇正是太史公创新文体，破体而为的具体产物。通过考察文章命名、篇目排位、文本内容，可看到一代良史司马迁对历史人物、现实问题的独到见解。

一、名实错位的"幌子"

文体的原始形态主要依据特定作家、特定场合的特殊言说方式确立。一旦这种言说方式固定下来，人们便约定俗成将其冠以某一"类名"，文体之名与文体之实也因此吻合。史书写作正是如此。司马迁作《史记》，开创世家记史方法。"世家之义，特指开国承家，世代相续而言"[3]；世家之名分作两类，一为各国

---

[1] 杨燕起、陈可清、赖长扬：《历代名家评史记》，北京：北京师范大学出版社1986年版，第261页。

[2] 杨燕起、陈可清、赖长扬：《历代名家评史记》，北京：北京师范大学出版社1986年版，第261页。

[3] 杨燕起、陈可清、赖长扬：《历代名家评史记》，北京：北京师范大学出版社1986年版，第157页。

国名，如《晋世家》《楚世家》《郑世家》《赵世家》《魏世家》《韩世家》，二是以诸王朝分封诸侯或汉朝分封王侯命名，如《齐太公世家》《鲁周公世家》《燕召公世家》《管蔡世家》《陈杞世家》。唯独《吴太伯世家》《孔子世家》《陈涉世家》三篇比较特殊。

先看《吴太伯世家》。依据历史事实，周朝始祖后稷名弃，其母曰姜嫄。古公亶父为后稷十二代孙。周太王卒，太王之子季立继承父位。王季卒，姬昌立，号为周文王。姬昌生前贤圣，贡献突出，后世常将其与其子武王二人并称。至于吴太伯，乃仲雍、季历之兄。初时"太王欲立季历以及昌，于是太伯、仲雍二人乃奔荆蛮，文身断发，示不可用，以避季历"。太伯无后，仲雍有子。太伯去世后，二弟仲雍继承兄位，并以自家血脉世代相传。迨至周武王克殷，求太伯、仲雍之后，而得周章。此时周章已为句吴首领，故武王正式授其封地，又封周章弟虞仲于周室北边夏都旧址，位于诸候之列。如此看来，吴国到太伯五世孙——周章之时才正式获得周天子封地。在此之前，句吴只是蛮夷地区的一个小小部落，吴太伯也仅是这个部落的部落首领。司马迁将世家首篇冠以"吴太伯"之名，与吴至周章方得周王室分封之实似乎存在名实错位。再看文本内容，司马迁对吴太伯事迹的描写也仅115字，这与全文三千余字相比实在微不足道。"吴太伯世家"之名初看过于牵强，有着"名不正则言不顺"的错乱之嫌。

事实果真如此？结合《太史公自序》，回到司马迁著史初衷，《自序》曰："太伯避历，江蛮是适；文武攸兴，古公王迹。……作《吴世家》第一"。在太史公心目中，文王姬昌之所以能够兴复周室，延续古公亶父遗业，全因太伯让位季历，避居江蛮的伟大功劳。西伯文王虽贤，却依然逊于吴太伯之谦让。周章获得王室封地，更是得益于先祖太伯、仲雍的谦让佳名。司马迁将太伯抬高至吴地首任诸侯，作《吴太伯世家》的行为，虽然突破世家文体的基本内涵，却在思想层面顺从了自己"通古今之变，成一家之言"的著史本心。互见《尚书》、《春秋》、本纪、列传首篇，"《尚书》首《尧典》《舜典》，《春秋》首隐公，世家首太伯，列传首《伯夷》，贵让也"[①]。太伯"贵让"的历史意义，笔者总结为

---

① 杨燕起、陈可清、赖长扬：《历代名家评史记》，北京：北京师范大学出版社1986年版，第459页。

两点：一是完成父亲心愿，从"我世当有兴者，其在昌乎"的实际情况考虑，避让季历，奔走荆蛮，如此才有了后来西伯昌"伐犬戎""伐密须""败耆国""伐崇侯虎""作丰邑""徙都丰"，推翻暴商，建立周朝的政治贡献。故吴见思评曰："让国是吴太伯家法"，开篇意序让国事，"自开一国不必藉太王之业，不必待武王之封，太伯自有圣贤经济"①。二是从文化传承的角度思考。正因太伯让国，文王继位，周公制礼作乐，周王室才一改殷商"信巫鬼，重淫祀"的社会风气，建立起一整套"节丧纪""和安乐""别男女""正交接"的礼乐文明。自此贤君敬老慈少、礼贤下士，百姓仁爱相亲、安居乐业，中原文化世代传承，延续至今。换而言之，让国事件乃中华文明得以生根发芽的重要契机。放眼古今，太伯一"让"，不仅奠定王朝政治基业，更有寻找文化归属、发扬中华文明的特殊意义。太伯看似没有"开国承家"之小名，实则具备"奠基中华文化"之大名。所谓名实错位，不过司马迁精心制造，迷惑读者的"障眼法"。

再看《孔子世家》。从名实角度谈，该篇与《吴太伯世家》情况相似。鲁襄公二十二年，叔梁纥与颜氏女"野合而生孔子"。孔丘早年父亲离世，与母颜氏相依为命，生活清贫。昭公七年，颜氏去世。孔子守丧期间恰逢贵族季士设宴款待各地名士，其前往参加，却遭遇阳虎"季氏飨士，非敢飨子也"的苛刻斥逐。孔子少年位卑言轻，成年亦无侯伯之位，司马迁将其列入世家，"刘知几、王安石辈颇讥之，以为自乱其例"②。王若虚甚至认为："迁采经摭传，大抵皆舛驳，而二帝三王纪，齐鲁燕晋宋卫孔子世家，仲尼弟子传，尤不足观也。"③对此，司马迁自述其理由曰：

> 周室既衰，诸侯恣行。仲尼悼礼废乐崩，追修经术，以达王道，匡乱世反之于正，见其文辞，为天下制仪法，垂《六艺》之统纪于后

---

① 〔清〕吴见思：《史记论文》，北京：中华书局排印本，第3册第1页。
② 〔清〕牛运震撰，崔凡之校释：《空山堂史记评注校释》，北京：中华书局2012年版，第305页。
③ 杨燕起、陈可清、赖长扬：《历代名家评史记》，北京：北京师范大学出版社1986年版，第489页。

世，作《孔子世家》第十七。①

显然，司马迁是从宣扬王道、匡扶乱世、复兴礼乐、定立仪法的角度肯定孔子的历史地位。唐代司马贞认同太史公观点。其《索隐》提到："孔子非有诸候之位，而亦称系家者，以是圣人为教化之主，又代有贤哲，故称系家焉。"②张守节《史记正义》也说："太史公以孔子布衣传十余世，学者宗之，自天子王侯，中国言《六艺》者宗于夫子，可谓至圣，故为世家。"③孔子先后适周、适齐、返鲁、适卫、过匡、适陈……其虽屡陷险境，抱负难施，"累累若丧家之狗"，但从未停止前进步伐。从年少父亲离世、生活拮据，成年适周问礼于老子，四十八岁退而修诗书礼乐，到五十六岁周游列国，孔子先后经历过匡被拘、司马氏追杀、罹难蒲地、困陈绝粮、不被重用、颜渊死等不幸遭遇，然其一生始终不弃恢复礼乐、以仁治国的政治理想。社会少礼，故卿士驱逐君主，家臣执掌国政，有司演奏夷狄舞乐，执政者不致膰俎于大夫。孔子好礼，故其在陈绝粮依旧固守操守，讲诵弦歌。从他对子贡、子路、颜回"吾道非也，吾何为于此"的三次提问以及对弟子各自回答的不同评价中，我们可以看到：孔子终身秉承专注吾道，知其不可为而为之的至高理想。他认为，礼乐文化尽善尽美，意义重大，又岂能因有国者废弃不用而被君子遗忘。志士仁人坚守初心，汲汲求礼，"不容何病，不容然后见君子"。在这里，孔子、颜渊的态度与子贡、子路以及社会大多数人的观点形成鲜明对比。结合前文老子对孔丘"为人子者毋以有己，为人臣者毋以有己"的临别赠言，可再度体悟孔子发自本心、尽我本分、忘我无私、劳而无怨的求道精神。

道德先师以稀为贵。在考察孔丘阙里，听闻孔子事迹后，太史公"心生凄

---

① 〔汉〕司马迁撰，〔南朝〕裴骃集解，〔唐〕司马贞索隐，〔唐〕张守节正义：《史记》，北京：中华书局1959年版，第3310页。

② 杨燕起、陈可清、赖长扬：《历代名家评史记》，北京：北京师范大学出版社1986年版，第488页。

③ 杨燕起、陈可清、赖长扬：《历代名家评史记》，北京：北京师范大学出版社1986年版，第488页。

怆，起千载之感"①。故其斟酌尽善，变体而为，遂将一介布衣孔子列入世家，推崇至极。近代学者李景星评曰："太史公作《孔子世家》，其眼光之高，胆力之大，推崇之至，迥非汉唐以来诸儒所能窥测。"②孔子政治思想、文化意义、历史贡献超越王侯。千年以后反观历史，世人或许已不了解身世显赫的将相诸侯，但孔子事迹、孔子精神依旧传颂至今，代代不灭。

最后看世家文体中存在名实错位"障眼法"的第三篇文章。关于《陈涉世家》破体说法，近代学者已有涉及。李景星《史记评议》曰："升项羽为本纪，列陈涉于世家，俱属太史公破格文字。"③刘咸炘认为："大势不可如项之立纪，而止立列传亦不安，故史公变例书之。"④朱东润也提到："然无功于汉而不入列传者，汉室之兴，由涉始也。……斯则涉之有大造于汉也，列于世家，岂曰不宜。"⑤以上学者基本遵从太史公《自序》观点，将《陈涉世家》破体原因概括为以下两点。其一，从陈涉本人的历史贡献看，秦王残暴，天下大乱，"陈涉倾秦而人君之局变"，大泽乡起义虽以失败告终，却顺应民心，呐喊出天下百姓的共同心声。陈胜虽死，由胜首事，实际上为高祖刘邦亡秦灭楚、统一天下扫清障碍。陈涉"为汉驱除"之功与项羽类似，两位领袖皆为不平常之人物。陈胜少时与人佣耕，一次辍耕休息时面对伙伴久久怅恨。受雇耕者不以为然，笑其心比天高，身为下贱。涉太息曰："嗟呼！燕雀安知鸿鹄之志哉。"个体思维、品行具有稳定性。陈涉年少卓尔不群、志向高远，"大凡英雄至极贫贱、极富贵时每多悲伤"，"耕者固不足答，惟有自叹自解而已"⑥。其二，尽管陈涉一起即蹶，

---

① 杨燕起、陈可清、赖长扬：《历代名家评史记》，北京：北京师范大学出版社1986年版，第490页。

② 杨燕起、陈可清、赖长扬：《历代名家评史记》，北京：北京师范大学出版社1986年版，第497页。

③ 杨燕起、陈可清、赖长扬：《历代名家评史记》，北京：北京师范大学出版社1986年版，第504页。

④ 杨燕起、陈可清、赖长扬：《历代名家评史记》，北京：北京师范大学出版社1986年版，第505页。

⑤ 杨燕起、陈可清、赖长扬：《历代名家评史记》，北京：北京师范大学出版社1986年版，第505页。

⑥〔清〕吴见思：《史记论文》，北京：中华书局排印本，第3册，第29页。

然其所遣王侯已遍布四方，卒能亡秦。太史公"既不能一一皆为传，又不能一概抹杀，摈而不录。……惟斟酌纪传之间，将涉列为世家中，则一时之草泽英雄，皆有归宿矣"①。换而言之，《陈涉世家》并非为陈涉一人作传，而是以大泽乡起义为主线，顺而牵带出其他"草泽英雄"，此乃太史公轻带后论、叙中见侧之矜意文字。

要之，陈涉起义不到半年便宣告失败，陈涉本人亦非汉臣，一生更未封侯，看似不合史书世家体例的基本标准。但司马迁自引天下公愤为己愤，其"作《陈涉世家》第十八"之隐衷，乃"秦失其政，而陈涉发迹，诸侯作难，风起云蒸，卒亡秦族。天下之端，自涉发难"。陈胜救民于水火，且"戡暴君之焰，使之有所警惕"②，虽无"专制一国，卜世长久"③之小名，却有揭竿为旗、推翻暴秦之大名，功在后世，堪比诸侯。

二、篇目编排的良苦用心

当某种文体形态以文本方式呈现出来，人们便可参考它的模式进行同类文本的创作实践。若将这些文本按照一定标准归类、编排，形成文体序列，最终容易发觉文体编排者的良苦用心与独到思想。对于世家文体的篇目编排，司马迁是有特殊用意的。三十世家中，第一篇为《吴太伯世家》。按照中原文化本体论的观点，齐、鲁两国是中国文化的中心地带，两地不仅经济富庶，更是儒家文化的第一故乡。自"周公作《周官》，官别其宜，作《立政》，以便百姓"之日起，中原文化始奠根基，代代相传，开放出辉煌灿烂的礼乐文明。至于吴地，不过蛮夷安身之所，它虽短暂繁荣，却如美丽昙花一现则凋，随着吴王夫差刎颈自杀，吴国历史也遗憾收场，落下帷幕。既然如此，司马迁为何将《吴太伯世

---

① 杨燕起、陈可清、赖长扬：《历代名家评史记》，北京：北京师范大学出版社1986年版，第504页。

② 杨燕起、陈可清、赖长扬：《历代名家评史记》，北京：北京师范大学出版社1986年版，第503页。

③ 杨燕起、陈可清、赖长扬：《历代名家评史记》，北京：北京师范大学出版社1986年版，第152页。

家》置于世家首篇?

上文已谈,吴地首领太伯"贵让"。不仅如此,我们还需反思太伯让国的意图。《论语》曰:"泰伯,其可谓至德也矣。三以天下让,民无得而称焉。"①太伯之让仅仅出于孝心。其父古公曰:"我世当有兴者,其在昌乎?"只因"仁以为己任"②的赤子诚心,太伯观父志、观父行,竭尽其力,"三年无改于父之道"③。太伯让国不计利害、不算得失。他从未想过,千年以后的中华民族会因其让国而懂礼谦让,拥有礼乐之邦的文化美称。太伯之贤为司马迁本人赞扬、敬佩,故太史公于文章结尾感慨道:"孔子言'太伯可谓至德矣,三以天下让,民无得而称焉'。……呜呼,又何其闳览博物君子也!"司马迁崇拜偶像孔子更是"序列古之仁圣贤人,如吴太伯、伯夷之伦详矣"。太伯忠孝谦让的赤诚之心不仅可从正面看出,如同人物照镜一般,若从反面观看其后代公子光为争王位而发动弑君事件,能再度感受太伯行为的珍贵、高尚。牛运震《史记评注》总结到:"数语叙得委折缠绵""阖闾争国卒致灭亡,正以终始崇让之旨"④。

其次,《孔子世家》的编排同样颇有深意。该篇之前的16篇文章记载的都是诸王朝分封的诸侯;该篇之后,除《陈涉世家》1篇外,其余篇目皆叙述汉朝分封王侯之事。如此看来,《孔子世家》为三十世家之分界篇目。对此,黄淳耀在批评王安石反对司马迁"自乱其例"⑤时提到:

> 太史公作《孔子世家》附诸侯国之后,此特笔也。……当西汉儒风尚微、黄老恣横之日,太史公能尊尚孔子,不遗余力如此,岂非豪杰之士哉!⑥

---

① 杨伯峻:《论语译注》,北京:中华书局2006年版,第89页。
② 杨伯峻:《论语译注》,北京:中华书局2006年版,第92页。
③ 杨伯峻:《论语译注》,北京:中华书局2006年版,第8页。
④〔清〕牛运震撰,崔凡之校释:《空山堂史记评注校释》,北京:中华书局2012年版,第241—242页。
⑤ 杨燕起、陈可清、赖长扬:《历代名家评史记》,北京:北京师范大学出版社1986年版,第489页。
⑥ 杨燕起、陈可清、赖长扬:《历代名家评史记》,北京:北京师范大学出版社1986年版,第492页。

通过黄氏言论可知，司马迁将《孔子世家》放在诸王朝分封诸侯之前，是因孔丘为道德圣人、文化圣人的特殊缘故。关于这点，上文已详细谈及。而在《孔子世家》之后接续汉代王侯，这与统治阶级执政思想发生转变的原因有关。西汉初年，文、景二帝休养生息，养精蓄锐，景帝母亲窦太后更是"好黄帝、老子言，（景）帝及太子诸窦不得不读《黄帝》《老子》，尊其术"，司马迁之父亲司马谈便是道家文化背景下接受自然主义教育的杰出史家。迨至窦太后去世，汉武帝重新接受董仲舒"罢黜百家，独尊儒术"的思想主张，尊奉道家思想的司马谈也为其子司马迁灌输儒家思想的新教育。司马迁不仅十岁问学孔安国，二十岁接触董仲舒公羊派《春秋》，壮年前往齐鲁练习乡射，同时也在《史记》一书中或征引孔子言论，或叙述孔子事迹，处处体现国家主流思想的痕迹。其在世家文体中以《孔子世家》为界线，在《孔子世家》之后排列汉代王侯篇目的做法，更表现出对孔子的尊崇。《史记》思想符合汉朝统治者融合各家观念，而又以儒家思想为主调之新儒学主张，世家文体排列亦是如此。司马迁与汉武帝，二人皆代表着儒家人物服务天下、有所作为的入世精神。他们同为大汉盛世的时代英雄，"汉武帝之征服天下的雄心，司马迁表现在学术上。……武帝是亚历山大，司马迁就是亚里士多德"[1]。

最后看《陈涉世家》排列位置的特殊性。上文已论，陈涉列于世家，属于太史公之"破格文字"。今再观《陈涉世家》的编排顺序，司马迁为何将其列于《孔子世家》之后，汉代王侯世家之前？关于第一个问题，清代学者陈玉树曾作《史记·陈涉世家书后》一文解释。陈氏曰："太史公隐以陈王亡秦之功，上拟孔子，故列《陈涉世家》于《孔子世家》之后。"[2]其认为，陈涉首难的功劳可与上古孔子作《春秋》，汤、武除桀、纣比肩。原因在于：孔子所处时代"臣弑其君，子弑其父"，绝仁弃义、邪说暴行。孔子积极救世，凄惶奔走，企图恢复周公礼乐文明，传承尧、舜、汤、武仁义谦让之道，此乃他在中国文化思想史上的突出贡献。秦王嬴氏施行暴政，"坑术士，燓《诗》《书》百家言，是废灭

---

[1] 李长之：《司马迁之人格与风格》，天津：天津人民出版社2015年版，第18页。

[2] 杨燕起、陈可清、赖长扬：《历代名家评史记》，北京：北京师范大学出版社1986年版，第503页。

尧、舜、汤、武与周、孔之道者也。"①陈涉揭竿起义，诛灭暴秦，虽事与愿违，却为刘邦建立汉室埋下伏笔，"汉兴而儒术复盛，是有大功于尧、舜、汤、武与周、孔之道者也"②。论人之德究其心，论人之功观其事，"涉之心非汤、武之心也，陈涉之事则汤、武之事也"③。

而将《陈涉世家》排列至汉代诸王世家之前，牛运震《史记评议》认为："列《孔子世家》于十二诸侯、六国之后，志孔子之绍周也；标《陈涉世家》于汉将相侯王之前，著陈涉之功汉也。"④司马迁列孔子于十二诸、六国之后，是为标举孔子兴复礼乐，论述六艺的伟大功劳。故其曰："仲尼悼礼废乐崩，追修经术，以达王道，匡乱世，反之于正，见其文辞，为天下制仪法，垂六艺之统纪于后世。"又言："中国言六艺者，折中于夫子，可谓'至圣'矣。""缪公立三十九年而卒，其后百有余年，而孔子论述六艺。"以上言论皆出自《史记》原文，反映出太史公对"洋洋美德乎！……岂人力也哉！""荡涤邪秽，以饰厥性"之礼乐文化的极度赞美。同样的，列《陈涉世家》于汉代王侯世家以前，也是为了标举陈涉对汉朝的伟大功绩。世家文体中，《陈涉世家》统领余下12篇文章，这不仅与其"为汉驱逐，所遣王侯将相竟亡秦族"⑤的政治贡献有关，更因其除暴秦，传承中华民族礼乐教化的文化贡献。

三、叙事文本的突破

考察文学作品的文体突破，除上文提及的名、实错位，篇目编排之外，还需

---

① 杨燕起、陈可清、赖长扬：《历代名家评史记》，北京：北京师范大学出版社1986年版，第503页。

② 杨燕起、陈可清、赖长扬：《历代名家评史记》，北京：北京师范大学出版社1986年版，第503页。

③ 杨燕起、陈可清、赖长扬：《历代名家评史记》，北京：北京师范大学出版社1986年版，第503页。

④〔清〕牛运震撰，崔凡之校释：《空山堂史记评注校释》，北京：中华书局2012年版，第317页。

⑤〔清〕牛运震撰，崔凡之校释：《空山堂史记评注校释》，北京：中华书局2012年版，第317页。

从文本本身入手，关注某一种文体在实际创作过程中呈现出来的特殊形态特征。这是读者接受文本时最直接、最感观的辨体方式。对于《史记》世家文本的独特之处，笔者总结作两点：一是在世家文体中以点带面，由文章开头提到的中心人物领起全篇，随后自然过渡，插入几段他人传记，笔墨颇多，叙述颇详，所叙故事不仅情节生动、自成传体，而且环环相扣、呼应主题。二为突破世家文体以国家年号记国家事件的叙述方式，以人物生年为线，完整展现重要人物一生之中的全部生命历程，且处处留心，一染多点，在全书多处提醒读者留意重要人物之死。现分点论之。

（一）世家文体中的人物小传

谈到司马迁在世家文体中插入人物传记的做法，当以《吴太伯世家》中的季札为代表。文章开头，太史公交代中心人物吴太伯的具体事迹："吴太伯、太伯弟仲雍，皆周太王之子，而王季历之兄也。"季历与昌贤圣，太王欲立季历与昌，于是太伯、仲雍奔走荆蛮，断发文身，避让季历。接下来，司马迁以"王寿梦二年，……吴于是始通于中国"作结，另起数段，生出寿梦之子季札让国、观乐、观政、挂剑四事。一方面，四件小事组合为一，可看成一篇季札小传。吴见思曰："开头吴世家一篇即变法，将世系传，派一齐点过，至吴王寿梦结住，再起，后乃序事实。事原如此，史公趁势另开生面也。"[1]另一方面，季札让国又与太伯让国遥相呼应，牛运震认为："吴太伯以让开吴，季札以让著高节，故太史公以让国首世家，而篇中于季札特详叙之。赞语极称太伯、季子，而自序亦云'嘉伯之让'，有以也。"[2]

季札小传中提到的第二件事情是季札观乐。《礼记·乐记》有云："治世之音安以乐，其政和；乱世之音怨以怒，其政乖；亡国之音哀以思，其民困。声音之道，与政通矣。"音乐反映政治，体现民情。鲁乃礼乐之国，今季札以外交家的身份出使鲁国，其首先请求观赏的，是鲁地保留下来的周室礼乐。季札观《周南》《召南》而知民众"勤而无怨"；观《邶风》《鄘风》《卫风》则曰百姓

---

[1]〔清〕吴见思：《史记论文》，北京：中华书局排印本，第3册，第6页。
[2]〔清〕牛运震撰，崔凡之校释：《空山堂史记评注校释》，北京：中华书局2012年版，第241页。

"忧而不困",有卫康叔、武公之德;又评《王风》"思而不惧",《郑风》"其细已甚,民不堪也",《齐风》"泱泱乎大风也哉",《豳风》"荡荡乎,乐而不淫"……季氏代表吴国,其对十五国风的评价不仅体现出蛮夷小国对中原文化的认同与交流,也可看出季札本人知礼、习礼、观礼的深厚修养。

季札观政一事发生在其出使齐、郑、卫、晋四国期间。季氏辗转多地,先后向各国大臣指出所在国家存在的政治隐患。其提醒晏平仲及时交出封地、政权,免除栾高之难;告诫子产执政谨慎以礼,避免郑国衰败;预言文子不修德行,敲钟奏乐,"犹燕之巢于幕",将遭杀身;叮嘱叔向"政将萃于三家","必思自免于难"。季札生于吴国,长于吴国,却堪比各国大臣,对他国命运有着敏锐、独到的思想见解,无不使人佩服。可尽管如此,他却依旧难以改变自己国家亲人相杀、残暴夺权的政治悲剧。如此遭遇,太史公读之唏嘘,"徒怆然兴怀也"①。

若说季札观乐、观政二事表现出其高瞻远瞩的政治家眼光,那么挂剑一事则体现其"言必行,行必果"之君子人格。《论语》有言:"言忠信,行笃敬,虽蛮貊之邦,行矣。"②司马光《四言铭系述》亦云:"尽心于人曰忠,不欺于己曰信。"③君子品行端正,诚实守信发自内心。因此当徐君心仪季札手中宝剑而"口弗敢言"时,季札心中明白且"心已许之"。徐君去世,季子心伤,"于是解其宝剑,系之徐君冢树而去"。季札不欺于己、坚守本心、完成自我的品格与司马迁虽遭腐刑,门庭冷落,却依然耕耘不辍,发愤著史之心岂不相似?

综上,以上四事嵌入世家原文,合之共成一篇《季札列传》。它们出自《左传》,经司马迁裁剪,文字更加简洁,句式更加奇妙。有如"皇后自服布縠,而诸夫人自御锦绮,俭朴浓艳,各自有体也"④。

(二)生年为线、一染多点的叙事方式

首先,与世家文体中的其他篇目以年号记事的叙述方式不同,"迁序孔子事

---

① 杨燕起、陈可青、赖长扬:《历代名家评史记》,北京:北京师范大学出版社1986年版,第430页。

② 杨伯峻:《论语译注》,北京:中华书局2006年版,第183页。

③〔宋〕司马光:《温国文正公文集》,四部丛刊景部绍兴本,第68卷第510页。

④〔清〕吴见思:《史记论文》,北京:中华书局排印本,第3册,第6页。

多纪年岁,特异于众,以其为古今一人"①。若根据《孔子世家》提供线索将孔子年岁纵向排列,并概括其一生事件,可看到一代至圣波折、坎坷的人生历程。《孔子世家》记载:"鲁襄公二十二年而孔子生。……孔子年十七,鲁大夫孟釐子病且死,……鲁昭公之二十年,而孔子盖年三十矣。……孔子年三十五,鲁乱,孔子适齐。……孔子年四十二,鲁昭公卒于干侯,定公立。……是时孔子年五十。……孔子年五十六,由大司寇行摄相事,有喜色。……是岁也,孔子年六十三,而鲁哀公六年也。……孔子年七十三,以鲁哀公十六年四月己丑卒。"鲁地为孔子故国,司马为何没有采取鲁国年号记录孔子生平,而是一改常态,以孔子年岁为线,贯穿全文?

依照笔者浅见,《孔子世家》总体围绕孔子事件具体展开,至于孔子后代,司马迁仅在篇末稍作介绍,并未详细论及。其对孔子的无限崇拜,不仅表现在叙述人物时不惜笔墨,花费大量篇幅,更在叙述手法上花费心思、巧妙处理。太史公在叙述孔子事件时顺带点出孔子年岁,这种做法看似无心,实则暗藏深意。一方面,这类文字犹如一名无声老者藏于书中,提醒读者留心所记年岁对应事件的要紧之处。文章开头,司马迁点出"鲁襄公二十二年而孔子生"。随后作者"作三跌落"②,一是介绍孔子名、字、氏的具体由来,二则告知读者其父母"因野合故",三又闲插一段"孔子为儿嬉戏,常陈俎豆,设礼容"事。孔子出身卑微,加之父亲早死,生活贫困,少年时期更因地位低下遭人轻视。然其不卑不亢,知礼习礼。儿时经历为孔子十七岁因礼而得鲁国大夫关注、三十岁问礼于景公、三十五岁与齐太师学韶乐、五十二岁追随国君会于夹谷四事埋下伏笔。在这里,司马迁提醒读者注意,《孔子世家》围绕孔子与礼的主题详细展开。先有孔丘知礼、学礼,后为其教礼、答礼、悟礼,最后是在外交场合以礼服众。另一方面,通过互相参读孔子年岁与生平事件也可形成横向对照。从孔子五十五岁周游列国开始,一直到他七十三岁生病去世,其毕生渴望实践儒家思想,获得统治者重视。因此当他六十三岁遇楚狂接舆歌时,依然对楚狂所唱"来者犹可追也"一句心生赞同,希望下车与对方交流。七十三岁时,西狩获麟事件带

---

① 杨燕起、陈可清、赖长扬:《历代名家评史记》,北京:北京师范大学出版社1986年版,第496页。

② 〔清〕吴见思:《史记论文》,北京:中华书局排印本,第3册,第19页。

给孔子巨大打击。仁兽遭捕，仁人一生碰壁，此刻又逢爱徒颜渊离世，至此，垂垂老者才如梦初醒，长歌当哭，发出"吾道穷矣"的悲哀感慨。事实上，孔子理想的落空正为儒家精神的全部精华，"孔子因为不顾现实，直然空做了一个像堂吉诃德式的人物而失败了，然而是光荣的失败，他的人格正因此而永恒地不朽着"①。

其次，《孔子世家》的叙事方式还包括一染多点的巧妙运用。点、染说法来自绘画理论，后又被移用到词的创作中。笔者在此借用词体艺术评论司马迁《孔子世家》的写作手法为一染多点。古人云："死、生亦大矣，岂不痛哉！"死亡，自古以来便是人们心生恐惧却无法逃避之事。对于至圣之死，司马迁在《孔子世家》中描绘、渲染到：

> 孔子方负杖逍遥于门，曰："赐，汝来何其晚也？"孔子因叹，歌曰："太山坏乎！梁柱摧乎！哲人萎乎！"因以涕下。谓子贡曰："天下无道久矣，莫能宗予。夏人殡于东阶，周人于西阶，殷人两柱闲。昨暮予梦坐奠两柱之间，予始殷人也。"后七日卒。②

以上选文文风浪漫、情意真切。司马迁先写一名老者颤颤巍巍，拄杖于门频繁远望。心爱弟子终于盼来，老者一声长叹，"赐，汝来何其晚也"。其哀伤难抑，潸然垂泪。此情此景，颇似荆轲永别众人时的生命绝唱："风萧萧兮易水寒，壮士一去兮不复返。"孔子歌曰："太山坏乎！梁柱摧乎！哲人萎乎！"太山、梁柱暗喻国家社稷，哲人即孔子本人。国家衰败，理想落空，伟人死亡，"天下无道久矣"。缥缈梦中的正堂两柱才是圣人身体与精神的最终归宿。如此结局，何其悲哀，何其壮烈。牛运震曰："叙孔子临终一段，删润檀弓处，意致无限凄婉。"③此为太史公心生悲怆、淋漓尽致之染。

至于孔子死亡之点，司马迁将其散落至《史记》各篇文章。如《周本纪》曰：

---

① 李长之：《司马迁之人格与风格》，天津：天津人民出版社2015年版，第44页。
② 〔汉〕司马迁撰，〔南朝〕裴骃集解，〔唐〕司马贞索隐，〔唐〕张守节正义：《史记》，北京：中华书局1959年版，第1944页。
③ 〔清〕牛运震撰，崔凡之校释：《空山堂史记评注校释》，北京：中华书局2012年版，第312页。

"四十一年，楚灭陈。孔子卒。"《秦本纪》曰："孔子以悼公十二年卒。"《鲁周公世家》曰："（哀公）十六年，孔子卒。"《燕召公世家》曰："（献公）十四年，孔子卒。"《陈杞世家》曰："是岁，孔子卒。"《晋世家》曰："（定公）三十三年，孔子卒。"《郑世家》曰："（声公）二十二年，……孔子卒。"司马迁在记载他人他事时习惯有意无意点出孔子去世一事，可见孔子之死对其影响巨大。孔子作为一代伟人，他的死亡已不限于鲁国"国内新闻"，而是成为各国关注的"国际事件"。结合《太史公自序》中司马谈对司马迁的临终嘱托："自周公五百岁而有孔子。孔子卒后至于今五百岁，有能绍明世，正《易传》，继《春秋》，本《诗》《书》《礼》《乐》之际？"按确切年份算，从孔子去世到司马迁出生并不足五百年，史家出身的司马谈与司马迁父子二人怎会计算错误。司马谈之动机，在于激励小子以孔子为榜样，实现自己未完成之著史心愿。司马迁录先人言，已将孔子精神印刻于心。毕生追随偶像的不幸离世使他印象深刻，故其不仅深情渲染，而且提点该事，处处溢出。

四、结语

清代学者章学诚曰："良史莫不工文。"[①]"工文"，不仅表现在语言、词汇、押韵等细微层面，还需将全书整体拉起，考虑各体之间的篇目编排、内部联系；各篇之间的名实问题、结构问题、风格问题。作为一代良史，司马迁灌注自身文体意识，突破传统文体的写作手法，除体现在上文详论之世家文体的三篇文章以外，还可从《史记》全书中十二本纪的文本内容，十表的编排次序，七十列传的结构功能等角度看出。破体由司马迁宽容开放的家世渊源、转益多师的求学经历、追求浪漫的史韵诗心、成一家之言的创作动机、发愤著史的成年遭遇共同促成。伟大人物的诞生常与世俗观念存在对立，充满曲折；伟大作品的创造也非拘囿传统，流于呆板。司马迁如此，《史记》如此，三十世家破体亦如此。

（张媚东，女，广东省梅州市人，陕西师范大学中国古代文体学2021级硕士生）

[①]〔清〕章学诚：《文史通义》，上海：上海古籍出版社2015年版，第5篇，第106页。

《史记》中歌谣的赋、比、兴特征

张 萍

司马迁在作《史记》时,能够广泛收集史料,"网罗天下放失旧闻,厥协《六经》异传,整齐百家杂语"。他搜集史料不局限于诸子百家之书以及正史资料,还包括一些歌谣、谚语。唐代司马贞《史记索隐后序》言:"太史公之书,既上序轩辕,中述战国,或得之于名山坏壁,或取之以旧俗风谣。"据统计,《史记》中有多处引用歌谣、谚语,[①]多是转引自古代典籍或是田野调查而来的。《诗经·魏风·园有桃》:"心之忧矣,我歌且谣。"《毛传》:"曲和乐曰歌,徒歌曰谣。"[②]歌谣属于民间口头文学,通常是广大民众即兴而作的,它承载着广大民众朴素的政治理念和精神文化观念,也包涵着他们的社会生活经验。尽管不同于此后的诗词等雅言文学,但纯真质朴的自然气息正是歌谣独特的魅力。郭则沄《十朝诗乘》中说:"诗与史之关击大矣。盖政教之兴替、风俗之醇漓,史册所未能备者,征之歌谣而可见。"可见歌谣俗语在当时也具有一定的史学价值。"赋比兴"是诗歌创作的三种最基本的方法。由于兴往往和比与赋夹缠在一起,加上本身也有时区别不清,所以走出"诗三百",视野放到更广阔的歌谣上,这对赋比兴的梳理与划分或许有更大的帮助。

一、简朴的赋体歌谣

刘毓崧说:"欲探风雅之奥者,不妨先问谣谚之涂,诚以言为心声,而谣谚

[①] 据张佳玉《史记歌谣、谚语研究》统计,《史记》各体例中的歌谣有19条,谚语125条。
[②]〔清〕马瑞辰:《毛诗传笺通释》,北京:中华书局1989年版,第323页。

皆天籁自鸣，直抒己志，如风行水上，自然成文，而言已尽而意无穷，可以答下情而宣上德。其关系寄托，与风雅表里相符。"①上古歌谣原本多是口头文学，赋比兴在天籁之音里体现最为自然，赋比兴手法，亦如"风行水上，自然成文"，表现尤为明显。远古没有文字，但歌谣可以口耳相传，甚至代代不绝。《吴越春秋》卷所载的《弹歌》，显然是原始渔猎时代的猎歌：

断竹、续竹、飞土、逐宍（肉之古字）。

如果说《弹歌》是最早的猎歌，那么它也就是最早的赋体诗了。
《帝王世纪》说：帝尧之世，天下太和，百姓无事，有老人击壤而歌：

日出而作，日落而息。凿井而饮，耕田而食。帝力于我何有哉？

观末句语法之复杂，此歌恐非尧时之歌，观其内容，当是进入农业社会方能有之。前两句是农业社会生活方式的叙说，犹如论说文中的论据，末句是说帝王政权的力量对于我们这些庄稼汉来说，又有什么作用呢？这首歌可以说是以议论为诗，前两句为论据，末句为结论，议论属于"赋"的范畴，这首诗也就是赋体诗了。

《史记》里也有赋体歌谣，《齐太公世家》中，齐景公宠爱芮姬，不顾其子荼无行，也不听诸大夫劝谏，立其为太子，并将其他公子一律迁居到莱邑。齐景公死后，太子荼即位，诸公子害怕被诛杀，皆出亡。莱人歌之曰：

景公死乎弗与埋，三军事乎弗与谋，师乎师乎，胡党之乎？

这里用赋的手法说明齐国诸公子的处境和现状，景公死了他们也不能埋葬，军国大事也不和他们相谋，这些公子们，何处是他们的安身之地呢？借莱人之口道出当时齐国的政治内讧和对诸公子的同情。

汉惠帝时，萧何卒，曹参继而为相，参代何为相国，举事无所变更，一遵萧何约束。曹参死后，百姓歌之曰：

---

① 刘毓崧：《古谣谚》序，杜文澜：《古谣谚》，北京：中华书局2000年版，第1页。

> 萧何为法,较若画一;曹参代之,守而勿失。载其清净,民以宁一。

曹参治国理政,主要运用黄老思想,所以当丞相后,便"萧规曹随",遵萧何所定法令而循之。这种"无为"的态度招致了惠帝的不满,面对惠帝的不满,曹参却反问道"陛下自察圣武孰与高帝?"你和高祖相比谁更圣明英武,惠帝当然自愧弗如了。所以曹参就说高帝和萧何定天下,法令既明,那我们就垂衣拱手,遵而勿失就行了。曹参的无为而治,也使得百姓能够清净安宁,所以天下俱称其美。

《伯夷列传》中,伯夷叔齐叩马而谏周武王不能以臣弑君东伐商纣未果,便义不食周粟,隐于首阳山,采薇而食,并作歌曰:

> 登彼西山兮,采其薇矣。以暴易暴兮,不知其非矣。神农、虞、夏忽焉没兮,我安适归矣?于嗟徂兮,命之衰矣。

伯夷叔齐是司马迁笔下的仁者,他们身为孤竹国王子,宁愿逃离而成全父兄之意;他们是太公口中的"义人",敢于冒死劝谏武王。这首《采薇歌》是他们生活的写照,是他们思想的写照,采用赋的手法直写其意,感人至深。

赋体歌词大多有感而发,或者即事而发为歌唱,多带有即兴而歌,不加雕琢,天然古朴,带有上古的质朴与原创味,显示了歌谣作为诗的一种,在当初起步,尚属于诗之童年艺术。如就赋比兴三体而言,它大概就是最简朴的一种了,显示了中国诗歌起步时的质朴而不加修饰的原创艺术的特点。相对而言,比体与兴体,就比赋体显得更为艺术一些了。

二、生动而有天趣的比体歌谣

所谓比体,主要是指以比兴为体的,或者以比喻为主的歌谣,无论比兴体还是比喻,本身就显示了比简单的直叙的赋体,在艺术上高出一个层次。这些歌谣带有原创性的天然趣味,比起赋体来显得更具审美意味。

在《诗经》的时代,就已经有比兴体诗,如《豳风·鸱鸮》,以鸱鸮(猫头鹰）象征统治者，以小鸟象征被统治者，全诗以一只母鸟的口吻倾诉受到鸱鸮（猫头鹰）的迫害抓走了小鸟，但是依然经营窝巢，抵御外敌，并抒写了母鸟育子的辛劳和目前处境的困苦危险。又如《小雅·鹤鸣》，也是通篇用比兴的手法，以鹤、鱼等比喻贤人，是借白鹤长鸣，声闻于野，暗示贤人在野，而需重用。

到了汉代，比兴体诗得到进一步发展，可以即事而发，表示作者的政治目的与愿望。《史记》中就有一些比体歌谣，太史公借以来委婉表达传中人物的思想与心理特征。

《齐悼惠王世家》记载，吕后以立诸吕为齐、赵、梁三王，擅权用事。当时朱虚侯刘章，年二十，有力气，愤慨刘氏不得要职。曾经入侍高后宴饮，吕后命刘章为酒吏，刘章请求说："臣将种也，请得以军法行酒令。"吕后曰："可"。当宴席上酒喝到高兴的时候，刘章上前进饮歌舞，然后说："请为太后言《耕田歌》。"吕后笑曰："顾而父知田耳，若生而为王子，安知田乎？"刘章回答说："臣知之。"吕后曰："试为我言田。"于是刘璋唱了这首《耕田歌》：

深耕溉种，立苗欲疏。非其种者，锄而去之。

是说深翻土地，广撒种子，庄稼苗要均匀遍布。后两句说要把杂草除净，庄稼才能长好。上两句隐喻安刘，下两句隐喻诸除诸吕。全诗言在此而意在彼，颇具"凛然可畏"（张玉谷语）风采，而且通体为喻，极其自然。尤其末两句崭绝劂刻，有咄咄逼人之寒气。

据说大禹有首《南风歌》，见于《孔子家语》卷八《辩乐解》，属于琴曲歌辞，其歌曰：

南风之熏兮,可以解吾民之愠兮;南风之时兮,可以阜吾民之财兮。

张玉谷说："此歌与尧之《神人畅》同为琴歌之祖。解愠阜财，治民要道妙在不着己身，只借南风上指出，亦比体之祖也。和平之音，其神自远。"[①]"南风之熏"比喻当时各种政治政策，包括民意的关怀与经济策略，春风熏人与政

[①]〔清〕张玉谷：《古诗赏析》，上海：上海古籍出版社2000年版，第5页。

治温和煦暖、温润人心，可以化解民怨。"南风之时"，按季节之需及时滋长万物一样，增长百姓财富，这是说舜的政策，软件、硬件都能吻合人心、温暖民意。认为是比体无疑，但说是"比体之祖"，恐怕不大可信，此歌当为后人拟作。

刘邦革命成功，建成大汉，但家庭却出现了易太子而不能的苦恼。刘邦欲废太子刘盈，想立戚夫人之子赵王如意，大臣多谏阻。吕后命人劫持张良，张良出主意招来商山四皓。《留侯世家》中记载了刘邦当时复杂的内心世界："及燕，置酒，太子侍，四人从太子，年皆八十有余，须眉皓白，衣冠甚伟。……四人为寿已毕，趋去。上目送之，召戚夫人指示四人者曰：'我欲易之，彼四人辅之，羽翼已成，难动矣。吕后真而主矣。'戚夫人泣，上曰：'为我楚舞，吾为若楚歌。'歌曰……歌数阙，戚夫人嘘唏流涕，上起去。罢酒，竟不易太子者，留侯本召此四人之功也。"这首即席而唱的歌谣被称为《鸿鹄歌》，其辞曰：

鸿鹄高飞，一举千里。羽翮已就，横绝四海。横绝四海，当可奈何。虽有矰缴，尚安所施！

所谓邀请商山四皓，不过是张良瓦解刘邦欲易太子的心理战术，只是一种虚张声势，刘邦由此明白，如果执意推行必然引起宫廷之乱，祸必蔓延，难以收拾。就这首歌谣看，通篇全为比体。前两句说太子的政治实力已成，后两句说虽有权利也无法控制，歌词悲壮苍凉，而无可奈何。手中掌握着无上权力，却又不能随心所欲。在遗憾的放弃中更见意志苍凉，就像《耕田歌》一样，不直说一句话，可谁都明白，苍茫浑浩，怏怏失意之状可见。

《田敬仲完世家》中，田成子与监止共同辅佐齐简公，监止幸于简公，田成子内心忌恨，但是因为监止有权，无法将他排挤走。于是田成子复修釐子之政，以大斗出贷，以小斗收，从而收买民心，于是齐人歌之曰：

妪乎采芑，归乎田成子。

是说老妪所采之芑菜，都归入于田成子。实际上是以比喻的方式讽刺齐国之政将归于田成子。

《殷本纪》中夏桀因为虐政荒淫，商汤要兴师讨伐，借用了"是日何时丧？

予与女皆亡"的民间歌谣，把夏桀比喻为太阳，这个"太阳"什么时候才死啊？我们情愿陪着你一起死！表现了百姓的愤慨与不满。

如果说以上是正面比喻，还有一种反喻之歌。《史记·淮南王列传》说文帝十二年，从老百姓那里传出了为淮南王所作歌，"上闻之，乃叹曰：'岂以我为贪淮南王地邪？'上怜淮南王废法不轨，自使失国，早死，乃立其三子。"其歌曰：

一尺布，尚可缝；一斗粟，尚可舂。兄弟二人，不能相容！

《汉书》同传也记了这歌，孟康注曰："尺布斗粟，犹尚不弃，况于兄弟而更相逐乎？"傅瓒说："一尺布可缝而（其）[共]衣，一斗粟可舂而共食，况以天下之广而不相容也。"以上两家，只知词面，不知词之所指。前句是说，在老百姓的家里，一尺布可缝而共衣，一斗粟可舂而共食。可是在天子的大家庭里，拥有天下，却兄弟不能相容。简而言之，天子之家不如百姓之家，这是一种反喻，那么这诗就成了一首比体诗了，它用了老百姓的口语，用了习以见惯的老百姓家里的事，来和宫廷对比，应是比喻。其结果当然是宫廷不如民间、天子不如百姓，这些话都没有明说，只是把两种家庭，放在同水平线做一对比和比喻，其他的话就不说了。汉文帝还是听懂了这首歌，从他"岂以我为贪淮王地邪"可以看出来，这也是此歌反喻的目的和效果。

上古歌词较短，容量不大，只是到了汉代，略有加长。无论是上古的短歌，还是汉代浑朴较长的歌谣，这些比体诗所用喻体都是日常习见之物，风云、大山、耕种、布粟、鸿雁，无论作者属于社会哪个阶层，用词都很朴素，而内容却很厚重，显得风格也就淳朴了。这些歌词无论叙述、议论都带有一种概括力，显示出不事雕琢的浑朴美、天然美来，又是那样的自在、纯任心声，一片天籁，歌者的主体与外在环境与自然融合在一起，很有一种淳朴的美。

三、兴体歌词的感染力

兴体歌谣的感染力浓厚，往往能给人留下很深的印象。《麦秀歌》大概是最古老的兴体诗。《史记·宋世家》说：箕子谏纣王不听，乃披发佯狂，装作奴隶，隐而鼓琴以自悲。其后朝周，路过殷墟，感宫室毁坏，遍生禾黍，非常感伤，乃有《麦秀》之诗以歌叹之。其诗曰：

麦秀渐渐兮，禾黍油油！彼狡童兮，不与我好兮！

此歌谣还有另外的版本，《尚书·大传》卷二说："微子将往朝周，过殷之故墟，见麦秀之蕲蕲，曰：'此父母之国，宗庙社稷之所立也。'志动心悲，欲哭则为朝周，俯泣则妇人，推而广之，作雅声。歌曰：'麦秀蕲兮，禾黍蝇蝇！彼狡童兮，不我好仇！'"这歌好像显得更为古老，《宋世家》的歌词似乎经过司马迁的修改，歌词的作者有微子与箕子的不同，这两人都是殷商的宗室，似乎都有作此歌的可能。

《诗经·王风·黍离》又似乎是这种"亡国之音"的发展，不过更显得"哀而思"。其诗首章说："彼黍离离，彼稷之苗。行迈靡靡，中心摇摇。知我者，谓我心忧，不知我者，谓我何求。悠悠苍天！此何人哉？"《毛诗》《郑笺》对此诗不言兴，朱熹《诗集传》却谓为"赋而兴也"。朱子认为前两句是起兴，还是有一定道理的，这些野生的禾黍之稷长得实在不是地方，昔日繁华的首都居然变成荒野，这真有触目惊心。这还应是惊心动魄的大刺激，不仅是一般的举目所见。

《麦秀》只有两句，前句为所见，后句为所感，尤其给人一种触物起兴的大伤悲，唯其如此，这首歌的感发作用才有冲击力。"狡童"指纣王，"不与我好"谓不听谏阻，方才有今日亡国之悲的哀恸。如果看作单纯的赋体诗，这首诗的情感表达就要大打折扣了。或者说《黍离》尚可以看作是赋体，因为章长，而纯用叙说。此诗一短，感情就更集中，必然会有变化。

《鲁周公世家》中，鲁昭公二十五年春，鸲鹆鸟来鲁都曲阜作巢，因其事怪异，所以载入史书。鲁国大夫师己说起鲁文公、鲁成公之世的童谣"鸲鹆来巢，公在乾侯。鸲鹆入处，公在野外"，此处用起兴的手法预言了鲁昭公即将失国流浪的可悲命运。

《史记·魏其武安侯列传》中《灌夫传》记载了一首《颍川儿歌》，说灌夫好任侠，一言许人，必有兑现。凡所交往，没有不是"豪杰大猾，家累数（十）[千]万，食客日数十百人。陂池田园，宗族宾客为权力，横于颍川。颍川儿乃歌之曰：'颍水清，灌氏宁；颍水浊，灌氏族。'"是说社会太平，灌氏一家安宁，社会出现动乱，灌氏一家就有灭顶之灾。以上儿歌是成人之代作，带有政治预言性质，并非面对河水而作，而是借物起兴，达到一种暗示的目的。

《史记》中具有明显的天人感应思想，往往通过记载自然天象隐喻政治，《赵世家》中记载赵幽缪王五年大地震，六年大饥荒，于是民谣曰："赵为号，秦为笑。以为不信，视地之生毛。"赵国天灾大饥，赵国民众号哭，但是秦人却高兴，这为秦人攻赵灭赵创造了良好机会，这里用了兴的手法，预示了赵国的衰亡。

起兴原本属于"田野之作"，与触目所见而引发的情感息息相关，真的能把两件事当作一件事来写，而这一件事却出现在不同的两件事中，彼此融注，在似与不似之间。所以起兴，本来就和比喻具有明显区别，但他情感却能把比喻包涵在内。

四、在赋与兴之间的歌谣

上古歌谣往往寥寥一二句，在这几句中具有极大包容性，而外在形态上，有时也具有内在的包涵量，看起来是实写、是叙述、是赋体，然而就其感发的力量却超过了赋体，而带有起兴的感召力和冲击力。

《史记·刺客列传》中"荆轲刺秦"时众人在易水送别，荆轲在人生的重大关头高唱《易水歌》，它短到只有两句：

风萧萧兮易水寒，壮士一去兮不复还！

荆轲刺秦之事在秋天还是冬季，史无明文。《史记》记载了这个感人肺腑的故事。这两句歌没有多余的话，是什么时间、什么地点，将由此出发去做一件事——这件事难度很大——恐怕回不来了。从内容来说，完全可以看作是赋，似乎也没有空间让我们有起兴的感觉。然而"风萧萧兮易水寒"，不仅仅是客观的景观描写，同时有巨大的、难以遏制的悲痛注入其间，"萧萧""寒"言风之萧瑟水之寒凉，又何尝不是歌者内心悲凉的象征。两句歌，"竟说一去不还，壮士在此，悲亦在此。全妙在上句写景，助得生势起，故读之愈觉悲壮。"①如果纯是客观写景，当然是赋了。然而写景还能"助得声势起"，这似乎用大自然风声水声为壮士出发掀起天籁的"鼓声"。它所引发的刺激性冲击力，不是赋体能完全负荷得了，看作起兴，就更显得有声、有色、有气、有势了。这类句子在赋与兴之间让人咀嚼、让人回味："我们每当秋原辽阔，寒水明净，独立在风声萧萧之中，即使我们并非壮士，也必有壮士的胸怀，所以这诗便离开了荆轲而存在，他虽是荆轲说出来的，却属于每一个人们。"②如果冷静想来，"风萧萧兮易水寒"的呼唤作用更大，由此引发的"壮士一去兮不复还"，又是那么悲壮，这正是起兴酵母素引起的感发作用。

《项羽本纪》中项羽的《垓下歌》，在上古歌谣里是较长的，他感人的魅力也是永存人寰的：

> 力拔山兮气盖世，时不利兮骓不逝。骓不逝兮可奈何！虞兮虞兮奈何！

我们似乎没有任何理由把它看作是兴体诗！这是一个悲剧英雄人物在穷途末路上的大悲痛，他不是仅仅为自己而悲，他还要为他的虞姬一洒儿女情长之泪。叱咤风云的英雄，这时只有呜咽缠绵的份儿。"可奈何"者，言谓自己尚可一死，"奈若何"者，我又把你能怎样处置呢？到此绝境，英雄末路与儿女情长在歌中尽现。由此看出："从古真英雄，必非无情者"。（沈德潜语）"力拔山兮气盖世，时不利兮骓不逝"两句概括了项羽一生，亦即三年反秦与五年楚汉相争。首句具有导起全诗的引发作用，也存在英雄末路难以改变时局的悲叹。这是自言自语的悲歌，也是面对虞姬最后的哀歌！"力拔山兮气盖世"是这首绝路歌的发端，这二句看起来又是多么矛盾，实际上可以看作是一种反兴：如此英雄，却为什么落了个如此的悲恸结局？也正是这种反兴的反拨作用，才使这诗更具有悲剧色彩与力量，说明了项羽至死不悟，为什么走向灭亡的原因。

---

① 〔清〕张玉谷：《古诗赏析》，上海：上海古籍出版社2000年版，第34页。
② 林庚：《唐诗综论·易水歌》，北京：人民文学出版社1987年版，第317页。

如果说项羽是失败的英雄,那么刘邦该是志得意满的胜利者,然而最后的结局并非如此。刘邦既定天下,他老想着手下的哥们儿会造反,他想着各种方法逼迫他们造反,然后理直气壮地平叛。直到他临死之年,他还要亲自消灭英布,事将毕路过沛地,可谓衣锦还乡,无比荣光,然而同样凄凉无比情不自禁,《高祖本纪》中有《大风歌》以道心事:

大风起兮云飞扬,威加海内兮归故乡,安得猛士兮守四方。

这三句诗犹如他的人生三步曲,首句风起云飞囊括尽三年反秦与五年楚汉相争,次句则概括了把那些不放心的群雄,都以造反的名义扫除干净。然而年至老暮,而孝惠仁弱,人心未定,如果一旦再有风吹草动,自己无力带兵,手下猛士又诛除殆尽,而又有谁给他看守大汉这么大的摊子?想到这儿不免情动于衷,老泪纵横,不可收拾。歌的首句以天气的风起云涌比喻秦末天下大乱,以自然天气来象征风云变幻,实属于起兴。这比起《垓下歌》首句"力拔山兮气盖世",属于更典型的起兴。然后引发出"威加海内"的荣耀,由此也带出"安得猛士"的遗憾。《垓下歌》与《大风歌》都是悲剧之歌,手法也有相似之处。

《晋世家》里公子夷吾之所以能够被立为晋君,外得于秦穆公发兵相送,内得于里克相迎。他许诺秦穆公"即得入,请以晋河西之地于秦",答应里克"诚得立,遂封子于汾阳之邑",但是当上晋君后,却背信弃义,不与秦地,不与里克封邑,并赐死里克。借改葬恭太子申生引民间儿谣:

恭太子更葬矣,后十四年,晋亦不昌,昌乃在兄。

借以说明尽管晋惠公称君,但是其背秦地及里克,并诛杀七舆大夫的行为,使国人不附,晋国不能昌盛,直到后来重耳称君,称霸诸侯。

《田敬仲完世家》中,秦灭齐后,齐人怨齐王建不早与诸侯合纵攻打秦国,而是听信奸臣宾客之言最终亡其国被迁至共地,歌之曰:"松耶柏耶?住建共者客耶?"据《战国策》载,齐王建听客邪说而入秦,秦处之松柏之间,最终被饿死。此歌谣似是赋的手法,叙说齐王建亡国亡己的事实,但又饱含强烈的感情,借以表达齐人谴责齐王建用客之不谨慎。

综上梳理，《史记》中夹杂了诸多的歌谣，这些歌谣歌词虽然简朴粗略，风格朴素，但是在浑朴之中具有一定的感发力量。特别是赋比兴手法在歌谣中的运用，使其内涵更加丰富多样。司马迁在《史记》中引用了许多歌谣，一方面丰富了传记内容，另一方面也以含蓄的文学方式将自己的思想和观念渗入其中。

（张萍，女，陕西咸阳人，西安培华学院人文与国际教育学院副教授）

《史记》虚词的情感魅力

魏耕原

《史记》的虚词主要见于人物对话与"太史公曰",这两部分的虚词,表现了所写人物与作者自己的感情。而且往往在每句中都出现,感情摇曳,丰富多彩,给《史记》平添了不尽的风光,部分虚词也引起了不少论者的注意,[1]然系统集中讨论者,还须进一步努力。

一、句末常见语气词的情感

研究虚词的训诂学家说:"构文之道,不过实字虚字两端,实字体其骨,而虚词其性情也。盖文以代言,取肖神理,抗坠之际,轩轾异情,虚字一乖,判于燕越……且夫一字之失,一句为之蹉跎;一句之误,通篇为之梗塞。讨论可阙乎!"[2]这是从虚词词义看,而虚词体现"性情"的一面就不仅表达意念,还有表现语气与情感的作用,往往可意会而难于言传。而《史记》一书注重情感

---

[1] 牛运震《史记评注》有不少讨论,然限于随文评释,比较分散。林纾《春觉斋论文》有两条专论"矣"与"也"的用法,前者以《汉书·食货志》为例,后者专为《史记》而发。李长之《司马迁的人格与风格》第八章第五节《司马迁之语汇及其应用》,讨论了"矣""也""而""故""则""乃""亦""竟""卒""欲""言",每词举一二例,带有抽样调查性质。吴国忠:《〈史记〉虚词同义连用初探》,《中国语文》1983年第3期。集中单字讨论见于上世纪末。李春普:《〈史记〉"且"字虚词用法统计分析》,《佳木斯师范专科学校校报》1996年第4期;张福德:《〈史记〉中"以"字析论》,《古汉语研究》1997年第1期;方一文:《〈史记〉中"孰与"的用法》,《浙江师范大学学报》1991年第2期。

[2] 〔清〕刘淇:《助字辨略·自序》,北京:中华书局1983年版,第1页。

的发抒，所用的虚词从数量上看并不多，甚至于还比不上陶渊明诗的用量①，然而所用虚词棱角外露，感情充沛，给人留下极深印象。先就句末语气常用虚词"也""矣""哉"讨论如下。

"也"字用于句末，一般为"语已辞"或"终意辞"（刘淇语），表示句意完结，因其语气"疏爽质实，专确无疑，故其于语也，勾勒完结"②。但这种语已终意之词仍带有色彩各异的情感。如《封禅书》：

> 少君资好方，善为巧发奇中。尝从武安侯饮，坐中有九十余老人，少君乃言与其大父游射处，老人为儿时从其大父，识其处，一坐尽惊。少君见上，上有故铜器，问少君。少君曰："此器齐桓公十年，陈于柏寝。"已而按其刻，果齐桓公器。一宫尽骇，以为少君神，数百岁人也。

此"也"字不仅表达语已终意，同时表达对以上两事的感受，而又是叹词，抒发了感叹惊讶意味。由"一坐尽惊"至"一宫尽骇"，以"也"统作收束，语气拖宕冷隽，则又是读者的感受了。同传又说：

> 有雉登鼎耳雊（鸣叫），武丁惧。祖己曰："修德。"武丁从之，位以永宁。后五世，帝武乙慢神而震死。后三世，帝纣淫乱，武王伐之。由此观之，始未尝不肃祗，后稍怠慢也。

此"也"字是对此节的总收束，具有总结性质。这节文字由上至下，由肃敬而至怠慢，"穆然一叹，讽刺之旨甚长"（牛运震语）。然林纾却说："此'也'字应上慢淫之结局，为武丁惋惜，至有余味。"③到底"也"字作用是"讽刺"还是"惋惜"？其实二者兼有之，就武丁看是"惋惜"，就纣王看则是"讽刺"，由此可见，"也"字情感包容量甚大。该传又言：

---

① 参见魏耕原：《陶渊明诗的散文美》，《文学遗产》2008年第6期；又见魏耕原：《陶渊明论》，北京：北京大学出版社2011年版。
② 〔清〕袁仁林：《虚字说》，北京：中华书局2004年版，第55页。
③ 林纾：《春觉斋论文·也字用法》，北京：人民文学出版社1998年版，第135页。

群臣有言见一老父牵狗，言"吾欲见臣公"，已忽不见。上即见大迹，未信，及群臣有言老父，则大以为仙人也。

"臣公"指武帝，所谓"大迹"，即上文："公孙卿持节常先行候名山至东莱，言夜见大人，长数丈，就之则不见，见其迹甚大，类禽兽云。"那么"大迹"即"大人"之足迹，指神仙而言，实则"类禽兽"之足迹。"上即见大迹，未信"，这是武帝一时聪明处。然对"老父"，即确认为"仙人"，这是彻底糊涂痴迷之处。林纾说："此'也'字是讥词，'则'字有冒失意，'大'字有急不暇查意，'以为'二字有迷信意，用'也'字作煞，讥贬之意，不绎而明矣。"① "也"字于此为判断词，棱角突出，寓于鲜明的嘲讽。说仙之足迹"类禽兽"，本为极意嘲笑。武帝不信仙迹却绝对相信牵狗老父为仙人，亦极滑稽，"笔意闪忽，似谐似谑"（牛运震语）。

"也"字既从判断中崭露讽刺之锋芒，还可荡漾出无限之感慨：

太史公读《春秋历谱牒》，至周厉王，未尝不废书而叹也。（《十二诸侯年表》）

余每读《虞书》，至于君臣相敕，维是几安，而股肱不良，万事堕坏，未尝不流涕也。（《乐书》）

"未尝不废书而叹也"，还见于《孟子荀卿列传》与《儒林列传》的"太史公曰"；还有《乐毅列传论》所言："始齐之蒯通及主父偃读乐毅之《报燕王书》，未尝不废书而泣也。"这"废书而泣也"未尝不是作者自己的感受。总之，这些"也"字以双重否定表示决然的肯定，这种肯定句的感情本来就浓烈炽然，加上末句"也"字的扬起，其感慨意味就不能自已，似乎还有说不完的话。所以这些复句常用发端，"凡语意方始，用以钩勒收声，归于明了，此为结上"②。由此可见，用于讽刺则为判断词之结上，用于感叹者则为"语意方始"之起下。

---

① 林纾：《春觉斋论文·也字用法》，北京：人民文学出版社1998年版，第135页。
②〔清〕袁仁林：《虚字说》，北京：中华书局2004年版，第55页。

然表感慨赞美也有用于"结上"与"起下"者。《秦始皇本纪》赞曰:"自缪公以来,稍蚕食诸侯,竟成始皇。始皇自以为功过五帝,地广三王,而羞与之侔。善哉乎贾生推言之也!"表示对贾谊《过秦论》的极为赞扬,而且用于倒装句之后,叹美之意溢于言表。以下则引出贾文,如此过脉,意味无穷。纯粹用结上者,如《秦楚之际月表》:"五年之间,号令三擅。自生民以来,未始有受命若斯之亟也。"这是以原始察终对秦汉之际变化频繁迅急发出的感慨,由西周而春秋而战国每段都在数百年间,而由秦而楚而汉只有五年,却有三变。此"也"字不仅是比较的判断,而且是对"变之亟"的感慨。《叔孙通传》里说:

> 竟朝置酒,无敢喧哗失礼者。于是高帝曰:"吾乃今日知为皇帝之贵也。"

刘邦"大丈夫当如此也"的企慕,终于如梦以偿,志得意满的兴奋,控制不住,"以英雄作伧父语气,细味之可笑"(林纾语)。制定汉仪的"一段大文字一语总收有力"(牛运震语)。"也"字结上,也显示对暴发户的微讽。于是"乃拜叔孙通为太常,赐金五百金"。叔孙通因弟子共定朝仪,提出封之以官:

> 高帝悉以为郎。叔孙通出,皆以五百斤金赐诸生。诸生乃皆喜曰:"叔孙生诚圣人也,知当世之要务。"

"圣人"一句既是对制礼余波的收束,也引起下称为"圣人"之原因,是"希世度务"而能"与时变化",在诸生是由衷的赞美,在作者却是对时儒的讽刺。"也"字又起了结上起下的双重作用。

由上可见,"也"字在司马迁笔下,既表赞美、感慨,又有讽刺讥笑的意味,还有结上与起下的双重作用。它的感情与作用是复杂而多样的。"也"字还有"让文字格外多了一番从容,有舒缓悠长之致"[①]。《留侯世家》:"竟不易太子者,留侯本招此四人之力也。"张良处事不露锋芒,废立太子本为大事,说得如此从容不迫,这与其性格再吻合不过了。"也"字也有急迫一面,《吕太后本纪》:"吕

[①] 李长之:《司马迁之人格与风格》,北京:三联书店1984年版,第290页。

禄信郦寄，时与出游猎。过其姑吕嬃，嬃大怒，曰：'若为将军而弃军，吕氏今无处矣。'乃悉出珠玉宝器散堂下，曰：'毋为他人守也。'"气急败坏的怒声可闻，句短气促，好像冰山雪崩就在眼前。"也"还有轻忽蔑视的意味，《平原君传》："毛遂左手持槃血而右手招十九人曰：'公相与歃此血於堂下。公等录录，所谓因人成事者也。'"气指颐使之神气，轻视之语气，如闻似睹。用法与表限止语气"耳"相同。①刘邦的名言"大丈夫当如此也"，是无赖者的自信与艳羡，自信为决词，艳羡则为叹词。《汉书》"也"字则作"矣"，保持了自信，却失了艳羡。

其次看"矣"。"'矣'字类俗间'了'字口吻，其声尖利清越，倒卷净尽，亦尝随语轻重"②。其声由高落低，为"语已辞"，说是"尖利清越"似非，而"随语轻重"倒确为其特点。《贾生传》："贾生之死，时三十三年矣。"惜其年少。"矣"犹言"耳"，语气轻而意重。《黥布传》："出于下计，陛下安枕而卧矣。"语气轻而意亦轻。《王翦传》："将军之乞贷，亦已甚矣。"语气重而意亦重。《鲁周公世家》："甚矣！鲁道之衰也。"语气极重，加上与"也"字的配合，而意亦遗憾不尽。《平准书》："天子既下缗钱令而尊卜式，百姓终莫分财佐县官，于是告缗钱纵矣。"林纾说："此言以告缗之故，得民财物以亿计；推原百姓不能如卜式以私钱助官，故因告缗而破其家。'纵'字有纵人劫夺意，下字极重，似说成民不分财助官，官自能夺之也。故下文曰：'而县官以盐铁缗钱之故，用少饶矣。''少饶'二字均说他劫夺民财而来，措词冷刻。"③可见这两个"矣"字都很冷而重，讽刺中又涵悲慨之意。

李长之说："'矣'字最能代表司马迁的讽刺和抒情"，"可说是司马迁用得最灵巧的一种武器了"④。其"随语轻重"的灵活性为此提供了莫大的方便。《平

---

①《广韵》入声"屋"第一引此例"也"正作"耳"，"也"字于此犹"耳也"。解惠全注袁仁林《虚字说》："'耳'字是'而已'的合音，通常用于陈述句末表示限止语气，带有把事情往小处说，往轻处说，使人不把它当回事的意味。"

②〔清〕袁仁林：《虚字说》，北京：中华书局2004年版，第54页。

③林纾：《春觉斋论文·矣字的用法》，北京：人民文学出版社1998年版，第134页。

④李长之：《司马迁之人格与风格》，北京：三联书店1984版，第289页。

准书》:"公孙弘以汉相,布被,食不重味,为天下先。然无益于俗,稍骛于功利矣。"《儒林传》说他"希世用事",辕固生骂他"曲学以阿世","董仲舒以弘为从谀",《汲黯传》谓其人"怀诈饰智以阿人主取容"。此"矣"讽刺其人佞巧,使世趋于功利之途。《封禅书》:"天子益怠厌方士之怪迂语矣,然羁縻不绝,冀遇其真。自此之后,方士言神祠者弥众,然其效可睹矣。"一篇"汉武求仙记"的长文以此告终,两"矣"字,前言兴趣健旺的武帝也厌倦了,然余兴未衰;后则不言其效渺茫,而曰"其效可睹矣",出之冷语,"设词于疑信之际,用笔在离合之间,摹拟处无一实境,论断处无一直笔"①,极尽热讽冷嘲之能事。该篇又云:"(栾)大见数月,佩六印,贵震天下,而海上燕齐之间,莫不扼腕而自言有禁方,能神仙矣。"这真是"上有所好,下必甚焉"!汉武好仙舍得花大钱,濒海之人即皆会仙术。这个"矣"把奔骛仙途讽刺得深入骨髓。吴见思说:"篇中用字用句,有'若'者、'云'者、'盖'者、'焉'者、'或曰'者,俱冷语微词,意在字句之外,而又不尖利露锋,但见其俊冷,不见其刻削,故妙。"②该篇段末四、五处"矣"字,可谓"冷语微词"的"灵巧武器"。

最后讨论"哉"字。"'哉'字之声,舌点上颚,在拖声语中最为开大重实。"③用来表示感叹,语气强烈。《淮阴侯列传》曰:"假令韩信学道谦让,不伐己功,不矜其能,则庶几哉,于汉家勋可比周、召、太公之徒,后世血食矣!""庶几哉"犹言庶几乎,意即差不多吧,"哉"与"矣"字均为叹美之词,寄寓惋惜同情之意。《六国年表序》:"《诗》《书》所以复见者,多藏人家,而史记独藏周室,以故灭,惜哉,惜哉!"这是无限的惋惜,连连叹息之声如闻。《滑稽列传》赞曰:"优旃临槛疾呼,陛楯得以半更。岂不伟哉!"这是对"俶傥非常"者的礼赞,也是对智慧人的格外称颂,情感之强烈不能自抑。其传序又言:"天道恢恢,岂不大哉!"则以反诘语气以表感叹,语气同样是强烈的。

"哉"表反问,语气亦重。《楚元王世家》曰:"贤人乎,贤人乎!非质有其内,恶能用之哉?"袁仁林说:"'哉'字挺劲悠长,其气毕达无余,其声苍老

---

① 〔清〕牛运震:《史记评注》,西安:三秦出版社2011年版,第91页。
② 〔清〕吴见思:《史记论文》,北京:中华书局排印本,第2册,第70页。
③ 〔清〕袁仁林《虚字说》,北京:中华书局2004年版,第39页。

衰息，能使声闻天外。"①作为反诘语气词，其作用尤其如此。《樊郦滕灌列传》赞曰："吾适丰沛，问其遗老，观故萧曹、樊哙、滕公之家，及其素，异哉所闻！方其鼓刀屠狗卖缯之时，岂自知附骥之尾，垂名汉庭，德流子孙哉？""异哉所闻"为所闻异哉的倒句，强调他们原来辱处小业，出身低微，使人意想不到。就是他们本人原来怎么会想到会做出这么大的事业。以反问加强感叹，语气感叹无尽。《张释之冯唐列传》论赞曰："冯公之论将率，有味哉！有味哉！""哉"为深然之词，叹美之声不绝，咨嗟慨然，深动于衷。《李斯列传》："斯乃仰天而叹，垂泪太息曰：'嗟乎！独遭乱世，既以不能死，安托命哉！'"叹泣之中，见其人贪位慕禄，堕入泥沼而无可奈何。明知有圈套，仍任人摆布，而有托命无所的悲泣感慨。

总之，"哉"字感情浓烈，无论为语助为叹词，尤其表反诘、表深然，语气要比"也"与"矣"强烈得多。

二、语气轻微的句末语气词

在句末语气词中，语气轻重有别，"也""矣""哉"语气较重，而"焉""耳""云"语气较轻，而各有其用，感情变化则有显著区别。

"焉"，"平来平落，足其本然之词。诸项虚字中惟此'焉'字定静平延，百无变态"②。"焉"字确实平静，感情微微，但焉字涵意较丰，《史记》用得更是丰富多彩。《六国年表序》："论秦之德义不如鲁卫之暴戾者，量秦之兵不如三晋之强也，然卒并天下，非必险固，便形势也，盖若天所助焉。"此"焉"犹"也"，带有疑惑不解意味，语气平静却引人深思。《苏秦列传》赞曰："夫苏秦起闾阎，连六国从亲，此其智有过人者。吾故列其行事，次其时序，毋令独蒙恶声焉。"此"焉"字为决词，犹如"矣"，但比"矣"字的语气轻得多了。

"焉"字在平静中还可包含不易察觉的讽刺意味。《封禅书》："石闾者，在泰山下址南方，方士多言此仙人之闾也，故上亲禅焉。""焉"犹如"之"，庄重

---

① 〔清〕袁仁林《虚字说》，北京：中华书局2004年版，第39页。
② 〔清〕袁仁林《虚字说》，北京：中华书局2004年版，第54页。

之中寓有讽刺性的冷语微意，意在句外。《万石君传》："过宫门阙，万石君必下车趋，见路马必式焉。""焉"字不动声色，讥讽之意同样见于言外。《货殖列传序》："渊深而鱼生之，山深而兽往之，人富而仁义附焉。"此"焉"犹"之"，造句如《庄子·胠箧》："窃国者为诸侯，诸侯之门，仁义存焉。"

除了冷静以外，"焉"字也有热烈与强烈的一面。《游侠列传》："自关以东，莫不延颈愿交焉。""焉"犹如"之"，以此表达游侠的强烈感召精神，《儒林列传》："及至秦之季世，焚《诗》《书》，坑术士，六艺从此缺焉。""焉"为决然之词，犹如"矣"，惋惜中有不尽遗憾。《伯夷列传》："余甚惑焉，傥所谓天道，是邪非邪？""焉"为疑词，满腹疑惑，亦即满腹愤慨，一肚皮的不平，都倾注在"焉"字上。《老子韩非列传》："吾宁游戏污渎之中自快，无为有国者所羁，终身不仕，以快吾志焉。"这个"焉"字，痛快淋漓，感情之强烈不弱于"哉"字。《孟尝君列传》："敬从命矣。闻先生之言，敢不奉教焉。""焉"字语气之强烈，亦灼然可见。

由上可见，"焉"字情感丰富，只是不外露罢了，然并非"百无变态"。

其次讨论"耳"字。"耳"字之语气比"焉"字显得更为轻微，表限止语气有不屑一提，或轻视等意。相当今语"罢了"，古语"而已"。

《陈涉世家》："陈胜、吴广喜，念鬼，曰：'此教我先威众耳。'"经过对卜者的话一番琢磨，原来是让我们借鬼取得威信罢了。此"耳"字有恍惚大悟，才觉得不过如此罢了，并不那么神秘。《封禅书》："于是天子曰：'嗟乎！吾诚得如黄帝，吾视去妻子如脱躧耳。'"这是崇神拜仙教者的兴奋，视仙为至高境界，甚至于视去妻抛子如脱鞋，"耳"字不值一钱的轻视意味很浓。《淮阴侯列传》："王素慢无理，今拜大将如呼小儿耳，此乃信所以去也。"此"耳"轻率至极，以见刘邦倨傲无礼之习性。同传又曰：

> 何曰："诸将易得耳。至如信者，国士无双。王必欲长王汉中，无所事信；必欲争天下，非信无所计事者。顾王策安所决耳。"王曰："吾亦欲东耳，安能郁郁久居此乎？"何曰："王计必欲东，能用信，信则留；不能用，信终亡耳。"

这里有四个"耳"字，第一个"耳"字，限止语气明显；"顾王策安所决耳"，这是重话轻说，带有诱导性质：这就看王策如何决定罢了。看似轻忽，实则牵着刘邦鼻子朝韩信那儿引导。这才逗引牵惹出刘邦"吾亦欲东耳"，萧何既已明示"必欲争天下"，所以刘邦此语就有些无可奈何：我也想向东进取呀。"耳"之语气就轻得多了。末尾的"耳"为绝词，也是重话轻说，同样有诱导作用。这四个"耳"字，借助不同的语气——表面都是轻易，而实则不同，刻画出人物微妙的心态。牛运震说："叙高帝与萧何问答紧慢断续，历落曲折，清快活脱，如新出口，遂极摹神写生之胜。"①而一连串的"耳"字，起了关键作用。

有时"耳"字用得很微妙，语气轻重一时难辨。《高祖本纪》："丰吾所生长，极不忘耳，吾特为其以雍齿故反我为魏。"只看"极不"，则"耳"为重词，语气强烈；然"特为"云云，回头再看"极不忘耳"，话说得极为勉强，是属于故作恣态语。再看下文："沛父兄固请，乃并复丰，比沛。"对于"复丰"是极不乐意的，因仇人雍齿即生其地，他怎能痛快地免去丰地的赋税。故此"耳"字，把刘邦心里的小算盘揭示得惟妙惟肖。《孝武本纪》说汉武发现李少翁的法术通通作假，"于是诛文成将军而隐之"，后又来了栾大说什么："不死之药可得，仙人可致也。"设置诱饵后，又言："臣恐效文成，则方士皆掩口，恶敢言方哉！"武帝说："文成食马肝死耳。子诚能修其方，我何爱乎！"明明是诛杀，却说成食物中毒，"耳"字口气极为轻率，想轻轻地掩饰过去，栾大的话却用"哉"表示重而强的语气，两相对比，彼此心理活动，就隐跃纸上，历历分明。

《淮阴侯列传》："龙且曰：'吾平生知韩信为人，易与耳。'""耳"字在轻率中还包含一种自信，而有绝对把握。他其所以被韩信杀掉即与轻敌有关。同传又曰："项王所过无不残灭者，天下多怨，百姓不亲附，特劫于威强耳。"是说百姓暂时的屈服，只是迫于项羽的威力强大而已，终究会"不亲附"的。换句话说，项羽的"威强"也是暂时的，故用了限止语气的"耳"。《儒林列传》："窦太后好黄老书，召辕固生问老子书。固曰：'此是家人言耳。'""家人"，或谓"僮隶之属"（颜师古《汉书》注语），或谓"犹《晋书》所谓'老生常谈'"（郭嵩焘语），"耳"即有强烈轻视意。

---

① 〔清〕牛运震：《史记评注》，西安：三秦出版社2011年版，第230页。

可见"耳"字语气短促轻率，然在司马迁手里却用得复杂多变，对描摹人物的语言起了极重要的作用。而且语气轻重有变化，刻画人物心理活动，在细微之间，纤毫必现。

最后讨论"云"字。"云"之语气较"耳"字更为轻微，几乎在虚无缥缈之间。或者似有似无，处于有无之疑惑之间，视为疑词。

《伯夷列传》："余登箕山，其上盖有许由冢云。"此所谓传闻异辞，以疑传疑。"云"字表达若有若无的疑似语气，语气缭绕多姿，澹荡而有波澜。《封禅书》："平原君往祠，其后子孙以尊显。及今上即位，则厚礼置祠之内。中闻其言，不见其人云。"说得似有似无，可闻而不可见，"云"字就表现了这种若有若无的情景，以声音细微之疑词，表达有无难定之疑事，恰到好处。若取掉"云"字，如此光景则减少若许。此类恍惚之事，说到质实，倒显得不够真切。同传又说："此三神山者，……未至，望之若云；及到，三神山反居水下。临之风辄引去，终莫能至云。"把神山说得忽有忽无，恍惚不定，这真是"忽闻海上有仙山，山在虚无缥缈间"！"终莫能至云"，本来为子虚乌有的事，说得可有可无，引人无限遐想，"云"字平添了云雾般的情趣。又说："上有所幸王夫人，夫人卒，少翁以方盖夜致王夫人及灶鬼之貌云，天子自帷中望见焉。""盖"为推测之词，加一"云"字，真就成了疑似之间，而末了"焉"字回射，真就成了果真如此，让汉武处于云里雾里一般，又说："其后（栾大）装治行，东入海，求其师云。"这位术士打点赏赐黄金，准备东入海逃之夭夭，说是"求其师"，后着一"云"字，讽刺其谎言，渺茫没有边际。又说："三月，遂东幸缑氏，礼登中岳太室。从官在山下，闻若有言'万岁'云。问上，上不言；问下，下不言。于是以三百户封太室奉祠。"是说听到好像有人喊"万岁"似的，上下互问，都没有说听到还是没听到。人人都处于精神恍惚之中，每个人好像都不相信自己的听觉。虽然谁都没有说听到什么，谁也不敢说没听到什么。反正还是把三百户人家的赋税慷慨地做了"太室奉祠"的费用，这真是莫大的讽刺，而且是相互连接的两重讽刺。以上《封禅书》五例，前四例的"云"字无不有讥讽意味。

由上可见，语气轻微的句末语气词，变化比较微妙，在司马迁手里简直成了便利的武器，以它们各自不同的特点，发挥到了随心所欲各臻其极。尤其在讽刺上各尽其妙，言外有无尽的辛辣，笔端又是那么轻微而不动声色，甚至于到了至善至美的地步。

三、句首句中虚词的情味

句首句中虚词，前者关乎上下句或多句的关系，后者则与所在句起着重要作用。前者如转折连词"而""然"，副词如"乃""竟"等，这些与一般发语词区别在于情味浓郁，而不仅仅只承担语法上的作用。

"而"字有顺承，也有转折，后者往往投注作者的感情。袁仁林说："'而'字之声，腻滑圆溜，有承上启下之能，有蒙上辊（转）下之情。惟其善转，故不拘一处，无乎不可，一切去来、出入、周折、反正、过接，任其所辊无滞。"①《李将军列传》所附《李陵传》说："陵既至期还，而单于以兵八万围击陵军。陵军五千人，兵矢既尽，士死者过半，而所杀伤匈奴亦万余人。"第一个"而"字有两重意想不到的作用：一是当李陵按约定时间返回，突然遭到围击；陵军五千人被八万匈奴围击，力量悬殊过大，故用"而"字转折。二是虽然陵军人少，且死伤过半，还能杀伤敌军万余人，故再用"而"字转折。两"而"字寄寓了作者的同情与称扬。写李广最后对他部下说："广结发与匈奴大小七十余战，今幸从大将军出单于兵，而大将军又徙广部行回远，而又迷失道，岂非天哉！"前两句总结了一生，一辈子不受重用，又不能明说，到现在才能"幸从"，真是有一肚皮的委屈。而中两句连续用了两"而"字，转折再转折，不幸又加上不幸，正要逼他上法庭，顿挫跌顿间有无限之辛酸，汉武帝与卫青上下其手，非把老将逼上死路不可。而忠实的老将临死也只能说"岂非天哉"，这节血泪文字，两"而"字犹如其中的"强音符"，呜咽一声如闻，表示了不尽的同情与愤懑。

几个"而"字连用，则有意想不到的结果。《万石张叔列传·直不疑传》："其同舍有告归，误持同舍郎金去。已而金主觉，妄意不疑，不疑谢有之，买偿，而告归者来而归金，而前郎亡金者大惭，以称此为长者。"前两个"而"字，一为转折一为顺承，第三个"而"又转折，且是故事结局的大转折。三个"而"字相距极近，络绎而来，中间的"而"字似乎把前后两次转折，予以缓冲。两句

---

① 〔清〕袁仁林：《虚字说》，北京：中华书局2004年版，第9页。

波澜骤起，"而"字澹荡有神，"两句中情事曲折，妙在连用'而'字，句流走而挺健"①。《孟尝君列传》："君独不见夫趋市者乎？明旦，侧肩争门而入；日暮之后，过市朝者掉臂而不顾。非好朝而恶暮，所期物忘（亡，无）其中。"三"而"字前后为顺承，中间为转折，此与上例相反，然"而"字使"句流走而挺健"，则是一致的。

在纵横家的说辞里，每用"而"以加强语势的转折。《苏秦列传》："且大王之地有尽而秦之求无已，以有尽之地而逆（迎合）无已之求，此所谓市怨结祸者也，不战而地已削矣。"三"而"字都在句中，都起转折作用。这种转折加强了反差性的对比，语势震荡，如大风卷萚，使割地事秦之说扫尽无余。

《平原君传》："邯郸之民，炊骨易子而食，可谓急矣，而君之后宫以百数，婢妾被绮縠，余梁肉，而民褐衣不完，糟糠不厌。民困兵尽，或剡木为矛矢，而君器物钟磬自若。使秦破赵，君安得有此？"四个"而"字，除第一个"而"字为顺承外，其余都为转折，且都用于句首，一来勾勒句意层次，以"而"字分疆划界，至为清晰；二来中间之"而"，与前后两层均成对比，语势劲猛。"而"字于此犹如"领"字，贯下数句，层次一目了然。《虞卿传》："今坐而听秦，秦兵不弊而多得地，是强秦而弱赵也。以益强之秦而割愈弱之赵，其计故不止矣。"四"而"字都用于句中，都为顺承，使每句的因果关系透晰，合而用之，有顺流直下、势不可止之光景。

有时"而"字无多，却有不少感慨。《春申君列传》："于是遂使吏尽灭春申君之家。而李园女弟初幸春申君有身而入之于王所生子者遂立，是为楚幽王。"首一"而"字领起长长一句，其人已死，其子确立为楚王，使人滋发多少慨然，因前后相照相对比，自作聪明者反被聪明所误；而句中的"而"字，使长句摇曳动荡，其间原委靠它说得清楚，而又生一感慨。牛运震说："二十七字为句，拙古而不见冗弱。此太史公长处。"②句"不见冗弱"者，关键在于句首与句中两个"而"字起了转折，滋生动荡之势。《李斯列传》："今反者已有天下之半矣，而心尚未寤也，而赵高为佐，吾必见寇至咸阳，麋鹿游于朝也。"两个"而"字

---

① 〔清〕牛运震：《史记评注》，西安：三秦出版社2011年版，第259页。

② 〔清〕牛运震：《史记评注》，西安：三秦出版社2011年版，第196页。

分置两句首，两句又彼此接踵而至，反复跌宕顿挫，反复转折，自然逼出来"吾必见"之结果，"而"字显得格外挺劲。或者"而"字转折出数句，气势更为充沛。《蒙恬列传》说：

> 夫秦之初灭诸侯，天下之心未定，痍伤者未瘳，而恬为名将，不以此时强谏，振百姓之急，养老存孤，务修众庶之和，而阿意兴功，此其兄弟遇诛，不亦宜乎！

两次转折，先正说后反言，无论正反都以转折为用。正说详而反言略，语详者缓而略者紧。两"而"领句虽有多寡之别，都起了一气直下作用。以"'而'字为转折，原很普通，但司马迁用来却特别有一种娟峭之美，清脆之声"①。这在上面是分明感受得到的。

有些"而"字用义少见，如《李斯列传》："扶苏为人仁，谓蒙恬曰：'父而赐子死，尚安复请！'即自杀。""而"犹"曾"犹"乃"，"父而赐子死"谓竟然赐子死，此"而"表极为遗憾。《秦始皇本纪》赞曰："后虽有淫骄之主，而未有倾危之患也。"此"而"犹"尚"犹"犹"。《大宛列传》："是时汉既灭越而蜀，西南夷皆震。""而"犹"与"。《苏秦列传》："韩、魏战而胜秦，则兵半折，四境不守；战而不胜，则国已危亡随其后。"这是对形势的估计。两"而"均为"如果"义。《张仪列传》："凡天下强国，非秦而楚，非楚而秦。""而"字犹"则"犹"即"。

与"而"字转折作用相近的是"然"，"'而'字轻便滑溜，以其虚递也；'然'字重实老到，以其承上也。而上文已有收束，则用'然'字认真转；上文只恁平来，则用'而'字轻便转"②。二者轻重有别，虚递实转各异。《范雎蔡泽列传》论赞曰：

> 范雎、蔡泽世所谓一切辩士，然游说诸侯至白首无所遇者，计策之拙，所为说力少也。及二人羁旅如秦，继踵取卿相，垂功于天下者，

---

① 李长之：《司马迁之人格与风格》，北京：三联书店1984年版，第290页。
② 〔清〕袁仁林：《虚字说》，北京：中华书局2004年版，第9页。

固强弱之世异也。然士亦有偶合，贤者多如此二子，不得尽意，岂可胜道哉！然二子不困厄，恶能激乎？

以上三"然"字俱为实转重转，上文俱有收束，且每转一次即深入一层，层层深入，由二人转入天下之士，而别开一境界，不觉写出自己胸中块垒。"二转一意，愈转愈深曲，感慨亦与俱长"（牛运震语），这也是司马迁使用虚词最具个性的地方。

"乃"与"竟"在表达居然、竟然义上相同，区别在于"乃"轻而"竟"重。"乃"有顺接作用，此易见易懂而可不论。

《孟尝君列传》："始以薛公（指孟尝君）为魁然也，今视之，乃眇小丈夫耳。"言居然是个头不高的小男子，惊讶兼有蔑视。《李斯列传》："二世用其计，乃不坐朝廷见大臣，居禁中。赵高常侍中用事，事皆决于赵高。"用"竟"则语气过重，不若"乃"妥帖。《淮阴侯列传》："（樊哙）曰：'大王乃肯临臣！'信出门，笑曰：'生乃与哙等为伍！'""乃肯"犹言"居然肯"。后句说现在却与樊哙之类等同。两"乃"义别，人物心理活动的微妙亦由此可见。

"竟"比"乃"语气重多了，《魏其武安侯列传》："其春，武安侯病，专呼服谢罪。使巫视鬼者视之，见魏其、灌夫共守，欲杀之。竟死。"末句非言一直到死，与《李将军列传》的"专以射为戏，竟死"，用法不同。而竟然死掉了，也就是说居然被吓死了，这个"竟"字用得很响。《佞幸列传》："长公主赐邓通，吏辄随没入之，一簪不得著身。于是长公主乃令假衣食。竟不得名一钱，寄死人家。"以上两"竟"都倾注讽刺意味，都能把"竟"字用得很响。《赵世家》："屠岸贾闻之，索于宫中，夫人置儿裤中，祝曰：'赵宗灭乎，若号；即不灭，若无声。'及索儿，竟无声。"言居然没有哭[①]，有出于意料之外的感叹意味。

《史记》的虚词，当然不止这些，其他如"乎""则""即""故""亦""欲""夫""曾"，以及复音副词"也夫""嗟夫""何其""呜呼""乎哉""于戏""嗟乎""者也""者哉"，还有与动词组合的"惜哉""悲夫"等，都能随文势而施

[①] 杨树达《词诠》谓武安侯"竟死"与此"竟无声"的"竟"，是"终"的意思，而"竟"字条亦未列"居然"一义。

用，以抒发种种不同的感情。尤其是把一两个虚词在一节中反复或交错出现，把复杂的感情与深广的思考，表现得更为淋漓尽致。本文虽间或涉及，但这并非其全面，也是值得深长思之。

（魏耕原，男，陕西周至人，陕西师范大学文学院教授，博士生导师）

《史记》"笑"论

韩团结

　　《春秋》中的"春秋笔法",一字蕴含作者之褒贬,首开"为尊者讳耻、为贤者讳过、为亲者讳疾"的恶习,而司马迁的《史记》继承和发展了"春秋笔法",被班固在《汉书》中赞誉为"其文直,其事核,不虚美,不隐恶",具有"实录"的特点。司马迁通过人物的行为、动作、语言、表情来刻画人物,或明或暗地表达自己的褒贬。李长之也说:"这不但是一部包括古今上下的史书,而且是司马迁自己的一部绝好传记。因此,我们必须把握《史记》中司马迁之主观的用意,才能理解这部书,才能欣赏这部书。"[1]他让人物哭、让人物笑,在不经意间书写出人物的真实。《史记》中的人物不但多"哭","笑"也数不胜数。据统计,《史记》中出现的各类"笑"约135次。司马迁形象地描绘了三千多年间社会各个阶层中人物的"笑":从身份地位上看,有嬴政、刘邦、刘彻等权力至高无上的帝王之笑,也有与陈涉佣耕之庸人等普通大众之笑;从风格上看,有淳于髡、优孟、优旃的滑稽之笑,亦有项羽、伍子胥、荆轲临死前的悲壮之笑,还有刘邦、须贾的奸笑,更有圣人如孔子的欣然而笑;从笑的形式上看,有嬴政、刘邦、刘彻的表情上的笑,也有赵盾的拊手且歌、司马季主的捧腹大笑、淳于髡的仰天大笑以致冠缨索绝等肢体上的笑;从人数上看,有褒姒笑诸侯的一人之笑,也有赵人笑孟尝君的众人之笑。《史记》中如此多的笑,构成了一幅幅描摹人间百态的"笑林"画卷。

---

[1] 李长之:《司马迁之人格与风格》,北京:三联书店1984年版,第257页。

一、以笑讽刺

讽刺是表达感情的一种方式，《史记》中多有体现。司马迁作为一位讽刺艺术大师，深谙此道，常利用人物的笑来达到想要的艺术效果。

笑是反映人内心感受的面部表情之一，也是人心境愉悦的直接表现。历史上的著名之笑，如"一骑红尘妃子笑"，为博杨贵妃一笑，唐玄宗不惜快马从广东向长安运送新鲜荔枝；"回眸一笑百媚生，六宫粉黛无颜色"，极写唐玄宗对杨贵妃"集三千宠爱于一身"的无上荣耀。《史记·周本纪》也记载了一次著名的笑：

> 褒姒不好笑，幽王欲其笑万方，故不笑。幽王为烽燧大鼓，有寇至则举烽火。诸侯悉至，至而无寇，褒姒乃大笑。幽王说之，为数举烽火。其后不信，诸侯益亦不至。①

周幽王"烽火戏诸侯"，虽然赢得了褒姒一笑，却失信于天下。后犬戎来犯，诸侯不救，幽王为犬戎所杀，导致西周的覆灭。"亡夏者妹喜，亡商者妲己，亡周者褒姒"成为后人的普遍认知，虽有失偏颇，却也说明了君主"荒淫者必误国"的道理。褒姒之笑，是受到外部环境的刺激而产生的一种生理上的应激反应，本身并不含有任何褒贬的意味，但这一事件却改变了历史的进程，对后世产生了深远影响，成为忠臣义士警醒君主远离女色的反面教材，也就间接产生了讽刺的效果。

当然，除了间接讽刺，《史记》中用笑来直接讽刺的例子也不胜枚举，如晋使郤克出使齐国，被齐顷公之母嘲笑生理缺陷，这一事件在《齐太公世家》和《晋世家》中均有记载：

> 六年春，晋使郤克于齐，齐使夫人帷中而观之。郤克上，夫人笑之。郤克曰："不是报，不复涉河！"归，请伐齐，晋侯弗许。齐使至

---

① 〔汉〕司马迁：《史记》，北京：中华书局2013年版，第187—188页。

晋，郤克执齐使者四人河内，杀之。①

八年，使郤克于齐。齐顷公母从楼上观而笑之。所以然者，郤克偻，而鲁使蹇，卫使眇，故齐亦令人如之以导客。郤克怒，归至河上，曰："不报齐者，河伯视之！"至国，请君，欲伐齐。景公问知其故，曰："子之怨，安足以烦国！"弗听。魏文子请老休，辟郤克，克执政。②

郤克是个罗锅，弯腰驼背，和他同时出使齐国的鲁国使者是个瘸子，卫国使者是个瞎子，这些身体缺陷是他们内心最敏感之处，而齐顷公之母竟然"观而笑之"，这是对他人的公然嘲笑和侮辱，更不可思议的是齐国同时又找了和他们三个同样的"残疾"人作为导引者，这种巨大的讽刺使得郤克大怒，先杀齐国四使于河内，后两次伐齐，大败齐国。

外人的冷嘲热讽无法左右，而来自亲人的讽刺的杀伤力更大，苏秦深有体会。苏秦少时，与张仪师从鬼谷子学习纵横捭阖之术。后西出说秦数载，一无所成，不得已而返家。《史记·苏秦列传》：

出游数岁，大困而归。兄弟嫂妹妻妾窃皆笑之，曰："周人之俗，治产业，力工商，逐什二以为务。今子释本而事口舌，困，不亦宜乎！"苏秦闻之而惭，自伤；乃闭室不出，出其书遍观之。③

回家后，"妻不下纴，嫂不为炊，父母不与言。"兄弟嫂妹妻妾都嘲笑苏秦不务正业，只图逞口舌之快。亲人的讽刺让苏秦倍感羞愧，于是，苏秦决定闭门不出，苦读《太公阴符》。后来他改变策略，游说六国合纵抗秦，身兼六国宰相。衣锦还乡时，其昆弟妻嫂跪在地上不敢仰视。前后的巨大反差，与清人吴敬梓《儒林外史》中的胡屠户先呵斥范进"也该撒泡尿自照"，而后称"小婿这等相貌"所产生的讽刺效果如出一辙。

---

① 〔汉〕司马迁：《史记》，北京：中华书局2013年版，第1811页。
② 〔汉〕司马迁：《史记》，北京：中华书局2013年版，第2023页。
③ 〔汉〕司马迁：《史记》，北京：中华书局2013年版，第2723—2724页。

昆弟妻嫂前倨后恭，前后态度天壤之别，只因苏秦"位高金多"，金钱富贵居然比亲情还要重要百倍，正如苏秦所叹"此一人之身，富贵则亲戚畏惧之，贫贱则轻易之，况众人乎！"①难怪冯谖也说："富贵多士，贫贱寡友，事之固然也。"苏秦之笑，不但是笑世人嫌贫爱富，更是对当时社会中拜金主义的无情嘲讽，金钱淹没了人情冷暖，权势造就了世态炎凉！

二、以笑衬哀

"哭可以是非常愉快的情感的结果，也可以是突然爆发的哈哈大笑的结果，还可以是某些对眼睛有害的刺激的结果。"②反之，笑有时也是悲伤的表达。项羽是太史公笔下着力描写的人物之一，垓下之围，项羽慷慨悲歌，美人和之，歌声悲戚。钱锺书认为这是太史公"笔补造化"的结果，以"伟其事""详其跡"③，虽不免有文学创作的成分，但其悲壮之情依然令人无限感慨。项羽是一个饱受争议的人物，他的功过是非历来成为争议的焦点，唐人杜牧有《题乌江亭》："胜败兵家事不期，包羞忍耻是男儿。江东子弟多才俊，卷土重来未可知。"宋人李清照亦有《夏日绝句》："生当作人杰，死亦为鬼雄。至今思项羽，不肯过江东。"这两首诗都为项羽不肯过江卷土重来而惋惜不已。

钱锺书说："马迁行文，深得累叠之妙，如本篇末写项羽'自度不能脱'，一则曰：'此天之亡我，非战之罪也'；再则曰：'天之亡我，我何渡为！'心已死而意犹未平，认输而不服气，故言之不足，再三言之也。"④虽然如此，项羽死前大笑，将自己的失败归咎于天，却始终不从自身寻找原因。姚永概说："《史记》每于愤惋不平处，又难以明言，往往归之天命，其文最为狡狯深婉。"⑤清

---

① 〔汉〕司马迁：《史记》，北京：中华书局2013年版，第2746页。
② 〔新西兰〕拉尔夫·皮丁顿著，潘智彪译：《笑的心理学》，广州：中山大学出版社1988年版，第61页。
③ 钱锺书：《管锥编》，北京：中华书局1979年版，第278页。
④ 钱锺书：《管锥编》，北京：中华书局1979年版，第272—273页。
⑤ 杨燕起、陈可青、赖长扬：《史记研究集成》（第六卷），北京：华文出版社2005年版，第73页。

人郑板桥在一首名为《项羽》的诗中写道:"新安何苦坑秦卒,坝上焉能杀汉王。"一语道破了项羽失败的一个重要原因——残暴。项羽的笑,彰显出了一代英雄不惧死亡的豪气,除此之外,剩下的只有无尽的悲凉。他无奈的笑正衬托出他命运的悲,以笑衬哀,正是太史公的一个写作手法。

作为贵族的项羽,笑中有哀,而作为普通人的刺客也谱写着动人的篇章,他们为人忠义,言出必行,践行"士为知己者死"的信条。他们为了报答知遇之恩,不惜生命,刚烈永诀,为朋友赴汤蹈火、义无反顾,他们身上体现的英雄节义,令后人感佩仰慕,荆轲也是太史公笔下着意刻画的人物之一。《史记·刺客列传》:

> 荆轲奉樊於期头函,而秦舞阳奉地图柙,以次进。至陛,秦舞阳色变振恐,群臣怪之。荆轲顾笑舞阳,前谢曰:"北蕃蛮夷之鄙人,未尝见天子,故振慴。原大王少假借之,使得毕使于前。"秦王谓轲曰:"取舞阳所持地图。"轲既取图奏之,秦王发图,图穷而匕首见。①

秦舞阳为行刺而来,见秦王气势就"色变振恐",通过对比反衬出荆轲的临危不惧、镇定自若。荆轲用"笑"来掩饰秦舞阳内心的恐惧,打消秦王的疑虑,并为秦舞阳"色变振恐"寻找借口——"北蕃蛮夷之鄙人,未尝见天子,故振慴"。为了报答燕太子丹,荆轲抱着必死决心,期望在"图穷匕见"时完成雷霆一击。

> 秦王复击轲,轲被八创。轲自知事不就,倚柱而笑,箕踞以骂曰:"事所以不成者,以欲生劫之,必得约契以报太子也。"②

太史公对荆轲刺秦王的描写可谓惊心动魄、险象环生。荆轲身被八创,自知事不就,倚柱而笑。荆轲临死前的狂放之笑,不但饱含了无尽的哀怨,也有深深的遗憾,更有"风萧萧兮易水寒,壮士一去兮不复还"的悲凉。此处的笑是

---

① 〔汉〕司马迁:《史记》,北京:中华书局2013年版,第3074—3075页。
② 〔汉〕司马迁:《史记》,北京:中华书局2013年版,第3075页。

为了衬托其悲，以笑写悲，悲不自胜。但是，"荆轲以他的行动向一切专横者、征服者表明：一个国家的版图尽管小，它的人口尽管少，但是它的人心不可欺，它的尊严不可侮，谁要想进攻它，征服它，谁就必将遭到被压迫人民的坚决抵抗。荆轲故事的客观影响、客观意义，已经远远地超过了它的本身，他已经化作一种强大的精神力量，融入在中华民族的英雄气质与光荣传统中。"①

三、以笑写人

《史记》中的"哭"和"笑"均为数不少，在一定程度上，可以说《史记》是司马迁用"哭"和"笑"写成的。笑在塑造人物性格、丰富人物形象方面也发挥着独特的作用。

不同身份和性格的人物，他们的笑也千差万别。"回眸一笑"者是杨贵妃，这种笑，符合美女的身份，含蓄而娇媚；《红楼梦》中的张道士面对贾家人的"呵呵大笑"，既符合他和蔼慈祥的老者身份，又透出了圆滑世故的一面；"呆霸王"薛蟠虽为人粗俗，却也性格直爽，不会工于"巧笑"。他一发言，常常引起"哄堂""轰然"。《史记·滑稽列传》中的淳于髡善于滑稽取笑，仰天大笑居然达到冠缨索绝的夸张程度，而孔子为人文雅，讲究"笑不露齿"，他的笑只能是"欣然""莞尔"。《史记·孔子世家》：

> 孔子适郑，与弟子相失，孔子独立郭东门。郑人或谓子贡曰："东门有人，其颡似尧，其项类皋陶，其肩类子产，然自要以下不及禹三寸，累累若丧家之狗。"子贡以实告孔子。孔子欣然笑曰："形状，末也。而谓似丧家之狗，然哉！然哉！"②

孔子过郑国，与弟子失散。子贡见到孔子后，把郑人对他"若丧家之狗"的印象如实相告，孔子欣然而笑，一是作为文人的儒雅，即使是笑，也笑不露齿；

---

① 韩兆琦、张大可、宋嗣廉：《史记研究集成》（第三卷），北京：华文出版社 2005 年版，第 252 页。

②〔汉〕司马迁：《史记》，北京：中华书局 2013 年版，第 2328 页。

二是具有男人的胸怀，宽容大度，能容人非议，这也恰恰表现了孔子能够利用自嘲而展现出的幽默的一面。《史记·仲尼弟子列传》：

> 子游既已受业，为武城宰。孔子过，闻弦歌之声。孔子莞尔而笑曰："割鸡焉用牛刀？"子游曰："昔者偃闻诸夫子曰，君子学道则爱人，小人学道则易使。"孔子曰："二三子，偃之言是也。前言戏之耳。"①

子游在鲁国武城做官，以礼乐教化百姓。孔子过武城时，耳闻处处皆弦歌之声，便莞尔而笑曰："割鸡焉用牛刀？"孔子认为，治理这个小城，不必用如此隆重的礼乐！子游据理力争。听了子游的回答，孔子说自己刚才只是开玩笑罢了。孔子作为为人称颂的"圣人"，和弟子说话，有时语气也是如此的轻松啊！这彻底颠覆了不苟言笑、道貌岸然的"至圣先师"的严肃形象，再现了孔子诙谐、幽默的一面，丰富了孔子的人物形象。

君主的笑，含义更加丰富，也有利于塑造完整的人物形象。西汉前期的"文景之治"历来为人称道。景帝生活节俭，推崇黄老之术，采取"轻徭薄赋""与民休息"的政策，社会经济得到恢复和发展，是为人所称颂的圣主。但他还有另一面——刻暴寡恩。景帝为太子时，曾用棋盘杀死了吴王世子。后来，景帝为解"七国之乱"而枉杀其师晁错。吴王反叛并非因晁错"进谗"，称帝才是其真实目的，"杀晁错，清君侧"只是一个借口罢了。"'汉廷臣方议削吴，吴王濞恐削地无已，因以此发谋，欲举事。'文章暗示景帝的刻暴寡恩是促成叛乱的重要原因。"②《景帝本纪》虽遭武帝删削，但论赞中仍可窥见一二。"太史公曰：汉兴，孝文实大德，天下怀安。至孝景，不复忧异性。"隐约地说，由于高祖至景帝对异性诸侯王的持续诛杀，异性王的势力已不足以威胁中央朝廷。其实，平定"七国之乱"后，地方诸侯王已无法与中央抗衡。在保卫刘家江山上，祖孙三人的做法惊人地相似。且来再看一例，《史记·绛侯周勃世家》：

---

① 〔汉〕司马迁：《史记》，北京：中华书局 2013 年版，第 2675 页。
② 韩兆琦、张大可、宋嗣廉：《史记研究集成》（第三卷），北京：华文出版社 2005 年版，第 306 页。

顷之，景帝居禁中，召条侯，赐食。独置大胾，无切肉，又不置櫡。条侯心不平，顾谓尚席取櫡。景帝视而笑曰："此不足君所乎？"条侯免冠谢。上起，条侯因趋出。景帝以目送之，曰："此怏怏者非少主臣也！"①

绛侯周勃随高祖平定天下，后又扫平诸吕之乱，保卫了刘家江山。其子周亚夫封为条侯，平定七国之乱，父子二人可谓厥功甚伟。但是，景帝召见条侯，赐食不予餐具，又当面斥责条侯。同时，景帝展现出的笑显得非常诡异，无形中透露出一股冰冷的杀气，让人心惊胆战。拉尔夫·皮丁顿说："如果滑稽的人自身处在卑下的地位，那么，发笑者就可能有一种优越感。特别是在'倾向巧智'中，其中或多或少都隐藏着敌意。"②周亚夫不是滑稽之人，但相对于景帝，确实属于地位较低的一方，景帝除了自身的优越感之外，对这样一位劳苦功高的异姓诸侯充满敌意已是昭然若揭。清人姚苧田更是一针见血地指出："以嬉笑为怒骂，危哉！言人欲有所为而不慊于意，犹人之欲食而不足于具也。"③景帝担心将来儿子即位后，无法"降服"周亚夫，为了确保刘家江山稳固，只得扫清一切危害皇权的障碍。正如刘邦立汉后，大肆诛杀功臣。"飞鸟尽，良弓藏；狡兔死，走狗烹；敌国灭，谋臣亡"是一条亘古不变的定律。

四、以笑叙事

司马迁对史料有着超乎常人的组织能力和驾驭能力，他叙事详略得当，并运用多种叙述手法和"互见法"，使得人物的形象更加丰满、鲜明。司马迁常用"笑"来贯穿事件的始末，推动了叙事中故事情节的发展。

《史记》中关于刘邦的笑的描写是最多的，共有 7 处，分布在《项羽本纪》

---

① 〔汉〕司马迁：《史记》，北京：中华书局 2013 年版，第 2523—2524 页。

② [新西兰]拉尔夫·皮丁顿著，潘智彪译：《笑的心理学》，广州：中山大学出版社 1988 年版，第 82 页。

③ 〔清〕姚苧田：《史记菁华录》，上海：上海古籍出版社 1988 年版，第 104 页。

《高祖本纪》《萧相国世家》《淮阴侯列传》《樊郦滕灌列传》《张丞相列传》中。主要事件有楚汉争霸，平定韩信、黥布叛乱，沛中留饮等。

鸿门宴上，项羽为人不忍，不杀刘邦，范增眼光独到，意识到刘邦日后必为大患，让项庄舞剑，刺杀刘邦。项伯从中阻挡，致使刺杀失败。后来，范增所言，果真应验。

> 楚汉久相持未决，丁壮苦军旅，老弱罢转漕。项王谓汉王曰："天下匈匈数岁者，徒以吾两人耳，愿与汉王挑战决雌雄，毋徒苦天下之民父子为也。"汉王笑谢曰："吾宁斗智，不能斗力。"项王令壮士出挑战。汉有善骑射者楼烦，楚挑战三合，楼烦辄射杀之。项王大怒，乃自被甲持戟挑战。①

楚汉争霸数年，致使生灵涂炭，项羽欲与刘邦一决雌雄，"犹如章回小说中之两马相交、厮杀若干'回合'是也。"②刘邦笑着拒绝，因为他自知不敌项羽而规避劣势。项羽挑战，刘邦骂项羽有十条罪状，项羽大怒，弯弓射中刘邦胸部，刘邦却说只伤到了手指，如此心机，项羽远不是他的敌手。不久，伴随着四面楚歌，刘邦在垓下之围中杀了不可一世的项羽，结束了楚汉混战，称帝关中。但胜利的喜悦没有淹没刘邦的理智，为保刘家江山，便揭开了诛杀功臣的序幕。论军功，韩信当为第一，"戴震主之威，挟不赏之功"，这也给他带来了杀身之祸。刘邦先是用陈平计伪游云梦，押解韩信至洛阳，又假意赦免了韩信，贬为淮阴侯。韩信"羞与绛、灌等列"，樊哙对他跪起迎送，口自称臣，他竟笑曰："生乃与哙等为伍！"下面一例更凸显了韩信的恃才傲物，目中无人。

> 上常从容与信言诸将能不，各有差。上问曰："如我能将几何？"信曰："陛下不过能将十万。"上曰："于君何如？"曰："臣多多而益善耳。"上笑曰："多多益善，何为为我禽？"信曰："陛下不能将兵，而善将将，此乃信之所以为陛下禽也。且陛下所谓天授，非人

---

① 〔汉〕司马迁：《史记》，北京：中华书局2013年版，第416页。
② 钱锺书：《管锥编》，北京：中华书局1979年版，第277页。

力也。"①

韩信也知刘邦"畏恶其能",却不知"学道谦让",假若他"不伐己功,不矜其能",则可比周、召。刘邦擒住韩信后嘲笑于他,是笑里藏刀,极尽挖苦之能事。后吕后用萧何计,杀韩信于长乐宫。刘邦从豨军归来,见信死,"且喜且怜之"。"'喜'什么呢?长期以来压在心上的大石头终于去掉了;'怜'什么呢?这样的大才,以这样的'罪'名被杀,实在也太说不过去了。"②但是,"喜"的程度远比"怜"的程度为深。韩信被杀不久,淮南王黥布反,刘邦此时大病。

先黥布反时,高祖尝病甚,恶见人,卧禁中,诏户者无得入群臣。群臣绛、灌等莫敢入。十余日,哙乃排闼直入,大臣随之。上独枕一宦者卧。哙等见上流涕曰:"始陛下与臣等起丰沛,定天下,何其壮也!今天下已定,又何惫也!且陛下病甚,大臣震恐,不见臣等计事,顾独与一宦者绝乎?且陛下独不见赵高之事乎?"高帝笑而起。③

身为吕后妹夫的樊哙,深受刘邦信任,两人关系非比寻常。刘邦病甚却医,不见群臣,绛、灌等都不敢觐见,而拥有特殊身份的樊哙却敢闯宫,刘邦最后只是一笑而已。王维桢在《史记评林引》中说:"自首起即叙战功,到此逆说排闼一节,见哙直而勇、忠而义如此。"④樊哙素有忠义,刘邦也善于用人,但他待人有亲疏之别。后来刘邦对樊哙的态度一落千丈,几乎至于灭口的地步。徐经说:"然樊哙,帝之故人,功多,又吕后弟吕媭之夫,有亲且贵,人有短恶之者,帝即命陈平至军中斩哙头,何况淮阴哉!"⑤刘邦为捍卫刘家江山,连如此

---

① 〔汉〕司马迁:《史记》,北京:中华书局2013年版,第3185页。
② 韩兆琦、张大可、宋嗣廉:《史记研究集成》(第三卷),北京:华文出版社2005年版,第271页。
③ 〔汉〕司马迁:《史记》,北京:中华书局2013年版,第3223页。
④ 韩兆琦、张大可、宋嗣廉:《史记研究集成》(第三卷),北京:华文出版社2005年版,第279页。
⑤ 杨燕起、陈可青、赖长扬:《史记研究集成》(第六卷),北京:华文出版社2005年版,第431页。

亲人都可以诛杀,对那些异性王侯,如,韩信、黥布等人,又如何会心怀仁慈呢!

> 高祖还归,过沛,留。置酒沛宫,悉召故人父老子弟纵酒,发沛中儿得百二十人,教之歌。酒酣,高祖击筑,自为歌诗曰:"大风起兮云飞扬,威加海内兮归故乡,安得猛士兮守四方!"……沛父兄诸母故人日乐饮极驩,道旧故为笑乐。十馀日,高祖欲去,沛父兄固请留高祖。高祖曰:"吾人众多,父兄不能给。"乃去。①

刘邦平定了黥布,路过老家,可谓衣锦还乡。唱着《大风歌》,和乡亲边饮酒边说旧事取乐。这歌声中有逐鹿天下的万丈豪情,有衣锦还乡的无尚荣光,更有对国家危机四伏的无限忧虑。为了刘家江山,刘邦对武将痛下杀手,对文臣也绝不手软。

> 上罢布军归,民道遮行上书,言相国贱强买民田宅数千万。上至,相国谒。上笑曰:"夫相国乃利民!"民所上书皆以与相国,曰:"君自谢民。"相国因为民请曰:"长安地狭,上林中多空地,弃,愿令民得入田,毋收稿为禽兽食。"上大怒曰:"相国多受贾人财物,乃为请吾苑!"乃下相国廷尉,械系之。②

功勋第一的萧何与刘邦关系密切,深受信任,若非鲍生、召平、无名客的三次劝说,萧何早已身首异处。刘邦生性多疑,客说萧何故意强占民田以自污,惹得民怨四起,以此打消刘邦疑虑。这与王翦为消除秦始皇疑虑,出征前故意"多请田宅为子孙业"如出一辙,自污保命。无论是对武将的诛杀,还是对文臣的打压,目的都是为了稳固江山,君主只能"共患难",不能"同富贵"。太史公在不同的人物本纪、世家、列传中,从历史真实的角度多方面描写了刘邦的性格,丰富了刘邦的人物形象,还原了历史本真,这都得益于司马迁独创的"互见法"。在这些历史大事中,"笑"始终贯穿其中,发挥着独到的作用。司马迁

---

① 〔汉〕司马迁:《史记》,北京:中华书局2013年版,第489页。
② 〔汉〕司马迁:《史记》,北京:中华书局2013年版,第2450页。

驾驭组织材料的深厚功力,以及"不虚美、不隐恶"的著史态度影响了其后数千年官方史书的撰写。

总之,《史记》中的笑,不仅是人物内心情感的外化,更有其深刻的艺术性。它强化了人物的讽刺效果,衬托了人物的悲情气氛,丰富了人物的形象塑造,推动了《史记》叙事中故事情节的发展,也影响了后世的诸多叙事文学作品。《史记》中的大量素材被后世的文学作品广泛借鉴,尤其是戏剧、小说都受其很大影响。

(韩团结,男,河南商丘人,文学博士,渭南师范学院人文学院讲师)

《史记》人物形象研究

司马迁在《史记》中，综合了先秦文献中的史料，第一次在正史中描绘了一位神秘而完整的褒姒，后世的正史及相关史传文学都间接或直接的受到司马迁《史记》的影响。

汉代史传中的褒姒形象述论

梁中效

在漫长的中国古代史上,没有哪一位女性比褒姒更具争议性了。虽然先秦时期的《诗经》《国语》等文献典籍,已初步塑造了负面的褒姒形象,[①]但是褒姒形象的最终定型是在《史记》《汉书》等正史盛行的汉唐时期完成的。本文试图从正史的"史学叙事"与"文学叙事"等方面研究褒姒形象的演变及其影响[②],以祈深化对这一课题的研究。

一、《史记》与《汉书》:奠定了史传文学中的褒姒形象

《史记》《汉书》不仅奠定了中华民族大一统历史认同的价值观念与文化体系,奠定了多民族共同创造中华文明的世界观与文明观,而且开创了中国独特的正史传统与史传文学。因此,宋代文学家梅尧臣说:"史汉抉精深,文字光粲粲。"(《依韵答宋中道》)大诗人陆游讲:"遗文诵史汉,奇思探庄骚。"(《散怀》)正是《史记》《汉书》奠定了褒姒的形象。

(一)《史记》中的褒姒形象

司马迁在《史记》中,综合了先秦文献中的史料,第一次在正史中描绘了一位神秘而完整的褒姒,后世的正史及相关史传文学都间接或直接的受到司马迁《史记》的影响。司马迁的褒姒形象神秘美丽而不令人邪恶生厌:

---

① 梁中效:《〈诗经〉中的褒国褒姒述论》,《安康学院学报》2021年第3期,第37—41页。
② 梁中效:《褒姒形象浅析》,《安康学院学报》2016年第1期,第12—17页。

幽王嬖爱褒姒。褒姒生子伯服，幽王欲废太子。太子母申侯女，而为后。後幽王得褒姒，爱之，欲废申后，并去太子宜臼，以褒姒为后，以伯服为太子。周太史伯阳读史记曰："周亡矣。"昔自夏后氏之衰也，有二神龙止於夏帝庭而言曰："余，褒之二君。"夏帝卜杀之与去之与止之，莫吉。卜请其漦而藏之，乃吉。於是布币而策告之，龙亡而漦在，椟而去之。夏亡，传此器殷。殷亡，又传此器周。比三代，莫敢发之，至厉王之末，发而观之。漦流于庭，不可除。厉王使妇人裸而譟之。漦化为玄鼋，以入王后宫。后宫之童妾既齓而遭之，既笄而孕，无夫而生子，惧而弃之。宣王之时童女谣曰："檿弧箕服，实亡周国。"于是宣王闻之，有夫妇卖是器者，宣王使执而戮之。逃于道，而见乡者后宫童妾所弃妖子出于路者，闻其夜啼，哀而收之，夫妇遂亡，奔于褒。褒人有罪，请入童妾所弃女子者于王以赎罪。弃女子出于褒，是为褒姒。当幽王三年，王之后宫见而爱之，生子伯服，竟废申后及太子，以褒姒为后，伯服为太子。太史伯阳曰："祸成矣，无可奈何！"

褒姒不好笑，幽王欲其笑万方，故不笑。幽王为烽燧大鼓，有寇至则举烽火。诸侯悉至，至而无寇，褒姒乃大笑。幽王说之，为数举烽火。其后不信，诸侯益亦不至。

幽王以虢石父为卿，用事，国人皆怨。石父为人佞巧善谀好利，王用之。又废申后，去太子也。申侯怒，与缯、西夷犬戎攻幽王。幽王举烽火征兵，兵莫至。遂杀幽王骊山下，虏褒姒，尽取周赂而去。于是诸侯乃即申侯而共立故幽王太子宜臼，是为平王，以奉周祀。①

司马迁塑造的褒姒形象是较为客观而符合历史的，他既没有将褒姒描绘成祸乱西周的"龙漦妖子"，也没有将褒姒塑造成"赫赫宗周，褒姒灭之"的罪魁祸首。而是通过对褒姒生命历程的描写，衬托周幽王的荒淫与昏聩、虢石父的奸巧与好利，从而说明西周的灭亡是周幽王君臣的罪责，是历史的必然。

---

① 〔汉〕司马迁：《史记》，北京：中华书局 1999 年版，第 106—107 页。

首先，司马迁吸取了《国语·郑语》中的"史伯为桓公论兴衰"的主要叙事，但是涤除了其主要论点"周法不昭，而妇言是行，用逸廑也。""天之生此久矣，其为毒也大矣，将俟淫德而加之焉。"①司马迁几乎重复了《国语·郑语》中关于褒姒诞生神话在夏商周三代的传续，但并没有采信《国语》褒姒是祸害周室的、毒流三代的"龙漦妖子"的观点。

其次，在汉武帝"罢黜百家，独尊儒术"的时代，作为深受汉代大儒董仲舒影响的史学大师，司马迁并没有采纳儒家圣经《诗经·正月》中"赫赫宗周，褒姒灭之"的观点，②也没有采信《诗经·瞻卬》中"哲夫成城，哲妇倾城。懿厥哲妇，为枭为鸱。妇有长舌，维厉之阶！乱匪降自天，生自妇人。匪教匪诲，时维妇寺"的议论，③并没有将褒姒视为灭周的罪魁祸首。

再次，司马迁借鉴了《吕氏春秋·疑似》中关于在国道旁高台置大鼓报警的资料，并与汉代烽燧报警的信息传递方式相结合，设计了周幽王为逗褒姒一笑，将"烽燧大鼓"视为儿戏的荒唐做法，结果导致国家败亡。"周宅丰、镐，近戎人。与诸侯约：为高葆祷于王路，置鼓其上，远近相闻。即戎寇至，传鼓相告，诸侯之兵皆至，救天子。戎寇当至，幽王击鼓，诸侯之兵皆至，褒姒大说，喜之。幽王欲褒姒之笑也，因数击鼓，诸侯之兵数至而无寇。至于后戎寇真至，幽王击鼓，诸侯兵不至，幽王之身乃死于丽山之下，为天下笑。此夫以无寇失真寇者也。贤者以小恶以致大恶，褒姒之败，乃令幽王好小说以致大灭。故形骸相离，三公九卿出走。此褒姒之所以用死，而平王所以东徙也。"④这一后世耳熟能详的"烽火戏诸侯"故事，源于《吕氏春秋》，成于司马迁《史记》，实际上是借此讽刺周幽王，而褒姒是被动卷入的，符合历史实际的叙述。

此外，在《史记·秦本纪》中，司马迁也将西周灭亡的责任算在了周幽王的账上，是他"数欺诸侯，诸侯叛之"的结果。"七年春，周幽王用褒姒废太子，

---

① 〔春秋〕左丘明著，〔三国〕韦昭注，胡文波校点：《国语》，上海：上海古籍出版社2015年版，第349页。

② 程俊英、蒋见元：《诗经注析》，北京：中华书局1991年版，第568页。

③ 程俊英、蒋见元：《诗经注析》，北京：中华书局1991年版，第923页。

④ 〔战国〕吕不韦著，张双棣译：《吕氏春秋译注》，长春：吉林文史出版社1993年版，第795页。

立褒姒子为适，数欺诸侯，诸侯叛之。西戎犬戎与申侯伐周，杀幽王郦山下。而秦襄公将兵救周，战甚力，有功。周避犬戎难，东徙雒邑，襄公以兵送周平王。平王封襄公为诸侯，赐之岐以西之地。"①这一年是公元前771年，西周灭亡。

另外，在《史记·外戚世家》中，司马迁仍然坚持自己的观点，认为西周灭亡与褒姒没有直接关系，主要是由周幽王荒淫无道造成的。"夏之兴也以涂山，而桀之放也以末喜。殷之兴也以有娀，纣之杀也嬖妲己。周之兴也以姜原及大任，而幽王之禽也淫于褒姒。故《易》基《乾》《坤》，《诗》始《关雎》，《书》美厘降，《春秋》讥不亲迎。夫妇之际，人道之大伦也。"②唐人司马贞在《索隐》中说褒姒："褒是国名，姒是其姓，即龙漦之子，褒人育而以女于幽王也。"③两相比较，司马迁的史学观远胜司马贞。周幽王在"人道之大伦"上出了问题，导致众叛亲离，身死国亡。

最后，在中华文明第一次兴盛的汉武帝时代，褒姒"倾城倾国"的美丽，在汉武帝李夫人身上体现了出来。大音乐家李延年在为其妹妹李夫人写的《佳人歌》中，首次表现了褒姒"倾城倾国"之美，颠覆了《诗经》中的"哲夫成城，哲妇倾城"的观点。歌曰："北方有佳人，绝世而独立。一顾倾人城，再顾倾人国。宁不知倾城与倾国，佳人难再得！"④

总之，司马迁生活的春秋战国百家争鸣之后的中国文化复兴的汉武帝时代，经过"文景之治"，在经济社会恢复发展的同时，文化上也呈现出多元竞秀的局面，正如董仲舒所言："今师异道，人异论，百家殊方，指意不同。"⑤在此历史背景下，"诸不在六艺之科，孔子之术者，皆绝其道，勿使并进"的独尊儒术的文化专制主义还未拉开序幕，⑥而深受儒道互补思想影响的司马迁，并没有强烈的"男尊女卑"思想，而是以客观的"实录"笔法，"不虚美，不隐恶"，⑦给呈

---

① 程俊英、蒋见元：《诗经注析》，北京：中华书局1991年版，第129页。
② 程俊英、蒋见元：《诗经注析》，北京：中华书局1991年版，第1579页。
③ 程俊英、蒋见元：《诗经注析》，北京：中华书局1991年版，第1580页。
④〔汉〕班固：《汉书》，北京：中华书局1999年版，第2009页。
⑤〔汉〕班固：《汉书》，北京：中华书局1999年版，第1918页。
⑥〔汉〕班固：《汉书》，北京：中华书局1999年版，第1918页。
⑦〔汉〕班固：《汉书》，北京：中华书局1999年版，第2070页。

现出了一位不同于《诗经》所描写的真实的褒姒形象。他并没有将褒姒塑造为灭亡西周的"罪魁祸首",而是通过增添"烽火戏诸侯",揭露周幽王是"数欺诸侯,诸侯叛之",导致西周灭亡的真正罪人,从而确立了不同于《诗经》《左传》《国语》的客观而真实、神秘而柔弱的褒姒形象。

(二)《汉书》中的褒姒形象

班固《汉书》在体例上继承《史记》而有所创新,尤其是断代为史,开创了此后正史体例的先河,但在史学思想方面不如司马迁,其深受儒家正统思想的影响,批评司马迁"是非颇缪于圣人,论大道则先黄老而后六经"。[①]因此,在《汉书》中,褒姒祸乱周室的负面形象更加突出。

首先,班固全盘接受《诗经》的观点,指责褒姒是"妖子""女祸",是灭亡西周的祸首。班固在《汉书·五行志》中,在引用《史记·周本纪》有关褒姒出身的叙事时,又做了符合东汉时代的改编,尤其足以《诗经》"赫赫宗周,褒姒灭之"作结论。

> 后褒人有罪,入妖子以赎,是以褒姒,幽王见而爱之,生子伯服。王废申后及太子宜咎,而立褒姒、伯服代之。废后之父申侯与缯西畎戎共攻杀幽王。《诗》曰:"赫赫宗周,褒姒灭之。"刘向以为,夏后季世,周之幽、厉,皆诗乱逆天,故有龙鼋之怪,近龙蛇孽也。蠥,血也,一曰沫也。檿弧,桑弓也。其服,盖以其草为箭服,近射妖也。女童谣者,祸将生于女,国以兵寇亡也。[②]

班固完全秉承儒家男尊女卑的思想观念,提出"祸将生于女,国以兵寇亡也"的观点;班固从阴阳五行理论出发,认为褒姒是龙蛇之孽诞生的"妖怪""妖子",是上天惩罚暴君的行动,郑玄曰:"龙,虫之生于渊,行于无形,游于天者也,属天。"周幽王"逆天",故有"龙鼋之怪,近龙蛇孽也"。这实际上是进一步妖魔化褒姒。

---

① 〔汉〕班固:《汉书》,北京:中华书局1999年版,第2070页。
② 〔汉〕班固:《汉书》,北京:中华书局1999年版,第1187页。

其次，班固采信刘向等人的观点，以阴阳五行理论说明西周的灭亡是"女乱于内，夷攻其外"，将褒姒亡周上升到天人合一的高度，是所谓三川竭、岐山崩，西周亡。

> 是岁，三川竭，岐山崩。刘向以为，阳失在阴者，谓火气来煎枯水，故川竭也。山川连体，下竭上崩，事势然也。时，幽王暴虐，妄诛伐，不听谏，迷于褒姒，废其正后，废后之父申侯与犬戎共攻杀幽王。一曰，其在天文，水为辰星，辰星为蛮夷。月食辰星，国以女亡。幽王之败，女乱其内，夷攻其外。①

在阴阳五行学说盛行的东汉，"天人感应"论以太阳象征君主，对应的月亮象征"皇后"，《礼》载"天子与后，犹日之与月，阳之与阴，相须而后成"。《汉书·李寻传》说："月者，众阴之长。""妃后、大臣、诸侯之象也"。②既然天象与人事的交感相应，那么"月食"就是"后族擅权"。汉代佚名的《春秋考异邮》载："诸侯谋叛，则月生爪牙；后族专政，则日月并照。后族擅权，月生足芒，主势夺於后族"。因此，班固、刘向等人认为"月食辰星，国以女亡。"

再次，班固等人完全将国家祸乱灭亡的原因推给了弱女子，进一步彰显了"红颜祸水"的谬论。班固在《汉书·五行志》中，通过谷永的奏言，再一次表达了"赫赫宗周，褒姒灭之"的观点。汉成帝永始二年（前15年）"星陨如雨"，谷永对曰"日月星辰烛临下土，其有食陨之异，则遐迩幽隐靡不咸睹。星辰附离于天，犹庶民附离王者也。王者失道，纲纪废顿，下将叛去，故星叛天而陨，以见其象。"他认为三代丧亡的原因是由于君王荒于酒色，是"妇人群小"亡国。

> 臣闻三代所以丧亡者，皆繇妇人群小，湛湎于酒。《书》云："乃用其妇人之言，四方之逋逃多罪，是信是使。"《诗》曰："赫赫宗周，褒姒灭之。""颠覆厥德，荒沈于酒。"及秦所以二世而亡者，养生大奢，奉终大厚。方今国家兼而有之，社稷宗庙之大忧也。

---

① 〔汉〕班固：《汉书》，北京：中华书局1999年版，第1178页。
② 〔汉〕班固：《汉书》，北京：中华书局1999年版，第2381页。

由此可见，仅在《汉书·五行志》中，班固就以"天人感应论"为基础，反复强调"赫赫宗周，褒姒灭之""女乱于内，夷攻其外"的观点，将西周的灭亡推给了弱女子褒姒。班固等人的观点，反映了在儒家文化占主导地位的东汉，褒姒的形象被完全扭曲，变成了西周灭亡的替罪羔羊。《汉书·地理志》在分析洛阳作为国都的地理优势时，又将褒姒与西周灭亡联系起来。"昔周公营雒邑，以为在于土中，诸侯蕃屏四方，故立京师。至幽王淫褒姒，以灭宗周，子平王东居雒邑。其后五伯更帅诸侯以尊周室，故周于三代最为长久。"①《汉书·外戚传》用同样的语气批评周幽王"淫褒姒"。"周之兴也以姜嫄及太任、太姒，而幽王之禽也淫褒姒。"②《汉书·匈奴列传》又将犬戎匈奴侵扰中原与褒姒联系了起来。周宣王时期，"是时四夷宾服，称为中兴。至于幽王，用宠姬褒姒之故，与申侯有隙。申侯怒而与畎戎共攻杀幽王于丽山之下，遂取周之地，卤获而居于泾、渭之间，侵暴中国。"③由此可见，班固将商周与秦汉之际的历史转折中出现的一些问题，甚至匈奴侵凌中原，都视为周幽王"用宠姬褒姒之故"，彻底为西周统治集团开脱罪责。

最后，在西汉中后期儒学占据统治地位的背景下，以班固、谷永为代表的一批儒士学者，以幽王用褒姒为戒，将西汉的衰落视为"椒房玉堂之盛宠"所致。④《汉书·谷永传》中，谷永作为"善言灾异"的专家，成为"褒姒亡周论"的代表。汉成帝刘骜先后宠爱许皇后与赵飞燕、赵合德姐妹，同时成帝母亲王政君被尊为皇太后，从此外戚王氏家族登上了西汉的政治舞台，也为后来的王莽乱国埋下了伏笔。在此背景之下，天灾人祸不断。谷永上书说："内宠大盛，女不遵道，嫉妒专上，妨继嗣与？古之王者废五事之中，失夫妇之纪，妻妾得意，谒行于内，势行于外，至覆倾国家，或乱阴阳。昔褒姒用国，宗周以丧；阎妻骄扇，日以不臧。此其效也。"⑤又说："夫妻之际，王事纲纪，安危之机，圣

---

① 〔汉〕班固：《汉书》，北京：中华书局 1999 年版，第 1316—1317 页。
② 〔汉〕班固：《汉书》，北京：中华书局 1999 年版，第 2897 页。
③ 〔汉〕班固：《汉书》，北京：中华书局 1999 年版，第 2772—2773 页。
④ 〔汉〕班固：《汉书》，北京：中华书局 1999 年版，第 2573 页。
⑤ 〔汉〕班固：《汉书》，北京：中华书局 1999 年版，第 2559 页。

王所致慎也。昔舜饬正二女，以崇至德；楚庄忍绝丹姬，以成伯功；幽王惑于褒姒，周德降亡；鲁桓胁于齐女，社稷以倾。诚修后宫之政，明尊卑之序，贵者不得嫉妒专宠，以绝骄嫚之端，抑褒、阎之乱，贱者咸得秩进，各得厥职，以广继嗣之统，息《白华》之怨，后宫亲属，饶之以财，勿与政事，以远皇父之类，损妻党之权，未有闺门治而天下乱者也。"①颜师古注曰："永言此者，讥成帝专宠赵昭仪也。"②又说：

> 臣闻三代所以陨社稷丧宗庙者，皆由妇人与群恶沉湎于酒。《书》曰："乃用妇人之言，自绝于天"；"四方之逋逃多罪，是宗是长，是信是使"。《诗》云："燎之方阳，宁或灭之？赫赫宗周，褒姒灭之！"《易》曰："濡其首，有孚失是。"秦所以二世十六年而亡者，养生泰奢，奉终泰厚也。二者陛下兼而有之，臣请略陈其效。《易》曰："在中馈，无攸遂"，言妇人不得与事也。《诗》曰："懿厥哲妇，为枭为鸱"；"匪降自天，生自妇人"。建始、河平之际，许、班之贵，倾动前朝，熏灼四方，赏赐无量，空虚内臧，女宠至极，不可上矣；今之后起，天所不飨，什倍于前。③

谷永表面上可谓胆大至极，其实他"党于王氏"，④有强硬的后台。他批评成帝沉溺酒色，先有许皇后、班婕妤，后有赵飞燕姐妹等，她们都是褒姒那样的"哲妇"，如果不"抑损椒房玉堂之盛宠"，那么"赫赫宗周，褒姒灭之"的结局将会重演。

总之，班固于东汉时期编撰的《白虎通义》，集当时经学之大成，使谶纬神学理论化、法典化。《汉书·艺文志》中对儒家评价说：儒家者流，"助人君，顺阴阳，明教化者也。游文于六经之中，留意于仁义之际。祖述尧舜，宪章文武，宗师仲尼，以重其言，于道最为高。"⑤班固是历史儒学化的推手，在著史中坚

---

① 〔汉〕班固：《汉书》，北京：中华书局1999年版，第2561页。
② 〔汉〕班固：《汉书》，北京：中华书局1999年版，第2561页。
③ 〔汉〕班固：《汉书》，北京：中华书局1999年版，第2570页。
④ 〔汉〕班固：《汉书》，北京：中华书局1999年版，第2579页。
⑤ 〔汉〕班固：《汉书》，北京：中华书局1999年版，第1367—1368页。

守他的儒学立场，极力推崇儒家"六艺"之文，以汉室为正统，在著书立说中秉承尊儒宗经、尊汉拥刘的原则。班固对儒学立场的坚持固守最直接地决定了他对古今人物、社会发展及汉代史事的记述、评判，深刻地影响、规定了《汉书》的价值取向。在此背景下，"赫赫宗周，褒姒灭之"的观点不仅在《汉书》中确立并进一步强化，而且深刻地影响了后世。

二、《列女传》与《论衡》：丰富了汉代褒姒形象

刘向与王充是西汉、东汉超一流的学者和思想家。他们生当汉代儒学盛行之际，在儒家思想的影响下，在汉代女后干政刺激下，在汉代外戚专权的压抑之下，他们将褒姒视为"致君尧舜上，再使风俗清"的反面典型。

（一）《列女传》中的褒姒形象

刘向是中国第一个写妇女传记的作者，他的《列女传》成书约于公元前20年，书共分七卷。《汉书·刘向传》载："向睹俗弥奢淫，而赵、卫之属（师古曰：赵皇后、昭仪、卫婕妤也。）起微贱，逾礼制。向以为王教由内及外，自近者始。故采取《诗》《书》所载贤妃贞妇，兴国显家可法则，及孽嬖乱亡者（师古曰：孽，庶也。嬖，爱也。），序次为《列女传》，凡八篇，以戒天子。"①而妹喜、妲己、褒姒名列《列女传·孽嬖传》前三名。《列女传·周幽褒姒》的叙事基本与《史记·周本纪》相同，但后半部分情节更详细：

> 女长而美好，褒人姁有狱事，献之以赎。幽王受而嬖之，遂释褒姁，故号曰褒姒。既生子伯服，幽王乃废申后，申侯之女，而立褒姒为后。幽王惑于褒姒，出入与之同乘，不恤国事，驱驰弋猎不时，以适褒姒之意。饮酒流湎，倡优在前，以夜续昼。褒姒不笑，幽王乃欲其笑，万端，故不笑。幽王为烽燧大鼓，有寇至，则举。诸侯悉至而无寇，褒姒乃大笑。幽王欲悦之，数为之举烽火。其后不信，诸侯不

---

① 〔汉〕班固：《汉书》，北京：中华书局1999年版，第1520页。

至。忠谏者诛，唯褒姒言是从。上下相谀，百姓乖离。申侯乃与缯、西夷犬戎共攻幽王，幽王举烽燧征兵，莫至。遂杀幽王于骊山下，虏褒姒，尽取周赂而去。于是诸侯乃即申侯，而共立故太子宜咎，是为平王。自是之后，周与诸侯无异。诗曰："赫赫宗周，褒姒灭之。"此之谓也。

颂曰：褒神龙变，实生褒姒，兴配幽王，废后太子，举烽致兵，笑寇不至，申侯伐周，果灭其祀。①

将刘向的《列女传·周幽褒姒》与司马迁的《史记·周本纪》相比较，二者虽然叙述褒姒乃"褒神龙变"这一传说的主要线索一致，但情节有很大区别：司马在《史记·周本纪》中对褒姒诞生和入宫、被俘虏相对客观、平实，没有将褒姒视为西周灭亡的祸首；而刘向在《列女传·周幽褒姒》更强调"幽王感于褒姒""唯褒姒言是从"，将褒姒视为西周灭亡的罪魁，以"赫赫宗周，褒姒灭之"为结论。刘向编撰《列女传》，并不是为了反映客观历史进程，即不是为了作史，而是要劝讽宫闱，感悟天子，宣扬封建伦理道德。有时在人物传记中掺入缺乏史实依据的神灵怪异之言、佚闻传说之辞，致使真赝杂糅，降低了传体史书的真实性。他主要是针对汉成帝赵皇后的秽乱，引经据典，搜罗昔时贤后贞妇，兴国保家之事，写成《列女传》。呈献汉成帝作为讽劝，力斥孽嬖为乱亡之征兆，以盼望朝廷有所警悟。不幸的是，他将褒姒推上了"红颜祸水论"的祭台。

（二）《论衡》中的褒姒形象

《论衡》是东汉思想家王充的代表作品，也是中国历史上一部不朽的无神论著作，现存文章有85篇（其中的《招致》仅存篇目，实存84篇）。该书被称为"异书""奇书"。东汉时代，儒家思想在意识形态领域里占支配地位，但与春秋战国时期所不同的是，儒家学说被打上了神秘主义的色彩，掺进了谶纬学说，使儒学变成了"儒术"。《论衡》一书，就是针对这种儒术和神秘主义的谶纬说进

---

① 〔汉〕刘向著，绿净译注：《古列女传》，北京：北京联合出版社2015年版，第1520页。

行批判，是古代一部不朽的唯物主义的哲学文献。

首先，王充从唯物主义思想出发否定了褒姒是龙漦妖子。针对夏商周三代始祖起源的传说，王充进行辨驳。"禹母吞薏苡而生禹，故夏姓曰姒。""后稷母履大人迹而生后稷，故周姓曰姬。"《论衡》指出："且夫薏苡，草也；燕卵，鸟也；大人迹，土也。三者皆形，非气也。安能生人？"①由此，他也批驳了龙能生人的说法，龙与人也不是同类，"同类之物，精感欲动，乃能授施。""不相与合者，异类故也。今龙与人异类，何能感于人而施气？"②在此基础上，他在《论衡·奇怪》篇中也批驳褒姒不是"龙漦"所化之人：

  或曰：夏之衰，二龙斗于庭，吐漦于地。龙亡漦在，椟而藏之。至周幽王发出龙漦，化为玄鼋，入于后宫，与处女交，遂生褒姒。玄鼋与人异类，何以感于处女而施气乎？夫玄鼋所交非正，故褒姒为祸，周国以亡。以非类妄交，则有非道妄乱之子。③

王充在一定程度上否定了褒姒是"龙漦妖子"，但他并未完全否定褒姒祸乱西周。"玄鼋入后宫，殆先化为人。天地之间，异类之物，相与交接，未之有也。"④他认为褒姒的诞生是"非类妄交"，则"非道妄乱"。

其次，王充从天命论出发，认为褒姒祸周是上天注定的。在《论衡·偶会篇》篇中，王充认为"命，吉凶之主也。自然之道，适偶之数，非有他气旁物厌胜感动使之然也。""二龙之祅当效，周历适闾棷；褒姒当丧周国，幽王禀性偶恶。非二龙使厉王发孽，褒姒令幽王愚惑也。遭逢会遇，自相得也。"⑤以为褒姒亡周是上天注定的，是躲不过的。在《论衡·异虚篇》中，王充再次陷入宿命论，认为"善恶同实：善祥出，国必兴；恶祥见，朝必亡。"

  褒姒归周，历王惑乱，国遂灭亡。幽、历王之去夏世，以为千数

---

① 〔汉〕王充：《论衡》，上海：上海人民出版社1974年版，第50—51页。
② 〔汉〕王充：《论衡》，上海：上海人民出版社1974年版，第51页。
③ 〔汉〕王充：《论衡》，上海：上海人民出版社1974年版，第51—52页。
④ 〔汉〕王充：《论衡》，上海：上海人民出版社1974年版，第52页。
⑤ 〔汉〕王充：《论衡》，上海：上海人民出版社1974年版，第33—34页。

岁，二龙战时，幽、厉、褒姒等未为人也。周亡之妖，已出久矣。妖出，祸安得不就？瑞见，福安得不至？若二龙战时言曰："余褒之二君也。"是则褒姒当生之验也。龙称褒，褒姒不得不生，生则厉王不得不恶，恶则国不得不亡。征已见，虽五圣十贤相与却之，终不能消。善恶同实：善祥出，国必兴；恶祥见，朝必亡。谓恶异可以善行除，是谓善瑞可以恶政灭也。①

尽管王充不是彻底的唯物主义者，认为褒姒乱周是不可避免的，但他主张灾祸瑞应是相互变化的。"夫瑞应犹灾变也。瑞以应善，灾以应恶，善恶虽反，其应一也。灾变无种，瑞应亦无类也。"②在他看来，褒姒就是"遇恶而为变"的结果。"褒姒，玄鼋之子，二龙漦也。"③

西汉与东汉的母后干政、外戚专权在中国帝制时代是较为突出的，因此除了上述史传著作外，《吴越春秋》与《越绝书》也多次提到褒姒。《吴越春秋》是汉代赵晔撰，该书卷九记载：伍子胥对吴王夫差讲，贤士乃国之宝，美女是国之咎。夏亡以妹喜，殷亡以妲己，周亡以褒姒。吴王不听，遂受越国美女，结果导致亡国。《越绝书》为汉朝的袁康和吴平所撰。《越绝书》卷九记载："夫差不信伍子胥，而任太宰嚭，乃此祸晋之骊姬、亡周之褒姒，尽妖妍于图画，极凶悖于人理。倾城倾国，思昭示于后王，丽质冶容，宜求监于前史。"《越绝书》卷十二记载，伍子胥对夫差讲："胥闻贤士，邦之宝也；美女，邦之咎也。夏亡于末喜，殷亡于妲己，周亡于褒姒。"《吴越春秋》与《越绝书》相互印证，说明在春秋战国时期，褒姒已是反面典型，但褒姒亡周形象的强化是在汉武帝时代之后至东汉时期，也就是儒家独尊地位的确立时期。而《越绝书》，被东汉著名学者王充誉为当时五大名著之一。说明"周亡于褒姒"已是东汉普遍的历史认识与社会心理，就像以王充这样以《问孔》《刺孟》批判儒家思想著称的朴素唯物论思想家，也很难摆脱历史与现实的羁绊。

---

① 〔汉〕王充：《论衡》，上海：上海人民出版社1974年版，第70页。
② 〔汉〕王充：《论衡》，上海：上海人民出版社1974年版，第260页。
③ 〔汉〕王充：《论衡》，上海：上海人民出版社1974年版，第260页。

三、汉代之后的史传接受了《史记》《汉书》的褒姒形象

魏晋南北朝至隋唐时期，儒佛道三教争衡，儒家独尊的价值观受到强烈挑战；南北方空前规模的民族大融合，北朝"健妇持门户，亦胜一丈夫"（出自两汉佚名的《陇西行·天上何所有》）的观念被隋唐继承，女性地位的提高导致了中国历史上唯一的女皇帝武则天的登台并有所作为，影响深远。在此大背景下，魏晋到隋唐时期的褒姒形象似乎没有超出《史记》《汉书》的有关褒姒形象的描述。

北朝发迹于胡族，女性的地位比较高，因此在北魏郦道元的《水经注》中，基本上采信了《史记》关于褒姒的描述，将周幽王视为西周灭亡的罪魁祸首。《水经注·渭水》记载：

> 昔周幽王悦褒姒，姒不笑，王乃击鼓举烽，以征诸侯。诸侯至，无寇，褒姒乃笑，王甚悦之。及犬戎至，王又举烽以征诸侯，诸侯不至，遂败幽王于戏水之上，身死于丽山之北。故《国语》曰：幽灭者也。①

显而易见，郦道元并未采纳《国语》中褒姒祸周，"天之生此久矣，其为毒也大矣，将俟淫德而加之焉"的观点，②而是将西周灭亡的责任彻底放在周幽王的身上，所谓"幽灭者也"。

南朝传承着中原"男尊女卑"的价值观念，所谓"男儿当门户，堕地自生神"（傅玄诗《苦相篇》），因此南朝范晔的《后汉书》似乎就接受了班固《汉书》的观点，将褒姒列为西周灭亡的罪魁。在《后汉书·文苑传》中，引用崔琦《外戚箴》的话说，"末嬉丧夏，褒姒毙周，妲已亡殷。"③

唐代以武则天为代表的女后干政颇为突出，被压抑的唐朝贵族在修《晋书》

---

① 〔北魏〕郦道元著，陈桥驿注释：《水经注》，杭州：浙江古籍出版社2001年版，第305页。
② 〔春秋〕左丘明著，〔三国〕韦昭注，胡文波校点：《国语》，上海：上海古籍出版社2015年版，第349页。
③ 〔南朝宋〕范晔：《后汉书》，北京：中华书局1999年版，第1769页。

时，就接受了班固《汉书》的观点，重弹"赫赫宗周，褒姒灭之"的论调。《晋书》列传六十三："天人道尽，丧乱弘多，宗庙以之颠覆，黎庶于焉殄瘁。《诗》云：'赫赫宗周，其此之谓也。'"《晋书》列传四十五："周恶檿弧之谣，而成褒姒之乱。"中唐之后，"四书"的地位上升，"五经"的地位下降，在"心性论"大行其道的背景下，对女性的限制更加严苛，所谓"饿死事小，失节事大"。欧阳修、宋祁等人修撰的《新唐书》，多次提到"赫赫宗周，褒姒灭之"。《新唐书》列传卷三十褚遂良谏曰："王者立后，配天地，象日月。匹夫匹妇尚知相择，况天子乎？《诗》云：'赫赫宗周，褒姒灭之。'臣读至此，常辍卷太息，不图本朝亲见此祸。宗庙其不血食乎！"结果高宗大怒，将褚遂良贬潭州都督。《新唐书》列传卷三十二："昔褒姒一女，营惑幽王，能亡其国，况今僧尼十万，刻绘泥像，以感天下，有不亡乎？"一直到《明史》列传卷一百一十九："矧以艳处之褒姒，而为善谮之骊姬，狐媚既以蛊其心，鹿台又复移其志。"这一切皆可证明汉代之后，《诗经》《汉书》中的褒姒形象被普遍接受，成为史传历史与文学的主流。

总之，汉代褒姒形象基本定型，魏晋之后基本上继承了《史记》《汉书》中的褒姒形象，随着中国社会的日趋保守封闭，"赫赫宗周，褒姒灭之"的观点进一步强化。

四、小结

红颜祸水论，早在夏、商、周三代已开始流行。西汉是大一统国家形态与儒道互补、外儒内法统治思想的奠基时期，作为以西周道统继承者自居的汉朝，面对吕后、赵飞燕等后宫、外戚干政局面，一方面强力推进儒家独尊背景下的"三纲五常"的男尊女卑理论，另一方面则强调"赫赫宗周，褒姒灭之"的红颜祸水论。

司马迁作为华夏纪传体正史的开山鼻祖，首次在《史记》中创设"外戚世家"。而且明确指出："自古受命帝王及继体守文之君，非独内德茂也，盖亦有外戚之助焉。夏之兴也以涂山，而桀之放也以末喜。殷之兴也以有娀，纣之杀也嬖妲己。周之兴也以姜原及大任，而幽王之禽也淫于褒姒。"故"夫妇之际，人道之大伦也。"①第一次将夏、商、周三代的兴亡与美女联系起来，视为"家天下"时代国家兴亡的主要因素。"礼之用，唯婚姻为兢兢。夫乐调而四时和，阴阳之变，万物之统也。可不慎与？人能弘道，无如命何。"②其意是"阴阳即夫妇也。夫妇道和而能化生万物。万物，人为之本，故云'万物之统'。"③但司马迁还是以求实理性的态度评价褒姒，并未接受《诗经》"赫赫宗周，褒姒灭之"的论点。

班固是开创断代为史的文史巨匠，但他的《汉书》在思想上较为保守。他曾引用谷永的奏议说："臣闻三代所以丧亡者，皆由妇人群小，湛湎于酒。书云：'乃用其妇人之言，四方之逋逃多罪，是信是使。'诗曰：'赫赫宗周，褒姒灭之。'"④因此，班固在《汉书》中确立了褒姒亡周的观点。

刘向的《列女传·周幽褒姒》与王充的《论衡》则是儒学独尊地位确立之后，正史之外评价褒姒的代表作。王充在《论衡·言毒篇》中，试图从理论上建构"红颜祸水论"。"妖气生美好，故美好之人多邪恶。""龙蛇东方木，含火精，故美色貌丽。""生妖怪者常由好色，为祸难者常发勇力，为毒害者皆在好色。"⑤王充是中国古代难得的唯物论思想家，但他在对褒姒的评价方面完全陷入了唯心主义，他以"妖气生美好，故美好之人多邪恶"为红颜祸水论张目，是完全站不住脚的。美女褒姒是一位命运多舛的弱女子，不仅因为貌美成为西周灭亡的替罪羔羊，而且成为汉代之后"红颜祸水论"的典型，这不仅是男权主义时代女性的悲哀，更是中国历史的悲哀。

（梁中效，男，陕西武功人，陕西理工大学人文学院教授）

---

① 〔汉〕司马迁：《史记》，北京：中华书局1999年版，第1579页。
② 〔汉〕司马迁：《史记》，北京：中华书局1999年版，第1579页。
③ 〔汉〕司马迁：《史记》，北京：中华书局1999年版，第1580页。
④ 〔汉〕班固：《汉书》，北京：中华书局1999年版，第1221页。
⑤ 〔汉〕王充：《论衡》，上海：上海人民出版社1974年版，第351页。

从秦穆公的悲剧到秦国的悲剧
——以《秦本纪》载《黄鸟》叙事的矛盾为中心

曹 阳

秦穆公①是秦国历史上声名卓著的君主,《史记》记载其执政期间,"益国十二,开地千里","东服强晋,西霸戎夷","与齐桓、晋文中国侯伯侔矣"。秦穆公开创的霸业在秦国发展史上起着关键作用,为秦国统一天下奠定了坚实基础。郭嵩焘《史记札记》曰:"穆公立,秦遂以霸。秦氏之强自穆公始。"②马非百《秦集史》曰:"秦人异日统一之基,实自穆公建之,此不可不知者也。"③秦穆公也是司马迁在《秦本纪》中着墨最多的人物,其事迹占据全文近三分之一,牛运震《史记评注》云:"叙缪公一代事迹……不可谓非太史公用意之文也。"④但司马迁在记述穆公史事时,叙述重心并不在穆公逐步建立的功业上,而是选取相关史料着意刻画了秦穆公的明君形象。然而,在叙述其逝世时,司马迁却引述了一段《左传》中穆公收"三良"从葬,"国人哀之,为之赋《黄鸟》","君子是以知秦之不复东征"⑤的叙事,暴露出了秦穆公的"杀贤"恶行。《史记·秦本纪》载:

---

① 秦穆公(前682年—前621年),名任好。《公羊传》《谷梁传》《左传》作"秦伯",《国语》作"秦穆公",《史记》中《秦本纪》《秦始皇本纪》作"秦缪公",《孔子世家》作"秦穆公"。
② 〔清〕郭嵩焘:《史记札记》,北京:商务印书馆1957年版,第35页。
③ 马非百:《秦集史》,北京:中华书局1982年版,第21页。
④ 〔清〕牛运震撰,崔凡芝校释:《空山堂史记评注校释》,北京:中华书局2012年版,第36页。
⑤ 〔清〕阮元校刻:《十三经注疏》,《春秋左传正义》卷十七,北京:中华书局2009年版,第4003—4004页。

三十九年，缪公卒，葬雍。从死者百七十七人，秦之良臣子舆氏三人名曰奄息、仲行、针虎，亦在从死之中。秦人哀之，为作歌《黄鸟》之诗。君子曰："秦缪公广地益国，东服强晋，西霸戎夷，然不为诸侯盟主，亦宜哉。死而弃民，收其良臣而从死。且先王崩，尚犹遗德垂法，况夺之善人良臣百姓所哀者乎？是以知秦不能复东征也。"①

这一文本交代了秦穆公的结局，使关于穆公的叙事文本成为一个相对独立的整体。但是不论从穆公的人物形象还是《秦本纪》的整体文本来看，这段源于《左传》的叙事均表现出了文本间的前后矛盾，对此明代陈允锡、徐孚远，清代梁玉绳、程馀庆，以及近代童书业等人皆将文本矛盾的根源归结为《左传》叙事视野所限，指出其为《史记》载录《左传》不验之预言。日本学者藤田胜久则指出司马迁如此载录蕴含着特殊的意义，但并未展开论述。②笔者认为《史记》这一文本矛盾并非写作过程中的疏漏，也绝非不经意之笔。如何认识这一文本矛盾，对解读《秦本纪》乃至《秦始皇本纪》具有重要意义。

一、秦穆公形象的前后矛盾

在《秦本纪》秦穆公相关文本中，司马迁用多达十分之七的篇幅对"羊皮换贤""秦晋乞籴""穆公亡马""穆公归夷吾""由余降秦""穆公悔过"六个故事重新叙述，凸显出了穆公贤君明主的光辉形象。对秦穆公使用策略，以"羊皮换贤"，又"使人厚币迎蹇叔"的叙述，凸显了秦穆公惜才、爱才的"重贤"之心；用"秦晋乞籴"的故事，借秦晋对比，叙出秦穆公"厚德尚义"的仁爱之心；在"穆公亡马"的叙述中，借穆公之口道出"君子不以畜产害人"，展现了

---

① 〔汉〕司马迁：《史记》卷五，北京：中华书局1982年版，第194—195页。
② 参见陈允锡《史纬》卷一《秦》、徐孚远《史记测议·秦本纪》、梁玉绳《史记志疑·秦本纪》、程馀庆《历代名家评注史记集说·秦本纪》、童书业《春秋左传研究·春秋左传札记续》（以上内容后文皆有论及），藤田胜久《〈史记·秦本纪〉的史料特性》（见《秦文化论丛》第4辑，西安：西北大学出版社1996年版，第132—133页）。

穆公"宽厚"而"爱人"的一面；"穆公归夷吾"叙事中，将秦穆公放归晋君夷吾的原因归为受周天子与其夫人的影响，显得秦穆公"尊王""重情"且"宽厚"；为使"由余降秦"，秦穆公除用内史廖的离间计外，还对由余礼待有加，"曲席而坐，传器而食"，可见其求贤若渴，重贤爱才；"穆公悔过"叙述中，殽之战败后，穆公素服郊迎三将而哭，"复三人官秩如故，愈益厚之"，殽之战的大仇得报后，封殽中尸后而作誓，悔恨自己未纳贤臣之谏。秦穆公的"宽厚"与"悔过"历历可见。

司马迁在《秦本纪》中刻画秦穆公这一人物时，有意地采纳了包括《尚书》《左传》《公羊传》《谷梁传》《国语》《孟子》《韩非子》《吕氏春秋》《韩诗外传》等文献材料中关于穆公的事迹。对所收集的原始材料，司马迁并非简单而随意载录，而是有目的地择选，对相关情节、人物进行了精心安排与加工，重新叙述了关于秦穆公的故事。这一重述客观上使得文本上下衔接更为合理，叙事更为简明，但其重心旨在突显秦穆公的形象特征。

经过文本对比，我们发现为刻画秦穆公形象，司马迁采用多种方式对史料进行了改易。其一，人物主体上巧妙改设。如"羊皮换贤"中将《孟子》《吕氏春秋》《韩诗外传》所载以五羖羊皮赎买百里奚的主体从百里奚本人改为秦穆公，凸显出秦穆公的重贤与谋略。又如"秦晋乞籴"中将秦国参与讨论的臣子从《左传》所载子桑、百里奚、子豹，《国语》所载丕豹、公孙枝变为丕豹、公孙枝、百里奚，刻画了秦穆公重贤且从谏如流的君主形象。再如"穆公归夷吾"中以《左传》《国语》所载史事为框架，却将为晋惠公求情的主体设为周天子、穆公夫人，凸显了秦穆公"尊王""重情"的形象等。其二，人物言语上用心雕琢。如相对于其他材料粗略的叙述，在"羊皮换贤"中增添"吾媵臣百里奚在焉，请以五羖羊皮赎之"[1]句，"口吻如生"[2]，使得穆公"重贤"情态毕现。又如在"秦晋乞籴"中删去了《左传》《国语》所载晋国庆郑主张输籴于秦的言论，显

---

[1]〔汉〕司马迁：《史记》卷五，北京：中华书局1982年版，第186页。
[2]〔清〕牛运震撰，崔凡芝校释：《空山堂史记评注校释》，北京：中华书局2012年版，第31页。

得"晋臣不及秦远矣！"①再如在《左传》《国语》所载基础上，为"穆公归夷吾"中秦穆公言论增添"我得晋君以为功，今天子为请，夫人是忧"②之语，体现了秦穆公的"尊王""重情"与"宽厚"。其三，情节上经意增删。如"羊皮换贤"中"恐楚人不与"的细节增补，"数语写缪公求贤爱才之意曲至。"③又如以《韩非子》与《韩诗外传》叙述为基础，在"由余降秦"中增添"闻缪公贤，故使由余观秦""因与由余曲席而坐，传器而食"④等细节。从对"邻国圣人"由余的礼待与尊崇中，凸显了穆公"爱才""重贤"。再如出于对秦穆公的尊崇，怕有害穆公之德，在"穆公悔过"中对《左传》《公羊传》《谷梁传》所载秦穆公怒骂蹇叔之事进行了删削。其四，叙述顺序上精心设计。如相对于《吕氏春秋》所载，将"穆公亡马"一事插叙于韩原之战未决胜负之时。叙出秦穆公所赦野人为回报其厚德而拼死力战，使得秦穆公在韩原之战中转败为胜，更为直接地展现了穆公施德在战争胜败间起到的关键作用。又如相对于《尚书》所载，在"穆公悔过"中将秦穆公誓师一事从殽之战败归后移至封殽中尸后，加倍显出了秦穆公深切的悔过之心等。司马迁对秦穆公相关故事的悉心改易足以反映出史公的良苦用心。

司马迁以上述秦穆公的形象特征为中心来行文属事，与其撰写秦穆公相关文本时所采的原始材料紧密相关。事实上，这些原始材料本身便蕴涵着对秦穆公形象认识的价值导向。除了其所载客观事件表露出来的倾向外，较为明显的导向主要表现在以下两个方面。其一，对穆公行事的评价。《左传·文公二年》载："君子是以知'秦穆公之为君也，举人之周也，与人之壹也。……《诗》曰：于以采蘩，于沼于沚，于以用之公侯之事，秦穆有焉。'"⑤赞美穆公任人以贤。《左传·文公四年》载："楚人灭江，秦伯为之降服、出次、不举、过数。大夫谏，

---

① 〔清〕程馀庆：《历代名家评注史记集说》，西安：三秦出版社2011年版，第76页。
② 〔汉〕司马迁：《史记》卷五，北京：中华书局1982年版，第189页。
③ 〔清〕牛运震撰，崔凡芝校释：《空山堂史记评注校释》，北京：中华书局2012年版，第31页。
④ 〔汉〕司马迁：《史记》卷五，北京：中华书局1982年版，第192—193页。
⑤ 〔清〕阮元校刻：《十三经注疏》，《春秋左传正义》卷十八，北京：中华书局2009年版，第3994页。

公曰：'同盟灭，虽不能救，敢不矜乎！吾自惧也。'君子曰：'《诗》云：惟彼二国，其政不获，惟此四国，爰究爰度。其秦穆之谓矣。'"①赞美秦穆公有德行，有仁心。《公羊传》曰："秦无大夫，此何以书？贤缪公也。"②《荀子·大略篇》曰："《春秋》贤穆公。"③均认为史家以穆公为贤。《吕氏春秋·慎人》载："缪公遂用之（百里奚）。谋无不当，举必有功，非加贤也。使百里奚虽贤，无得缪公，必无此名矣。今焉知世之无百里奚哉？故人主之欲求士者，不可不务博也。"④将百里奚之贤得以施展归至穆公知贤、重贤，任人唯贤上。在这些文献材料中，有关于秦穆公的评价侧重于重贤，兼及爱人，洋溢着对穆公行事的褒美之情。其二，对穆公事迹的归类。《吕氏春秋》中"穆公亡马"的故事收录在《爱士》篇，文中评价此事说："此《诗》之所谓曰'君君子则正，以行其德；君贱人则宽，以尽其力'者也。人主其胡可以无务行德爱人乎？行德爱人则民亲其上，民亲其上则皆乐为其君死矣。"⑤将故事主题归到穆公因"行德爱人"而转败为胜上。这一归类和评价明显影响到了司马迁对这一故事的采用。司马迁依据原始材料对秦穆公相关故事进行重述时，无论是主动寻求还是被动接受，他的叙事思想与历史观念无疑会受到原始材料的价值导向影响。这一影响也使得司马迁在行文属事中有了明确的叙事目的，进而左右了其撰写时对材料的选取、改易和安排，使原本的客观材料被再次叙出时增添了一层明显的主观色彩。

然而，在广采文献材料，用意重述，着力刻画出秦穆公近乎完美的光辉形象后，司马迁突然笔锋一转，载录了秦穆公以"三良"等从葬的"杀贤"之行。这与前文司马迁着意刻画的秦穆公形象显得格格不入。如果司马迁的目的在于塑造秦穆公的完美形象，那么他也可以像隐去穆公怒骂蹇叔之事一样，出于避讳而选择不载录此事。在撰写"蹇叔哭师"一事时，司马迁主要采用了《左传》

---

① 〔清〕阮元校刻：《十三经注疏》，《春秋左传正义》卷十八，北京：中华书局2009年版，第3995页。

② 〔清〕阮元校刻：《十三经注疏》，《春秋公羊传注疏》卷十四，北京：中华书局2009年版，第4933页。

③ 〔清〕王先谦：《荀子集解》，北京：中华书局1988年版，第498页。

④ 许维遹：《吕氏春秋集释》，北京：中华书局2009年版，第338页。

⑤ 许维遹：《吕氏春秋集释》，北京：中华书局2009年版，第191页。

《公羊传》《谷梁传》中的材料。《左传·僖公三十二年》载："蹇叔哭之……公使谓之曰：'尔何知？中寿，尔墓之木拱矣。'"①《公羊传·僖公三十三年》载："秦伯将袭郑，百里子与蹇叔子谏曰：……秦伯怒曰：'若尔之年者，宰上之木拱矣，尔曷知！'"②《穀梁传·僖公三十三年》载："秦伯将袭郑，百里子与蹇叔子谏曰：……秦伯曰：'子之冢木已拱矣，何知？'"③而《史记·秦本纪》载蹇叔、百里奚劝谏秦穆公后，穆公说："子不知也，吾已决矣"④，改换了穆公之语，隐去了秦穆公怒骂贤臣的情节。《左传·文公二年》载："冬，晋先且居、宋公子成、陈辕选、郑公子归生伐秦，取汪，及彭衙而还，以报彭衙之役。卿不书，为穆公故，尊秦也，谓之崇德。"⑤《左传》认为君子出于秦穆公的原因而"尊秦"，所以不载晋、宋、郑伐秦取彭衙之事。司马迁对穆公怒骂蹇叔这一情节的删削很大可能同"卿不书"的原因相同，是出于对秦穆公的尊崇，怕有害穆公之德。"秦缪公是《秦本纪》中着重记载的一位历史人物，其文本是《秦本纪》中最为完整的君王传记文本。司马迁无论在材料的选择还是编排中都有意突出表现其贤明的一面，这集中表现在他对人才的重视。然而从对三良从死之事的记载来看，司马迁也客观地记录了秦缪公的负面行为，并且认为其使三良从死的行为预示着'秦不能复东征'的结果。"⑥司马迁在《秦本纪》中较为客观地保留了《左传》中的"杀贤"文本，无疑使得秦穆公形象呈现出前后不一的客观面貌。对此，日本学者藤田胜久提出"一方面评价缪公时代，一方面

---

① 〔清〕阮元校刻：《十三经注疏》，《春秋左传正义》卷十七，北京：中华书局2009年版，第3977页。

② 〔清〕阮元校刻：《十三经注疏》，《春秋公羊传注疏》卷八，北京：中华书局2009年版，第4859页。

③ 〔清〕阮元校刻：《十三经注疏》，《春秋穀梁传注疏》卷九，北京：中华书局2009年版，第5216页。

④ 〔汉〕司马迁：《史记》卷五，北京：中华书局1982年版，第191页。

⑤ 〔清〕阮元校刻：《十三经注疏》，《春秋左传正义》卷十八，北京：中华书局2009年版，第3993页。

⑥ 刘彦青：《史记十二本纪文本生成研究》，西安：陕西师范大学博士学位论文，2018年，第61页。

还承认《左传》批评缪公的缺陷，以示缪公死后秦国历史的衰退，宛如这个缪公部分成为一个世家，产生这样的效果。从这里能够看出，缪公时代被特别提出的理由，除了构成材料多以外，一定还包含着司马迁的历史评价。"①认为司马迁对这段材料的处理蕴含着太史公的历史观念。

二、"秦不能复东征"的文本线索矛盾

《秦本纪》借"君子"之口对秦穆公收"三良"从死一事进行了评价，并预言说"秦不能复东征也。"将叙事的核心指向了"东征"。那么，对于秦国而言，"东征"有着怎样的意义呢？

秦人先祖嬴姓部族曾为殷商镇守西戎，其后人非子为周孝王养马有功，周孝王"邑之秦，使复续嬴氏祀，号曰秦嬴"。秦庄公"伐西戎，破之"，被周宣王封为西陲大夫。秦襄公"将兵救周"，"平王封襄公为诸侯，赐之岐以西之地。"自此，秦国正式成为周朝的诸侯国。秦文公时，营邑汧渭之会。"以兵伐戎，戎败走。于是文公遂收周余民有之，地至岐。"秦宁公时，"徙居平阳""灭荡社"。秦武公时，"伐彭戏氏，至于华山下，居平阳封宫。""伐邽、冀戎，初县之。""初县杜、郑。灭小虢。"秦德公时，"居雍"。②经过数世经营，秦国领土扩至关中东端，成为了较具实力的诸侯国。而晋国在晋献公时期也大事扩张，攻灭骊戎、耿、霍、魏、虞、虢等国，击败狄戎，"并国十七，服国三十八"③，占据了黄河中游之地，与秦接界。何焯《义门读书记》引冯班语云："近秦而与秦为难者，无如晋。"④顾栋高评价当时秦晋间的地理形势说："秦与晋以河为界，河以东为晋，河以西为秦，然秦当春秋时疆域褊小，非特隔于函关之外，为晋所

---

① [日] 藤田胜久著，张新科译：《〈史记·秦本纪〉的史料特性》，《秦文化论丛》第4辑，西安：西北大学出版社，1996.06，第132—133页。
② 〔汉〕司马迁：《史记》卷五，北京：中华书局1982年版，第177—184页。
③ 〔清〕王先慎撰，钟哲点校：《韩非子集解》卷十五，北京：中华书局1998年版，第368页。
④ 〔清〕冯班撰，何焯评，李鹏点校：《钝吟杂录》，北京：中华书局2013年版，第200页。

限阕而不得出也。"①自秦襄公起，秦国历代君主基本都沿着渭水向东扩展，秦穆公要继先人之业继续向东就必须"伐晋"，然而其数次伐晋均屡屡受挫。只到执政的最后几年里，秦穆公才改事西进，"三十七年，秦用由余谋伐戎王，益国十二，开地千里，遂霸西戎。"②无论是对秦国发展还是秦穆公个人功业而言，"东征"都具有十分重要的意义和价值。

秦穆公时期，"东征"的首要对象即晋国。在秦穆公相关文本中，关于穆公伐晋的叙述占据三分之二。司马迁对秦穆公事迹的叙述以穆公元年伐晋茅津作为开端，其后史事也多围绕秦伐晋而展开。穆公五年，"缪公自将伐晋，战于河曲。"九年，晋献公去世，晋国发生内乱，穆公使百里奚将兵送夷吾归晋。但是夷吾在穆公帮助下被立为君后，并没有兑现"割晋之河西八城与秦"的诺言。十二年，晋国因旱灾造成饥荒，向秦国求救。秦穆公未听从丕豹伐晋的建议，将粮食运往晋国。十四年秦国发生饥荒，晋君却听取虢射建议，准备乘机发兵攻秦，这直接导致了秦晋韩原之战。在韩原之战中，秦穆公"虏晋君以归"，"将以晋君祠上帝"，周天子、穆公夫人为晋惠公求情，秦穆公"归晋君夷吾，夷吾献其河西地"，"是时秦地东至河。"二十四年，穆公送重耳入晋，是为晋文公。三十二年，晋文公卒，秦穆公趁机伐晋，"使百里奚子孟明视，蹇叔子西乞术及白乙丙将兵"，但是秦军在殽被晋打败。三十四年，穆公"复使孟明视等将兵伐晋，战于彭衙。秦不利，引兵归。"三十六年，穆公"复益厚孟明等，使将兵伐晋，渡河焚船，大败晋人，取王官及鄗，以报殽之役。晋人皆城守不敢出。于是缪公乃自茅津渡河，封殽中尸，为发丧，哭之三日。"③秦穆公执政三十九年后去世，终其一生都在尽力"伐晋东征"。顾栋高云："故终穆公之世，未尝一日忘东向。其援立惠公也，实贪河外列城之赂，盖欲图虢之故地以为东出之谋。既而韩之战，秦始征晋河东，未几复属于晋，秦之不得志于晋可知也。迨初立文公，秦欲纳王而晋辞秦师独下，文公枭雄，赖秦之力而实阴忌之，必不使勤

---

① 〔清〕顾栋高辑，吴树平、李解民点校：《春秋大事表》卷四，北京：中华书局1993年版，第540—541页。

② 〔汉〕司马迁：《史记》卷五，北京：中华书局1982年版，第194页。

③ 〔汉〕司马迁：《史记》卷五，北京：中华书局1982年版，第185—194页。

王之举得分其功，晋之抑秦又可知也。至其季年，日暮途远，背晋与郑盟，已复袭郑，悬师深入，年老智昏，而穆公之始终不忘东向，其情盖汲汲矣。其后绝晋，日寻干戈，少梁、北征、彭衙、刳首，迭有胜负，然终不能越河以东一步。"①虽然秦穆公毕生都致力于"伐晋东征"，但是却始终未能达成心愿。

秦穆公之后的历代秦国君主亦不忘"伐晋东征"。秦康公时，因晋国立君之争，秦晋爆发"令狐之役"，秦师败绩。之后又与晋交战数次，"取武城""取羁马"②。康公去世后，其子共公立。马非百《秦集史》云："康公、共公二代，在位十六年间，与晋战者凡九次。盖仍是一本穆公之东进政策也。"③秦桓公时，"与翟合谋击晋"。秦景公时，"败晋兵于栎"。秦哀公时，"晋公室卑而六卿强，欲内相攻，是以久秦晋不相攻。"至秦厉共公时，"晋乱，杀智伯，分其国与赵、韩、魏。"④秦数代"伐晋东征"无果，至此，"东征"的首要目标由"晋"变为了"赵、韩、魏"，"东征"之路终于由难转易。夏骃《三晋论》曰："秦自穆公益国十二，辟地千里，称霸西戎，天子致贺，已日骎骎强大。而自穆公，以迄于献、孝，二百余年，终不能越河山尺寸，以得志于东诸侯者，以晋为之捍也。……方三晋未分之时，河山以东皆晋地，秦既不能越晋以攻东诸侯，使其有事于晋，则举晋之全力，固是以敌秦，而晋主盟中夏者几二百年，诸侯多与晋而不直秦，此秦之所以历六世，而终不敢出兵以害山东也。自晋分为三，而秦以全力攻其一，始不支矣。""夫岐丰弃，周失天下之始，三晋分，秦并天下之始。"⑤然而，在秦献公之前，"秦以往者数易君，君臣乖乱，故晋复强，夺秦河西地。"秦献公时期，与晋"战于石门"，"与魏晋战少梁"。秦孝公继位后，"布惠，振孤寡，招战士，明功赏"，下令称："三晋攻夺我先君河西地，诸侯卑

---

① 〔清〕顾栋高辑，吴树平、李解民点校：《春秋大事表》卷四，北京：中华书局1993年版，第541页。

② 〔汉〕司马迁：《史记》卷五，北京：中华书局1982年版，第195页。

③ 马非百：《秦集史》，北京：中华书局1982年，第26页。

④ 〔汉〕司马迁：《史记》卷五，北京：中华书局1982年版，第196—199页。

⑤ 张新科、赵光勇编：《史记研究集成·十二本纪·秦本纪》，西安：西北大学出版社2019年版，第179页。

秦、丑莫大焉。"①欲继承先王之志,"修缪公之业,东复侵地"。②孝公时期,"与魏战元里""围魏安邑""东地渡洛""与晋战雁门"③。自此后,秦伐"赵、韩、魏"呈破竹之势,三晋多次向秦纳地求和,程馀庆《历代名家评注史记集说》评:"盖秦之所以强者,以晋分为三,而力不敌故也。"④秦惠文君时期,魏"纳阴晋""纳河西地""纳上郡十五县",秦仍不忘东向,数次伐三晋。"渡河,取汾阴、皮氏""围焦,降之""取赵中都、西阳""取韩石章""攻魏焦""败韩岸门""攻赵"。在不可挡的攻势下,秦武王时,"韩、魏、齐、楚、越皆宾从"。武王又"拔宜阳""涉河,城武遂"。至秦昭襄王时,战争到了白热化的阶段,秦不仅先后战胜了齐、楚,攻取了三晋大部分领土,而且还攻陷东周王都洛邑,结束了周王朝的统治,取得了"天下来宾"的政治地位。⑤经过秦庄襄王时期数次对三晋的攻伐,至秦始皇"立二十六年,初并天下为三十六郡"⑥,最终完成了一统。《史记评林》载何景明评:"秦于六国非能施德也,然秦以一隅之僻,据河华之要,开崤函之塞,东向而制天下。天下之侯王,视其分裂,而听其宰制,卒无术以御之者。"⑦"东征"的直接对象是(三)晋,是秦能够征伐六国统一天下的关键战略,对于秦国的历史命运有着重要意义。

《秦本纪》中"秦不能复东征"的预言录自《左传》。《左传·文公六年》载:"秦伯任好卒。以子车氏之三子奄息、仲行、针虎为殉。皆秦之良也。国人哀之,为之赋《黄鸟》。君子曰:'秦穆之不为盟主也,宜哉。死而弃民。先王违世,犹诒之法,而况夺之善人乎!……今纵无法以遗后嗣,而又收其良以死,难以在上矣。君子是以知秦之不复东征也。'"⑧《左传》载录了一百三十多条预言,这

---

① 〔汉〕司马迁:《史记》卷五,北京:中华书局1982年版,第200—202页。
② 〔汉〕司马迁:《史记》卷六十八,北京:中华书局1982年版,第2228页。
③ 〔汉〕司马迁:《史记》卷五,北京:中华书局1982年版,第203—204页。
④ 〔清〕程馀庆:《历代名家评注史记集说》,西安:三秦出版社2011年版,第80页。
⑤ 〔汉〕司马迁:《史记》卷五,北京:中华书局1982年版,第205—218页。
⑥ 〔汉〕司马迁:《史记》卷五,北京:中华书局1982年版,第220页。
⑦ 〔清〕凌稚隆辑校、李光缙增补,于亦时整理:《史记评林》,天津:天津古籍出版社1998年版,第334—335页。
⑧ 〔清〕阮元校刻:《十三经注疏》,《春秋左传正义》卷十七,北京:中华书局2009年版,第4002—4004页。

些预言几乎都精准地预测到了会发生的史实，使得《左传》充满了神秘色彩。学者们多认为《左传》中的预言出于记录者事后追述，在这些预言的背后，蕴含着记录者深厚的伦理道德观念。"秦之不复东征"的预言属于《左传》中的"君子"预言，与之类似的例子在《左传》中存有多处。如《隐公十一年》载："郑、息有违言，息侯伐郑。郑伯与战于竟，息师大败而还。君子是以知息之将亡也。不度德，不量力，不亲亲，不征辞，不察有罪，犯五不韪而以伐人，其丧师也，不亦宜乎！"①君子以息国所犯"五不韪"，预言息国将亡。这一预言在庄公十四年时应验，"楚子如息，以食入享，遂灭息。"②《文公四年》载："逆妇姜于齐，卿不行，非礼也。君子是以知出姜之不允于鲁也。"③君子通过鲁国迎娶出姜时礼数不周，预言她将不被敬信。这一预言在文公十八年时应验，鲁文公去世后，在齐惠公的默许下，东门襄仲杀害了出姜的儿子们，拥立敬嬴之子为鲁宣公。在上述预言中，君子通过对个人、国家的行为是否合乎道德、礼仪来对其作出评判和预言，显示出了崇德尊礼的观念。与之不同的是，从前文所论秦穆公之后秦的东征进程来看，"秦之不复东征"的预言似乎出现了失误，并未应验。程馀庆云："此以理断之耳，后却不验。"④顾炎武《日知录》亦曰："昔人所言兴亡祸福之故不必尽验。《左氏》但记其信而有征者尔，而亦不尽信也。三良殉死，君子是以知秦之不复东征。至于孝公，而天子致伯，诸侯毕贺，其后始皇遂并天下。……是《左氏》所记之言亦不尽信也。"⑤但是，《左传》中并无完全不验的预言，那些被认为不验的预言多是因时间或程度限制看起来似乎未能应验。针对《左传》"君子是以知秦之不复东征也"的预言，明人徐孚远云：

---

① 〔清〕阮元校刻：《十三经注疏》，《春秋左传正义》卷四，北京：中华书局2009年版，第3771页。

② 〔清〕阮元校刻：《十三经注疏》，《春秋左传正义》卷九，北京：中华书局2009年版，第3845页。

③ 〔清〕阮元校刻：《十三经注疏》，《春秋左传正义》卷十八，北京：中华书局2009年版，第3995页。

④ 〔清〕程馀庆：《历代名家评注史记集说》，西安：三秦出版社2011年版，第79页。

⑤ 〔清〕顾炎武著，黄汝成集释，栾保群、吕宗力校点：《日知录集释》，上海：上海古籍出版社2014年版，第99页。

"孝公复霸业，在后，左氏不及见也，故有不复东征之语。左氏断语，皆以后事为证验也。"①清人陈允锡《史纬》言："不能东征，以当时言。"②童书业在《春秋左传研究·春秋左传札记续》中提出："此末一语有预言性质。春秋之世，惟穆公时为强大，其后即渐衰弱……秦势复张，实在入战国百年后惠文王时，约为公元前三三○年左右，亦即《左氏》所记预言之下限。《左传》非一时所成（大体为公元前四世纪物），其大部分撰作时间在秦惠文前，故多保存东方国家原对秦国之传统观念，而出此'知秦之不复东征'之预言。"③就《左传》而言，"秦之不复东征"的预言即是因叙事时间限制而未能应验之例。清代梁玉绳云："《左氏》此言不验，史公何以并录之乎？"④司马迁在《秦本纪》中一方面收录了《左传》中"秦不能复东征"的预言，另一方面却也以详细的叙事载录了秦国最终"东征"成功的史实，这不可避免地使得文本前后出现了明显的矛盾。

三、从秦穆公的悲剧到秦国的悲剧

司马迁在《太史公自序》中曰"余所谓述故事。整齐其世传。非所谓作也"⑤，显示了他遵奉孔子"述而不作"的编纂原则。日本学者藤田胜久从出土材料角度系统地考察了《秦本纪》的史料来源。梁云亦对《秦本纪》进行了考古学解读。⑥从文本生成的角度来看，《秦本纪》所叙史事皆有所本。这就使得司马迁文本编纂者的身份显得尤为明显。程苏东根据文本生成的不同方式，将

---

① 〔明〕陈子龙、徐孚远辑：《史记测议》，吴平、周保明选编：《〈史记〉研究文献辑刊》，北京：国家图书馆出版社2014年版，第95页。

② 张新科、赵光勇编：《史记研究集成·十二本纪·秦本纪》，西安：西北大学出版社2019年版，第154页。

③ 童书业：《春秋左传研究》，上海：上海人民出版社1980年版，第380—381页。

④ 〔清〕梁玉绳：《史记志疑》，北京：中华书局1981年版，第133页。

⑤ 〔汉〕司马迁：《史记》卷一百三十，北京：中华书局1982年版，第3299—3300页。

⑥ 具体参见［日］藤田胜久著，曹峰、［日］广濑薰雄译：《〈史记〉战国史料研究》，上海：上海古籍出版社2008年版；梁云：《西垂有声：〈史记·秦本纪〉的考古学解读》，北京：生活·读书·新知三联书店2020年版。

《史记》可分为司马迁独立创作的原生型文本和他根据既有文本编纂而成的衍生型文本。并指出对于"衍生型文本","在钞撮的过程中,难免在其文本嫁接处、补缀处或截取处稍存疏漏,在不同程度上留下了一些'失控的文本'。这些失控的文本展现了编钞者试图构建有序文本的过程及其所遭遇的困境,成为我们进入文本深层结构、了解编钞者文本编纂意图和方式的有效途径。"①这一提法很有新意。据前文所论,源自《左传》的秦穆公以三良从死相关文本被完整载录到《秦本纪》中,这不仅使得司马迁在前文中极力刻画的穆公贤明仁德形象出现了极大的反差,也使得叙事线索上与后文秦最终东征成功的事实造成明显的矛盾。《秦本纪》文本中的这两处矛盾是否即是司马迁在编撰过程中因处理材料遭遇困境而造成的"失控的文本"呢?笔者认为文本中的这两处表层矛盾实则在深层寄寓着史公深刻的"过秦"思想和宏阔的历史视野。

司马迁在《秦本纪》中所刻画的秦穆公,最大的污点即以"三良"从死,以百人从葬,这一过失不仅有害于其贤君明主形象,而且使君子断言"秦不能复东征"。此外,因穆公以"三良"从死之事,还引发了历史上关于秦穆(缪)公谥号之争②、《秦风·黄鸟》讥刺对象之争③、咏"三良"诗文的创作及其中关于"三良从死"之争④等公案。秦穆公杀三良从葬一事对其声名的负面影响极大,然

---

① 程苏东:《失控的文本与失语的文学批评——以〈史记〉及其研究史为例》,《中国社会科学》2017年01期,第164页。

②《史记·蒙恬列传》:(蒙毅)"昔者秦穆公杀三良而死,罪百里奚而非其罪也,故立号曰'缪'。"王充《论衡》曰:"秦缪、晋文:文者,德惠之表。缪者,误乱之名。"应劭《风俗通义》、皮日休《秦穆公谥缪论》、黄潛《日损斋笔记》、张志淳《缪谥》等对这一问题亦有论述。

③《秦风·黄鸟》是一首"哀三良"的挽歌,学者们在探讨其讥刺对象时众说纷纭,目前学界主要有"刺穆公""刺穆公,交讥康公""刺人殉"三种观点。

④《秦风·黄鸟》是最早以"三良"为歌咏题材的作品。此后,从建安时期到清均有文人对"三良"事迹以诗歌为主进行的咏叹。魏晋时期有王粲《咏史诗》、阮瑀《咏史诗》、曹植《三良诗》、陶渊明《咏三良》,唐代有刘禹锡《三良冢赋》、柳宗元《咏三良》、李德裕《三良论》,宋代有苏轼《秦穆公墓》《和陶咏三良》,元代有刘因《和咏三良》、张昱《三良诗》,明代有高启《咏三良》,清代有王士禛《秦穆公墓》等。这些诗歌或咏怀或咏史,就"三良从死"这一共同的历史题材表达了自己的见解。在这些咏"三良"的作品中,诗人们对"三良从死"一事主要持两种看法。一种认为"三良"是被迫从死,罪在穆公、康公,另一种认为"三良"是主动从死,从死是为对明君秦穆公表达忠义之举或追随穆公再享荣乐。

而以人从葬并非自秦穆公开始，而是由来已久。考古学证据表明，史前时期便出现了人殉现象，殷商时期达到了高峰。西周初期统治者进行了文化变革，提倡"敬德保民"，人殉习俗走向衰落。而至春秋战国时期，人殉习俗复兴，流行于秦、楚、吴这些远离周文明中心地带的国家。秦国地处西陲，穆公之前便有以人从死的记载，《秦本纪》载："武公卒，葬雍平阳。初以人从死，从死者六十六人。"①献公时期，"止从死"，然而之后仍有关于以人从葬的记载。《战国策·秦策》："秦宣太后爱魏丑夫。太后病将死，出令曰：'为我葬，必以魏子为殉。'"②《史记·秦始皇本纪》载："二世曰：'先帝后宫非有子者，出焉不宜。'皆令从死，死者甚众。"③既然秦俗如此，为何独秦穆公受到如此非议呢？

受西周摈弃以人殉葬野蛮习俗的影响，春秋时期以周文明为中心的国家均对人殉存在着鄙夷的态度，认为"非礼也"。《左传·宣公十五年》记载魏武子想要让嬖妾从葬，其子魏颗以"疾病则乱，吾从其治也"④为由，令嬖妾改嫁。《礼记·檀弓下》载："陈乾昔寝疾，属其兄弟，而命其子尊已，曰：'如我死，则必大为我棺，使吾二婢子夹我。'陈乾昔死，其子曰：'以殉葬，非礼也，况又同棺乎！'弗果杀。"⑤《尸子·广泽》曰："夫吴越之国以臣妾为殉，中国闻而非之。"⑥相对人殉而言，以俑代人进行殉葬，无疑是很大的进步。但是在这样的文化背景之下，殉俑亦被认为是不道德的。《孟子·梁惠王上》载："仲尼曰：'始作俑者，其无后乎。'为其象人而用之也。"⑦从孔子之言也可见当时贤人君

---

① 〔汉〕司马迁：《史记》卷五，北京：中华书局1982年版，第183页。
② 何建章注释：《战国策注释》卷四，北京：中华书局1990年版，第148页。
③ 〔汉〕司马迁：《史记》卷六，北京：中华书局1982年版，第265页。
④ 〔清〕阮元校刻：《十三经注疏》，《春秋左传正义》卷二十四，北京：中华书局2009年版，第2836—2837页。
⑤ 〔清〕阮元校刻：《十三经注疏》，《礼记正义》卷十，北京：中华书局2009年版，第4098页。
⑥ 〔战国〕尸佼著，〔清〕汪继培辑，朱海雷撰：《尸子译注》，上海：上海古籍出版社2006年版，第37页。
⑦ 〔清〕阮元校刻：《十三经注疏》，《孟子注疏》卷一，北京：中华书局2009年版，第5800页。

子对殉葬习俗的态度。秦穆公是有名的贤君明主，《史记·孔子世家》载孔子评秦穆公语云："其志大""行中正""虽王可也，其霸小矣"①，孔子对穆公的评价远超齐桓公、晋文公、楚庄公②。《史记评林》载杨循吉语云："当时称贤君，固未有出缪公之右者。"③以穆公之贤，却仍以人殉葬，不禁令人惋惜。《左传·文公六年》载君子评曰："古之王者知命之不长，是以并建圣哲，树之风声……圣王同之。今纵无法以遗后嗣，而又收其良以死，难以在上矣。"④苏轼曰："独其僻在西陲，礼未同于中国，而用子车氏之三子为殉，《黄鸟》之诗作焉。秦自此不复能东征矣。君子是以惜其盛德之累也。"⑤朱熹云："秦武公卒，初以人从死，死者六十六人。至穆公遂用百七十七人，而三良与焉。盖其初特出于戎翟之俗，而无明王贤伯以讨其罪。于是习以为常，则虽以穆公之贤而不免。论其事者，亦徒闵三良之不幸，而叹秦之衰。至于王政不纲，诸侯擅命，杀人不忌，至于如此，则莫知其为非也。呜呼，俗之弊也久矣！其后始皇之葬，后宫皆令从死，工匠生闭墓中，尚何怪哉！"⑥方回《续古今考》卷十八云："秦之贤君，莫如缪公，有《秦誓》，入百篇末，而有三良之《黄鸟歌》，太史公'君子曰'一段深惜之。"⑦贤人君子对秦穆公寄予着厚望，希望这样一位贤明仁德的君主可以改变秦国乃至中国，垂范后世，这也正是其为何对秦穆公以人殉葬如此苛责的原因。在秦穆公相关文本中，尽管司马迁也尽力地回避着穆公的污点，将其形象刻画地近乎完美，但是却仍载录了秦穆公以"三良"从死之事，并在《太

---

① 〔汉〕司马迁：《史记》卷四十七，北京：中华书局1982年版，第1910页。

② 《论语·宪问》载孔子评价晋文公、齐桓公云："晋文公谲而不正，齐桓公正而不谲。"《史记·陈杞世家》载孔子赞美楚庄王云："贤哉楚庄王！"

③ 〔明〕凌稚隆辑校，〔明〕李光缙增补，于亦时整理：《史记评林》，天津：天津古籍出版社1998年版，第298页。

④ 〔清〕阮元校刻：《十三经注疏》，《春秋左传正义》卷十七，北京：中华书局2009年版，第4002—4003页。

⑤ 张新科、赵光勇编：《史记研究集成·十二本纪·秦本纪》，西安：西北大学出版社2019年版，第146页。

⑥ 〔宋〕朱熹注，王华宝整理：《诗集传》，南京：凤凰出版社2007年版，第89页。

⑦ 张新科、赵光勇编：《史记研究集成·十二本纪·秦本纪》，西安：西北大学出版社2019年版，第152页。

史公自序》中云："维秦之先，伯翳佐禹；穆公思义，悼豪之旅；以人为殉，诗歌黄鸟；昭襄业帝。作秦本纪第五。"①重点提明了"以人为殉"，可见史公之哀叹与用意，也可见司马迁对秦穆公以"三良"从死之事的载录绝非不经意之笔或文本编纂中所遇之困境。这一载录反映出以秦穆公之贤德仍然无法左右秦国的人殉制度，或者并未摈弃这一制度，正凸显出了秦文化的鄙陋与残暴。恰如元人刘玉汝所言"观此诗'三良'固可哀也，而秦亦可哀矣。"②秦穆公作为政治强人，他的统治却并未能撼动秦文化的落后根基。从根源上来看，秦文化的残暴与落后不仅造就了秦穆公留有污名的悲剧，而且也为秦国最终的悲剧埋下了伏笔。

出自《左传》君子曰评价的"秦不能复东征"预言作为秦发展史上的一个重要线索，出现在秦穆公相关文本中，不仅涉及穆公形象，是对穆公本人一生"不能东征诸夏，以终成伯业"③的总结，更是着眼于秦国历史进程的一种宏大政治预言。司马迁在《秦本纪》中叙述了秦国从起于戎狄到被封诸侯再到一统六国的过程，也在最后展现出了秦短命而亡，"东征"落幕的结局。在叙述这一历史过程时，司马迁在文中点出了秦国短命而亡的根源正是秦文化的残暴。《秦本纪》自献公时期开始载录斩杀数量，献公之后这类记载逐渐增多且更为细致。宋人方回评此云："细考之，秦献公犹未有一首一级之赏。孝公用商鞅立法，战斩一首赐爵一级，首级之名，自孝公始。秦孝公七年，虏公子卬，与魏战，斩首八万；孝公后七年，条鱼之战，破五国及匈奴，斩首八万二千；十三年丹阳之战，虏楚将屈匄，斩首八万；秦武王四年，拔宜阳，斩首六万；昭襄王六年，伐楚，斩首二万；十四年白起攻韩、魏伊阙，斩首二十四万；三十三年击芒卯，斩首十五万；四十七年，白起破赵长平，杀四十余万；五十年，攻晋，斩首六千，流尸于河二万人；五十一年，取阳城、负黍，斩首四万，攻赵取首虏九万；秦始

---

① 〔汉〕司马迁：《史记》卷一百三十，北京：中华书局1982年版，第3302页。

② 〔元〕刘玉汝：《诗缵绪》卷七，影印文渊阁四库全书，第0077册，北京：北京出版社2012年版，第0645a页。

③ 〔明〕凌稚隆辑校，〔明〕李光缙增补，于亦时整理：《史记评林》，天津：天津古籍出版社1998年版，第290页。

皇二年，攻卷，斩首三万；十三年，攻赵平阳，斩首十万；二十六年，秦初并天下。大约计之，秦斩杀山东六国之民一百六十余万人，其得天下不仁甚矣。"①清代梁玉绳也指出："秦自献公二十一年与晋战斩首六万，孝公八年与魏战斩首七千，惠文八年与魏战斩首四万五千……计共一百六十六万八千人，而《史》所缺略不书者尚不知凡几。从古杀人之多，未有如无道秦者也。"②《秦本纪》中这样的载录不见于《吴太伯世家》《齐太公世家》《鲁周公世家》《燕召公世家》《晋世家》等春秋战国时期别国的传记。秦尚军功，史料中对斩杀数量记载较为详细，这影响到了司马迁对材料的采录有关，但是与其他传记的记载相比，秦国的崛起显得更为残暴血腥。正如《史记评林》载凌稚隆评所言："按太史公纪秦斩首之数凡十一处，以秦之尚首功也。不言其暴，而其暴自见。"③秦国以"禁暴诛乱而天下服""繁法严刑而天下振"。秦始皇以暴力取天下，不思"取与守不同术"，"过而不变"，治政时"以暴虐为天下始"，"事皆决於法，刻削毋仁恩和义。"秦二世继位后，"因而不改"，"繁刑严诛，吏治刻深，赏罚不当，赋敛无度"，④这一系列的行为最终导致秦朝短命而亡。王世贞云："秦之取天下而不以道者，其罪不在始皇，而在庄襄以前之主。"⑤将秦国取天下之无道归因于"庄襄以前之主"，实际上正言明了秦文化的残暴对秦国政治手段的影响。司马迁借贾谊之文对秦国兴亡进行总结时说："秦离战国而王天下，其道不易，其政不改，是其所以取之守之者异也。孤独而有之，故其亡可立而待。借使秦王计上世之事，并殷周之迹，以制御其政，后虽有淫骄之主而未有倾危之患也。"⑥秦国"其道不易，其政不改"的现实与史公"借使秦王计上世之事，并

---

① 张新科、赵光勇编：《史记研究集成·十二本纪·秦本纪》，西安：西北大学出版社2019年版，第200页。
② 〔清〕梁玉绳：《史记志疑》，北京：中华书局1981年版，第142页。
③ 〔明〕凌稚隆辑校，〔明〕李光缙增补，于亦时整理：《史记评林》，天津：天津古籍出版社1998年版，第308页。
④ 〔汉〕司马迁：《史记》卷六，北京：中华书局1982年版，第238—284页。
⑤ 〔明〕凌稚隆辑校，〔明〕李光缙增补，于亦时整理：《史记评林》，天津：天津古籍出版社1998年版，第449页。
⑥ 〔汉〕司马迁：《史记》卷六，北京：中华书局1982年版，第283页。

殷周之迹"的假设两两相形，正从侧面点出了秦国倘不用仁德来改变残暴的文化，功业就不可能长久的道理。

四、余论

司马迁在《秦本纪》中对《左传·文公六年》中穆公收"三良"从葬一段叙事的载录背后主要有三重原因。一是汉武帝即位后，"招方正贤良文学之士。自是之后，言诗于鲁则申培公，于齐则辕固生，于燕则韩太傅……言春秋于齐鲁自胡毋生，于赵自董仲舒。及窦太后崩，武安侯田蚡为丞相，绌黄老、刑名百家之言，延文学儒者数百人，而公孙弘以春秋白衣为天子三公，封以平津侯。天下之学士靡然乡风矣。"[1]武帝时期儒学独尊，立经学为官学，置《易》《书》《诗》《礼》《春秋》五经博士，治经、通经成为当时风尚。史称"以《禹贡》治河，以《洪范》察变，以《春秋》决狱，以三百五篇当谏书，治一经得一经之益也。"[2]司马迁在撰写秦穆公相关文本时广采诸种文献材料，其中以《左传》为最。《左传》中所记载的穆公收"三良"从死一事，又正是《诗经》中收录的《黄鸟》诗之本事。《诗》在汉代的地位自不必言，"春秋三传"之一的《左传》又是对《春秋》记事的具体说明。司马迁称"鲁君子左丘明惧弟子人人异端，各安其意，失其真，故因孔子史记具论其语，成《左氏春秋》。"[3]因而，在"尊经"思潮的影响下，秉持"述而不作"与"实录"精神进行撰写的司马迁不可能无视《左传》的这段叙事。二是正如在刻画秦穆公的正面形象时受到了之前文献材料中对穆公事迹的褒赞影响一样，司马迁对以"三良"从死所表现出穆公负面形象叙事的收录亦受到了春秋战国以及汉初的文献材料中对秦负面评价的影响。在春秋时期，秦国最初地处西陲，与戎狄杂居，文化习俗野蛮鄙陋不同于中原国家，常被视为戎狄。《管子·小匡》云："西征攘白狄之地……西服流沙西虞，而秦戎始从。"[4]《公羊传·昭公五年》载："秦伯卒。何以不名？秦者夷也，匿嫡之名

---

[1]〔汉〕司马迁：《史记》卷一百二十一，北京：中华书局1982年版，第3118页。
[2] 吴仰湘编：《皮锡瑞全集·经学历史》，北京：中华书局2015年版，第31页。
[3]〔汉〕司马迁：《史记》卷十四，北京：中华书局1982年版，第509—510页。
[4]〔明〕刘绩补注，姜涛点校：《管子补注》卷八，南京：凤凰出版社2016年版，第159页。

也。"①而秦穆公趁晋文公逝世之机,攻打晋国,更被中原国家所鄙夷,认为是夷狄之行。《谷梁传·僖公三十三年》载:"夏,四月,辛巳,晋人及姜戎败秦师于殽。不言战而言败何也?狄秦也。其狄之何也?秦越千里之险入虚国,进不能守,退败其师徒,乱人子女之教,无男女之别。秦之为狄,自殽之战始也。"②《公羊传·僖公三十三年》亦有类似记载:"夏四月辛巳,晋人及姜戎败秦于殽。其谓之秦何?夷狄之也。……"③穆公之后,秦国经过数世经营,终于取得天下,然而其取天下与守天下的残暴手段却遭到了诟病。陆贾《新语·辅政》云:"秦以刑罚为巢,故有覆巢破卵之患。"④《新语·道基》:"齐桓公尚德以霸,秦二世尚刑而亡。故虐行则怨积,德布则功兴。"⑤贾谊《过秦论》:"故秦之盛也,繁法严刑而天下振;及其衰也,百姓怨望而海内畔矣。……秦本末并失,故不长久。"⑥在这些对秦负面评价的影响下,司马迁在《史记》部分篇目中所载录的人物言论不仅体现了战国,甚至秦汉之际人们对秦国的认识,而且在某种程度上也体现了司马迁对秦的认识与态度。在《史记》中这种态度也多有表现,《秦本纪》载:"秦僻在雍州,不与中国诸侯之会盟,夷翟遇之。"⑦《项羽本纪》记载"鸿门宴"中樊哙批评秦时说:"秦王有虎狼之心,杀人如不能举,刑人如不恐胜,天下皆叛之。"⑧《六国年表》曰"秦始小国僻远,诸夏宾之,比于戎狄。"⑨《魏世家》记载魏无忌评价秦国时说:"秦与戎翟同俗,有

---

① 〔清〕阮元校刻:《十三经注疏》,《春秋公羊传注疏》卷二十二,北京:中华书局2009年版,第5035页。

② 〔清〕阮元校刻:《十三经注疏》,《春秋穀梁传注疏》卷九,北京:中华书局2009年版,第5215—5216页。

③ 〔清〕阮元校刻:《十三经注疏》,《春秋公羊传注疏》卷十二,北京:中华书局2009年版,第4915页。

④ 王利器撰:《新语校注》,北京:中华书局1986年版,第51页。

⑤ 王利器撰:《新语校注》,北京:中华书局1986年版,第29—30页。

⑥ 〔汉〕司马迁:《史记》卷六,北京:中华书局1982年版,第278页。

⑦ 〔汉〕司马迁:《史记》卷五,北京:中华书局1982年版,第202页。

⑧ 〔汉〕司马迁:《史记》卷七,北京:中华书局1982年版,第313页。

⑨ 〔汉〕司马迁:《史记》卷十五,北京:中华书局1982年版,第685页。

虎狼之心，贪戾好利无信，不识礼义德行。苟有利焉，不顾亲戚兄弟，若禽兽耳。此天下之所识也，非有所施厚积德也。"①《屈原列传》记载屈原劝谏楚怀王不可赴秦昭王之约时云："秦虎狼之国，不可信，不如无行。"②这样的认识与态度除了影响到司马迁对秦的整体认识外，必然也影响到了司马迁对秦穆公"不为诸侯盟主"且"伐晋东征"屡屡失败的归因，即"死而弃民，收其良臣而从死"，未能"遗德垂法"。三是在汉兴之初，以陆贾、贾谊等人受命"著秦所以失天下"为代表，汉初思想界形成一股繁盛的"过秦"思潮。士人以"过秦"为话题在解释秦亡教训的同时为新兴王朝建构起一套全新的治国理念。这一强大的思潮无疑对司马迁产生了深刻影响，进而表现在其文本叙述中。司马迁不仅在《秦始皇本纪》论赞部分中引用贾谊《过秦论》一文，并称"善哉乎贾生推言之也！"在对秦从崛起到覆灭的整个故事叙述中皆有这种思想。司马迁在《六国年表》中对秦兴亡的过程进行了总结，表述了自己的"过秦"思想。"秦杂戎翟之俗，先暴戾，后仁义，位在藩臣而胪于郊祀，君子惧焉。及文公逾陇，攘夷狄……而穆公修政，东竟至河，则与齐桓、晋文中国侯伯侔矣。……秦始小国僻远，诸夏宾之，比于戎翟，至献公之后常雄诸侯。论秦之德义不如鲁卫之暴戾者，量秦之兵不如三晋之强也，然卒并天下，非必险固便形势利也，盖若天所助焉。""秦既得意，烧天下《诗》《书》，诸侯史记尤甚，为其有所刺讥也……然战国之权变亦有可颇采者，何必上古。秦取天下多暴，然世异变，成功大。传曰'法后王'，何也？以其近己而俗变相类，议卑而易行也。学者牵于所闻，见秦在帝位日浅，不察其终始，因举而笑之，不敢道，此与以耳食无异。悲夫！"③在司马迁看来，秦"杂戎翟之俗，先暴戾，后仁义""德义不如鲁卫之暴戾者""取天下多暴"，以秦文化之残暴竟然最后能够一统天下，大概是得天之助。而"秦在帝位日浅"，则是由于秦根源上文化残暴的影响，并非一朝一夕所致。由史公之论也可窥见他撰写《秦本纪》《秦始皇本纪》所秉持的思想与用心，即"著诸所闻兴坏之端"，以"察其终始"。《秦本纪》所载录源于《左传》以"三良从死"

---

① 〔汉〕司马迁：《史记》卷四十四，北京：中华书局1982年版，第1857页。
② 〔汉〕司马迁：《史记》卷八十四，北京：中华书局1982年版，第2484页。
③ 〔汉〕司马迁：《史记》卷十五，北京：中华书局1982年版，第685—686页。

的叙事，虽然呈现出了文本浅层的前后矛盾，但是在以秦国兴亡为历史背景的宏大叙事中，这段引论不仅不显得矛盾，反而蕴含着史公深刻的过秦思想与历史逻辑。方玉润《诗经原始》评价"三良从死"云："圣人存此，岂独为三良悼乎？亦将作万世戒耳。"[①]太史公存此，殆有此意！

（曹阳，女，陕西汉中人，陕西师范大学文学院中国古代文学博士研究生）

---

① 〔清〕方玉润：《诗经原始》，北京：中华书局1986年版，第276页。

卫青、霍去病新论
——以元光五年至元狩六年时代精神为背景

黄 力 程世和

长城以北，有世界上最广大的冻土地带，那里的游牧民族迫于恶劣环境，总要拼命南下"居天下之膏腴"①的中国大地。大体而言，东到山海关，西至天山，都是古代中国抗击北方游牧民族的战线。中国常为"北狄"患害的灾难，在人类历史上绝无仅有。

面对"北狄""真中国之坚敌"②的威胁，武帝先后以卫青、霍去病为汉军统帅，对匈奴实施远程打击并取得了决定性胜利。寻究卫霍远征匈奴取胜的原因，有助于认识中国与"北狄"相抗这一人类特殊历史，有助于思考当代中国怎样回应外部威胁这一时代主题。

一

匈奴势力起于战国，秦汉间进入与中国相抗的强盛时期，"西击走月氏，南并楼烦、白羊河南王，悉复收秦所使蒙恬所夺匈奴地者，与汉关故河南塞，至朝那、肤施，遂侵燕、代。是时汉兵与项羽相距，中国罢于兵革，以故冒顿得自强，控弦之士三十余万。"③

汉七年，高祖北征匈奴，被围于平城七天之久。"大风起兮云飞扬，威加海内兮归故乡，安得猛士兮守四方"④，折射出高祖虽"威加海内"却难以确保大

---

① 陆贾语，见〔汉〕司马迁：《史记·郦生陆贾列传》，北京：中华书局1982年版，第2698页。
② 扬雄语，见〔汉〕班固：《汉书·匈奴传下》，北京：中华书局1962年版，第3814—3815页。
③ 〔汉〕司马迁：《史记·匈奴列传》，北京：中华书局1982年版，第2890页。
④ 〔汉〕司马迁：《史记·高祖本纪》，北京：中华书局1982年版，第389页。

汉领土安全的忧惧。经平城之围,汉以岁奉和亲之策换来与匈奴一时的相安之局,但汉匈关系未能真正改善。吕后时,冒顿向吕后提出粗鲁要求:"陛下独立,孤偾独居。两主不乐,无以自娱,愿以所有,易其所无。"①吕后只能强抑怒火,以"年少气衰,发齿堕落,行步失度,单于过听,不足以自污"②为托词,只求冒顿不要加兵中国。文帝时仍迁就于匈奴欲求,但匈奴欲壑难填。文帝十四年,单于十四万骑大入萧关,长安城一片警急。文帝后四年,匈奴大入上郡、云中,呈进逼长安之势。

武帝即位初继续奉行和亲之策,"厚遇关市,饶给之"③,依然未能止住匈奴肆意出没长城内外的步伐。面对受汉德润泽六十余年却不能随流而化的北方坚敌,武帝决定以战争手段强力应对:"朕饰子女以配单于,金币文绣赂之甚厚,单于待命加嫚,侵盗亡已,边境被害,朕甚闵之。今欲举兵攻之,何如?"④向强盛的匈奴宣战,是后果难料的军事与政治冒险。就实质而言,汉与匈奴作战,是当时最大的农耕民族与最大的游牧民族间的对决。这是一场不对等对决:匈奴依托辽阔冻土地带,居无定所,难以定点打击;而中国则有着明确疆域,易于锁定打击目标。在我们看来,中国屡被"北狄"所败,主因不在于中国软弱,而在于"北狄"为环境所迫,必须拼命南下,加之其出没无常,中国难以应对。面对高悬中国之上又出没无常的强大对手,武帝一开始试图以伏击方式解决。元光二年夏,汉以马邑为诱饵,引诱单于主力进入三十万汉军埋伏圈,力求将难以锁定的目标予以精准打击。这一设伏计划用心良苦,但终因"单于入塞,觉之,走出"⑤而破产。马邑伏击的破产,看似意外,实质说明对匈奴之战绝非一日之功。观察人类史上两大文明间的较量,很难看到仅仅依靠一次理性狡计就将对方置于死地的例证。

汉与匈奴注定有一番旷日持久的征杀。自元光二年马邑计划破产到元光五年

---

① 〔汉〕班固:《汉书·匈奴传上》,北京:中华书局1962年版,第3754—3755页。
② 〔汉〕班固:《汉书·匈奴传上》,北京:中华书局1962年版,第3755页。
③ 〔汉〕班固:《汉书·匈奴传上》,北京:中华书局1962年版,第3765页。
④ 〔汉〕班固:《汉书·武帝纪》,北京:中华书局1962年版,第162页。
⑤ 〔汉〕班固:《汉书·武帝纪》,北京:中华书局1962年版,第163页。

"匈奴入上谷，杀略吏民"①，三年多时间，汉与匈奴边境几乎不见烽烟燃起，说明双方都在积蓄进攻能量。匈奴杀入上谷，打破了表面上的寂静；而汉军也乘势而起，武帝时期真正意义上的汉匈大战就此展开："元光五年，青为车骑将军，击匈奴，出上谷；太仆公孙贺为轻车将军，出云中；太中大夫公孙敖为骑将军，出代郡；卫尉李广为骁骑将军，出雁门：军各万骑。青至笼城，斩首虏数百。骑将军敖亡七千骑，卫尉李广为虏所得，得脱归，皆当斩，赎为庶人。贺亦无功。"②汉军分四路兵马，将战场转为远离本土的匈奴地带。但公孙敖与李广两路几乎全军覆灭，唯卫青一路挺入单于祭天的龙城。汉军损失多于匈奴，汉军败战。

此次出战失败，暴露出汉军出塞征战诸多弱点。对此，武帝以诏令形式作出总结。"夷狄无义，所从来久。间者匈奴数寇边境，故遣将扶师。古者治兵振旅，因遭虏之方入，将吏新会，上下未辑，代郡将军敖、雁门将军广所任不肖，校尉又背义妄行，弃军而北，少吏犯禁。用兵之法：不勤不教，将率之过也；教令宣明，不能尽力，士卒之罪也。将军已下廷尉，使理正之，而又加法于士卒，二者并行，非仁圣之心。朕闵众庶陷害，欲刷耻改行，复奉正义，厥路亡繇。其赦雁门、代郡军士不循法者。"③武帝首先言明汉军出征匈奴的正义，而后指出汉军失利原因：其一，战前准备仍有不足，将卒间缺少一体化训练，实战能力弱，未能形成有效战斗力。其二，汉军将帅平时没有"治兵振旅"意识，缺少对匈奴作战正义性的战前动员，校尉及士卒遇敌时不能舍身死战。

就实质而言，此份诏令重在"治兵振旅"，以"匈奴数寇边境，故遣将扶师"强调征伐匈奴的正义，以"赦雁门、代郡军士不循法者"要求有罪士卒"刷耻改行"，以重罪处置公孙敖、李广要求汉军将帅治军"教令宣明"。总之，汉军上下必须明晓征伐匈奴大义，必须人人奋勇杀敌；作为一军统帅，将军必须对战败结局承担绝对责任。此份"治兵振旅"诏令，对于总结初战匈奴的教训，提高汉军境外作战能力，激发汉军为正义、"刷耻"而战的荣辱感，将汉军打造为正义之师、威武之师、胜利之师，取得道义优势、战斗力优势，都具有重要意义。

---

① 〔汉〕班固：《汉书·武帝纪》，北京：中华书局1962年版，第165页。
② 〔汉〕司马迁：《史记·卫将军骠骑列传》，北京：中华书局1982年版，第2923页。
③ 〔汉〕班固：《汉书·武帝纪》，北京：中华书局1962年版，第165页。

初战匈奴虽然在整个场面上归于失败，但汉军取得了塞外实战经验，也取得了卫青直捣龙城的战果。卫青直捣龙城的意义主要有以下两点：其一，说明汉军有突入匈奴核心地带的能力，能够提高汉军战胜匈奴的信心。其二，卫青初入军中，在其他三路兵马无功甚至惨败情况下异军突起，穿过茫茫戈壁，千里奔袭龙城，彰显出超凡的远程攻击能力。相反，李广在汉将中从军时间最长，非但没有咫尺之功，反倒成为败军之将。由此看来，真正的飞将军是卫青而非李广。可以说，元光五年出击战否定了老将李广而肯定了新帅卫青对匈奴作战的主体作用。元光五年出击战唯一胜利成果，就是打出了日后成为匈奴克星的征伐统帅卫青。

二

破解卫青成为匈奴克星的原因，关键在于把握卫青的特殊经历对于造就一代征伐统帅的意义，"其父郑季，为吏，给事平阳侯家。与侯妾卫媪通，生青。"[①]"少时归其父，其父使牧羊。先母之子皆奴畜之，不以为兄弟数。青尝从入至甘泉居室，有一钳徒相青曰：'贵人也，官至封侯。'青笑曰：'人奴之生，得毋笞骂即足矣，安得封侯事乎！'"[②]生为私生子，又深受奴役之苦，卫青心中的耻辱与痛苦可想而知。面对人生苦难，卫青养成了坚忍顽强的个性。卫青出身的耻辱与汉初中国对匈奴卑膝求和的耻辱，卫青人生的艰难与汉军远征匈奴的艰难，卫青个性的坚忍顽强与大漠作战需要的坚忍顽强，都能构成相对应的精神联结。

卫青最能与大漠征战所需资质形成关联的早期经历，当属牧羊与"为侯家骑，从平阳主"[③]二事。少时牧羊，独对茫茫原野，能够掌握控制羊群的能力，及时捕捉野外的异动并迅疾作出反应，可以自由奔跑并敢于进入陌生地带，可以在狂风暴雨中屹立不倒而与羊群平安归来。与此相仿，沙漠征战需要急速奔

[①]〔汉〕司马迁：《史记·卫将军骠骑列传》，北京：中华书局1982年版，第2921页。
[②]〔汉〕司马迁：《史记·卫将军骠骑列传》，北京：中华书局1982年版，第2922页。
[③]〔汉〕司马迁：《史记·卫将军骠骑列传》，北京：中华书局1982年版，第2922页。

跑，需要有进入陌生地带的勇气，以及能够化险为夷、获取胜利的胆略。由此看来，卫青从牧羊少年到征伐统帅，有着深层因果关联。鸡毛信与王二小的故事，主人公虽是小小少年，却有着同龄孩子没有的胆略，这也说明原野放牧对少年英雄的培育作用。

牧羊少年在屈辱困苦中成长为强壮青年。"青壮，为侯家骑，从平阳主。"平阳公主以卫青为从骑，盖因卫青不惟体格强壮，相貌不俗，而且刚毅深沉，行动敏捷。这些资质的形成，都与卫青所受的磨练紧密关联。非人的折磨与野外的艰辛，反倒铸造出能经风雨的体魄；立于天地间牧羊，也会使其身段挺拔，目光深远。作为贴身护卫，卫青势必知道何时进退，势必有捕捉危险迹象的觉察力。卫青从骑经历与应有素养，与他日后驰骋大漠深处而立于不败之地的表现也能形成对应关系。

不论以上读解是否有过度化倾向，我们都不能否定卫青的早期经历对他成为征伐统帅的意义。武帝时期的中国需要一个在屈辱中成长的坚毅者洗刷匈奴的欺辱，需要一个曾立在苍茫间的牧羊人统领汉军挺进戈壁大漠，需要一个舍身忘我的武骑冲锋陷阵。在现有汉军序列中，虽有李广这样的资深将军，却不见有卫青这样出于草棚与牧野且富有人生内涵的苦寒人士。初战匈奴前，卫青几无从军经历，却能一战封侯。可以说，牧羊原野与骑从公主，是培养他军事才干的训练课目；奴役他的家人，是对他进行魔鬼训练的军事教官。美国学者悉尼·胡克指出："任何个人的伟大只有等到事变之后，等到他的全部业绩变成尽人皆知，而且能够有把握对他加以品评的时候，才能显现出来。伟人并不创造历史，而是'伟大的时代'召唤出伟人来。""伟人是总会找到的，不过究竟在哪里找到——是在皇帝的宝座上，还是在乞丐的草棚中——却是料不到的偶然。"[1]卫青正是在羊倌草棚这一"偶然"场所被伟大时代召唤出的非常之人。

武帝在元光五年出击匈奴两年后，开始了第二次征伐。"（元朔元年）秋，青复将三万骑出雁门，李息出代郡。青斩首虏数千。"[2]前次出征有四路大军，此

---

[1] ［美］悉尼·胡克著，王清彬等译：《历史中的英雄》，上海：上海人民出版社1964年版，第42页。

[2] ［汉］班固：《汉书·卫青霍去病传》，北京：中华书局1962年版，第2473页。

次出征只有两路大军；前次出征的四位将军除卫青外，其他三人均不予起用，起用的另一将军是新人李息。前次出征，两路大军几乎全军覆没，武帝再次用兵必须谨慎；卫青虽初战告捷，但其军事才干是否可靠有待验证。除卫青外，汉军还需要一个能与卫青配合以实施合围战略的大将。凡此种种，都注定着本次出征的试探性。

卫青由雁门出击，李息由代郡出击，这两处正分别是上次惨败的李广、公孙敖部出击点。这绝非一种巧合，而是武帝的精心设计。挑选此前汉军败亡路线，是为了测试卫青与李息尤其是卫青作战能力究竟如何。测试的结果是，在同样路线上，卫青取得了"斩首虏数千"的战果；李息没有像公孙敖那样落败而逃，但无功而返。无论与李广、公孙敖纵向比较，还是与李息横向比较，卫青再次证明自己是当代不二的征伐大将。武帝需要看到的正是这样一个结果。

武帝确信汉军有了战胜匈奴的主帅，接着就要变试探性进攻为正式进攻；而在正式进攻前，又须有一段时间准备。元朔二年，武帝实施推恩令，安定大一统中国的内部政局，同时准备对匈奴的新一轮进攻。同年春，"匈奴入上谷、渔阳，杀略吏民千余人"，武帝"遣将军卫青、李息出云中"[①]，开始对匈奴第三次征伐："青复出云中，西至高阙，遂至于陇西，捕首虏数千，畜百余万，走白羊、楼烦王。遂取河南地为朔方郡。"[②]河南地即今河套地区，水草丰美，背靠阴山，"去长安近者七百里，轻骑一日一夕可以至关中"[③]，战略地位重要。当时匈奴进攻汉东部上谷、渔阳，卫青起兵云中，作出攻击来犯之敌架势，又似有主攻匈奴王庭意图，不料突袭河南，向西插入匈奴后方，切断河南匈奴与单于王庭的联系。汉军接着迅速南下陇西，对河南匈奴形成合围。白羊王、楼烦王败逃。由此，汉军不惟取得"捕首虏数千，畜百余万"的战果，而且解除了匈奴铁骑对长安城的威胁，获得分隔匈奴中部与左右翼的战略支撑点，为进一步征伐匈奴开辟了能够纵深发展的战略高地。没有卓越的战略眼光与果决的作

[①]〔汉〕班固：《汉书·武帝纪》，北京：中华书局1962年版，第170页。
[②]〔汉〕班固：《汉书·卫青霍去病传》，北京：中华书局1962年版，第2473页。
[③]刘敬语，〔汉〕司马迁：《史记》卷九十九《刘敬叔孙通列传》，北京：中华书局1982年版，第2719页。

战能力，势难赢得这一即刻改变汉匈攻守态势的大捷。

对具有战略意义的河南大捷，武帝诏曰："匈奴逆天理，乱人伦，暴长虐老，以盗窃为务，行诈诸蛮夷，造谋籍兵，数为边害。故兴师遣将，以征厥罪。《诗》不云乎？'薄伐猃允，至于太原'；'出车彭彭，城彼朔方'。今车骑将军青度西河至高阙，获首二千三百级，车辎畜产毕收为卤，已封为列侯，遂西定河南地，案榆溪旧塞，绝梓领，梁北河，讨蒲泥，破符离，斩轻锐之卒，捕伏听者三千一十七级。执讯获丑，驱马牛羊百有余万，全甲兵而还，益封青三千八百户。"①先鞭挞匈奴对内对外的暴虐，再申言大汉兴师遣将的正义，又以《诗》阐明攘击夷狄的儒学大义，最后尽数列出战果，凸现出汉军为正义之师、胜利之师、威武之师的王者风范，凸现出大汉中国为消除匈奴患害而不得不动用武力的战争正义。在武帝诏令中，对匈奴动武的正义既表现在确保文化中国的自身安全，也表现在解救匈奴人民于暴虐统治的道义责任，以及保护诸多蛮夷免遭匈奴侵害的国际义务。将征伐匈奴的正义置于确保自身安全、解放敌国人民、保护弱小民族的高度，符合儒家诛暴止武、王者无外的王道主张，显示出大汉中国神圣不可侵犯的王者气象。如果没有卫青的河南大捷，这种王者气象的显示就失去了真凭实据；而如果没有武帝对卫青的任用，汉军也难以取得河南大捷。

自此而后，汉军进入到可以对匈奴战略反攻的新阶段。元朔三年春，武帝诏曰："夫刑罚所以防奸也，内长文所以见爱也；以百姓之未洽于教化，朕嘉与士大夫日新厥业，祗而不解。"②对内推进文化中国建设，对外准备对匈奴决战。非文无以化治中国，非武无以捍卫中国。没有文化中国的内部兴盛，就不可能有抵御外患的精神实力；没有武力中国的外部强悍，也不可能有文化中国的长治久安。对匈奴战略反攻前，武帝深感"百姓之未洽于教化"，文化中国的建设还有待加强，故而继续实施"内长文所以见爱"的文化战略。"朕嘉与士大夫日新厥业"，表明了武帝欲与天下儒士共建文化中国的心愿。

元朔五年春，"汉遣卫青将六将军十余万人出朔方、高阙"③，对匈奴展开

---

① 〔汉〕班固：《汉书·卫青霍去病传》，北京：中华书局1962年版，第2473页。
② 〔汉〕班固：《汉书·武帝纪》，北京：中华书局1962年版，第171页。
③ 〔汉〕班固：《汉书·匈奴传上》，北京：中华书局1962年版，第3767页。

大反攻。"汉令车骑将军青将三万骑，出高阙；卫尉苏建为游击将军，左内史李沮为强弩将军，太仆公孙贺为骑将军，代相李蔡为轻车将军，皆领属车骑将军，俱出朔方；大行李息、岸头侯张次公为将军，出右北平：咸击匈奴。"[1]卫青统领六将，以中路挺进、东西策应态势，力求围歼匈奴右贤王。由于汉军掌握了右贤王活动地点，具有远程打击能力，此次出击再获大捷："匈奴右贤王当卫青等兵，以为汉兵不能至此，饮醉。汉军夜至，围右贤王。右贤王惊，夜逃，独与其爱妾一人壮骑数百驰，溃围北去。汉轻骑校尉郭成等追数百里，弗得，得右贤裨王十余人，众男女万五千余人，畜数千百万。"[2]

汉军神速出现于右贤王处，原因盖有三点：其一，汉军掌握了右贤王往返路线，能够对其王庭精确打击。其二，汉军善于大兵团作战，各路人马能按期到达指定地点，实现对作战目标的包围。其三，汉军兵马强壮，士气高昂，能够远距离奔袭作战。以上三点，说明汉军战前准备充分，战略战术素养高，整体战斗力强，这些都非匈奴所能比。汉军优势的由来，根源于"一统类，广教化，美风俗"[3]的文化中国建设，根源于朝野上下对征伐匈奴正义性的认同。没有文化中国的建设，民族思维水平尤其是战略思维水平就难以显著提高，民族自豪感与自信心的建立就失去了有力支撑；没有朝野上下对征伐匈奴正义性的认同，汉军将士就难以有保家卫国的信念，难以形成不畏艰险而勇往直前的战斗力。

河南一役显示出卫青独当一面的单兵作战能力，本次战役则显示出卫青统领各路大军的大兵团指挥能力。卫青作为征伐统帅的地位已无可争议。"至塞，天子使使者持大将军印，即军中拜车骑将军青为大将军，诸将皆以兵属大将军，大将军立号而归。"[4]将拜大将军的现场放在塞上，可以鼓舞边塞军民的士气。可以想见，当卫青十万雄师俘获匈奴"万五千余人""畜数千百万"，胜利歌声与车骑声一路响起时，长城内外、黄河两岸无不感到"车骑雷起，殷天动地"[5]。

---

[1]〔汉〕司马迁：《史记·卫将军骠骑列传》，北京：中华书局1982年版，第2925页。
[2]〔汉〕司马迁：《史记·卫将军骠骑列传》，北京：中华书局1982年版，第2925页。
[3]〔汉〕班固：《汉书·武帝纪》，北京：中华书局1962年版，第166页。
[4]〔汉〕司马迁：《史记·卫将军骠骑列传》，北京：中华书局1982年版，第2925页。
[5]〔汉〕司马迁：《史记·司马相如列传》，北京：中华书局1982年版，第3033页。

在广大的蒙古高原与陕北高原间,在辽阔的胡汉结合部,似乎从未见有如此壮阔场面。

值得肯定的是,卫青面对荣誉,淡然冷静。"封青子伉为宜春侯,青不疑为阴安侯,青登为发干侯。青固谢曰:'臣幸得待罪行间,赖陛下神灵,军大捷,皆诸校力战之功也。陛下幸已益封臣青,臣青子在襁褓中,未有勤劳,上幸列地封为三侯,非臣待罪行间所以劝士力战之意也。伉等三人何敢受封!'"[1]将荣誉归于武帝英明,归于"诸校力战",希望免除对幼子的无功封赏,换取对诸校的嘉奖。如此不忘"诸校力战之功",绝非虚情假意,而是卫青在多年征伐中深知"诸校力战之功"的真实表达。历经四次征杀,卫青倘若不能与全体将士患难与共,就难以保证全军上下精诚团结、共赴死地。武帝也并非没有想到"诸校力战之功"。"我非忘诸校尉也,今固且图之。"[2]武帝不在卫青建议前而在卫青建议后封赏诸校,无疑会提升卫青军中威望。

在取得全歼右贤王部的胜利后,武帝进一步推进文化中国的内部建设。一武一文,交替互进,构成了武帝一朝明显的运动节律。同年夏,武帝诏曰:"盖闻导民以礼,风之以乐,今礼坏乐崩,朕甚闵焉。故详延天下方闻之士,咸荐诸朝。其令礼官劝学,讲议洽闻,举遗兴礼,以为天下先。太常其议予博士弟子,崇乡党之化,以厉贤材焉。"[3]丞相公孙弘"请为博士置弟子员"[4],以"年十八已上,仪状端正""好文学,敬长上,肃政教,顺乡里,出入不悖所闻"[5]为条件,选拔民间秀士为博士弟子。武帝下诏批准了这一堪称文化选秀的建策,从制度上保证了一批文化英俊的涌现。

一支驰骋大漠深处的大汉雄师已然形成,一支"仪状端正""好文学"的文化生力军也呼之欲出。外有威武之师"百蛮是攘,恢我疆宇"[6],内有文化大军

---

[1]〔汉〕司马迁:《史记·卫将军骠骑列传》,北京:中华书局1982年版,第2925—2926页。
[2]〔汉〕司马迁:《史记·卫将军骠骑列传》,北京:中华书局1982年版,第2926页。
[3]〔汉〕班固:《汉书·武帝纪》,北京:中华书局1962年版,第171—172页。
[4]〔汉〕班固:《汉书·武帝纪》,北京:中华书局1962年版,第172页。
[5]〔汉〕司马迁:《史记·儒林列传》,北京:中华书局1982年版,第3119页。
[6]〔汉〕班固:《汉书·叙传下》,北京:中华书局1962年版,第4237页。

"广教化，美风俗"，共同烘托出大一统王道中国的氤氲化生。两支大军在武帝时代同时并进，与武帝之武、武帝之文直接相关。武帝之武导引出雄强中国的诞生，武帝之文导引出文化中国的诞生。王道中国，是既有雄强体魄又有文化气象的高度结合，这是先儒王道理想的应有之义，亦复为满足武帝内在要求的现实目标。

武之后继之以文，文之后继之以武。元朔六年"春二月，大将军卫青将六将军兵十余万骑出定襄，斩首三千余级。""夏四月，卫青复将六将军绝幕，大克获。"①又据《史记》载，"大将军青出定襄，……斩首数千级而还。月余，悉复出定襄，斩首虏万余人。"②仅在两月内，卫青统领汉军进行了两次大规模征伐。其中一次首越大漠，取得"斩首虏万余人"大捷。由此，汉军进入到可以深入漠北寻歼单于主力的新阶段。

从元光五年到元朔六年这七年间，汉对匈奴作战走过了不平凡的历程。元光五年一战，"广、敖失师而还"，仅"青至笼城，斩首虏数百"；元朔六年绝幕一战，"斩首虏万八千级"，由大败转至大胜。元光五年一战，武帝诏令训斥"将率之过""士卒之罪"；元朔六年绝幕一战，武帝下诏嘉奖卫青及诸校"力战之功"，又"置武功赏官，以宠战士"③。从训斥将士"刷耻改行"到"置武功赏官，以宠战士"，反映出汉军整体士气与战斗力的根本变化。

元朔六年绝幕一战，汉军也付出了"亡两将军，三千余骑"④的代价。"苏建、赵信并军三千余骑，奔降单于。苏建尽亡其军，独以身得亡去，自归青。"⑤赵信为胡人，危急时降敌，势所难免。对苏建"尽亡其军"如何处置，卫青与属下有一番论议："霸曰：'自大将军出，未尝斩裨将，今建弃军，可斩，以明将军之威。'闳、安曰：'不然。兵法：小敌之坚，大敌之禽也。今建以数千当单于数万，力战一日余，士皆不敢有二心。自归而斩之，是示后无反意也。不

---

① 〔汉〕班固：《汉书·武帝纪》，北京：中华书局1962年版，第172页。
② 〔汉〕班固：〔汉〕司马迁：《史记·卫将军骠骑列传》，北京：中华书局1982年版，第2927页。
③ 〔汉〕班固：《汉书·武帝纪》，北京：中华书局1962年版，第173页。
④ 〔汉〕班固：《汉书·匈奴传上》，北京：中华书局1962年版，第3768页。
⑤ 〔汉〕班固：《汉书·卫青霍去病传》，北京：中华书局1962年版，第2476—2477页。

当斩。'青曰：'青幸得以肺附待罪行间，不患无威，而霸说我以明威，甚失臣意。且使臣职虽当斩将，以臣之尊宠而不敢自擅专诛于境外，其归天子，天子自裁之，于以风为人臣不敢专权，不亦可乎？'"①对此段文字，何焯论曰："青语固保身之法，于将略则非也；将但当明功罪所归。使建果当斩，何嫌于专戮乎！"②在我们看来，卫青为主帅，有权斩杀苏建，但卫青不以此立威而交付武帝处置，与其说是卫青"保身之法"，不如说是卫青对属下宽仁，以及对"为人臣不敢专权"的觉悟。周霸言"自大将军出，未尝斩裨将"，反映出卫青治军宽仁。苏建"尽亡其军"，构成死罪；但如若考虑其"以数千当单于数万"以及冒死归汉的实情，又可免他一死。卫青没有立斩苏建而与属下展开一番当斩与否的论议，等于暗示武帝可对苏建从宽处理。"天子不诛，赦其罪，赎为庶人"③，说明了卫青不杀苏建的宽仁与明智。

观察卫青不立斩苏建的言论，既晓于治军之道，又明于为臣之礼。《史记·卫将军骠骑列传》载卫青话语不多，此为第三处出现。第一处为"人奴之生，得无笞骂即足矣，安得封侯事乎"，第二处为请求武帝免除对其幼子的无功封赏而嘉奖"诸校力战之功"。凡此三处，都表现出卫青内敛自重的特质。这种内敛自重的特质，正是卫青在艰苦卓绝的远征中立于不败之地的一个重要成因。

三

元朔六年绝幕大捷最让武帝激动的，也许不是大捷本身，而是涌现出一个少年英雄霍去病。霍去病"年十八，幸，为天子侍中。善骑射，再从大将军，受诏与壮士，为剽姚校尉，与轻勇骑八百直弃大军数百里赴利，斩捕首虏过当。于是天子曰：'剽姚校尉去病斩首捕虏二千二十八级，及相国、当户，斩单于大父行籍若侯产，生捕季父罗姑比，再冠军，以千六百户封去病为冠军侯。……'"④年

---

① 〔汉〕班固：《汉书·卫青霍去病传》，北京：中华书局1962年版，第2477页。
② 〔清〕何焯著，崔高维点校：《义门读书记》卷十七，北京：中华书局1987年版，第288页。
③ 〔汉〕司马迁：《史记·卫将军骠骑列传》，北京：中华书局1982年版，第2928页。
④ 〔汉〕司马迁：《史记·卫将军骠骑列传》，北京：中华书局1982年版，第2928页。

轻的去病随卫青出征，率领精骑八百，直弃大军而去，歼敌二千余人。由此，武帝在发现卫青后，又发现了一个能与卫青黄金组合的战神霍去病。

历史往往具有戏剧性。两位征伐大将均为外戚与私生子出身，又有舅甥关系。不同的是，卫青少时贫贱困苦，去病自幼锦衣玉食。在作战风格上，卫青沉稳镇定，去病狂野不羁。一舅一甥，一壮一少，一雄一英，一正一奇，富有张力的绝佳组合，演绎出中国历史上对外征战的千古传奇。值得深究的是，这个自幼未经凄风苦雨锻炼的纨绔少年，何以一出场就呈现出锐不可当的雄姿？在我们看来，自幼衣食无忧，并非没有正面价值。衣食无忧，不必为生活所困，可以纯任自我放飞梦想。去病年十八"善骑射"，去病因锦衣玉食而自由生长的壮美体魄与精神奔放，去病体内积蕴的对生命奔突的渴望，都无疑是武帝所欣赏的。武帝与去病都生于安乐，都有着不宣泄就难以自处的生命能量。因有着内在同构，武帝爱赏去病自是一种必然。

穷困可以成就一个人，也可以毁灭一个人；富足可以毁灭一个人，也可以成就一个人。磨难未必出英雄，纨绔未必无伟男。曹植有过斗鸡走狗的放荡，但又迸发出慷慨之气。其《白马篇》①通过描写一个为国不顾死的白马少年，寄托了诗人的英雄梦想。诗中所谓"白马饰金羁"，说明白马少年不是贫寒少年，而是贵族子弟。白马少年"连翩西北驰"的飞赴敌阵，"扬声沙漠垂"的英雄豪迈，"控弦破左的，右发摧月支"的善于骑射，"狡捷过猴猿，勇剽若豹螭"的迅捷勇猛，"捐躯赴国难，视死忽如归"的大义大勇，都恍如描写"有气敢任""匈奴未灭，无以家为"②的骠骑将军。

如果将英雄分为稳健与激越两类，那么卫青属于前者而去病属于后者。在汉对匈奴胜负难料的早期，需要饱经苦难、内涵丰富的壮年英雄稳扎稳打，累积胜利成果；而当取得对匈奴作战信心后，又需要有不知人生愁苦而纯任激情的新生代英雄狂飙突进，加速战争进程。"骠骑将军为人少言不泄，有气敢任。天子尝欲教之孙吴兵法，对曰：'顾方略何如耳，不至学古兵法。'"③"少言不泄"，

---

① 逯钦立编：《先秦汉魏晋南北朝诗》，北京：中华书局1983年版，第432页。
② 〔汉〕司马迁：《史记·卫将军骠骑列传》，北京：中华书局1982年版，第2939页。
③ 〔汉〕司马迁：《史记·卫将军骠骑列传》，北京：中华书局1982年版，第2939页。

是蕴有内在强力、元气充沛的性格特征;"有气敢任",是因有真力内充而能勇往直前的气质表现;不读兵书,是不受兵法羁绊而纯任才气作战的自足自信。去病不带旧的兵家面具,不拘执成法,不深思熟虑,轻装上阵,速作决断,确保行军速度快如追风,汉军战斗力猛如饿虎。

汉军由漠南扩展到漠北及河西战场时,没有狂飙飞进的凌厉攻势,势难深入漠北、河西与匈奴决战。去病以八百骑直弃大军而去,显示其速度与攻势比卫青更为迅猛。这种非凡速度与攻势的由来,与去病不待思虑就飞奔向前的天性有着直接关系。去病对治第一事不值一顾,掷下"匈奴未灭,无以家为"雄声,正说明其心无异念而连翩奔驰的特质。面对这个极速奔驰的追风少年,武帝"益重爱之"[1]在情理之中。

因有一个能绝漠征战的少年战神,武帝在元狩二年春启动了对匈奴的新一轮攻势。"去病侯三岁,元狩二年春为票骑将军,将万骑出陇西,有功。上曰:'票骑将军率戎士逾乌盭,讨遬濮,涉狐奴,历五王国,辎重人众摄詟者弗取,几获单于子。转战六日,过焉支山千有余里,合短兵,鏖皋兰下,杀折兰王,斩卢侯王,锐悍者诛,全甲获丑,执浑邪王子及相国、都尉,捷,首虏八千九百六十级,收休屠祭天金人,师率减什七,益封去病二千二百户。'"[2]去病六天连破匈奴五王国,过焉支山一千余里,鏖战皋兰山下,歼敌近九千。武帝此次专派去病远征,表明对其速度与作战能力的信任;而去病首次将万骑而大胜,也说明他不惟有指挥轻骑而且有统领大军的天才。去病首战以八百骑"斩首捕虏二千二十八级",再战以万骑"历五王国"并"首虏八千九百六十级"。其超常战斗力,已在大将军卫青之上,匈奴无法与之相抗。

数月后,去病麾下汉军非匈奴所抗的战斗力再次得到证明。"其夏,去病与合骑侯敖俱出北地,异道。博望侯张骞、郎中令李广俱出右北平,异道。广将四千骑先至,骞将万骑后。匈奴左贤王将数万骑围广,广与战二日,死者过半,所杀亦过当。骞至,匈奴引兵去。骞坐行留,当斩,赎为庶人。而去病出北地,

---

[1] 〔汉〕司马迁:《史记·卫将军骠骑列传》,北京:中华书局1982年版,第2939页。
[2] 〔汉〕班固:《汉书·卫青霍去病传》,北京:中华书局1962年版,第2479页。

遂深入，合骑侯失道，不相得。去病至祁连山，捕首虏甚多。"① 去病"得胡首虏三万余级，裨小王以下十余人"②，而其他各路或"死者过半"，或"行留""失道"。究其原因，马班二人归结为三点：其一，武帝以"敢力战深入之士皆属去病"③。其二，去病"敢深入，常与壮骑先其大军"④。其三，去病"军亦有天幸，未尝困绝也"⑤。

在我们看来，去病部"未尝困绝"，虽或与"天幸"有关，但更应归因于能快速越过危险地带，直奔攻击目标；至于其何以有充沛体力与战力，除"敢力战深入之士皆属去病"，以及去病"敢深入"这两个主因外，又与"上为遣太官赍数十乘"⑥有着直接关系。欲使"有气敢任"者始终保持充沛体力与战力，就必须给与丰足的能量供应。高能量意味着高消耗，高消耗就须有高热量的摄入。"上为遣太官赍数十乘"，不只因为武帝"重爱"去病，更表现出武帝对去病需要高热量摄入才能确保其充沛体能的觉识。史言去病"少而侍中，贵不省士"，"既还，重车余弃粱肉，而士有饥者。其在塞外，卒乏粮，或不能自振，而去病尚穿域蹋鞠也"⑦。如此不恤士卒，确无良将风范；但若反向思考，去病不恤士卒，又可视为不受道德理性羁绊而能一往直前的极端表现。去病年二十余，对他既要求有生命奔突的美，又要求有道德圆满的善，也许是一种苛求。极言之，没有"省士"的道德包袱，去病方能一骑绝尘。倘若马班二人在"去病尚穿域蹋鞠"前没有"其在塞外，卒乏粮"的贬语，我们就可将"去病尚穿域蹋鞠"视为其英雄气质的表现。易言之，置身大漠深处，"去病尚穿域蹋鞠"，说明他体能充沛以及直将遥远地带变为自己动感地带的精神豪迈。

在汉与匈奴作战史上，元狩二年具有里程碑意义。这一年，汉军发动了三次由骠骑主导的远征并取得重大胜利，这显示出骠骑作为大汉第一刀锋英雄的特

---

① 〔汉〕班固：《汉书·卫青霍去病传》，北京：中华书局1962年版，第2480页。
② 〔汉〕班固：《汉书·匈奴传上》，北京：中华书局1962年版，第3768页。
③ 〔汉〕班固：《汉书·卫青霍去病传》，北京：中华书局1962年版，第2484页。
④ 〔汉〕班固：《汉书·卫青霍去病传》，北京：中华书局1962年版，第2481页。
⑤ 〔汉〕班固：《汉书·卫青霍去病传》，北京：中华书局1962年版，第2481页。
⑥ 〔汉〕班固：《汉书·卫青霍去病传》，北京：中华书局1962年版，第2488页。
⑦ 〔汉〕班固：《汉书·卫青霍去病传》，北京：中华书局1962年版，第2488页。

质：春，去病将万骑历五王国，"过焉支山千有余里"并"首虏八千九百六十级"；夏，去病将万骑出陇西、北地二千里，"得胡首虏三万余级"，使匈奴失去焉支山、祁连山两大生息地；秋，去病赴河西接受浑邪王数万人降汉，大体解决了西部匈奴问题。"浑邪王与休屠王等谋欲降汉，使人先要道边。是时，大行李息将城河上，得浑邪王使，即驰传以闻。上恐其以诈降而袭边，乃令去病将兵往迎之。去病既度河，与浑邪众相望。浑邪裨王将见汉军而多欲不降者，颇遁去。去病乃驰入，得与浑邪王相见，斩其欲亡者八千人，遂独遣浑邪王乘传先诣行在所，尽将其众度河，降者数万人，号称十万。"①对方人数众多，内情不详，稍有不慎或迟疑，就可能发生意外。但去病"有气敢任"，当机立断，不须深思熟虑。面对号称十万的匈奴，去病第一时间引兵渡河，先以背水之阵造成威严之势，再以驰入军中出其不意，三以斩杀不降者震慑全军，四以极速"尽将其众渡河"。如此神勇而不假思索，非骠骑将军不能为之。

河西受降一事的成功处置，标志着元狩二年汉军在西部战线三次远征的圆满结束。"汉已得昆邪，则陇西、北地、河西益少胡寇。"②此后，"以其地为武威、酒泉郡"③，打开了进入西域的通道。元狩二年所做这一切，全赖去病独率兵马火速完成。一年内三次雷霆出击，几无休整，但去病愈战愈勇，显示出无坚不摧、风驰电掣的中国力量与中国速度。

汉军在东线战场则以失败告终，"卫尉张骞、郎中令李广皆出右北平，广杀匈奴三千余人，尽亡其军四千人，独身脱还，及公孙敖、张骞皆后期，当斩，赎为庶人。"④两相对比，反衬出去病超常的远程作战能力。去病"少而侍中，贵不省士"，却一跃成为令李广等汉之名将望尘莫及的战神，令人难以置信。但马班二人将之归因为"天幸"，又不免过于简单，甚或带有否定意味。但寻究他年纪轻轻就成为一代战神的缘由，除"有气敢任"与"天幸"外，又似乎难以给出理性解答。此正所谓："过人骠骑，无迹。"⑤

---

① 〔汉〕班固：《汉书·卫青霍去病传》，北京：中华书局1962年版，第2482页。
② 〔汉〕班固：《汉书·匈奴传上》，北京：中华书局1962年版，第3769页。
③ 〔汉〕班固：《汉书·匈奴传上》，北京：中华书局1962年版，第3769页。
④ 〔汉〕班固：《汉书·武帝纪》，北京：中华书局1962年版，第176页。
⑤ 〔清〕程余庆撰，高益荣等编：《史记集说》，西安：三秦出版社2011年版，第1279页。

霍去病横空出世，实乃为大汉国力强盛的必然结果。"至今上即位数岁，汉兴七十余年之间，国家无事，非遇水旱之灾，民则人给家足，都鄙廪庾皆满，而府库余货财。京师之钱累巨万，贯朽而不可校。太仓之粟陈陈相因，充溢露积于外，至腐败不可食。众庶街巷有马，阡陌之间成群，而乘字牝者傧而不得聚会。"①汉朝空前充足的财富积累，成千上万的骏马奔腾，造就出无数不知人生困苦、只知驰骋为乐的游乐少年。在轻狂放荡的表象下，他们又透射出抑制不住的生命激情。年十八而"善骑射"的霍去病，正是他们中的杰出代表。

曹植《名都篇》曰："名都多妖女，京洛出少年。宝剑直千金，被服丽且鲜。斗鸡东郊道，走马长楸间。驰骋未能半，双兔过我前。揽弓捷鸣镝，长驱上南山。左挽因右发，一纵两禽连。余巧未及展，仰手接飞鸢。观者咸称善，众工归我妍。归来宴平乐，美酒斗十千。脍鲤臇胎鰕，寒鳖炙熊蹯。鸣俦啸匹侣，列坐竟长筵。连翩击鞠壤，巧捷惟万端。白日西南驰，光景不可攀。云散还城邑，清晨复来还。"②宝剑千金，被服丽鲜，斗鸡走马，揽弓控弦，美酒佳肴，连翩击鞠，一切是击鞠，一切是那样美好而又空虚。若将曹植《名都篇》《白马篇》视为上下篇，我们可以见出一个游乐少年终成为"捐躯赴国难，视死忽如归"的英雄少年的过程。游乐少年变为英雄少年，因感奋于"边城多警急，虏骑数迁移"的边塞风云，感奋于"捐躯赴国难，视死忽如归"的民族大义。这一由游乐少年到英雄少年的过程，也正与霍去病的成长经历相仿。

将霍去病的成长置于国力强盛的时代背景上考察，我们或可对"过人骠骑"的"无迹"作出"有迹"可寻的论析。随着汉兴七十年来物质财富的日渐雄厚，民族精神日渐雄强。值得注意的是，这种雄强精神的形成与豪奢之风的兴盛有着某种深层联系。"吴、楚反时，非年十五，有材气，上书自请击吴。景帝赐非将军印，击吴。吴已破，徙王江都，治故吴国，以军功赐天子旗。元光中，匈奴大入汉边，非上书愿击匈奴，上不许。非好气力，治宫馆，招四方豪杰，骄奢甚。"③江都易王刘非一例，说明藩王在豪奢生活中既有沉沦糜烂的可能性，也

---

① 〔汉〕司马迁：《史记·平准书》，北京：中华书局1982年版，第1420页。
② 逯钦立编：《先秦汉魏晋南北朝诗》，北京：中华书局1983年版，第431页。
③ 〔汉〕班固：《汉书·景十三王传》，北京：中华书局1962年版，第2414页。

有生命豪宕的可能性。因生活豪奢而张扬出生命豪宕，因生命豪宕而铺排出生活豪奢，两者间也能构成因果联系。一个时代弥漫出英雄豪气，必以雄厚物质为基础；而一个贫困时代，虽可能在某些个人身上闪现出英雄之气，但难以形成弥漫整个时代的英雄豪气。

枚乘《七发》之所谓"将为太子驯骐骥之马，驾飞铃之舆，乘牡骏之乘，……恐虎豹，慑鸷鸟；逐马鸣镳，鱼跨麋角；履游麋兔，蹈践麔鹿；汗流沫坠，冤伏陵窘，无创而死者，固足充后乘矣"①，司马相如《子虚赋》《上林赋》之所谓"王车驾千乘，选徒万骑，畋于海滨。列卒满泽，罘网弥山"②，"背秋涉冬，天子校猎。乘镂象，六玉虬，拖蜺旌，靡云旗，前皮轩，后道游；孙叔奉辔，卫公参乘，扈从横行，出乎四校之中。鼓严簿，纵猎者，江河为阹，泰山为橹，车骑雷起，殷天动地，先后陆离，离散别追"③，以文学雄词表现出了一种既豪奢又豪宕的生活状貌与生命气势。纵马驰骋，驱虎逐豹，如此"校猎之至壮"，既是一种豪奢生活又是一种英雄之气的显示。

从枚马对"校猎之至壮"的反复书写中，我们看到以纵马驰骋为表征的时代精神在景武之际已然形成。在以"校猎之至壮"为美的氛围中，霍去病由骑郎成为战神，是一种历史的必然。

四

卫青与去病，一舅一甥，一个在贫困与坚忍中生长，似与汉初国力空虚以及备受匈奴欺凌的历史相对应；一个在富足与奔放中生长，似与武帝时代物质丰厚以及意欲雷霆出击匈奴的现实相对应。汉初坚忍品质与当代勇敢精神的结合，看似巧合又意味深长。因有这种意味深长的舅甥组合，武帝时期的中国取得了对匈奴作战的决定性胜利。

---

① 〔南朝梁〕萧统：《文选》卷三十四，北京：中华书局1977年版，下册，第481页。
② 〔南朝梁〕萧统：《文选》卷三十四，北京：中华书局1977年版，下册，第481页。
③ 〔汉〕司马迁：《史记·司马相如列传》，北京：中华书局1982年版，第3002页、第3033页。

汉对匈奴的作战，元光五年至元朔六年期间，主帅为卫青；元狩二年至元狩四年期间，主帅为去病。元朔六年去病初露锋芒后，武帝五年内未遣卫青出征，专以去病为主帅。这固然因为武帝偏爱去病，但也是一种合乎逻辑的战略部署：先以富有原野经历的坚忍者开启胜利之门，树立大汉必胜信念；后以没有人生包袱的追梦少年驰骋大漠深处，对匈奴予以致命打击。如果说武帝任用卫青表现出一种理性认知，一种现实主义稳健；那么武帝任用去病则表现出一种感性直觉，一种浪漫主义果敢。

对匈奴用兵，关系到大汉中国的生死存亡，势必要以现实理性为先导。经卫青五次征伐，汉军累胜，形成对匈奴的军事强势。但检阅卫青五次战果，似乎只有量的增加而缺少质的飞跃：卫青首次出征，"斩首虏数百"；二次出征，"斩首虏数千"；三次出征，"捕首虏数千，畜百余万"；四次出征，"得右贤裨王十余人，众男女万五千余人，畜数十百万，斩首数千级"；五次出征，"斩首虏万余人"。除后两次战果可观外，前三次战果一般。即令以战果最为显著的第四次出征而论，以三万骑取得"众男女万五千余人，畜数十百万，斩首数千级"战果，难与去病首战以八百骑取得"斩首捕虏二千二十八级"战果相提并论。任用卫青，虽有稳步胜利的现实功效，但显得按部就班，缺少狂飙突进的气概。汉匈之战，当然是一场长期战争，但不意味着不能将周期尽可能缩短一些。面对"中国之坚敌"，雄主武帝必须首先遵循理性原则，以卫青为主帅；而当理性原则取得功效后，就可以动用狂飙少年去病，加速胜利进度。易言之，武帝不仅需要具有现实理性的沉雄者打开胜利局面，还需要慷慨任气的英拔者将战争剧情推至高潮。对武帝来说，对匈奴作战，不惟必须是能够取胜的现实主义问题，而且应当是激情取胜的浪漫主义问题。

以去病取代卫青后，汉对匈奴作战进入到横扫千军如卷席的境地：一俟为主帅，去病一战以万骑历五王国，二战以万骑出陇西、北地二千里，三战驰入浑邪王军中而受降数万匈奴。以上三战，均以飞兵千里、战果卓著显示出激情荡漾的英雄主义豪情。狂飙少年横行塞外而"莫之夭遏"的奋击形象，满足了武帝与大汉中国对巅峰英雄的渴望。大汉中国倘若不能创造出传奇英雄，不能演绎出战争大片，就难以对周边世界产生震撼力与冲击力。

"青凡七出击匈奴,斩捕首虏五万余级"①"去病凡六出击匈奴,其四出以将军,斩首虏十一万余级"②,两相对比,以去病为主角的战争大片,更有震撼人心的剧情效果。有了狂飙少年去病纵横千万里,武帝内心难以遏止的激情与血性也就有了得以宣泄的外化形态。实质上,狂飙少年去病正是武帝本人的精神化身。去病英姿勃发,充满了激情与速度,这原本就是武帝内心渴望实现的精神幻象。因有这念之而热血沸腾的精神幻象,武帝在有意无意间将去病召为侍中,他的身边有了一个恍如自己精神幻象的动感少年。两年后,武帝又将这一动感少年放飞于茫茫大漠。于是,未央宫里的汉武大帝以特殊方式实现了自己对生命奔突的渴望。

武帝对去病的任用,充满了想象力。这种想象力的由来,与《七发》《子虚赋》《上林赋》的文学熏陶有着直接关联。从《七发》《子虚赋》《上林赋》对"校猎之至壮"的文学描写到狂飙少年去病的真实出现,"校猎之至壮"经过了一个由虚到实的演进过程。极言之,正是在武帝充满想象力的召唤中,锐不可当的去病从枚马"校猎之至壮"的雄文里飞身而出,一骑绝尘,由隐藏于大赋中的无名骑从一变而为真实英雄。枚马雄文对武帝的精神鼓荡作用,武帝对枚马雄文的现实激活作用,在狂飙少年去病的横空出世中得到了生动体现。

武帝在元狩二年以去病为征伐主帅连获三次大捷后,元狩四年实施了以单于为目标的漠北决战。"上与诸将议曰:'翕侯赵信为单于画计,常以为汉兵不能度幕轻留,今大发卒,其势必得所欲。'是岁元狩四年也。春,上令大将军青、票骑将军去病各五万骑,步兵转者踵军数十万,而敢力战深入之士皆属去病。"③武帝先将卫霍各自功能尽情发挥,再将两个王牌全部抛出,配以十万精骑及数十万后援,以求对匈奴作战的雄壮终结。这种先分后总而颇具内在逻辑性的部署,显示出武帝的雄才大略。

武帝虽将卫霍一并派出,但因去病远程作战能力更强,故以去病为第一主力。"去病始为出定襄,当单于。捕虏,虏言单于东,乃更令去病出代郡,令青

---

① 〔汉〕班固:《汉书·卫青霍去病传》,北京:中华书局1962年版,第2490页。
② 〔汉〕班固:《汉书·卫青霍去病传》,北京:中华书局1962年版,第2492页。
③ 〔汉〕班固:《汉书·卫青霍去病传》,北京:中华书局1962年版,第2484页。

出定襄。"①不料，这一计划终因"虏言单于东"有误而流产。"赵信为单于谋曰：'汉兵即度幕，人马罢，匈奴可坐收虏耳。'乃悉远北其辎重，皆以精兵待幕北。而适直青军出塞千余里，见单于兵陈而待，于是青令武刚车自环为营，而纵五千骑往当匈奴，匈奴亦纵万骑。会日且入，而大风起，沙砾击面，两军不相见，汉益纵左右翼绕单于。单于视汉兵多，而士马尚强，战而匈奴不利，薄莫，单于遂乘六赢，壮骑可数百，直冒汉围西北驰去。昏，汉匈奴相纷挐，杀伤大当。……会明，行二百余里，不得单于，颇捕斩首虏万余级，遂至窴颜山赵信城，得匈奴积粟食军。"②

卫青与单于接战，先以"武刚车自环为营"，接着命五千骑纵马冲锋，最后乘"大风起，沙砾击面，两军不相见"天时"纵左右翼绕单于"，可谓攻守兼备，从容不迫。从战果上看，尽管单于脱逃，但汉军"斩首万九千级"③，又直抵赵信城，获匈奴粮草，战果已然辉煌。但与去病相比，又相形见绌。"去病与左贤王战，斩获首虏七万余级，封狼居胥山乃还。"④以同样兵力，去病战果几乎是卫青四倍。"两军士死者数万人。"⑤假定卫霍两军死者各一万，卫青"斩首万九千级"，此所谓"汉匈奴相纷挐，杀伤大当"⑥；而去病"斩获首虏七万余级"，双方死亡人数约为一比六，此所谓"所斩捕功已多于青"⑦。卫青拥有"郎中令李广为前将军，太仆公孙贺为左将军，主爵赵食其为右将军，平阳侯襄为后将军"⑧，而去病"亡裨将"⑨，显示出超拔卫青之上的能力。

从批评的角度看，卫青先"令武刚车自环为营"，固然表现出卫青的稳健，但也延缓了攻击速度。卫青兵力五万，单于兵力约二万，可以不必考虑汉军防

---

① 〔汉〕班固：《汉书·卫青霍去病传》，北京：中华书局1962年版，第2484页。
② 〔汉〕班固：《汉书·卫青霍去病传》，北京：中华书局1962年版，第2484页。
③ 〔汉〕班固：《汉书·武帝纪》，北京：中华书局1962年版，第178页。
④ 〔汉〕班固：《汉书·武帝纪》，北京：中华书局1962年版，第178页。
⑤ 〔汉〕班固：《汉书·武帝纪》，北京：中华书局1962年版，第178页。
⑥ 〔汉〕班固：《汉书·卫青霍去病传》，北京：中华书局1962年版，第2484页。
⑦ 〔汉〕班固：《汉书·卫青霍去病传》，北京：中华书局1962年版，第2486页。
⑧ 〔汉〕班固：《汉书·卫青霍去病传》，北京：中华书局1962年版，第2486页。
⑨ 〔汉〕班固：《汉书·卫青霍去病传》，北京：中华书局1962年版，第2486页。

守问题。卫青与单于接战一日后，方才实施对敌包围。由于未能及时包抄，单于趁天色已暗而脱逃。汉军兵力占优，理当白天总攻。只有当敌强我弱时，借助黄昏及风沙天时与敌混战，以求乱中取胜。故此，卫青在黄昏时总攻，形成与敌混战局面，结果"昏，汉匈奴相纷挈，杀伤大当"。倘若去病与单于相遇，必在第一时间冲锋，根本不顾及以"武刚车自环为营"的防守问题，更不会接战一日后方才实施对敌包围。

从肯定的角度看，对方是以逸待劳，卫青是千里奔袭，在敌情未明情况下，一开始实施对敌包围，有可能突入险境。面对"皆以精兵待幕北"的匈奴主力，卫青一方面稳住阵脚，以五千骑引匈奴万骑出战，一方面冷静观察，见机行事。卫青每战必胜，一个重要原因是能审时度势，攻守兼备，稳中求胜。在劳师伐远情况下，与敌"杀伤大当"并几乎全歼单于主力，又直抵赵信城，获匈奴粮草，在战略上已然大胜。

但问题的关键是，卫青此番战绩难与去病并论。卫青"军出塞千余里"，而去病"出代、右北平二千余里"①；去病"约轻赍，绝大幕"②，有敢于深入的气魄；卫青则显得保守，缺少全速向前的果敢。史书对去病作战过程较少具体化描写，盖因其速度快，过程短，难有可供史家展开描述的战术内涵与具体过程。没有颇具兵学内涵的战术运用，缺少跌宕起伏的剧情长度，一出场就是高潮，一开战就锁定胜局。这种过程简单的作战风格，犹如其人生经历一样简单。

实质上，卫霍二人都有着不可替代的价值。二人都善于远程作战，每战必胜。不同的是，一以深沉而讲求技战术见长，一以狂放而纯任才气见长。在对匈奴作战时，需要有去病的速度与冲击力，也需要有卫青的稳健与抗击力。没有卫青"奉法遵职"③，沉雄不露，汉军难以取得元朔元年至元朔六年远征匈奴的节节胜利；没有去病"有气敢任"，英武逼人，汉军难以取得元狩二年远征匈奴的捷报频传。没有卫霍二人的完美组合，汉军难以取得元狩四年远征匈奴的决定性胜利。正因有卫霍二人完美组合，曾强盛一时的匈奴全线溃逃。"是后匈

---

① 〔汉〕班固：《汉书·卫青霍去病传》，北京：中华书局1962年版，第2486页。
② 〔汉〕班固：《汉书·卫青霍去病传》，北京：中华书局1962年版，第2486页。
③ 〔汉〕班固：《汉书·卫青霍去病传》，北京：中华书局1962年版，第2493页。

奴远遁，而幕南无王庭。"①至此，汉自元光二年马邑设伏计划后，以十五年时间基本消除了匈奴威胁，洗刷了汉兴七十余年备受匈奴欺凌的耻辱。

随着漠北战争的结束，汉进入到足以抗御外部侵夺并极大拓展生存空间的历史新纪元。但汉为支撑这场意义重大的战争，也耗费了巨大人力与财力。仅漠北一战，"汉士物故者亦万数，汉马死者十余万匹。匈奴虽病，远去，而汉马亦少，无以复往"②。由此，汉在匈奴远遁的同时，也因战马及军费短缺而将远征匈奴的战争暂且搁置。实质上，经元狩四年漠北大战，汉已将匈奴水草丰美之地悉数占领，给匈奴以致命打击，因此，在元狩四年后，汉匈战争已基本结束。

既然汉匈战争已大体结束，卫青与去病也就基本完成了作为一代战神的使命。元狩六年，年二十四的去病"意外"离开了世界。去病疾驰而来，又飞奔而去，其一生一灭，仿佛只为了他六年的征战匈奴；一俟征战匈奴胜利结束，他的生命也就到了尽头。霍去病宛如一道绚烂光芒，只为征伐匈奴激情照耀。卫青虽于"围单于后十四岁而卒"③，但在这最后十四年，他默然自守，几无声息。对卫青来说，他的一生也纯因远征匈奴而熠熠生辉，而当远征匈奴大业基本完成，他也就自甘褪去自己的光芒而无所遗憾。卫青与霍去病，以不同的"死"的结局，对自己的人生与作战风格做出了最后阐释。

（黄力，女，重庆人，陕西师范大学文学院博士研究生；程世和，男，安徽池州人，陕西师范大学文学院教授）

---

①〔汉〕班固：《汉书·匈奴传上》，北京：中华书局1962年版，第3770页。
②〔汉〕班固：《汉书·匈奴传上》，北京：中华书局1962年版，第3771页。
③〔汉〕班固：《汉书·卫青霍去病传》，北京：中华书局1962年版，第2490页。

西汉佞幸人物的多维审视

张建伟　李昕花

佞幸，是指依靠美貌或才能谄媚君主而得到皇帝宠爱的人物。佞，《说文解字》曰："佞，巧谄高材也。"清代段玉裁注曰："巧者，技也。讇者，谀也。"[1]佞兼有才能和谄媚两种意思。《论语·公冶长》："雍也仁而不佞。"孔安国注："佞人口辞捷给"，《曲礼·释文》"口才曰佞"[2]。孔子讲"损者三友"，朱熹注："便佞，谓习于口语，而无闻见之实。"[3]由此可见佞还有口才好、反应敏捷之意。幸，《说文解字》曰："吉而免凶也。"《玉篇》又加上一种解释："天子所至也，御所亲爱也。"[4]《小尔雅》："非分而得谓之幸。"[5]佞幸，就是因有巧技、善应对、会谄媚而得到君主宠幸的人。《史记·佞幸列传》又加上长相俊美的特点。

佞幸是中国历史上较为特殊的一类人群，司马迁首次为这个群体作传，《史记·佞幸列传》记载了西汉前期的佞幸九人，即籍孺、宏孺、邓通、赵同、北宫伯子、周仁、韩嫣、韩说和李延年。班固《汉书·佞幸传》又增加了弘恭、石显、张放、淳于长、董贤、金赏和张彭祖七人。其中周仁、金赏另有传。[6]

比起其他人物，学术界对于西汉佞幸人物的研究成果不算多，主要集中讨论

---

[1]〔汉〕许慎撰，〔清〕段玉裁注，许惟贤整理：《说文解字注》，南京：凤凰出版社2007年版，第1083页。

[2]〔清〕刘宝楠：《论语正义》，北京：中华书局1990年版，第168页。

[3]〔宋〕朱熹：《四书章句集注》，《论语·季氏》，北京：中华书局1983年版，第171页。

[4]〔南朝梁〕顾野王：《宋本玉篇》，北京：中国书店1983年影印版，第398页。

[5]〔汉〕孔鲋：《小尔雅》，丛书集成初编第1150册，第3页。

[6] 周仁在《汉书》卷四十六、金赏附在卷六十八《金日磾传》。

了以下四个方面的问题：第一，佞幸的特点；[1]第二，佞幸的社会政治影响以及背后所蕴涵的动机原因；[2]第三，司马迁和班固对于佞幸评价的不同及其原因；[3]第四，对皇帝和佞幸之间同性恋因素的分析。[4]侯旭东《宠：信—任型君臣关系与西汉历史的展开》（北京师范大学出版社2018年版）研究的范围不限于佞幸人物，该书从政治的角度深入探讨了西汉王朝的信—任型君臣关系，对佞幸的研究具有诸多启示。

也有学者对中国历史上的佞幸人物作整体研究。比如郝玉屏《封建专制主义皇权所产生的一个毒瘤——浅说历史上的佞幸人物》（《西北民族大学学报》1983年第4期）、王大勇《漫说古代佞幸风——中国封建君主专制制度痼疾之一》（《成都师范学院报》1994年第4期）、谢晨《二十四史佞幸再探析》（《理论纵横》2012年第4期）等。这些论文对西汉佞幸的研究也有参考意义。

综上所述，这些研究从不同角度对西汉佞幸人物做了探讨，但仍然存在两个问题，一是固守古代史家的意见，存在以偏概全的问题。二是尚未从思想根源上分析佞幸人物存在的原因，也缺乏联系古代社会的政治体制做分析研究。

佞幸以媚取幸，这与中国古代传统士大夫的思想是矛盾的，为什么历代帝王对佞幸极其宠爱？佞幸这一特殊群体具有什么特点呢？为什么司马迁与班固对佞幸的看法存在差异？汉以后的政治外儒内法，儒家和法家都反对佞幸，为什么佞幸却无法消除呢？本文试图从儒家、法家和道家思想入手，研究西汉佞幸人物，分析他们对帝王的作用，从古代社会君主专制的角度剖析佞幸问题。

---

[1] 孙文阁：《可叹的人格，可怜的人生——读〈史记·佞幸列传〉》，《司马迁与〈史记〉国际学术研讨会论文集》，2000年；付翔《西汉时期佞幸之人心理研究》，武汉：华中师范大学硕士学位论文，2008年。

[2] 蒋波、季升辉：《西汉佞幸问题初探——以〈史记·佞幸列传〉为切入点》，《渭南师范学院学报》2019第7期。

[3] 潘昊昕：《司马迁与班固眼中的佞幸》，《考试周刊》2011第47期。

[4] 张三夕：《男色的爱与恨——评〈史记·佞幸列传〉》，《湖北广播电视大学学报》1999年第1期；刘军：《佞幸下的情感与人生——〈史记·佞幸传〉浅论》，《东南大学学报》2009第11卷增刊。

一、西汉佞幸人物的特点

《史记·佞幸列传》和《汉书·佞幸传》两本史书中提及的佞幸人物共有十七位，分别是籍孺、宏孺、邓通、赵谈、北宫伯子、周仁、韩嫣、李延年、韩说、弘恭、石显、张放、淳于长、董贤、金日磾、金赏和张彭祖。从这十七位佞幸人物身上，可以总结出佞幸人物的四个特点：佞幸大都出身为宦官和士人、佞幸获得皇帝宠爱的机缘相似、佞幸大都不得善终，以及个别佞幸和皇帝有暧昧的同性恋情。

（一）佞幸群体的出身大都是宦官和士人

《史记》和《汉书》所载的十七位佞幸，除了汉高祖时期的籍孺、汉惠帝时期的宏孺身份不明外，出身宦官的占五人，出身士人的占七人，共十二人，可见佞幸人物的出身大都是宦官和士人，[①]具体如下：

出身宦官的有五人，分别是汉文帝时期的赵谈和北宫伯子、汉武帝时期的李延年，以及汉元帝时期的弘恭和石显。出身为士人有七人，分别是汉文帝时期的邓通、汉景帝时期的周仁、汉武帝时期的韩嫣和韩说、汉成帝时期的张放、汉哀帝时期的董贤，和汉宣帝时期的张彭祖。除此之外，金赏是金日磾之子，为匈奴降附者，出生外戚的只有汉成帝时期的淳于长，李延年属于宦者出身，后来引荐其妹入宫，他成为外戚。司马迁在《佞幸传》提及的卫青、霍去病也属于外戚。

（二）佞幸获得皇帝宠幸的机缘

侯旭东指出，佞幸能获得皇帝的宠幸，主要有两种情况，"或基于日常生活中的长期亲密接触，或源自某种偶然的机缘。针对不同的人，分别或兼有心灵

[①] 侯旭东《宠：信—任型君臣关系与西汉历史的展开》认为《汉书·佞幸传》"可粗分为宦者、外戚与士人三类"，北京：北京师范大学出版社2018年版，第11页。

或情感上的契合、倚重、相悦或爱慕等，共有的内核则是个人间的信赖，尤其是皇帝对对方的信赖。"①因日常生活中长期亲密接触而被皇帝宠幸的有韩嫣、张彭祖、金赏、金建等。有些佞幸受宠具有一定的偶然性，司马迁在《佞幸列传》的开头说："谚曰：'力田不如逢年，善仕不如遇合。'固无虚言。"②这句谚语充分说明，佞幸这一特殊的社会群体依靠自身的相貌和对皇帝的迎合来获得权势，具有很大的偶然性。比如邓通，从一个身份低微的黄头郎到权势滔天的上大夫，仅仅是因为汉文帝的一个梦。

佞幸被帝王宠信和后妃得宠的原因类似，爱屋及乌的心理又可引发其家属被宠信，从而导致外戚干政，比如李延年。

（三）佞幸大多不得善终

西汉的十七位佞幸，最后沦为权力斗争的牺牲品而不得善终的有籍孺、宏孺、邓通、韩嫣、韩说、李延年、石显、淳于长、董贤和张放十人。

君主的爱憎无常，佞幸的命运被牢牢把握在帝王的手里，一旦改换君主，很难延续被宠信的地位。籍孺、宏孺"二人徙家安陵"③。邓通、韩嫣、李延年、董贤的命运转折最为剧烈。汉文帝时期官至上大夫，握有铜山的邓通在汉文帝死后，便被汉景帝免官。不久被人告发，家产全部充公，"一簪不得着身"，最后"寄死人家"④。韩嫣因为得罪江都王，使得"皇太后怒，使使赐嫣死。上为谢，终不能得。嫣遂死。"⑤

《汉书·佞幸传》中记载的三位佞幸人物石显、淳于长和董贤，与邓通、韩嫣和李延年的命运相似。班固《汉书·佞幸传》赞曰："位过其任，莫能有终"⑥，点明了佞幸的结局。

---

① 侯旭东：《宠：信—任型君臣关系与西汉历史的展开》，北京：北京师范大学出版社2018年版，第16页。在该书第四部分"媚道？日久生情与倾盖如故"有详细的论述。
② 〔汉〕司马迁：《史记》卷六十五，北京：中华书局1959年版，第3191页。
③ 〔汉〕司马迁：《史记》卷六十五《佞幸列传》，北京：中华书局1959年版，第3191页。
④ 〔汉〕司马迁：《史记·佞幸列传》，北京：中华书局1959年版，第3193页。
⑤ 〔汉〕司马迁：《史记·佞幸列传》，北京：中华书局1959年版，第3195页。
⑥ 〔汉〕班固：《汉书》卷九十三《佞幸传》，北京：中华书局1962年版，第3741页。

佞幸失宠后不得善终古已有之，弥子瑕的遭遇前车之鉴。《韩非子·说难》记载了弥子瑕的遭遇："昔者弥子瑕有宠于卫君。卫国之法，窃驾君车者罪刖。弥子瑕母病，人闻，有夜告弥子，弥子矫驾君车以出。君闻而贤之，曰：'孝哉！为母之故，忘其犯刖罪。'异日，与君游于果园，食桃而甘。不尽，以其半啖君。君曰：'爱我哉！忘其口味，以啖寡人。'及弥子色衰爱弛，得罪于君，君曰：'是固尝矫驾吾车，又尝啖我以馀桃。'"韩非子对弥子瑕的故事评价曰："故弥子之行未变于初也，而以前之所以见贤而后获罪者，爱憎之变也。"①司马迁在《史记·佞幸列传》的最后说："甚哉爱憎之时！弥子瑕之行，足以观后人佞幸矣。虽百世可知也。"②司马迁以弥子瑕为例，揭露了佞幸之人的结局。

（四）个别佞幸与皇帝有暧昧的同性恋情

《史记》和《汉书》记载的十七位佞幸人物中，和皇帝保持同性恋关系最明显的为董贤。董贤开始被汉哀帝所注意到正是因为他的外貌，"二岁余，贤传漏在殿下，为人美丽自喜，哀帝望见，说其仪貌，识而问之。"得到哀帝的宠幸后，董贤"旬月间赏赐累钜万，贵震朝廷。"③汉哀帝与董贤二人感情十分深厚，"断袖"这一形容男子同性之爱的词语正是出自哀帝。他对董贤的宠爱无以复加，甚至在一次宴会上说要效仿尧禅位舜，将皇位拱手让给董贤，④可见其宠爱之深。

此外，能够"与上卧起"的还有籍孺、闳孺、韩嫣、李延年、张放等人，⑤他们与帝王也保持了亲密的关系。⑥刘达临先生认为，"汉朝皇帝几乎都有一个至几个美男子作为性爱对象，并且记入正史，史家殊不为羞。"⑦侯旭东对此表示了不同意见，他提出"'与上同卧起'是否一定为同性恋的标志，容有疑问，

---

① 〔清〕王先慎：《韩非子集解》，北京：中华书局1998年版，第93—94页。
② 〔汉〕司马迁：《史记·佞幸列传》，北京：中华书局1959年版，第3196页。
③ 〔汉〕班固：《汉书》卷九十三《佞幸传》，北京：中华书局1962年版，第3733页。
④ 参见〔汉〕班固：《汉书·佞幸传》，北京：中华书局1962年版，第3738页。
⑤ 〔汉〕司马迁：《史记》，北京：中华书局1959年版，第3191、3194、3195页；〔汉〕班固撰：《汉书》，北京：中华书局1962年版，第3733页。
⑥ 参见贾丽英：《谁念西风独自凉——秦汉两性关系史》，西安：陕西人民出版社2008年版。
⑦ 刘达临编著：《中国古代性文化》，银川：宁夏人民出版社1993年版，第287页。

文献所在同卧起者亦不乏宦官。"①

司马迁在《史记·佞幸列传》对佞幸的特点做了说明："非独女以色媚，而士宦亦有之。昔以色幸者多矣。"②这说明佞幸最大的特点就是和女子一样用色相来侍奉君主。班固在《汉书·佞幸传》中也写到："柔曼之倾意，非独女德，盖亦有男色焉。"③"媚"和"柔曼"正概括了佞幸最大的特点。他们利用自身的色相，使用柔曼之道取悦于帝王，以获取金钱、地位和权力，这与嫔妃以色侍人而获得帝王宠爱是一样的。

二、佞幸对朝政的危害

儒家、法家反对佞幸的理由在于他们危害朝政，西汉佞幸人物在这方面表现如何呢？按照佞幸人物是否干政及其程度，十七位佞幸人物可分为以下三类

西汉佞幸人物对朝政影响分类表

类别	人物	表现	资料出处
对朝政有积极影响	弘恭	"明习法令故事，善为请奏，能称其职"	《汉书·佞幸传》
没有干预朝政	赵谈	"以星气幸"	《史记·佞幸传》
	北宫伯子	"以爱人长者"	《史记·佞幸传》
	周仁	"上所赐甚多，然终常让，不敢受也""诸侯群臣赂遗，终无所受"	《汉书·周仁传》
	邓通	"无伎能""不能有所荐士"	《史记·佞幸传》
	韩嫣	作威作福，得罪江都王与太后	《史记·佞幸传》
	金赏	霍氏失势，请求离婚以自保	《史记·金日磾传》附

---

① 侯旭东：《宠：信—任型君臣关系与西汉历史的展开》，北京：北京师范大学出版社2018年版，第153页。

②〔汉〕司马迁：《史记·佞幸列传》，北京：中华书局1959年版，第3191页。

③〔汉〕班固：《汉书·佞幸传》，北京：中华书局1962年版，第3741页。

续表

类别	人物	表现	资料出处
没有干预朝政	张放	只是陪伴汉成帝左右	《汉书·佞幸传》
	张彭祖	"其人谨敕,无所亏损"	《汉书·佞幸传》
对朝政产生消极影响	籍孺 闳孺	"此两人非有材能,徒以婉佞贵幸,与上卧起,公卿皆因关说"	《汉书·佞幸传》
	李延年	"浸与中人乱,出入骄恣"	《史记·佞幸传》
	韩说	"以校尉击匈奴""击破东越""掘蛊太子宫,为太子所杀"	《汉书·韩信传》附
	淳于长	助赵飞燕立为皇后。"大见信用,贵倾公卿。外交诸侯牧守,赂遗赏赐亦累钜万。""不奉法度"	《汉书·佞幸传》
	石显	"专权邪辟""兼官据势""设变诈"陷害忠臣	《汉书·佞幸传》
	董贤	"善为媚以自固"、受赏无限、"乱国制度"导致王嘉被杀	《汉书·佞幸传》

西汉佞幸人物对朝政产生积极影响是金日䃅和弘恭。弘恭尽管和专权乱政的石显放到一起,但是二人的表现完全不同,弘恭熟悉法律,工作称职。没有干预朝政的佞幸人物是赵谈、北宫伯子、周仁、邓通、韩嫣、金赏、张放、张彭祖八人,他们都受到帝王的宠爱,但从司马迁和班固的记载中,他们并没有对朝政干政,对朝政没有什么影响。

西汉佞幸人物大约一半对朝政产生过消极影响,包括籍孺、闳孺、李延年、韩说、淳于长、邓通、石显和董贤。汉武帝时期的李延年在受宠获得权势之后开始肆意横行,无视法度。韩说在巫蛊之祸中充当江充的帮手,为他推波助澜。石显、董贤对朝政的危害也很大,班固认为,"汉世衰于元、成,坏于哀、平。"[1]《汉书·佞幸传》记载了石显的恶劣行径,包括对萧望之等人的迫害、与权贵结党营私等,他们对宣、元时期朝政造成了恶劣影响。

---

[1]〔汉〕班固:《汉书·佞幸传》,北京:中华书局1962年版,第3741页。

由此可见，并非所有的佞幸都参与朝政，影响皇帝决策，多数佞幸依仗皇帝宠爱骄奢淫逸，弄权者是极少数，所谓佞幸危害朝政的说法也不是绝对的。①

三、司马迁和班固对佞幸评价的不同及其思想根源

通过对比司马迁和班固对于佞幸的评价，可以看出尽管班固抄录了《史记·佞幸传》的很多内容，但是二人对佞幸的看法存在差异。

（一）司马迁和班固对佞幸的评价

1. 司马迁对于佞幸的评价

司马迁对于佞幸的评价主要有两点：

第一，司马迁看到了佞幸的长处，认为佞幸也有才能。在《太史公自序》中，他谈及撰写《佞幸列传》的原因："夫事人君能说主耳目，和主颜色，而获亲近，非独色爱，能亦各有所长。作《佞幸列传》第六十五。"②在司马迁看来，佞幸获得帝王的宠爱，不单单是因为外貌，还有本身所具有的才能满足君主的需求。比如李延年擅于创作歌曲，满足汉武帝制礼作乐的需求而获得武帝宠爱。③

第二，司马迁对佞幸的命运具有深刻的认识。他认为佞幸的人生被帝王的爱恨所掌握，在《史记·佞幸列传》的最后，司马迁以弥子瑕的故事，感慨佞幸的命运，也以此警示后人。比如李延年最后的结局，"及其女弟李夫人卒后，爱弛，则禽诛延年昆弟也。"④因为"爱弛"，李延年被杀，他的人生完全取决于武帝的爱恨。

---

① 侯旭东指出："从臣下角度看，与皇帝建立这种关系（引者注：信—任型君臣关系）的目的并非都是为了谋求政治上的权势……这些臣子是否成为当时炙手可热的人物，与个人的性情、时局、皇帝的地位分不开，并非全都会成为搬弄权势、控制超正的权臣。"侯旭东：《宠：信—任型君臣关系与西汉历史的展开》，北京：北京师范大学出版社 2018 年版，第 126 页。

②〔汉〕司马迁：《史记》卷一百三十，北京：中华书局 1959 年版，第 3318 页。

③ 侯旭东总结为，司马迁看到了皇帝宠信佞幸人物的两个特点："爱"与"能"。侯旭东：《宠：信—任型君臣关系与西汉历史的展开》，北京：北京师范大学出版社 2018 年版，第 16 页。

④〔汉〕司马迁：《史记·佞幸列传》，北京：中华书局 1959 年版，第 3195 页。

2. 班固对于佞幸的评价

班固在《汉书·叙传》中说到撰写《佞幸传》的原因："彼何人斯，窃此富贵！营损高明，作戒后世。述《佞幸传》第六十三。"①由此可见，班固将佞幸放置在国家政治的角度来看，认为是佞幸魅惑君主导致国家衰败。在《汉书·佞幸传》的赞中，班固表明了自己对佞幸的态度："汉世衰于元、成，坏于哀、平。哀、平之际，国多衅矣。主疾无嗣，弄臣为辅，鼎足不强，栋干微挠。一朝帝王崩，奸臣擅命，董贤缢死，丁、傅流放，辜及母后。夺位幽废，咎在亲便嬖，所任非仁贤。故仲尼著'损者三友'，王者不私人以官，殆为此也。"②班固认为佞幸德不配位，帝王被他们所迷惑，造成王朝的腐败落后。班固引用孔子的话，对佞幸持抨击批判的态度，强调"王者不私人以官"，把佞幸与政治挂钩，将国势衰微的原因归结到佞幸这一群体。

（二）司马迁、班固对佞幸评价不同的原因

司马迁和班固对佞幸评价不同，原因在于儒家思想对二人的影响不同。

司马迁的思想受到儒家的影响。他曾拜汉代儒学大师董仲舒和孔安国为师，分别跟着他们学习《公羊春秋》和《古文尚书》，研读儒学经典。另一方面，司马迁在年少时受父亲司马谈的影响，在黄老家学的熏陶下成长。他在《论六家要旨》中对儒家、墨家、名家、法家和阴阳家都予以批评，而对道家没有任何指摘，认为道家"因阴阳之大顺，采儒墨之善，撮名法之要，与时迁移，应物变化，立俗施事，无所不宜。指约而易操，事少而功多。"③

班固有所不同，他出生于儒学世家，接受儒家正统教育，而且当时正处于儒学盛行的时代，因此，《汉书》中处处透露着班固根深蒂固的儒学正统思想。他完全否定佞幸，将衰、平之际国家衰败的原因归结于佞幸，认为帝王完全被佞幸所蛊惑，从而维护了帝王的形象。

---

① 〔汉〕班固：《汉书》卷一百下，北京：中华书局1962年版，第4267页。
② 〔汉〕班固：《汉书·佞幸传》，北京：中华书局1962年版，第3741页。
③ 〔汉〕司马迁：《史记·太史公自序》，北京：中华书局1959年版，第3289页。

四、儒家、法家和道家思想与西汉佞幸

司马迁和班固对佞幸评价的不同,与二人对儒家思想的态度不同密切相关。法家同样批评佞幸,但是其角度与儒家不同。此外,司马迁还受到道家影响,主要是推崇政治上的黄老之学,而不是庄子的修身处世之道,但是这一点与佞幸的行为存在关联。佞幸与诸子思想之间的关系呈现出复杂的情况。

自汉武帝"罢黜百家,独尊儒术"之后,中国古代封建王朝逐渐形成了外儒内法的治国方式。萧公权先生说:"盖汉代政治始终兼用儒法。二家势力有起伏而无废绝。"①秦晖先生指出,"汉武帝改宗儒学,弘扬礼教,似乎是中国传统的一大转折。然而,'汉承秦制'且不说,'汉承秦法'尤值得重视。"②尽管在之后的历史发展中,儒法的关系经历了很多变化,但是对政治的影响是其他学说难以企及的。下面从儒家、法家和道家思想分析佞幸。

(一)儒家对佞幸的态度

儒家和法家对佞幸都持有否定的态度,但二者对佞幸批判的角度却不同。从表层看,儒家反对佞幸,因此小到交友,大到治国都要远离佞人。

《论语》中直接提到"佞"的一共有五处,除了之前引过的,分别是《论语·公冶长》:"或曰:'雍也仁而不佞。'子曰:'焉用佞?御人以口给,屡憎于人。不知其仁,焉用佞?'"③佞,指的是有口才,特指争辩顶嘴,反应敏捷,孔子反对这种做法,比起言语,他更重视人的行为。《雍也》篇:子曰:"不有祝鮀之佞而有宋朝之美,难乎免于今之世矣。"④暗暗表达了自己对于佞的不满。《先进》篇:子路使子羔为费宰。子曰:"贼夫人之子。"子路曰:"有民人焉,有

---

① 萧公权:《中国政治思想史》,沈阳:辽宁教育出版社1998年版,第263页。
② 秦晖:《传统十论——本土社会的制度、文化及其变革》,上海:复旦大学出版社2003年版,第81页。
③〔宋〕朱熹:《四书章句集注》,北京:中华书局1983年版,第76页。
④〔宋〕朱熹:《四书章句集注》,北京:中华书局1983年版,第88页。

社稷焉，何必读书，然后为学？"子曰："是故恶夫佞者。"①直接表达对子路巧辩的批评。《卫灵公》篇：颜渊问为邦，颜渊问为邦。子曰："行夏之时，乘殷之辂，服周之冕，乐则《韶》舞。放郑声，远佞人。郑声淫，佞人殆。"朱熹注："佞人，卑谄辩给之人。"他引张子曰："郑声佞人，能使人丧其所守，故放远之。"②孔子认为治理国家一定要远离佞人，结交朋友也要远离便佞之人，《季氏》篇中便佞被列为损者三友之一。《孟子·尽心下》引用孔子之言说："恶佞，恐其乱义也。"朱熹注曰："佞，才智之称，其言似义而非义也。"③可见，孟子对于佞人的态度和孔子是一样的，佞人背离了道义，应该远离他们。班固深受这一观点的影响，在《汉书·佞幸传》赞，他谈到西汉末年朝政紊乱的原因："咎在亲便嬖，所任非仁贤。"④班固继承了孔孟的观点，认为佞人乱政，因此君主一定要远离佞人。⑤

班固《汉书·佞幸传》赞曰："然进不繇道，位过其任，莫能有终，所谓爱之适足以害之者也。"⑥总体而言，儒家思想对佞幸的批评主要在两个方面：一是佞幸谋求帝王宠爱信任的方式：媚道，即班固说的"进不繇道"。班固认为主要靠美色引诱与柔媚顺从，他说："柔曼之倾意，非独女德，盖亦有男德焉。"颜师古注："曼，泽也，言其泽柔而色理光泽也。"⑦侯旭东总结说，这种媚道主要表现为利用帝王喜欢的服饰、歌舞，甚至通过巫术来吸引乃至控制帝王，保持自己得宠的地位，所以媚道被视为"邪术"。像邓通那样为文帝吮廱，连太子也很难做到，不合人情，属于谄媚。儒生与之不同，喜欢通过上书言事或被人推荐来赢得皇帝关注。⑧二是他们的才能不足以胜任其职位，即班固讲的"位过其

---

① 〔宋〕朱熹：《四书章句集注》，北京：中华书局1983年版，第129页。
② 〔宋〕朱熹：《四书章句集注》，北京：中华书局1983年版，第164—165页。
③ 〔宋〕朱熹：《四书章句集注》，北京：中华书局1983年版，第376页。
④ 〔汉〕班固：《汉书·佞幸传》，北京：中华书局1962年版，第3741页。
⑤ 元人费唐臣有杂剧《斩邓通》，将邓通贫困而死的结局改为被杀（庄一拂：《古典戏曲存目汇考》，上海：上海古籍出版社1982年版，第280页），说明了主流社会对佞幸人物的排斥。
⑥ 〔汉〕班固：《汉书·佞幸传》，北京：中华书局1962年版，第3741页。
⑦ 〔汉〕班固：《汉书·佞幸传》，北京：中华书局1962年版，第3741页。
⑧ 侯旭东：《宠：信—任型君臣关系与西汉历史的展开》，北京：北京师范大学出版社2018年版，第114—122页。

任"①。尽管司马迁在《史记·佞幸传》中提到"卫青、霍去病亦以外戚贵幸"，但是由于他们"颇用材能自进。"②司马迁就没有把他们的事迹放入《佞幸传》而单独列传。根据前文的表格，佞幸中干政的是少数，所以这条批评并不完全符合事实。

从深层上看，儒家对佞幸的批评与其圣人政治有关。儒家认为"仁德"是君主必须具备的品性，那么君主要如何修身养性，具备"仁德"的品质呢？首先，"仁"最基本的要求是孝悌。在《论语·学而》中，有子说："孝悌也者，其为仁之本与！"③在《论语·泰伯》中孔子也谈到："君子笃于亲，则民兴于仁。"④君主要为天下臣民树立孝悌的模范，"齐家"是"治国"的基础与前提。《孟子·梁惠王上》曰："老吾老，以及人之老；幼吾幼，以及人之幼；天下可运于掌。……故推恩足以保四海，不推恩无以保妻子. 古之人所以大过人者无他焉，善推其所为而已矣。"⑤儒家对君主的要求并不仅仅止于尊养己亲，而且要推恩于四海之内。其次，君主要以礼来约束自己的行为，涵养自己内在的精神。《论语·颜渊》中孔子谈到："克己复礼为仁。"具体表现为"非礼勿视，非礼勿听，非礼勿言，非礼勿动。"⑥儒家将对"仁"的内在精神要求赋于外在行为约束的礼制之中，君主作为天下的表率，更是要严格遵守礼制。最后，儒家认为"仁德"的养成要在不断的学习和实践中达成。"学"是克服自身狭隘与偏见的重要路径，"仁德"不仅仅要长植心中，更要通过不断的学习与实践来达到"仁德"的境界。这三个对于君主修身成仁的要求将君主抬到圣人的高度予以约束和要求，实际上在一定程度上压抑了君主作为人的欲望。

儒家的圣人政治对君主的品德提出了很高的要求。然而，由于世袭的继承制度，成为君主的多为普通人，达不到圣人的标准。侯旭东先生主张，"必须要将皇帝从抽象的类概念还原为带有三重身份的活生生的人，有感情、有爱好、有

---

① 〔汉〕王充《论衡》卷二《幸偶》篇说佞幸"无德薄才，以色称媚"，其观点与班固类似。
② 〔汉〕司马迁：《史记·佞幸列传》，北京：中华书局1959年版，第3196页。
③ 〔宋〕朱熹：《四书章句集注》，北京：中华书局1983年版，第48页。
④ 〔宋〕朱熹：《四书章句集注》，北京：中华书局1983年版，第103页。
⑤ 〔宋〕朱熹：《四书章句集注》，北京：中华书局1983年版，第209页。
⑥ 〔宋〕朱熹：《四书章句集注》，北京：中华书局1983年版，第131—132页。

追求的现实中的人",包括"制度化的首脑""家中的个人"和"作为想象对象与理想的皇帝"①。皇帝作为元首,既是制度的安排,也是现实情况。"作为想象对象与理想的皇帝",就是儒家理想化的皇帝形象,所谓贤圣明君。但是儒家给皇帝设立很高的道德标准和行为规范,防范他作为"家中的个人"体现自己的情感与好恶,使得皇帝从活生生的个人变为一个政治符号和道德楷模。作为具有七情六欲的普通人,皇帝也会放纵自己的欲望,表达自己的情感,甚至还有叛逆性的表现,佞幸受宠就应运而生了。学会逢迎和讨好皇帝,满足皇帝一切需求的佞幸,为皇帝缓解压力和发泄欲望提供了途径。

君主能拥有集中的权力和无上的权威,与儒生的论证密切相关。"汉代是中国古代中央集权君主专制政治的定型期,与这一历史过程相伴行,思想家们将王、圣、道等超强权威集中到君主身上,为促进政治上的君主集权与专制作了理论铺垫。"②尽管儒生对皇帝也提出了两点要求,试图制约君权,包括用贤纳谏和闻过必改,③但是这种"道义制衡"的"逻辑发展和实践效果只能是巩固君主政治"④。儒生始料未及的是,君主对佞幸的宠爱是建立在君主集权的基础上的,从这个层面上说,他们对佞幸的产生也有一定的责任。

除了对君主提出要求,儒家对士人也有要求,就是强调公与私之间的对立,以此维护理想的政治秩序。但是,"儒生虽以鄙夷的目光看待其他求宠者,自己却同样投身于对'宠'的竞逐,他们常常高举着堂皇的旗帜,不断重复着'公''私''阴阳'与江山社稷等抽象的口号,与竞争者对垒。"⑤对于士人而言,如

---

① 侯旭东:《宠:信—任型君臣关系与西汉历史的展开》,北京:北京师范大学出版社2018年版,第245、256页。

② 刘泽华主编:《中国政治思想史(秦汉魏晋南北朝卷)》,杭州:浙江人民出版社1996年版,第210页。

③ 刘泽华主编:《中国政治思想史(秦汉魏晋南北朝卷)》,杭州:浙江人民出版社1996年版,第229—230页。

④ 刘泽华主编:《中国政治思想史(秦汉魏晋南北朝卷)》,杭州:浙江人民出版社1996年版,第234页。

⑤ 侯旭东:《宠:信—任型君臣关系与西汉历史的展开》,北京:北京师范大学出版社2018年版,第240、254页。

何在众多的竞争者中脱颖而出,获得皇帝的青睐,是自己能否实现治国安邦大业的关键所在。儒生与佞幸尽管手段不同,却无法超越时代,只能围绕着同样一个帝王,在同一个竞技场角逐,这不能不说带有一定讽刺意义和悲剧性质。不论是圣君还是贤臣,都属于凤毛麟角,皇帝宠幸佞幸反而成为普遍现象而难以根除。儒家对人性的高估在这一方面显露无疑。

(二)法家对佞幸的态度

同样批评佞幸,法家的角度不同,它是基于利害的角度分析佞幸对朝政的消极影响,认为人君要远离佞幸。

《韩非子》中并没有直接提到"佞",但与"佞"有关的对于君主的劝谏有很多。比如在《奸劫弑臣》中说:"凡奸臣皆欲顺人主之心,以取信幸之势者也。……夫奸臣得乘信幸之势以毁誉进退群臣者,人主非有术数以御之也,非参验以审之也,必将以曩之合己信今之言,此幸臣之所以得欺主成私者也。"①这里的"奸臣"与佞幸一样,都是通过顺从君主而达到被宠幸的目的。面对如此威胁,君主应该怎么做呢?除了利用法与术驾驭臣子,还需要兼听,《内储说上七术》说:"观听不参则诚不闻,听有门户则臣壅塞。"②韩非子认为,君主不兼听的话,就会被臣子所蒙蔽。在《内储说下六微》说:"六微:一曰权借在下,二曰利异外借,三曰托于似类,四曰利害有反,五曰参疑内争,六曰敌国废置。此六者,主之所察也。"在韩非子看来,君主的权势被臣子所用会造成国家的动荡,对君主产生危害。他接着解释说:"权势不可以借人。上失其一,臣以为百。故臣得借则力多,力多则内外为用,内外为用则人主壅。"③《汉书·佞幸传》中的石显便是典型例子。汉元帝生病之后将权力全部下放到石显手里,"事无大小,因显白决。"④石显在此之后便开始铲除异己,残害忠良,将皇帝的朝廷变成了自己的天下。"内深贼,持诡辩以中伤人,忤恨睚眦,辄被以危法。……后皆害

---

① 〔清〕王先慎:《韩非子集解》,北京:中华书局1998年版,第98页。
② 〔清〕王先慎:《韩非子集解》,北京:中华书局1998年版,第211页。
③ 〔清〕王先慎:《韩非子集解》,北京:中华书局1998年版,第240页。
④ 〔汉〕班固:《汉书·佞幸传》,北京:中华书局1962年版,第3726页。

焉，望之自杀，堪、更生废锢，不得复进用。……自是公卿以下畏显，重足一迹。"①汉元帝就像韩非子所说没有听取大臣们的意见，只听取石显一个人的意见，导致奸佞横行，朝政混乱。汉哀帝宠爱董贤就是如此。因为董贤长相俊美，"性柔和偏辟，善为媚以自固"②，所以获得汉哀帝的宠幸，甚至将对董贤表示不满的忠臣下狱，"丞相王嘉内疑东平事冤，甚恶（息夫）躬等，数谏争，以贤为乱国制度，嘉竟坐言事下狱死。"③正如韩非子所言，帝王宠爱佞幸将导致忠奸不分，朝政混乱。

法家看到了君主作为人的局限性，在《韩非子·有度》中韩非子谈到："夫为人主而身察百官，则日不足力不给。"④在《韩非子·奸劫弑臣》中也提到："人主者，非目若离娄乃为明也，非耳若师旷乃为聪也。不任其数，而待目以为明，所见者少矣，非不蔽之术也；不因其势，而待耳以为聪，所闻者寡矣，非不欺之道也。"⑤在法家看来，君主自己个人的能力是非常有限的，所以需要臣子和帝王一同治理国家。但是君主的权力不容他人染指，署名商鞅的《商子·修权》篇说："权者，君之所独制也。……权制独断于君则威。"臣下对君主投其所好，这种影响是需要警惕的，"凡人臣之事君也，多以主所好事君。"⑥

法家认为君臣之间的关系是单一的，君与臣之间只是利益结合体，帝王与臣子之间只能通过利益计算来治理国家。在《韩非子·饰邪》中说到："明主在上，则人臣去私心行公义。乱主在上，则人臣去公义行私心。故君臣异心，君以计畜臣，臣以计事君。君臣之交，计也。害身而利国，臣弗为也；害国而利臣，君不为也。臣之情，害身无利；君之情，害国无亲。君臣也者，以计合者也。"⑦君主与臣子之间以利益为纽带，每一次谈话与每一次交往都会被放大，君主实际上不可能与臣民相知相交。在万人之上的帝王失去了生而为人结交朋友的权

---

① 〔汉〕班固：《汉书·佞幸传》，北京：中华书局1962年版，第3726—3727页。
② 〔汉〕班固：《汉书·佞幸传》，北京：中华书局1962年版，第3733页。
③ 〔汉〕班固：《汉书·佞幸传》，北京：中华书局1962年版，第3735页。
④ 〔清〕王先慎：《韩非子集解》，北京：中华书局1998年版，第36页。
⑤ 〔清〕王先慎：《韩非子集解》，北京：中华书局1998年版，第100—101页。
⑥ 《百子全书》，杭州：浙江古籍出版社1998年版，第468页。
⑦ 〔清〕王先慎：《韩非子集解》，北京：中华书局1998年版，第128页。

利。按照心理学家马斯洛需求层次来看,满足生理和安全需求后,人自然会积极寻求归属和爱的需求,即与其他人建立情感的联系,结交朋友,追寻爱情。法家要求帝王要靠权术驾驭臣子,帝王必然不可能与臣民结为朋友。宠妃和佞幸正好满足了君主情感方面的要求,可以缓解他在朝堂之上的压力以及身边无人陪伴的孤独。①

下面以皇帝与佞幸的极端表现同性恋为例,进行分析。他们之间的关系肯定存在地位不平等的问题,但是也符合同性恋的一些基本特点。根据现代心理学的研究,同性恋很大程度上是先天因素决定的,比如大脑解剖结构与基因。因此从1973年以来,各个国家和世界卫生组织逐步将同性恋排除在心理疾病之外。②同性恋性质与异性恋在满足情感需求方面是一致的,因此,帝王宠爱佞幸,与宠幸后妃属于同样性质。③

(三)从《庄子·人间世》窥测道家对佞幸的态度

道家没有直接论述佞幸,但是《庄子·人间世》讲到如何规劝君主,与佞幸谋求帝王宠信有一定的关系。

面对卫君暴虐的局面,颜回要按照儒家的理论,对其进行劝谏,救民于水火之中。但是,孔子却阻止了颜回,他说:"嘻,若殆往而刑耳!夫道不欲杂,杂则多,多则扰,扰则忧,忧而不救。古之至人,先存诸己而后存诸人。所存于己者未定,何暇至于暴人之所行!"④这里的孔子明显表达的是庄子的观点,颜回这样去非但劝不了卫君,还要送了性命。颜回这是好名争胜,不会有好结果。孔子说:"且德厚信矼,未达人气,名闻不争,未达人心。而强以仁义绳墨之言

---

① 侯旭东认为,信—任型君臣关系的形成与皇帝的安全需要有关,见其《宠:信—任型君臣关系与西汉历史的展开》,北京:北京师范大学出版社2018年版,第136页。

② [美]迈尔斯著,黄希庭等译:《心理学精要》,北京:人民邮电出版社2009年版,第296、295页。

③ 侯旭东曾用儿童依恋理论解释汉代母子之间、舅舅与孩子之间等儿童幼年时的陪伴者对君主的影响,见其《宠:信—任型君臣关系与西汉历史的展开》第九部分《家与国/私与公》,北京:北京师范大学出版社2018年版,第231—232页、第245页。

④ [清]郭庆藩:《庄子集释》,北京:中华书局1961年版,第134页。

术暴人之前者，是以人恶有其美也，命之曰菑人。菑人者，人必反菑之。"①孔子告诫颜回，如果勉强以仁义规矩之言在暴人面前夸耀，会引起对方的反感厌恶，对方会以为你通过揭露对方的过失而显示自己的美德，是害人。恐怕你要被害了。历史上桀杀关龙逢、纣杀王子比干，都是这种情况。即使颜回内心诚实而外表恭敬，也很难感化卫君。

这个故事对儒家以仁义劝谏感化君主提出了质疑，在另一个故事里，庄子正面阐述了自己的主张。卫灵公太子天性残酷，颜阖被请去做他的师傅，向蘧伯玉请教怎么做既能保全自己，还能规谏太子，蘧伯玉说："善哉问乎！戒之，慎之，正女身哉！形莫若就，心莫若和。虽然，之二者有患。就不欲入，和不欲出。形就而入，且为颠为灭，为崩为蹶。心和而出，且为声为名，为妖为孽。彼且为婴儿，亦与之为婴儿；彼且为无町畦，亦与之为无町畦；彼且为无崖，亦与之为无崖。达之，入于无疵。"②蘧伯玉告诉颜阖，要外面表现亲近，内心存着诱导之心，但是依附他不要太过分，诱导之心不能太显露。不论卫太子表现的像婴儿般烂漫、没有界限，还是不受拘束，颜阖都要和他一样。蘧伯玉用饲养老虎的例子总结说："不敢以生物与之，为其杀之之怒也；不敢以全物与之，为其决之之怒也；时其饥饱，达其怒心。虎之与人异类而媚养己者，顺也；故其杀者，逆也。"③饲虎者不敢给老虎活物吃，怕它扑杀活物时激活它残杀的天性。不敢给它完整的食物吃，怕它撕碎食物时激活它残杀的天性。要知道它饥饱的时刻，顺着它喜怒的性情。总之，蘧伯玉强调一个"顺"字，要点是顺着太子的天性，不要违逆。

由此可见，庄子充分认识到侍奉君主的危险性，就像趁着深渊中的骊龙睡着去它颔下取宝珠一样，一旦骊龙醒了，取珠人就没命了。④因此，他怀疑儒家讲的以仁义劝谏君主的有效性，提出自己的看法，想要影响君主，首先得取得他的信任，和他打成一片，然后才有可能实现自己的目标。庄子讲的"顺"，不正

---

① 〔清〕郭庆藩：《庄子集释》，北京：中华书局1961年版，第136页。
② 〔清〕郭庆藩：《庄子集释》，北京：中华书局1961年版，第165页。
③ 〔清〕郭庆藩：《庄子集释》，北京：中华书局1961年版，第167页。
④ 参见《庄子·列御寇》。

是佞幸的一大特点吗？只不过佞幸没有去用正道引导君主，而是利用君主谋取地位和财富，甚至把持朝政，这是他们背离庄子的地方。

五、佞幸与君主专制制度

儒家和法家都对佞幸这一群体持否定态度，然而君主亲近佞幸的现象层出不穷，除了人的本性之外，还有政治制度方面的原因。

佞幸并非汉代才出现，先秦典籍中记载了一些类似的人物，比如周幽王时期的虢石父"为人佞巧，善谀好利，王用之。"[1]春秋时卫灵公周围就有三位，祝鮀以能言善辩，南子和宋朝凭借容颜美貌，都得到了卫灵公的宠幸。以至于孔子感慨地说："不有祝鮀之佞而有宋朝之美，难乎免于今之世矣。""吾未见好德如好色也"[2]具有同性恋性质的类似董贤的人物也有，例如《战国策·魏策四》所记魏王与龙阳君的故事。

然而，佞幸作为一种"结构性的存在"[3]，是从西汉开始的。在这种形势下，"信—任型君臣关系"超越了"礼仪型君臣关系"。"礼仪型君臣关系"的确立要通过一定的仪式活动，其理论依据是孔子讲的"君待臣以礼"[4]，而佞幸就是宠臣，属于"信—任型君臣关系"的顶登峰造极者。[5]出现这种现象的原因在于，先秦时期，为君臣共治之模式，"古代君臣相去，初不甚远，故有君薨百官总己以听于冢宰之制。"吕思勉先生举鲁国、卫国之事，证明"古贵族之权之大。君

---

[1] 〔汉〕司马迁：《史记》卷四《周本纪》，北京：中华书局1959年版，第149页。

[2] 分别见《论语·雍也》《论语·卫灵公》，〔宋〕朱熹：《四书章句集注》，北京：中华书局1983年版，第88页、第164页。

[3] 侯旭东：《宠：信—任型君臣关系与西汉历史的展开》代序，北京：北京师范大学出版社2018年版，第11页。

[4] 《论语·八佾》篇记载，子曰："君使臣以礼，臣事君以忠。"〔宋〕朱熹：《四书章句集注》，北京：中华书局1983年版，第66页。

[5] 侯旭东：《宠：信—任型君臣关系与西汉历史的展开》，北京：北京师范大学出版社2018年版，第12页。

权既昌，此等事遂绝迹矣。"①春秋时代，"国君的威权是相对的，不是绝对的高出群臣之上。""战国的社会结构，与春秋不同，已经逐渐抽去了世袭贵族一层，剩下的只是君主和被统治者两橛，没有中间许多阶层的逐级分权。"②孟子讲，"贵戚之卿"可以废立君主，"君有大过则谏；反复之而不听，则易位。"③说的还是旧的传统。

秦汉改变了这种局面，"秦灭六国，二世而亡，此乃古代贵族封建势力之逐步崩溃，而秦亡为其最后一幕。直至汉兴，始为中国史上平民政权之初创。"④汉代以后的君臣关系更为紧密，"新的大一统皇朝建立后，天子居至尊无上的地位，并掌握至高无上、生杀予夺的权力。君臣关系，中央地方关系，完全是政治关系。"⑤自汉武帝独尊儒术，皇权不断加强，而臣子的权利不断萎缩，只有依附于君主，才能体现自己的价值。在这种形势下，争相取媚于帝王就成了大部分臣子的选择。佞幸的所为呈现出示范性效应。比如，籍孺和闳孺，凭借着自己在政治上的成功得到众人的瞩目，京城刮起了模仿两人的风潮。"故孝惠时郎侍中皆冠鵔鸃，贝带，傅脂粉，化闳、籍之属也。"⑥

事实上，争取皇帝的宠信并非少数佞幸的追求，如果我们将眼光放开，就会发现这是一种普遍现象。就西汉而言，除了《佞幸传》记载的之外，史书中还有很多类似的记载，西汉时被皇帝宠幸信用的有陈豨、金日䃅、江充等人，甚至包括列入《酷吏传》的张汤、王温舒等。⑦其实，佞幸和酷吏虽然表面上很不

---

① 吕思勉：《先秦史》第十四章"政治制度"第二节"官制"，上海：上海古籍出版社1982年版，第393页。

② 许倬云：《历史分光镜》，上海：上海文艺出版社1998年版，第45页、第46页。许纪霖在《脉动中国》中说："战国时代的贵族势力太厉害了，直接威胁到君主的权威。"（上海：三联书店2021年版，第157页）二者观点的差异反映出战国正是转变的时期。

③ 朱熹：《四书章句集注》，《孟子·万章下》，北京：中华书局1983年版，第66页。

④ 钱穆：《国史大纲》（修订版），北京：商务印书馆1996年版，第128页。

⑤ 金春峰：《汉代思想史》，北京：中国社会科学出版社2006年版，第3页。

⑥〔汉〕司马迁：《史记·佞幸列传》，北京：中华书局1959年版，第3191页。

⑦ 参见侯旭东《宠：信—任型君臣关系与西汉历史的展开》引言及第三章"信—任型君臣关系的展开"。

相同，但是，从依附于君主、希望得到君主赏识和宠信这一点而言，并没有本质差别。佞幸要满足皇帝的情感需求，乃至性需求，酷吏则为皇帝打击豪强，惩治大臣。石显的例子反映出佞幸和酷吏在为皇帝服务方面非常接近。《汉书·佞幸传》记载，"元帝被疾，不亲政事，方隆好于音乐，以显久典事，中人无外党，精专可信任，遂委以政。事无小大，因显白决，贵幸倾朝，百僚皆敬事显。"[1] 元帝培植石显是因为他熟悉政事，而且没有与朝臣结党，便于自己在惰政的时候把控权力。此事典型地反映了皇帝与佞幸之间的默契配合，他们因长期相处形成情感上的纽带，进而达成政治上的合作。

其实，司马迁和班固已经意识到这个问题了。司马迁在《史记·佞幸传》的结尾说："自是之后，内宠嬖臣大底外戚之家，然不足数也。卫青、霍去病亦以外戚贵幸，然颇用材能自进。"[2] 由此可见，《史记·佞幸传》不过收录了特别突出的佞幸，卫青、霍去病也是以外戚的身份得到皇帝宠幸，但是他们颇有才能，军功凸显，因此就没有列入《史记·佞幸传》而单独列传。班固未将周仁与金赏列入《汉书·佞幸传》，原因在于"二人之宠取过庸，不笃。"颜师古注曰："才过于常人耳，不能大厚也。"[3] 班固认为二人受到皇帝宠幸不够突出，仅仅超过常人而已，算不上典型的佞幸。

"在专制制度下，君主是治乱兴亡的决定性因素。"[4] 佞幸在汉代之后持续存在，原因就在于君主专制制度并未从根本上得到改变。郝玉屏认为，"封建中央集权的专制主义产生的这种至尊无二的皇帝，神圣庄严的皇权又雕塑了封建官僚性格的另一方面，那就是他们又可假皇权以肆虐，颐指气使，擅逞淫威，为所欲为，侵渔人民。他们只向皇帝一人负责，这样一来，宦海的沉浮，身世的荣辱，往往取决于皇帝一人。"[5] 侯旭东从更广阔的角度分析了君主与臣下在"宠"

---

[1]〔汉〕班固：《汉书·佞幸传》，北京：中华书局1962年版，第3726页。

[2]〔汉〕司马迁：《史记·佞幸列传》，北京：中华书局1959年版，第3196页。

[3]〔汉〕班固：《汉书·佞幸传》，北京：中华书局1962年版，第3721页、第3722页。

[4] 刘泽华主编：《中国政治思想史（秦汉魏晋南北朝卷）》，杭州：浙江人民出版社1996年版，第223页。

[5] 郝玉屏：《封建专制主义皇权所产生的一个毒瘤——浅说历史上的佞幸人物》，《西北民族大学学报》1983年第4期，第45页。

这一层面的博弈，他说："'宠'，或是更普遍的意义上，信—任型君臣关系，是皇帝与臣下共同追求与努力达成的一种暂时又持久的状态。皇帝有意无意谋求与少数臣下建立此种关系，更多的臣下，不分男女，则是前赴后继、想方设法，渴望与皇帝确立这种关系，结果是努力者多，成功者寡。说其暂时，因从长远看，成功者基本都是暂时的，能维持到嗣君者寥寥；说其持久，乃是不仅在西汉，随后的王朝，均无法摆脱其魔掌。"①正史中共有十一史为这类人物立传，从《史记》到《明史》，多为《佞幸传》，也有名为《恩幸传》。当然，不同朝代佞幸的表现存在差异，但其本质并未改变。例如，南朝的佞幸与中书制度之间存在紧密关联，②明代的佞幸由于皇权专制、政治斗争和皇帝的某些特殊的嗜好心理对朝政的干预超过了历史上的各个朝代。③因此，"作为一种反复存在的现象，'宠'其实是中性的。高声的道义谴责不过是无力的宣泄，消灭不了它，只会遮蔽耳目，掩盖其长存的内在意义。"④如果从这个角度看待佞幸，是不是可以摆脱传统观念对佞幸的负面评价，更客观地认识这一群体。

儒家和法家对君主提出的需求是鞭策君主治国安邦的动力，但也在一定程度上压制了君主生而为人的欲望，帝王面对的压力和孤独驱使着他们寻求佞幸的陪伴，在佞幸这一群体面前释放自己的部分的压力。君主专制维持着帝王巨大的权力，可以决定臣子的生杀荣辱。⑤正是因为这两方面的原因，佞幸群体在后

---

① 侯旭东：《宠：信—任型君臣关系与西汉历史的展开》代序，北京：北京师范大学出版社2018年版，第10—11页。

② 黄桢：《中书省与"佞幸传"——南朝正史佞幸书写的制度背景》，《中国史研究》2018年第4期。

③ 胡凡：《明代的佞幸与明代社会》，《北方论丛》1994第1期。

④ 侯旭东：《宠：信—任型君臣关系与西汉历史的展开》代序，北京：北京师范大学出版社2018年版，第11页。

⑤ 有学者认为，无论东西方，上古国家都存在过贵族制、民主制、共和制和君主制等多种成分，起自君主制而终于专制主义则是共同的历史轨迹。参见施治生《试论古代的民主与共和》，《世界历史》1997年第1期；徐松岩《中西古代国家发展道路的同异》，《光明日报》1998年2月20日。

世难以消除,以至于被学者称为"毒瘤""痼疾"[1]。

(张建伟,男,山西太原人,文学博士,山西大学文学院教授;李昕花,女,山西河曲人,山西大学文学院中国古代文学专业硕士研究生)

---

[1] 郝玉屏:《封建专制主义皇权所产生的一个毒瘤——浅说历史上的佞幸人物》,《西北民族大学学报》1983年第4期;王大勇:《漫说古代佞幸风——中国封建君主专制制度痼疾之一》,《成都师范学院报》1994年第4期。

《史记》传播研究

《史记》《汉书》不仅奠定了中华民族大一统历史认同的价值观念与文化体系，奠定了多民族共同创造中华文明的世界观与文明观，而且开创了中国独特的正史传统与史传文学。

从"泗水捞鼎"文图关系看《史记》早期绘本的形成

刘向斌　李玉香

绘本指以绘画为主、附有少量文字的图画书,诸如小人书、连环画等是绘本的常见形态。近四十年来,出版发行了多种《史记》绘本。[①]这些绘本寓娱乐、审美与教育为一体,有效促进了《史记》的传播。那么,汉代作为《史记》传播的早期阶段,是否已有《史记》绘本参与传播?近百年来,我国的考古工作者已发掘出了不少以《史记》故事为题材的汉画像石,它们虽与现代意义的绘本有明显差异,但具备了绘本的一些特点。因此,这些"石刻画"堪称为《史记》绘本的早期形态[②]。

一、汉代产生《史记》绘本的可能性

绘画的发达与《史记》的传播,应是《史记》绘本产生的必要条件。近代书画家陈师曾在其名著《中国绘画史》中这样描述汉代的"绘事"情况:

---

① 近四十年来出版的《史记》绘本有:贺飞白:《〈史记〉千秋连环画》,南昌:江西人民出版社1983年版;盛海源根据《史记·留侯世家》改编,笑雨绘画:《张良拜师》连环画,武汉:长江文艺出版社1984年版;王述荣主编、龚汝枢等编绘:《〈史记〉故事精选连环画》(四册),南昌:二十一世纪出版社1990年版;蔡志忠绘:《历史的长城——〈史记〉》(漫画版),济南:山东人民出版社2016年版;王述荣:《史记连环画》,上海:上海人民美术出版社2016年版;《史记连环画典藏版》,北京:海豚出版社2018年版;《史记故事连环画》,成都:四川美术出版社2021年版等。

② 陈师曾说:"自汉代以来乃有事物可考,如石刻画尤为明证,而技艺由此日进。"此处的石刻画,便指汉画像石。参见陈师曾:《中国绘画史》,北京:中华书局2016年版,第10页。

盖汉代之绘事，于种种之点大为发达。今征诸史册，武帝创制秘阁，搜集天下书画。甘泉宫中画天地太一诸鬼神，明光殿画古烈士之像。宣帝甘露三年，画功臣于麒麟阁，鲁灵光殿图写天地品类、群生杂物、奇怪神灵等。画题之种类渐多，用途亦广。……后汉明帝好文，雅爱丹青，别设画官，诏博洽之士班固、贾逵等撰诸经史，更命画工画之。又创鸿都学，搜集天下之奇艺，画中兴功臣二十八将于云台。……灵帝光和元年，画孔子及七十二门人于鸿都门。献帝时，成都学画盘古、三皇五帝、三代之名臣及孔子七十二弟子像。……其画迹今已无存，不知其形状如何。山东肥城孝堂山祠、嘉祥武梁祠、嵩山三阙之画像石刻尚存，多画帝王、圣贤、孝子、烈士、战争、庖厨、鱼龙杂戏等，刻画朴拙，亦可想见当时衣服、车马、风俗之制度。①

可以想见，汉代绘画风气之盛，绘画技巧之高，且画工辈出，自是历史故事绘本产生的必要条件之一。由于"绘事"得到皇帝的支持，也为民间工匠所效法，故而在祠堂、墓葬中发现的汉画像石上，也时时可见主题多样、风格朴拙的历史故事图像。

当然，《史记》绘本的出现更关乎《史记》的传播。据史书记载，《史记》在西汉时藏于秘府，自然不易外传。汉成帝拒绝东平思王借阅《太史公书》，或能说明问题。②《史记》亦可能在民间传播。据《汉书·司马迁传》："迁既死后，其书稍出。宣帝时，迁外孙平通侯杨恽祖述其书，遂宣布焉。"③不过，《史记》在东汉的传播范围要广一些。比如，光武帝刘秀为了拉拢窦融归附，便赐读《史记》中的《五宗世家》《外戚世家》《魏其武安侯列传》等单篇传记④，以示窦融

---

①　陈师曾：《中国绘画史》，北京：中华书局2016年版，第14—15页。
②　据〔汉〕班固《汉书》卷一百上《叙传上》（北京：中华书局1962年版，第4203页）："时书不布，自东平思王以叔父求《太史公》、诸子书，大将军白不许。"
③　〔汉〕班固：《汉书·司马迁传》，北京：中华书局1962年版，第2737页。
④　〔南朝宋〕范晔：《后汉书》卷二十三《窦融列传》（北京：中华书局1965年版，第803页）："帝深嘉美之，乃赐融以外属图及太史公《五宗》《外戚世家》《魏其侯列传》。"

"外属"关系之不诬。再如，班彪据《史记》而作《史记后传》，班固在此基础上又将《史记》史料大量抄录，并稍作改造以成《汉书》，这说明《史记》在东汉前期已有较广泛的传播。

而在近年来发现的南昌海昏侯墓中，出土了不少有价值的图像文物，让人们对《史记》文本的传播时间与途径有了新认识。何丹根据该墓出土的漆器上发现的孔子画像、孔门弟子画像等，是"依据于《孔子世家》《仲尼弟子列传》和《太史公自序》而创作的事实"，认为《史记》在西汉就有家藏与官藏两个传本、有民间与官方两个流传渠道①。这说明《史记》流传的上限在武帝朝，昭帝朝的流传已"初具规模"，宣帝朝"便已经存在一定程度的流传。"②所以，"画像中的孔子及弟子，不管是'传记'的书写，还是'图案'的描绘，都以《史记》为根本性的文本创制依据。"③因此，"海昏侯墓'孔子画像'的整体创制，便是以《史记》为根本依据，'传记'与'图案'两部分可互为参照。"④这说明，《史记》在西汉已有一定程度的流传与普及，西汉已有依据《史记》故事而创作的绘本，并影响着当时人们的认知与观念。

综上，汉代绘画的发达与《史记》的有限度传播，是《史记》绘本产生的关键条件。而今看到的汉画像石多出土于东汉墓，并有大量的《史记》故事图绘，这说明《史记》绘本在东汉已有了进一步的发展。

---

① 何丹：《从海昏侯墓"孔子画像"蠡测西汉〈史记〉的流传形式》，《中国文学研究》2019年第2期，第69—78页。

② 何丹：《由汉"孔子画像"观武、昭、宣帝时期〈史记〉之流传》，《民族艺术》2018年第4期，第121—128页、第151页。

③ 何丹：《从海昏侯墓"孔子画像"蠡测西汉〈史记〉的流传形式》，《中国文学研究》2019年第2期，第69—78页。作者在《从海昏侯墓出土"孔子衣镜"看汉代儒家思想与信仰》（《文化遗产》2017年第4期，第107—118页）中认为，"'孔子衣镜'毋庸置疑地展示了武、昭、宣之世'尊孔崇儒'的社会思潮。"而在其《孔子画像与汉代教育——以海昏侯墓出土画像为中心》（《上海交通大学学报（哲学社会科学版）》2018年第3期，第92—98页）中指出，"这种图画孔子的做法，是汉武帝以来教育机构的一贯传统，引领了整个汉代的艺术创作，'孔子画像'也由此被广泛地描绘和塑造。'孔子衣镜'所反映的尊孔崇儒风气，正是汉代官学教育成果的展现。"

④ 何丹：《海昏侯墓"孔子画像"的文本考察》，《上海交通大学学报（哲学社会科学版）》2021年第5期，第84—90页。

二、学界对《史记》故事图像的讨论

汉画像石是汉画、汉史、汉文学研究最为重要的出土文献证据之一。史学家翦伯赞说过:"这些石刻画像假如把它们有系统的搜辑起来,几乎可以成为一部绣像的汉代史。"①而这部"绣像的汉代史",不就是汉史绘本吗?当然,绘本图多字少,重在看图知意。如此衡量,汉代的《史记》故事图像其实便是《史记》故事绘本了。

学界已有不少学者讨论过《史记》故事的汉画像石。比如,张柯将与《史记》相关的汉画像石分为帝王、圣贤、忠臣、刺客侠士等四大主题,认为这些汉画像石"大都出现在西汉后期和东汉,出现时间要晚于《史记》。从画像的人物塑造、情节描述上我们可以看出,这一类画像石明显受到了《史记》的影响,主要是用历史人物和历史事实来达到教化的目的。"②由此推断,《史记》的流传推动了《史记》故事画像石的产生。它们承担着教化的职责,应是《史记》绘本的早期形态。

史培争博士以"孔子问学""荆轲刺秦王"为中心,重点探讨了汉画像与历史故事的关系。通过对比《史记》等传世文献中的历史故事与汉画像等考古文献中的历史故事,他认为,"汉代社会生活中存在的历史故事或以文本的形式出现,或以口耳相传的形态存在,还可能借助图像甚至舞台表演艺术形式而现身,并在其流传过程中展现出故事情节、人物形象、叙述形式等方面的地域性特征和超越地域的发展、演变态势,呈现出汉代文学形态中另一番不被我们所熟知的生动活泼、精彩纷呈的景象。"③如此来看,《史记》故事汉画像石,也可看作是《史记》故事的绘本形式。

---

① 杨爱国:《两汉史中的汉画——翦伯赞〈秦汉史〉对汉画的使用与研究》,《湖南省博物馆馆刊》第十六辑,长沙:岳麓书社2020年12月版,第340—347页。
② 张柯:《与〈史记〉有关的汉画像石综述》,《开封大学学报》2013年第3期,第24—26页。
③ 史培争:《汉画像与历史故事研究——以〈孔子问学〉〈荆轲刺秦王〉为中心》,长春:东北师范大学博士学位论文,2015年。

岳书祺、朱浒认为,《桑下饿人》《狗咬赵盾》《赵氏孤儿》《豫让刺赵襄子》《蔺相如完璧归赵》等汉画像石,都是对"赵世家正面形象的建构",体现了汉代人的"赵世家实因贤德而承天命"的观念。他们归纳了《史记·赵世家》"对赵世家承天而兴"的描写特点,认为"赵简子之梦""天授为贵""毋恤最贤"及"赵襄子受三神之令"等,都是服务于该主题。①所以,汉画像石上的赵世家故事,实际上是依据《史记·赵世家》等历史文本绘制而成的,我们称其为《史记》绘本似无不当之处。这些《史记》故事图绘文本意在暴露秦灭赵之邪恶,明显是在"过秦",自然也是在"挺汉"。

龙迪勇立足于汉画像的叙事特点,从跨媒介的视域出发,认为汉画像具有模仿、再现戏剧表演的色彩:"汉画像叙事本质上是一种图像跨出自身的媒介特性而去模仿他种媒介(表演)所叙述故事的跨媒介叙事。"他强调,"汉画像在叙事方面还没有形成以多幅图像共同讲述一个故事的连环画式的结构",而是"善于通过再现单个的'戏剧性场景'来概述故事的精髓",具有"再现或模仿戏剧表演"的特征。②该观点的提出,对我们进一步认识汉代的《史记》绘本之特点颇富启发性。

可见,学者们对《史记》故事汉画像石早有关注。这些研究成果虽未明确从绘本角度讨论,但关注到了汉画像石图像故事的形制、表现技巧与方法,也涉及到图像故事对《史记》文本的借鉴与改造。而这正是讨论《史记》绘本应该关注的问题。

三、《史记》中的周鼎故事

据统计,《史记》故事汉画像石存量不少,诸如《孔子见老子》《周公辅成王》《泗水捞鼎》《荆轲刺秦王》《孔门弟子》《完璧归赵》《聂政刺韩王》《管仲

---

① 岳书祺、朱浒:《"修德"与"承天"——汉画像石中的赵世家故事及其意义》,《美术大观》2022年第3期,第47—52页。

② 龙迪勇:《从戏剧表演到图像再现——试论汉画像的跨媒介叙事》,《学术研究》2018年第11期,第144—154页、第178页。

射小白》《骊姬害太子申生》《赵宣食灵辄》《高祖斩蛇》等,出现的频率皆比较高。①我们将以《泗水捞鼎》为例,梳理《史记》文本与绘本的形成过程,以期探究二者之间的关系。

《泗水捞鼎》(或称"泗水升鼎")是汉画像石最常见的表现题材,主要讲秦始皇过泗水,欲捞出沉没水下周鼎的故事。如此来看,周灭之后,周鼎并未全部入秦,而有一鼎沉入泗水。那么,《史记》是否也这样记载?其实,诸如《秦本纪》《秦始皇本纪》《孝武帝本纪》《六国年表》《封禅书》等,皆记载了周鼎入秦的故事,但内容时有出入。

据《史记·秦本纪》载,秦昭襄王五十二年(前255),周亡,九鼎全部入秦:

> 西周君走来自归,顿首受罪,尽献其邑三十六城,口三万。秦王受献,归其君于周。五十二年,周民东亡,其器九鼎入秦。周初亡。②

而《史记·秦始皇本纪》却说,秦始皇二十八年(前219),嬴政东巡返回时路过彭城,令人入泗水"求"周鼎而"弗得":"始皇还,过彭城,斋戒祷祠,欲出周鼎泗水。使千人没水求之,弗得。"③这说明,周鼎确实落入泗水。

从昭王五十二年至始皇二十八年相隔三十六年,而嬴政即位于前246年,距离秦昭王五十二年不过九年。在这九年中,诸如周鼎沉入泗水这样的大事,《秦本纪》竟无记载!唐代张守节或许看到了《秦本纪》与《秦始皇本纪》间的不一致,故在《史记正义》中为《秦本纪》"其器九鼎入秦"作注时说:"历殷至周赧王十九年,秦昭王取九鼎,其一飞入泗水,余八入于秦中。"④这样,秦始皇派人入泗水捞鼎的故事便有了历史依据。

---

① 李立:《汉画像的叙述——汉画像的图像叙事学研究》,北京:中国社会科学出版社2016年版,第290—291页。
② 〔汉〕司马迁:《史记》卷五《秦本纪》,北京:中华书局1982年版,第218页。
③ 〔汉〕司马迁:《史记》卷六《秦始皇本纪》,北京:中华书局1982年版,第248页。
④ 〔汉〕司马迁:《史记》卷五《秦本纪》,北京:中华书局1982年版,第218页注三。按,据《史记·六国年表》,秦昭王五十二年(前255),"取西周",则周鼎入秦当在秦昭王五十二年(前255)。参见〔汉〕司马迁:《史记》卷十五《六国年表》,北京:中华书局1982年版,第747—748页。

不过，《史记·封禅书》也记载了"鼎没于泗水"的传说："其后百二十岁而秦灭周，周之九鼎入于秦。或曰宋太丘社亡，而鼎没于泗水彭城下。"①"或曰"二字说明，"宋太丘社亡"而"鼎没于泗水"只是传说，并暗示了二者之间似有关联性。这显然为汉文帝、汉武帝时的寻鼎故事提供了证据支持。只有"鼎"确实"没于泗水"，才有必要找寻。因此，太史公在《封禅书》中为周鼎的再面世做了铺垫，并在《孝文本纪》《孝武本纪》中借他人之口反复强调。据《封禅书》，方士新垣平曾暗示汉文帝迎周鼎：

> 平言曰："周鼎亡在泗水中，今河溢通泗，臣望东北汾阴直有金宝气，意周鼎其出乎？兆见不迎则不至。"于是上使使治庙汾阴南，临河，欲祠出周鼎。②

这样的说法显然荒谬，但文帝竟也深信不疑！这说明，西汉确有鼎入泗水的传说，汉文帝显然相信了传说。《孝文本纪》对此亦有记载：

> 赵人新垣平以望气见，因说上设立渭阳五庙。欲出周鼎，当有玉英见。十六年，上亲郊见渭阳五帝庙，亦以夏答礼而尚赤。十七年，得玉杯，刻曰"人主延寿"。③

按照新垣平的观点，"玉英见"是"出周鼎"的前兆。裴骃《集解》引《瑞应图》云："玉英，五常并修则见。"④如此，"五常并修"又能"玉英见"。"五常"当指与木、火、土、金、水五行相对应的东、南、中、西、北五方神，故称"五帝"。⑤新垣平显然在说谎，但"一个谎言十个圆"！"玉英见"而"出周鼎"，"五常并修"而"玉英见"，三者环环相扣。结果，五帝庙建成不久，文帝

---

① 〔汉〕司马迁：《史记·封禅书》，北京：中华书局1982年版，第1365页。
② 〔汉〕司马迁：《史记·封禅书》，北京：中华书局1982年版，第1383页。
③ 〔汉〕司马迁：《史记》卷十《孝文本纪》，北京：中华书局1982年版，第430页。
④ 〔汉〕司马迁：《史记》卷十《孝文本纪》，北京：中华书局1982年版，第430页注四。
⑤ 即东方，木，太皞；南方，火，炎帝；中央，土，黄帝；西方，金，少昊；北方，水，颛顼。

便得到了"人主延寿"玉杯:

> 其明年,赵人新垣平以望气见上,言"长安东北有神气,成五采,若人冠絻焉。或曰东北神明之舍,西方神明之墓也。天瑞下,宜立祠上帝,以合符应。"于是作渭阳五帝庙,同宇,帝一殿,面各五门,各如其帝色。……其明年,新垣平使人持玉杯,上书阙下献之。平言上曰:"阙下有宝玉气来者。"已视之,果有献玉杯者,刻曰"人主延寿"。平又言"臣候日再中"。居顷之,日御复中。①

结果,新垣平遭人检举而被杀,而周鼎自然也未出现。②《史记·封禅书》载,汉文帝得到"人主延寿"杯后,诏令"更十七年为元年,令天下大酺。"③此年即后元元年(前163)。裴骃《集解》引徐广语:"后三十七年,鼎出汾阴。"④如此下推,周鼎当现于汉武帝元朔三年(前126)。果然,《封禅书》又载:

> 夏六月中,汾阴巫锦为民祠魏脽后土营旁,见地如钩状,掊视得鼎。……至长安,公卿大夫皆议请尊宝鼎。……有句(司)皆曰:"闻昔泰帝兴神鼎一,一者壹统,天地万物所系终也。黄帝作宝鼎三,象天地人。禹收九牧之金,铸九鼎。皆尝亨鬺上帝鬼神。遭圣则兴,鼎迁入夏商。周德衰,宋之社亡,鼎乃沦没,伏而不见。……今鼎至甘泉,光润龙变,承休无疆。……鼎宜见于祖祢,藏于帝廷,以合明德。"⑤

如此,新垣平"望"见东北汾阴有"金宝气"并非有"诈",汾阴出鼎可证明其不诬。可见,汉代人认为,周德衰、宋社亡、鼎沦没三者也环环相扣。反过来说,德盛则鼎现。汉武帝时复见鼎,可知汉德盛壮。而有司解释说,"泰帝

---

① 〔汉〕司马迁:《史记·封禅书》,北京:中华书局1982年版,第1382—1383页。
② 据《史记·封禅书》:"人有上书告新垣平所言气神事皆诈也。下平吏治,诛夷新垣平。自是之后,怠于改正朔服色神明之事,而渭阳、长门五帝使官祠领,以时致礼,不往焉。"
③ 〔汉〕司马迁:《史记·封禅书》,北京:中华书局1982年版,第1383页。
④ 〔汉〕司马迁:《史记·封禅书》,北京:中华书局1982年版,第1383页注一。
⑤ 〔汉〕司马迁:《史记·封禅书》,北京:中华书局1982年版,第1392页。

兴神鼎一，一者壹统"，正与当时确立大一统的社会思潮相一致。至于该鼎是否为周鼎，《史记》并未明确告知。在《史记·孝武本纪》中，几乎又重复了《封禅书》中的原话：

> 闻昔大帝兴神鼎一，一者一统，天地万物所系终也。黄帝作宝鼎三，象天地人也。禹收九牧之金，铸九鼎，皆尝烹上帝鬼神。遭圣则兴，迁于夏商。周德衰，宋之社亡，鼎乃沦伏而不见。①

依此来看，禹铸九鼎，传给夏启。夏亡而商兴，九鼎归商。商亡而周兴，九鼎归周。周亡，九鼎本归于秦，但失其一。而秦亡汉兴之后，又得所失之鼎。因此，汉兴秦灭自然符合天命。而秦始皇似乎并不认命，或者也想扭转天命，故而便派千人捞鼎，结果失望而归，可见天命不佑。汉武帝时复得鼎，则意味着以汉代秦而兴是顺天应命，其皇统地位自然无可置疑。这就是天命观支配下的汉代人的历史逻辑。

四、汉画像石上的周鼎故事

"单就汉画像历史故事画像而论，图像叙述并不能摆脱历史或文学叙述而独立完成或独立存在。"②所以，汉代的叙事图像对历史文本是有依赖的。《史记》对周鼎故事或隐或显的描述，激发了汉代民间艺术家的想象力。他们将看到或听到的周鼎故事，在石板上用线条表现了出来。或许，他们也想以连环画的形式交代前因后果，但祠堂、墓葬空间的有限性，决定了图像内容必须简明，只能再现最典型的场景。所以，在各地出土的"泗水捞鼎"画像中，费力捞鼎成为聚焦的中心，我们似乎可以看到呐喊者、指挥者、牵拉者、帮忙者期待的眼神，甚至可以听到鼎出水面的欢呼声。然而，画面中必有一条龙咬断了绳索，从

---

① 这段记载与《史记·封禅书》有字词差异，诸如"大"与"泰"、"一"与"壹"、"享"与"烹"、"沦没"与"沦伏"。〔汉〕司马迁：《史记》，北京：中华书局1982年版，第465页。
② 李立：《汉画像的叙述——汉画像的图像叙事学研究》，北京：中国社会科学出版社2016年版，第335页。

而让轰轰烈烈的捞鼎活动以失败告终。

山东嘉祥县武氏祠"泗水升鼎"图（附录图一）①，人物众多而动作性极强。由于是用平面图表现立体画面，故而河岸前宽后窄。左岸河道宽处有四人牵拉绳索，右岸对应则为三人牵拉绳索，以身体的倾斜来表现用力的程度。左岸边停一辆单马轺车，车上坐两人，或为秦始皇与驭者，旁边有骑马侍卫。左岸头狭窄处站六人，最前面一人低头张望指点；右岸头狭窄处站四人，最前面一人也低头张望指点。就在这形同井口的地方，鼎正被牵拉升起，而伸出的龙头，似要咬断绳索。河面上有两只船，各坐两人，其中一人用长杆顶鼎，似在用力帮忙。武氏祠画像石对《史记》文本的改造是明显的：

其一，《史记》未记载龙伸头咬断绳索，但嘉祥武氏祠画像却着意表现了这一点。其二，由于用平面图表现立体画面，故而用斜坡表河岸，用类似井口的狭窄处突出视觉的由近而远变化。其三，类似井口的平台上刻画了指挥者，并着意表现了秦始皇亲临现场的画面，以示其对周鼎的关注。由于用静态画面表现动态场景，故而无法刻画动作的连续性，但展现了牵拉、指挥和龙咬绳索等关键性动作，以此便预示了结果。

山东长清孝堂山石祠第五石（附录图二上图）的情节相似，只是河面上的船只更多，左右岸边牵拉人数相当，狭窄处也有人观看，且狭窄的河道更像一口深井。山东嘉祥县刘村洪福院出土同题材汉画像石（附录图二下图），两岸列队牵拉绳索升鼎，鼎下有人托举，岸上有人观看，"从鼎中伸出一个龙头，咬断了拉鼎的绳子"。②山东嘉祥县纸坊镇敬老院出土的"泗水升鼎"汉画像石（附录图三上图），构图最为简约，左右岸边各有两人站在斜坡，好像从一口竖井中用绳索拉起铜鼎，却被鼎中伸出的龙头咬断了左边的绳索。可见，无论构图复杂或简约，龙咬绳索的情节绝不会省掉。

---

① 张道一《汉画故事：刻在石头上的记忆》（北京：中华书局2020年版，第134页）称为"山东嘉祥县武氏祠左石室第三石。此为原石画面的右半部分。"傅惜华、陈志农编《山东汉画像石汇编》（济南：山东画报出版社2012年版，第458页）称为"武斑祠画像（其四）"。按，下文中所涉及汉画像石，皆载录于张道一《汉画故事：刻在石头上的记忆》第134页至第140页。

② 张道一：《汉画故事：刻在石头上的记忆》，北京：中华书局2020年版，第137页。

后来，有关"升鼎"或"捞鼎"的汉画像石又增添了新内容，出现了横跨两岸的拱桥。从前面几幅"泗水捞（升）鼎"图来看，刻画者将显示河岸的坡度连接了起来，于是便出现了拱桥。比如，山东微山县沟南村出土的"升鼎图"（附录图三下图），"画中人物似在桥头，上有建筑，人在建筑中观看升鼎。时代已远，开始戏剧化了。"①再如，山东嘉祥县五老洼出土的同题材汉画像石（附录图四上、下图），似站在拱形桥上，两边是列队牵拉绳索者，升鼎的同时，龙头也伸了出来。而在江苏徐州贾汪、徐州铜山大庙村出土的同题材汉画像石中（附录图五上、下图），圆形拱桥中间似竖起两根木杆，人们列队用绳索牵拉起鼎，拱桥中间或坐或立一人，正在指挥着升鼎，鼎口的龙头也伸了出来。可见，本以平面图来表现立体的图案，使得远处的河道便狭窄似井口。而在徐州同题材的汉画像石中，狭窄处竟演化成竖起的两根木杆，牵拉鼎的绳索便从木杆顶部滑过。而河南南阳出土的大型空心画像砖上（附录图六上图），"画面以桥为中心，人们从两岸用绳索拉鼎，桥上击鼓庆祝，却不知龙将要咬断绳索。"②

当然，画面情节无论是增添还是减少，图案无论是复杂还是简约，上述汉画像石（砖）表现的结局几乎一致：当鼎即将登岸时，龙便伸头咬断了绳索，捞鼎便告失败。张道一指出，"从题材上看，数量最多的莫过于'泗水升鼎'了。原因很明显，是说秦始皇在泗水所捞之鼎的覆没，证明了秦政的短命必亡。故事当然是虚构的，并且带有'谶纬'迷信的色彩。然而从另一方面看，也说明秦亡之后人们的一种心态。直到汉代，这种心态似乎还没有平静下来。各地画像石上所表现的，也多是龙头从鼎中出来，正在咬断升鼎的绳子。"③这样的分析很有道理。

前面说过，《秦本纪》明确说周鼎全部入秦，而《秦始皇本纪》却记录了"泗水捞鼎"故事。至于鼎因何落入泗水，作者并未交代。于是，张守节《史记正义》便解读为一鼎"飞"入泗水，这正是秦始皇泗水捞鼎的原因。至于结果，《史记》只交代了"弗得"二字，又未明说"弗得"之因。这大概是汉画像石雕

---

① 张道一：《汉画故事：刻在石头上的记忆》，北京：中华书局2020年版，第137页。
② 张道一：《汉画故事：刻在石头上的记忆》，北京：中华书局2020年版，第140页。
③ 张道一：《汉画故事：刻在石头上的记忆》，北京：中华书局2020年版，第135页。

刻艺人任凭想象的根源，也说明他们对《史记》故事文本既有参照，也进行了颇具想象力的改造。

五、"泗水龙"的隐喻象征

在"泗水捞鼎"汉画故事中，"泗水龙"已成为干扰秦始皇意图达成的主角。这可能有民间传说的影子，也许是汉代瑞应思想的直观体现。《史记》并没有龙头升起咬断绳索的记录，但汉画像石中的"泗水龙"却非同一般，它是汉高祖刘邦的象征物。据《史记·高祖本纪》载，刘邦虽出身贫贱，但其身世颇为传奇。其母"梦与神遇"，正值雷雨大作之时，而其父刘太公望见蛟龙伏体，不久便有身孕而生高祖：

> 高祖，沛丰邑中阳里人，姓刘氏，字季。父曰刘太公，母曰刘媪。其先刘媪尝息大泽之陂，梦与神遇。是时雷电晦冥，太公往视，则见蛟龙于其上。已而有身，遂产高祖。①

感孕神话很早就有。比如，简狄吞玄鸟之卵而生商，姜嫄履大人迹而生后稷。而《史记》载刘邦为"龙子"的感孕故事，显然是一种神异化的笔法。正因为如此，据《史记》所载，曾为泗水亭长的刘邦，酒后醉卧时便常有龙显于体上：

> 高祖为人，隆准而龙颜，美须髯，左股有七十二黑子。……好酒及色。常从王媪、武负贳酒，醉卧，王媪见其上常有龙，怪之。高祖每酤留饮，酒雠数倍。②

刘邦既为"龙子"，便有龙的特征。而形如"龙颜"，身显龙体，这大概是"泗水龙"的隐喻象征来源。泗水亭长刘邦为沛县押送劳工，便发生了赤帝子斩

---

① 〔汉〕司马迁：《史记·高祖本纪》，北京：中华书局1982年版，第342页。
② 〔汉〕司马迁：《史记·高祖本纪》，北京：中华书局1982年版，第343页。

杀白帝子的故事：

> 高祖被酒，夜径泽中，令一人行前。行前者还报曰："前有大蛇当径，原（愿）还。"高祖醉，曰："壮士行，何畏！"乃前，拔剑击斩蛇。蛇遂分为两，径开。行数里，醉，因卧。后人来至蛇所，有一老妪夜哭。人问何哭，妪曰："人杀吾子，故哭之。"人曰："妪子何为见杀？"妪曰："吾子，白帝子也，化为蛇，当道，今为赤帝子斩之，故哭。"人乃以妪不诚，欲告之，妪因忽不见。后人至，高祖觉。后人告高祖，高祖乃心独喜，自负。诸徒者日益畏之。①

裴骃《集解》引东汉应劭之语说："秦襄公自以居西戎，主少昊之神，作西畤，祠白帝。至献公时栎阳雨金，以为瑞，又作畦畤，祠白帝。少昊，金德也。赤帝尧后，谓汉也。杀之者，明汉当灭秦也。"②可见，白帝子与赤帝子分别象征着秦始皇与刘邦。赤帝子斩杀白帝子，兆示着秦灭汉兴。所以，《史记》写刘邦与"龙"的故事，便有了表达政治意图的史家用意。不仅如此，《史记·高祖本纪》还写了秦始皇与刘邦相遇的故事。刘邦初见秦始皇，便大发感慨："嗟乎，大丈夫当如此也！"③年轻的刘邦如此感慨，表现出对皇位的神往与羡慕。《史记》随后写秦始皇看到了"东南有天子气"，便"东游"而欲压此气。而刘邦亦"自疑"而避其锋芒：

> 秦始皇常曰："东南有天子气"，于是因东游以压之。高祖即自疑，亡匿，隐于芒、砀山泽岩石之间。④

可见，"龙子"刘邦的出现，必将成为推翻秦始皇统治的主要力量。正因为如此，"泗水捞鼎"故事中的"龙"，自然是阻碍秦始皇达到目标的主要力量。如此，"泗水龙"便具有确指性和象征性。四川江安出土魏晋时期石棺（附录图六

---

① 〔汉〕司马迁：《史记·高祖本纪》，北京：中华书局 1982 年版，第 347 页。
② 〔汉〕司马迁：《史记·高祖本纪》，北京：中华书局 1982 年版，第 348 页注八。
③ 〔汉〕司马迁：《史记·高祖本纪》，北京：中华书局 1982 年版，第 344 页。
④ 〔汉〕司马迁：《史记·高祖本纪》，北京：中华书局 1982 年版，第 348 页。

下图）上刻有"秦王取鼎"画像，画面上有一人牵拉着拴有铜鼎的绳索，一条昂首阔步的龙正张嘴伸向绳索，其尾部有一条鱼，以示是在水中。所以，在魏晋时期，"由于时代久远，已是为故事而表意了。"①"泗水龙"干扰捞鼎，意在说明暴秦该亡，必亡，故而早亡。这都是命定的。

六、结论与推论

通过对比《史记》中的周鼎故事与汉画像石中的"泗水捞鼎"图像故事，我们发现，周鼎故事的历史文本之所以经过多次改变，都是为解释相关的历史现象而努力。无论怎样，这都是建立在理性推理的基础上。可见，《史记》所载秦史中的周鼎故事比较客观，作者的态度也很谨慎，表现出《史记》作者客观、谨慎的著史意识。

而从《史记》所载汉史中的周鼎故事可知，司马迁具有维护汉代统治地位的著史立场。证明汉代"政治正确"，是撰写汉史的重要前提。因此，《孝文本纪》《孝武本纪》《封禅书》讲到寻找周鼎时，总会反复陈述"宋太丘社亡"而"鼎没于泗水"的"事实"。于是，先有文帝时的方士新垣平预言鼎出汾阴，后便有武帝时的汾阴巫锦发现鼎并送达长安的呼应。在记载相关事件的过程中，始终贯穿着"德衰而亡""德盛而现"的天命观，从而为汉朝取代秦朝找到了充分的理由。

而汉画像石在表现"泗水捞鼎"故事时，则会充分发挥其艺术想象力，并对《史记》故事进行改造，对相关历史现象进行重新解释。比如，泗水捞鼎之所以失败，是因为"泗水龙"咬断了绳索。这样的情节安排，体现了汉代人始终如一的观念和态度：汉取而代秦是天命必然，更是"政治正确"。至于为何要将"捞鼎"的现场安排在"泗水"，为何要让"泗水龙"干扰秦始皇迫切获鼎的愿望，都可从《史记·高祖本纪》中找到答案。"感孕"故事、龙形显体、白帝子之母的控诉、东南有"天子气"等故事，都在讲述着汉代秦而兴的合理性与合法性。这正是"泗水龙"出现在"捞鼎"场合的重要原因。

---

① 张道一：《汉画故事：刻在石头上的记忆》，北京：中华书局2020年版，第140页。

总之，从《史记》文本到《史记》绘本并非简单的再现或复制，而有着明显的改造意图，其目的是揭示汉代的"政治正确"和秦朝必亡的历史规律。而"泗水捞鼎"图反复渲染"泗水龙"阻碍秦皇得逞，又在阐释着刘邦与龙之间的密不可分关系。就是说，《史记》中的周鼎故事影响着"泗水捞鼎"汉画故事的刻绘，汉画故事也在努力阐释着《史记》故事背后的思想。因此，文图互补应是《史记》传播的必由之路。

（刘向斌，男，陕西靖边人。文学博士，延安大学文学院教授；李玉香，女，陕西黄龙人，延安大学图书馆馆员）

附录：各地出土"泗水捞鼎（泗水升鼎）"画像石

图一：山东嘉祥武氏祠左石室第三石

图二：上图为山东长清孝堂山石祠第五石，下图为山东嘉祥刘村洪福院出土。

图三：上图为山东嘉祥纸坊镇敬老院出土，下图为山东微山沟南村出土。

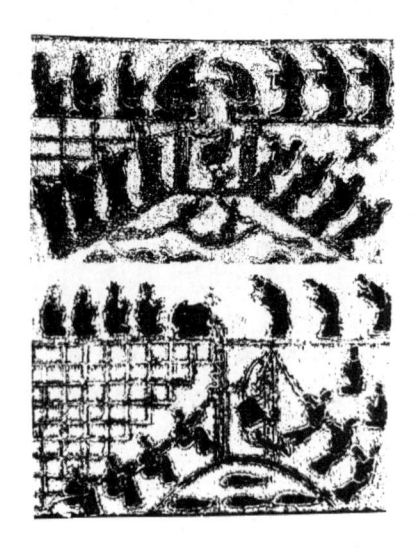

图四：上、下两图均为山东嘉祥五老洼出土。

图五：上图为江苏徐州贾汪出土，下图为江苏徐州铜山大庙村出土。

图六：上图为河南南阳出土空心画像砖，下图为四川江安二号石棺画像（魏晋时期）。

副文本与《史记评林》的传播

李月辰

《史记评林》(以下简称《评林》)是明人凌稚隆编刊搜辑西汉以来近一百五十家评论所成之书,被古今学界视为《史记》评点的集大成之书。此书成于万历四年(1576),问世之后就不仅受到域内读者欢迎,而且在日本等邻邦广为流布。据统计,该书有明清版本十二种,朝鲜刻本一种[①],和刻本十四种[②]。该书印量之大,流传之广,在《史记》研究史上极为罕见。这种现象的产生,除了版面美观、文字精审、内容符合时代潮流等因素的影响,副文本的传播作用也不可忽视。

副文本理论由法国当代学者拉热尔·热奈特(Gérard Genette)提出,他将副文本分为序跋、前言等十三个类别,认为它们相当于读者进入书籍正文的门槛,具有带领读者登堂入室的作用,能够在正文阅读开始之前向读者提供一个过渡场域,率先传递与书籍内容及作者相关的信息[③]。在商品经济的刺激下,明代书坊主人萌生了强烈的商业意识,为了增加销量,他们在出版或销售时开始有意识地利用各种传播媒介,向读者群体传递各种书籍资讯。副文本位于书籍最醒目的位置,是人们最先阅读的对象,出版者常会在这里有意识地植入广告性语言,使之成为书业广告的一种载体,充分发挥向大众传播图书产品信息的作用。

《评林》副文本主要有三类:一是由明清学者和日本学者所撰序文共十六篇;

---

① 参见拙作:《〈史记评林〉及其传播接受研究》,西安:陕西师范大学博士学位论文,2020年,第132—162页。

② 参见[日]水泽利忠:《史记正义の研究》,东京:日本汲古书院1995年版,第35页。

③ 参见 Gérard Genette, *Paratexts: Thresholds of Interpretation*. Trans. Jane E. Lewin, New York: Cambridge University Press, 1997, p. 1.

二是编纂者凌稚隆、增补者李光缙、校正者奥田尊题识各一篇[1]；三是凡例、所收评家与所引书目名单及《读史总评》等。这些副文本一方面搭建起编者与读者之间的桥梁，从编者身份、编纂意图、体例特征和学术价值等方面提供有效的导读信息，促进了《评林》的传播；另一方面，序文中所记录的增补、校订、刊刻等情况也再现了《评林》的传播过程。

一、对编刊、增补、修订者的宣传

古人心中"立言"与"立德""立功"都是"虽久不废"的不朽之事，因此，余嘉锡先生认为，无论自序还是他序，重要内容之一就是记录作者生平家世、编纂意图以传之后世[2]。历朝能被载入国史，名垂千古之人凤毛麟角，对于更多既没有显赫身份，又没有卓著功勋的普通文人，序文给他们提供了扬名于世的途径。在历代序文中经常能看到此类思想，比如宋代黄沃撰所撰《知稼翁集》跋文中说："窃为仕宦功名，史家不及知，所托为千百年记者，门生故吏与之撰述耳。门生故吏亡意斯作，为儿亦无所托，则湮没无闻也故宜。"[3]清代黄富民的《儒林外史》序中也明确说到写作目的是："予为纪其大略，俾先生之名不至淹没。"[4]《评林》的编纂者凌稚隆无科举功名，也不曾入仕，史料对他的记载寥寥无几，序文和题识就给后人了解他的生平事迹和著述意图提供了重要路径。如茅坤《刻史记评林序》：

> 予乡凌君以栋氏，少随其父尚书郎藻泉公，读诸家之评辄自喜，

---

[1] 按：以上所列序文及题识原文参见拙作：《〈史记评林〉及其传播接受研究》附录5《〈史记评林〉的序跋与题识》，西安：陕西师范大学博士学位论文，2020年，第265—278页。

[2] 参见余嘉锡：《古书通例》，上海：上海古籍出版社1985年版，第25页、第124页。

[3]〔宋〕黄公度：《知稼翁集》卷末，影印文渊阁四库全书第1139册，上海：上海古籍出版社1987年版，第612页。

[4]〔清〕吴敬梓著，李汉秋辑校：《儒林外史汇校汇评本》，上海：上海古籍出版社2010年版，第688页。

稍稍日镌而夕次之。①

以及徐中行《史记评林序》：

> 吴兴凌以栋之为《评林》，何哉？盖以司马成名史，而必推本乎世业。凌氏以史学显著，自季默有概矣。加以伯子稚哲所录，殊致而未同归。②

书序文承担着书业广告的作用，序文作者的社会影响力对于书籍的流传至关重要。《评林》成书的万历初年，正是唐宋派与后七子争鸣之际，唐宋派领袖茅坤与后七子重要成员徐中行都是当时名满天下的文学家，其身份地位、文化修养方面均具有优势，他们撰写的序文也更容易取信于读者。《评林》万历四年初刻本与万历五年重刻本分别以二人之作为首序，很难说不是在利用名人广告效应吸引买家注意。另一方面，茅坤与徐中行与凌氏家族交易深厚③，这种熟识关系，有助于序文作者掌握更多一手资料，让书序文的撰写游刃有余，同时也可以提高序文内容在读者心中的可靠程度。

茅、徐二序对凌稚隆的介绍主要强调家学渊源对于他学术思想的形成、编纂《评林》之间的关系。这样的表述除了起到记录、宣扬家世的作用之外，也在巧妙地暗示读者，《评林》与坊间辗转抄袭、粗制滥造的书籍不同，凌氏深厚的家族学养就是凌氏刻书品质的保障。

副文本也留下了《评林》增补者和修订者的资料。万历间福建晋安人李光缙的增补是《评林》流布过程中一次最大规模的增补，该版本由熊氏种德堂付梓刊行，卷首黄洪宪《叙李生增补史记评林》借晋安瑰伟壮丽的山水盛赞李光缙之才："紫帽拔立拱峙，故其文多俊峭奇耸。大海东走而玉笋金溪，盘纡于西南，

---

① 〔明〕凌稚隆：《史记评林》卷首，明万历二年至四年凌氏刻本。按："以栋"为凌稚隆之字。

② 〔明〕凌稚隆：《史记评林》卷首，明五年凌氏刻本。

③ 参见拙作：《〈史记评林〉及其传播接受研究》，西安：陕西师范大学博士学位论文，2020年，第22页、第27页。

故其文多湛深洸洋。"①同样的还有阿波·冈本监辅在明治十六年东京报告社刊本序文中对补标者有井范平的称颂:"进斋者,故德岛藩文学柴碧海之门人,岩本赘庵高足弟子,于予为同门。余服其学问淹博精深,卓越时辈,恨世人未之识,而尧运读能知之,何其卓也!"②序文作者对两位增补者的评价虽有过誉之嫌,但对于《评林》的传播来说无疑能够带来正面效应。

二、对体例内容和学术价值的评论

一本书能否获得读者的欢迎,进而广为流布,主要取决于内容的优劣和学术价值的高下。因此,书籍的内容特色和学术价值往往是书序文着力最多之处,《评林》的副文本也对此书的特色和价值做了多角度的宣传。

首先是介绍《评林》的编纂体例。在多种因素的刺激下,评点之学在明代中晚期发展至高峰,用评点形式来研究文学作品,成为当时的潮流。作为出版商,凌稚隆也认识到评点本的价值,他更进一步地将各朝名家评点汇为一帙,随文刊行,省去了人们翻检资料之苦,也能够融汇群言,形成对某一个案的批评链,方便读者形成认知。因此,《评林》的体例特点也是序文作者要向读者宣传的关键信息。茅坤的《刻史记评林序》就从纵横两个方面对《评林》的取材广度做出介绍:

> 不特旧所刻《索隐》《正义》,与韦昭、裴骃、服虔、杜预、王肃、贾逵、徐广辈所注而已也。国朝宋文宪而下,名儒硕卿,骚人处士,苟其一言一字之似迂疎荒谬若予者,无不搜罗而标引之甚。③

这里先是从纵向的时间跨度说明《评林》的取材之广,上至三家注等古注,下至明朝当代知名人物的评论,无厚古薄今之弊病,茅坤认为正是《评林》超

---

① 〔明〕凌稚隆辑,〔明〕李光缙增补:《史记评林》卷首,天津:天津古籍出版社1998年版,第1册,第2—3页。
② 〔明〕凌稚隆:《史记评林》卷首,明治十六年东京报告社刊有井范平补标本。
③ 〔明〕凌稚隆:《史记评林》卷首,明五年凌氏刻本。

越其他《史记》评注本之处。茅坤的论断在当今学界得到了证实——许多有价值的明代《史记》评点之书至今已亡佚，仅在《评林》中保留下吉光片羽。接下来，茅序又在横向上说明凌稚隆所使用的书籍种类之丰富：

> 且以太史公所本者，《左氏》《国语》《战国策》及《吴越》《楚汉》、吕不韦《春秋》也，而载之未详者，君并详之，后太史公。而《越绝》《说苑》《新序》《论衡》，与夫《韩诗外传》《风俗》《白虎》二通之书，所可参互者，君又撮而系之。下之唐宋诸贤之文，与《地理指掌图》等书，苟其可以相折衷处，君皆为之发栉而缙贯焉，可谓勤矣。①

从这里我们可以看出《评林》选用书籍包括史书、子书和文集等不同种类，对于不同性质的书籍，凌稚隆的摘引方式也不尽相同，可见用功之勤。名列后七子的王世贞也有类似的看法：

> 以栋之为《史记》也，其言则自注释以至赞骘，其人则自汉以及嘉隆，无所不附载，而时时旁引它子史，以己意撮其胜，而为之宣明。②

除了肯定《评林》搜集资料全面之外，王序还强调《评林》的可贵之处还在于凌稚隆加入了自己的研究成果，再一次向读者表明凌氏所编刊的《评林》具有较高的学术价值。

其次是结合自己的阅读体验或研究心得肯定《评林》的价值。唐宋派虽以韩、柳、欧、苏等唐宋散文家为尊，但也离不开《史记》的浸润。从茅坤的序文中就可以看到他研读《史记》的亲身体会，他认为《史记》为后世帝王提供了兴亡损益、治乱兴衰的借鉴，可谓独领风骚。然而包罗万象、变幻莫测的特点也给人们的研读带来了困难：

> 世之读其书而好之者众矣，搢绅学士间出，而摹画之者，抑并焦心殚思矣。然予伏读之，譬则奏钧天于洞庭之野，而伶人乐工，或得

---

① 〔明〕凌稚隆：《史记评林》卷首，明五年凌氏刻本。
② 〔明〕凌稚隆：《史记评林》卷首，明五年凌氏刻本。

其丝，或得其竹，引商刻羽，繁文促节之细者尔，求其八音之备，六律之畅，规规于耳所得而尝者，且不能也。而况望其马仰秣，而鱼出听，天神地祇之翩然乎来而翔也，而耳之所不得而尽尝者乎。予故谓太史公复出，虽欲自言其至，而亦有所不能者。①

茅坤将《史记》比作令六马仰秣、游鱼出听的钧天广乐，光明灿烂，优美雄壮。面对这样闳廓深邃的作品，包括他在内的"缙绅学士"只能窥见一鳞半爪，难以融会贯通，把握全貌。茅坤身为文坛领袖，论文遥承太史公，又酷爱史学，曾编刊《史记抄》《汉书抄》《史汉合编题评》等史钞、史评类著作，文中所谓不能尽得史公之旨，当是谦词，亦可视为唤起大众同感的写作策略。因为阅读困难，所以《评林》辑录的各家评论，正如渡海之筏，能够给读者提供理解文意所需的助力：

嘻！兹编也，殆亦渡海之筏矣。而后之读其书，想见其至当，必有如古人所称湘灵鼓瑟于秋江之上，曲终而人不见者。②

复古派的王世贞则从学术史的角度肯定了《评林》的价值。他在序文中先梳理了明代之前《史记》的研究情况，认为创见不多，尤其对《史记》文学价值缺少关注。之后，又评论明代的研究：

第训故之家所传闻异辞，苦于不能遍，而习者不得于事，则姑传会以文之；不得于旨，则姑穿凿以逆之；眯法于篇，则姑掩其句；眯法于句，则姑剟其字。肤立者持门户，皮相者矜影响，栩栩然自谓入龙门之室，而不知其辙望砥柱之杪而背驰矣。③

在王世贞看来，明代学者的讨论仅得皮毛，并未登堂入室。从今日研究视角来看，王世贞的观点似乎值得商榷。而对于书序文写作来说，采用的正是欲扬

---

① [明]凌稚隆：《史记评林》卷首，明万历二年至四年凌氏刻本。
② [明]凌稚隆：《史记评林》卷首，明万历二年至四年凌氏刻本。
③ [明]凌稚隆：《史记评林》卷首，明五年凌氏刻本。

先抑的书写策略，对前代成果的一再否定，是为了吊足读者胃口，从而力推这篇序文的主角：

> 余读《史记》者三，尝掩卷而叹其未逮也，乃今凌以栋先之矣。①

能够阐发史公之旨意，力压前人研究，可见《评林》出色之处。

再次是探讨《史记》研究相关问题。对于学术书籍而言，序文作者常会把序文当作争鸣的场域，鲜明地表达个人观点，形成学术论争，在扩大自己学术观点关注度的同时，借机制造卖点，形成一种独特的书籍广告②。在明代几个版本的序文中，我们可以两种截然不同的《史记》解读视角，即经学视角和文学视角。

经学视角在徐中行和陈仁锡二人的序文中最为明显。徐中行说：

> 说者以古帝王右史记言，左史记事，言为《尚书》，事为《春秋》，司马迁兼之，故名曰《史记》，而评之者无虑数百家。夫《易》始庖羲，《诗》逮列国，及《礼》《乐》之治神人，何者非事，何者非言，何者非记，而不谓之史？……第圣人所删述者，则尊之为经，宁独《尚书》《春秋》乎哉？即以《史记》本之《尚书》，而详于《春秋》，其亦失迁之所以作乎。③

古代史书分为以《尚书》为代表的记言体与以《春秋》为代表的记事体两大类，徐中行认为，六经无非记言与记事，皆可视为史书。言外之意，《史记》也应与六经同等视之。陈仁锡也持相似的观点：

> 嗟乎！《易》文章之法祖也，《诗》文章之铃铎也。至哉《易》乎！书不尽言，言不尽意，立象焉足矣，又多言乎哉？《史记》毋乃少尽欤？神而明之，默而成之。《易》也，神而默；《史》也，神而喧。其近于《诗》乎？……噫！鼓之舞之以尽神，风水遭而造物不能默，

---

① 〔明〕凌稚隆：《史记评林》卷首，明五年凌氏刻本。
② 参见王润英：《梓而有序：明代书序文研究》，北京：商务印书馆2020年版，第308页。
③ 〔明〕凌稚隆：《史记评林》卷首，明五年凌氏刻本。

能读《史记》者可与言《诗》也已矣，亦可与言《易》也已矣。①

在陈仁锡眼中，《史记》言近旨远的特点与《周易》相同，清朗悠远的神韵与《诗经》相类，《史记》与六经相通，读懂《史记》即可与言六经。明代中晚期，受到阳明心学影响，王阳明、何景明、何良俊、李贽等学者先后提出"五经亦史"②"经史皆纪事之书也"③"史之与经，上古原无所分"④"经史一物也"⑤之类观点，将经史关系从"荣经陋史"向"六经皆史"转变⑥。徐、陈二人的序文用大量篇幅探讨经史关系这个学术热点，在表达个人见解的同时，同样能够起到博人眼球的效果。

与陈、徐二人极力拉近《史记》与六经的态度相反，李维桢和程正揆却在序文里发出另一种声音。李维桢说：

> 余尝论《史记》之文，类大禹治水，山海之鬼怪毕出，黄帝张乐洞庭之鱼龙怒飞。此当直以文章论，而儒家以理学掬束之，史家以体裁义例掎摭之，太史公不受也。⑦

他认为《史记》行文富于变化，当从纯文学视角审视欣赏，站在理学和史学角度则无法理解太史公的才华胆识，会对《史记》产生误读。程正揆也将《史记》当作文学作品对待：

> 予独爱其文情汗漫，酝藉春容，兴致淋漓，一唱三叹。其风调之

---

① [明] 凌稚隆：《史记评林》卷首，崇祯元年古吴怀德堂刻本。
② [明] 王守仁：《传习录》上，北京：商务印书馆1927年版，第25页。
③ [明] 何景明：《大复集》卷三四《〈汉纪〉序》，郑州：中州古籍出版社1989年版，第598页。
④ [明] 何良俊：《四友斋丛说》卷五《史一》，北京：中华书局1959年版，第41页。
⑤ [明] 李贽：《焚书·续焚书》卷五《经史相为表里》，北京：中华书局2009年版，第214页。
⑥ 参见向燕南：《从"荣经陋史"到"六经皆史"——宋明经史关系说的演化及意义之探讨》，《史学理论研究》2001年第4期，第31—41页。
⑦ [明] 凌稚隆：《史记评林》卷首，明古林积庆堂本。

道逸，摹写之玲珑，传其人即如身交其人，读其书即如身游其世，足以畅人之志，移人之情。①

程氏被《史记》浓烈奔放的情感表达和生动传神的人物形象所吸引，甚至感到就像在跟鲜活的历史人物对话交游，产生畅志怡情，心神舒爽的阅读体验。明代《史记》研究最突出之处就是对文学价值全面细致的挖掘，李、程二人在序文中对《史记》文学感染力与审美价值的揭示也是时人感兴趣的话题。

三、对传播接受过程的再现

副文本记录了书籍的出版始末、增订校勘及流布情况，甚至保存了传播接受区域图书出版和学术研究的情况，是弥足珍贵的文献资料。通过梳理副文本，也可窥见《评林》的传播路径。在《评林》万历二年至四年凌稚隆初刻本卷首，有凌氏自撰的题识：

> 隆自弱冠读先大夫《史记抄》，旦且夕焉，而怅其未备也。尝博搜群籍，凡发明马《史》者，辄标识于别额，积草青箱非一日矣。乃伯兄稚哲、友人金子鲁来自国门，获所录诸名家批评总总焉，私窃艳之，而云间张玄超持所纂《发微》者，造余庐而印证也，已复负笈大方，益罗史家所珍秘者，汇之而裒然成帙矣，则为嗜古者相假贷无宁居焉。古歙汪氏、维扬张氏咸称好事，遂各捐资付梓。肇于万历甲戌，讫于今丙子冬。②

从本段可以看到，父亲凌约言的《史记纂》为凌稚隆的辑评工作打下了基础，长兄凌迪知、好友金学曾为他提供了大量资料，另一位好友张之象也曾将所编《史记发微》给凌氏参考。此段还明确写出刊印开始于万历二年，结束于万历四年，由歙县汪氏、维扬张氏二人出资捐助。这是对《评林》初刻本刊行

---

① 〔明〕凌稚隆：《史记评林》卷首，崇祯元年古吴怀德堂刻本。
② 〔明〕凌稚隆：《史记评林》卷首，明万历二年至四年凌氏刻本。

始末的完整记录。

初刻本问世一年之后,凌氏将书版补修刊行,是为万历五年刻本。此后,坊间出版商在万历五年凌氏刻本的基础上多有重刻,具体情况在这些版本卷首的序言中可见一二。如古林积庆堂本陈继儒序"予友黄长吉以监本式合吴兴评而一之,注取其疏滞,义评取其标远神正"[1]、黄汝良序"大司成槜李冯先生来莅南雍,叹其阙事,遂手自校雠,重加锓梓"[2]等句,说明冯梦祯重刊时将底本由凌氏所选用的汪谅刻柯维熊校正本改换为监本,将监本正文与凌氏所辑之评合并刊行。

此后,万历间熊氏种德堂刻李光缙增补本可以说是《评林》传播过程中最重要的一环,其增补始末见于该本卷首李光缙所撰题识:

> 盖自《史记评林》行,龙门子益藉是赫寰中矣。……顾又闻徐龙湾叙史评,以凌不及录其评为恨,余用是捃摭葵阳老师及凤洲、龙湾、九我、了凡、如岗诸名公言,视凌评倍之,每段冠一"增"字示别,而余也歆启,漫著"光缙曰"三字,与凌评并云。[3]

李光缙的题识包含了两个重要信息:一是在增补本行世之前,《评林》已经广为流传,引起了学习《史记》的热流;二是李光缙、徐中行等人认为《评林》未及收录万历时期诸位名家乃一大憾事,因而进行增补。这个版本之所以重要,是因为它在江户时期漂洋过海,远传日本,对日本《史记》研究产生巨大影响,至今发现的所有和刻《评林》均以之为底本。

从一些和刻本卷首序言中可以看到《评林》在日本的传播:

> 新刊《史记评林》,鹤牧藩主水野忠顺命田中笃实、丰田一贯等校正刊刻者。盖字画之楷正、校勘之精,到较之从前坊刊诸本太完善矣,

---

[1]〔明〕凌稚隆:《史记评林》卷首,明古林积庆堂本。
[2]〔明〕凌稚隆:《史记评林》卷首,明古林积庆堂本。
[3]〔明〕凌稚隆辑,〔明〕李光缙增补:《史记评林》卷首,天津:天津古籍出版社 1998 年版,第 1 册,第 125—126 页。

> 余以谫劣忝备员今皇帝侍读，向与三条右府谋，进读《史记》，以世无善本为憾，欲别刊一本以具御前，适忠顺蒙官准。①

此为日本学者秋月种树为明治二年（1869）东京玉山堂刻本所作之序。从序中可以看出，此版《评林》是为日本天皇提供的校勘精审、文字准确的善本，这是《评林》在日本上层社会流传的珍贵资料。

岛田重礼和重野安绎的序反映的则是《评林》在日本的流传为民间学子带来的买书、读书之便：

> 新井白石先生少时欲观《史记》《汉书》不可得，乃手写读之。……《史记》一部至值十余金，此岂寒酸之所能遽办。呜呼！向也以书乏而不可得，今也以书贵而又不能致，信乎其难也。书估万青堂主人有慨于此，分《史记》为数帙，欲次第刊行，使人易购。本纪既竣功，来谒余序。（岛田重礼《新刊史记序》）②

> 坊本《评林》，有红屋、八尾诸版，大抵疏谬难读，而八尾版较佳。今此本依仿之，订文字正训点，非复旧版之比，且廉其价直，使穷乡寒生易购获，其益于世大矣。……乃若余少年时，乡里少藏八尾版者，百方搜索而不得，购之三都，则往复动延岁月。今则千里之外，邮筒一发，新刊善本可立致。（重野安绎《修道馆本史记评林序》）③

从以上两段引文中可以看出明治之前日本读者求购汉籍之艰难，不仅书价高昂，令贫寒学子难以承担，而且错讹百出、疏谬难读。即便是这种不尽如人意的版本，也是需要往来奔走于通都大邑才能购得。有鉴于此，万青堂主人将体量较大的《史记》分为数帙，次第刊行，使购书者更易负担书价。而修道馆则在质量较好的八尾版基础上校勘文字，增订评点，形成新的善本，同时加大印量，降低售价，使《评林》在日本偏远地区也能低价流通。

---

① 〔明〕凌稚隆：《史记评林》卷首，明治二年东京玉山堂刻本。
② 〔明〕凌稚隆：《史记评林》卷首，明治十二年同人有志刻奥田尊校正本。
③ 〔明〕凌稚隆：《史记评林》卷首，明治十四年修道馆刊伊地知贞馨增订本。

四、余论

《评林》的副文本起到了良好的传播效果，为学术研究提供了珍贵的资料。副文本的落款以及对刊行时间的记载是学者鉴定版本的重要依据，对编刊者、增补者、校订者的介绍也成为后人了解他们的窗口，对各个版本重刊或修订缘起及过程的记录是我们再现《评林》流布情况的直接线索。更重要的是，副文本对《评林》体例、内容和价值的揭示获得后世认可，尤其是凌稚隆所撰凡例、题识以及茅坤、徐中行、王世贞等几位名家的序文常被各种书目引用。清代周中孚《郑堂读书记》引凌稚隆所撰凡例"兹刻以宋本与汪本字字详对，间有不合者，又以他善本参之，反覆雠校，庶免亥豕鲁鱼之弊云"等数句介绍《评林》底本之考究，校勘之精善[1]；贺次君《史记书录》引凌稚隆题识"隆自弱冠读先大夫《史记》抄，且旦夕焉，而怅其未备也。尝博蒐群籍，凡发明马《史》者辄标识于别额，积草青箱，非一日矣"数句说明《评林》所重在于评论[2]；《美国哈佛大学哈佛燕京图书馆中文善本书志》[3]《加拿大多伦多大学东亚图书馆藏中文古籍善本提要》[4]分别引茅坤和王世贞序介绍《评林》的取材范围、辑评体例及学术价值。凡此种种，可见副文本对《评林》传播的特殊意义。

（李月辰，女，河南洛阳人。文学博士，西安外国语大学中国语言文学学院讲师）

---

[1] 参见赵望秦、王璐等编：《中外书目著录》，西安：陕西师范大学出版社2017年版，第328—329页。

[2] 参见赵望秦、王璐等编：《中外书目著录》，西安：陕西师范大学出版社2017年版，第592—597页。

[3] 参见赵望秦、王璐等编：《中外书目著录》，西安：陕西师范大学出版社2017年版，第871—872页。

[4] 参见赵望秦、王璐等编：《中外书目著录》，西安：陕西师范大学出版社2017年版，第903页。

论中华优秀传统文化的时代意义的生成
——以清代《史记》阐释为例

王晓玲

中华优秀传统文化是中国五千多年文明史的思想文本，其并非抽象的、孤独的概念，而是融入到中国历史的发展进程之中，深刻地影响了中国人的独特的精神气质和风貌。1599年8月，利玛窦在南京给远在意大利的高思塔神父的信里这样描述对中国人的印象，他说："中国与其他地方的民族有很大的区别，他们是一个聪慧的民族，喜爱文艺，不喜战争，富有天才。"[①]利玛窦对中国的描述是在东西文明冲突开始之前，是以他者身份对中华民族的精神风貌概况，具有很强的客观性。中国人的这种独特的精神气脉是中华优秀传统文化陶铸的表现，也强化、丰富了中国传统文化的内涵。从此意义上说，对中华优秀传统文化的弘扬是中国现代化国家建设的关键环节。

近年来，学界对弘扬中华优秀传统文化命题给予了充分的关注。诸多研究者总结了以儒释道为主体的传统文化历时动态性和共时多样性特点，认为能展现"中华民族的独特精神标识"的"中华优秀传统文化是中华民族的根和魂，是中华文明的智慧结晶和精华所在"[②]。这些研究从概念的内涵、外延，到实施路径、方法，对优秀传统文化的现代意义进行了理论性探讨。尽管如此，从历史文化现象的经验出发，在实践层面对历史经验借鉴也有益于问题的进一步探讨。本文将以清代《史记》的时代意义为例，从时代语境特点、文化策略、学术发展三个方面来探索优秀传统文化的时代意义的生成，以达成对问题的深层认知。

---

① ［意］利玛窦：《利玛窦书信集》，台北：光启出版社、辅仁大学出版社1965年版，第259页。

② 牛家儒、张佑嘉：《传承弘扬中华优秀传统文化》，光明网，https：//m.gmw.cn/baijia/2022—06/22/35828160.html

一、优秀传统文化的原创性、超越性与时代意义生成的时代语境

中华文明历经数千年的历史，遗留下了繁复的优秀传统文化，优秀传统文化是古代制度文化、思想文化的产物，是中国先贤对宇宙、人世、社会、政制、生命的思考与认知，代表了东方农耕文明的宇宙观、世界观、人生观和价值观。这些传统文化历久而弥新，在于其原创性和超越性。以《史记》为例，司马迁以绍继《春秋》为自任，"略协古今之变""稽其成败兴坏之理"①"志古之道，所以自镜"②，写成"究天人之际，通古今之变，成一家之言"的巨著。《史记》是中国第一部规模宏大、内容广博、贯通古今的百科全书性质的通史，是跨越文史，跨越千古的文化经典，也是这种原创性使它成为优秀传统文化的代表，"使百代而下，史官不能易其法，学者不能舍其书，六经之后，惟此有作。"③《史记》历经一千多年的传承，而其意义的阐释到清代达到高峰其必有时代机缘。

虽然优秀传统文化的原创性是历史的产物，但其核心观念却融入到中国人的精神之中，成为其思想的内在逻辑，融入中国人的思考模式中，这种原创性成为优秀传统文化的生命力所在。不仅如此，优秀传统文化要能成为垂范万世的思想引导和准则，其关键在于其超越性。

优秀传统文化的时代意义的生成是其原创性与时代耦合的结果。在与现实的对话和交流中，人们从优秀传统文化中获得了情感与审美上的共情，理论上的支撑，得到了方法论上的提升，这是优秀传统文化的超越性的体现，与时代语境特点密切相关。清代是中国古代《史记》史学经典化和文学经典化的高峰时期，先后有三百多名学者对《史记》进行了研究，④产生了一百六十多篇论文，

---

① 〔汉〕班固：《汉书》，北京：中华书局1962版，第2735页。
② 〔汉〕司马迁：《史记》，北京：中华书局1959版，第878页。
③ 〔宋〕郑樵：《总序》，《通志》，北京：中华书局1987年版，志一。
④ 张新科：《史记学概论》，北京：商务印书馆2003年版，第127页。

几十部专著，①并对《史记》的史学意义、文学意义以及体例、版本等方面做出了突破与总结，达成了时代意义的转换。清代《史记》阐释高峰的形成在某种程度上不得不说是时代语境的产物。明清易祚，为了消尽汉人的骨气和廉耻，清廷以铁血手段武功戡定，并强行剃发易服。同时，清廷为了争夺道统，控制文化的话语权，实行民族分离、民族压迫政策，造成了汉族及汉族知识分子的被排斥、被压抑的地位。不仅如此，出于对汉族的防猜、对文化的清洗、对汉人思想的箝制，绵延顺治、康熙、雍正、乾隆四朝100多年的文字狱，造成了仕林萎靡，民众精神不振。整个清代科场失意、仕途蹭蹬成为极普遍的现象。司马迁认为古今名著"大抵贤圣发愤"之作，又云："所以隐忍苟活，函粪土之中而不辞者，恨私心有所不尽，鄙没世而文采不表于后也。"②将隐忍舒愤与著述链接起来，"发愤著书"说成为中国古代文学、文化理论中最为重要的命题之一。清人对之认识深刻，刘鹗结合自身的体验与创作实践，云：

> 《离骚》为屈大夫之哭泣，《庄子》为蒙叟之哭泣，《史记》为太史公之哭泣；《草堂诗集》为杜工部之哭泣；李后主以词哭，八大山人以画哭；王实甫寄哭泣于《西厢》，曹雪芹寄哭泣于《红楼梦》。③

清代特定的政治、社会环境为发愤著书理论提供了社会生活基础。黄宗羲《谢皋羽年谱游录注序》在此基础上提出了"垒愤激讦，而后至文生焉"④之论，在清代学者中引起了共鸣，顾炎武、王夫之、陈子龙、归庄、曾国藩、沈德潜、陈廷焯等学者对"发愤著书"理论进行了更为具体、深刻的发掘，这些论述也成为清代《史记》文学阐释的起点。

从清代《史记》时代意义的达成来看，优秀传统文化的原创性和超越性成为

---

① 张新科、俞樟华：《史记研究史及史记研究家》，北京：华文出版社2000年版，第168页。
② 〔汉〕班固：《汉书》，北京：中华书局1962版，第2733页。
③ 〔清〕刘鹗：《自叙》，陈翔鹤校，戴洪森注：《老残游记》，北京：人民文学出版社1998年版，第1页。
④ 〔清〕黄宗羲：《南雷诗文集上》，《黄宗羲全集》，杭州：浙江古籍出版社1993年版，第32页。

时代意义生成的先决条件，而清代《史记》阐释的时代语境对其有深刻的影响，尤其是文化需求成就了优秀传统文化的现代意义。当今世界经济下行的背景下，国际一体化有了退转的迹象，东西方矛盾升级，在地区冲突日益激烈，民族国家矛盾日益突出新形势下，从优秀传统文化寻找中国智慧、中国精神，为化解世界危机、促进中国的发展，从优秀传统文化中寻求智力助力，无疑是是一条有益的路线。

二、优秀传统文化的时代意义生成的文化策略

如果说时代语境特点是优秀传统文化时代意义生成的被动选择,那么国家的文化策略，则对优秀传统文化时代意义的生成起到了主动引导与发挥的作用。文化是国家的根柢，钱穆在《中国文化导论中》说："中国人常把民族观念消融在人类观念里，也常把国家观念消融在天下或世界的观念里，他们只把民族和国家当做一个文化机体，并不存有狭义的民族观与狭义的国家观，民族与国家都只是为文化而存在。"[1]由此意义，国家的文化策略关乎国家生死存亡，关乎国家兴旺发达，国家对文化的掌控和引导涉及到国家的安全稳定，决定了未来的发展方向与速度。不仅如此，时代或者新的朝代只是历史"在这一阶段上逐渐转化、绵延"，[2]其核心则为传统文化的时代意义的生成。

清代的文化策略和《史记》时代阐释具有很强的借鉴意义。清廷以少数民族"部族"政权入主中国，要控驭比自己大百倍的领土、数千倍于己的汉族人口，武力杀戮，高压钳制显然并非长久之计，文化策略上的胜利使之统治延续近三百年，这就在于清廷在定鼎北京后，便着手于政权合法性的建构。为了俘获汉族官绅的心理归属感和支持，求得文化的话语权，满清政权开始祭祀孔子、祭祀黄帝。同时，满清"渐就中国之制度"[3]对"已归者文德以怀柔"[4]，努力向

---

[1] 钱穆：《中国文化导论》，北京：商务印书馆2007年版，第23页。
[2] 钱穆：《中国文化导论》，北京：商务印书馆2007年版，第13页。
[3] 赵尔巽等：《宁完我传》，《清史稿》，北京：中华书局1977年版，第9363页。
[4]《清世祖实录》卷一，北京：中华书局1985年版，第33页上。

汉文化靠拢，尊经尊圣，以理学为国家意识形态。尤其是开《明史》馆、开《四库》馆等措施的实施，成功地笼络了汉族读书人，汉族士人的反清意识逐渐淡化。这些从清初三大家黄宗羲、顾炎武、王夫之等遗民学者思想变化上能发现一些印证，到康熙朝以后，遗民们也陆陆续续、或明或暗地开始承认清廷的中国正统地位。黄宗羲"到康熙元年间著《明夷待访录》，便取消了对清人的责骂。康熙十年，开始用清朝年号，称清朝为'国朝'"①。遗民学者从对满清政权的激烈对抗到平和，学术上对"雅正"的召唤，在钱谦益、黄宗羲、顾炎武、王夫之等学术、文学领袖的引导下，古雅、朴实成为清代普遍的一种审美趣味。不难发现，无论是在汉族的光辉历史记忆还是清代的审美趋向上，《史记》都是历史与时代的二元重构，是其作为优秀传统文化的时代必选答案。

清廷重视《史记》，据《乾隆帝实录》载，乾隆帝本人就很重视对《史记》的研读。他对司马迁、《史记》评价很高，认为"迁史始自黄帝，类皆网罗旧闻，其世职卓才，则备见于汉兴以来诸纪载，所谓千秋良史，信无愧焉！"（《四库全书·御制读〈史记〉随笔》）乾隆帝还写有《读〈史记〉随笔》组诗十二首。除对《史记》及历史人物的评论、考证外，这十二首诗中还有对司马迁"好奇"的思索，如《读平原君传》云：

> 公子称最贤，食客至数千。高楼临民家，躄者行蹒跚。美人忽临见，倩兮巧破颜。明日躄者至，谒君抗辞前。愿得笑者头，君哂未许焉。舍人稍引去，怪问始知然。爱色而贱士，谁肯相周旋。爰斩美人头，谢罪自造门。门下乃复来，相倾文歇间。卒得颖脱力，定从自楚还。一笑知何人，其事况经年。美人诚然乎，胡乃致客还。史公每好奇，于斯见一斑。②

这些诗里也有乾隆对《史记》"实录"基础上想象的质疑，如《读史汉书有感》云：

---

① 胡克森：《论中国古代正统观的演变与中华民族融合之关系》，《史学理论研究》1999年第4期，第50—59页。
②〔清〕弘历：《读平原君传》，《御制诗二集》，清乾隆刻本，卷四十七，六页b面。

> 两人促膝语，彼此不泄露。所语竟谁传，而史以为据。甚至惟一人，心迹隐未吐。只恐他或知，炳然乃传后。发潜信赖史，纪讹亦屡屡。尽信不如无，不求甚解悟。此皆非常人，卓识有别具。固遽不逮迁，翻訾有抵捂。后人复不逮，而更妄非固。呜呼圣贤门，却成是非路。①

虽然乾隆帝所谈并不是《史记》研究上的新鲜话题，但在朕即国家的专制时代，乾隆以其特殊的地位对《史记》的研究，其必代表了国家的文化方向与引导。

也正是在国家文化策略的引导下，清代《史记》研究达到鼎盛，清人对《史记》的重视和喜爱超过以往任何一个朝代，他们在"通经汲古""复古守正"的文化旗帜下，将《史记》置于史宗、文宗的地位，或训诂笺释、探本辨伪、厘定体例，或探迹幽赜、品评人物、耽迷文法，甚至书法绘画等艺术也莫不以之为圭臬。据张新科、俞樟华《史记研究史和史记研究家》和杨燕起、俞樟华《史记研究资料索引和论文、专著提要》中整理和统计，清人对《史记》研究的时代阐释超过以往任何时期，凡清代读书人几乎没有不涉及《史记》的研究，其数量之多、著述之丰，用汗牛充栋来形容丝毫不显夸张。

由《史记》在清廷文化政策上引导而达到的时代意义成就进一步探究会发现，中国文化传承数千年而不辍，其核心在于儒家的道统的连绵不绝，在于秦汉以来的政治制度传统没有断绝，其中虽然有魏晋南北朝的大分裂，有蒙元、满清的少数民族政权，但文脉不断。"垂道统，新治统"的"新"即为对优秀传统文化的时代意义的新阐释，而这种新的时代意义则由国家文化策略所决定。

三、学术发展对优秀传统文化的时代意义生成的影响

虽然优秀传统文化的时代意义生成是时代与国家文化策略选择，但学术发展的内在理路对其时代意义的生成有着主导性作用。学术作为人类的生存实践上

---

①〔清〕弘历：《读史汉书有感》，《御制诗二集》，清乾隆刻本，卷二十一，二十八页 a 面。

的形而上思考,是每一时代的学术历史与现实、个体与社会基础上的理性思索。不仅如此,这些研究都是建立在对以往或前代的学术的判断和批评的基础上,因而,每一时代的学术其实质是历史、现实和未来共同作用的结果。由此意义来看,由于研究主体心理基础、心理态度、生存环境、审美理想的不同,便形成了具有时代性、地域性的学术风尚。

学术的时代性、地域性特点会影响传统文化时代意义生成的深度和丰度。以清代学术为例,清初,清代学者就形成了对清代学术大致统一的学术认识。朴学大师戴震认为学问分为三类,云:"古今学问之途,其大致有三:或事于理义,或事于制数,或事于文章。"又云:"圣人之道在六经,汉儒得其制数,失其义理;宋儒得其义理,失其制数。"①戴震将学术分为义理、制数和文章,这种观点得到了认同,桐城派改为"义理、考据和辞章",后曾国藩又加了经济一目,变为"义理、考据、辞章、经济"。显然,文章学是清代各大家都认为的重要学术之一。

文章之学经唐宋发展,到明代就兴盛起来,尤其《史记》作为历代公认的经典之作,以其变化莫测的文法受到格外的重视②。高津孝云曾说:"(明人)所看重《史记》的,并非汇集既定事实的史书的意义,而是极力发现和阐释其作为文章范本、作为文学的意义。"入清以后,《史记》受到了更加尊崇的评价,钱谦益在《袁祈年字田祖说》中云:

> 三百篇,诗之祖也;屈子,继别之宗也;汉、魏、三唐以迄宋、元诸家,继祢之小宗也。六经,文之祖也;左氏、司马氏,继别之宗也;韩、柳、欧阳、苏氏以迄胜国诸家,继祢之小宗也。③

他认为六经是文之祖,《史记》则为继别之宗,并说"司马氏以命世之才,

---

① 〔清〕戴震:《与方希原书》,《戴震文集》,北京:中华书局1980年版,第143—144页。
② 清代《史记》评点的著作众多,代表之作有杨慎的《史记题评》、唐顺之的《荆川先生精选批点史记》、茅坤的《史记钞》、归有光的《归震川评点史记》,此外尚有凌稚隆的对历代大家对《史记》的大型集评《史记评林》。
③ 〔清〕钱谦益:《牧斋初学集》,上海:上海古籍出版社1985版,第826页。

旷代之识，高视千载，创立《史记》①是继六经而成为古文典范。清末张之洞又云：

> 语其高，则证经义（多古典、古言、古字），通史法（诸史义例，皆本马、班）；语其卑，则古来词章，无论骈、散，凡雅词丽藻，大半皆出其中，文章之美，无待于言。（张之洞《輶轩语·语学第二》）②

正是基于对《史记》文化地位的深入认识，清人高度重视向《史记》学习。《史记》清代时代意义的生成之一便是绵延清代近三百年的桐城派生成与发展。桐城三祖都重视《史记》，方苞倡导以古文救时文之弊说："以求《左》《史》《公》《穀》《语》《策》之义法，则触类而通，用为制举之文，敷陈论、策，绰有余裕矣。"③更为重要的是桐城学人以《史记》为核心的"义法"说理论发明。"义法"之说是方苞以《史记》为范本对史学、文学理论的认知，它使清代对《史记》的研究达到了前所未有的高峰，也成为桐城古文理论的大纲。

清代《史记》文章学的时代意义，是文章学发展的结果，是在明代《史记》文章学发展起来的，也是清代学术内在理路的发展结果。清代许多学者对《史记》都用力至深，如王又朴所言："累年反复寻味，益得其要领，盖至今乃始确然，而有以深悉其意故也。"④清人无论是《史记》研究的专书、还是辑选本、集评本，以及读法都建立在精慎的《史记》文本细读之上，"抽揭菁华，批导窾隙"，关注字法、句法、章法、结构、写人、叙事，是为了"使其天工人巧，刻削呈露，俾士之欲漱芳润而倾沥液者，滥翻胸次，而龙门之精神眉宇，亦郁勃翔舞于尺寸之际。"⑤因而，重视文本阅读与感悟，精读、细读文本，辨析字法句法，分析章法结构，探讨写人叙事艺术，并以钩稽史公微言大义。

---

① 〔清〕钱谦益：《牧斋有学集》，上海：上海古籍出版社1996版，第680页。
② 〔清〕张之洞：《张文襄公全集》，石家庄：河北人民出版社1998年版，第9784—9785页。
③ 〔清〕方苞：《古文约选序例》，刘季高校点：《方苞集》，上海：上海古籍出版社1983年版，第614页。
④ 〔清〕王又朴：《项羽本纪读法题词》，《史记七篇读法》，康熙十九年诗礼堂刻本。
⑤ 姚苎田：《题辞》，《史记菁华录》，北京：中华书局2010年版，第1页。

从清代《史记》的时代意义生成理路来看，传统文化时代意义的生成固然受时代与国家文化政策影响很大，但学术文化并非仅仅决定于权力的招引，而学术发展的内在趋势与规律很大程度上决定了传统文化时代意义生成的深度与广度，决定了其在当代文化建设中的作用。

四、结语

在全球一体化有了退转迹象的今天，世界经济下行，自由贸易区、关税同盟、共同市场、经济联盟受到了各方面的挑战，东西方矛盾升级，地区冲突日益激烈，民族国家矛盾日益突出，中国的发展也遇到了前所未有的阻碍。从优秀传统文化寻找中国智慧、中国精神，是为世界危机、为中国的发展，择一良方的有益路线。中华优秀传统文化的时代意义的生成并非抽象的概念阐释，并非简单的解释和理论探讨而能解决，将之融入中国历史的发展进程之中，在历史文化现象的经验中，更有益于探讨问题解决的可行性。基于清代《史记》的时代意义生成理路文化经验来看，优秀传统文化的原创性和超越性成为时代意义生成的先决条件，而时代语境的文化需求成就其现代意义。国家文化政策对时代意义生成有很大影响，学术发展的内在趋势与规律很大程度上决定了传统文化时代意义的生成深度与广度，决定了其在当代文化建设中的作用。

（王晓玲，女，陕西凤翔人。文学博士，宝鸡文理学院文学与新闻传播学院副教授）

钱锺书《管锥编·史记会注考证五十八则》管窥

王晓鹍

《管锥编》是钱锺书于1960至1970年代写作的古文笔记体著作,全书约一百三十万字,包含经、史、子、集等10部重要著作,论述范围由先秦迄于唐前。1979年8月,由中华书局出版。在史部中,钱先生择取日本泷川资言《史记会注考证》为论述标本,以中国古典文学特有的感悟式的评点研究为基础,考证评点了《史记》中的疑难字词和精彩段落,对司马迁的思想、《史记》对后世的影响、《史记》记录的史实、《史记》的体例编排、《史记》与其他典籍的关系以及《史记》的文学性等多个方面都有涉猎,观点新颖,见解独到,具有"草创之功,不可不录焉"。

首先,钱先生对《史记》人物的研究,颇为细致、新颖。如第五则对《史记》刻画的项羽形象有深入分析:

> 范增起,出,召项庄谓曰:"君王为人不忍。"按《高祖本纪》王陵曰:"陛下慢而侮人,项羽仁而爱人……妒贤嫉能,有功者害之,贤者疑之";《陈相国世家》陈平曰:"项王为人恭敬爱人,士之廉节好礼者多归之;至于立功爵邑重之,士亦以此不附";《淮阴侯列传》韩信曰:"请言项王之为人也。项王喑哑叱咤,千人皆废;然不能任属贤将,此特匹夫之勇耳。项王见人恭敬慈爱,言语呕呕,人有疾病,涕泣分食饮;至使人有功,当封爵者,印刓敝,忍不能予,此所谓妇人之仁也。"《项羽本纪》历记羽拔襄城皆坑之;坑秦卒二十余万人,引兵西屠咸阳;《高祖本纪》"怀王诸老将皆曰:'项羽为人僄悍猾贼,诸所过无不残灭。'"《高祖本纪》于刘邦隆准龙颜等形貌外,并言其心

性:"仁而爱人,喜施,意豁如也,常有大度"。《项羽本纪》仅曰:"长八尺余,力能扛鼎,才气过人",至其性情气质,都未直叙,当从范增等语中得之。"言语呕呕"与"喑哑叱咤","恭敬慈爱"与"剽悍滑贼","爱人礼士"与"妒贤嫉能","妇人之仁"与"屠坑残灭","分食推饮"与"玩印不予",皆若相反相违;而既具在羽一人之身,有似两手分书,一喉异曲,则又莫不同条共贯,科以心学性理,犁然有当。《史记》写人物性格,无复综如此者。谈士每以"虞兮"之歌,谓羽风云之气而兼儿女之情,尚粗浅乎言之也。①

项羽是一代霸王,也是楚汉相争的关键人物之一。从"虞兮"之歌的悲剧色彩中,人们容易将项羽想象成一个兼具英雄豪气与儿女之情,浪漫风流的悲剧人物形象。在历史上,司马迁以"凶竖",班固以"不自责过失",董天吉以"勇无敌",梅尧臣以"力豪",林景熙以"英雄盖世",吕思勉以"中国绝世的英雄",翦伯赞以"一个典型的英雄"评价项羽,让我们对项羽的英勇、坚强、慷慨、坦白和丰富的情感有所感受。但在钱锺书眼中,这些评价"尚粗浅",属于扁平的符号化形象。

钱锺书列述《项羽本纪》《高祖本纪》《陈丞相世家》《淮阴侯列传》等纪传,综合范增、王陵、陈平、韩信诸人的评价,并将《项羽本纪》对项羽的描写与《高祖本纪》对刘邦的描写进行比较,总结出项羽既"言语呕呕"又"喑哑叱咤",既"恭敬慈爱"又"剽悍滑贼",既"爱人礼士"又"妒贤嫉能",既怀"妇人之仁"又行"屠坑残灭",既"分食推饮"又"玩印不予"的矛盾性格,并通过这种尖锐的矛盾性,深入体现出项羽的整体性格特征,从而让我们看到一个少时便有"学万人敌"的远大志向,力能扛鼎,但又易怒、暴躁、嗜杀、不近人情,立体、全面、多重性格的项羽形象,确实发人之未发,新颖可爱。

其次,《史记会注考证五十八则》语言典雅,而炼字则是钱先生的一大语言能力。如第五则论《项羽本纪》:

---

① 钱锺书:《管锥编》,北京:中华书局1979年版。

诸将皆从壁上观，楚战士无不一以当十，楚兵呼声动天，诸侯军无不人人慴恐。于是已破秦军。项羽召见诸侯将，入辕门，无不膝行而前；《考证》："陈仁锡曰：'叠用三无不字，有精神；《汉书》去其二，遂乏气魄'。"按陈氏评是，数语有如火如荼之观。……马迁行文，深得累叠之妙，如本篇末写项羽"自度不能脱"，一则曰："此天之亡我，非战之罪也"，再则曰："令诸君知天亡我，非战之罪也"，三则曰："天之亡我，我何渡为！"心已死而意犹未平，认输而不服气，故言之不足，再三言之也。又如《袁盎、晁错列传》记错父曰："刘氏安矣！晁氏危矣！吾去公归矣！"叠三"矣"字，纸上如闻太息，断为三句，削去衔接之词，顿挫而兼急迅错落之致。

在这一则中，钱先生结合陈仁锡评语，体味出《史记》行文"深得累叠之妙"的特点，又引项羽三叠"天亡我"，晁错父亲三叠"矣"字，解释了"累叠"之妙正在"错落之致"。《鲁仲连邹阳列传》又举《水浒》《庄子》，以说明"均稠叠其词，以表郑重"。这一叠字法，作者在《封禅书》等中也反复提及。

又如《秦始皇本纪》"均欲'禁私学''绝异道''持一统''定一尊；束西背驰而遵路同轨，左右易位而照影随形。然则汉人之'过秦'，非如共浴而讥裸裎，即如劫盗之伤事由耳"，《项羽本纪》"譬一而已：兵家以喻无退反之勇气，禅家以喻无执着活法"，《封禅书》"语气皆含姑妄言而姑妄听之意，使通篇有恍惚迷茫之致……一角之兽，曾获其物，而为麟与否，有司迎合，不可必也；孔子适周，尝有其事，而果问礼老子与否，传说渺悠，不得稽也；箕山有冢，马迁目击，而真埋许由之骨与否，俗语相沿，不能实也"，《孔子世家》"试以班较马，区别灼然；迁推为前代之圣师者，固乃引为本朝之良弼焉"，《外戚世家》"男女匹配，忽备幽明性命，疑若小题大做，张皇其词，如为辙鲋而激西江之水"，《萧相国世家》"或吹火欲使灭，或又吹火欲使燃；木以不材而全，雁又以不鸣而烹"，《绛侯周勃世家》"日用而不知，熟狎而相忘……或见于好事多暇者之偶录，鸿爪之印雪泥，千百中才得十一，余皆如长空过雁之落寒潭落影而已"，《伯夷列传》"马迁牢愁孤愤，如喉梗之快于一吐，有欲罢而不能者；记传之体，自彼作古，本无所为破例也"，《管晏列传》"托梁换柱，与黄歇行事不谋而合，身败名裂，又适相同，载笔者瞩高聚远，以类相并，大有浮山越海而会罗山之观"，《老子韩非列传》"铺'陈'之型式甚多，可以星罗，可以鱼贯；成双列队至'陈'之一道子耳"，《货殖列传》"虽然，初无倡之心，却每有倡之效：传失其正，趣倍其宗，变出无妄，事乖本愿，世法多然，文词尤甚。故作赋以讽，或不免劝，树义为药，乃还成病"等处，钱先生或引用或化用，或评论或感叹，句式整齐，音韵和谐，情感激越，使文章错落有致，姿态横生，无不体现出语言的典雅性和优美性。

再次，《史记会注考证五十八则》叙述隐晦。《管锥编》初稿完成于1976年，当时全国都在普及白话文，《管锥编》却采用艰深的文言写成，杨绛解释说："有人责备作者不用白话而用文言，不用浅易的文言，而用艰深的文言。当时，不同年龄的各式红卫兵，正逞威横行。《管锥编》这类著作，他们容许吗？锺书干脆叫他们看不懂。他不过是争取说话的自由而已。"①钱锺书自己也承认："《管锥编》就是一种'私货'，它采用了典雅的文言，也正是迂回隐晦的'伊索式语言'。"② 因此，叙述的隐晦性无疑是《管锥编》的一大特色。

例如《史记会注考证五十八则》之四《秦始皇本纪》开篇即云：

八年，"河鱼大上"；附班固曰："痛哉言乎！人头畜鸣。"按陈际泰《太乙山房文集》卷七《陈昌基新艺序》："李于鳞选古最刻，读《秦纪》，独得'河鱼大上'四字而已。"谈迁《枣林杂俎》圣集引沈懋孝《长水集》："殷正甫士儋有李于鳞所阅《史记》，于《始皇本纪》止圈'河鱼大上'、'人头畜鸣'八字。"

"河鱼大上"在太史公眼中属"灾异"之象，"人头畜鸣"即人畜颠倒，人身上动物性大爆发。钱锺书虽未明言，但从字里行间，不难看出"河鱼大上"与1976年坠落在吉林的陨石事件和唐山大地震事件，"人头畜鸣"与文革时期人性

---

① 杨绛：《我们仨》，北京：生活·读书·新知三联书店2012年版，第154—155页。
② 钱锺书：《被考验者的博取善意》，《钱锺书散文》，杭州：浙江文艺出版社1999年版，第470页。

泯灭之间的某种暗喻关系，而巴金就曾承认"我明明记得我曾经由人变兽"[1]。

又如《孟尝君列传》：

> 孟尝君太息数曰："文常好客……客见文一日废，皆背文而去，莫顾文者。……"冯驩曰："……富贵多士，贫贱寡友，事之固然也。君独不见夫朝趋市者乎？"云云。按《廉颇、蔺相如列传》颇"失势之时，故客尽去，及复用为将，客又复至。廉颇曰：'客退矣！'客曰：'吁！君何见之晚也！夫天下以市道交：君有势，我则从君；君无势则去，此固其理也'"；又《汲、郑列传》："太史公曰：'夫以汲、郑之贤，有势则宾客十倍、无势则否，况众人乎！'"；又《平津侯、主父偃列传》："太史公曰：'偃当路，诸公皆誉之，及名败身诛，士争言其恶、悲夫！'"再三言此，感慨系之。刘峻《广绝交论》曰："素交尽，利交兴。"

对这种趋炎附势的"利交"，即"市道交"，钱先生指出太史公"再三言此，感慨系之"，又引刘峻"素交尽，利交兴"一语证之，显然是对世态炎凉的有感而发，但并不似太史公、刘峻的激切，也隐约体现出钱锺书"居世不为世之道"的某种处世原则。

再如《苏秦列传》：对苏秦嫂前倨后恭之丑态的无情嘲弄。这也是他对世态炎凉，人情淡薄的一个讽刺。钱锺书是一个现实生活的悲观主义者，因为他明白人生充满了"围城"式的虚妄追求，"人生如寄"的无奈现实，但他却以积极的热情投入到生活中去，以达士的态度对待生活，看待生命。正所谓"生年不满百，常怀千岁忧"，钱锺书始终抱着一颗赤子之心，忧国伤时。

钱锺书评潘岳《射雉赋》时，于赋文涉谈很少，而是大谈雉媒。钱锺书引而申之，媒中还有孔雀、乌、鹧鸪、鹤、鹿、西方有鸽、凫等，并引白居易《和〈雉媒〉》："岂惟鸟有之？抑人复然。"[2]钱锺书对人性保持着清醒的认知，不虚美，不隐恶，彰显文章生命情怀，突破了传统文论的抽象探讨这种隐喻，在《史

---

[1] 巴金：《随想录·序》，上海：上海文艺出版社2008年版，第1页。
[2] 钱锺书：《管锥编》第3册，北京：生活·读书·新知三联书店2007年版，第1855页

记会注考证五十八则》中比比皆是，如《绛侯周勃世家》《淮阴侯列传》对"功臣"而遭屠戮的同情，《伯夷列传》对"不食周粟"的孤愤，《李将军列传》对"花报"的解释，《李斯列传》对"严刑"的感叹，《货殖列传》对"经济"的忧虑，无不在隐晦的叙述中寄寓着批判现实之意。钱锺书说："西方诗歌题材有叹'时事大非''世界颠倒'之门，荟萃失正背理不可能之怪事，如'人服车而马乘之''牛上塔顶''赤日变黑''牲宰屠夫'之类，以讽世自伤。"①

吕嘉健在《论"钱锺书文体"》一文中说"钱锺书保持入世与出世的张力，以出世的处境远离社会的污染，以入世的眼光解构一切文化现象，这是一种'热中冷血'的风格。"②其评价中肯恰当。

又次，《史记会注考证五十八则》的文学虚构性。关于历史著作的历史叙事与文学描写之间的关系，钱锺书主张从人物语言的个性特征出发，合理地进行想象："史家追叙真人实事，每须遥体人情，悬想事势，设身局中，潜心腔内，忖之度之，以揣以摩。庶几入情合理。盖与小说、院本之臆造人物、虚构境地，不尽同而可相通；记言特其一端。"③如《项羽本纪》云：

> 钱谦益《牧斋初学集》卷八三《书〈史记·项羽、高祖本纪后〉》两首推马之史笔胜班远甚；如写鸿门之事，马备载沛公、张良、项羽、樊哙等对答之"家人絮语"、"娓娓情语"、"譸诼相属语"、"惶骇偶语"之类，班骨略去，遂尔"不逮"。其论文笔之绘声传神，是也；苟衡量史笔之足徵可信，则尚未探本。此类语皆如见象骨而想生象，古史记言，太半出于想当然（参观《左传》卷论杜预《序》）。马善设身处地、代作喉舌而已，即刘知几恐亦不敢遽谓当时有左右史珥笔备录，供马依据。然则班书删削，或讥记言之为增饰，不妨略马所详；谓之谨严，亦无伤耳。马能曲传口角，而记事破绽，为董氏所纠，正如小说戏曲

---

① 钱锺书：《管锥编》第3册，北京：生活·读书·新知三联书店2007年版，第917—918页。
② 冯芝祥编：《钱锺书研究集刊》第2辑，上海：上海三联书店2000年版，第118页。
③ 钱锺书：《管锥编》，《左传》第一则《杜预序》，北京：生活·读书·新知三联书店2007年版，第272—273页。

有对话栩栩欲活而情节布局未始盛水不漏。

钱先生提及钱谦益说司马迁备载"家人絮语""娓娓情语"等，而班固则全略去，所以班固比不上司马迁。钱锺书却认为，就文笔传神而言，钱谦益说的有道理；"苟衡量史笔之足征可信，则尚未探本"，即《鸿门宴》中的诸多细节是司马迁之合理想象，而《汉书》删减这些虚构的成分，正是"谨严"的表现。

在《廉颇蔺相如列传》中，钱先生再次指出：

《考证》："《国策》记廉事颇略，而无一语及蔺，此传多载他书所不载。"按此亦《史记》中迥出之篇，有声有色，或多本于马迁之增饰渲染，未必信实有征。写相如"持璧却立倚柱，怒发上冲冠"，是何意态雄且杰！后世小说刻画精能处无以过之。……赵王与秦王会于渑池一节，历世流传，以为美谈，至谱入传奇。使情节果若所写，则樽俎折冲真同儿戏，抑岂人事原如逢场串剧耶？武亿《授堂文钞》卷四《蔺相如渑池之会》深为赵王危之，……然窃恐为马迁所弄而枉替古人担忧耳。

通过"他书不载"和"樽俎折冲真同儿戏"两个细节，钱先生说后人对《史记》所载蔺相如的故事深信不疑，实际上可能是"窃恐为史迁所弄"。

这种文学叙事现象，在《史记会注考证五十八则》屡屡出现。如《张释之传》，张释之谏汉文帝，"拟设之词几如屋上加屋，心之犹豫，口之嗫嚅，即于语气征之，而无待摹状矣"，指出司马迁遥想、揣摩张释之的心理变化，简直入木三分。《魏其武安列传》"灌夫有服，过丞相"一则，司马迁有意"心摹意匠"，通过想象，增入窦婴、灌夫对田蚡称谓不一的对话，将三人之间的恩怨纠葛以及心理变化描写得惟妙惟肖，确实与小说、院本中的对白没有区别。

最后，作者将《史记》置入中西文学、文化的辽阔视野中进行研究，具有会通性。在史学领域，从刘知几、杜佑、郑樵、马瑞临、章学诚、陈寅恪，无不体现出会通的学术思想。钱锺书在介绍《管锥编》的研究方法时指出：

弟因自思，弟之方法并非"比较文学"，in the usual sence of the

term，而是求"打通"，以中国文学与外国文学打通，以中国诗文词曲与小说打通。弟本作小说，结习难除，故《编》中如 67—69，164—166，211—212，281—282，321etc，皆以白话小说阐释古诗文之语言或做法。他如阐发古诗文中透露之心理状态（181，270—271），论哲学家文人对语言之不信任（406），登高而悲之浪漫情绪（第三册论宋玉文），词章中写心行往而返（116）etc，etc，皆"打通"而拈出新意。①

显然，钱锺书继承了前人会通的学术传统，但眼界更为开阔，经验更为丰富，并形成了别具一格的会通性。据张石鑫等统计，"在《管锥编》四册中，他引用了八百多位外国学者一千几百种著作。他尽量利用了近代国外理论的成果，遍及语义学、符号学、风格学、心理学、语言学、文化人类学、单位观念史学以及系统论、生理学等各个领域。在《史记》研究中，钱先生也是尽量多地融合西学，因此能在更广阔的背景下对《史记》的底蕴有更为深层的开掘。"②钱锺书也一再强调："为了充实我们的某些审美经验，我们必须走向外国文学；为了充实我们的另一些审美经验，我们必须回归自身。"③

如《周本纪》"褒姒不好笑，幽王欲其笑，万方故不笑"一则按语中，作者指出"贵主不笑，人君悬重赏，求启颜之方，乃西方民间故事习用题材"，并引用西方《五日谈》《格林童话》的故事，以及庾信、李商隐、海涅、英国《百美新咏》等诗句来论证这一现象的普遍性，及其作为中西民间故事母题的原型性。《孔子世家》之"至圣"一则，作者说"孔子之于刘汉，遂似希伯来先知之于'弥赛亚'，一若凡所制作莫非欲为汉地而亦皆专为汉地"，将孔子与希伯来并提，以说明两位圣贤在中西传统文化中的重要历史地位。《外戚世家》一则按语中，作者就"陈皇后挟妇人媚道，其事颇觉，于是废陈皇后"，指出中外的巫蛊之术，施法之物大致分为两类：受术者的图画、偶像或是头发、指甲、衣物、姓名、生

---

① 《钱锺书研究》编委会：《钱锺书研究》第3辑《钱锺书札书钞》，北京：文化艺术出版社1992年版，第299页。

② 张石鑫、姚淦铭：《弘扬传统文化 沟通中西学术——钱锺书〈史记〉研究方法探析》，《苏州大学学报》1992年第4期。

③ 钱锺书：《钱锺书英文文集》，北京：外语教学与研究出版社2005年版，第64页。

肖等。施法途径也有两种："射刺"和"厌魅"。"媚道"属于"厌魅"，这种方法可以使别人失宠遭殃，也可以使自己承恩致福。"射刺"就是射偶人之类，小说《封神演义》里，姜子牙扎草人，用"钉头七箭书"射死赵公明，就是这种方法。《货殖列传》云："当世法国史家深非史之为'大事记'体者，专载朝政军事，而忽民生日用；马迁传《游侠》，已属破格，然尚以传人为主，此篇则全非'大事记'、'人物志'，于新史学不啻手辟鸿濛矣。"作者以当世法国史家衬托我国古代史学家司马迁，高度评价了《货殖列传》对新史学的意义。

综上，曹聚仁在《中国学术史随笔》一书中评价钱锺书时说，"时人之中，博古通今，精究欧西文艺，而能运化中国文艺，……以钱锺书为最湛博"[1]，实为公允之论。钱先生学富五车，学贯中西，其《史记会注考证五十八则》内容广博，角度新颖，特色鲜明，自成体系，与以往的《史记》文学研究有着显著不同，可谓承上启下，既总结了新中国前30年的《史记》文学研究成绩，又开创了20世纪80年代以后的《史记》文学研究方向。其开创的"比较文化视角"或"世界文学视野"，从方法论而言，对我们今天依然有重要的借鉴意义。

（王晓鹃，女，甘肃武都人。文学博士，陕西师范大学文学院教授）

---

[1] 曹聚仁：《中国学术思想史随笔》，北京：生活·读书·新知三联书店1986年版，第397页。

古典史传作品文学经典建构的理论性言说
——评张新科先生新著《〈史记〉文学经典的建构之路》

王长顺

19世纪末,国外学术界开始关于文学经典的讨论,先后探讨文学经典的体制、理论范畴等问题。到20世纪90年代,国外关于文学经典的研究一度出现热潮。从20世纪90年代开始至今,国内学术界既有对文学经典的反思,也有对国外文学经典的争论,探讨和研究的主要内容涉及文学经典的概念与特征、影响文学经典的形成因素等,使得"文学经典"成为世纪之交文学批评与文学评论界的热点话题。"文学经典化"的问题也得到学者们的关注,既有近现代、当代作家作品的经典化研究,也有古代作家作品的经典化研究,成为文学经典研究的主要论题之一。

关于古代文学经典化,有某一作家研究,如"陶渊明经典化研究",也有作品研究,如"元明时期唐宋八大家散文经典化研究"等。然而,这些研究,绝大多数都是关注文学家、文学作品的经典化,即"文学"的经典化,而作为典籍的史传作品如何从历史领域走向文学领域,与纯文学经典化有何不同,这一经典化的价值意义何在,却少有人关注。张新科先生新著《〈史记〉文学经典的建构之路》是"史传典籍何以文学经典化"的开先河之作,更为重要的是,该著对于史传作品的代表《史记》的文学经典化作了理论性探讨,在创立古典史传作品文学经典化理论方面提出了创新性学说,是史传作品文学经典建构理论性言说的典范。

一、文学经典本质说

文学作品的经典性和经典化始终基于该文学作品的经典本质,也就是说,从作品本身来看,它具有经典的属性。作品成为经典,尽管受各种因素的影响,但最为根本原因的则是作品具有经典的本质属性。《〈史记〉文学经典的建构之路》认为，经典作品、作品的经典化，尤其是《史记》的经典化，都是基于"经典本质"。论著在引用意大利学者伊塔洛·卡尔维诺对于"经典"特征的阐述后说："《史记》就是这样一部作品，它具有百科全书的特点，无论哪个阶层、哪个领域的人，都可以从中汲取营养，以丰富自己的人生，陶冶自己的情操，它具有历史的穿透力，已超越时间、空间，走向永恒。"①

首先，作品文学属性决定其文学经典化。关于经典，古今中外多有论说。古代所谓"经典"，主要指地位至高的儒学著作，后来逐渐被引申为"创作范式和标准"，经典为"社会所共有"，"其地位和价值都得到世人的普遍认同"②。就性质而言，"经典"具有"原创性、典范性和历史穿透性"③，属于"公认的、堪称楷模的优秀文学作品"④。《〈史记〉文学经典的建构之路》指出，"一部作品能够成为经典，固然离不开不同时代各类读者对其的阐发和解读，然作品本身的经典性往往是其能够成为经典的本质因素。"⑤而且，"真正的经典必然是能够代表民族文学精华而进入世界文学宝库的典范之作。"⑥强调经典的水平、民族性和世界性。关于"经典化"，论著认为，"所谓经典化，是指文学作品产生之后，在不同的文化背景之下，经过不同读者层的阅读消费与接受，那些不符合人们消费观念、审美观念和没有价值的作品逐渐被淘汰，而那些被人们公认的有创新、有价值的作品则得以广泛流传，并且成为经典，具有永久的生命力。经典化的过程，是读者对作品接受的过程，扬弃的过程。"⑦所以说，一部作品是

---

① 张新科：《〈史记〉文学经典的建构之路》，北京：中国社会科学出版社2001年版，第325页。
② 吴承学：《〈过秦论〉——一个文学经典的形成》，《文学评论》2005年第3期，第136页。
③ 黄曼君：《中国现代文学经典的诞生和延传》，《中国社会科学》2004年第3期，第150页。
④ [苏联]普罗霍罗夫总编：《苏联百科词典》，北京：中国大百科全书出版社1986年版，第625页。
⑤ 张新科：《〈史记〉文学经典的建构之路》，北京：中国社会科学出版社2001年版，第5页。
⑥ 张新科：《〈史记〉文学经典的建构之路》，北京：中国社会科学出版社2001年版，第1页。
⑦ 张新科：《汉赋的经典化过程——以汉魏六朝时期为例》，《人文杂志》2004年第3期，第118页。

否能够成为经典，成为什么样的经典，是由本身经典性所决定，受社会环境、文化政策、读者阅读消费与接受等多种因素影响，最终以其"永久生命力"而广泛流传的"化"的过程。

基于此，论著认为，《史记》之所以能够由古典史传作品而成为文学经典，"首要原因是其本身所具有的文学特质。……这是《史记》文学经典化的前提。"①而《史记》的文学特性是建立在历史特性之上的。"因为，"《史记》首先是历史著作，但又不同于纯粹的历史资料；作为文学，它又不同于纯文学的虚构，不是为文学而文学。所以，研究《史记》的文学特征时，必须将历史学家的眼光与文学家的眼光结合起来。……如果抛开《史记》的历史特征，孤立进行文学研究，也会失之偏颇。"②论著认为，研究《史记》文学特性时，"不能脱离历史特性而架空文学特性。"③在某种意义上说，《史记》文学经典的建构过程，就是《史记》文学特性被不断认识与抉发的历史过程。

其次，作品经典本质是在对前代经典接受的基础上形成的。《史记》的经典本质建立在前代经典接受的基础之上。论著认为，"司马迁在撰写《史记》时，大量汲取前代经典的营养。……多方面接受前代文化经典，对于《史记》成为不朽经典具有重要意义。"④正是司马迁对以六经、诸子、《楚辞》为代表的前代经典的接受与继承基础上又有新发展，使得《史记》成为集先秦文化之大成，汉代文化的代表，成为中国文化史上一座巍峨的丰碑，也成为不朽的经典⑤。其中，从《左传》中吸收历史著作的文学色彩和表现手法，使其"成为叙事文学的典范"。⑥对于屈原和《楚辞》传统，司马迁接受了发愤抒情，继承和接受了屈赋强烈的爱憎和浓厚的抒情性，尤其是"爱奇"的审美观，"给《史记》增添了浓

---

① 张新科：《〈史记〉文学经典的建构之路》，北京：中国社会科学出版社2001年版，第5页。
② 张新科：《〈史记〉文学经典的建构之路》，北京：中国社会科学出版社2001年版，第5页。
③ 张新科：《〈史记〉文学经典的建构之路》，北京：中国社会科学出版社2001年版，第6页。
④ 张新科：《〈史记〉文学经典的建构之路》，北京：中国社会科学出版社2001年版，第8页。
⑤ 张新科：《〈史记〉文学经典的建构之路》，北京：中国社会科学出版社2001年版，第29页。
⑥ 张新科：《〈史记〉文学经典的建构之路》，北京：中国社会科学出版社2001年版，第14—16页。

厚的浪漫主义色彩，使《史记》成为现实主义与浪漫主义结合的艺术珍品。"①这些继承和接受，就使使《史记》本质上已经成为前代经典的集大成者，是其成为文学经典的基础。

再次，史传作品文学经典化的过程就是其文学价值被认可和接受的过程。论著认为，"一部著作，之所以能够成为经典，并且具有强大的生命力，关键在于它内容的丰富性和思想的深刻性，作品中隐藏着有意义、有价值的'密码'，才能使其内涵得以呈现，生命力得以延伸和扩展。"②《史记》首先是史学经典，《史记》的文学经典化，使《史记》文化价值从主流文化扩大到俗文化，文学经典化促进了史学经典化，显示了《史记》多方面的价值。《史记》文学经典化的建构过程，是其文学本质增值的过程。《史记》开创了纪传体，以叙事写人见长，故事情节生动曲折，语言丰富，风格多样，成为叙事文学的典范。《史记》从文化经典，到史学经典，再到文学经典，就是其文学价值被认可、保值以至于增值的过程。论著认为，"从文学创作到文学消费的过程，又是文学价值产生、确立和确证的过程。……《史记》作为（主体）欣赏的对象（客体），显然对读者具有特殊的价值和意义，这种价值是一种特殊的艺术价值。这种艺术价值存在于整个文学活动的大周期中。《史记》文学的经典建构过程，在这个大周期中并没有停止在原点，而是在历时与共时的存在范畴里，不断实现着自我的保值与增值的过程。……这种增值与保值，说到底，就是《史记》不断被经典化的过程。"③

最后，史传作品文学经典化是与史学经典同构的过程。具有史学价值的史传作品成为史学经典，是其史学价值被接受认可的过程，而在这一过程中，其蕴藏的文学价值也逐渐得到抉发而成为文学经典。可见，《史记》文学经典与史学经典的建构是同步的。在汉代，《史记》的文化价值未得到重视，其传播遇到很大的阻力，到了东汉末年，"所谓'史'已经超越了过去单纯地记录之史，逐渐形成了具有后世历史意识和观念的史学概念，史学发展至此突破经学的束缚，逐

---

① 张新科：《〈史记〉文学经典的建构之路》，北京：中国社会科学出版社2001年版，第27页。
② 张新科：《〈史记〉文学经典的建构之路》，北京：中国社会科学出版社2001年版，第231页。
③ 张新科：《〈史记〉文学经典的建构之路》，北京：中国社会科学出版社2001年版，第328页。

渐走向了独立。……自史学脱离了经学之后,《史记》便被尊为史学经典。"①《史记》才在社会上得到比较广泛的流传。魏晋以后,史学摆脱了经学附庸地位,在学术上成为一门独立学科,《史记》史学价值得以提升,随着文学自觉走上自己独立的道路,"文史分家以及文史各自地位的提高,对于《史记》的传播以及史学和文学地位的提升产生一定的影响。"②可见,《史记》成为文学经典是从"经学依附"走向"史学经典"开始的。

到了隋代,"《史记》成为区别于《春秋》'古史'的'正史'而成为史学经典之一。"③论著认为,唐代《史记》史学地位的提高,"带动了它的文学地位的提高。"④从修史实践来看,纪传体成为修史正宗,体现了《史记》纪传体史书体例的巨大影响,而纪传体以写人为主,有小说意味,文学性得以彰显。史学理论著作对于《史记》的讨论,总结了史传写法、史传目的、史传语言等方面的问题,对于读者认识史传的文学价值具有积极意义,为《史记》在唐代扩大其影响力起到了促进和推动作用。因此,"《史记》的文学经典化历程反映着后人对其性质的不断认识,是经学、史学与文学互动中的产物。"⑤

综上,史传作品文学属性决定其文学经典化,作品经典本质是在对前代经典接受的基础上形成的,史传作品文学经典化是与史学经典同构的过程,史传作品文学经典化的过程就是其文学价值被认可和接受的过程,这些观点构成了《〈史记〉文学经典的建构之路》史传作品文学经典"经典本质说"。

二、建构路径多样说

文学经典建构是一个过程,有着一定的路径。正如学者所论,"中华文学经典是在长期的传播、发展和诠释、接受中形成的优秀代表,影响着一代又一代

---

① 张新科:《〈史记〉文学经典的建构之路》,北京:中国社会科学出版社2001年版,第2页。
② 张新科:《〈史记〉文学经典的建构之路》,北京:中国社会科学出版社2001年版,第35页。
③ 张新科:《〈史记〉文学经典的建构之路》,北京:中国社会科学出版社2001年版,第3页。
④ 张新科:《〈史记〉文学经典的建构之路》,北京:中国社会科学出版社2001年版,第48页。
⑤ 张新科:《〈史记〉文学经典的建构之路》,北京:中国社会科学出版社2001年版,第2页。

人们的语言表达、审美情趣、理想信念、精神信仰。它不只是诗人、作家的个体创作活动（情感审美、生活体验、价值判断的抒发和映现），她还在广泛传播（阅读、感动、想象、接受、诠释）中，构成了社会共有稳定的文化范式，在相当大的程度上体现了时代之音，有的甚或预示着未来的走向。"[1]就是说，文学经典之路是通过传播、发展和诠释、接受来建构的。《史记》的文学建构之路也是如此。

首先，作品评点及文学价值认可与接受是文学经典的引导之路。一部作品尤其是史传作品要成为经典，其文学价值被接受和认可是重要前提。因为，《史记》评论、选本、注解、点校等都是其得以接受和传播的重要方式，之于读者有引导作用，之于《史记》文本有解密作用。汉魏六朝时期，评论家将《史记》的文学评论与史学评论紧密结合，揭示《史记》文学的某些特质，其立场、观点、方法，都影响到对文本的阐释，影响对读者的引导。如评论家对于司马迁叙事才能的认可，"从某一方面也说明《史记》的叙事成就是建立在历史真实之上的，这是《史记》成为文学经典的重要基础，也是异于一般纯虚构文学作品的关键所在。"[2]

唐宋时期《史记》的文学魅力得到更多读者的接受；元代统治者修史认可《史记》所开创的纪传体，将相诸侯、文人、百姓、各个民族的人对《史记》十分推崇；明代文学复古思潮的出现，文学家评点《史记》，《史记》的文学声价随之提高，其文学经典地位更加突出。

近现代《史记》出版及选本、阅读指导、讲授等普及传播方式使其认可与接受的读者范围更广，为其文学经典化奠定了阅读基础；把《史记》列入中国文学史，名正言顺地进入中国文学的经典之列，增强了其文学经典的地位，是其文学经典建构的重要途径。

当代普及《史记》的读本、手段多样，出现宣传《史记》的热潮，学术期刊、报纸对《史记》的传播和研究起到了积极的作用，是《史记》文学经典的

---

[1] 普慧：《文学经典：建构、传播与诠释》，《文学遗产》2018年第4期，第15页。
[2] 张新科：《〈史记〉文学经典的建构之路》，北京：中国社会科学出版社2001年版，第39页。

新时代，对《史记》经典化起了重要作用。从接受过程看，《史记》"普及面越广，越说明《史记》的价值大。"①

其次，文学意义阐释是文学经典的展现之路。作品价值和意义是通过阐释得以扩展的，文学阐释是文学经典化的重要途径。"不同作品之经典性因素的生成途径也是多渠道、多方面的。……它既得益于创作者对优良文学传统之创造性承续以及个性化超越，也得益于作品问世后读者与评论者的阐发、推介所致的阅读效应，还得益于不同传播媒介之传播效应的实现等等。"②魏晋时期《史记》研究和注释开始有起色，对于扩大《史记》的影响具有积极意义。唐代注释《史记》是其文学经典化的重要因素，对于《史记》的广泛传播具有积极意义，对于《史记》经典化起到了重要作用。

宋代始开评论《史记》之风气，形式、方法多样，开始从文章学、审美角度进行《史记》文学评论，文学评论的成分加大，阐释司马迁写人叙事的"互见法"，对于认识《史记》的写人叙事、褒贬色彩提供了新的思路，对于理解《史记》的文学特性也具有重要的参考意义；评《史记》多样化风格并探究不同文风产生的根源，成为《史记》文学评论新的亮点；评《史记》的语言，已经从文学的角度认识《史记》，引导读者领略《史记》的语言美；评《史记》的章法结构，肯定《史记》文章的结构特点和审美效果；评《史记》的文章韵味，挖掘《史记》的文学魅力；评论《史记》人物，使得《史记》文学地位进一步提高，促进了《史记》的经典化历程。

元代文学评论对《史记》的评述多有新见和突破，高度评价创立纪传体、评论阐释《史记》人物，评价《史记》文法，强调《史记》文章学典范作用。元代评论家肯定司马迁一代文宗的地位，阐释发展了"发愤著书"和苏辙提出的司马迁"以游养气"等有关文论。

明代《史记》文学评点队伍的扩大，出现大量评点著作，评点手法更成熟，

---

① 张新科：《〈史记〉文学经典的建构之路》，北京：中国社会科学出版社2001年版，第329页。

② 肖丽华：《"经典重估"的一个实践案例——对〈经典重估与西方文学研究方法创新〉的阐释》，《浙江社会科学》2021年第8期，第152页。

评点内容丰富，观点新颖，注重"细读文本，在字里行间寻找司马迁设置的'密码'。"①

清代《史记》评论形式多样，其中文学评论对于巩固《史记》的文学经典地位起到了重要作用，促进了《史记》文学经典化过程。文学阐释的继承与发展，促进了《史记》文学研究的深化；对《史记》叙事写人艺术细致深入，阐释浓郁的文学色彩，展示《史记》文学魅力，"使《史记》史学之外的成就得以充分挖掘，文学地位更加巩固。"②

论著认为，评点是古代《史记》文学阐释的重要方式之一，它立足历史真实，不同于纯文学作品评点，是特殊的文学批评形式，"评点者通过对作品的意义阐释，密码的解读，与作家心灵沟通，形成共鸣，实现作家的创作期待，而且通过评论阐释，参与作品价值的实现，乃至于扩大其价值。"③这是《史记》文学经典的特殊形态，是文学经典化的重要途径。

近现代《史记》的系统化研究为其文学经典化建构提供了理论支撑。《史记》体例研究、叙事研究、文章方法研究、人物传记研究、艺术美学研究、散文艺术研究、"爱奇"研究以及《史记》与民间文学研究等，都是《史记》文学研究的新突破，"基本建构了《史记》文学性研究的理论框架，为《史记》文学经典化建构提供了有力的理论支撑。"④随着马克思主义立场、观点、方法的引入，《史记》研究呈现出全新的繁荣景象，这是20世纪《史记》研究的一大新变。

当代的《史记》文学研究成就最为辉煌，大规模、系统化、理论化研究成为一大亮点，《史记》文学经典化更加巩固，《史记》文学资料的整理，进一步推进了《史记》的经典化。最为重要的是，学者建立"史记学"学科理论体系，"全面系统的理论探讨为深入挖掘《史记》的文化价值起到了重要作用"⑤，是《史记》经典化的必经之路。论著认为，"从《史记》文学经典的建构过程来看，

---

① 张新科：《〈史记〉文学经典的建构之路》，北京：中国社会科学出版社2001年版，第135页。
② 张新科：《〈史记〉文学经典的建构之路》，北京：中国社会科学出版社2001年版，第196页。
③ 张新科：《〈史记〉文学经典的建构之路》，北京：中国社会科学出版社2001年版，第155页。
④ 张新科：《〈史记〉文学经典的建构之路》，北京：中国社会科学出版社2001年版，第223页。
⑤ 张新科：《〈史记〉文学经典的建构之路》，北京：中国社会科学出版社2001年版，第238页。

文学阐释仍然是重点。只有文学阐释，才能解开《史记》文学的"密码"，挖掘其内在价值，引导读者进入司马迁所描绘的历史世界，真正认识《史记》的价值。"①

再次，文学创作是文学经典的影响之路。这里的文学创作是指从经典中选取人物、素材、汲取营养并以文学艺术样式进行展现。"真正的经典作家，要么是民族文学史上的'第一批天才'，要么是文学发展过程中的'集大成天才'。他们卓越才能和创造性贡献，既创造了历史，又影响了历史，从而对民族文学的发展产生直接的推动作用。每一位经典作家在文学史上产生的持续影响，就形成了一部部规模不同各具特色的创作影响史。"②就《史记》而言，其经典建构过程中，"传记、散文、小说、戏剧、诗歌等不同的文体都从《史记》中汲取营养"③，而且，"后代接受中以《史记》为原型母题，创造出新的文学主题，"④"都显示了《史记》文学经典的影响力。"⑤也就是说，《史记》成为文学经典，还在于它在传播过程中与当时的文学实践发生各种各样的关系，既受到时代文学发展的影响，同时对时代文学的发展产生或多或少、或明或暗的影响，即经典影响史和接受史。

论著系统梳理了《史记》文学创作影响，认为汉魏六朝时期文学的发展"使《史记》的文学价值已初步展现，各类文学体裁都开始注意到了《史记》。"⑥包括文学理论在内的文学自觉，并且"以诗的形式歌咏历史人物，使历史人物身上具有了诗的意味，进入文学的殿堂。"⑦"正以各自不同的力量把《史记》往

---

① 张新科：《〈史记〉文学经典的建构之路》，北京：中国社会科学出版社2001年版，第239页。
② 陈文忠：《走出接受史的困境——经典作家接受史研究反思》，《陕西师范大学学报（哲学社会科学版）》2011年第4期，第26页。
③ 张新科：《〈史记〉文学经典的建构之路》，北京：中国社会科学出版社2001年版，第326页。
④ 张新科：《〈史记〉文学经典的建构之路》，北京：中国社会科学出版社2001年版，第327页。
⑤ 张新科：《〈史记〉文学经典的建构之路》，北京：中国社会科学出版社2001年版，第327—328页。
⑥ 张新科：《〈史记〉文学经典的建构之路》，北京：中国社会科学出版社2001年版，第42—43页。
⑦ 张新科：《〈史记〉文学经典的建构之路》，北京：中国社会科学出版社2001年版，第45页。

文学的道路上牵引。"①

唐代古文家从文学实践中学习《史记》人物传记的类型、叙事手法、文章的章法结构、创作风格以及语言的运用,逐渐将《史记》建构为文学经典。

宋代散文实践,把《史记》作为效法对象,文学创作的继承和发展,成为古文的典范。诗、词、说唱中大量运用《史记》典故,咏史诗直接吟咏《史记》中的人物和故事,是《史记》影响力的重要体现;宋代戏剧等文学样式以《史记》人物和故事为取材对象,显示了《史记》广泛传播的氛围。

元代戏曲、诗歌、词、话本等创作从《史记》中取材,"尤其是元杂剧把《史记》搬上戏剧舞台,促进了《史记》文学经典的大众化,是非常独特的一种贡献。"②

明代文学创作对《史记》文学经典化起到了极大的推动作用。文学家通过文学创作,使得《史记》接受由"'经典阐释史'进而发展到'经典影响史',推动了《史记》文学经典化的进程。"③清代桐城派的散文创作理论与实践都与《史记》有密切关系。

近现代作家的文学创作也从《史记》中取材,给予历史人物以崭新的艺术生命。近现代《史记》文学经典地位越加巩固,为当代《史记》文学经典的再建构打下坚实的基础。总的说来,"不同时期的文学实践,这是经典影响史的体现,也是经典实现价值之所在。可以说,文学实践体现着《史记》的文学价值,并且扩大着它的价值。"④

总之,论著系统梳理了《史记》文学经典建构的多样路径:即作品评点及文学价值认可与接受文学经典的引导之路,文学意义阐释文学经典的展现之路,文学创作文学经典的影响之路。

---

① 张新科:《〈史记〉文学经典的建构之路》,北京:中国社会科学出版社 2001 年版,第 47 页。
② 张新科:《〈史记〉文学经典的建构之路》,北京:中国社会科学出版社 2001 年版,第 128 页。
③ 张新科:《〈史记〉文学经典的建构之路》,北京:中国社会科学出版社 2001 年版,第 158 页。
④ 张新科:《〈史记〉文学经典的建构之路》,北京:中国社会科学出版社 2001 年版,第 329 页。

三、读者主体能动说

文学作品的经典化，是"人"这一主体能动的结果，这一主体，既包括读者，也离不开评论者，还有从作品中取材并进行文学实践的创作者。《史记》文学经典的建构，"从建构的读者层次来说，既有文学家的学习、评论家的引导、文选家的传播，也有普通百姓的欣赏与接受。经过不同时代、不同读者对《史记》的消费与接受，《史记》的文学经典地位得以建构，并越来越稳固。"[1]正如姚斯所说："在作家、作品和读者的三角关系中，后者并不是被动的因素，不是单纯地作出反应的环节，它本身就是一种创造历史的力量。文学作品的历史生命没有接受者能动的参与是不可想象的。"[2]正是读者的能动性作用，才有了《史记》的经典建构。《〈史记〉文学经典的建构之路》认为，《史记》的经典化过程，普通读者欣赏《史记》，是经典的建构主体，发挥审美作用；评论家阐释《史记》，也是建构的主体，发挥意义阐释作用；文学家对《史记》学习而进行创作，也是建构主体，发挥经典影响的作用，正是这些主体共同作用，才使得《史记》经典地位得以巩固并不断加强。

首先，读者主体在消费过程中进行价值创造。作品一经生产并进入社会，就会同读者发生关系。"从文学生产与文学消费的关系角度来看：大众读者是文学接受的主体，不仅直接参与了对文学价值的建构，从一定程度上讲，文学经典主要也是大众读者制造出来的。"[3]《〈史记〉文学经典的建构之路》认为，"从汉代开始，经唐宋元明清直至今天，《史记》文学经典地位不断加强，在这个建构过程中，读者始终是主体。"[4]因为，"每一时代的接受，读者不仅参与了《史

---

[1] 张新科：《〈史记〉文学经典的建构之路》，北京：中国社会科学出版社2001年版，第327页。

[2] [德]姚斯著，周宁、金元浦译：《文学史向文学理论的挑战》，《接受美学与接受理论》，沈阳：辽宁人民出版社1987年版，第24页。

[3] 黄书泉：《文学消费与当代文学经典建构——以〈平凡的世界〉为例》，《扬子江评论》2013年第1期，第67页。

[4] 张新科：《〈史记〉文学经典的建构之路》，北京：中国社会科学出版社2001年版，第4页。

记》作品意义与价值的创造，而且这种接受还会转化为一种社会实践，对读者的实际行动产生影响。《史记》中的政治家、军事家、文学家、思想家，乃至于下层的游侠刺客等，都给后人的行为产生或明或暗、或大或小的影响。"①"读者的消费与接受，使《史记》的文学价值得以实现，而且也是《史记》不断增值的重要渠道，……对于读者来说，《史记》作为文学经典，带来的既有历史的教益，又有文学的享受，同时从《史记》人物身上反观自己，以便加强修养，完善人格，至于从《史记》优秀人物身上引发自己的行为反应，如张骞的勇于开拓精神，屈原等人的爱国精神，等等。"②可以说，读者在阅读接受的过程中，《史记》价值的实现是多方面的，有对《史记》文学的审美享受，也有读者受教育的自我提升并对实践行动产生影响。

因此，"一部作品能不能成为经典，最终是由读者决定的，读者在文学经典建构中绝不是被动因素，它无疑是连接文学经典外部要素和内部要素的纽带。"③可见，读者在经典建构中发挥作用，不是被动地接受，而是能动地建构。

其次，评论家作为特殊读者阐释抉发作品的意义价值。一部作品成为文学经典，如果说普通读者欣赏作品以发现作品的审美价值，作为特殊读者的评论家则通过阐释作品抉发作品的意义价值。论著认为，"《史记》作为文史结合的典范，内涵丰富，手法多样，文本中存在着被无数读者阐释的'空白'，隐藏着许多'密码'，所以，不同的评点者都在阐释'空白'，寻找'密码'。他们在阐释'空白'、寻找'密码'的同时，也引导更多的读者进入司马迁的世界，理解《史记》的文学意蕴。于是，《史记》的文学价值逐渐被挖掘，被扩大，被认可。"④

汉魏六朝的评论，以历史评论为主；唐代开始注意文学评论，奠定了《史记》的文学地位；宋人的文学评论也没有脱离历史评论，但评论者把历史评论和艺术手法的评论融为一体，多着眼于《史记》艺术手法的评论，《史记》的文学特质越来越受到文学家的重视。元代的《史记》人物评论有新见和突破；"明

---

① 张新科：《〈史记〉文学经典的建构之路》，北京：中国社会科学出版社2001年版，第328页。
② 张新科：《〈史记〉文学经典的建构之路》，北京：中国社会科学出版社2001年版，第328页。
③ 张新科：《〈史记〉文学经典的建构之路》，北京：中国社会科学出版社2001年版，第4页。
④ 张新科：《〈史记〉文学经典的建构之路》，北京：中国社会科学出版社2001年版，第131页。

清以来出现大量的《史记》文学评点著作和《史记》选本,文学家也把《史记》作为典范学习。自20世纪以来,《史记》文学传播、阐释、接受更加丰富、更加系统化、理论化,中外学者对《史记》的文学意义进行了多方面的阐释,这是《史记》文学经典化的一个重要方面。"①

再次,创作者主体能动地扩大作品的影响力。除了读者接受、评论家阐释之外,文学家发挥创造性和能动性,学习作品并进行创作扩大了作品的影响力。汉魏六朝时期,《史记》也受到诗人的关注,咏史诗从《史记》中取材。唐代古文家的散文"从人物传记的类型到文章的章法结构,从创作风格到语言的运用,都有《史记》的影子",②使《史记》所蕴藏的丰富的文学宝藏得到前所未有的认识和开发,是《史记》文学经典建构的重要因素。唐代作家文人的诗歌、传奇、或用《史记》中的人物和事迹典故,或学习《史记》刻画人物的方法,对《史记》经典化建构起到了重要作用。宋代的散文家把《史记》作为重要的取法对象,诗人创作大量的咏史诗,是《史记》影响力的重要体现,诗词、说唱文学等都有对《史记》的学习和借鉴,"《史记》能成为文学经典,与宋代文学的实践也有重要的关系。"③"元代的文学创作对于《史记》的传播和《史记》的文学经典化具有重要意义。"④元代评论《史记》人物的诗歌,是"接受《史记》的创作成果。……是反映《史记》对后世诗歌文学影响的有力证明。"⑤元代词人的创作广泛引用《史记》内容,促进了《史记》的经典化。"明代文人以《史记》为楷模,……对《史记》叙事、记人、谋篇布局等方面进行了深入的认识和学习,他们在师法《史记》的基础上,在散文、小说、戏曲等不同的领域都有创获"。"在《史记》文学经典化过程中,明代文学创作也起到了极大的推动作用。"⑥明代复古派作家学习《史记》的叙事、描写、抒情技巧,模仿《史记》的章法、句法、字法,继承《史记》思想相对自由、感情充沛、文气跌宕起伏、富有鲜明

---

① 张新科:《〈史记〉文学经典的建构之路》,北京:中国社会科学出版社2001年版,第3页。
② 张新科:《〈史记〉文学经典的建构之路》,北京:中国社会科学出版社2001年版,第63页。
③ 张新科:《〈史记〉文学经典的建构之路》,北京:中国社会科学出版社2001年版,第91页。
④ 张新科:《〈史记〉文学经典的建构之路》,北京:中国社会科学出版社2001年版,第128页。
⑤ 赵望秦、蔡丹等:《史记与咏史诗》,西安:三秦出版社2012年版,第5页。
⑥ 张新科:《〈史记〉文学经典的建构之路》,北京:中国社会科学出版社2001年版,第158页。

艺术个性的特点，促进了经典传记的流传。明代小说创作也从《史记》中汲取营养；戏曲及其他文学创作，也显示了《史记》的影响力，使接受群体进一步扩大，使得《史记》文学经典向新的维度拓宽。清代作家创作散文、传记学习《史记》叙事写人特点，小说多用传记的形式，戏曲取材于《史记》，诗歌吟咏《史记》人物或事件，《史记》成为文学家学习的榜样。近现代时期，许多作家的文学创作也深受《史记》影响，一些戏剧从《史记》中取材，给予历史人物以崭新的艺术生命，产生了广泛的影响。总的来说，文学家接受《史记》，表现为在能动地创作中扩大《史记》影响力并使其艺术影响力更为深远。

《史记》文学经典建构之路，是历代普通读者的阅读、评论家的阐释、文学家的创作共同"走"出来的，是一个能动地接受的历史过程，而且"每一时代的接受，不只是单纯的接受，还在于进行新的发展、创造。……古代的各种传记以及现当代的传记文学，既接受了《史记》的传统，又进行了新的创造。后代接受中还以《史记》为原型母题，创造出许多新的文学主题，如侠义主题、复仇主题等。从接受群体来看，不同的读者有不同的期待视域。散文家把《史记》当作'古文'楷模，看重它的审美作用；小说家、戏剧家则把它当作取材的宝库，看重它的娱乐与教化作用，等等。《史记》中隐藏着巨大的读者群，潜伏着极多的'空白'，不同的读者从中会有不同的发现、不同的收获。"[①]

论著还对港台地区、海外的《史记》文学研究作了详细的总结。认为港台地区《史记》研究是《史记》文学经典化过程中的重要力量，海外《史记》文学研究"成为其文化经典建构的特殊路径"[②]，"扩大了《史记》的世界影响力，促进了《史记》的文学经典化，也进一步显示出《史记》的魅力和生命力"[③]。

基金项目：2013年度国家社科基金重大项目（第二批）："中外《史记》文学研究资料整理与研究"，项目批准号：13&ZD111。

（王长顺，男，陕西乾县人。文学博士，咸阳师范学院文学与传播学院教授）

---

① 张新科：《〈史记〉文学经典的建构之路》，北京：中国社会科学出版社2001年版，第328页。
② 张新科：《〈史记〉文学经典的建构之路》，北京：中国社会科学出版社2001年版，第293页。
③ 张新科：《〈史记〉文学经典的建构之路》，北京：中国社会科学出版社2001年版，第323页。

后　记

汉中，是国家级历史文化名城。"高祖受命，兴于汉中"，"汉中开汉业"，为汉中与汉王朝的关系，做了很好的说明。无论是汉中市委市政府，还是陕西理工大学，都以汉文化作为地方历史文化的特色和研究的主要方向。2021年学校与地方共建汉中汉文化研究院，作为联合开展汉文化研究的学术平台，不仅进一步强化了这一共识，而且切实推动了相关工作的开展。

陕西理工大学历届领导高度重视与陕西省司马迁研究会的联系，希望借助研究会的组织力量，深入开展汉中汉代的历史文化研究。2007年8月5日至7日，在陕西省司马迁研究会成立15周年之际，学校与研究会联合主办2007年司马迁与《史记》学术研讨会，来自内地、香港、台湾各高校和有关研究单位的100多位专家及学者出席会议。巧合的是，又过了15年，在2022年12月8日，陕西省司马迁研究会成立30周年庆祝大会暨《史记》与汉中历史文化研讨会再次在汉中举办，成为陕西省司马迁研究会发展历程上的一段佳话。

本次会议的组织，经历了很多波折。一是因为疫情的原因，导致会议一再推迟。学会秘书长王晓鹃居中协调，会长张新科一锤定音，最终确定年会在2022年12月8日举办。二是因为疫情刚刚解封，外地的专家代表难以亲临现场，因此年会采取线上线下联合举办的方式开展。线上直播的方式，固然增加了组织的难度，但是也在一定程度上扩大了会议的影响力，直播间最多在线人数达到1500人，突破了线下会议的局限。三是在筹备会议的过程中，由于人手和经验不足，导致很多工作进展困难，在防控最紧张的时候，甚至连各单位为研究会成立30周年发来的贺信展板都找不到人安装和摆放，为特定历史时期留下了一段难得记忆。

在年会开幕式上，陕西省社会科学界联合会主席甘辉出席并致辞，热烈祝贺陕西省司马迁研究会成立30周年，充分肯定研究会的工作成绩。中国历史文献研究会会长、中国史记研究会副会长赵生群和中国史记研究会副会长、浙江师范大学原学术期刊社社长俞樟华发来贺信。陕西理工大学党委书记赵晓林，陕西师范大学社科处长柯西钢、汉中市委宣传部副部长宋瑜、汉中石门水库管理局局长冯彦红，以及汉中汉江书院负责人王政军与会致辞。陕西省内外《史记》研究专家近百人参会交流，陕西师范大学、延安大学、渭南师范学院、宝鸡文理学院、西安工业大学，以及陕西理工大学的师生成为会议的主力军。此外四川大学孙尚勇教授、山西大学张建伟教授，以及西北师范大学、安徽师范大学、福建师范大学、贵州师范大学、渤海大学等高校的研究生也参加会议研讨，还有许多热爱司马迁与《史记》的朋友在线参加会议。陕西省司马迁研究会副会长、陕西师范大学文学院程世和教授主持闭幕式，激情洋溢，妙语连珠；陕西省秦始皇帝陵博物院副院长田静在闭幕式上代表与会专家发表感言，寄语殷殷，真挚动人；陕西省司马迁研究会会长张新科教授在开幕式和闭幕式上发表讲话，回顾研究会的发展历程，并部署未来工作，既有政治站位和理论高度，又有明确的目标和任务。会议在代表们依依惜别之中圆满结束。

特别值得一说的是，张新科会长提供陕西省司马迁研究会会歌《司马迁颂》曲谱，陕西理工大学人文学院辅导员高超、山南文学社社长吕浩伟组织学生排练，会歌在30年后再次唱响，成为会议的一大亮点。陕西理工大学人文学院新闻传播系郑凯老师为年会开幕式制作背景课件，拍摄视频，并带领专业学生为线上会议提供技术保障，对年会的顺利进行做出了突出贡献。

本次年会得到省内外学者的积极响应，先后收到学术论文69篇，其他诗文12篇，论文集达到800多页。编排打印费了很大功夫。会议结束之后，我们又按照会长的指示，遴选优秀论文，并约请代表修改论文。陕西理工大学人文学院中文系主任史继东博士负责联系各位代表，出力甚多；中国古代文学2022级研究生齐愉康等同学帮忙统一体例，调整注释格式。在此对以上所有为年会成功举办和论文集编纂做出贡献的专家学者、老师、同学表示衷心感谢。

多年来，陕西人民出版社鼎力支持历届年会论文的出版，副总编辑关宁关心过问，编辑部主任韩琳为论文集的出版反复沟通联系，认真校订。在此对他们的敬业精神表示衷心的感谢。

陕西省社科联主席甘辉同志在开幕式上的致辞，陕西省司马迁研究会会长张新科教授在开幕式和闭幕式上的讲话，意义重大，内容丰富，稍作整理修改，置于卷首，作为序言。

由于本人事务繁忙，导致论文集的交付出版延误了许久，在此向会长及所有关心此事的朋友们表示歉意。

李宜蓬
2024 年 2 月 18 日